스토리텔링

범죄학

I

기초 및 이론

스토리텔링
범죄학

정진성 지음

Ⅰ

기초 및 이론

Storytelling   Criminology

솔과학

경찰대학교 행정학과 박정선 교수

범죄학은 생물학, 심리학, 사회학 등 다양한 학문적 배경을 바탕으로 범죄의 실태를 파악하고 원인을 분석하며 교정 및 예방적 대안을 제시하는 학문이다. 이 과정에서 실험이나 조사를 통해 경험적인 자료를 수집하고 과학적인 검증절차를 거쳐 자료를 논리적으로 해석하여 대안을 제시하는 과정을 거치게 된다. 이처럼 범죄학은 이론과 방법론의 두 바퀴를 통해 범죄현상을 분석하고 해석하며 지속적으로 발전한다.

이번에 발간되는 정진성 교수의 스토리텔링 범죄학은 이론과 방법론의 두 축의 중요성을 잘 반영한 탁월한 교과서이자 수험서이다. 제1부 범죄학의 기초 편에서는 범죄학의 개념과 의의 및 방법론과 발전과정을 사회적, 역사적 맥락에서 짚어내고 있고, 제2부 범죄학 이론 편에서는 다양한 이론의 주요 주장을 맥락적으로 파악해내고 있다. 이는 저자가 서문에서 언급하고 있듯이 사회적 사실로서의 범죄현상을 오롯이 이해하고 대안을 제시하기 위해서는 사회적 맥락에 주목할 필요가 있기 때문이다. 범죄를 저지른 개인에 초점을 맞추는 방식 대신 그가 자라고 살아온 가정과 교육 그리고 그가 살아내고 있는 지역사회의 특성뿐 아니라 그의 삶이 기초하고 있는 사회의 구조와 문화적 맥락을 이해하지 않고서는 범죄현상을 제대로 이해했다고 할 수 없다. 그런 점에서 저자의 맥락 강조는 지극히 옳고 타당하다.

범죄학의 거장 샘슨(2012) 교수는 이미 십여년 전에 시카고에 대한 저서인 「위대한 미국의 도시(Great American City)」에서 과거 지역사회연구의 관심이 지리와 문화라는 한정된 정보에 국한되었다면 앞으로의 연구는 맥락(context)의 이해를 통한 외연 확장이 필요하다고 주장한 바 있다. 샘슨은 맥락의 주요 원리를 설명하며 범죄현상을 제대로 이해하려면 개인에 국한된 관심을 근린과 지역으로 확장해야 하고 나아가 지역의 경계를 넘어 사회의 제도와 문화를 관통하여 만들어지는 고도의 질서구조를 파악할 필요가 있음을 강조하였다. 이러한 맥락적 인과성의 파악이 범죄학의 주요 관심이 되어야 한다는 주장이 잘 반영된 책이 바로 스토리텔링 범죄학이다.

학습의 틀로 범죄학 루프를 제안한 점도 맥락과 연결하여 주목할 만하다. 이론, 가설, 관찰(자료), 경험적 일반화의 4단계로 구성된 과학의 수레바퀴(Wheel of science)를 확장한 범죄학 루프는 이론과 정책의 긴밀한 공조를 통한 범죄학의 과학적 발전을 강조한다. 맥락을 고려한 이론을 바탕으로 가설을 검증하고 그 결과를 정책에 반영하여 효과성을 검증하는 단계를 거쳐 다시 맥락을 파악하듯 끊임없이 순환하는 범죄학 루프는 독자들로 하여금 이론과 방법론이 왜 중요하게 연계되어 동행해야 하는지를 잘 보여준다. 하나의 이론이나 조사에 그치지 않고 끊임없이 반복되는 범죄학 루프를 통해 수많은 연구들이 축적되면 맥락적 배경과 이론적 설명이 기본적인 뼈대를 갖추고 토실한 살이 붙어 풍성한 스토리를 구성해내는 이 과정이야말로 앞으로의 범죄학이 나아가야 할 방향이자 힘인 것이다.

이 책의 저자인 정진성 교수는 경찰로 재직하면서 수많은 범죄사건을 접하면서 생생하고 풍부한 현장경험을 쌓았을 뿐만 아니라 순천향대 교수로 재직하면서 활발한 학회활동과 수많은 저술 활동을 통해 범죄학과 관련한 이론적, 방법론적으로 전문적인 스토리텔링을 지속하고 있다. 이 책은 저자의 교육적 배경과 지적 관심을 오롯이 반영하여 범죄학의 과거와 현재 및 미래를 그려내고 있다는 점에서 현재 범죄학을 공부하고 있는 학부생과 대학원생들은 물론 각종 시험을 준비하고 있는 수험생들에게 많은 도움을 줄 필독서임을 확신하기에 일독을 권한다.

경기대학교 경찰행정학과 황의갑 교수

순천향대학교 정진성 교수의 저서 "스토리텔링 범죄학" 탄생의 기쁨을 함께하며, 1년의 연구년 동안 산고의 고통을 이겨내며 집필작업에 매진해온 정교수의 노력에 같이 수학하고 연구해온 범죄학자로서 깊은 경의를 표하는 바입니다.

정진성 교수는 범죄원인론과 교정학에 기초를 두고 성장해온 플로리다주립대에서 석사학위를 하였고, 경찰학과 형사정책학을 기반으로 발전해온 미시간주립대에서 박사학위를 취득하였는데, 서로 다른 학문 분위기를 아우르는 다양한 학문지식과 오랜 강의 경험을 바탕으로 범죄이론을 풍부한 스토리로 매우 흥미롭게 설명하고 있습니다.

정교수와 미시간주립대에서 같이 수학하면서 범죄학과에서의 수업 이외에도 사회학과와 지리학과, 심리학과를 넘나들며 사회학이론과 공간분석 수업을 들으며 폭넓게 공부하는 모습을 볼 수 있었는데, 그러한 다양한 정교수의 지식이 본 저서 곳곳에서 범죄학을 여러 맥락으로 설명하는 데 크게 활용이 되는 것을 알 수 있습니다.

서구의 계몽주의는 고전주의범죄학 시대를 열었고, 다윈의 진화론을 필두로 한 자연과학에 대한 관심은 범죄학의 생물학적 실증주의를 견인하였으며, 프로이트의 정신분석학은 범죄학의 심리학적 실증주의의 유행을 낳았고, 세계대공황 이후 보호주의 경제정책으로의 전환은 범죄학의 사회학적 실증주의 시대를 열었으며, 신자유주의 경제정책은 신고전주의 범죄학의 발전으로 이어졌습니다. 범죄학은 이렇게 역사적·사회적 맥락의 산물이기에 그러한 맥락을 중심으로 범죄학을 풀어낸 정교수의 접근은 이론을 이해하는 데 있어서 매우 유용해 보입니다.

스토리텔링 범죄학은 자칫 어렵게 느껴질 수 있는 범죄이론을 저자의 풍부한 연구 및 강의 경험과 역사적·사회적 맥락의 흐름을 중심으로 이야기하듯이 설명함으로써 쉽게 접근할 수 있도록 했다는 데 그 가치가 크다고 생각됩니다. 본문 옆 주석이나 스토리박스를 통해 용어해설이나 추가설명 등을 넣은 부분이라든가, 요점정리나 필자비평을 통해 핵심내용에 대한 흥미와 신중한 접근을 유도한 부분 등 범죄학을 쉽게 이해하고자 하는 학생들은 물론 공무원 수험생 등 다양한 독자들을 아우를 수 있도록 책이 잘 구성되어 있다고 생각됩니다.

번역서 위주의 범죄학 공부가 일반화되어온 범죄학계에 최근에 대한범죄학회 학자들의 범죄학이론서와 더불어 정교수의 역사적·사회적 맥락을 중심으로 범죄이론을 설명한 본 저서는 범죄학을 깊이 있게 이해하려는 독자들에게는 필독서일 것이며, 대학에서의 교재로는 물론 공무원시험의 기본서로 매우 유용할 것입니다.

저서 집필은 지극한 인내를 필요로 하는 지난한 작업이라는 것을 잘 알기에 연구년 동안의 휴식과 연구를 반납하고 새로운 방식의 범죄학 저서로 국내 범죄학 발전에 기여한 애정하는 후배 정진성 교수의 노고에 깊이 감사드리는 바입니다.

책의 목표

이 책은 필자가 국내 대학에서 15년 정도 강의를 하면서 어떻게 설명하면 학생들이 범죄학을 가장 잘 이해하고 좋아하게 되는지를 체득한 후 다른 학생들이나 수험생, 일반 독자들에게도 같은 방식으로 내용을 전달해야겠다는 마음으로 집필했다. 범죄학을 처음 접하거나 수험 목적으로 공부를 해봤지만 잘 이해가 되지 않는다는 학생들의 공통된 의견은 첫째, 범죄학이 무엇이고 어디까지 공부해야 하는지를 잘 모르겠다는 것과 둘째, 개론서든 수험서든 대부분 내용이 병렬식으로 나열돼 있어 스스로 체계를 잡기가 어렵고 단순히 암기 위주로 공부하게 된다는 것이다. 이러한 어려움은 최근 범죄학이 높아진 관심에 힘입어 그 영역을 확장하는 과정에서 저술의 분량이 점차 방대해지면서 더욱 가중되고 있다.

필자는 이러한 문제를 극복하기 위해서는 명확한 학습의 틀을 가지고 범죄학의 역사적 발달과정에 따라 접근하는 것이 가장 바람직하다고 생각한다. 주지하듯, 범죄학은 역사적 발달과정을 거쳤다. 그렇다면 그 발달과정에 따라 학습해야 범죄학이 무엇이고, 어떤 활동을 해왔으며, 우리 삶에 어떤 영향을 미쳤고, 현재는 왜 어떤 과정을 거쳐 그렇게 영역이 확장되었는지를 정확히 알게 될 것이다. 따라서 이 책은 **스토리텔링** 형식으로 범죄학 이야기를 역사적 맥락에 따라 풀어 갈 것이다. 이때 필자가 제안한 '범죄학 루프' 개념을 내용 전개의 기본 틀로 삼아 범죄학 활동의 본질에 집중함으로써, 독자들이 범죄학을 명확히 이해하고 스스로 학습의 범위를 확장해갈 수 있는 토대를 마련하고자 한다.

1. 맥락의 중요성

범죄학의 본질과 핵심을 이해하기 위해서는 범죄학이 어떤 맥락에서 어떤 과정을 거치며 발달해왔는지 알아야 한다. 범죄학은 범죄라는 사회현상을 다루는 학문으로서 사회문화적 맥락이라는 현실과 밀접히 연관되어 발전해왔다. 간단히 요약하면, 범죄학이 처음 등장한 18세기 중후반에는 당시 강조되던 인간 이성과 합리성에 전혀 걸맞지 않은 잔인하고 임의적인 형벌제도를 합리적으로 개혁하고자 했고(고전주의), 과학과 산업이 급속히 발달하던 19세기 중반 이후에는 과학적 연구방법을 이용해서 범죄의 원인을 규명하고 범죄문제를 해결할 수 있다는 자신감이 넘쳤으며(실증주의), 1960-70년대에는 근대성이 갖는 이분법적 사고와 실증주의식의 지나친 일반화를 비판하고 형사사법 영역에 만연한 차별적 처우를 철폐하자는 사상이 주목을 받았다(비판주의). 이러한 과정을 거쳐 1980년대 이후 현대범죄학에서는 과거의 이론들이 세련되게 진화하고 필요한 경우에는 서로 통합되기도 하며 설명력을 강화하려는 경향을 보이고 있다. 이렇게 사회문화적 맥락에 따라 발달해 온 과정에 초점을 맞춰 공부하면 범죄학이 매우 현실적으로 다가오고, 재미도 있으며, 범죄문제뿐만 아니라 다른 사회문제에 대한 이해도 향상시키는 효과를 기대할 수 있다.

필자 역시 비슷한 방식으로 범죄학을 공부했는데, 특히 미국 플로리다 주립대학교에서 석사과정을 밟던 중 치리코스(Ted E. Chiricos) 교수의 강의에 깊은 영향을 받았음을 고백한다. 그의 탄탄하고 자신만만하던 이론적 설명은 항상 사회문화적 맥락을 강조했으며, 범죄학이 현실과 무관한 허상이 아니라 결국 우리의 삶에 큰 영향을 미치는 정책적 모습으로 나타났음을 다양한 실례로 보여주었다. 그의 접근이 다소 비판적이었고 역사 공부를 추가로 해야 하는 어려움이 있었지만, 필자는 그 덕분에 단순히 암기하려 하

▶ 설명력(explanatory power)
- 이론이 현상을 설명하는 능력.
- 일반적으로 통계학에서는 종속변수의 변량 중 몇 퍼센트를 이론 변수(예. 나쁜 친구, 스트레스 등)가 설명하는지로 평가함.

9

지 않았고 항상 다양한 맥락 속에서 이론과 정책을 바라보려 애쓴 기억이 있다. 그러한 습관이 축적되면서 범죄뿐만 아니라 일반적인 사회현상을 바라보는 시각도 꽤 향상되었음을 스스로 느끼곤 한다.

2. 학습의 틀 = 범죄학 루프

이후 필자는 미국 미시간 주립대학교에서 박사과정을 밟으며 형사정책과 연구방법론을 집중적으로 공부했는데, 그 과정에서 범죄학을 '범죄과학'으로 표현하는 경향이 있음을 접하게 되었다. 처음엔 범죄과학이란 용어에 크게 신경 쓰지 않았지만, 필자도 학위 취득을 위한 연구를 진행하면서 그리고 교수가 되어 경찰청, 한국형사·법무정책연구원 등 실무기관과 정책 수립 및 평가를 위한 연구를 수행하면서 이론과 정책은 반드시 실증적으로 검증되어야 함을 깨달았다. 아울러 범죄학과 함께 연구방법론도 약 15년 정도 강의하면서 과학적 접근방법의 본질과 장단점을 온전히 이해하게 되었는바, 지금은 과학으로서의 범죄학이 무엇을 뜻하는지 자신 있게 말할 수 있다.

이상 플로리다 주립대와 미시간 주립대라는 성격이 꽤 다른 두 대학원을 경험하고 실제 다양한 이론과 정책에 대한 연구와 강의를 수행하면서, 필자가 정립한 범죄학의 모습은 사회문화적 맥락 - 이론 - 정책이 끊임없는 순환하는 '진화의 과정'이다. 그리고 그 과정을 멈추지 않게 만드는 동력이 바로 이론과 정책에 대한 '과학적 검증'으로서, 전체 과정을 그림으로 나타내면 아래와 같이 순환하는 고리로 표현할 수 있다. 필자는 이를 '범죄학 루프'라 명명하고 실제 수업의 기본 틀로 사용하고 있는데, 이 책에서도 주요 내용을 구성하고 전개하는 기본 틀로 사용하고자 한다. 그런데 이 범죄학 루프를 토대로 범죄학 학습의 효과성을 극대화하기 위해서는 독자들의 자발적인 노력이 꼭 수반되어야

▶범죄학 루프
- 원래 명칭은 '범죄학 피드백 루프(feedback loop)'인데 편의상 줄인 표현임.
- 이에 대한 상세한 설명은 제3장 참고.

한다. 필자는 다음 세 가지를 당부하고 싶다.

〈그림〉 범죄학 루프

3. 독자의 역할

첫째, 전술한 대로 범죄학은 우리가 살아가는 현실과 밀접한 관련이 있기 때문에 역사적 발달과정을 반드시 참고해서 어떻게 진화해왔는지를 이해해야 한다. 이는 특히 사회문화적 맥락이 범죄 이론과 정책의 뿌리이자 결과물로서 중요하게 다뤄져야 함을 의미하는바, 사회문화적 맥락에 대한 이해가 없으면 이론과 정책이 의미하고 의도하는 바를 정확하게 이해하지 못하는 경우가 발생한다. 예컨대, 현대의 합리적선택 관점은 고전주의의 부활로 잘 알려져 있으며 두 관점 모두 인간의 합리성을 중시하여 범죄도 합리적 선택의 결과라 주장한다. 하지만 두 관점이 발달할 당시의 사회문화적 맥락을 생각해보면, 고전주의는 유럽에서 중세를 거쳐 근대 초기에도 여전히 지나치게 잔혹했던 형벌제도를 합리적으로 개선하고자 하는 목적을 가지고 있었지만, 합리적선택 관점은 미국사회가 1960~70년대 혼란기를 거쳐 보수 안정화되던 시기에 범죄는 개인의 선택이므로 온전히 개인이 책임을 져야 한다는 이념적 보수화의 산물로서 강력한 처벌을 통해 범죄를 억제해야 한다는 목적을 가지고 있었다. (물론 한 축은 중립적 입장에서 범죄예방을 추구한 상황적 접근으로도 진화해갔다.) 즉, 겉보기에는 동일한 주장 같지만, 실제 태동기에 두 관점이 가지고 있던 의도는 완전히 상반된 것이었음을 사회문화적 맥락을 통해 이해할 수 있어야 한다.

▶정반합
— 헤겔(G.W.F. Hegel)의 변증법 참고.

　둘째, 첫 번째 당부와 밀접한 관련이 있는데, 필자는 독자들이 정반합의 역사발달과정을 범죄학의 발달과정을 이해하는데 습관적으로 적용했으면 한다. (이는 당연히 범죄학뿐만 아니라 사회현상을 다루는 모든 학문에 해당되는 당부일 것이다.) 범죄학의 모든 이론과 정책은 장단점을 가지고 있다. 처음 등장할 때는 주로 필요에 의해 장점만 부각되지만 점차 검증 과정을 거치면서 문제점이 드러나고 이후 폐기나 수정보완, 또는 부활의 과정을 거친다. 예컨대, 19세기 중반 과학기술의 눈부신 발전은 범죄의 원인을 개인의 생물학적(심리 포함) 결함에서 찾고자 하는 실증주의에 환호하게 만들었지만, 이후 너무 많은 예외가 존재한다는 검증 결과와 자칫 인종차별로 이어질 수 있다는 정치·윤리적 문제의식으로 인해 거의 금기시되며 약 반세기의 짧은 역사를 마감했다. 하지만 20세기 말 유전학과 뇌과학이 급속히 발전하면서 인간의 유전자에 대한 해독이 가능해지고 특히 범죄와 관련된 충동성이나 분노를 유발하는 생물학적 요인이 증명되자 다시 부활하였고, 사회학적 요인과 결합하여 설명력을 대폭 강화시킨 생물사회학적 관점(biosocial perspective)으로 최근 주목받고 있다. 즉, 범죄학의 생물학적 관점(i.e., 특성이론)을 정확히 이해하기 위해서는 그 태동과 발전, 쇠퇴, 부활의 과정을 역사적 변화의 맥락에 위치시키고 정반합의 과정으로 바라볼 필요가 있는 것이다. 더 나아가 필자는 이러한 정반합의 원리 적용을 습관화하는 것이 특정 범죄 이론이나 정책에 대해 이념적 오해나 편견 없이 더욱 객관적으로 접근하는 데도 도움이 된다고 생각한다.

셋째, 요즘은 이 책뿐만 아니라 대부분의 교재에서 범죄학을 범죄과학으로 표현하는 것이 일상화되어 있기 때문에 독자들도 그 이유를 정확히 이해하고 앞으로는 과학, 실증, 경험, 데이터, 통계 등 관련 용어에 익숙해지길 바란다. 어렵게 생각하진 말자. 간단히 설명하면 다음과 같다. 사회학을 사회과학으로 표현하는 것과 동일한 이치로서 사회과학은 자연과학의 탐구 방법을 사회현상 연구에 적용하자는 취지에서 사용된 용어이다. 즉, 범죄과학은 범죄를 과학적 방법으로 연구하고자 하는 취지를 내포한 용어로서, 그 핵심은 실험이나 관찰, 조사 등을 통해 범죄와 관련된 데이터를 수집하고 통계분석을 이용해서 범죄의 원인을 규명하거나 정책의 효과성을 평가하는 접근방법에 있다. 이러한 접근법을 처음 주창한 사람이 바로 콩트(A. Comte)인데, 그는 이를 실증주의(positivism)라 표현했다. 당시 콩트의 주장은 미신이나 점성술에 의존했던 사회변화의 예측 타당성을 비교할 수 없을 정도로 향상시켰고 이는 권력자와 학자, 시민들에게 큰 호응을 얻어 사회현상을 연구하는 표본으로 빠르게 자리잡았다. 범죄 연구에서도 실증주의식 접근은 19세기 중반 이후 지금까지 주류 위치를 점하고 있고 필자의 생각으로는 빅데이터의 발달로 인해 앞으로도 계속 주요한 범죄 연구의 방향으로 그 지위를 유지할 것으로 판단된다.

▶범죄학의 주류
– 비판주의가 1960–70년대 잠시 실증주의의 주류 자리를 위협했던 시기가 있음.

이상 세 가지 당부를 잘 이해하고 따르면 범죄학 학습이 즐겁고 유익할 것이다. 앞서 얘기한 것처럼 '범죄학 루프' 개념을 이용하여 복잡하고 어렵고 단편적으로 보이는 이론과 정책들을 서로 연관된 진화의 과정으로 이해하게 되면, 범죄학이 살아 있는 현실의 이야기임을 알 수 있고, 특정 이론과 정책에 대해 이념적 편견 없이 자연스러운 변화의 과정으로 받아들일 수 있으며, 어렵게만 느껴졌던 과학, 실증, 데이터, 통계 등의 용어를 거부감 없이 사용할 수 있을 것이다. 이러한 학습 방법은 비단 범죄학뿐만 아니라 다른 사회과학 분야들을 공부하고 일반적인 사회변화의 과정을 이해하는 데도 큰 도움이 될 것이다.

요약

이 책의 목표와 기대를 충족시키기 위해 필자는 다양한 사회문화적 맥락에 대한 역사적 발달과정을 가급적 많이 소개하려 했다. 아울러 소속 학파나 사제 관계, 이념적 성향 등 학자들의 개인적 상황도 그들의 주장에 영향을 미칠 수 있기 때문에 필요한 경우 미시 맥락의 하나로서 소개하기도 했다. 다만 모든 독자들을 만족시키기에 충분한 만큼의 내용을 이 책에 다 담을 수는 없기 때문에 근대 이후의 서구 역사에 대해서는 독자들이 스스로 공부해서 보완하길 바란다. 참고로 1920년대 시카고학파의 등장 이전에는 서유럽이 범죄학 발달을 주도했고 이후 미국으로 주도권이 넘어간 사실을 이해하면 도움이 될 것이다.

마지막으로, 이 지면을 빌어 독자들에게 최종적으로 추천하고 싶은 것은, 범죄학을 학습한 다음 그 내용을 친구나 조카, 부모님 등 주변 사람들에게 스토리텔링 형식으로 얘기해보라는 것이다. 직접 이야기를 하다 보면 자신이 무엇을 아는지 모르는지 더욱 잘 이해하게 된다. 이야기를 하기 전에 많은 준비를 하게 되고, 이야기를 마친 후에는 재미가 있어 부족한 부분을 채워 또 설명하게 된다. 필자는 학생들에게 시험문제를 내면서 반드시 조카에게 설명하듯이 쉽게 풀어서 기술하도록 요구한다. 즉, 내용을 외워서 쓰면 좋은 점수를 주지 않는다. 열심히 따라준 학생들의 답안지를 보면 그들이 해당 부분을 온전히 이해했음을 쉽게 알 수 있고 참 대견해 보인다. 이 책의 6~8장 말미에 요약 차원에서 주관식 질문을 제시하고 필자가 답변한 사례를 실어 보았다. 필자의 답변은 참고로만 하고 여러분이 스스로 문답하는 연습을 해보기 바란다. 열심히 연습하다 보면 학습 내용이 온전히 자기 것이 되어감을 느낄 것이다.

즐겁고 유익한 범죄학 학습이라는 이 책의 목표는 필자가 실제로 경험한 것이기도 하고 또한 필자의 강의를 들은 학생들이 강의 피드백에서 평가한 내용에 근거한 것이기도 하다. 따라서 독자 여러분들도 범죄학 루프를 항상 염두에 두고 체계적인 노력을 기울인다면 충분히 해낼 수 있으리라 믿는다. 단순히 암기하려 하지 말고 꼭 맥락에 따라 이해하여 범죄 현상을 둘러싼 사회적 현실을 더욱 잘 파악했으면 한다. 첨언컨대, 사회를 보는 눈이 향상되면 일상에서 교양이 충만한 사람으로 여겨지고 중요한 의사결정을 할 때 실제 도움이 되기도 한다. 이처럼 성숙한 판단능력을 가진 건전한 시민을 양성하는 것이 교육의 목표일텐데, 이 책이 조금이나마 그 목표 달성에 기여할 수 있길 바란다.

책의 구성 및 집필 전략

국내에서 접할 수 있는 대부분의 교재들은 범죄학을 크게 '범죄학 일반론(기초)', '범죄 유형론', '범죄 원인론', '범죄 대책론' 등으로 구분한다. 범죄학을 국가공인자격시험(예, 경비지도사)이나 공무원 채용시험(예, 경찰 간부후보생, 경행 경채)에서 정식 과목으로 채택하는 경우에도 대체로 이와 같이 구분하여 문제를 출제하고 있다. 이러한 구분이 결코 잘못된 것은 아니지만, 한 권의 교재에 모든 내용을 뚜렷이 구분되어 보이는 범주들로 구분하여 기술하면 자칫 양이 지나치게 방대해지고 또한 범주 간 연결성을 학습자 스스로 파악해내기 어려울 수도 있다. 이럴 경우 공부를 시작하는 순간부터 큰 부담으로 다가오고 흥미도 떨어질 우려가 있다. 더 심각한 문제는 전체적인 내용에 대한 이해와 현실 적용성이 떨어져 공부를 하고 난 후 또는 시험을 치르고 난 후 남는 것이 별로 없다는 느낌을 받는 경우일 것이다.

필자의 신념은 우리가 사회와 연관된 공부를 할 때 그것이 현실과 밀접하게 관련되어 있음을 깨닫고 학습을 통해 우리를 둘러싼 실제 현실을 더욱 잘 이해할 수 있어야 한다는 것이다. 그러기 위해서는 먼저 책이 목표로 하는 독자층의 특성과 니즈(needs)를 정확히 파악해서, 그들에 적합하게 책의 체계를 잡고, 전달하고 싶은 내용을 우선순위에 따라 기술하며, 적절한 사례 연습을 통해 이해력을 향상시키는 것이 중요하다 생각한다. 이 책은 개론서이자 수험서로서 범죄학에 익숙하지 않은 독자들이 집중력을 유지하면서도 재미있게 범죄학의 핵심을 깨우치도록 설계되었다. 그런 취지에서 필자는 별도의 강의 없이도 책을 읽는 것만으로 내용이 잘 이해되게끔 최선을 다했다. 물론 내용을 이해한 후 현실 적용성을 높이기 위해서는 독자들의 추가적인 노력이 필요하겠지만, 책을 집필하는 입장에서는 목표와 자세가 명확해야 하는바, 이를 위해 다음 세 가지 전략을 구사했다.

1. 분권

▶학습의 난이도
– 대부분의 학생들과 수험생들은 이론편을 가장 어려워한다. 따라서 1권의 내용을 완전히 파악한 다음 2권으로 넘어가는 것을 권함.

이 책은 제1장 제2절에서 범죄학의 연구영역을 설명하면서, 범죄학이 활동하는 기본영역을 '범죄 현상 탐구', '범죄 원인 규명', '범죄 대책 강구'로 구분한다. 범죄 현상은 다시 범죄 '개념'과 '유형', '발생실태(횡적 현황 & 종적 추세)'로 구분하는바, 범죄 개념과 실태는 '일반론(기초)'에 해당하고, 범죄 유형은 '유형론'에 해당한다. 여기에서 범죄 유형을 일반론(기초)에 포함시키지 않고 따로 유형론으로 구분하는 이유는 개별 범죄(예, 살인, 성범죄, 보이스피싱, 화이트칼라범죄 등)를 단순히 정의하고 묘사하는 게 아니라 원인과 대책을 함께 논하기 때문일 것이다.

이 책은 두 권으로 구분하여 1권은 범죄학 기초와 이론에 집중하고 2권은 범죄유형과 대책을 다뤘다. 무엇이 더 중요하다고 말할 순 없지만 1권이 기본서의 역할을 하고 2권은 심화서 또는 해설서처럼 접근하는 것이 바람직해 보인다. 즉, 기초, 이론, 유형, 대책 등 모든 범주의 내용을 병렬적으로 구성하는 것보다는, 기초와 이론에 집중해서 범죄학의 토대를 구축한 다음 구체적인 범죄의 특성과 대책으로 확장해가는 전략이 더욱 유효해 보인다. 실제 필자가 미국의 대학원 과정에서 경험한 바로는 범죄학 개론 수업은 주로 기초와 이론편을 다루고 유형 및 대책은 범죄학 심화과정 또는 별도의 과목명을 정하여(예, 여성범죄론, 국제범죄론, 사이버범죄론, 지역사회경찰론, 범죄예방론 등) 운영하고 있다. 따라서 이 책의 독자들도 1권을 먼저 학습해서 범죄학의 기본 토대를 다진 다음 2권에서 현실문제에 적용하는 연습을 해보기 권한다. 참고로, 범죄학 루프에서 설명했듯, 이론과 대책은 서로 연관되어 있다. 따라서 1권에서 이론 설명을 하면서 관련 정책도 간단히 언급되는바, 이를 통해 1권과 2권이 자연스럽게 연결될 수 있도록 집필했다. 참고로 2권의 '유형론'과 대책론의 일부('사후대응')에 대한 집필은 필자보다 훨씬 전문가이신 분들이 함께 참여하니 기대해도 좋다.

2. '숲과 나무'로 체계화

둘째, '숲과 나무' 형식을 빌어 전체적인 틀을 먼저 잡고 구체적인 내용은 순서대로 하나씩 설명했다. 사실 범죄학 개론서가 차별성을 갖기는 쉽지 않은바, 이 책이 추구하는 전략은 기존의 내용들을 어떻게 체계화해서 가독성을 높이고 흥미를 끌어낼까에 있다. 예컨대, 〈표 Ⅲ-1〉은 범죄학의 발달과정을 한눈에 보여주며 범죄학 이론의 숲 역할을 한다. 이 표는 범죄학 루프에서 중시하는 사회문화적 맥락, 이론, 정책을 모두 개괄하고 있어 범죄학의 핵심 요소들을 독자들에게 계속 노출시킨다. 독자들은 반복적으로 소개되는 핵심 요소들을 중요하게 받아들이고, 개별 이론과 정책들이 범죄학이라는 거대한 숲의 어느 부분에 위치하는지 파악하면 된다. 또한, 내용이 너무 많아 정리가 필요한 장 말미에는 가급적 작은 숲을 제시하여(예, 〈표 Ⅵ-2〉, 〈표 Ⅶ-2〉, 〈표 Ⅷ-2〉) 이 책의 중요한 내용 모두가 위계적 질서를 갖추도록 구성했다.

3. '공차법' 강조

▶**공차법**
– 공통점과 차이점을 구분하는 방법

▶**실증주의의 범위**
– 범죄학 개론서들을 잘 읽어보면 사회구조와 과정이론들을 모두 실증주의로 표현하고 있음.

셋째, '공차법'을 적극 활용하여 학습의 효과를 높이고자 했다. 앞서 예시한 대로 고전주의와 합리적선택 관점은 범죄를 인간의 합리적 선택으로 간주하는 공통점이 있지만 등장 당시 정책적으로 의도했던 바는 완전히 상반된 것이었음을 주의해야 한다. 다른 예를 들면, 대부분의 교재는 사회구조이론들과 사회과정이론들을 실증주의와 구분해서 논하고 있지만, 실증주의 개념을 잘 이해하면 모두 실증주의의 범주에 포함됨을 알 수 있다(〈표 Ⅲ-1〉 참고). 주지하듯, 이러한 공차법은 모든 학습의 핵심 전략 가운데 하나이다. 사실, 어떤 개념이나 이론을 명확히 이해한다는 것은 유사해 보이는 개념과 이론들 간의 공통점과 차이점을 구분할 줄 안다는 것이다. 그래서 필자는 학생들에게 항상 공차법을 강조하는데, 범죄학처럼 사회현상을 다루는 학문일수록 알쏭달쏭한 경우가 많아 공차법이 더욱 중요해진다. 이런 취지에서 이 책은 여기저기 흩어져서 개별적이고 독립적으로 보이는 내용들에 대해 최대한 연관성을 찾으려 노력했고, 아울러 유사한 맥락에서 설명되고 있지만 어떤 차이점이 있는지를 최대한 규명하려 노력했다. 참고로, 필자의 생각에는 이 책의 기본 틀인 범죄학 루프 개념과 위에서 제시한 두 번째 전략('숲과 나무')을 충실히 이행하면 어느 정도는 매우 자연스럽게 공차법이 달성된다고 본다. 따라서 독자들이 범죄학 루프와 위계적 체계화를 잘 이해한다면 이 책에서 제시하는 공통점과 차이점 외에도 스스로 찾아낼 수 있는 여지가 꽤 있을 것이다.

참고 노트

이 책은 개론서이자 수험서로서의 목표와 역할을 제대로 수행하기 위해 다음과 같이 다양한 참고 노트를 활용하고 있다.

■ 본문 옆 주석

– 주석을 본문의 바로 옆에 달았는데, 기준은 단락이다. 이 방식은 필자가 가장 선호하는 방식으로서, 다음과 같은 효과를 기대했다. ① 독자들이 책을 읽다가 의문이 생기는 경우 여기 저기 찾아보지 않고 바로 해결할 수 있도록 했다. ② 중요한 내용을 간략히 설명하고, 책의 내용 중 서로 관련된 부분의 위치(장, 절, 페이지 등)를 알림으로써 집중력을 유지한 채 책의 전체 내용이 파노라마처럼 기억되도록 돕고자 했다. ③ 주요 학자들의 알파벳 성명과 국적, 출생·사망 연도를 표시하여 그들이 활동했던 장소와 시대를 짐작케 하고, 간혹 성(last name)이 똑같은 경우(예, William Julius Wilson은 진보적 사회학자 vs. James Q. Wilson은 보수적 범죄학자이자 행정가) 서로를 구분할 수 있게 했다. ④ 중요하거나 헷갈리는 용어들을 수시로 정리하여 내용 이해를 돕고자 했다.

참고로, 국내 교재들은 외국 교재(주로 영문 교재)를 번역하거나 번역서를 인용하는 과정에서 다양한 용어들이 사용되고 있는데, 사실은 동일하거나 유사한 의미인 경우가 많다. 그 이유는 영어가 원래 같은 단어를 반복 사용하는 걸 싫어해서 하나의 의미를 표현하는 데 여러 단어들을 사용하는 습관이 있기 때문인바, 이를 알거나 모르거나 상관없이 번역할 때는 계속 다른 우리말을 사용하는 게 현실이다. 따라서 최대한 필자가 아는 범위 내에서는 동일하거나 유사한 의미로 해석해야 하는 용어들을 한 곳에 정리하는 게 작게나마 독자들에게 도움이 될 것이다. 여백의 공간에는 독자들이 스스로 메모하거나 포스트잇을 붙여 활용하기 바란다.

■ 스토리 박스(보충설명)

– 본문은 쉽게 읽힐 수 있도록 간결하게 작성하는 대신, 중요한 내용에 대한 해설이 필요한 경우나 시험에서 중요하게 다뤄지는 내용을 보충하기 위해 스토리 박스를 만들었다. 정성을 많이 들였으니 그냥 넘어가지 말고 꼭 정독해 주기 바란다.

■ 요점 정리

– 각 절의 말미에 본문의 핵심 내용을 정리하여 다음 파트로 넘어가기 전에 기억을 상기시키고자 했다. 그런데, 보통 '소결'로 정리되거나 짧은 절에서는 생략되었고, 제6~8장의 내용은 대부분 별도의 요점 정리 없이 Q&A와 〈표〉로 정리했다. 아마 본문 옆 주석, 요점 정리, 그리고 장 말미의 〈표〉들을 보면 내용이 계속 반복되는 느낌이 들 것이다. 이것은 필자의 소신을 반영한 것으로, 책을 한 번 정독하기보다 열 번 반복해서 읽길 권한다. 인간의 뇌는 충격이나 반복을 통해서만 기억을 하는 구조이기 때문에 우영우 같은 천재가 아니라면 꼭 반복해야 한다.

■ **필자 비평**

– 다른 저술에 기술되어 있거나 일반적으로 받아들여지는 사항 중 독자들이 좀 더 신중하게 접근해야 할 필요가 있는 경우, 필자의 주관을 담아 비판해 보았다. 이때 비평의 합리적 근거를 제시하기 위해 가능하면 신뢰할 만한 레퍼런스(참고 및 인용)를 첨부하고자 노력했다. 또한 가끔, 비록 개론서이지만, 필자가 새롭게 제시하거나 구조화한 개념 등을 소개하는 경우가 있는데, 필자의 주관이니 참고만 하기 바란다.

감사 말씀

이 책이 나오는 데 감수와 추천사, 서평, 격려가 큰 힘이 됐다. 경찰대학교 노성훈 교수님의 감수는 이 책의 밀도를 크게 향상시켰다. 경찰대학교 박정선 교수님과 경기대학교 황의갑 교수님의 따뜻한 추천사는 필자에게 감동을 주었다. 계명대학교 김중곤 교수님과 경찰대학교 한민경 교수님의 서평은 필자에게 큰 격려가 되었으며, 계명대학교 장응혁 교수님 등 여러 지인분들의 고언은 앞으로 더 나은 책을 내야 한다는 반성과 함께 새로운 각오를 다지게 만들었다. 바쁘신 와중에도 범죄학 생태계와 미래의 주역을 사랑하는 마음으로 흔쾌히 시간을 내주신 교수님들께 진심으로 감사의 말씀을 전한다.

목차

CONTENTS

1부

STORYTELLING CRIMINOLOGY

범죄학의 기초

제1장 범죄학의 의의

범죄학은 '범죄라는 사회현상을 체계적으로 연구하는 행위이자 그 산물로서 구축된 지식체계'를 의미한다. 이러한 정의를 통해 우리는 범죄학을 규정 짓는 세 가지 특성에 주목해야 한다.

I. 사회현상으로서의 범죄, 그리고 범죄학

첫째, 범죄학의 연구대상(i.e., 객체)인 범죄는 '사회현상'이다. 따라서 범죄는 특정 시대와 장소의 사회문화적 맥락 안에서 이해해야 하는바, 이를 '범죄의 상대성'이라 한다. 이는 너무나 당연한 명제로서 상세한 설명은 제2장 제1절에서 다뤄진다.

▶사회문화적 맥락 속의 범죄학
– 이론과 정책의 발달은 사회문화적 에너지가 응축된 후 전개됨.
– 범죄학은 현실의 목적을 가진 실천학문임.

범죄가 사회현상임을 강조하는 이유는 이를 연구하는 주체인 범죄학도 반드시 사회문화적 맥락 안에서 발달해온 과정을 이해해야 하기 때문이다. 범죄 현상을 탐구하고, 그 원인을 규명하며, 효과적인 대책을 강구하고자 하는 범죄학에는 다양한 사상과 이론이 존재한다. 어떤 이는 범죄가 개인의 선택이라 주장하는 반면(예, 합리적선택이론), 어떤 이는 타고난 범죄적 속성의 결과라 주장한다(예, 생물학적 관점). 어떤 이는 범죄의 원인을 규명하는 것이 중요하다고 말하는 반면(예, 실증주의), 어떤 이는 차별적인 처벌의 원인을 규명하는 것이 더 중요하다고 말한다(예, 비판주의). 이처럼 다양한 사상과 이론이 동시대에 동일한 지역에서 동일한 수준의 관심을 받았다고 보는 독자들은 없을 것이다. 특정 주장이 주목을 받으려면 그 주장을 받아들일 준비가 되어 있어야 한다. 즉, 사회문화적 에너지가 응축되었을 때 비로소 특정 주장이 대세가 되고 정책으로 승화되어 우리의 삶에 영향을 미치는 것이다. 예컨대, 18세기 중후반 계몽사상과 사회계약론이 유럽사회를 주도하고 있었기 때문에 당대의 잔인하고 임의적인 형벌제도에 대한 비판(i.e., 고전주의)이 받아들여졌고 결국 오늘날과 같은 합리적인 양형제도의 모습으로 바뀌어 가는 출발점이 될 수 있었다. 따라서 우리는 앞으로 범죄학을 학습하면서 이론과 정책이 어떤 사회문화적 맥락에서 등장, 발전, 쇠퇴, 부활, 또는 통합의 과정을 거쳤는지 살펴볼 것이다.[1] 앞선 책 소개와 후술되는 제3장의 '범죄학 루프'에서 상세히 논의되듯, 범죄와 범죄학은 사회문화적 맥락 안에서 바라볼 때 가장 이해가 잘 되고, 기억도 오래 지속되며, 범죄를 둘러싼 복잡한 현실을 명확히 파악할 수 있는 장점이 있다.

사회현상이라는 키워드와 관련해서 추가로 고려할 수 있는 사항은 범죄학의 목적이다. 범죄학을 사회학의 범주 안에서 이해할 때, 범죄학의 목적은 사회학의 일반적인 목적을 공유한다고 볼 수 있으므로 '범죄문제를 해결하고 동시에 미래를 예측하여 더 나은 삶을 추구하는 것'이라 할 수 있다.[2] 그런데 이러한 목적 역시 사회문화적 맥락을 고려하지 않으면 자칫 추상적인 선언 정도로 치부될 수 있다. 다시 말해, 우리는 범죄학의 최종 목표라 할 수 있는 '삶의 질 개선'이 다양한 현실에 따른 사회문화적 의미를 담고 있음에 주목해야 한다. 예를 들어, 최근 우리 국민들의 삶의 질이 범죄피해 자체보다는 '범죄 두려움'에 더 큰 영향을 받는다는 연구들이 존재하는데,[3] 이러한 인식의 변화는 범죄학의 연구와 정책 운용 방향에 새로운 지침으로 작용하게 된다. 만약 방범용 CCTV 설치와 같은 특정 정책이 범죄율을 감소시키지 못하는 경우라도 시민들이 원하고 편안함을 느낀다면 그 효과성을 인정받을 수 있기 때문에 축소보다는 오히려 확대하는 방향으로 정책이 운용될 수 있는 것이다. 결국 범죄학의 목적도 특정한 사회문화적 맥락에서 보면 매우 구체적인 목표를 지향하는 실천적 개념임을 이해할 수 있다.

이상을 종합하면, 범죄와 범죄학은 둘 다 사회현상으로서 사회문화적 맥락 안에서 이해될 필요가 있고, 그럴 때 비로소 범죄학의 목적 역시 구체적인 정책으로 시도·평가되는 실천적 개념으로 다가온다. 이러한 논의를 통해 필자가 당부하고 싶은 점은 범죄학을 탁상공론이 아니라 실재하는 현실의 문제를 다루고 개선하려는 실천적 학문으로

▶범죄학 vs 사회학
─ 현대범죄학은 다학제적 학문임. 하지만, 그 발달과정을 보면 사회학자들이 사회학적 시각으로 범죄를 연구하면서(예, 시카고학파) 범죄학이 오늘날과 같은 체계를 갖추게 된 건 사실임.

▶방범용 CCTV의 효과
─ 방범용 CCTV의 예방효과에 대한 연구결과가 다양하므로 본 예시를 효과가 없다는 뜻으로 오해하면 안 됨.

▶맥락
- 여기에서는 거시(사회문화적) 맥락만을 언급하지만, 맥락에는 미시(개인적) 맥락도 존재함. 제3장의 '범죄학 루프' 참고.

이해하자는 것이다. 그리고 더 중요하며 반복되는 당부는 이제부터 범죄학을 학습할 때 모든 이론과 정책을 시간과 장소에 따른 사회문화적 맥락에서 살펴보라는 것인바,[4] 그러한 접근이 가장 효과적인 학습법임을 이 책과 함께 경험하며 체득하길 바란다.

스토리박스 〈보충설명 I-1〉

서덜랜드와 크레시(1960)가 설명한 범죄학

■ 정의: 범죄학은 범죄라는 사회현상에 대한 지식체다.

■ 영역: 그것은 법을 만들고, 법을 어기고, 법규 위반에 대해 반응하는 과정을 그 연구영역으로 한다.

■ 목적: 범죄학의 목적은 이러한 법, 범죄, 처우의 과정에 대한 일단의 일반적이며 입증된 원리와 다른 유형의 지식을 발전시키는 것이다.

출처: Siegel, L.J. (2018). *Criminology*. Wadsworth. 이민식 외 7인 역(2020). p.4.

필자 비평 I-1 : 범죄학의 목적

필자는 서덜랜드와 크레시(1960)가 설명한 범죄학의 목적이 범죄학의 역할에 가깝다고 생각한다. 이 역할을 통해 궁극적으로 달성하고자 하는 것이 범죄학의 목적으로서 전술한 대로 '범죄문제 해결과 삶의 질 개선에 기여'하는 것이 더 목적 개념에 가깝다는 견해이다.

II. 체계적인 연구

▶체계적인 연구
- 과학적인 연구방법을 적용하는 연구

둘째, 학문으로서 범죄학은 반드시 '체계적 연구'를 필요로 한다. 대부분의 학자들은 체계적 연구에 대해 과학적 연구방법을 적용하는 접근법으로 이해한다.[5] 이는 사회학의 창시자인 콩트의 실증주의(positivism)를 반영한 사고라 할 수 있는바, 콩트는 사회현상에 대한 탐구도 자연과학의 실증적 연구방법을 적용해서 현상의 패턴을 찾아내고 그 원인을 규명함으로써 효과적으로 대응할 수 있다고 주장했다. 이러한 실증주의는 경험주의 인식론에 기반한 것으로, 실험, 관찰, 조사 등의 방법으로 범죄 데이터를 수집하고 통계분석기법을 적용하여 인과관계를 규명하는 귀납적 추론을 시도하도록 주문한다. 이를 계기로 19세기 중반부터 범죄 연구를 과학적으로 수행하는 움직임이 일상화되었으며 최근에는 '과학으로서의 범죄학' 또는 '범죄과학'이라는 용어가 보편적으로 사용되고 있다.

따라서 독자들은 앞으로 실증주의나 범죄과학이라는 용어를 빈번하게 마주칠 것이다. 또한 시험에서도 범죄학의 연구방법에 대한 문제가 가끔 출제되기 때문에, 비록 연구방법을 전문적으로 다루는 수준까지는 요구되지 않더라도, 과학으로서의 범죄학을 이해하기 위해 꼭 필요한 내용은 알아야 할 것이다.

이를 위해 이 책은 '범죄학 학습자가 알아야 하는 연구방법'이라는 소주제로 총 3편에 걸쳐 설명을 진행한다. ① 먼저 〈보충설명 I-3〉의 '실증주의와 범죄과학'에서는 '학문 – 경험주의 인식론 – 자연과학 – 실증주의 – 범죄과학'으로 이어지는 발달과정을 살펴봄으로써 범죄학의 연구방법을 이해하는 데 필요한 거시 맥락을 제공한다. 이를 통해 연구방법의 기원과 확장과정을 알게 되면 구체적인 연구방법의 내용에 대한 호기심이 생기고 이해도 훨씬 쉬워질 것이다. ② 그런 다음, 제3절 '범죄학의 연구방법'에서 대부분의 주요 내용이 정리된다. 먼저, 인과관계에 대한 과학적 추론이 이루어지는 논리 과정을 살펴보는데, 이는 과학이라는 학문이 학계의 인정을 받음과 동시에 사회 발전에 크게 기여할 수 있었던 토대로 평가될 만큼 매우 중요하다. 따라서 실제 적용되는 연구방법들은 이 논리적 추론과정에 근거해서 어떻게 하면 추론의 오류를 줄일 수 있을까에 초점을 맞추고 있다. 이 점을 염두에 두고 이 책은 범죄학 학습과 밀접한 관련이 있는 '데이터 수집 과정'에 집중하고자 하는바, 각 연구방법이 타당한 추론과 관련해서 어떤 장단점이 있는지를 유심히 살펴본다. ③ 마지막으로 제2장 '범죄의 개념 및 실태'에서 실제로 범죄 데이터가 수집되는 방법들을 살펴본다. 이때 중요한 것 역시 각 방법이 얼마나 추론의 오류를 줄이는 데 장단점이 있는가 하는 문제일 것이다. 여기에서는 특히 범죄 데이터를 수집할 때 적용되는 '표집(sampling)' 과 '측정(measurement)'이라는 방법론적 개념을 기준으로 장단점을 살펴본다.

▶Auguste Comte, 프랑스, 1798-1857.

▶데이터
– 이 책에서 데이터는 보통 자료의 의미로 사용됨. 하지만, 연구방법에서 모집단의 추론 도구로 사용될 경우에는 표본으로 해석해야 함(제 3절 연구방법 참고).

▶범죄과학의 개념 주의!
– 현대의 과학적 범죄예방을 범죄과학이라 부르기도 함. 이 책이 과학으로서의 범죄학을 의미하는 것과 다소 개념이 다름에 주의. 제 2권 참고.

필자 비평 I-2 : 범죄학 교재에서의 연구방법

연구방법은 결코 쉬운 분야가 아니다. 그런데 국내 교재들 다수가 여러 방법들을 병렬적으로 나열하는 형태를 취하고 있어 독자들이 스스로 내용을 이해하기 어려워 보인다. 예컨대, 실험연구는 연구설계의 일종으로서 혼재변수를 통제하기 위해 수행되는 연구이고, 설문조사(연구)는 연구설계가 끝난 다음에 실험이든 비실험이든 상관없이 실제로 데이터를 수집하는 방법 가운데 하나이다.(《표 I-1》 확인). 따라서 '연구설계 단계'에서 논의되는 방법들과 실제 '데이터 수집 단계'에서 논의되는 방법들을 구별해야 하는데, 다수의 교재들이 그렇게 하지 않아 안타깝다. 심지어 설명 자체가 잘못된 경우도 있어 우려가 크다. 비록 범죄학 교재에서 다뤄야 할 방법론의 내용이 범위에서 제한적이고 내용에서 기초적이지만, 그래도 범죄학을 이해하는 데 꼭 필요한 부분에 대해서는 체계적인 기술이 필요하다.

▶연구방법 학습
 - 범죄 현상과 데이터 해석 능력 향상
 - 형사정책 실무 적용 능력 향상
 - 최소한 '범죄 데이터 수집 방법'에 대해서는 반드시 학습해야 함.

그런 취지에서 이 책은 범죄학 교재에서 다뤄야 할 방법론적 지식의 범위를 나름대로 설정해보고, 최대한 이해하기 쉽게 풀어서 설명했다. 특히 '학문 – 경험주의 인식론 – 과학 – 실증주의 – 범죄과학 – 연구방법 – 추론의 타당성 – 이에 기초한 방법들의 장단점'으로 이어지는 논의체계는 '아, 연구방법이 이런 것이고 이래서 중요하고 이런 이런 점들을 잘 살펴봐야겠구나'라고 느끼게 할 것이다. 물론 개별 연구방법마다 세부적으로 공부해야 할 내용이 매우 많지만, 이 책은 핵심적인 개념과 함축된 의미 위주로 설명해서 독자들이 범죄학 저술을 이해하는 데 도움이 되도록 했다. 희망컨대, 이 책이 설명하고 있는 인과관계 추론과 개별 연구방법에 적용되는 '논리'를 온전히 이해하게 되면, 범죄 현상과 데이터를 적절히 해석하는 논리력이 매우 향상될 것이다. 또한 형사정책 실무에 있어서도, 비록 작지만, 바로 적용할 수 있는 지식이 함양될 것이다.

서술은 가급적 쉽게 하고 내용은 그림이나 도표로 자주 요약했으니 자신감을 가지고 도전해보길 권한다. 혹시 정말 어렵거나 불필요하다고 느껴질 경우라도, 최소한 제2장 제2절 '범죄 데이터 수집방법'에 대해서는 꼭 학습해야 할 것이다. 그런 다음, 범죄 데이터가 무엇을 말하는지 이해하기 위해 제2장 제3절로 나아가기 바란다.

Ⅲ. 연구를 통해 구축된 지식체계

셋째, 범죄 연구를 통해 '구축된 지식체계'란 연구의 결과물에 대한 것이다. 그동안 축적되어온 연구 성과는 다시 말해 범죄학의 연구영역이 어떤 범위에 걸쳐있는지를 보여주는 것이라 하겠다. 연구영역에 대한 논의는 바로 다음의 제2절에서 상세히 이루어지는데, 간단히 요약하면 다음과 같다. 범죄학은 ① 범죄가 무엇이며, 어떤 상태로 발생하거나 분포하고 있는지, ② 범죄가 발생하는 이유 또는 그렇게 분포하는 이유가 무엇인지, ③ 어떻게 대응하는 것이 바람직한지에 대해 정립된 지식체계라 할 수 있다. 이 책은 이들을 각각 '범죄 현상', '범죄 원인', '범죄 대책'으로 규정하고 설명을 이어가고자 하는바, 독자들은 이들이 바로 범죄학이라는 학문이 전통적으로 관심을 가져온 주제라고 생각하면 된다. 참고로 이는 서덜랜드와 크레시(1960)가 구분한 연구영역과 매우 유사함을 알 수 있다(〈보충설명 I-1〉 확인).

▶범죄학의 본질적인 연구 영역
– 범죄 현상
– 범죄 원인
– 범죄 대책

그런데 범죄학은 가장 빠르게 영역을 확장하고 있는 분야 중 하나이다. 필자가 미국에서 수학하던 2000년대 초중반 라디오에서 범죄학이나 형사정책학 관련 광고가 자주 나왔었는데, 광고 내용 자체에 'one of the fastest growing disciplines(가장 빨리 성장하는 학문 분야 중 하나)'라는 문구가 나올 정도였다. 이는 비단 범죄학 학위과정을 신설하는 대학(원)의 수가 증가하는 현상만 의미하는 것이 아니라 범죄학을 향한 대중의 관심이 급격히 증가하고 있음을 말해주는 현실이었다. 그런 만큼 범죄학은 자신의 영역을 빠르게 확장해왔는바, 중요한 몇 가지를 정리하면 다음과 같다. ① 범죄 현상과 관련해서는 단순한 묘사나 패턴분석을 넘어 '범죄와 범죄인을 예측'하려는 목표가 생겼고, ② 범죄 원인과 관련해서는 그 연구대상을 가해자에서 피해자로 넓혀 '피해의 원인'을 규명하고자 하며, ③ 범죄 대책과 관련해서는 전통적으로 경찰이나 교정 분야에서 독립적으로 논의되던 경향에서 벗어나 여러 기관과 단체, 시민이 합심해야 한다는 '다자간 협력' 패러다임으로 변하는 추세에 있다고 할 수 있다.

▶범죄학의 확장성 예시
– 범죄 예측
– 피해 원인
– 다자간 협력

따라서 현대 범죄학을 제대로 이해하기 위해서는 확장된 영역에 대한 논의도 반드시 필요하다. 하지만, 이처럼 다양한 주제들을 한 권의 교재에서 병렬적으로 나열하게 되면, 자칫 학습 체계가 잡히지 않을 우려가 있고, 범죄학이 무엇인가 하는 정체성마저 혼

▶i.e. = id est = 즉

란스러울 수 있으며, 분량이 지나치게 방대해져 공부를 시작할 엄두마저 못 낼 가능성이 있다. 이에 필자는 책을 두 권으로 분리하여, 제1권에서는 범죄학의 본질을 명확히 이해할 수 있도록 학문적 기초(i.e., 범죄학의 정의·특성·연구방법, 범죄 현상)와 이론을 집중적으로 설명하고, 제2권에서 확대된 영역인 범죄 예측, 피해 원인 규명 및 피해자 보호, 다자간 협력 등에 대해 다루고자 한다. 이때 제1권에서 제2권의 토대가 되는 핵심 사항들을 간단하게나마 소개함으로써 두 권의 내용이 자연스럽게 연결될 수 있도록 할 것이다. 그리고 〈그림 I-1〉과 같은 도식을 이용해서 기본 영역으로부터 점차 확장해가는 범죄학의 모습이 머릿속에 그려질 수 있도록 돕고자 한다. 독자들은 먼저 제1권에 집중해서 범죄학의 기본에 대한 토대를 다진 다음, 제2권을 이용해서 확장된 영역을 자연스럽게 따라가기 바란다. 재차 강조하지만, 가장 효과적인 학습법 중 하나는 학문의 발달과정을 그대로 따라가며 학습 내용을 확장해가는 것임을 명심하자.

스토리박스 〈보충설명 I-2〉

다른 학자들이 바라본 범죄학

- **가로팔로**(Raffaele Garofalo, 이탈리아 법학자, 1852-1934)
  - 범죄학이란 용어를 1885년 처음 사용함 : Criminologia
  - 동시대에 이탈리아에서 활동했던 롬브로소(C. Lombroso)와 페리(E. Ferri)가 주로 생물학적, 사회학적 접근을 했던 것과 달리, 범죄는 인류학적 요인과 사회심리학적 요인의 결합에 의해 발생한다는 '사회진화론'의 입장을 취함.
  - 이렇게 범죄학을 범죄 현상과 원인을 탐구하는 사실학으로 간주하는 한편, '자연범'의 개념을 인정하여 각 국의 형사사법체계로부터 독립시킴.

▶자연범
– 법규에서 범죄로 규정하기 이전에 이미 성질상 반사회적·반도덕적인 범죄. 살인, 강도, 강간 등이 해당되며, '형사범'이라고도 함.
– 반의어는 '행정범'으로서 국가의 행정목적상 특별히 범죄로 규정한 행위.
– 사회계약론의 '자연법사상'과 연관된 것으로, 각 국의 형사사법체계와 무관한 보편적인 개념으로 인정됨.

- **기본스**(Don C. Gibbons, 미국 범죄학자, 1926-2015)
  - 범죄학은 형법의 제정과정, 형사사법제도, 범죄량과 그 분포, 범죄의 원인을 연구하는 학문이라 정의함.
  - 대체로 서덜랜드와 크레시(1960)의 정의와 유사한데, 추가로 형사사법제도를 포함시킨 것은 범죄학이 경찰학이나 형사정책학과 결합하여 확장되어 가는 과정을 잘 보여줌. 다음 절에서 설명되는 '범죄학의 확장성' 참고.

실증주의와 범죄과학
(부제: 범죄학 학습자가 알아야 하는 연구방법 I)

학문의 의미. 학문은 진리를 탐구하는 행위이다. 따라서 범죄학은 범죄라는 사회현상과 관련된 진리를 탐구하는 행위라 할 수 있다. 좀 더 구체적으로 살펴보면, 범죄학은 범죄가 현재 어떻게 발생하고 있는지, 그 원인이 무엇인지, 어떻게 해결할 수 있는지 등과 관련된 의문에 대한 해답을 찾는 과정이라 할 수 있는바, 이를 위해서는 반드시 체계적인 연구활동이 수반되어야 한다. 여기에서 관건은 '체계적인 연구'가 무엇을 의미하는가이다.

▶진리(truth)
– 진리는 절대적이고 보편적이며 불변하는 특성을 가지고 있음. 가장 흔히 회자되는 예로서 중세에는 신이, 근대 이후에는 인간 이성이 진리의 상징처럼 간주됨.

과학적 접근. 학문에는 철학을 비롯하여 과학, 수학, 의학, 법학, 인문학, 사회학 등 다양한 탐구활동이 존재한다. 이 중 범죄학에서 정의되는 체계적인 연구는 대개 과학적 접근법을 의미하는 것으로, 과학적 연구는 인간의 오감을 이용한 실제 경험을 통해 진리에 도달하고자 하는 의도를 가지고 있다. 이를 경험주의 인식론을 추구하는 접근법이라 하는데, 인식론에 대한 독자들의 이해를 돕기 위해 간단히 부연설명한다.

경험주의 인식론. 고대부터 학문을 대표해 온 철학의 핵심 분야는 진리에 대한 탐구인데, 이는 크게 존재론(ontology)과 인식론(epistemology)으로 구분된다. 존재론은 보편적이고 불변하는 진리(예, 신)가 존재하는지 여부를 탐구하는 분야인 반면, 인식론은 그러한 진리가 존재한다는 전제 하에 그렇다면 어떻게 진리에 도달할 수 있는가를 탐구하는 분야이다. 근대 이후에는 인간의 이성이 신을 대체하게 되면서 존재론은 쇠퇴하고 인식론이 대세를 이루었는데, 인식론은 경험주의(empiricism)와 합리주의(rationalism)가 대립하면서 발전하였다. 베이컨으로 대표되는 경험주의는 인간의 오감을 이용한 직접적인 경험을 통해서만 진리에 도달할 수 있다고 주장하는 반면, 데카르트로 대표되는 합리주의는 끊임없는 이성적 사고(예, 방법적 회의)를 통해서만 참

▶Francis Bacon, 영국, 1561~1626.

▶Rene Descartes, 프랑스, 1596~1650.

▶관념론
– 참고로 경험주의와 합리주의는 독일의 철학자 칸트에 의해 관념론으로 통합되었음.

된 진리에 도달할 수 있다고 주장한다. 대표적으로 과학은 실험, 관찰, 조사와 같은 경험(귀납법)에 기반한 학문이고, 수학은 연속되는 동어반복과 같은 이성적 추론(연역법)에 기반한 학문이라 할 수 있다. 과학을 할 때 우리는 무언가를 계속 관찰하지만, 수학을 할 때는 전혀 관찰할 필요가 없음을 잘 알고 있다. 여기서 우리가 주목해야 할 점은 경험주의 인식론이 자연과학 발달의 사상적 토대를 제공했다는 사실이다.

▶과학의 특징
– 물론 과학이 경험에 기초한 학문이지만 원리 개발에는 수학이 적용되는 경우가 많음.

실증주의와 사회과학. 그럼 다시 과학적 연구로 돌아오자. 과학은 전술한 대로 실험, 관찰, 조사 등 현실세계에 대한 실제 경험과 측정을 핵심으로 한다. 처음엔 자연현상에 대한 탐구, 즉 자연과학을 의미했으나 콩트가 사회현상 탐구에도 과학적 연구방법을 사용해야 한다고 주장하면서 사회과학이라는 용어가 등장했다. 콩트는 이를 실증주의(positivism)라 칭하였는데, positivism이라는 용어가 긍정(낙관)주의로도 해석되는 점에서 알 수 있듯, 당시에는 사회현상에 대한 탐구와 변화 예측에 있어서도 과학적 접근법을 이용해 충분히 진리에 도달할 수 있을 거라는 강한 믿음과 기대가 있었다. 과장이 아니라 당시는 '과학숭배사상'이 지배하던 시대로서 실증주의는 범죄를 탐구하던 학자들에게도 피해갈 수 없는 사조였다. 이에 19세기 중반부터 생물학적 관점을 필두로 한 실증주의가 범죄학의 주류로 떠오른 이후 지금까지 계속 그 자리를 유지하고 있다(〈표 III-1〉 참고).

▶과학숭배사상
– 다윈의 진화론은 인간이 더 이상 신의 창조물이 아니라는 믿음을 강화시켜, 신 대신 과학을 숭배하는 사상이 출현하는데 기여했음.

이상을 요약하면 다음과 같다. 경험주의 인식론은 자연과학의 발달에 큰 영향을 미쳤고, 자연과학의 발달은 근대화와 산업화를 촉진시키며 근대 시민사회가 성숙하는데 일조하였다. 19세기 중반 과학에 대한 무한 신뢰와 인류사회에 대한 낙관적인 태도가 실증주의로 나타나 사회현상에 대한 탐구도 직접 경험을 통한 데이터 수집과 통계기법을 이용한 분석 및 추론이 일상화되었다. 범죄 연구에 있어서도 이러한 실증주의식 접근은 당시부터 대세로 자리잡았고 현재까지도 그 지위를 유지하고 있다. 따라서 앞으로는 실증주의, 범죄과학, 경험, 데이터, 통계분석 등의 용어가 등장하면 콩트의 실증주의가 범죄 연구에 적용되면서 보편화된 것으로 이해하면 된다.

사실학. 이와 관련해서 한 가지 더 유념해야 할 사항은 학문을 규범학과 사실학으로 구분할 때 범죄학은 사실학에 해당한다는 것이다. 규범학은 연구대상의 가치를 규준(i.e., 규범이 되는 표준)으로 삼는 학문으로서, "대상 A는 어떠어떠해야한다"는 당위명제로 구성되는바, 대표적으로 윤리학, 논리학, 미학 등이 이에 해당하고 일반적으로 법학도 규범학으로 분류된다. 반면, 사실학은 대상의 가치와 무관하게 "A는 어떠어떠하다" 또는 "A는 어떠한 상태로 존재한다"는 사실명제로 구성되는바, 경험과학이 대표적인 사실학에 해당한다. 따라서 이 책과 대부분의 학자들이 범죄학을 사회과학의 범주에 포함시키는 것은 범죄학이 사실학임을 명확히 말해준다. 설령 범죄학을 과학으로 간주하지 않는다 해도 범죄는 사회에 실재하는 현상이고 그 원인과 대책을 탐구하는 것이 범죄학의 핵심이므로 범죄학은 당연히 사실학이라 하겠다.

▶범죄학이 혹시 규범학?
– 범죄학의 연구영역 가운데 범죄의 정의를 다루면서 '어떤 행위가 범죄로 간주되어야 하는가'를 논하는 영역은 당위명제의 형태를 띠고 형법과 관련되므로 규범학의 성격을 가진다 할 수 있음. 하지만 이는 범죄학의 극히 일부에 해당하고 법학과 겹치는 부분이므로 필자는 범죄학을 사실학으로 간주해야 한다고 생각함.

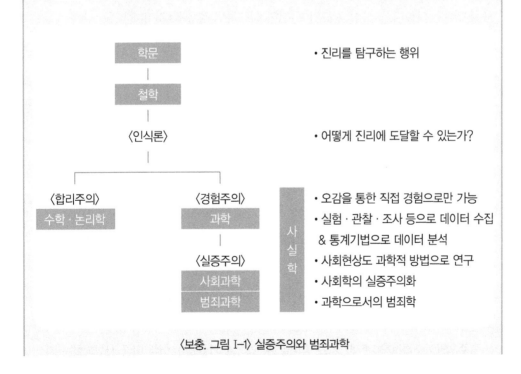

〈보충. 그림 I-1〉 실증주의와 범죄과학

37

〈보충. 그림 I-1〉과 같이 학문의 개념부터 시작해서 진리에 대한 정의, 경험주의 인식론, 과학의 개념, 실증주의, 범죄과학, 사실학, 그리고 연구방법과 과학적 추론으로 이어지는 설명체계는 필자가 오랜 시간 숙고해서 깨달은 결과물이다. 스스로 뿌듯한 마음에 범죄학과 연구방법론을 강의할 때면 항상 첫 두 시간을 할애해서 이에 대해 꼼꼼히 설명한다. 물론 이것이 전부는 아니고, 사회과학으로서 범죄학 연구가 갖는 한계와 문제점, 추론의 방식과 오류, 범죄수사와 재판과정이 과학적 추론과 유사한 점, 문제나 오류를 보완할 수 있는 방법 등의 내용도 추가로 설명하는데, 이 중 독자들에게 꼭 필요하고 중요한 내용에 대해서는 제3절 '범죄학의 연구방법'에서 최대한 쉽게 풀어서 설명하겠다. 지금은 ① 범죄학 이론 편에서 등장하는 실증주의가 콩트가 말한 실증주의를 그대로 반영한 것이라는 사실, ② 경험이란 용어는 인식론의 경험주의에서 나온 것으로 실증과 거의 같은 의미로 사용된다는 사실, ③ 과학적 연구방법을 사회현상 탐구에 사용하면서 사회과학이라는 용어가 생겨났고 이를 사상적으로 실증주의라 칭한다는 사실, ④ 범죄학은 과학의 범주에 포함되느냐 여부와 상관없이 사실학에 해당한다는 사실 정도만 온전히 이해하면 충분할 것이다.

미국 사회학계가 실증주의화 된 이야기(1부) : ASS에서 ASA(앗싸)로

▶Society vs. Association
 – Association은 Society보다 전문가들의 모임이라는 뉘앙스가 강함.

20세기 초 미국 사회학회(ASS, American Sociological Society)는 가난, 매춘, 청소년 범죄 등 사회문제에 대한 가치판단에 주력하는 경향을 보였다. 그중에서도 특히 보수적이고 종교적인 가치를 중시하는 사회개혁을 주장했는데, 이는 흡사 사회적인 복음을 전파하는 듯한 모습으로 비치기도 했다. 이 당시에는 전반적으로 Society란 용어에서 알 수 있듯, 학위나 전문성과 상관없이 사회문제에 대한 관심과 개혁적 가치를 가진 사람이라면 누구나 참여할 수 있는 개방적 성격을 가지고 있었다.

그런데 1929년 미국의 사회학자이자 통계학자인 오그번(William F. Ogburn)이 사회학회의 회장으로 취임하면서 가치판단을 배제한 양적(quantitative) 사회학을 옹호하고 실증주의만이 사회학의 존재가치를 증명할 수 있다고 역설했다. 이때 미국 사회학회는 명칭을 ASS에서 ASA(American Sociological Association)로 바꾸며 좀 더 과학적 전문성을 지향하는 단체로 변하기 시작했다. 또한 실증연구를 전문으로 하는 대학원 설립을 주장하면서 현재와 같은 많은 대학원들이 설립되기 시작했다. 따라서 이 시기를 미국 사회학계가 실증주의를 지향하며 사회과학화 한 시점으로 간주하는데 큰 이견이 없다. 이러한 경향은 1935년 이후 영국의 통계기법, 특히 통계적 추론의 논리적 토대를 마련한 피셔 통계학이 적극 도입되면서 더욱 강화되었다.

▶Ronald A. Fisher, 영국, 1890–1962.

하지만 미국의 모든 사회학자들이 이러한 흐름에 동조했던 것은 아니다. 대표적으로 밀스는 통계적 추론을 'the method(방법론)'라 칭하고 사회현상에 대한 지나친 실증적 접근을 'abstracted empiricism(추상된 경험주의)'라 비판했다. 상세한 설명은 2부에서 이뤄진다(《보충설명 I-10》).

▶C. Wright Mills, 미국, 1916–1962.

요점 정리

범죄학의 정의 및 특성

- 사회현상으로서의 범죄 탐구: 범죄와 범죄학을 이해할 때 맥락이 가장 중요함. 그럴 때 비로소 범죄학이 우리 삶에 영향을 미치는 실천적 학문으로 느껴짐.
  → 범죄학 루프 & 범죄학의 발달과정(제3장)

- 체계적 연구: 범죄학 연구는 대개 과학적(실증적, 양적) 연구방법을 따름.
  → 범죄학의 연구방법(제1장 제3절) & 범죄 데이터 수집방법(제2장 제2절)

- 연구 결과로 구축된 지식체계: 연구의 결과물은 범죄학의 연구영역과 직결됨. 범죄 현상, 범죄 원인, 범죄 대책 + 확장된 영역들(범죄 예측, 피해 원인, 다자간 협력)
  → 범죄학의 연구영역(제1장 제2절) + 제2권

I. 범죄학의 확장성과 이 책에서의 기술범위

▶**범죄학 활동의 본질**
– 범죄 현상 파악
– 범죄 원인 규명
– 범죄 대책 강구

범죄학은 무엇을 탐구하는가? 또는 범죄학자들은 어떤 분야에 관심을 갖고 있는가? 이 질문에 대해 대부분의 독자들은 범죄가 무엇이며 어떻게 발생 또는 분포하고 있는지 (현상), 그 이유가 무엇인지(원인), 어떻게 대응하거나 예방할 것인지(대책)에 관심을 갖고 연구한다 생각할 것이다. 필자도 그러한 생각에 동의하는바, 범죄학 활동의 본질은 범죄 현상을 파악하고, 원인을 규명하며, 효과적인 대책을 강구하는 것이라 할 수 있다. 이는 또한 이 책의 기술범위를 제시하는 기준이 되기도 한다.

그런데 이에 더해 범죄행위에 대한 적발과 처벌이 왜 불공평하게 이루어지는지(i.e., 비판주의), 범죄피해는 왜 발생하며 피해자는 어떻게 보호하고 처우해야 하는지(i.e., 피해자학), 범죄 예측은 어떻게 이루어지며 효과적인 범죄 대응과 예방을 위해 경찰은 어떻게 조직되고 운용돼야 하는지(i.e., 경찰학), 효과적인 교화 및 재범 예방을 위해 교정시설을 어떻게 관리하고 어떤 교정 프로그램을 운용해야 하는지(i.e., 교정학), 심지어 범죄사건의 물적증거가 왜 중요하며 어떻게 수집하고 관리해야 하는지(i.e., 법과학) 등에 대한 탐구도 범죄학이란 이름으로 다뤄지는 경우가 있다. 이는 범죄학의 '확장성'을 의미하는바, 확장성을 이해하는데도 범죄학이 어떤 사회문화적 맥락에서 어떻게 발달해왔는지 살펴보는 것이 바람직하다. 비판주의를 예로 들면, 1960–70년대 유럽과 미국에서는 실증주의가 지배하던 근대성에 대한 반동으로 범죄원인에 대한 탐구에서 벗어나 유전무죄 무전유죄가 일상이 되어버린 형사사법시스템을 비판하는 사조가 주류로 등장했다. 즉, 당시의 실증주의는 빈곤, 가정해체, 나쁜 친구 등을 주요 범죄원인으로 지목했지만, 실상은 그러한 부족함과 무관하게 범죄는 발생할 수 있었으며, 이 때 경찰의 체포 단계에서부터 검찰의 기소, 법원의 판단에 이르기까지 계속 약자에 대한 차별이 발생하는 현실을 범죄보다 더 심각한 사회문제로 바라본 것이다.

이러한 범죄학의 확장성은 학문 간 융합, 새로운 지식의 발견, 더 나아가 세상을 바라보는 새로운 관점의 제공이라는 측면에서 큰 가치가 있다. 하지만 이 책의 독자들과 같이 범죄학을 처음 접하는 입장에서는 지나치게 광범위한 영역에 압도되어 자칫 범죄학의 본질을 제대로 파악하지 못할 수 있다. 사실 오랫동안 범죄학을 연구하고 강의해온 필자의 입장에서도 위 영역들을 모두 범죄학이란 이름으로 학습하라 하면 걱정부터 밀려온다. 따라서 전술한 대로 이 책 제1권은 독자들이 범죄학 활동의 본질을 명확히 파악할 수 있도록 그것에 제한된 전통적인 영역, 즉 범죄의 현상, 원인, 대책에 초점을 맞추어 기술하고자 한다. 다른 연구영역들에 대해서는 범죄학의 발달과정을 설명하면서 자연스럽게 언급되는바, 추가적인 설명이 필요한 확장된 영역에 대해서는 제2권에서 다루도록 하겠다. 희망컨대, 이 책이 범죄학을 정의하고 기본 영역에서 확장 영역으로 추적하며 기술하는 방식이 국내 범죄학계에서 범죄학 교재의 기술범위에 대해 합의를 도출하는 데 조금이라도 기여하길 바란다.

필자 비평 I-3 : 학문 간 융합

필자의 직간접 경험에 의하면, 미국 등 서구에서는 1980년대 이후 범죄예방에 대한 관심이 급증하면서, 범죄 원인 규명에 집중하던 전통적 실증주의와는 차원이 다른 분야가 새롭게 등장했다고 볼 수 있다. 예컨대, '셉테드(CPTED)'는 전통적 실증주의가 사회구조(예, 빈곤, 주거 안정, 주민 간 유대 등) 개선에 집중하던 모습에서 물리구조(예, 도시설계 및 경관, CCTV 설치 등) 개선에 관심을 갖도록 변화시켰다. 또한 낙서, 쓰레기, 노상방뇨 등 무질서를 억제함으로써 중범죄를 예방하고자 했던 '깨진 유리창"식 접근은 좀 더 미시적이고 직접적인 환경 개선을 촉구했다. 이러한 변화는 일차적으로 범죄학이 도시공학, 건축학, 디자인 등의 분야와 융합되는 계기가 되었다. 또한 경찰 등 관련 기관의 정책 입안과 집행에 있어서는 주민들과의 협력이 더욱 중요해졌는바, 이러한 분권적 변화에 적응하기 위해서는 현장의 재량을 존중하는 조직 운영 시스템이 필요해졌다. 따라서 이는 필연적으로 범죄학이 경찰학, 형사정책학 등 정책을 주로 다루는 학문들과 통합될 수밖에 없는 학문 생태계의 변화로 이어졌다.

▶셉테드(CPTED)
– Crime Prevention Through Environmental Design(환경설계를 통한 범죄예방)

하나의 예를 더 들면, '상황적 범죄예방'의 기초가 되는 '범죄패턴이론'은 범죄의 지리적·공간적 특성을 연구하는데, 이때 지리학, 컴퓨터과학, 수학 등의 학문이 적용된다. 필자가 미시간 주립대에서 박사과정 수학 중 범죄패턴이론의 창시자인 브랜팅햄(Patricia L. Brantingham) 교수 초청 세미나에 참석한 적이 있는데, 이때 브랜팅햄 교수는 범죄학자이면서 동시에 사이먼 프레이저(Simon Fraser) 대학의 컴퓨터과학 학과에도 소속되어 있다고 소개하며 컴퓨터과학이나 수학 전공자들과의 협업이 꼭 필요함을 강조했었다. 이에 자극받아 필자는 지리학과에서 개설되는 '공간분석(spatial analysis)' 관련 과목을 수강한 경험이 있는데, 이때 맵핑(mapping)과 지리적 프로파일링을 알게 되었고, 프로파일링 기법을 통해 연쇄범죄에 대한 공간 예측이 가능하다는 사실도 배우게 되었다. 당시에 이미 상당히 높은 수준에서 예측이 가능했는바, 지금은 일부 실무에도 적용되는 사례가 있다.

이처럼 학문 간 융합은 주로 범죄 예방이라는 시대적 관심을 반영한 측면이 강하다. 물론 원인 탐구에 있어서도 유전학이나 뇌과학이 적용되는 등 융합의 움직임이 존재한다. 여하튼 중요한 것은 학문 간 융합이 새로운 지식의 발견을 촉진시키고 때로는 새로운 관점을 제공하여 우리의 삶의 질 개선에 크게 기여하고 있다는 사실이다. 이러한 융합의 순기능은 융합을 더욱 가속화시키는 선순환 구조로 이어지고 있다. 물론 개별 학문의 정체성이 모호해지고, 지나치게 기술적인 접근을 앞세우다 자칫 인간의 기본권이나 프라이버시를 침해하는 등의 문제가 발생하기도 하는바, 이에 대해서는 엄밀한 주의와 개선이 필요할 것이다.

II. 범죄 현상, 범죄 원인, 범죄 대책

▶범죄학의 3대영역
– 브라운과 동료들의 저서(2013/2015, p.19)에서는 서덜랜드와 크레시가 규정한 연구영역을 '범죄학의 3대영역'이라 칭하고 있음.

이 책은 범죄학의 본질적인 연구영역을 현상, 원인, 대책으로 구분하고 있는데, 미국의 저명한 범죄학자들인 서덜랜드와 크레시(1974)[6]도 비슷한 취지의 주장을 했다. 그들은 범죄학을 '범죄라는 사회현상에 대한 지식체계'로 정의하면서 그 연구영역을 크게 '법이 제정되는 과정', '법을 위반하는 과정', '법 위반에 대한 반응' 세 범주로 구분했다. '법이 제정되는 과정'은 특정 행위를 범죄로 규정하는 법이 장소와 시간에 따라 상이한 실정을 탐구하는 영역이고, '법을 위반하는 과정'은 범죄의 발생 원인과 과정을 탐구하는 영역이며, '법 위반에 대한 반응'은 범죄 예방과 대응을 탐구하는 영역이라 설명했다. 이하에서는 그들의 논의를 참고하여 각 영역에 대해 개괄적으로 살펴보고 앞으로 이 책의 어디에서 각 영역이 논의되는지 안내하고자 한다. 또한 각 영역의 중심에서 확장된 부분을 개괄적으로 살펴본다.

1. 범죄 현상

범죄와 관련된 현상은 크게 범죄가 무엇인지에 대한 탐구와 어떻게 범죄가 발생하고 분포하는지에 대한 탐구로 구분할 수 있다. 전자는 '범죄의 개념'에 대한 탐구이고 후자는 '범죄의 실태'에 대한 탐구이다. 범죄 현상에 대한 설명은 제2장에서 상세히 다뤄진다.

범죄의 개념

범죄가 무엇인지에 대한 탐구는 주로 어떤 행위가 범죄로 규정되는지, 또는 범죄로 규정되어 있는 행위가 어떻게 비범죄화되는지, 왜 어떤 행위에 대한 법은 강화되는데 반해 어떤 법은 폐기되는지 등에 관심을 갖는다. 이는 서덜랜드와 크레시(1960)가 구분한 '법이 제정되는 과정'과 유사한 영역에 해당한다. 특정 행위를 범죄로 규정하는 법은 나라(지역)마다 다르고 또한 시대에 따라 변한다. 예컨대, 많은 나라들이 마리화나를 불법 마약으로 규정하고 있지만 태국과 같은 나라들은 이를 허용·확대하고 있다는 뉴스가 최근 회자되고 있다.[7] 우리나라에서 간통은 1953년부터 범죄로 규정되어 왔지만 2015년 헌법재판소의 위헌 결정으로 폐지되는 변화를 경험했다. 이처럼 장소와 시간에 따라 특정 행위를 범죄로 규정하거나 또는 비범죄화 하는 이유와 방식은 범죄학자들의 큰 관심사 중 하나이다. 이와 유사하게 어떤 행위는 처벌이 강화되는데 반해 어떤 행위는 처벌이 약해지는 현상에 대해서도 범죄학자들은 관심을 갖고 장소와 시간에 따라 어떻게 변화하는지 유심히 살펴본다. 이러한 현상을 간단히 표현하면 '범죄의 상대성'이라 할 수 있다.

▶범죄 개념에 대한 탐구
– 비판주의의 대표 저술인 「신범죄학」(Taylor et al., 1973)에서는 범죄학이 범죄를 형법에 규정된 당연한 것으로 받아들이는 바람에 범죄 개념을 탐구하지 않았다고 비판했음(제8장 제3절 참고).

범죄의 실태

▶전국범죄피해조사
 – National Crime Victimiza-
tion Survey
 – 우리나라도 KCVS란 이름
으로 시행중임.

어떻게 범죄가 발생하고 분포하는지에 대한 탐구는 '횡적인 현황'과 '종적인 추세'에 관심을 갖는다. 이 책은 현황과 추세를 '실태'라 명명하고자 하는바, 범죄의 실태를 정확히 파악하는 것은 범죄학 연구의 가장 기본과제로서 올바른 정책 수립의 출발점이 된다. 방법론적으로 애기하면, 현황이나 추세를 정확히 파악하지 못한다는 것은 범죄의 원인을 검증하는 인과분석에서 종속변수를 잘못 측정한 것과 같으므로 원인을 제대로 규명할 수 없게 된다. 따라서 범죄학자들은 범죄의 실태를 정확히 파악하기 위해 많은 노력을 기울이고 있는바, 대표적으로 잘 알려진 사례가 미국의 '전국범죄피해조사(NCVS)'이다. 이는 경찰 등 공식 기관에서 수집하고 있는 범죄통계(예, UCR)에서 많은 암수가 발생하는 문제를 보완한 것으로 예를 들어 2014년 미국에서 발생한 성폭행 사건의 경우 두 통계에서 3.5배 정도 차이가 났다.[8]

▶UCR
 – 표준범죄통계보고(Uniform
Crime Report)

확장된 영역: 범죄의 예측

범죄의 실태와 관련해서 중요하게 확장된 영역이 존재하는데, '범죄 예측'이 바로 그것이다. 원래 범죄 데이터는 실증주의의 도래 이후 범죄의 실태를 파악하고 그 원인을 분석하기 위한 목적으로 수집되었지만, 2000년대 이후 데이터의 양과 질이 향상되고 데이터에 기반한 예측기법이 급속히 발달하면서 범죄의 발생 시간이나 장소, 심지어 범죄자나 피해자를 예측하려는 움직임이 본격화되고 있다. 이는 당연히 경찰 등 관련 기관의 대응체계도 발생 후 대응에서 발생 전 예측에 근거한 예방으로 변화되는 경향을 가져오고 있다. 가끔 영화 '마이노러티 리포트(Minority Report)'에 비유되며 아직은 비현실적인 것으로 치부되기도 하지만, 필자의 의견으로는, 결코 무시하지 못할 속도로 빠르게 현실화되고 있다. 따라서 범죄 예측은 매우 중요하고 또 경찰 업무에서 실제로 적용되고 있는 분야가 존재하는 만큼 제2권에서 범죄예방과 함께 상세히 다뤄질 것이다. 그 전에 이 책의 제2장에서 범죄 데이터를 소개한 다음 예측의 기본 개념과 방법(종류)에 대해 간단히 소개한다.

범죄의 유형 소개

책 소개에서 밝힌 것처럼, 사실 '유형론'에서 다루는 범죄의 유형은 범죄 현상으로 봐도 무방하다. 기본적으로 범죄의 특성에 따라 유형을 구분하고, 개별 범죄(예, 살인, 성범죄, 보이스피싱, 화이트칼라범죄 등)의 실태를 다루기 때문이다. 그런데, 국내 범죄학계에서 유형론으로 따로 구분하는 이유는 개별 범죄를 단순히 정의하고 묘사하는 게 아니라 원인과 대책을 함께 논하기 때문일 것이다. 그렇다면 범죄학 교재가 유형론을 다루는 방식도 그러한 취지에 맞게 개별 범죄의 개념 규정, 특성 및 실태 파악, 원인 분석과 대안 제시 등의 내용을 포섭해야 할 것이다. 그런 의미에서 이 책은 범죄의 유형에 대한 설명을 제2권 제3부에서 독립적으로 시도한다.

▶범죄의 유형은 기본적으로 범죄 현상에 포함되지만, 개별 범죄의 정의, 특성, 원인, 대책을 한꺼번에 논의하면 '유형론'으로 구분됨.

2. 범죄 원인

범죄의 실태, 즉 횡적인 현황과 종적인 추세가 파악되면, 그에 대한 정확한 원인 규명이 이루어져야 한다. 사람들이 왜 범죄를 저지르는지 또는 범죄가 왜 발생하는지를 규명하는 것은 범죄학의 핵심 의제라 할 수 있는바, 범죄의 원인과 과정을 정확히 밝혀내지 못하면 효과적인 대응이 요원할 수밖에 없고, 범죄학의 목적 달성도 어려워질 것이다. 실증주의 관점에서 범죄의 원인은 크게 개인적 특성(소질)과 사회적 요인으로 구분할 수 있다. 개인적 특성은 도파민과 같은 특정 유전물질이나 그와 관련된 충동성, 분노조절장애 등의 생물·심리학적 특성을 말한다. 사회적 요인은 지역의 빈곤이나 잦은 인구이동, 주민 간 유대 약화와 같은 구조적(거시) 환경, 그리고 나쁜 친구나 부모와의 유대, 스트레스 같은 과정적(미시) 환경을 포함한다. 범죄는 대부분 이러한 요인들이 복합적으로 작용해서 발생하는데, 합리주의 관점에 따르면, 때로는 이러한 요인들과 별개로 개인의 합리적 선택이 범죄행위의 결정적 계기가 되기도 한다. 이상의 범죄 원인에 대한 설명은 이 책의 제2부에서 범죄 이론이라는 주제로 다뤄진다.

▶용어 정리(trait)
– 특성, 속성, 소질, 기질은 모두 trait를 번역한 용어로서 '타고난 것(nature)'을 의미함.
– 이 용어는 생물학적 관점과 잠재적속성이론에서 자주 등장함.

확장된 영역: 피해의 원인과 피해자 처우

범죄의 원인과 관련해서도 연구영역이 확장된 주제가 존재하는바, 피해자에 대한 관심이 증가하면서 피해의 원인을 규명하고 피해자를 적극 보호·지원하려는 움직임이 그것이다. 이는 현재 피해자학이라는 독립된 학문으로 발달한 광범위한 분야가 되어 있다. 피해자학 발달의 배경 중 하나는 1970년대 이후 범죄의 증가 이유를 사람들의 일상활동이 변화한 데서 찾기 시작한 관점에 있다. 예컨대, '일상활동이론(Routine Activity Theory)'은 범죄 발생의 3요소를 '잠재적 범죄인', '이목을 끄는 피해자(품)', '힘있는 보호자의 부재'로 규정하고 이 3요소가 시공간적으로 수렴할 때 범죄가 발생한다고 설명했다. 당시 경제성장과 여성의 사회진출 증가, 귀중품의 소형화 등 일상의 변화는 이 3요소의 수렴 가능성을 대폭 증가시켜 범죄가 증가한 것인바, 이러한 논리는 비단 범죄의 원인뿐만 아니라 피해의 원인도 합리적으로 설명하는 것으로 평가된다. 보충 설명은 제4장 고전주의의 부활에서 다뤄지고, 상세한 내용은 제2권에서 설명된다.

3. 범죄 대책

범죄문제 해결과 삶의 질 개선이라는 범죄학의 목적은 결국 범죄의 예방 및 통제가 얼마나 효과적으로 이루어지는가에 달려있다. 이는 정책의 문제로서 정확한 범죄원인 분석을 전제로 한다. 만약 범죄가 개인이 합리적으로 선택한 결과라면 선택에 영향을 미치는 비용과 편익을 분석해서 비용은 올리고(e.g., 감시 강화, 처벌 강화) 편익은 낮추는(e.g., 장물단속 강화, 범죄수익 환수) 대책이 유용할 것이다. 타고난 유전적 영향이라면 처벌보다는 치료와 적절한 교육에 중점을 두어야 하고, 지역사회의 빈곤이 문제라면 환경 개선과 복지 향상이 적절한 대책이 될 것이다. 여기서 핵심은 예방과 통제를 어떻게 적절히 시행할 것인가의 문제로서 이 역시 다양한 맥락을 고려해서 개인이나 지역사회의 특성에 맞추는 전략이 요구된다 하겠다. 대책에 대한 설명은 이 책에서 범죄 이론과 함께 간단히 논의된 다음 제2권에서 '사전예방'과 '사후대응'으로 구분하여 상세히 다뤄진다.

확장된 영역: 다자간 협력

이때 대책과 관련되어 확장된 영역인 '다자간 협력'에 대해서도 자세히 살펴본다. 각

이론과 정책을 살펴보면, 처음에는 각자의 의도와 방식을 가지고 출발하지만, 시간이 흐르면서 효과적인 범죄 대응을 위해서는 다양한 조직, 기술, 학문 분야 간 협력이 필요하고 지역사회의 참여는 필수임을 각성하게 된다. 특히 범죄예방 분야에서는 지역사회의 적극적인 참여가 중요한 요소로 등장하는바, 공식적 사회통제와 비공식적 사회통제의 융합은 다자간 협력 패러다임의 핵심이라 할 수 있다.

III. 소결

이 절에서 논의된 내용을 정리하면 다음과 같다. 범죄학 활동의 본질은 범죄학의 개념과 목적에 비추어 범죄 현상을 파악하고, 원인을 규명하며, 효과적인 대책을 강구하는 것이라 할 수 있다. 따라서 범죄학의 핵심 연구영역은 ① 범죄가 무엇이며, 어떤 상태로 발생 또는 분포하고 있는지, ② 범죄가 발생하는 이유 또는 그렇게 분포하는 이유가 무엇인지, ③ 어떻게 대응하는 것이 바람직한지를 탐구하는 것이라 하겠다. 서덜랜드와 크레시(1974)[9]도 대체로 이와 유사한 입장을 보이고 있는바, 이는 간혹 '범죄학의 3대영역'으로 불리기도 한다.

이러한 기본 연구영역은 범죄학에 대한 높아진 관심과 위상 덕분에 계속 확장되고 있다. 따라서 범죄학을 제대로 이해하기 위해서는 실태 파악에서 예측으로, 범죄 원인 규명에서 피해 원인 규명으로, 개별적 대응에서 다자간 협력으로 확대된 연구영역에 대해서도 학습해야 한다. 이 밖에도 범죄의 유형과 범죄 예방에 대한 논의는 당연히 범죄학의 기본 영역에 해당하는바, 최근 주목받는 특수한 범죄 유형에 대한 설명과 범죄 예방에 대한 관심 급증은 확장된 영역으로 간주해도 될 듯 하다. 마지막으로, 대책과 관련해서는 회복적 사법과 피해자에 대한 처우가 최근 새로운 패러다임으로 주목받고 있기 때문에 논의의 필요성이 매우 크다. 〈그림 I-1〉은 책 소개에서 제시된 범죄학 루프와 함께 지금까지 설명된 범죄학 활동의 체계를 한눈에 보여준다. 또한 이 책의 기술범위와 구성을 구체적으로 요약하고 있다.

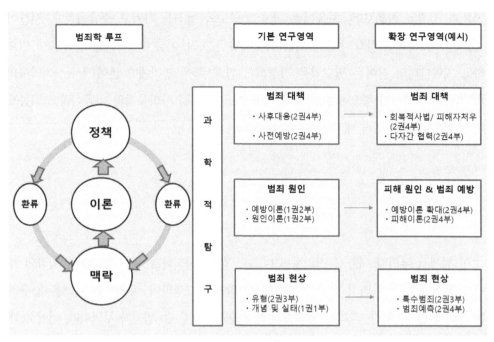

범죄학 루프	기본 연구영역	확장 연구영역(예시)

정책

환류 **이론** **환류**

맥락

과학적 탐구

범죄 대책
· 사후대응(2권4부)
· 사전예방(2권4부)

→

범죄 대책
· 회복적사법/ 피해자처우
(2권4부)
· 다자간 협력(2권4부)

범죄 원인
· 예방이론(1권2부)
· 원인이론(1권2부)

→

피해 원인 & 범죄 예방
· 예방이론 확대(2권4부)
· 피해이론(2권4부)

범죄 현상
· 유형(2권3부)
· 개념 및 실태(1권1부)

→

범죄 현상
· 특수범죄(2권3부)
· 범죄예측(2권4부)

〈그림 I-1〉 범죄학 활동의 체계

타 학문과의 비교. 그럼 이제 범죄학이 다른 유사학문들과 어떻게 다른지 좀 더 쉽게 이해될 것이다. 핵심은 범죄학이 사회현상을 탐구하는 학문이기 때문에 현상에 대한 관심의 전개(i.e., 개념 및 실태 – 원인 – 대책)를 따라 학습하면 된다는 것이다. 법학은 법의 규정과 적용을 중심으로 전개되고, 경찰학은 경찰 조직과 운용, 활동을 중심으로 전개되며, 형사정책학은 법과 제도, 정책을 중심으로 전개된다. 범죄학에서도 물론 법, 제도, 조직, 정책이 논의되지만, 범죄 현상의 개념 및 실태, 원인, 대책을 논하기 위해 동원되는 수단으로 간주해야 한다. 그렇지 않으면 자칫 학문 간의 경계가 모호해져서 범죄학의 정체성을 잃게 된다.

〈보충설명 I-4〉에 몇 가지 유사학문들을 소개하고 있다. 독자들은 각 학문의 중심에 법과 제도가 있는지, 조직과 정책이 있는지, 현상이 있는지를 구분하면 된다. 다시 강조하지만, 범죄학은 현상이 중심에 있다. 다양한 법, 제도, 조직, 정책이 동원되어 범죄라는 현상에 적절히 대응함으로써 보다 나은 사회와 삶의 질 개선을 목표로 하는 학문이라 이해하면 된다. 참고로, 범죄학이 갖는 다학제적 성격도 매우 기초적인 사항으로서 가끔 시험에 출제되니 주의하길 바란다(〈보충설명 I-5〉).

다른 유사학문과의 비교

■ 형사정책학(또는 형사사법학, criminal justice): 경찰, 법원, 교정기관 등 사회통 제기관에 대한 연구. 이들이 효과적으로 범죄를 통제하고 범죄자를 교화(재사회 화)시키기 위한 방법 탐구.

■ 피해자학(victimology): 범죄피해의 특성과 원인을 연구하는 학문. 범죄피해조사 를 통한 현황(i.e., 피해의 특성과 정도) 파악, 피해가능성을 증가시키는 요인(예, 생활양식) 규명, 피해자 보호 및 지원방안 연구.

■ 교정학(correction studies): 범죄행위의 교정과 통제를 연구하는 학문. 다양한 교 정과 통제 프로그램의 효과성을 과학적 방법으로 평가.

■ 법과학(forensic science): 자연과학과 의학을 범죄수사에 적용하여 물리적 증거 를 효과적이며 합법적인 방법으로 수집, 보관, 분석하는 방안을 연구하는 학문. 증거의 질과 합법성을 동시에 확보하는 것이 관건.

범죄학의 다학제적 성격

범죄학의 개념과 연구영역, 유사학문을 살펴본 결과, 범죄학은 매우 실천적 성격을 가진 사실학으로서 그 역할과 목적을 다하기 위해 사회학, 심리학, 정치학, 경제학, 법학, 생물학, 의학, 고고학 컴퓨터과학, 지리학 등 다양한 학문 분야가 관여하고 있 다. 이들은 독립적이면서도 때로는 합동으로 범죄의 원인 분석과 대책 마련에 기여하 고 있는바, 이런 면에서 범죄학을 종합과학으로 간주하기도 한다.

I. 연구방법의 의의

범죄학의 정의에서 주목해야 할 특성 중 하나가 '체계적 연구'이고, 이는 대개 과학적 접근법으로 간주된다 했다. 이를 범죄학의 연구영역에 결부시켜 생각해보면, 범죄학 활동은 결국 과학적 연구를 통해 범죄 현상, 원인, 대책에 대한 해답(진리)을 찾아가는 과정이라 할 수 있다. 다시 말해, 범죄를 탐구하는 사람들은 연구방법을 이용해서 현상을 정확히 파악하고, 원인을 명확히 규명하며, 대책의 효과성을 제대로 파악하고자 하는 것이다.

▶과학의 두 기둥
1. 논리(합리성): 이론
2. 관찰(경험): 검증 = 데이터 수집 + 분석
⇒ 과학의 세 국면: 이론 + 자료 수집 + 자료 분석

과학을 구성하는 두 개의 기둥은 '논리'와 '관찰'이다. 좀 더 구체적으로 말하면, 논리는 합리성으로서 이론에 해당하고, 관찰은 경험으로서 검증에 해당한다. 이론을 검증하는 과학적 활동은 연구방법을 통해 체계적으로 이루어져야 하는바, 연구방법은 다시 데이터 수집과 데이터 분석으로 구분된다. 따라서 과학은 '이론', '데이터 수집', '데이터 분석'이라는 세 가지 핵심국면을 통해 전개된다 하겠다.[10] 결국 범죄학에서도 연구방법은 학문의 한 축을 담당하는 매우 중요한 요소인 것이다.

필자 비평 I-4 : 연구방법의 도구적 성격

연구방법(Research Method)은 연구와 방법의 합성어다. 연구는 또 다시(re)와 + 찾다(search)의 합성어로 진리를 찾기 위해 계속 노력한다는 뜻을 갖고 있다. 방법(method)은 도구나 수단을 의미하므로 결국 연구방법은 진리를 찾는 도구라 할 수 있다. 학문 분야마다 많이 사용되는 연구방법이 있는데, 범죄학에서는 통계분석을 위시한 양적(실증적) 연구가 주로 사용된다.

필자가 연구방법의 개념을 장황하게 설명하며 도구임을 강조하는 이유는, 사회과학 분야에서 일부 연구자들이 양적 연구방법을 마치 진리 그 자체인 것으로 착각하여 양적 연구를 하지 않으면 연구의 의미가 없는 것처럼 호도하기 때문이다. 물론 실증적 연구방법이 사회과학의 한 축을 이룰 정도로 중요하지만, 결국은 진리를 찾기 위한 도구이므로 어떤 (특히 어려운) 연구방법을 사용하느냐가 중요한 것이 아니라, 상황에 적합한 연구방법을 선택해서 어떻게 '제대로' 사용하느냐가 훨씬 중요함을 인식해야 한다.

반대로, 양적 연구를 숫자놀음에 비유하며 막연히 깎아내리는 경우도 있는데, 이 역시 지양해야 할 자세이다. 범죄학을 꼭 과학으로 보지 않더라도 실증적 연구방법은 범죄학자들이 던지는 질문에 대한 답을 찾아가는 가장 최선의 선택인 경우가 많다. 심지어 앞에서 언급한 비판주의조차 그들의 주장을 전개하기 위해 실증적 연구방법을 사용할 수밖에 없는 아이러니한 경우가 종종 있으니 말이다. 그동안 과학적 연구방법이 거둔 성과와 공헌을 인정할 필요가 있으며, 또한 모든 것이 데이터화 되는 미래사회의 모습을 상상해보면, 양적 연구는 더욱 일반화될 것이 뻔해 보인다.

따라서 독자들은 실증적 연구방법에 대해 과도한 맹신이나 막연한 불신의 극단적인 태도를 버려야 할 것이다. 대신, 학문을 학습하고 실생활을 영위해 나갈 때 꼭 필요한 것으로서, 제대로 알고 적절하게 사용하면 큰 도움이 된다는 사실을 명심하면 좋겠다. '망원경'이라는 연구 도구는 지동설을 초래했고, '자기보고 설문조사'라는 연구방법은 범죄학의 비판주의를 앞당겼다. 또한, 회귀분석과 같은 '다변량 인과관계 분석기법'은 통합이론을 촉진시켰는데, 그중에서도 위계적선형모형(HLM)은 거시 변인과 미시 변인을 통합하는 생애과정이론을 가능케했다. 이러한 사례들은 연구방법을 잘 사용할 경우 더욱 우수하거나 또는 새로운 지식(관점)이 창출될 수 있음을 잘 보여준다. 결국 이론과 방법론은 서로 긴밀하게 상호작용하는 떼려야 뗄 수 없는 관계임을 명심하자.

▶범죄학 이론과 방법론 간의 상호작용 사례
– 비판주의(제8장): 자기보고 설문조사
– 통합이론(제9장): 다변량 인과관계 분석
– 생애과정이론(제9장): 위계적선형모형(HLM)

II. 이 책에서의 기술범위

실증적 연구방법은 데이터 수집을 다루는 '협의의 연구방법론'과 데이터 분석을 다루는 '통계학'으로 구성되는 매우 광범위하고 전문적인 분야이다. 따라서 범죄학을 개론적으로 다루고자 하는 이 책에서는 그 목적에 부합하는 범위와 깊이가 명확히 한정되어야 한다. 그것을 넘어서는 내용에 대해서는 독자들이 따로 연구방법론이나 통계학을 학습해야 할 것이다.

연구방법 학습의 목적

필자의 의견으로 범죄학 교재에서 연구방법을 다루는 목적은 크게 두 가지라 생각한다. 첫째, 가장 중요하고 일반적인 목적은, 과학적 연구가 대세이다 보니 범죄학 저술에 데이터, 통계, 추론, 타당도, 실험, 설문, 변수, 측정, 인과관계, 생태학적 오류와 같은 연구방법과 관련된 용어들이 자주 등장하는바, 독자들이 저술을 온전히 이해하기 위해서는 그런 용어들을 잘 이해하고 있어야 한다.

둘째, 경험주의에 기반한 과학적 추론은 엄청난 논리적 고민의 산물이다. 상세히는 아니더라도 연구방법을 통해 추론의 논리적 과정을 이해하고 실제 연구 과정에서 발생할 수 있는 오류의 가능성을 엿볼 수 있다면, 좀 더 건전한 비판의식을 가지고 저술을 대할 수 있을 것이다. 또한 여러분이 경찰관이 되어 예컨대, 범죄예방 업무를 수행할 때, 어떤 정책을 어떤 방식으로 시행해야 하는지에 대해서도 좀 더 자신 있게 접근할 수 있을 것이다. 결국 연구방법은 '타당한 추론'을 도출해내는 것이 목표이기 때문에 앞으로 공부할 개별 연구방법마다 어떤 오류의 가능성이 있는지를 파악하는 게 관건이라 하겠다.

▶범죄학 개론서를 통한 연구방법 학습의 목적
- 범죄학 저술 이해
- 인관관계 추론의 오류 가능성 이해
- 덧붙여, 논리적 사고력 향상 & 사회를 보는 시야 성장.

이상을 요약하면, 개론서를 통해 범죄학을 학습하는 사람이 연구방법을 알아야 하는 이유는 ① 범죄학 저술을 보다 잘 이해하고, ② 실증연구를 통한 의사결정, 즉 인과관계에 대한 과학적 추론에 어떤 오류가 있을 수 있는지 알아가기 위함이다. 따라서 이 책은 독자들이 개략적이나마 어떤 연구방법이 더 나은 것이지 판단할 수 있도록 돕고자 한다. 이를 통해 논리적 사고력까지 향상된다면, 범죄 현상과 관련된 사회를 보는 눈도 더 밝아질 것이다.

연구방법 학습의 효과

예를 들어보자. 범죄예방이나 억제에 대해 공부하다가 음주단속의 효과성에 대한 연구 두 편이 소개되었다고 가정하자. 다음 둘 중 어떤 연구가 더 타당한 결론에 도달할 수 있다고 말하겠는가? (a) 단속한 곳과 단속하지 않은 곳의 단속 전후 음주운전 비율을 비교하는 방법. (b) 단속한 곳만의 단속 전후 음주운전 비율을 비교하는 방법. 이 사례는 연구설계와 관련된 이슈로서, 답은 당연히 (a) 방법일 것이다. (b)와 같은 연구는 설령 단속 후 음주운전 비율이 줄었다 해도 그 이유가 음주단속 때문이지 확신할 수 없는 오류의 가능성이 있다. 실례로 1990년대 미국 뉴욕시에서는 깨진유리창이론에 근거한 무관용 정책이 중범죄를 크게 감소시켰다는 연구 발표가 있었고 이 정책을 이끌었던 줄리아니 시장의 인기가 급상승했었는데, 당시 다른 지역들의 중범죄율도 크게 감소했다는 다른 연구 발표가 있자, 과연 무관용 정책이 효과적인가에 대해 큰 논쟁이 발생했었다.

과학적 추론이 이루어지는 논리 과정을 이해하고, 연구방법의 여러 단계에서 어떻게 오류가 발생하는지 깨닫게 되면, 필자의 경험상, 저술을 비판적으로 대하는 능력뿐만 아니라, 사회를 바라보는 눈도 향상되고 일상을 살아가는 데도 도움이 된다. 구체적인 예로서, 여러분이 범죄예방을 담당하는 생활안전과 소속 경찰관이 되었을 때 방범용 CCTV를 어디에 어떻게 설치해야 효과적일지 합리적으로 판단할 수 있다면 업무를 수행할 때 훨씬 자신감이 넘칠 것이다. 실제로 서장이나 청장 등 의사결정권자를 설득하는 과정이 매우 중요한바, 이때 여러분의 방법론적 지식이 큰 힘을 발휘할 것이다. 혹시 지금은 무슨 뜻인지 잘 와닿지 않을 수 있지만 그렇게 어려운 과제가 아니니 용기를 갖고 도전해보자.

연구방법 기술범위

이상의 논의를 바탕으로 이 책은 사실학의 영역을 관장하는 과학적 연구방법을 다룬다. (이러한 양적 연구방법에 대한 비판과 대안적 방법에 대해서는 〈보충설명 I-6〉을 참고하기 바란다.) 먼저, 인과관계를 추론하는 과정에 함축되어 있는 논리를 살펴보고, 이어서 실제 연구에서 상황에 따라 어떤 연구방법이 사용되는지와 각 연구방법이 가지고 있는 오류의 가능성을 살펴본다. 그런데 연구의 모든 과정을 다 다룰 수는 없으므로 특히 범죄학을 학습하는 데 필요하고 시험에서도 출제가 되는 '데이터 수집 과정' 위주로 논의를 진행한다. 서두에서도 언급했지만, 전체적으로 이 책이 연구방법을 다루는 전략은 다음 세 단계로 이루어지는바, 이에 주의를 기울여 연구방법에 대한 체계를 잘 잡아가길 바란다. ① 제1절의 〈보충설명 I-2〉 '실증주의와 범죄과학'에서 과학적 연구방법의 유래와 의의에 대한 이론적 배경을 확립한다. ② 여기 제3절에서 과학적 추론의 논리적 과정을 이해하고, 데이터가 수집되는 과정과 구체적인 방법들을 '타당한 추론'이라는 기준에 맞춰 학습한다. ③ 범죄학을 학습하는 사람들이라면 범죄 데이터가 어떻게 수집되는지, 수집 방법에 따라 어떤 장단점이 있는지, 수집된 데이터를 어떻게 해석해야 하는지를 반드시 알아야 할 것이다. 이는 다음의 제2장에서 학습한다.

스토리박스 〈보충설명 I-6〉

실증주의 연구방법에 대한 비판

이 책은 논의의 일관된 기조를 유지하기 위해 과학적 연구방법에 집중하여 기술하고 있다. 하지만 범죄학의 모든 연구가 그러한 접근, 즉 '양적 연구방법'을 사용하는 것은 아니다. 대표적으로 비판주의 관점은 실증주의식 접근을 거부하는바, 모든 것을 정량화하는 것은 필연적으로 다양한 특성을 가진 사람들을 몇 개의 그룹으로 집단화(범주화)하게 되어, 각 개인이 가지고 있는 세밀함을 상실하고 심각한 경우에는 반인륜적인 결과가 도출될 수 있다고 우려한다. 예컨대, 실증주의식 양적 접근은 가난하거나 소수인종이거나 결손가정이거나 비주류의 종교를 믿고 있는 사람들이 마치 범죄인 집단인 것처럼 드러내 힘없는 이들을 국가가 더 통제할 수 있게 만들었다는 비판이 존재한다.

이에 일부 범죄학자들은 그 대안으로서 질적 연구를 선호한다. 질적 연구는 인간의 행동을 정량화하기보단 다양한 구성원 및 환경과의 상호작용에 관심을 갖고 이를 해석하려 한다. 따라서 어떠한 개입이나 통제 없이 있는 그대로의 모습을 담아내려 애쓴다. 대표적인 예로는 개인이나 집단, 조직의 경험과 역사를 깊이 탐구하는 '생애사 연구(life history research)', 그와 비슷하게 특정 사건이나 행위를 심층 분석하는 '사례 연구(case study)', 연구대상자의 삶에 관한 이야기를 직접 듣고 반영하는 '내러티브 연구(narrative research)' 등이 있다. 또한 법과 범죄의 개념이 시공간적으로 변화해 온 과정을 추적하여 그 역사적 의미를 찾고자 하는 '비교사적 연구(comparative and historical research)'도 비판주의 학자들이 선호하는 방법이다. 이들은 결국 정량화가 놓치는 범죄학적 상상력을 복원하여 개인이나 개별 사건에 실질적인 의미를 부여하고자 한다. 마치 밀스가 그랬던 것처럼 말이다. 보다 상세한 설명은 제8장 비판주의에서 이어진다.

출처: Brown, S., Esbensen, F., & Geis, G. (2013). *Criminology: Explaining Crime and Its Context*..Elsevier. 황의갑 외 12인 역(2015), pp.19-20. 그린.

III. 과학적 연구의 추론과정

앞서 과학은 경험주의 인식론을 토대로 하는바, 실제 경험을 진리에 도달하는 유일한 방법으로 간주한다고 했다. 다시 말해, 경험을 계속 쌓아서 아직 경험하지 못한 전체에 대해 '어떠할 것이다'라는 추론을 해나가는 것이 과학적 연구방법의 핵심에 해당한다. 이를 통계 용어로 바꿔 말하면, 경험한 사실은 표본(데이터)이 되고, 경험하지 못한 전체는 모집단이 되어, 결국 표본으로 모집단을 추정하는 과정이 된다. 이를 논리 용어로 바꾸면, 경험은 구체적 사실이 되고, 경험하지 못한 전체는 보편적 사실이 되어, 결국 구체적 사실을 근거로 보편적 사실을 추론해 내는 과정이 된다. 이러한 과정을 '귀납적 추론'이라 하는바, 달리 말하면, 전제가 결론을 '개연적(확률적)'으로 뒷받침하는 과정이라 하겠다.

▶연역적 추론
- 전제가 결론을 필연적으로 뒷받침하는 추론. 또는 전제가 참일 때 결론도 항상 참이 되는 추론.
- 수학, 형식논리학 등에서 주로 사용됨.

① 경험적 추론(귀납)의 본질적 한계

▶선거 여론조사
– 예컨대, 우리나라의 선거 전 지지율 여론조사는 약 1,000명을 조금 넘는 수준에서 이루어지고 있음. 이러한 조사가 거의 매주 또는 격주로 시행되는 상황에서 매번 4천만 명에 달하는 전체 유권자를 조사할 수는 없음.

이처럼 경험주의 인식론에 기반한 과학이라는 학문은 본질적으로 귀납 추론을 하게 된다. 귀납으로 결론에 이르게 되면, 딱 한 가지 경우, 즉 모집단을 전부 경험하는 경우를 제외하곤, 항상 진실을 알 수 없게 된다. 실제 상황에서는 거의 대부분의 경우 모집단을 전부 확인하지 못하므로 귀납 추론의 결과는 참인지 거짓인지 불확실한 것이 된다. 여기서 주의해야 할 점은 귀납 추론의 결과가 항상 거짓이라는 뜻이 결코 아니라, 단지 참인지 거짓인지 '알 수 없다'는 의미이다.

따라서 귀납 추론으로 진리를 찾고자 하는 과학적 접근은 항상 오류의 가능성을 내포하고 있다(*주의. '항상 오류를 내포하고 있다'는 의미가 아님). 이를 인정하여 범죄학을 비롯한 사회과학계에서는 그들이 찾고자 하는 진리를 진리라 부르지 않고 '근사 진리(approximate truth)'라 부르기도 한다. 앞선 보충설명에서 범죄수사와 재판도 유사한 추론 과정을 거친다 했는데, 증거(=경험, 표본)를 조합해서 사건(=진실, 모집단)을 재구성하는 것은 본질적으로 귀납 추론이므로 진실인지 여부를 알 수 없게 된다. 이제 왜 "진범은 신과 범인 자신만이 알 수 있다"는 격언이 생겨났는지 이해될 것이다. 아무리 능력 있고 경험 많은 수사관, 검사, 판사라 해도 현행범이 아닌 이상 누가 진범인지 100% 확신할 수 없다. 따라서 그러한 직업을 꿈꾸는 사람들에게는 조금 더 겸손하고 신중한 자세가 요구된다 하겠다.

② 한계를 극복한 구원투수의 등장 : 피셔의 통계적 추론

▶미국 사회학계가 실증주의화 된 이야기(1&2부) 참고

그렇다면 본질적으로 진실을 알 수 없는데도 왜 귀납 추론에 기반한 과학적 연구방법은 회의주의로 빠지지 않고 오히려 그 세력을 확장해 왔을까? 범죄학이 실증주의화 된 것처럼 말이다. 그 이유는 20세기 초 영국의 통계학자인 피셔가 통계적 추론의 단단한 이론적 배경을 제공했기 때문이다.

만약, 진실을 단정할 수는 없지만, '객관적으로 볼 때 95%의 확률로 진실에 가깝다'라

고 진술하면 훨씬 설득력이 있지 않은가? 즉, 피셔는 자칫 주관적 진술로 비하될 수 있었던 귀납적 추론을 객관적으로 확률이 부여된 진술로 탈바꿈시킨 것이다. 이후 표본 데이터로 전체 모집단을 추정하는 통계적 추론은 농업과 의학 분야에서 큰 효과를 보였고, 덕분에 학문으로서의 통계학은 물론 통계를 적용하는 학문들도 비약적인 발전을 이뤄냈다. 결론적으로 피셔의 통계적 추론은 경험주의식 접근에 새 생명을 불어넣은 것으로 평가된다.

③ 통계적 추론(의사결정)의 과정

그럼 이렇게 중요한 통계적 추론이 어떻게 이루어지는 것인지 그 과정을 위 재판의 사례를 가지고 개념적으로 이해해보자. 추론(inference)은 추정의 의미를 담고 있고, 추정하는 이유는 답(진실)을 모르기 때문이다. 하지만 답을 안다고 가정할 수는 있지 않은가? 예컨대, 판사는 신이 아니기 때문에 피고인의 진범 여부를 알 수는 없지만, 무죄라고 추정은 할 수 있듯 말이다. 이때 진실이라고 추정되는 것을 '귀무가설(영가설)'이라 하고 그 반대를 '대립가설(연구가설)'이라 하는데, 우리가 실제 판단(검증)하는 것은 귀무가설이다. 즉, 무죄를 가정하고 그것이 참인지 검증했는데, ① 무죄라고 하기엔 유죄의 증거가 너무 많으면 무죄의 대안으로 유죄를 선고하는 것이고, ② 유죄의 증거가 있긴 하지만 무죄 추정을 뒤집을 만큼은 아닌 경우 무죄를 선고하는 논리라 생각하면 된다.

이를 〈그림 I-2〉와 같이 실제 판단상황에 적용해보자. 귀무가설은 참이거나 거짓이거나 둘 중 하나임이 분명하다. 이를 검증하기 위해 증거(=데이터)를 모아 사건을 재구성(=회귀분석과 같은 통계분석) 해본 결과, 지문, DNA, 족적, 목격자 등 유죄의 증거가 너무 많으면 귀무가설이 참이라고 할 수 없을 것이다. 즉, 판사는 유죄라고 판단할텐데, 여기서 매우 중요한 것은, 이 판단이 맞을 가능성이 크지만, 진실을 모르니 틀릴 가능성도 배제할 수 없다는 사실이다. 이러한 판단을 '오류를 감수하고 내린 결정'이라고 한다.

		귀무가설	
		참	거짓
경험적 판단 (의사결정)	참		β(2종오류)
	거짓	α(1종오류)	

〈그림 I-2〉 통계적 추론 방식

다시 말해, 이 판결에서는 유죄, 즉 귀무가설이 거짓이라고 판단했는데, 이는 사실 무죄일 수도 있다는 오류를 감수하고 내린 결정에 해당하는 것이다. 이러한 오류, 즉 진실은 무죄인데 유죄라고 잘못 판단했을 가능성을 1종오류라 한다. 반대로, 만약 무죄라고 판결했는데 진실은 유죄라면 2종오류를 범한 것이 된다.

그럼 상식적으로 어떤 오류가 더 심각한 오류인가? 무죄추정의 원칙과 '열 명의 범인을 놓칠지언정 한 명의 무고한 범인을 만들어선 안 된다'는 격언을 생각해보면, 1종오류가 더 심각한 오류임을 알 수 있다. 물론 범죄자를 무죄로 풀어주는 2종오류가 더 심각하다는 독자들도 있을 것이다. 실제로 재판이 아닌 다른 사례(예, 인력 채용 등)에서는 2종오류를 더 심각하게 간주하는 경우도 있다. 하지만, 일반적으로 재판을 포함한 대부분의 경우 1종오류를 더 심각하게 간주하며, 이 책의 논의 흐름상 일단 그렇다고 동의하는 게 필요하다.

▶인력 채용시 2종오류
– 인력을 채용할 때는 일반적으로 적합하지 않은 지원자를 채용하는 것보다 유능한 인재를 채용하지 못하는 경우를 더 심각하게 간주함. 인재를 놓치는 것도 문제지만, 만약 그가 경쟁사에 채용되어 큰 능력을 발휘할 경우 당사에 엄청난 위협이 될 수 있기 때문임.

④ 5% 이내의 오류 가능성이라면 믿을만하군!

이상의 논의를 독자들이 기억해야 할 한 문장으로 표현하면 다음과 같다. "통계적 추론과정을 거친 의사결정은 오류를 감수한 결정이다." 그렇다면 이제 관건은 과연 몇 퍼센트의 오류를 감수한 결정인가에 있다. 경우에 따라 10% 이내, 1% 이내 등 다양하지만 일반적으로 최대 5%의 오류를 감수한다고 보면 된다. 즉, 쉽게 말하면, 무죄라고 결정했는데, 이 판단이 틀릴 확률이 최대 5%라고 이해하면 된다. 그렇다면, 유죄일 확률이 95% 이상이므로 비록 진범인지 확실하진 않지만 매우 설득력 있는 판결이라 할 수 있다. 참고로 선거 여론조사 결과를 보면 특정 후보의 지지율을 보여주면서 95%의 신뢰수준에서 산출되었다는 얘기를 많이 들어봤을 것이다. 이 95%의 신뢰수준과 5%의 오류 확률은 동전의 양면으로 같은 맥락에서 이해하면 된다.

⑤ 결론

이제 인과관계에 대한 경험적 추론이 갖는 본질적 한계와 피셔의 통계적 추론이 어떻게 구원투수의 역할을 했는지 이해될 것이다. 간단히 말하면, 주관적 불확실성으로 흐를 수 있었던 경험적 추론이 객관적인 확률적 진술로 거듭나면서 과학적 연구방법을 쓰지 말아야 할 이유가 사라지고 오히려 더 확대되는 전기가 마련된 것이다. 통계적 추론을 잘 적용할 경우 틀릴 확률이 5% 이내라면 누구라도 이 방법을 마다할 이유가 없을 것이다. 그런데 참고로 위에서 든 재판의 예는 추론과정을 이해하기 쉽게 설명하기 위한 것으로, 실제 재판에서는 확률적 진술을 하지 않으니 주의하길 바란다. 잠시 후 보다 실질적인 예를 들어 설명하겠다.

IV. 추론의 타당도

데이터(표본, 경험한 것)에 근거해서 무언가(모집단, 경험하지 않은 것)를 추정하는 과학적 귀납 추론은 크게 데이터 수집과 분석으로 구성된다. 그런데 앞서 주로 살펴본 통계적 추론은 '데이터 분석' 시 가동되는 논리구조이다. 즉, '데이터 수집' 과정에서 오류가 없었음을 가정하고 논의를 진행한 것이다. 하지만 아쉽게도 데이터 수집 과정에서 오류의 위험성을 모두 차단하는 것은 매우 어려운 일이다. 물론 수집 시의 한계를 분석할 때 보완하기 위한 방법들이 존재하지만, 그에 대한 논의는 전문적인 방법론 수업에서 해야 할 것으로, 독자들은 일단 데이터 수집 과정에서도 오류가 있을 수 있다는 점만 기억하면 되겠다.

지금까지는 가급적 쉽게 설명하기 위해 '잘못된 추정', '추론의 오류'와 같이 일상적인 표현을 사용했지만, 이제부터는 타당도(validity)란 용어에 익숙해져야 한다. 타당도란 옳은 상태를 의미한다. 추론에 오류가 없으면 '타당한 추론'이라 일컫고, 반대로 타당한 추론에 방해가 되는 요소가 있으면 '타당도 위협(validity threat)'이라 표현한다.[11]

여기서 중요한 건 타당도 위협을 평가하는 기준이다. 범죄학에서 추론은 크게 두 가지 형태로 이루어지는데, 하나는 미래의 범죄를 예측하는 것이고, 다른 하나는 인과관계를 추정하는 것이다. 이 중 범죄학 연구의 90% 이상은 인과관계를 추정하는 것으로서, 범죄의 원인을 추정하거나 정책의 효과성을 평가할 때 인과관계 추정이 시도된다. 따라서 타당도에 위협이 존재한다는 것은 인과관계 추정이 잘못되었을 수 있다는 것으로, 인과관계를 구성하는 세 가지 요소들이 얼마나 충족되었는지 확인하는 과정이 필요하다.

1. 인과관계(Causal Relationship)

인과관계는 원인과 결과의 관계로서, 예컨대, 나쁜 친구 때문에 비행을 저질렀다 또는 방범용 CCTV 때문에 범죄율이 감소했다 등의 진술을 인과적 진술이라 한다. 이러한 인과관계를 추정하는 인과적 추론(causal inference)이 타당하기 위해서는 다음 세 가지 조건을 만족해야 한다. 상관관계의 존재, 독립변수가 종속변수에 독립변수에 앞서는 시간적 순서, 혼재변수(confounding variables)의 통제.

① 상관관계가 존재하려면 두 변수가 서로 같은 방향이나 반대 방향으로 동시에 움직이는 경향성을 보여야 한다. 예컨대, 나쁜 친구가 많을수록 비행을 많이 저지르는 경향(정적 상관), 또는 방범용 CCTV를 많이 설치할수록 범죄율이 감소하는 경향(부적 상관)이 존재해야 한다.

② 시간적 순서란 상관성이 존재할 때 독립변수로 설정한 변수(i.e., 나쁜 친구, CCTV)가 종속변수로 설정한 변수(i.e., 비행, 범죄율)보다 시간적으로 선행해야 함을 의미한다. 그래야 독립변수를 원인이라 할 수 있기 때문이다.

③ 혼재변수란 독립변수와 상관관계에 있으면서 종속변수에 영향을 미치는 변수로서 이를 통제해야만 독립변수가 종속변수에 독립적으로 미치는 영향을 파악할 수 있게 된다. 예컨대, 비행의 원인은 나쁜 친구뿐만 아니라 스트레스, 잘못된 양육방식 등 다양한데 이

▶미래의 범죄 예측
- 제2장에서 범죄 데이터와 함께 간단히 소개된 다음, 제2권에서 상세히 설명됨.
- 통계학에서 인과관계 추정은 '가설검증'이라 하고 미래예측은 '추정법'이라 함.
- 추정법은 선거 득표율 예측이나 도서 판매량 예측과 같이 매우 실질적인 목적을 가지고 있어 빠르게 성장하고 있음.
- 그런데 추정의 통계적 원리는 가설검증과 동전의 양면처럼 뿌리는 같고 적용은 반대로 하는 식임. 예컨대, 가설검증에서 5% 이내의 오류가능성은 추정에서 95% 이상의 신뢰수준을 의미함.

들 중 나쁜 친구가 비행의 원인이다 라고 결정하려면 스트레스와 잘못된 양육방식 등이 비행에 미치는 영향을 통제해야 한다. 이때 통제한다는 것은 혼재변수의 수준을 동일하게 만든다는 의미로서, 그래야 나쁜 친구의 정도만 달라지기 때문이다(i.e., 변수로 남기 때문이다). 참고로 혼재변수는 연구모형이 어떻게 설정되느냐에 따라 외생변수, 매개변수, 억압변수 등 다양한 형태로 존재하는데, 이는 따로 방법론 교재를 참고하기 바란다.

▶용어 정리(변수 이름)
• 독립변수＝원인변수＝처치변수
• 종속변수＝결과변수
• 혼재변수＝제3의 변수＝통제변수(종류 : 외생변수, 매개변수, 억압변수 등)

2. 타당도의 종류와 위협

타당도에 위협이 된다는 것은 기본적으로 데이터(표본)를 분석하는 과정에서 인과관계를 잘못 추정하는 것이다. 그런데 잘 생각해보면, 인과관계는 제대로 추정했지만, 연구에 적용된 데이터나 환경이 모집단 일반으로 확대 적용되기에는 뭔가 부족한 경우도 존재하는바, 이를 '일반화 가능성(generalizability)'에 대한 위협으로 규정할 수 있다. 따라서 두 가지 경우로 구분해서 살펴볼 필요가 있는바, ① 인과관계 추정과 관련된 타당도에는 '통계적 결과 타당도'와 '내적 타당도'가 있고, ② 일반화 가능성과 관련된 타당도에는 '외적 타당도'와 '구성 타당도'가 있다.

통계(학)적 결과 타당도(statistical conclusion validity)

통계(학)적 결과 타당도는 독립변수와 종속변수 간의 상관관계가 유의미하게 존재하는 것을 말한다. 일반적으로 이 타당도에 위협이 되는 경우는 표본의 수가 너무 적어(예, 30 미만) 상관관계분석(예, 피어슨의 r) 결과 자체가 불안정한 경우이다. 따라서 충분한 수의 표본이 확보되어야 한다.

▶통계분석 결과의 불안정성(instability)
– 표본 수가 너무 적으면, 그만큼의 표본으로 여러 번 동일한 분석을 한다고 가정할 때, 일관되게 유사한 결과를 기대하기 어려움.

내적 타당도(internal validity)

내적 타당도는 두 변수 간의 관계가 다른 변수들의 영향을 받지 않는 경우를 말한다. 따라서 혼재변수가 제대로 통제되지 않으면 내적 타당도에 위협이 존재하게 된다.

외적 타당도(external validity)

외적 타당도는 표본에 대한 인과분석 결과를 전체 모집단에 일반화할 수 있는 것을 말한다. 이는 표본의 대표성이나 연구 환경의 특성과 관련된 이슈로서, 만약 표본이 모집단을 잘 대표하지 못하거나, 연구 환경이 예컨대 실험 연구와 같이 일반적인 상황과 너무 다른 경우에는, 아무리 표본 내에 강한 인과관계가 존재하더라도 이를 모집단에 일반화할 수 없게 된다.

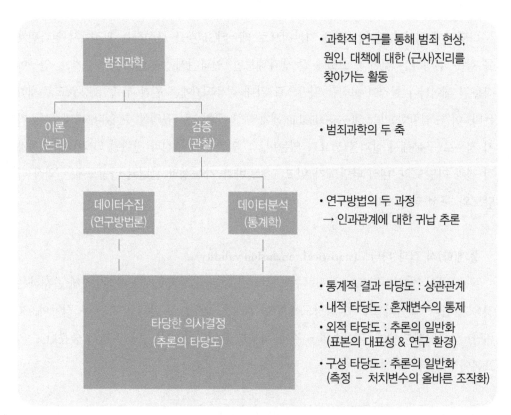

〈그림 I-3〉 범죄학의 연구방법과 인과적 추론의 타당도

구성 타당도(construct validity)

구성 타당도는 변수의 측정, 특히 처치가 이루어지는 독립변수를 개념에 맞게 측정한 경우를 말한다. 예컨대, 순찰의 범죄예방효과를 연구한다고 가정해보자. 이러한 정책평가 연구에서 중요한 것은 순찰을 어떻게 조작화해서 시행할 것인가이다. 즉, 통제지역의 순찰은 평소대로 하고, 실험지역에선 두 배로 늘리는 설계가 가능할 것이다. 이때 순찰이 효과를 거두려면 시민들이 순찰의 변화를 인지해야 하는데 그렇지 못한 방식으로 순찰이 배가된다면 아무런 효과가 없을 것이다. 이런 결과에 기반해서 순찰이 정말 비효과적이라고 단정할 수 있을까? 섣불리 그래선 안된다. 만약 순찰 증가가 시민이 인지할 수 있는 방식으로 이루어졌다면 효과가 있었을 수도 있기 때문이다. 실례로 1970년대 초반 미국에서 실시되었던 유명한 '캔사스시 범죄예방순찰 실험'에서 순찰의 증가와 감소 모두 범죄 발생에 전혀 영향을 미치지 못했는데, 시민들에 대한 설문 결과 그들은 순찰의 변화를 거의 인지하지 못하고 있었다. 따라서 이 실험연구의 결과에 대해 비판하는 학자들은 순찰의 변화가 원래 측정하고자 하는 개념인 가시성과 시민 인식의 변화를 제대로 반영하지 못했다고 주장한다. 결국 연구의 목적에 맞는 개념 정의와 그 개념을 정확히 측정하는 과정이 제대로 이루어져야 구성 타당도가 확보될 수 있는 것이다.

V. 과학적 연구의 실제 : 데이터 수집 과정을 중심으로

이상 과학적 추론이 이루어지는 논리 과정과 타당도 개념을 살펴봤다(〈그림 I-3〉 참고). 이제 이론적인 준비가 됐으니, 실제로 데이터가 어떻게 수집되는지 살펴보면서 개별 연구방법이 가진 장단점을 확인하도록 하자.

과학적 연구가 실제로 이루어지는 과정은 ① 가설을 설정하고, ② 데이터를 수집한 다음, ③ 이를 분석해서, ④ 가설이 참인지 거짓인지 결정하는 순서로 이루어진다. 이러한 연구는 주로 범죄 이론이 타당한지 또는 범죄 대응 정책이 효과적인지를 검증하기 위해 수행된다. 앞서 든 예처럼, 나쁜 친구를 사귀면 비행을 더 많이 하게 되는지(차별접촉이론) 또

▶과학의 두 축 복기
– 과학의 두 축은 논리(이론)
+ 관찰(검증 or 연구방법).
실제 연구 과정에서 ① 가설
설정은 논리에 해당하고, ②
~ ④ 데이터 수집에서 의사
결정까지는 검증에 해당함.
– 검증(연구방법)은 데이터
수집 + 데이터 분석.

는 방범용 CCTV를 설치하면 범죄율이 감소하는지(범죄예방정책)와 같은 가설에 대해 데이터를 수집한 후 분석해서 참, 거짓 여부를 판단하는 것이다. 이러한 과학적 연구의 전체 과정 중 범죄학을 공부하는 독자들은 데이터가 어떻게 수집되는지에 대해서만 개괄적으로 이해하면 된다. 그런데 데이터가 수집되는 과정도 치열한 논리적 고민의 결과이니 그 이면에 함축된 의미를 잘 파악해야 한다. 특히 앞서 강조한 것처럼 '어떤 방법이 더 결정 오류를 줄일 수 있는가?' 또는 '개별 연구방법마다 추론의 타당도 확보에 어떤 문제가 있겠는가?' 하는 핵심 과제를 항상 염두에 두어야 한다.

다시 강조하지만, 일반적인 '5% 이내의 오류 가능성'이란 개념은 분석 이전의 추론과정, 즉 데이터 수집 과정이 완벽했을 경우를 전제로 한다. 따라서 인과관계에 대한 통계적 의사결정 이전의 많은 연구 과정에서 타당도에 위협이 될 수 있는 어떤 문제가 있는지 꼼꼼히 살펴볼 필요가 있는 것이다. 이를 염두에 두고 데이터가 수집되는 과정을 전체적인 연구설계와 데이터 수집방법으로 구분하여 살펴보자.

1. 연구설계(Research Design)

연구설계는 실제 연구에서 가장 먼저 고민하는 단계로서, 연구의 목적에 맞게 타당한 추론이 도출될 수 있도록 효과적인 전략을 구상하는 시간이다. 현상 파악, 원인 규명, 대책 강구라는 3대 범죄학 활동에서 절대 다수를 차지하는 연구는 인과관계를 판단하는 연구로서, 연구설계의 핵심은 인과적 추론이 적정하게 이루어지도록 준비하는 것이라 하겠다.

앞서 살펴봤듯, 인과관계가 충족되기 위한 3요소에는 '상관관계', '시간적 순서', '혼재변수의 통제'가 있다. 이들 중 상관관계는 표본의 수가 어느 정도 확보되면 추론의 타당도에 나쁜 영향을 미치지 않는다. 그리고 시간적 순서는 종단 데이터를 이용하면 간단히 해결된다. 마지막으로 혼재변수의 통제는 실험 설계가 가장 유용한 방법이라 할 수 있다. 그런데 현실적으로 많은 데이터나 종단 데이터를 이용하기 위해서는 비용과 시간의 문제가 있고, 실험 설계는 범죄학을 포함한 대부분의 사회과학 연구에서 사실상 불가능한 경우가 많다. 따라서 이러한 이론과 현실의 차이를 염두에 두고, 연구설계 단계에서 고려하는 사항을 하나씩 살펴보도록 하자. 참고로 상관관계와 관련된 표본 수에 대한 논의는 이 책에서 불필요하다고 판단된다. 대신, 거시와 미시로 구분되는 연구의 '분석단위'는 추가로 살펴볼 필요가 있다. 제6장의 사회구조적 관점에서 '생태학적 오류'라는 용어가 나오는데 이는 분석단위와 관련된 매우 중요한 개념이기 때문이다.

(1) 시간적 순서와 관련된 설계

시간적 순서는 인과관계의 두 번째 요소로서 독립변수가 종속변수보다 선행하도록 설계되어야 한다. 일반적으로 종단(longitudinal) 연구는 이 조건을 만족하고 횡단(cross-sectional)연구는 그렇지 않다. 하지만 반대급부로서 종단 연구는 횡단 연구에 비해 비용과 시간이 많이 소요되는 등의 단점이 있다.

종단 설계

종단 설계는 현상을 일정 기간 동안 관찰하는 설계로서, 이를 적용한 연구에는 추세 연구, 코호트 연구, 패널 연구 등이 있다. 추세 연구는 범죄율의 연도별 변화나 수감자 수의 월별 증감과 같이 사건의 시간에 걸친 변화를 연구하는 것이고, 코호트 연구는 동년배나 동기(예, 입학 동기, 수감 동기, 치료프로그램 수강 동기) 등 동일한 특성을 공유하는 집단의 시간에 걸친 변화를 연구하는 것이며, 패널 연구는 전국범죄피해조사(NCVS, KCVS)나 한국아동·청소년패널조사(KCYPS)와 같이 특정 절차를 통해 선발된 표본을 최소 2회 이상 관찰하는 것을 말한다. 종단 설계는 일반적으로 전술한 바와 같이 비용과 시간이 많이 소요되는 단점이 있는데, 특히 패널 연구에서는 이에 더해 시간이 지나면서 패널이 소실된다는 문제도 있다.

▶패널 소실(panel attrition) - 첫 번째 조사에 참여했던 응답자들 중 일부가 이후 조사에 참여하지 않는 현상. 불참 이유는 자발적 포기, 불참, 사망 등 다양함.

횡단 설계

횡단 설계는 현상을 어느 한 시점에서 관찰하는 것으로, 이를 적용한 연구에서는 독립변수가 종속변수에 선행하는 걸 담보할 수 없다. 하지만, 무조건 이런 문제가 발생하는 것은 아닌바, 예컨대, 총기소유와 총기자살, 성별과 마리화나남용과 같은 관계에서는 시간을 인위적으로 설정하지 않아도 총기소유나 성별이 총기자살이나 마리화나남용에 비해 선행할 수밖에 없으므로 시간적 순서의 문제는 사라지게 된다. 또한 종단 설계에 비해 비용과 시간이 절감되는 장점도 있다.

결론적으로, 인과관계 충족을 위해서는 종단 설계가 유리한 것이 사실이다. 하지만, 비용과 시간이라는 현실적 문제가 있고, 횡단 설계로도 시간적 순서가 잘 정립될 수 있는 관계가 존재한다. 이에 실제로는 횡단 설계를 이용한 연구가 종단 연구에 비해 훨씬 많이 수행되고 있다. 그러나 다행스럽게도 빅데이터에 기반한 4차 산업혁명 시대를 맞이해서 국가의 공공 데이터 수집과 관리, 공개가 점차 확대되고 있다. 이에 발맞춰 국책이나 민간 연구기관에서도 종단 데이터를 체계적으로 수집, 관리하는 분야가 눈에 띄게 증가하고 있다. 앞서 예로 든 전국범죄피해조사(KCVS)는 한국형사·법무정책연구원, 한국아동·청소년패널조사(KCYPS)는 한국청소년정책연구원이라는 국책 연구기관이 관장하고 있고, 대표적인 민간 연구기관 사례로는 성균관대학교 서베이리서치센터의 한국종합사회조사(KGSS)가 있다. 이러한 자료들은 범죄에 관한 종단 연구에 매우 유용하게 쓰일 수 있다.

(2) 혼재변수의 통제와 관련된 설계

혼재변수의 통제는 인과관계의 세 번째 요소로서 실증 연구는 원칙적으로 혼재변수(제3의 변수)가 완전히 통제될 수 있도록 진행되어야 한다. 이와 관련된 연구 설계는 실험, 비실험, 준(의사)실험 설계로 구분된다. 실험 설계는 오로지 독립변수만 종속변수에 영향을 미치도록 만드는 설계이고, 비실험 설계는 반대로 다른 혼재변수들이 전혀 통제되지 않는 설계이며, 준(의사)실험 설계는 어느 정도 혼재변수들이 통제되는 설계이다. 앞에서 예로 든 무관용 정책의 효과성이 비판을 받았던 이유는 비실험 설계로 연구가 진행되어 다른 혼재변수들에 대한 통제가 제대로 이루어지지 않은 상태에서 효과 있다고 결론 내렸기 때문이다. 따라서 종속변수에 영향을 미칠 수 있는 제3의 변수들을 모두 통제하는 실험 설계가 추론의 오류를 가장 최소화할 수 있는 방법이란 걸 쉽게 이해할 수 있겠다. 물론 실험 설계에도 추론의 타당도에 위협을 미칠 수 있는 요인들이 존재하지만, 상세한 설명은 범죄학의 범위를 지나치게 넘어선다. 다만, 앞서 살펴본 일반화의 가능성이 떨어지는 외적 타당도 위협은 꼭 기억하기 바란다. 이 책에서는 실험 설계를 구성하는 요소들 위주로 간단히 살펴보고자 한다. 왜 실험 설계가 인과관계 추론에 가장 적합한 방법인지를 보다 구체적으로 알고 싶은 독자들은 〈보충설명 I-7〉을 참고하기 바란다.

가. 실험 설계

실험 설계는 독립변수(예, 나쁜 친구)와 종속변수(예, 비행) 간 인과관계를 추정하고자 한다. 따라서 연구의 주제에 해당하는 독립변수와 종속변수가 가장 먼저 특정되어야 한다. 독립변수와 종속변수가 결정되면 연구대상(표본)을 선정하는데, 이때 수집된 표본을 독립변수가 처치되는 실험집단과 처치되지 않는 통제집단으로 구분해야 한다. 실험집단에 독립변수를 처치하기 전에 두 집단이 동일한 특성을 갖고 있는 것이 중요하므로, 종속변수를 비롯해서 중요한 특성들(예, 가족 간 유대, 스트레스, 성별, 소득 등)이 동일한 상태인지 여부를 검증해야 하는바, 이를 사전검사라 한다. 마지막으로, 실험집단에만 독립변수를 처치한 후 두 집단에서 종속변수에 유의미한 변화와 차이가 있는지 검증하는 사후검사를 실시한다.

▶용어 정리(집단 이름)
· 실험집단=처치집단
· 통제집단=비교집단
(엄밀히 말하면, 처치집단과 비교집단은 준실험 연구에서 실험집단과 통제집단을 대신해 사용되는 용어임. 실험이 아니기 때문에 실험이나 통제란 용어를 쓰지 않으나, 대신 처치는 가해지고 그 처치집단과 비교가 이루어지므로 처치와 비교란 용어를 쓰는 것임.)

〈그림 I-4〉 기본적인 실험 설계

이를 요약하면 실험 설계의 주 구성요소는 ① 독립변수와 종속변수, ② 실험집단과 통제집단, ③ 사전검사와 사후검사로 이루어진다. 〈그림 I-4〉는 주 구성요소들 위주로 실험 연구의 과정을 보여주고 있다. 이에 덧붙여 실험 연구가 성공적으로 수행되기 위해서는 '무작위 배분'과 '이중맹인실험'이라는 조건이 충족될 필요가 있다.

무작위 배분(random assignment)

▶좋은 표본이란?
– 모집단을 잘 대표하는 것이 좋은 표본인바, 이를 위해 확률표집(probability sampling)을 실시한다(제2장 참고).

▶실험설계의 다른 형태
– 사후검사만 실시하는 형태와 더불어, 처치의 수준을 다양하게 하는, 즉 실험집단을 두 개 이상으로 구성하는 경우도 존재하는바, 이를 '요인설계(factorial design)'라 함 (출처: Maxfield & Babbie. (2009), Research Methods, Wadsworth, 박정선 외 6인 역(2009), pp.246-248).

무작위 배분은 연구대상을 두 집단으로 나눌 때 무작위로 배분하라는 것으로, 무작위의 묘미(효과)는 자연스럽게 대표성이 확보된다는 데 있다. 흔히 표본을 선정할 때도 무작위로 선정하는 게 일반적인 원칙이듯, 표본을 배분할 때 역시 무작위 방식이 어느 정도 대표성을 담보해줄 수 있는 것이다. 하지만, 말 그대로 '어느 정도'만 대표성을 담보해줄 뿐 확실한 보장은 할 수가 없음에 주의해야 한다. 그래서 표본을 선정할 때 좀 더 확실히 대표성을 확보하기 위해 무작위가 아닌 확률표집 방식을 선호하는 경향이 있듯, 배분의 경우에도 무작위로 하되, 두 집단의 등가성을 확인하는 것이 무엇보다 중요하므로 사전검사를 통해 배분이 잘 되었는지 검증하는 과정을 거치는 것이다. 이와 관련해서 독자들은 무작위 배분의 개념과 그것이 갖는 일반적인 효과를 이해하고, 실질적인 두 집단의 등가성은 사전검사를 통해 재확인된다는 점을 알아두면 충분할 것이다. 물론 무작위 배분만 실시한 후 등가성이 확보되었다 전제하고 사전검사를 생략하는 경우도 있는바, 이를 비롯해서 여러 다양한 형태의 변형된 실험이 가능함을 참고하기 바란다.

이중맹인실험(double blind experiment)

이중맹인실험은 연구대상자(객체)와 연구자(주체) 모두 어떤 집단이 실험집단인지 통제집단인지 구분하지 못하게 만드는 설정이다. 이를 어겼을 경우, 흔히 알려진 문제로서, 연구대상자가 실험집단에 속해 있다고 생각하면 가짜 처치를 진짜로 착각해서 효과가 과장되는 위약효과(placebo effect)가 발생하고, 연구자가 집단을 알게 되면 연구목적을 인위적으로 달성하려는 실험자 편기(experimenter bias)가 발생한다.

실험 설계가 인과관계 3요소를 충족하는 이유

인과적 추론 복기

앞서 추론(inference)은 답을 모르기 때문에 추정하는 과정이라 했다. 범죄학 연구에서 추정하는 경우는 크게 ① 과거의 범죄 추세를 이용해서 미래의 발생 정도를 예측하는 경우, ② 다양한 변수들 가운데 범죄 원인이 무엇인지 결정하는 경우, ③ 범죄 정책이 효과적인지 검증하는 경우로 나눌 수 있다. 이 중 원인 탐구와 효과성 검증이 주를 이루는데, 이들 연구에서 시도되는 추론을 '인과적 추론(causal inference)'이라 한다. 예컨대, A라는 이유 때문에 범죄가 발생했다는 의사결정, 또는 B라는 정책 때문에 범죄가 감소했다는 의사결정을 목표로 하는 것이다.

실험 설계의 장점

준(의사)실험 설계나 비실험 설계에 비해 실험 설계가 인과적 추론에 가장 적합한 이유는 다음과 같이 인과관계의 3요소를 모두 충족하기 때문이다. ① 먼저, 실험에서는 독립변수와 종속변수가 존재하므로 독립변수를 처치한 이후 종속변수에 변화가 있으면 상관관계가 존재한다고 할 수 있다. ② 독립변수를 처치한 이후에 종속변수의 변화를 보기 때문에 두 변수 간 시간적 순서가 잘 정립되어 있다. ③ 무작위 배분을 통해 두 집단의 등가성이 확립되므로(물론, 사전검사를 통한 확인이 필요함), 독립변수를 제외한 모든 혼재변수들이 통제된 상태라 할 수 있다.

반면, 준(의사)실험 설계는 혼재변수가 온전히 통제될 수 없고, 비실험 설계는 시간적 순서마저 올바로 정립된 건지 담보할 수 없다. 따라서 준(의사)실험 설계는 최대한 유사한 비교집단을 선정하려 노력하고, 비실험 설계는 가급적 종단 데이터를 수집해서 다변량 분석을 시도한다.

출처: Maxfield, M. G. & Babbie, E. R. (2009). *Research Methods for Criminal Justice and Criminology*.Wadsworth. 박정선 외 6인 역(2009). p.235. 센게이지 러닝 코리아.

나. 준(의사)실험 설계 및 비실험 설계

이상의 실험 설계를 충실히 고민하고 준비했다고 가정하자. 그럼 실제로 이러한 실험 연구를 수행할 수 있을까? 위 사례에서 실험집단에 속한 청소년들에게 인위적으로 나쁜 친구를 많이 사귀게 하는 것이 과연 가능한가? 대다수 독자들이 동의하듯, 불가능할 뿐 아니라 윤리적으로도 그래선 안된다. 이처럼 범죄학 연구를 실제 수행할 때는 아무리 실험 연구가 이상적이라 해도 불가능한 경우가 대부분이다.

준(의사)실험 설계

▶무작위 배분이 어려운 또 다른 실질적 이유
– 실험연구에서 무작위 배분은 일단 표집이 이루어진 후 두 집단으로 나눌 때 실시됨. 이때 일반적으로 표본 수가 집단별로 30개(명) 이상 되어야 분석결과를 신뢰할 수 있음. 그런데 CCTV 사례와 같은 지역 연구에서는 비용과 시간의 제한 때문에 이 정도의 표본을 수집하는 것이 사실상 어려움.

그럼 방범용 CCTV 설치는 어떠한가? 특성이 유사한 두 지역(예, 경제수준, 주거이동빈도, 외국인비율, 토지이용 등)을 선정해서 실험지역에만 설치하는 연구가 가능할 것이다. 사실 음주단속이나 여러 범죄예방정책들의 효과성을 평가할 때 이런 실험식 접근이 매우 이상적이라 할 수 있다. 그런데 이 방식 역시 ① 위 나쁜 친구 사례처럼 무작위 배분으로 구분된 것이 아니며, ② 선정된 두 지역은 말 그대로 '유사'할 뿐 동일한 경우를 찾기가 매우 어렵다. 따라서 이런 설계는 엄밀히 말해 실험연구가 아닌 것이다. 대신 이를 준(quasi-, 의사)실험 설계라 하는데, 그 중에서도 **'비등가집단 설계(nonequivalent group design)'**에 해당한다. 비등가집단 설계의 핵심은 비록 등가는 아니지만 두 집단이 서로 비교 가능하도록 '매칭(matching, 짝짓기)' 과정을 거치는 것이다. 이러한 설계에서는 실험집단(지역) 대신 처치집단(지역), 통제집단(지역) 대신 비교집단(지역)이란 용어를 사용하는 게 정확하지만, 일반적으로는 혼용되고 있으니 참고만 하면 되겠다.

한편, CCTV의 효과성을 두 지역으로 나눠 비교하는 방법이 아니라 설치한 지역에서만 범죄율을 전후 비교하는 방법도 가능할 것이다. 예컨대, A 지역의 노상범죄가 계속 증가 추세에 있었는데 CCTV를 설치한 이후 감소추세로 바뀌었다면 CCTV의 영향이라 할 수도 있을 것이다. 이를 시계열 설계에서 중간에 처치가 개입되었다는 의미로 **중단된 시계열 설계(interrupted time-series design)'**라 부르는바, 어느 정도는 인과관계 규명에 효과적인 실험적 성격을 가지고 있어서 준(의사)실험 설계로 분류된다. 하지만, 앞서 무관용 정책의 효과성에 대한 오해에서 알 수 있듯 보다 엄격하고 세밀한 해석이 요구되는 설계임을 명심

▶중단된 시계열 설계
– 중간에 처치가 개입되었다는 의미에서 필자는 '개입된 시계열 설계'라는 표현을 선호함.

해야 한다. 이러한 문제를 극복하기 위해 다양한 형태의 중단된 시계열 설계가 시도되는데, 이들은 실무 현장에서 한 차원 높은 수준의 정책 평가를 가능케 하고 독자들의 추론에 대한 호기심을 자극할 수 있는 좋은 소재라 사료된다. 관심 있는 독자들은 〈보충설명 I-8〉를 참고하기 바란다.

마지막으로 동기나 동년배들을 장기간 추적 조사하는 '**코호트 설계**(cohort design)'는 당연히 시계열 설계의 일종으로 볼 수 있다. 이것은 종단 연구의 대표적인 예로서 일반적으로 범죄경력연구[12]나 발달이론을 개발·검증하는 연구[13]에서 많이 사용된다. 그런데 둘 이상의 코호트 집단을 비교할 경우, 특히 그러면서 하나의 코호트에만 처치가 개입되는 경우에는 '비등가집단 설계'로 간주될 수 있다. 예컨대, 보호관찰자들의 재범예방을 위해 지역사회봉사활동을 추가로 선고하는 프로그램이 시행되었다고 가정해보자. 이 봉사명령의 효과성을 평가하기에 좋은 방법은 4월 코호트에는 선고하지 않고 5월 코호트에만 선고하여 두 집단의 재범율을 비교하면 될 것이다. 물론 이때 두 코호트 집단이 어느 정도 유사한 특성을 가져야 하므로 몇 월의 코호트를 선택할지에 대해 세심한 주의를 기울여야 할 것이다.

스토리박스 〈보충설명 I-8〉

변형된 형태의 중단된 시계열 설계

- 비등가적 비교집단을 갖는 중단된 시계열 설계
  - 처치가 진행되는 지역(집단)과 유사한 지역(집단)을 선정하여 추세를 비교하는 방법.
  - 결과적으로 '비등가집단 설계'와 유사해져, 훨씬 더 설득력 있게 독립변수의 영향이라고 주장할 수 있음.

- 제거된 처치를 갖는 중단된 시계열 설계
  - 개입된 처치를 제거한 다음 계속 추세를 살펴보는 방법.

– 예컨대, CCTV 설치 후 범죄율이 감소했는데, 제거했더니 다시 증가한다면, 훨씬 더 설득력 있게 CCTV의 영향이라고 주장할 수 있음.

■ 전환반복을 갖는 중단된 시계열 설계
– 두 지역(집단)에서 처치를 다른 시점에 진행하는 설계.
– 예컨대, CCTV를 A 지역에서는 4월에 설치하고 B 지역에서는 6월에 설치했는데 A 지역에서는 5월부터 범죄율이 감소하고 B 지역에서는 7월부터 감소했다면, 훨씬 더 설득력 있게 CCTV의 영향이라고 주장할 수 있음.

중단된 시계열 설계

t_1	t_2	t_3	t_4	X	t_5	t_6	t_7	t_8
O	O	O	O		O	O	O	O

비등가적 비교집단을 갖는 중단된 시계열 설계

O	O	O	O	X	O	O	O	O	처치
O	O	O	O		O	O	O	O	비교
t_1	t_2	t_3	t_4		t_5	t_6	t_7	t_8	

제거된 처치를 갖는 중단된 시계열 설계

O	O	X	O	O	O	–X	O	O	O
t_1	t_2		t_3	t_4	t_5		t_6	t_7	t_8

전환반복을 갖는 중단된 시계열 설계

O	O	O	X	O	O	O	O	O	A
O	O	O	O	O	X	O	O	O	B
t_1	t_2	t_3	t_4		t_5	t_6	t_7	t_8	

〈보충. 그림 I–2〉 여러 형태의 중단된 시계열 설계

출처: Maxfield, M. G. & Babbie, E. R. (2009). *Research Methods*. Wadsworth. 박정선 외 6인 역(2009). pp.258-259.

비실험 설계와의 비교

결론적으로 범죄에 대한 과학적 연구에서는 실험 설계가 극히 드물고 대신 준(의사)실험이나 비실험 설계가 주를 이룬다. 준(의사)실험 설계에는 비등가집단 설계와 중단된 시계열 설계, 코호트 설계 등이 있는데 이들은 주로 정책의 효과성을 평가할 때 이용된다. 나쁜 친구와 비행의 사례와 같이 이론을 검증하는 많은 연구들은 사실상 비실험 설계를 적용하고 있다. 양자를 비교하자면, 준(의사)실험 연구가 비실험 연구에 비해 추론 오류 감소에 훨씬 효과적임은 당연하다. 비록 완벽하진 않지만 중요한 몇 가지 특성(i.e., 혼재변수)에 대해 어느 정도 통제가 가능하고, 독립변수가 종속변수에 선행하는 시간적 순서도 적절하기 때문이다. 하지만 비실험 연구도 데이터를 수집하고 분석하는 과정에서 타당한 추론을 도출하기 위해 많은 노력을 하고 있으므로 그 가치를 충분히 인정해야 한다. 이에 대한 세부 내용은 〈보충설명 I-9〉를 참고하기 바란다.

▶사회과학에서의 실험 연구 – 범죄학뿐만 아니라 대부분의 사회과학 분야에서는 실험 연구가 흔히 않음. 일반적으로 심리학에서 실험 연구를 가장 많이 수행하는 것으로 알려져 있는데 특히 실험 심리학 분야가 그러함. 이를 모방해서 범죄학이 주로 행하는 실험 연구는 폭력성에 관한 것으로 '폭력적인 미디어나 게임에 노출되는 경험이 폭력적인 행동으로 이어지는지' 등이 대표적임.

스토리박스 〈보충설명 I-9〉

비실험 설계가 인과관계의 3요소를 만족시키는 방법

연구설계 단계에서 시간적 순서의 정립을 담보할 수 없고, 혼재변수가 통제되지 않는 비실험 연구는 어떻게 인과관계를 충족할 수 있을까? 먼저, 시간적 순서는 데이터를 수집할 때 종속변수가 독립변수보다 후행하는 데이터를 수집하면 되는데 이를 종단 데이터라 한다. 그런데 비용과 시간 문제로 현실에서는 횡단 데이터를 사용하는 경우가 훨씬 많은바, 이로 인해 시간적 순서가 잘 정립되지 않았다고 판단될 경우(i.e., 독립변수와 종속변수가 서로 영향을 주고받을 수 있다고 사료되는 경우)에는 연구의 한계로서 명확히 적시해야 한다. 그리고 혼재변수에 대한 통제는 다중회귀분석과 같은 다변량 분석모형을 구축해서 실시한다.

이런 이유들 때문에 비실험 연구에서는 실험이나 준실험 연구에 비해 훨씬 복잡하고 어려운 분석모형이 적용되곤 한다. 그리고 분석모형을 제대로 구축하기 위해

▶독립변수와 종속변수가 서로 영향을 주고받는 경우? – 예컨대, 총기소지와 총기범죄와의 관계에서 횡단 연구가 진행될 경우, 총기소지가 총기범죄를 증가시키는지, 반대로 총기범죄가 총기소지를 증가시키는지 구분할 수 없게 됨.

설문조사 등의 방법으로 데이터를 수집할 때 반드시 이론적으로 중요하게 간주되는 혼재변수들을 측정하기 위한 문항들을 삽입해야 한다. 현실에서는 나쁜 친구와 비행의 예와 같이 이론을 검증하는 많은 범죄학 연구가 이러한 비실험 설계를 따르고 있는바, 이러한 실정을 뒷받침하기 위해 매우 체계적으로 수집된 설문조사 데이터가 점점 많이 구축되고 있다(예, 한국아동·청소년패널조사, 전국범죄피해조사 등).

이 보충설명이 어렵게 느껴지면 그냥 지나쳐도 무방하다. 다만, 이제부터는 연구물을 읽을 때 어떤 설계로 진행됐는지 확인하는 습관을 들이고, 설계 방식에 따라 연구결과의 타당도에 차이가 있음을 인식하기 바란다. 그렇다고 무조건 실험이나 준실험 연구에 대해서만 신뢰하라는 말은 절대 아니다. 본문에서 적시한 것처럼, 범죄학 연구에서는 비실험 설계가 최선의 대안인 경우가 많으므로, 이들 연구에 대해서도 충분한 존중을 표해야 할 것이다.

(3) 분석단위와 관련된 설계

나쁜 친구가 비행의 원인인지 검증하는 연구에서는 청소년 개개인을 조사하면 될 것이다. 반면, 방범용 CCTV가 범죄율 감소에 효과적인지 검증하는 연구에서는 지역을 조사해야 할 것이다. 즉, 분석단위란 연구가 목표로 하는 추론의 대상으로서 전자와 같이 개인이 될 수도 있고, 후자와 같이 지역이 될 수도 있다. 개인을 분석단위로 하는 연구를 미시 연구라 하고 지역이나, 조직, 집단을 분석단위로 하는 연구를 거시 연구라 한다.

생태학적 오류(ecological fallacy)

타당한 추론을 위해 분석단위가 중요한 이유는 데이터 분석에 사용된 단위와 추론을 적용하는 대상이 일치해야 하기 때문이다. 만약 그렇지 않을 경우 '생태학적 오류'가 발생하는바, 예컨대, 지역이나 집단을 대상으로 연구를 진행한 다음 추론의 내용을 개인 단위에 적용시킬 경우 문제가 발생한다.

주지하듯, 미국 시카고는 동심원 모양으로 도시가 발달하여 지역 특성이 명확히 구분된다. 현재 대규모 스카이라인이 형성되어 있는 도심지역은 경제수준이 매우 높음과 동시에 강도 발생률도 매우 높다. 이 현상을 탐구하기 위해 경찰관서를 분석단위로 연구를 진행한 결과, 예상대로 관할지역의 소득수준이 높을수록 강도 발생률이 높은 결과가 도출되었다고 하자. 이 결과를 토대로 '소득수준이 높은 사람이 강도를 많이 저지른다'거나 '소득수준이 높은 사람이 강도 피해를 많이 당한다'는 추론을 하면 안되는 것이다.

2. 데이터 수집방법

연구 설계를 통해 시간적 순서 정립과 혼재변수의 통제, 분석단위와 같은 기본 전략이 정해지면, 다음 단계로서 데이터를 어떻게 수집할지 고민해야 한다. 연구자의 입장에서 대표적인 데이터 수집방법에는 '설문조사', '현장관찰', '기관자료 이용' 등이 있는데, 데이터 수집은 설계 방식과 무관하게 연구의 목적과 상황에 맞도록 추진하면 된다. 다시 말해, 설계 방식에 따라 데이터 수집방법이 결정되는 것은 아닌바(어느 정도 영향을 미칠 수는 있지만), 예를 들면, 실험연구를 진행한 경우 연구자는 실험실 상황을 관찰한 후 기록할 수도 있고, 실험 참여자들에게 설문지를 배포하여 직접 기입하도록 할 수도 있는 것이다. 또한 데이터 수집방법에 따라 추론의 타당도가 일관되게 달라진다는 증거도 없으므로 연구자는 목적과 상황에 맞게 수집방법을 결정하면 된다.

다만 상황에 따라 어떤 데이터를 사용하는 것이 더 나은지에 대해서는 꼭 생각해봐야 한다. 특히 범죄 데이터는 기관자료(예, UCR)와 설문조사자료(예, NCVS)에서 범죄 유형별로 큰 차이를 보이기 때문에 두 자료의 특성을 잘 파악해야 한다. 예컨대, 성범죄는 피해자 설문조사에서 훨씬 많이 보고되지만, 살인이나 상점절도 같은 범죄는 피해자조사에서 전혀 드러나지 않기 때문에 어떤 유형의 범죄를 연구하느냐에 따라 적합한 데이터가 달라질 수 있음에 주의해야 한다.

이상을 종합하여, 여기에서는 데이터 수집방법을 설문조사, 현장관찰, 기관자료 이용, 기타로 구분하여 간단히 살펴보고자 한다. 상세한 설명은 이 책의 범위를 넘어서므로 연구방법론을 참고하기 바란다.

단, 범죄 데이터가 수집되는 방법과 그에 따른 장단점, 데이터를 통해 범죄 현상을 해석하는 것은 매우 중요하면서 동시에 서로 연결된 개념이기 때문에, 다음 장에서 한꺼번에 검토하기로 한다. 이때 데이터 수집과 관련된 방법론적 이슈들인 '표집(sampling)'과 '측정(measurement)'에 대해서도 간단히 살펴본다. 지금 시점에서 정리가 필요한 사항은 '연구설계는 추론의 타당도와 직접 연관된 이슈이고, 범죄 데이터 수집은 표집 및 측정의 질과 관련해서 학습해야 한다'는 것이다.

(1) 설문조사

설문조사는 연구 참여자들에게 설문을 통해 사실을 파악하거나 의견을 묻는 방법이다. 앞서 예시된 전국범죄피해조사, 한국아동·청소년패널조사 등이 설문조사에 해당하는데, 이와 별개로 연구자가 필요에 의해 직접 설문지를 만들 수도 있다. 전술한 대로 이러한 설문지에는 연구모형 구축에 필요한 변수들을 측정하기 위해 다양한 질문들이 포함되는 것이 일반적이다. 즉, 체계적으로 계획된 설문조사는 다양한 형태로 독립변수, 종속변수, 혼재변수들을 모형화할 수 있는 데이터를 제공하게 된다. 또한 현장관찰에 비해 대규모의 표본을 조사하는 데 유리하고, 표본이 모집단을 잘 대표할 경우에는 연구결과를 일반화하기에도 괜찮다.

설문을 실행하는 대표적인 방법으로는 연구대상이 스스로 답하게 하는 '자기 기입식', 면접원이 대면해서 설명하고 도와주는 '대면 면접식', 여론조사에서 많이 사용되는 '전화식'이 있다. 전국범죄피해조사나 한국아동·청소년패널조사와 같이 기관에서 시행하는 설문조사는 대면 면접식으로 이루어지고 있는데, 개별 연구자가 시행할 때는 통상 예산과 인력의 제한 때문에 자기기입식으로 이루어진다.

(2) 현장관찰

현장관찰은 연구자가 직접 현장에 임장하여 왜곡되지 않은 생생한 상황이나 행동을 관찰하는 방법이다. 대표적으로 술집에서의 폭력행위 빈도나 운전시 안전띠 착용 비율, 특정 지역의 무질서 현황 등을 파악할 때 많이 사용된다. 필자도 박사학위논문을 작성하기 위해 미시간주의 수도인 랜싱(Lansing) 지역을 돌아다니며 무질서 현황을 파악했던 경험이 있다. 이때 '환경조사서(environmental survey)'로 불리는 구조화된 체크리스트를 가지고 다니며 기입했었는데, 이처럼 현장관찰은 체크리스트나 메모, 카메라, 녹음기 등의 수단을 이용해 기록해두는 것이 중요하다.

현장관찰의 종류

현장관찰은 연구자가 연구대상의 활동에 어느 정도 참여하느냐에 따라 구분될 수 있는바, 전혀 참여하지 않고 관찰만 하는 '완전한 관찰자' 연구, 대상자들의 일상에 참여해서 관찰하지만 대상자들의 업무를 따라하진 않는 '참가자로서의 관찰자' 연구, 일상에 참여하고 업무도 똑같이 따라하는 '완전한 참여자' 연구로 구분할 수 있다.

완전한 참여 관찰은 대상자들의 행위와 행위환경을 가장 생생하게 이해할 수 있는 반면, 대상자들에게 연구가 진행되고 있다는 느낌을 줘서는 안 된다. 따라서 대상자들을 속여야 하는 윤리적인 문제가 필연적으로 발생하고, 만약 범죄조직에 들어가서 조직원들과 똑같이 행동하는 경우에는 연구자가 범행을 저지르는 실정법 위반의 문제도 발생할 수 있다.

참가자로서의 관찰은 자신이 연구자임을 밝힌 상태에서 대상자들의 일상에 참여하는 연구로서 순찰하는 경찰관과 동행하는 것이 대표적인 사례이다. 이런 경우 경찰관의 행위나 경찰관이 마주치는 시민들의 행위에 영향을 미칠 수 있는 단점이 있다. 이를 극복하기 위해 경찰관과 오랫동안 친분을 쌓아 편안한 분위기가 조성되면 경찰관의 행위는 자연스러워질 수 있지만, 경찰관과 시민의 상호작용을 해석할 때 경찰관의 입장을 더 우호적으로 바라보는 편견이 생길 수도 있다.

완전한 관찰은 대상자들이 연구자의 존재나 연구의 진행 여부를 전혀 눈치채지 못하게 하는 연구로서 자연스러운 행위를 관찰할 수 있지만, 그러한 행위가 무엇을 의미하는지 또는 행위의 이유가 무엇인지를 이해하지 못할 수 있다.

관찰면접연구. 현장관찰은 경우에 따라 좀 더 심도 있는 조사가 필요한 경우가 있는데, 이때 대상자와의 면담을 실시하여 보충하기도 한다. 이를 '관찰면접연구'라 하는바, 앞서 설문조사에서 소개한 '대면면접식' 설문보다는 통상 덜 구조화된 면담을 통해 보다 솔직한 진술을 이끌어내고자 한다.

(3) 기관자료 이용

기관자료 이용은 경찰청의 범죄 자료나 통계청의 인구총조사 자료와 같이 공공기관에서 수집, 관리하는 데이터를 이용하는 방법이다. 또한 제2장에서 살펴볼 우리나라의 전국범죄피해조사(KCVS)나 한국아동·청소년패널조사(KCYPS) 등 설문조사 데이터도 국책연구기관들에서 수집·관리하는 것으로서 기관자료로 볼 수 있다. 이러한 데이터는 기관에서 설문조사나 현장관찰, 신고접수 등 다양한 방법을 이용해 수집해놓은 것으로 실제 범죄연구에서 활용도가 매우 높다.

(4) 기타 수집방법

기타 수집방법으로 1차 데이터에 해당하는 내용분석과 2차 데이터에 해당하는 문헌분석을 소개한다. 1차 데이터와 2차 데이터를 구분하는 기준은 다른 연구자가 수집했거나 이미 분석을 했는지 여부이다. 즉, 다른 연구자가 자신의 연구목적을 위해 설문이나 현장관찰을 통해 데이터를 수집·분석한 후 그 결과와 데이터를 공개하는 경우가 있는바, 이러한 데이터와 연구물을 2차 데이터라 한다. 간혹 데이터를 1차적 출처, 2차적 출처로 구분하며 1차적 출처는 자주 사용되는 데이터, 2차적 출처는 드물게 사용되는 데이터로 정의하는 교재가 있는데, 이는 데이터 수집 방법과는 별개의 진술이므로 주의를 요한다.

내용분석(Content Analysis). 이것은 일종의 문헌연구방법이라 할 수 있는데 '양적 분석'을 시도한다는 점에 특징이 있다. 신문기사나 일기, 편지, 대화나 발언 내용 등 인간(i.e., 주체)이 남기는 모든 형태의 자료를 이용해 그 내용을 분석함으로써 연구대상의 '말이나 행위를 범주화'하고 그 '이유'와 '효과'를 분석하는 것이다. 이때 사용되는 자료들은 1차 데이터에 해당한다. 예컨대, '남성용품 제조회사가 다른 광고주보다 폭력적인 프로그램을 더 후원하는지'를 연구하기 위해, 실제 TV 프로그램의 폭력성을 분류하고 그에 따라 광고주 회사들의 특성이 연관되어 있는지 분석할 수 있다. 실제 범죄학 연구의 사례를 들면, 매스트로프스키와 리티(1999)[14]는 '지역사회 경찰활동'에 대한 공공의 이미지를 분석하기 위해 26개 도시의 신문기사 내용을 분석하였는데, 1993-1997년 사이 실린 7,500개의 기사들은 주로 '공동체', '자원', '실질적 효과' 등 긍정적인 견해를 담고 있는 것으로 드러났다.[15]

문헌분석(Literature Review). 이것은 이미 출판된 학위논문, 학술지 논문, 연구보고서 등 다른 연구물을 체계적으로 분석하는 방법이다. 연구자 자신이 발표한 연구물도 활용 가능하다. 문헌분석은 대체로 연구의 분석과정과 결과를 종합적으로 검토하는 접근을 취하는바, 논문 작성 시 가설도출을 위해 꼭 필요한 과정이기도 하며, 논문 작성과는 별개로 정책 평가연구들만 모아 그 효과성을 종합적으로 평가하는 데도 장점이 있다. 문헌분석은 가끔 비교적 새롭게 등장한 분석기법인 **'메타분석(meta-analysis)'**을 이용하여 시도되기도 한다. 이는 기존 연구와 관련된 양적 정보들(예, 표본 수, 상관계수의 크기, 효과 크기, 회귀계수 등)을 모두 취합하여 하나의 분석 자료로 활용하는 방법으로서, 다수의 실증연구에 사용된 데이터를 취합하기 때문에 그만큼 많은 표본을 한꺼번에 분석할 수 있는 장점이 있다. 필자도 석사학위 논문을 작성하면서 메타분석을 시도한 경험이 있다.

〈표 I-1〉 연구설계와 데이터 수집 방법

데이터 수집 과정			특장점 및 종류	단점
연구 설계 (1단계)	시간적 순서	종단 설계	• 독립변수가 선행함 • 추세, 코호트, 패널	• 많은 비용과 시간 소요 • 패널 소실
		횡단 설계	• 비용과 시간 절약	• 독립변수 선행 담보불가
	혼재변수 통제	실험 설계	• 혼재변수 완전 통제 & 인과관계 충족 • 요건 : 무작위 배분 & 이중맹인실험	• 현실적으로 불가한 경우 많음. 가능하다 해도 실험 환경이 현실과 동떨어진 경우 외적 타당도 위협
		준(의사)실험 설계	• 비등가집단, 중단된 시계열, 코호트 • 정책 효과성 평가에 자주 사용됨	• 혼재변수 일부만 통제
		비실험 설계	• 혼재변수 통제는 데이터 분석 단계에서 이루어짐 • 범죄 이론 검증에 자주 사용됨	• 혼재변수 통제 전무
	분석 단위	개인(미시)	• 가장 흔하게 적용됨 • 개인 데이터를 통합(예, 읍면동, 시군구)하면 거시 데이터가 됨	• 생태학적 오류의 가능성 주의
		지역, 집단(거시)	• 지역을 분석하는 거시 연구에서는 주로 '범죄율' 이라는 용어 사용	
데이터 수집 (2단계)	수집 방법	설문조사	• 다양한 변수를 측정하기 위해 다양한 질문 사용 • 대규모 조사와 연구결과 일반화에 용이 • 자기기입식, 대면 면접식, 전화식	• 응답의 진실성 확보가 관건
		현장관찰	• 왜곡 없는 생생한 현장 • 환경조사서 활용 • 심도 있는 면담 가능	• 번거롭거나, 비윤리적이거나, 때로는 위험함
		기관자료 이용	• 장기간 체계적으로 수집 되어 연구 활용도가 큼 • KCVS, KCYPS	• 수동적 접근
		기타	• 내용분석 → 1차 데이터 • 문헌분석(메타분석) → 2차 데이터	

미국 사회학계가 실증주의화 된 이야기(2부) : ASA(앗싸)에 반대한다

미국 사회학계는 1930년대 이후 급격히 실증주의화 되었고 그 중심에는 피셔의 통계적 추론법이 있었다. 앞서 살펴본 대로 통계적 추론법은 본질적으로 불확실할 수밖에 없는 귀납적 추론을 객관적인 데이터에 근거해 확률적으로 진술하게 만듦으로써 훨씬 설득력을 높여주었다.

하지만 미국의 사회학자 밀스(C. Wright Mills)는 통계적 추론을 'the method(방법론)'라 칭하고 사회현상에 대한 지나친 실증적 접근을 'abstracted empiricism(추상된 경험주의)'라 비판했다. 이는 실증주의가 인간의 문제를 사회적 맥락에서 바라보지 않고 오로지 개인적 차원에서 탐구하는 것을 비판한 것으로, 특히 몇 가지 개인적 변수만으로 행동을 설명하는 것은 자칫 심리학주의(psychologism)로 왜곡될 수 있다고 우려했다. 즉, 당시의 상황을 고려해보면, 사회현상에 대한 통계자료가 아직 체계적으로 구축되어 있지 않은 상태에서 실증주의를 지향하다 보면 개인 차원의 변수를 설문지 형태로 수집할 수밖에 없었고, 이렇게 수집된 데이터를 분석한 결과는 당연히 사회적 맥락에 대한 언급 없이 개인 차원의 문제만을 마치 과학적 증거인 것처럼 지적할 수밖에 없었던 것이다. 밀스는 이처럼 실증주의식 접근이 지나쳐 사회학자가 사회학을 하지 않고 개인차원의 심리학적 환원주의에 빠지는 상황을 신랄하게 비판했다. 독자들 입장에서는 'abstracted'가 우리 말로 '추상된'이라 번역되어 그 의미가 잘 와닿지 않겠지만, 밀스는 이를 경험주의가 행동의 원인을 지나치게 '단순화'시켜 실제로는 아무 의미가 없다는 의도로 사용했다고 보면 된다. 그러면서 밀스는 인간의 행태를 제대로 이해하기 위해 개인적 환경(milieu)과 사회적 맥락을 연결시키는 진정한 사회학적 상상이 복원되길 원했던 것이다.

실증주의식 사회학에 대한 이러한 비판을 담고 있는 밀스의 저서 'The Sociological Imagination(사회학적 상상)'(1959)은 1998년 세계사회학회(ISA)에서 20세기 가장 중요한 사회학 저술들 가운데 2위로 선정되었다. 필자가 이를 상세히 소개하는 이유는 현재 국내 사회과학계에서도 양적 방법론을 사용하지 않으면 참된 현실을 파악하지 못하는 저급한 주장으로 내모는 경향이 있기 때문이다(보충설명 I-7 & I-8 참고). 필자도 방법론을 많이 공부했고 연구에 활용해왔지만, 알면 알수록 문제가 많은 것이 양적 연구방법이다. 심지어 미국에서 대학원 과정 중에는 연구방법과 통계를 제대로 모르는 연구자들이 범죄학계를 망치고 있다는 얘기까지 들었었다. 물론 이러한 비판은 양적 연구를 하지 말아야 한다는 것이 아니라 방법론을 제대로 알고 적절히 사용해야 한다는 의도였다. 따라서 독자들은 이 책에서 정리된 연구방법에 대해 먼저 저술 전략을 큰 틀에서 이해하고, ① 연구 설계 과정에서 타당한 추론을 위한 개략적인 그림이 구상되어야 한다는 사실, ② 실제 데이터 수집은 연구의 목적과 상황에 맞추어 실시하면 된다는 사실, ③ 그리고 제2장에서 다뤄질 범죄 데이터가 수집되는 방법과 그에 따른 장단점에 대해 스스로 체계를 잡았으면 좋겠다. 비록 양적 연구방법이 어렵고 잠재하는 문제도 많지만, 학문 발전과 실생활 개선에 큰 공헌을 한 사실을 인정하고 균형잡힌 태도를 보여야 할 것이다.

요점 정리

연구방법의 의의

- 범죄과학의 한 축 : 연구방법은 과학의 두 기둥 가운데 하나임. 데이터 수집(협의의 연구방법론)과 데이터 분석(통계학)으로 구성됨. 이 책에서는 데이터 수집 과정에 대해서만 개괄적으로 살펴봄.

과학적 연구의 인과관계 추론

- 피셔의 통계적 추론법 : 객관적 데이터에 근거해서 의사결정의 오류 가능성을 확률로 진술

함으로써(일반적으로 5% 이내의 오류 가능성), 경험주의에 기반한 귀납추론이 회의주의로 빠지지 않고 오히려 엄청난 환호 속에서 확산되는 전기를 마련했음.

■ 인과관계 추론의 타당도 : 범죄학 연구의 대부분은 인과적 추론을 목표로 하는바, 인과관계를 제대로 추정하기 위해서는 3요소(상관관계, 시간적 순서, 혼재변수의 통제)를 충족해야 함. 인과적 추론이 올바른 정도를 타당도라 하는데, 행여 잘못된 추론이 발생할 수 있는 상황은 '타당도 위협'이라 함. 통계적 결과 타당도와 내적 타당도는 표본을 분석할 때 존재하는 타당도를 말하고, 외적 타당도와 구성 타당도는 표본의 분석결과를 모집단으로 일반화할 때 필요한 타당도를 말함.

범죄학 연구의 실제

■ 과학적 연구의 실질적 목표 : 최종적인 추론(의사결정) 이전의 많은 연구 단계에서 추론 오류에 영향을 미칠 수 있는 요인들(타당도 위협)을 최소화하는 것.

■ 연구설계 : 연구를 설계하는 단계에서 '시간적 순서 정립'과 '혼재변수의 통제', '분석단위'를 어떻게 할 것인지 고민해야 함.
- 시간적 순서 : 종단 설계 vs. 횡단 설계
  - 종단 설계로 진행되는 연구에는 추세 연구, 코호트 연구, 패널 연구 등이 있음.
- 혼재변수의 통제 : 실험 설계 vs. 준(의사)실험 설계 vs. 비실험 설계
  - 준(의사)실험 설계로 진행되는 연구에는 비등가집단 연구, 중단된 시계열 연구가 있고, 코호트 연구는 비교집단이 존재할 경우 준(의사)실험 설계에 해당될 수 있음.
  - 실험과 준(의사)실험 설계는 처치 전후를 비교하므로 당연히 종단 설계에 해당됨. 비실험 설계는 어떤 데이터를 사용하느냐에 따라 다름.
- 인과관계를 타당하게 검증하기 위해서는 종단 설계와 실험 설계가 이상적이지만 비용, 시간, 윤리 등의 문제로 실제는 횡단 연구와 비실험 연구가 더 빈번하게 진행되고 있음.
- 분석단위는 미시와 거시로 구분되는데 데이터 분석 시 이를 명확히 해야 하고, 추론 결과를 해석할 때도 동일한 분석단위를 대상으로 해야 함. 만약 거시 연구를 진행한 후 그 분석결과를 개인에 적용할 경우 '생태학적 오류'가 발생할 수 있음.

데이터 수집 방법

■ 종류 : 1차 데이터에는 설문조사, 현장관찰, 기관자료 이용 등이 있고, 신문기사나 일기, 대화내용 등을 분석하는 내용분석도 1차 데이터를 활용한 연구에 해당됨. 2차 데이터는 다른 연구자들이 수집한 후 분석한 결과물과 함께 공개한 데이터로서 이를 이용한 연구에는 문헌분석과 그 일종인 메타분석이 있음.

■ 추론의 타당도와의 관계 : 데이터를 수집하는 방법은 연구설계와 무관하고 추론의 타당도에 일관된 영향을 미치는 것도 아니므로, 연구의 목적과 상황에 맞게 수집하면 됨. 단, 제2장에서 살펴보겠지만, 데이터 수집방법에 따라 측정의 질이 달라질 수 있으므로 주의를 요함.

참고문헌

1. Brown, S., Esbensen, F., & Geis, G. (2013). *Criminology: Explaining Crime and Its Context*. Elsevier. 황의갑 외 12인 역(2015). 그린.

2. 김경동. (2007). 「현대의 사회학」, 박영사.

3. 장윤식·김수정·정진성. (2014). "범죄피해 및 범죄두려움이 삶의 질에 미치는 영향", 「경찰학연구」, 14(3), pp.33-66.; 정진성-장윤식. (2014). "방범용 CCTV에 대한 인식이 여성의 범죄두려움에 미치는 영향", 「한국경찰연구」, 13(2), pp.341-368.

4. Einstadter, W. J. & Henry, S. (2006). *Criminological Theory*: An Analysis of Its Underlying Assumptions. Rowman and Littlefield.

5. Siegel, L. J. (2018). *Criminology: Theories, Patterns and Typologies*. Wadsworth. 이민식 외 7인 역(2020), p.4. 센게이지 러닝 코리아.

6. Sutherland, E. H. & Cressey, D. R. (1974). *Criminology*. Philadelphia, PA: J. B. Lippincott.

7. https://newsis.com/view/?id=NISI20220609_0001016685

8. Siegel, L. J. (2018). *Criminology: Theories, Patterns and Typologies*. Wadsworth. 이민식 외 7인 역(2020), p.38. 센게이지 러닝 코리아.

9. Sutherland, E. H. & Cressey, D. R. (1974). *Criminology*. Philadelphia, PA: J. B. Lippincott.

10. Maxfield, M. G. & Babbie, E. R. (2009). *Research Methods for Criminal Justice and Criminology*. Wadsworth. 박정선 외 6인 역(2009), p.14. 센게이지 러닝 코리아.

11. Maxfield, M. G. & Babbie, E. R. (2009). *Research Methods for Criminal Justice and Criminology*. Wadsworth. 박정선 외 6인 역(2009), pp.235-246. 센게이지 러닝 코리아.

12. Wolfgang, M. E., Figlio, R., & Sellin, T. (1972). *Delinquency in a Birth Cohort*. Chicago, IL: University of Chicago Press.

13. Sampson, R. J. & Laub, J. H. (1993). *Crime in the Making: Pathways and Turning Points through Life*. Cambridge, MA: Harvard University Press.

14. Mastrofski, S. D. & Ritti, R. R. (1999). Patterns of Community Policing: A View from Newspapers in the United States. *COPS Working Paper #2*. Washington, DC: U.S. Department of Justice.

15. Maxfield, M. G. & Babbie, E. R. (2009). *Research Methods for Criminal Justice and Criminology*. Wadsworth. 박정선 외 6인 역(2009), pp.433-441. 센게이지 러닝 코리아.

제2장 범죄 현상: 범죄의 개념 및 실태

제1절 범죄의 개념

범죄학의 정의에서 범죄는 사회현상이기 때문에 이를 제대로 이해하기 위해서는 시간과 장소에 따른 맥락을 꼭 살펴봐야 한다고 설명했다. 그리고 범죄학의 영역(제1장 제2절)에서 '범죄 현상'을 설명하면서 형법에의 규정과 비범죄화 과정이 시대마다 국가(지역)마다 다른 사례들을 살펴보았다. 이를 '범죄의 상대성'이라 하는데, 쿠라(2002, p.2)[1]는 "어떤 인간의 행위도 모든 사회, 모든 사람, 모든 시대로부터 부정당하진 않는다"고 하여 시공간에 따른 범죄의 상대적 특성을 잘 표현하였다.[2] 주지하듯, 지구상의 일부 지역에서는 아직도 보복 살인이 관습처럼 이루어지고 있고, 에스키모 사회에서는 과거 한때 생존을 위해 여아 일부를 버리기도 했었다. 이러한 상대성을 인정할 것인지 여부는 사실 윤리학의 오랜 논쟁거리 중 하나이다. 간단히 말해, '절대주의'는 그런 행위를 용납할 수 없다는 입장이고 '상대주의'는 그들의 관습과 문화를 존중해야 한다고 주장한다. 우리가 어떤 입장을 취할지는 각자의 선택이겠지만, 범죄학을 공부하는 사람이라면, '맥락 – 다양성 – 상대주의'로 이어지는 연결성을 꼭 기억해야 한다.

▶개념의 연결성
• '맥락 – 다양성 – 상대주의'

한편, 다양한 맥락에 따른 범죄의 상대성은 학자들이 범죄를 바라보는 방식도 다양하게 만든다. 어떤 학자는 법률에 규정된 행위만 범죄로 보는 반면, 어떤 학자는 사회에 해를 끼치면 법률에 규정되어 있지 않아도 범죄로 봐야 한다고 주장한다. 어떤 학자는 사회 일반이 합의해서 형법이 만들어졌다고 보는 반면, 어떤 학자는 강한 사람들이 약한 사람들을 통제하기 위해 약자들의 행위만 강하게 처벌하는 도구가 형법이라고 주장한다. 이처럼 다양한 입장을 정리하기 위해 이 책은 크게 두 가지 분류법을 인용하고자 한다.

I. 형식적 의미 vs. 실질적 의미

첫 번째 분류법은 범죄를 형식적 의미와 실질적 의미로 구분하는 것이다. 형식적 의미는 범죄를 법규 특히 형법을 위반하는 행위로 규정한다. 실질적 의미는 법 규정과 상관없이 실질적으로 범죄의 특성을 갖는 행위를 범죄로 규정하는바, 사회에 유해하거나 타인의 법익을 침해하는 반사회적 행위를 범죄로 정의한다.

1. 형식적 의미

형식적 의미는 범죄를 '형법에 의해 금지된 행위'로 정의하기 때문에(Michael & Adler, 1933)[3] 법률을 존중하는 시각으로 간주된다. 따라서 이를 '법률적 접근'이라 하는데, 이는 다시 '처벌된' 행위에 국한할 것인지 아니면 '처벌될 수 있는' 행위까지 포함할 것인지로 구분된다.

전자의 대표적인 예로서, 태픈(1947)[4]은 범죄란 중범죄, 경범죄 등 악의적인 행위로 인해 국가의 처벌을 받은 행위를 말한다고 주장했다. 이는 반대로 생각해보면 법을 어겼더라도 적발이나 기소가 되지 않은 행위에 대해서는 범죄로 간주하지 않음을 의미한다. 이러한 접근은 범죄를 너무 좁게 정의하는 시각으로서 현대 범죄학자들은 대부분 동의하지 않는다.

서덜랜드(1949)[5]는 이를 보완하여 처벌될 수 있는 행위까지 범죄로 간주해야 한다고 주장했다. 그가 이러한 주장을 한 배경에는 권력자들이 저지르는 화이트칼라 범죄(예, 금융·증권 범죄, 가격담합 등 시장교란 범죄, 환경 범죄 등)가 종종 처벌받지 않고 법망을 빠져나가는 현실에 대한 비판이 존재했다. 즉, 법에 규정되어 처벌될 수 있다면 실제 적발이나 기소가 되지 않았다 해도 범죄로 간주해야 할 필요성을 강조한 것이다. 따라

▶ 수정된(개정된) 법률적 접근 – 일부 교재에서는 서덜랜드의 정의를 '사회법률적 접근'으로 분류하고 실질적 의미의 범주에 포함시키는 경우도 있음.

서 이러한 시각을 '수정된(개정된) 법률적 접근'으로 분류하기도 한다.[6]

2. 실질적 의미

실질적 의미는 범죄의 범위를 법규 이상으로 넓힌 접근이라 평가된다. 따라서 이를 '비법률적 접근'이라 하는데, 이는 다시 범죄를 반사회적 행위까지 포함시키는 '규범적 접근'과 범죄를 정의하는 권력관계와 범죄행위에 대한 사회적 반응에 초점을 맞춘 '낙인(비판)적 접근'으로 구분할 수 있다.

규범적 접근을 취하는 대표적인 학자로서 맨하임(1965)[7]은 범죄학에서 다뤄야 할 행위는 법률적 가치와 무관하게 반사회적 행위 모두가 되어야 한다고 주장했다. 이와 유사한 맥락에서 셀린(1938)[8]은 모든 집단과 조직은 자신만의 '행위규범'을 가지고 있는바, 주류사회의 행위규범은 법률로 규정되지만 소수집단의 행위규범은 그들만의 하위문화로 자리잡게 된다고 설명하면서, 행위규범에 대한 연구가 범죄학에서 매우 필요하고 중요함을 역설했다. 이러한 규범적 접근은 현재의 법 상태를 그대로 받아들이지 않기 때문에 실제 범죄 데이터를 이용하는 연구에서는 그다지 선호되지 않는다. 하지만, '문화적 갈등'이나 '일탈하위문화'라는 개념과 이론을 성장시켰다는 점에서 학문적 의미가 매우 크다 하겠다.

낙인(비판)적 접근은 범죄의 의미를 한 차원 다른 세계로 확대시켰다. 그것은 새로운 사실을 발견해서가 아니라, 새로운 관점을 통해 기존의 사실을 새롭게 해석한 결과로 이해할 수 있다. 낙인(비판) 이론가들은 범죄의 의미에 대해 두 가지 측면에서 고찰한다. 첫째, 범죄는 사회 일반의 동의에 의해 범죄로 규정되는 것이 아니다. 특정 행위를 범죄로 규정하는 것은 지배계급인 권력자들의 역할로서 그들에게 범죄가 되는 행위는 자신들의 이익이나 가치에 반하는 행위에 국한된다. 이러한 접근은 이어서 살펴볼 '갈등적 시각' 및 '상호작용주의적 시각'과 일맥상통하는바, 상세한 설명은 그 부분에서 이루어진다. 둘째, 유전무죄 무전유죄의 현실은 범죄자라는 낙인을 힘없는 사람들에게만 찍게 만든다. 이는 재범과도 연관 있는 주장으로서 힘없는 자가 범죄자라는 오명을 극복하지 못하면 '자기 낙인'으로 이어져 결국 계속 범죄자로 살아갈 가능성이 높아진다. 이처럼 소수의 지배계급이 자신들의 이익이나 가치를 대변해서 범죄를 정의하고, 또한 차별적으로 처벌을 집행하는 과정은 결국 범죄가 다수의 피지배계급을 통제하기 위한 수단으로 사용되고 있음을 잘 보여준다.[9]

필자 비평 II-1 : 적확한 용어 사용의 중요성(1부) – 법규 vs. 규범

법규 vs. 규범

필자는 항상 학생들에게 적확한 용어를 사용하도록 권장한다. 그들이 사용하는 용어를 보면 학습한 내용을 얼마나 잘 이해했는지 파악할 수 있기 때문이다. 그런데 이는 비단 범죄학에 익숙하지 않은 학생들에게만 해당되는 말이 아니다. 국내에서 출판된 저술과 번역서들을 보면(물론 외국 서적도 마찬가지겠지만) 가끔 용어가 원래 의미하는 바와 맥락 안에서 의도하는 바를 구별하지 않고 쓰는 경우가 있는 것 같다. 특히 번역서의 경우 필자도 용어와 문맥을 이해하기 힘든 경우가 꽤 있는바, 학생들에게 원문에서 뜻하는 바를 다시 설명해주곤 한다.

예를 들어, 일반적으로 '법규'와 '규범'은 유사한 의미로 사용되는 경우가 많다. 그런데 범죄의 정의를 형식과 실질로 구분할 때는 두 용어가 다소 상반된 의미로 사용된다. 다시 말해, 법규는 법률, 법규정과 같이 현재 성문화된 법을 뜻하는 반면, 규범은 특정 사회나 집단이 공유하는 행동규칙, 가치, 신념 등을 의미한다. 따라서 '사회 일반'의 규범 중 일부가 법률로 규정된다는 차원에서 규범이 법률보다 넓은 개념으로 이해할 수 있음과 동시에, 여기에서는 두 용어가 명확히 구분되어야 한다는 뉘앙스가 매우 강하다.

한편, 규범은 '사회 일부'의 것일 수도 있는바, 셀린(1938)은 이에 주목하여 갱이나 소수인종 등 소수집단 내에도 그들만의 '행위규범'이 존재한다고 설명했다. 상식적으로 이러한 사회 일부의 행위규범은 그들만의 규칙일 뿐 법률로는 규정될 수 없기 때문에 하위문화로 존재하게 된다. 따라서 이 책은 법규와 규범을 지금 여기에서 정의한 방식으로 사용할 것인바, 독자들은 앞으로 이 책을 공부하면서(특히 하위문화와 관련된 부분을 공부할 때) 두 용어의 개념을 신경 써서 구별하기 바란다.

▶규범과 '관습적 가치'
– 중화이론의 창시자 마짜(Matza, 1964)는 사회에 존재하는 가치를 '관습적 가치', '비관습적 가치', '잠재적 가치'로 구분하고, 대부분의 사람들은 관습적 가치와 잠재적 가치 사이를 표류한다고 주장했음. 이때 관습적 가치는 사회일반의 행위규범과 유사한 의미로 사용되었음.

참고로 앞서 설명된 규범학에서는 규범이 당위(~해야 한다)의 의미를 가지고 있는바, 형법을 규범학으로 간주할 때는 법규화된 규범을 뜻하므로 여기에서의 두 개념이 합쳐진 것으로 이해할 수 있겠다.

II. 합의적, 갈등적, 상호작용주의적 시각

두 번째 분류법은 범죄학자가 범죄를 바라보는 방식에 따라 합의적 시각, 갈등적 시각, 상호작용주의적 시각으로 구분한다.[10]

1. 합의적 시각

합의적 시각에 의하면, 사회는 본질적으로 '온전히 기능하는 실체'이기 때문에 사회와 조화를 이루지 못하는 행위는 범죄로 간주한다. 이러한 행위는 대부분 형법에 규정되어 있는바, 그것은 사회 일반의 가치와 신념을 반영한 결과이다. 그런데 합의적 시각은 범죄를 '사회적 해악'의 개념으로 보기 때문에 형법에 규정된 행위가 아니더라도 사회질서를 어지럽히고 사회 일반의 복리를 위협한다면 사회가 이를 통제할 권한을 가진다고 본다. 따라서 약물남용이나 매춘과 같이 피해자 없는 일탈행위에 대해서도 사회 일반이 원한다면 통제가 필요하다고 주장한다.

대표적인 예로서, 서덜랜드와 크레시(1974)[11]는 이러한 시각을 견지하면서 범죄와 형법은 합의의 결과이기 때문에 사회의 모든 구성원에게 동등하게 적용되어야 한다고 주장했다. 이는 앞서 살펴본 것처럼 서덜랜드(1949)가 화이트칼라 범죄가 법망을 빠져나가는 현실을 못마땅하게 생각했던 것과 연관된다. 이러한 합의적 시각은 후기(사회학적) 실증주의 관점(〈표 III-1〉 참고)과 밀접한 관련이 있으므로 독자들은 둘을 함께 학습하기 바란다. 참고로 합의적 시각은 범죄를 형식적 의미에서 바라보는 법률적 접근과 실질적 의미에서 바라보는 접근들 중 규범적 접근을 포괄하는 시각으로 간주할 수 있겠다.

2. 갈등적 시각

갈등적 시각은 사회를 끊임없는 갈등 관계에 있는 위계적 체계로 본다. 따라서 지배계급은 자신들의 지위를 유지·확대하기 위해 피지배계급을 통제할 필요성을 느끼는데, 이때 법은 가장 효과적인 수단이 된다. 이런 맥락에서 범죄는 정치권력의 필요에 의해 정의되는바, 힘없는 사람들을 희생시켜 자신들과 상류층의 이익을 보호하도록 설계된 정치적 개념에 해당한다.

이 시각은 비판주의 학자들이 견지하는 관점으로서 빈익빈 부익부, 유전무죄 무전유죄의 현실을 비판하고 있다. 주지하듯, 가난한 사람들이 저지르는 거리범죄(street crime, 예, 침입절도, 강도 등)가 화이트칼라 범죄에 비해 '사회적 해악'이 적음에도 처벌(i.e., 경찰의 체포 단계에서부터 기소, 재판, 그리고 교정 단계에 이르기까지 온갖 차별이 존재함)은 훨씬 심하게 받는 경우가 있다. 만약 합의적 시각이 맞다면 사회적 해악을 기준으로 범죄가 정의되고 처벌이 이루어져야 하는데, 현실은 그렇지 않은 실정이다. 갈등적 시각은 이러한 차별적 현실을 사회 일반이 직시할 수 있도록 새로운 관점을 제공했다는 점에서 의의가 크다.

3. 상호작용주의적 시각

상호작용주의적 시각은 본질적으로 악하거나 비도덕적이어서 범죄로 간주되는 행위는 없고, 다만 사회가 그렇게 정의하기 때문에 범죄가 된다고 주장한다. 이때 특정 행위를 범죄로 정의할 수 있는 힘은 계층별로 차이가 있는바, 권력자일수록 자신의 선호와 가치를 반영시킬 가능성이 커지게 된다. 이런 의미에서 상호작용주의적 시각은 갈등적 시각과 유사한 측면이 있는데, 두 시각의 결정적 차이점은 갈등적 시각이 비판주의 관점에 입각해서 권력남용을 자본주의적 목표와 연결시키는 반면, 상호작용주의적 시각은 권력자의 도덕적 신념(예, 보수 vs. 진보)을 관철시키기 위해 권력을 이용한다고 본다. 따라서 이들을 '도덕적 십자군' 또는 '도덕적 기획가들(moral entrepreners)'이라 부르는바, 예컨대, 최근(2022년 6월 24일) 미국 연방대법원에서 낙태를 합법화한 법률과 판결이 위

▶갈등적 시각 vs. 상호작용주의적 시각
– 공통점: 권력자가 범죄를 정의함.
– 차이점: 자본주의적 목표(이익) 반영 vs. 도덕적 신념 반영

헌이라는 판결을 내렸는데, 이는 보수 성향을 가진 대법관들이 다수를 차지하고 있기 때문이라는 의견이 일반적이다.

이 시각은 낙인이론과 연관성이 크고, 그 기원은 '상징적 상호작용주의'에서 찾을 수 있다. 상징적 상호작용주의에 대한 상세한 설명은 〈보충설명 II-1〉을 참고하기 바란다. 다만, 그 핵심 명제를 간단히 살펴보면, 객관적 실체란 존재하지 않으며 모든 것은 평가자의 해석에 따라 주관적으로 보일 뿐이라고 주장한다. 이에 영향을 받아 대표적인 낙인이론가인 베커(1963, p.9)[12]는 "일탈자는 낙인이 성공적으로 찍힌 사람이고, 일탈 행위는 사람들이 그렇게 낙인찍은 행위다"라고 역설했다. 이는 범죄 역시 객관적인 실체로서 존재하는 것이 아니라 권력자가 필요에 따라 범죄로 규정하면 범죄가 된다는 현실과, 범죄자도 형사사법시스템이 범죄자로 규정해야 범죄자가 된다는 현실을 비판적으로 파헤친 주장이라 하겠다.

▶Howard Becker, 미국, 1902-1988.

〈시겔의 정리〉

이상의 세 가지 시각을 종합하여 시겔(2018/2020, p.17)[13]은 범죄를 다음과 같이 정의했다.

"범죄는 사회적·정치적 권력을 소유한 사람이 만들고, 형사법전에 따라 해석되고 표현되는 사회적 행위 규칙을 위반하는 것을 가리킨다. 이 규칙을 위반하는 사람은 당국의 처벌과 사회적 오명, 지위상실에 처하게 된다."

첫 번째 문구는 갈등적 또는 상호작용주의적 시각을 반영하고 있고, 두 번째 문구는 합의적 시각을 반영하고 있으며, 세 번째 문구는 상호작용주의적 시각을 반영하고 있음을 알 수 있다. 즉, 시겔은 좀 더 객관적인 입장에서 범죄란 현대 생활의 정치적·사회적·경제적 요인들이 복잡하게 얽혀있는 함수임을 말하고 싶은 듯 하다. 필자도 이에 동의하는바, 독자들은 하나의 시각에만 의존해서 다른 시각들을 배척하지 말고, 모든 시각들이 범죄를 정의하는 데 나름의 기여를 하고 있다고 생각하기 바란다.

이런 취지에서 범죄도 일종의 기능을 한다는 뒤르켐(1893)[14]의 오래된 시각을 소개하면 적절할 것 같다. 대표적인 기능주의 사회학자인 뒤르켐은 범죄는 사회 구성원들의 '집단적 양심(집합의식, collective consciousness 또는 conscience collective)'이 허용하는 범위를 넘어선 행위라 정의하면서, 범죄가 특정 사회마다 고유하게 존재하는 집단적 양심의 허용 기준선을 명확히 보여준다고 주장했다. 즉, 범죄가 없다면 어떤 기준에 따라 행동해야 할지 모호할 수 있다는 주장으로서, 일면 타당성이 있어 보인다(제6장 제2절의 뒤르켐 참고).

▶Emile Durkheim, 프랑스, 1858-1917.

또한 일반적으로 낙인(비판)적 접근 또는 갈등적 시각은 사회를 지나치게 부정적으로 간주하고 범죄를 마치 인위적으로 조작된 것처럼 묘사하는 인상을 주는데, 이는 일부 급진적인 학자들의 주장에 불과하고, 사실은 이 관점 내부에도 다양한 입장들이 존재함을 인식해야 한다. 특히 슈벤딩어 부부(1975)[15]의 인본주의적(인권적) 접근처럼 다수의 노동자들이 일상에서 경험하는 저임금, 열악한 근무환경, 보육 및 보건 문제 등은 그동안 합의적 실증주의 관점에서는 다뤄지지 않았던 주제로서 당연히 범죄학에서 다뤄야 할 문제로 평가된다. 현대 사회에서도 여전히 만연한 성차별, 인종차별, 빈곤과 같은 기본적 권리와 의식주의 문제를 범죄학이 어찌 방관할 수 있겠는가?

이처럼 다양한 시각들을 편견 없이 받아들일 때 범죄와 사회를 이해하는 우리의 사고도 더욱 넓고 깊어질 것이다.

스토리박스 〈보충설명 II-1〉

상징적 상호작용주의(Symbolic Interactionism)

상징적 상호작용주의는 20세기 초 미국의 사회학과 사회심리학 분야에서 실용주의(pragmatism)의 영향을 받아 생겨난 관점이다. 블루머(Blumer, 1969)에 의해 명명된 이 관점은 세 가지 전제를 기반으로 한다. ① 인간은 자신이 대상에게 부여한 의미에 따라 행동한다. ② 대상의 의미는 사회적 상호작용의 산불이다. ③ 의미는 해석과정을 통해 처리되므로 계속 변화해간다. 따라서 대상이 갖는 의미는 행위자

▶Herbert G. Blumer, 미국, 1900-1987.

의 주관에 따라 달라지므로 객관적 실체란 존재하지 않게 된다.

명명은 블루머가 했지만, 사상의 태동과 정립은 미국의 저명한 사회적 행동주의자인 미드(Mead, 1934)에 의해 이루어졌다. 19세기 후반부터 20세기 초까지 미국은 행동주의 심리학이 지배하던 사회로서, 내면의 심리와는 무관하게 겉으로 드러난 행동만을 관찰하며 그 행동의 패턴을 탐구하는 과학적 심리주의를 추구했다. 미드는 이에 반발하여 모든 행동의 기저에는 정신이 있다고 보고 행동의 패턴을 분석하듯 정신도 분석해야 한다고 믿었다.

그의 사상의 핵심 키워드는 '모방'이다. 즉, 인간은 누구나 상호작용을 거치면서 타인의 반응을 살피는데, 반응이 좋은 행동에 대해서는 좋은 의미를 부여하고 반응이 나쁜 행동에 대해서는 나쁜 의미를 부여하는 내면화(학습) 과정을 거친다. 그리고 나선 상황에 따라 타인의 좋은 반응을 기대하며 행동한다. 이때 모든 타인의 반응을 동일하게 신경쓰는 건 아니고, 특별히 큰 영향을 미치는 타인이 존재한다. 그를 '일반화된 타자(generalized other)'라 하는데, 그 중에서도 특히 핵심적인 영향을 미치는 사람을 '의미있는 타자(significant other)'라 한다. 결국 인간은 일반화되고 의미있는 타자들과의 상호작용 속에서 자신의 행동준칙을 확립하고, 평가받으며, 그들의 반응에 적절히 대응해 가는 방법을 체득하며 살아가는 것이다.

범죄학에 미친 영향

필자의 의견으로 상징적 상호작용주의가 범죄학에 영향을 미친 것은 크게 두 가지 경로라 생각한다. 첫째, 범죄도 학습의 결과로 이해하여 사회학습이론이 발달하였는데, 사회학습이론뿐만 아니라 대부분의 사회학적 이론들은 범죄가 어느 정도는 상호작용의 산물이라는 것을 인정하고 있다. 둘째, 낙인이론은 상호작용을 통해 객체인 대상에만 의미가 부여되는 것이 아니라 주체인 자신에게도 의미를 부여한다고 본다. 범죄나 비행을 저질렀을 때 경찰 등 사법기관에 의해 발각되고 처벌되는 과정 속에서 범죄자라는 낙인이 찍히는데 이를 극복하지 못하고 본인 스스

▶George H. Mead, 미국, 1863-1931.

▶사회구성주의(Social Constructionism)
- 상호작용주의는 객관적인 실체를 부정하기 때문에 모든 것은 만들어진다고 해석한다. 따라서 사회구성주의와 연관성이 크다.

▶상징적 상호작용주의의 영향
- 사회학습이론과 낙인이론의 논리적 토대가 됨.

로에게 범죄자라는 낙인을 찍으면(i.e., 자기낙인) 일탈이 심화된다(i.e., 악의 극화, dramatization of evil)고 설명한다. 이때 사법기관의 낙인은 계층이나 인종에 따라 불평등하게 부여된다고 주장하여, 낙인이론은 갈등이론의 시작으로 평가되기도 한다.

III. 두 분류법 정리

시공간에 따라 범죄가 다르게 정의되는 이유는 사회문화적 맥락이 다양하기 때문이다. 이러한 범죄의 상대성은 뒤르켐의 '집단적 양심'이나 셀린의 '행위규범'과 같은 개념들이 잘 대표한다고 볼 수 있다. 이 책은 두 가지 분류법에 따라 범죄의 개념을 살펴봤는데, 전체적인 경향은 범죄로 정의되는 행위의 범위가 점차 확대되어왔다는 것이다. 처음엔 법률에 규정된 행위만 범죄로 간주했지만, 점차 반사회적 행위를 포함하게 되었고, 낙인(비판)적 접근에 이르러서는 다수의 힘없는 사람들이 일상에서 겪는 인권 침해의 문제까지 범죄로 다루게 되었다. 이러한 흐름은 특정한 접근법이나 시각에 대한 선호를 떠나 범죄를 바라보는 우리의 통찰을 한층 심화시키는 게 분명하다.

두 분류법은 서로 연관성이 크다. 이를 반영하여 〈표 II-1〉은 둘 사이의 공통점을 기준으로 주요 내용을 정리해보았다. 여기서 주의해야 할 사항은 ① 서덜랜드(1949, 1960)의 접근을 실질적 의미의 범주에 포함시키는 교재도 있다는 점과, ② 합의적 시각이 엄격한 법률적 접근까지는 포함하지 않는다는 점이다. 그런데 이것은 시험과 관련된 주의사항으로서, 〈표 II-1〉이 범죄를 정의하는 전체적인 방식을 파악하는 데 도움이 되길 바란다.

〈표 Ⅱ-1〉 범죄를 정의하는 방식

▶인본주의적(인권적) 접근
– 슈벤딩어 부부의 시각을 따로 인본주의적 접근으로 분류하기도 함.

▶na = not available = 해당없음.

형식 vs. 실질	형식적 의미		실질적 의미	
	법률적 접근		비법률적 접근	
	엄격한 법률적 접근	수정된 법률적 접근 (사회법률적 접근)	규범적 접근 (비교문화적 접근)	낙인(비판)적 접근 (새로운 접근)
대표 학자	• 마이클 & 애들러(1933)		• 맨하임(1965) • 셀린(1938)	• 베커(1963) • 슈벤딩어 & 슈벤딩어 (1975)
	• 태픈(1947)	• 서덜랜드(1949)		
		• 서덜랜드 & 크레시 (1960)		
범죄 정의	• 처벌된 행위	• 처벌될 수 있는 행위	• 반사회적 행위 (행위규범 위반)	• 지배층의 이익·가치에 반하는 행위 • 차별적 법집행과 낙인 • 인권 침해
		사회적 해악		
합의 vs. 갈등 vs. 상호작용	na	합의적 시각		갈등적 & 상호작용주의적 시각

출처: Brown et al. (2013). Criminology. Elsevier. 황의갑 외 12인 역(2015), p.28. [표 1.3]. 재구성

범죄 vs. 일탈(crime vs. deviance/deviant behaviors)

앞서 소개한 법규와 규범처럼 범죄와 일탈도 평소에는 큰 구별 없이 사용하곤 한다. 하지만 범죄학을 학습할 때는 명확히 구분해야 할 때가 있는바, 지금처럼 범죄의 의미를 살펴보는 때가 대표적인 경우이다. 일탈은 보통 '사회 일반의 행위규범'을 어기는 행위를 일컫는다. 따라서 규범적(비교문화적) 접근에서는 일탈도 범죄로 규정하지만, 법률적 접근이나 일부 합의적 시각에서는 범죄와 명확히 구분되는 개념이다. 그리고 낙인(비판)적 접근도 일탈을 범죄에 포함시켜 이해하는 시각으로 볼 수 있다.

이렇게 정리를 한 다음, 만약 범죄를 법률적으로 정의한다면, 일탈의 일부가 범죄에 해당한다고 볼 수 있다. 다시 말해, 범죄를 형식적 의미로 바라봤을 때는 일탈이 범죄보다 더 포괄적인 개념으로 이해되는 것이다. 실제로 범죄와 일탈을 개념적으로 구분할 때 보통 이런 방식을 사용하는바, 예컨대, 범죄는 사법기관(공식적 통제기관)의 처벌 대상인 반면 일탈은 비공식적 사회통제의 대상이라고 구분한다든지, 또는 범죄가 일탈에 비해 더 심각한 특성이 있다 라고 평가하는 것은 대체로 일탈 가운데 심각한 행위를 범죄로 규정함을 의미한다.

그런데 모든 범죄가 일탈행위인 것은 아니다. 예를 들어, 많은 사람들이 자연스럽게 마리화나를 재배하고 약물을 즐기는 사회라면, 이는 사회 일반의 행위규범을 어긴 행위가 아니므로 이를 범죄로 규정했을 때, 일탈행위를 범죄로 규정한 것이 아니게 된다.

범죄 vs. 비행 vs. 지위비행(crime vs. delinquency vs. status offense)

범죄와 비행은 둘 다 법을 어긴 행위를 말하는데, 청소년이 어겼을 경우를 비행이라 한다. 비행청소년은 우리나라의 경우 소년법상 만14~18세의 범죄소년과 만10~13세의 촉법소년을 의미한다.

비행은 청소년이 저지른 범죄로서 범죄와 용어만 다를 뿐 성인이 행해도 죄가 되는 행위이다. 반면, 지위비행은 신분(i.e., 여기서는 나이)에 따라서 허용되지 않는 행위를 말한다. 즉, 성인이 그 행위를 한 경우에는 문제 되지 않지만, 청소년이 하면 문제가 되는 행위로서, 음주나 가출 등이 지위비행에 해당한다.

범죄의 개념

■ 범죄는 사회현상으로서 다양한 사회문화적 맥락만큼이나 다양한 모습을 띠고 있는바, 상대주의 관점에서 바라볼 필요가 있음. 뒤르켐의 '집단적 양심', 셀린의 '행위규범' 개념 참고.

■ 범죄학이 발달하면서 범죄로 정의되는 행위의 범위가 점차 확대되어왔는바, 이는 다시 말해 범죄학이 연구하는 행위의 범위가 점차 확대되어왔음을 의미함. 처음엔 법률에 규정된 행위만 범죄로 간주했지만, 점차 반사회적 행위를 포함하게 되었고, 낙인(비판)적 접근에 이르러서는 다수의 힘없는 사람들이 일상에서 겪는 인권 침해의 문제까지 범죄로 다루게 됨.

■ 갈등적 시각과 상호작용주의적 시각의 차이점은 전자가 비판주의 관점에서 권력남용을 자본주의적 목표와 연결시키는 반면, 후자는 권력자의 도덕적 신념(예, 보수 vs. 진보)을 관철시키기 위해 권력을 이용한다고 봄. 따라서 상호작용주의적 시각에서는 그러한 권력자들의 행태를 '도덕적 십자군' 또는 '도덕적 기획가들'로 묘사함.

■ 하나의 시각에만 의존해서 다른 시각들을 배척하지 말고, 모든 시각들이 범죄를 정의하는 데 나름의 기여를 하고 있다고 생각해야 함.

범죄 데이터 수집방법 (부제: 범죄학 학습자가 알아야 하는 연구방법 Ⅲ)

범죄는 그 개념만큼이나 다양한 형태로 발생하고 분포하며 변화한다. 이러한 실태를 정확히 파악하는 것은 적절한 원인 규명과 대책 마련의 시발점이 된다. 뿐만 아니라 실태는 현재이자 과거에 해당하므로, 그 자체가 미래를 예측하는 거의 유일하고 객관적인 도구가 된다. 따라서 범죄학자들은 실태를 정확히 파악하기 위해 많은 노력을 기울여왔다. 주지하듯, 그 대표적인 예가 경찰의 공식기록(예, UCR)이 가진 암수범죄의 문제점을 보완하고자 범죄피해조사(예, NCVS)를 실시한 것이다. 그런데 어떤 데이터든 장단점을 함께 가지고 있다. 따라서 목적과 상황에 맞게 데이터를 적절히 해석하고 이용할 줄 알아야 한다. 이 절에서는 범죄 데이터가 수집되는 방법과 그에 따른 장단점을 알아보고, 이어서 제3절에서는 그 데이터들이 범죄의 현황과 추세에 대해 무엇을 말하고 있는지 살펴보고자 한다.

참고로 이 절에서 살펴보는 범죄 데이터는 모두 (수정된) 법률적 개념에 기초해서 수집된 것으로 이해하면 된다. 사실 대부분의 실증 연구에서는 이렇게 수집된 데이터가 최선의 대안으로 사용되고 있다. 그리고 이 책이 정리하는 연구방법과 관련된 마지막 이슈로서 '표집'과 '측정'을 간단히 소개하고자 하는바, 이들은 데이터의 장단점과 연관지어 살펴볼 예정이다.

마지막으로 데이터에 기반한 '범죄 예측'이 현대 범죄학의 중요한 부분을 차지하고 있어 논의가 필요하다. 그런데 범죄 예측은 항상 예방 정책과 같이 논의되는 분야이기 때문에 제2권에서 상세히 다루고자 한다. 다만, 범죄 현상과 관련된 범죄학의 확장성을 이해하기 위해 간략하게나마 그 개념과 종류(방법)에 소개할 필요가 있는바, 이는 제4절로 구분하여 기술하고자 한다.

범죄 데이터 수집방법 개관

이 책에서 살펴볼 범죄 데이터는 경찰의 공식기록과 설문조사 데이터이다. 앞서 연구자가 데이터를 수집하는 방법에는 설문조사, 현장관찰, 기관기록 이용 등이 있다고 했는바, 범죄 데이터 역시 주로 설문조사와 기관기록을 통해 수집된다.

▶범죄 데이터 학습 목적
– 정확한 실태 반영 여부 파악. 따라서 장단점 위주 학습 필요.

대표적인 기관기록에는 경찰이 수집하는 표준범죄통계보고(UCR)와 전국사건기반보고체계(NIBRS)가 있고, 설문조사 데이터에는 피해자를 대상으로 조사하는 전국범죄피해조사(NCVS)와 가해자(일탈 행위자)를 대상으로 조사하는 전국청소년조사(NYS) 등이 있다. 이들은 모두 미국의 데이터로서, 각각에 대응하는 우리나라의 데이터가 대부분 존재한다. 그런데 여기서 데이터를 설명하는 목적은 각 데이터가 얼마나 잘 실태를 반영하고 있는지를 살펴보는 것이기 때문에 수집 방법에 따른 장단점 위주로 설명하는 게 바람직해 보인다. 따라서 우리나라의 데이터 수집 방식에 대한 설명은 최대한 간략히 언급하기로 한다.

I. 경찰의 공식 데이터

표준범죄통계보고(UCR)

표준범죄통계보고(UCR)는 미국 법무부 산하 연방수사국(FBI)이 1930년부터 지역 경찰관서의 보고를 받아 수집·관리하는 데이터로서 매년 발표되고 있다. UCR에 참여하는 경찰관서는 약 17,000개로 전체의 98%에 해당하기 때문에 거의 미국 전체를 대표하는 데이터로 볼 수 있다. 여기에 포함되는 데이터는 주로 8종의 지표범죄로서, 살인, 강도, 강간, 가중폭행 등 4종의 폭력범죄와 침입절도, 절도, 방화, 차량절도 등 4종의 재산범죄가 해당된다. 이들 지표범죄에 대해서는 경찰에 신고된 모든 사건이 포함된다. 한편, 지표범죄를 제외한 범죄들을 '제2종 범죄(Part II crimes)'라 하는데, 이들에 대해서는 체포된 경우에만 UCR에 포함된다.

▶지표범죄(index crime)
– '제1종 범죄(Part I crimes)'라고도 불림.

UCR이 과연 범죄 발생 실태를 정확히 반영하고 있는가와 관련해서 다음과 같은 몇 가지 지적이 가능하다. 첫째, 제2종 범죄는 경찰에 체포된 경우에만 보고되기 때문에 실제 발생 건수는 물론 신고 건수와도 많은 차이가 난다. 둘째, 하나의 사건에서 여러 범죄가 발생했을 경우, 예컨대, 침입강도 사건에서 한 건의 기물파손과 여러 명에 대한 가중폭행이 동시에 발생했을 때, UCR에서는 강도 한 건으로만 보고가 이루어져 실제 사건이 축소되는 경향이 있다. 이렇게 가장 중한 범죄 한 건만 보고되는 것을 '위계 규칙'이라 한다. 셋째, 발생 건수 총계만 월별로 보고되는 '요약보고체계'로 인해 사건의 개요, 즉 가해자, 피해자, 피해정도 등의 주요 내용을 알 수 없다. 이 밖에도 연방범죄는 수집이 안된다거나, 미수와 기수가 구분되지 않고 똑같은 발생으로 잡힌다거나, 주마다 다른 법령과 행정 절차로 인해 통일된 수집이 어렵다거나 하는 문제들이 존재하는데, 이들은 미세한 문제로서 참고만 하면 되겠다.[16]

전국사건기반보고체계(NIBRS)

전국사건기반보고체계(NIBRS)는 UCR의 이런 문제들을 보완하기 위해 만들어졌다. FBI가 사법통계국(BJS)과 함께 1982년부터 5년간 재설계하여, 8종의 지표범죄를 포함한 46종의 범죄에 대해 당사자 정보와 피해정도를 담고 있는 사건 개요를 수집하고 있다. 추가로 11종의 경미범죄에 대해서도 체포된 경우 수집하고 있다. 또한 위계 규칙에 따르지 않고 해당 사건에서 발생한 모든 범죄를 포함시켜 사건의 실상을 잘 반영하고 있다. 그런데 현재(2020년 10월 기준)[17] NIBRS에 참여하고 있는 지역 경찰관서는 약 8,742개로 전체 미국인의 48.9%에 대한 데이터가 수집되고 있다. 이는 UCR의 약 50%에 해당하는 수치로서 아직은 미 전역의 범죄를 잘 측정하지 못하는 실정이다.[18]

경찰의 공식 데이터 요약

이상 미국 경찰의 대표적인 범죄 데이터 수집 방법에 대해 간략히 살펴봤다. 많은 노력에도 불구하고 두 데이터는 신고된 범죄만 수집하는 공식 데이터의 본질적 한계로 인해 여전히 암수 문제를 가지고 있다. 트루먼과 동료들(2012)[19]의 연구에 의하면 폭력범죄의 절반 미만, 재산범죄의 1/3 정도만 경찰에 신고되는 것으로 파악된다.

그런데 매해 암수가 동일한 수준으로 발생한다고 가정해보자. 그렇다면 횡적인 현황과는 별개로 종적인 추세는 타당하게 반영한다고 볼 수 있을 것이다. 따라서 일반적으로 경찰의 범죄 데이터는 횡적인 현황을 파악하는 데는 문제가 있지만, 종적인 추세를

▶요약보고체계
- UCR에서 발생 건수 총계만 월별로 보고되는 것을 요약보고체계(SRS, Summary Reporting System)라 함.
- NIBRS가 '사건기반'이라 명명된 이유는 UCR과 달리 총 건수만 보고하지 않고 개별 사건마다 개요를 보고하기 때문임.

▶전국사건기반보고체계
- National Incident-Based Reporting System. '나이버스'라고 읽음.

▶사법통계국(BJS)
- Bureau of Justice Statistics. 미국 법무부 산하 기관.

파악하는 데는 타당한 데이터로서 인정받고 있다.

　그럼에도 불구하고, 학자들은 보다 정확한 현황 파악을 위해 체계적으로 설문조사를 실시했다. 이 책은 대표적인 예로서 전국범죄피해조사(NCVS)와 전국청소년조사(NYS)를 간략히 살펴보고자 한다.

II. 설문조사 데이터

전국범죄피해조사(NCVS)

　전국범죄피해조사(NCVS)는 미국 센서스 사무국(인구조사국)이 사법통계국(BJS)과 함께 1973년부터 미 전역을 대표하는 가구와 가구원을 대상으로 연 2회 실시하고 있다. 한번 조사대상으로 선정되면 3년간 총 7회 대면 조사를 실시하는바, 당해 데이터는 패널 데이터의 성격을 갖게 된다. 1993년과 2006년 두 차례에 걸쳐 조사방식을 개선하는 등 보다 정확한 피해조사를 위해 노력하고 있는데, 최근 조사에서는 90,000개의 가구와 12세 이상의 가구원 158,000명을 대상으로 설문이 이루어졌다.

　NCVS는 의도대로 미국의 범죄발생 실태를 경찰 데이터보다 잘 반영하는 것으로 평가된다. 예컨대, 2014년 발생한 성폭행 사건에 대해 UCR은 84,000건으로 보고했지만 NCVS에 의하면 284,000건의 피해가 발생하여 약 3.5배의 차이가 났다. 또한 NCVS는 대면으로 설문이 이루어지기 때문에 왜 신고를 하지 않았는지, 사건의 유형이나 특성이 신고에 영향을 미치는지 등 공식 데이터로는 절대 알 수 없는 배경정보를 원활히 알아낼 수 있는 장점도 있다.

　하지만 NCVS도 문제점은 있기 마련이다. 첫째, 가구와 가구원을 대상으로 조사가 이루어지기 때문에 상업시설이나 노숙자의 범죄피해는 파악이 안 된다. 둘째, 마약이나 도박처럼 피해자가 없는 행위나 본인이 가담한 행위, 또는 피해자가 사망한 살인범죄 등에 대한 조사는 거의 불가능하다. 셋째, 온전히 피해자의 기억에만 의존해서 조사가 이루어지므로 회상오류의 위험이 있다. 기타 문제로서 분실을 절도로 보고하는 등

▶회상오류
－ 회상오류는 두 가지 형태로 발생함. 조사기간 내에 발생한 사건을 아니라고 답하는 '기억 불가' 또는 조사기간 외에 발생한 사건을 예라고 답하는 '텔레스코핑(telescoping)'.

의 허위과장보고, 지인에 의한 범죄는 보고하지 않거나 경미하게 보고하는 축소보고 등의 문제가 존재한다. 그럼에도 불구하고, NCVS만큼 미국 전역의 범죄실태를 잘 파악하고 피해의 사회적 맥락까지 짚어낼 수 있는 데이터는 존재하지 않는다.[20]

전국청소년조사(NYS)

▶전국청소년조사(NYS)
– National Youth Survey
– 전국청소년조사-가족연구 : National Youth Survey-Family Study

전국청소년조사(NYS)는 미국 콜로라도 대학교의 행동과학연구소와 행동유전연구소가 합동으로 엘리엇(D. Elliott) 교수의 주도하에 1976년부터 11–17세 사이의 청소년 1,725명을 대상으로 실시한 종단(패널) 연구이다. 가정환경, 학업, 여가활동 등 청소년의 삶과 관련된 다양한 주제에 대한 태도와 가치관, 행동을 조사하는데 비행과 일탈도 주제에 포함된다. 대상 청소년들이 모두 성인이 된 1993년부터는 그들의 파트너(배우자, 동거인 등)와 자녀들에 대한 설문도 함께 이루어졌는바, 이 때문에 2000년부터는 조사 명칭이 '전국청소년조사–가족연구'로 바뀌었다. 설문은 약 90분간 대면 방식으로 이루어진다.

NYS는 다양한 형태의 비행과 일탈행동에 대해 스스로 답하도록 요구한다. 이러한 자기보고식 설문조사는 인권과 사생활 보호를 위해 반드시 익명으로 실시하는 등의 보안조치가 필요하다. 체계적으로 수집된 자기보고 데이터는 피해조사에서는 알 수 없는 피해자 없는 범죄행위(비행 또는 일탈)를 파악할 수 있는 장점이 있다. 또한 피해조사와 마찬가지로 공식 데이터의 암수문제를 보완할 수도 있다.

하지만, 자기보고식 조사에서는 과연 자신의 문제 행동을 솔직하게 답할것인가 하는 근본적인 의문이 제기된다. 또한 만약 학교에 다니고 있는 청소년들을 대상으로 조사가 이루어질 경우(대다수의 청소년 조사가 그런 실정임), 학교 밖 청소년들은 제외될 수밖에 없는 문제도 존재한다. 마지막으로, 이 역시 응답자들의 기억에 의존하기 때문에 회상오류의 문제가 상존한다. 그럼에도 불구하고, NYS와 같은 자기보고 설문이 많이 실시되는 이유는 우려되는 것보다 훨씬 솔직한 답변이 이루어진다는 연구가 지속적으로 발표되기 때문이다.[21]

〈표 II-2〉 범죄 데이터 수집방법

종류		수집 범죄	수집 대상 (표본)	장점	단점

경찰	UCR	• 월별 발생건수 (요약보고체계)	• 17,000개 경찰관서 (전국의 98%)	• 전국적 데이터
				• 종(단)적 추세는 타당하게 반영
				• 상업시설 발생 범죄 측정에 적합
					• 암수
					  -제2종범죄는 체포된 경우만 수집됨
					  -위계규칙
					• 요약보고체계
					  -사건 개요 모름

	NIBRS	• 개별 사건	• 8,742개 경찰관서 (전국의 48.9%)	• 대부분의 범죄 수집 (46종 + 11종 경범)
				• 한 사건에서 발생한 모든 범죄 수집
				• 사건기반체계
				  - 사건 개요 파악
				• 종(단)적 추세 & 상업시설 발생 범죄
					• 암수
					  -전체 인구의 절반만 대표

설문조사	NCVS	• 개인과 가구의 범죄피해	• 90,000개 가구
			• 158,000명 개인
				• 미신고 사건 포함 (특히, 성범죄)
				• 미신고 사유나 패턴 파악 가능
				• 모집단 대표(층화된 다단계 집락표집)
					• 상업시설이나 노숙자 피해 파악 불가
					• 피해자 없는 범죄나 살인 등 파악 불가
					• 회상오류
					  -기억불가
					  -telescoping

	NYS	• 청소년 비행과 일탈행위	• 1,725명 청소년 (11~17세)	• 미신고 사건 포함
				• 피해자 없는 범죄나 살인 등 파악 가능
				• 모집단 대표 (확률표집)
					• 솔직한 응답 회피
					• 학교 밖 청소년 제외
					• 회상오류
					  -기억불가
					  -telescoping

설문조사 데이터 요약

이상 미국의 대표적인 설문조사 데이터를 살펴봤다. 이들은 범죄 피해나 가해의 실태를 경찰 데이터에 비해 확실히 잘 반영하는 것으로 평가된다. 즉, 횡적인 현황과 종적인 추세를 상대적으로 더 타당하게 측정한다고 볼 수 있다. 또한 설문조사의 특성상 피해나 가해와 연관되는 변인들을 수집하여 그 원인 또는 배경을 파악하는 데도 도움이 된다. 하지만, 피해자가 없거나 사망한 경우, 조사 대상의 제한으로 인해 특정 집단이 제외되는 경우, 솔직한 응답을 회피하는 경우, 또는 회상오류의 문제 등으로 인한 한계가 분명 존재하므로 주의를 요한다.

III. 우리나라의 범죄 데이터 수집방법

지금까지 살펴본 미국의 범죄 데이터 수집방법은 〈표 II-2〉와 같이 정리할 수 있겠다. 우리나라도 미국의 사례를 벤치마킹한 경우가 많아 수집방법에는 큰 차이가 없는바, 결국 수집방법에 따른 장단점 역시 거의 동일하다고 보면 된다. 따라서 여기에서는 미국 사례에 대응하는 우리나라의 수집방법을 간략히 소개하면 충분할 듯 하다. 다만, 범죄 데이터를 좀 더 알아보고 싶거나 실제 사용하고 싶어하는 독자들을 위해 관련 인터넷 싸이트를 안내하니 참고하기 바란다.

공식 기관 데이터

우리나라의 경찰 데이터는 미국의 NIBRS와 마찬가지로 발생된 범죄사건에 대해 상세한 정보를 데이터로 구축해놓고 있다. 한 가지 특징은 2010년부터 법무부에서 관리하는 형사사법정보시스템(KICS)에서 범죄의 발생, 검거, 기소, 재판, 교정과 관련된 모든 정보를 취합·관리하고 있는바, 경찰의 범죄 데이터도 KICS의 일환으로 통합 관리되고 있다는 점이다. 그런데 KICS 데이터는 수사 등 국가사무의 목적으로만 사용 가능해서 연구자가 정보공개를 청구해도 얻을 수 없게 되어 있다. 따라서 일반이 쉽게 이용할 수 있는 데이터로는 경찰청 홈페이지에 공개되어 있는 '연도별 총계'가 있는데, 주로 살인, 강도, 강간(강제추

▶ 형사사법정보시스템 (KICS)
– Korea Information System of Criminal Justice Services

행 포함), 절도, 폭력 등 5대범죄와, 사기, 횡령, 배임 등 주요 경제범죄, 그리고 총범죄에 대한 발생 및 검거 데이터가 포함되어 있다. 또한 한국형사·법무정책연구원 산하 통계포털인 '범죄와 형사사법 통계정보(CCJS)'에서 경찰의 범죄통계DB와 검찰의 범죄분석DB를 다운로드 받아 개괄적인 발생 정보를 파악할 수 있다.

설문조사 데이터

우리나라의 전국범죄피해조사(KCVS)는 미국의 전국범죄피해조사(NCVS)를 벤치마킹한 것으로서 한국형사·법무정책연구원 주관으로 2008년부터 2년마다 수집되고 있다. 설문조사의 정식 명칭은 '국민생활안전실태조사'인데, 사실상 설문의 내용과 방식은 NCVS와 유사하다. 한 가지 중요한 차이점이라 하면, NCVS가 표본으로 선정된 가구와 가구원에 대해 3년 동안 7차에 걸쳐 패널 조사로 실시되는 반면, 우리나라의 KCVS는 매 조사마다 새로운 표본이 선정된다는 것이다. 그래서 KCVS는 표본을 시군구 등의 단위로 통합하지 않는 한 패널 연구가 불가능한 아쉬움이 있다. 2012년 기준 가구 표본은 6,300가구, 가구원 표본은 14,976명이었는바, 다른 년도 데이터도 이와 유사한 수의 표본이 조사되었다. 2022년 현재 국가 공공데이터포털(data.go.kr)에서 2008, 2010, 2012, 2014, 2016, 2018년 데이터를 공개하고 있고, 실제 데이터 다운로드는 한국형사·법무정책연구원 산하 통계포털인 '범죄와 형사사법 통계정보(CCJS)'에서 가능하다.

▶한국아동·청소년패널조사(KCYPS)
- Korea Children and Youth Panel Study
- 2003년부터 2008년까지는 초4, 중2 패널을 대상으로 각각 5차와 6차에 걸쳐 조사가 이루어졌는데, 이 조사의 명칭은 '한국청소년패널조사(KYPS)'였음.

우리나라의 전국청소년조사는 현재 '한국아동·청소년패널조사(KCYPS)'란 이름으로 시행되고 있는바, 한국청소년정책연구원 주관으로 2010년부터 데이터가 수집되고 있다. 첫 번째 패널인 2010년 조사(KCYPS 2010)는 초1, 초4, 중1학년 각각 약 2,300명(총 7,071명)을 대상으로 7차(연 1회)에 걸쳐 실시되었고, 두 번째 패널인 2018년 조사(KCYPS 2018)는 초4, 중1학년 각각 약 2,500명(총 5,197명)을 대상으로 7차(연 1회)에 걸쳐 실시될 예정이다 (2022년 현재 5차 조사 진행 중). 자기보고가 이루어지는 비행의 종류에는 지위비행에 해당하는 흡연, 음주, 무단결석, 가출, 조롱, 왕따, 성관계 등 7종과, 성인이라면 범죄에 해당할 수 있는 패싸움, 폭행, 협박, 금품갈취, 절도, 성폭력, 도박 등 7종, 도합 14가지가 있다. 흥미로운 점은 비행에 대한 피해 정보도 수집하고 있어서 '가해-피해 중첩'과 같은 현상을 연구하기에 적합하다. 데이터는 '한국아동·청소년데이터아카이브'에서 약간의 동의 절차를 거친 후 누구나 다운로드할 수 있다.

IV. 데이터 수집방법과 관련된 방법론적 이슈들

지금까지는 독자들이 쉽게 이해할 수 있도록 방법론적 용어와 개념을 가급적 사용하지 않았다. 하지만 데이터 수집은 '표본의 대표성' 및 '개념 측정의 질'과 밀접한 관련이 있으며, 이 두 방법론적 이슈들은 타당한 인과적 추론의 실질적인 출발점이라 할 만큼 중요하기도 하다. 따라서 간략하게나마 앞서 살펴본 범죄 데이터 수집방법들을 예시로 사용하여 두 방법론적 이슈들을 정리하고자 한다.

1. 표집(sampling)

다시 재판의 예를 들어보자. 재판에서 좋은 증거란 질과 양이 모두 우수해야 한다. 예컨대, DNA나 지문 등 피고인을 특정할 수 있는 '식별증거'는 질이 우수한 것이다. 그 외에 족적이나 의복, CCTV 녹화자료, 목격자 진술 등 많은 '군집증거'나 '전언증거'들이 피고인이 사건에 연루되어 있음을 교차확인 해준다면 진범일 가능성이 훨씬 커지게 된다. 즉, 추론의 타당도가 강해지는 것이다. 이와 유사하게 과학적 연구에서도 좋은 데이터라 하면 가급적 수가 많고 양질일 것이 요구된다. 이를 방법론적 용어로 표현하면, 좋은 표본이란 사례 수가 충분하고 동시에 모집단을 잘 대표하는 것을 말한다. 여기에서 설명이 필요한 사항은 모집단을 대표하는 성질로서, 이는 방법론에서 '표집'이란 주제로 다뤄진다. (사례 수에 대한 논의는 크게 필요하지 않은바, 제1장 제2절의 '통계적 결과 타당도'를 참고하기 바란다.)

표집이란 모집단에서 관찰 대상을 추출하는 과정을 말한다. 만약 연구자가 모집단에 대한 정보를 모두 가지고 있다면 추정이 필요 없기 때문에 표집도 필요 없어진다. 즉, 표집은 모집단에 대한 추정을 목적으로 이루어지기 때문에 모집단을 잘 대표할 필요가 있는 것이다. 표집이 모집단을 잘 대표하지 못하는 경우를 '표집편향(sampling bias)'이라 한다.

표집은 크게 확률표집과 비확률표집으로 구분된다. 확률표집은 모집단의 각 구성원(요소)이 표본에 포함될 확률이 알려진 표집을 말하고, 그렇지 않은 경우를 비확률표집이라 한다. 일반적으로 확률표집이 비확률표집에 비해 대표성이 강한 것으로 평가된다.

확률표집에는 단순무작위표집(simple random sampling), 계통적표집(systematic sampling), 층화표집(stratified sampling), 비비례적 층화표집(disproportionate stratified sampling), 다단계 집락표집(multi-stage cluster sampling), 층화된 다단계 집락표집(stratified multi-stage cluster sampling) 등이 있는데, 앞서 살펴본 전국 단위의 범죄피해조사(NCVS & KCVS)와 아동·청소년조사(KCYPS)는 모두 '층화된 다단계 집락표집'을 이용한 것이다. 이는 무작위표집에 비해 특정 집단(예, 지역, 성별, 학년 등)의 비율이 표본에 잘 반영될 수 있도록 집락과 층화가 여러 번 반복되는 특성을 가지고 있다. 즉, 이론적으로는 대표성이 확보될 수 있는 무작위표집일지라도 실제로는 그렇지 못할 가능성이 있으므로, 인력과 예산을 추가해 인위적인 조작(i.e., 집락 & 층화)을 함으로써 실질적인 대표성을 확보하는 방법으로 이해하면 된다.

비확률표집에는 목적표집(purposive sampling), 할당표집(quota sampling), 편의표집(convenience sampling), 눈덩이식 표집(snowball sampling) 등이 있다. 비록 확률표집에 비해 대표성이 떨어지긴 하지만, 실제 연구자가 직접 데이터를 수집할 경우에는 비확률표집을 이용할 수밖에 없는 경우가 많고, 어떤 경우에는 비확률표집이 바람직한 경우도 존재한다. 예컨대, 선거 결과를 예측할 때 실시하는 출구조사의 경우, 과거의 투표 결과를 확인해서 가장 대표성이 강해 보이는 투표소를 선정하곤 한다. 이는 목적표집으로서 출구조사 결과가 상당히 정확함을 우리는 잘 알고 있다. 결론적으로, 기관 주도로 전국 단위의 표본을 선정하는 경우가 아니라면, 개별 연구자가 확률표집을 실시하기란 결코 쉽지 않지만, 때로는 비확률표집이 필요하거나 유용한 경우가 존재한다고 정리하면 되겠다.[22]

2. 측정(measurement)

측정은 "개념적 특성을 나타내기 위해 분석단위에 숫자나 라벨을 할당하는 과정"이라 할 수 있다.[23] 이는 범죄학 연구에서 가장 중요하고 어려운 단계로 간주되는바, 그 이유는 개념을 적확히 정의하기가 어렵기 때문이다. 예컨대, 사회경제적지위가 비행에 영향을 미친다고 할 때, 사회경제적지위란 개념을 어떻게 측정할 것인가? 실제 연구에서는 소득수준, 학력, 직업, 재산 등 다양한 방식으로 측정하고 있는데, 딱 맞아떨어지는 기준이 없다 보니 '옳고 그름'의 문제가 아니라 가용 데이터에 맞추는 '선택'의 문제가 되어버린다. 자연현상에 대해서는 길이나 무게, 부피 등을 측정하는 척도가 매우 정밀하게 구축되어 있지만, 사회현상에 대해서는 그 정도의 정밀함을 가진 척도를 개발하기란 사실상 불가능하다. 또 다른 예로서 '경찰에 대한 신뢰'란 개념을 측정하기 위해 "당신이 범죄사건을 신고하면 경찰이 즉시 출동할 것이라 생각하십니까?"*라는 문항을 사용했다고 가정하자. 어쩌면 동일한 질문을 여러 번 했을 때 응답자의 기분이나 경험에 따라 대답이 달라질 수도 있을 것이다. 이처럼 사회현상에 대한 측정은 정확하기도 어렵고 일관되기도 어려운 참으로 본질적인 문제가 상존하는 분야이다.

＊ 이 문항은 실제로 KCVS에서 사용되는 질문임.

그럼에도 불구하고 범죄학자들은 보다 나은 측정 도구(i.e., 척도)를 개발하기 위해 엄청난 노력을 기울여 왔다. 보다 나은 측정이란 측정의 질이 향상된다는 의미로서 그 평가 기준에는 '타당도(validity)'와 '신뢰도(reliability)'가 있다. 타당도란 측정하고자 하는 개념의 의미를 적절히 반영하는 정도를 말하고, 신뢰도란 여러 번 반복해서 측정했을 때 동일한 결과가 도출되는 정도를 말한다. 타당도와 신뢰도를 평가하기 위한 세부적인 기준들이 또 존재하지만, 이 책의 범위를 넘어선 내용이므로 독자들은 타당도와 신뢰도라는 용어에만 익숙해지면 충분할 것이다. 다만, 이해를 돕기 위해 화살을 과녁에 맞히는 비유가 적절할 것 같다. 타당도는 과녁 중앙에 맞히는 상황을 의미하고, 신뢰도는 과녁의 특정 부분을 계속 맞히는 상황을 의미한다. 이때 신뢰도가 확보되지 못하면, 즉 특정 부분을 일관되게 맞히지 못하면, 타당도는 애초부터 확보할 수 없게 된다. 따라서 측정의 질을 향상시키기 위해서는 신뢰도 확보가 전제되어야 함을 기억하기 바란다.[24]

▶신뢰도와 타당도 검증 방법
– 실제 연구에서 신뢰도는 흔히 크론바 알파(Cronbach's α)를 계산해서 평가하고, 타당도는 요인분석을 통해 평가함.

앞서 살펴봤듯, 경찰의 범죄 데이터는 설문조사 데이터에 비해 전체적으로 암수문제가 더 심하다. 따라서 설문조사 데이터가 더 우수한 측정 방식으로 평가된다. 그런데 둘을 비교함에 있어 타당도나 신뢰도를 기준으로 심도 있게 논의하는 경우는 별로 없는바, 독자들은 설문조사가 범죄 실태를 더 타당하게 반영한다고 이해하면 족하다. 다만, 범죄 유형에 따라 경찰 데이터가 실태를 더 타당하게 반영하는 경우(예, 살인, 상업시설 내 범죄 등)도 있으므로 주의하기 바란다. 마지막으로 한 가지 더 주의할 사항은 측정에서의 타당도는 추론에서의 타당도와 완전히 별개의 개념이라는 사실이다.

요점 정리

공식 기관 데이터 vs. 설문조사 데이터

- 미국의 공식 기관 데이터에는 연방수사국(FBI)이 주도적으로 수집·관리하는 표준범죄통계보고(UCR)와 전국사건기반보고체계(NIBRS)가 있고, 설문조사 데이터에는 대표적으로 피해자 대상인 전국범죄피해조사(NCVS)와 가해자(행위자) 대상인 전국청소년조사(NYS)가 있음.

- 우리나라의 공식 기관 데이터에는 수사, 재판, 교정 기관의 데이터를 통합한 형사사법정보시스템(KICS)이 있는데 이는 비공개 자료임. 공개된 데이터로는 경찰청의 범죄통계와 검찰청의 범죄분석이 있음. 설문조사 데이터에는 미국의 데이터 수집방법을 벤치마킹한 전국범죄피해조사(KCVS)와 한국아동·청소년패널조사(KCYPS)가 있음.

- 공식 기관 데이터가 가진 암수 문제를 보완하기 위해 설문조사 데이터가 수집되고 있음. 따라서 측정의 타당도에서는 일반적으로 설문조사 데이터가 더 우수한 것으로 평가됨. 하지만, 종적 추세에 대한 타당도는 공식 기관 데이터도 상당한 것으로 인정되고 있음. 단, 우리나라의 공식 기관 데이터는 사회변화와 법률·행정상 개혁이 역동적으로 이루어져 온 관계로 종적 타당도에 대해 주의가 요구됨.

표집과 측정

- 표집과 측정은 사회과학 연구에서 가장 중요하고 어려운 과정으로 평가됨.

- 표집과 관련해서, 공식 기관 데이터는 미국의 NIBRS를 제외하면 전국을 잘 대표하고 있음. 설문조사 데이터는 국책 및 민간 연구기관에서 체계적으로 수집하는 경우 전국 단위의 확률표집을 실시하고 있으나, 개인 연구자가 이를 실천하기는 매우 어려움.

- 측정의 질은 정확성을 의미하는 타당도와 일관성을 의미하는 신뢰도로 평가되는데, 타당도는 신뢰도의 확보를 전제로 함.

- 공식 기관 데이터의 타당도가 설문조사 데이터에 비해 낮은 것으로 평가되지만, 살인이나 상업시설에서의 범죄 등 일부 유형에서는 그렇지 않을 수 있으므로(특히, 피해자 조사와 비교하면 더 타당함) 주의를 요함.

제3절 범죄의 실태: 범죄 현황 및 추세

앞선 논의를 통해 미국 등 서구는 물론 우리나라도 더 나은 범죄 데이터를 수집하기 위해 많은 노력을 기울여왔다는 사실을 알 수 있다. 그럼 이 데이터들은 범죄의 실태에 대해 무엇을 말하고 있을까? 이 질문에 답하는 것이 범죄와 관련된 데이터를 수집하는 첫 번째 목적에 해당한다.

그런데 본격적으로 범죄 실태에 대한 논의를 하기 전에 이 책은 해당 질문이 언제부터 시작되었는지 살펴보고자 한다. 결론부터 말하면 19세기 초중반 콩트가 실증주의를 주창하고 범죄학에 실증주의가 도입되면서부터 바로 시작되었다고 할 수 있다. 그만큼 데이터를 이용해 범죄 실태를 파악하는 것은 범죄학의 핵심 영역에 해당하는 것이다. 대표적인 예로서 사회학적 실증주의 태동기에 선구적 역할을 했던 케틀레와 게리의 활동을 간단히 살펴보자.

19세기 초중반 콩트에 의해 주창된 실증주의는 유럽에서 '사회통계'가 체계적으로 수집되는 계기가 되었다. 이 사회통계에는 인구밀도, 성별, 종교, 수입 등 주요한 인구학적 정보가 포함되어 있었다. 벨기에의 사회학자이자 수학자였던 케틀레(1842)[25]는 이 데이터를 이용하여 범죄와 관련된 요인을 분석했는데, 그 결과 나이와 성별이 범죄를 유발하는 강력한 요인임을 발견했고, 더 나아가 계절, 날씨, 인구구성, 빈곤 등이 범죄와 연관되어 있음을 알아냈다. 이처럼 사회통계 데이터를 이용한 범죄 현상 탐구는 사회학적 실증주의가 당시 유행하던 생물학적 실증주의에 강력한 도전장을 내밀 수 있었던 토대가 되었다.[26]

▶Adolphe Quetelet, 벨기에, 1796–1874.

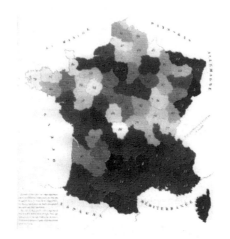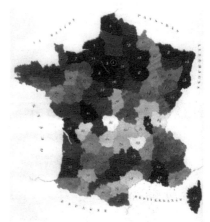

〈그림 II-1〉 프랑스의 범죄지도(좌. 폭력범죄, 우. 재산범죄)

출처 : 위키피디아(.https://en.wikipedia.org/wiki/Andr%C3%A9–Michel_Guerry).

▶Andre Michel Guerry, 프랑스, 1802–1866.

한편, 케틀레와 함께 범죄 지도학파의 창시자로 간주되는 게리(A. Guerry)는 프랑스의 법률가이자 아마추어 통계학자로서, 프랑스의 범죄율과 자살률을 최초로 전국 지도에 표시한 것으로 유명하다. 그가 제시한 단계구분도(choropleth map)에 의하면 프랑스의 범죄율과 자살률이 지역에 따라 상이했는데, 그 패턴은 시간이 지나도 변하지 않았다. 또한 나이, 성별, 계절별로도 변하지 않는 일정한 패턴을 보였는바, 게리는 이를 근거로 물리법칙처럼 범죄를 포함한 인간의 행동도 '사회법칙'으로 묘사될 수 있다고 믿었다. 참고로 〈그림 II-1〉은 게리가 1829년 지리학자 동료인 발비(A. Balbi)와 함께 발표한 지도로서 프랑스 전역의 폭력범죄(personal crimes)와 재산범죄를 보여주고 있다.

이처럼 범죄를 포함한 사회현상에 대한 양적 데이터가 수집되던 순간부터 범죄의 실태에 대한 관심은 시작되었다. 여기서 우리가 주목해야 할 점은 범죄 현상에 일정한 패턴이 보이면 학자들은 그것에 주목하게 되고 그 원인을 규명하기 위해 노력한다는 사실이다. 마치 게리가 그랬듯, 지역별로 범죄율에 차이가 있는데 그 차이가 오랫동안 지속되면, 왜 그럴까? 하는 호기심이 당연히 생길 것이다. 사실 이는 20세기 초중반 시카고학파가 주목했던 패턴에도 해당한다. 또 다른 예로서, 나이에 따른 패턴, 즉 10대 중후반에 절정에 이르렀다가 이후 감소하는 패턴은 발달범죄학이 잠재적속성이론과 경쟁하며 성장한 계기로 볼 수 있다.

따라서 이 책은 범죄 데이터가 말해주는 실태에서 그동안 학자들이 어떤 패턴을 찾아냈는지 살펴보고자 한다. 독자들은 앞으로 살펴볼 패턴이 이론과 정책의 뿌리가 된다는 점을 기억하면 된다. 비록 케틀레와 게리의 시대에는 통계나 지리분석 기법이 아직 미숙하였고 범죄현상에 대한 이해도 조금은 부족하여, 밝혀진 패턴을 사회법칙처럼 해석하는 단순함이 있었지만, 당시 기준으로는 파격적이며 놀라운 발견이었고, 그들의 학문적 호기심은 현대 범죄학에서도 기본 사조로서 계속 유지되고 있음을 인정해야 한다. 다만, 패턴이란 항상 동전의 양면처럼 '예외'를 수반하는 개념이기 때문에 맹목적으로 수용해선 안 된다는 점만 명심하자.

▶사회법칙
– 사회현상에서, 예컨대 수요공급의법칙과 같은, 법칙이란 거의 존재하지 않음. 따라서 범죄학에서도 후기 실증주의가 도래하면서 사회법칙이란 용어를 더 이상 사용하지 않음.

▶'패턴'은 항상 '예외'를 수반함.

I. 범죄 현황과 관련된 패턴

범죄의 현황과 관련된 패턴은 시공간에 따른 패턴인 생태학적 패턴과 나이, 성별, 계층과 같은 개인적 특성에 따른 패턴인 인구사회학적 패턴으로 구분할 수 있다. 그런데 어떤 지역에서 범죄가 많이 발생한다는 사실을 구체적으로 적시하거나 지도로 표시하는 경우, 또는 특정 인종이나 계층의 사람들이 막연히 범죄를 더 많이 저지른다고 서술하는 경우 등은 학문적 의미도 별로 없을뿐더러 도덕적으로도 바람직하지 않을 수 있다. 또한 자칫 잘못된 선입견을 초래할 가능성도 있는바, 이 책은 최대한 일반적으로 알려진 패턴에 대해서만 간단히 언급하고자 한다. 참고문헌의 제한 때문에 주로 미국의 패턴을 살펴보겠지만, 필요한 경우에는 우리나라에서 보여지는 패턴도 언급된다.

1. 생태학적 패턴

(1) 공간적 분포

미국의 경우 서부와 남부는 중서부와 북동부에 비해 일관되게 높은 범죄율을 보인다. 이는 경찰 기록인 UCR과 피해자조사인 NCVS에서 일관되게 드러난다. 하지만, 그 이유에 대해서는 문화적 차이 때문이라는 의견과 경제적 차이 때문이라는 의견으로 팽팽히 맞서고 있다.

일반적으로 대도시의 폭력범죄율이 중소도시에 비해 훨씬 높은 것으로 알려져있다. 하지만 이 패턴에는 예외가 있어, 뉴저지주의 애틀란타시티 같은 휴양지는 인구가 적은 소도시임에도 불구하고 높은 범죄율을 보이고 있다.[27] 이는 세계적으로도 공통된 현상으로서, 필자의 연구에 따르면 우리나라도 유사한 상황이다.[28]

대도시 안에서도 지역적 차이가 존재하는 게 일반적이다. 특징은 그 차이가 상당히 오랜 기간 지속된다는 점이다. 이는 게리가 19세기 초중반 발견했던 프랑스의 상황과 매우 유사한바, 보통 도시 내에서 범죄율이 높은 동네는 10% 미만에 해당하지만 전체 범죄의 50% 이상을 차지한다.[29] 이러한 현상은 사회해체이론이나 현대의 생태이론과 같이 사회구조적 원인을 파악하고자 하는 거시 연구를 촉발시켰다. 또한 구조적인 불이익이 고착화된 특정 지역이나 집단에게서 '주류문화'와는 다른 '하위문화', 특히 일탈을 당연시하거나 장려하는 '일탈하위문화'가 관찰되면서 문화적 관점의 거시 연구도 활성화되었다. 보다 상세한 설명은 제6장 사회구조이론에서 다뤄진다.

범죄율의 지역적 차이를 조금 더 미시적이고 실무적인 관점에서 바라보면, 범죄지도를 활용한 핫스팟(범죄다발지역) 연구가 필히 수반되며, 이는 경찰의 범죄대응에 큰 영향을 미친다고 할 수 있다. 이러한 범죄분석 및 예측, 경찰의 대응에 대해서는 제2권에서 상세히 알아보겠다.

▶범죄율
- 인구 10만명당 범죄 발생 건수

(2) 시간적 분포

미국의 경우 계절에 따라 일정한 패턴을 보이는바, 7월과 8월의 범죄율이 가장 높다. 이는 휴가철로서 휴양지에서의 범죄율이 높은 이유와 관련이 있다 하겠다. 또한 빈집이 늘어나고 10대 청소년들의 방학이 겹쳐 잠재적 피해자와 가해자가 동시에 늘어나는 시기로 볼 수 있다. 그런데 예외적으로 살인과 강도는 12월과 1월에 가장 많이 발생하는바, 그 이유 중 하나는 해가 일찍 지기 때문이라는 분석도 존재한다.[30]

이처럼 계절과 상관성이 있는 이유는 온도의 영향도 배제할 수 없다. 가장 전통적인 생각은 '거꾸로 된 U자 형태'로서 온도가 올라가면 같이 증가하다가 너무 더운 시점(예, 30도씨)부터는 감소한다는 것이다. 그런데 이는 범죄 유형별로 달라, 예컨대, 가정폭력은 온도가 오를수록 계속 증가하는 데 반해, 성폭행은 감소하는 경향이 있다.[31]

날짜별로는 매달 1일의 범죄율이 가장 높은데, 그 이유는 정부의 복지와 기초생활보장 수표가 이날 도착하기 때문으로 여겨진다. 하루 중으로 시간을 좁혀보면, 범죄 유형별로 패턴이 달라지므로 보다 상세한 분석이 필요하다. 다만, 특정한 시간별 패턴이 발견되면, 이는 '핫타임(범죄다발시간)'으로서 경찰의 대응에 영향을 미치게 된다.

▶핫타임(hot time)
- 범죄학에서 일반적으로 쓰이는 용어는 아니지만, 간혹 범죄 분석에서 사용되곤 함.

2. 인구사회학적 패턴

(1) 나이와 범죄

에이징 아웃(Aging Out) vs. 만성적 범죄인

나이와 범죄는 전통적으로 가장 중요한 주제 중 하나이다. 가장 잘 알려진 패턴은

▶용어정리(관습 vs. 비관습)
– 관습적 = 사회적 = 전
통적
– 비관습적 = 반사회적 =
비전통적

10대 중후반 절정에 이르렀다가 성인이 된 후 감소하는 경향으로서, 직관적으로 온도와의 관계와 같이 거꾸로 된 U자 형태로 표현할 수 있다. 질풍노도의 시기로 불리는 청소년기에는 부모나 학교, 사회에 대한 반항심이 커지는 대신 또래의 영향이 커져서 친구들과 함께 반사회적(비관습적) 행위를 모험하는 경향이 있다. 그러다 성인이 되어 취업을 하고 가정을 갖게 되면 자연스럽게 다시 관습적 가치를 따르게 되면서 범죄를 중지하는 경향이 있는데, 이를 'aging out' 현상이라 한다(제5장 제2절 뇌신경과학 참고).[32]

▶만성적 범죄인(chronic of-
fenders) = 경력 범죄인(ca-
reer criminals)

그런데 일부 '만성적 범죄인'이라 불리는 사람들은 어린 시절부터 문제 행동을 보이기 시작하고 인생 후반기까지 범죄행위를 지속한다. 울프강과 동료들(1972, 1983)[33]은 이들에 관심을 갖고 두 차례의 코호트 연구를 실시했다. 첫 번째 연구에서는 미국 필라델피아에서 1945년에 태어난 남성 9,945명을 18세가 되던 1963년까지 추적했다. 그 결과, 전체의 6%에 해당하는 627명이 다섯 번 이상 체포되어 만성적 범죄인으로 분류되었다. 이들은 코호트 전체가 범한 모든 범죄행위 가운데 51.9%를 저질렀는데, 중범죄에 국한하면 그 비율이 더 증가했다. 예컨대, 살인은 71%, 강간은 73%, 강도는 82%, 가중폭행은 69%에 달했다.

두 번째 연구에서는 필라델피아에서 1958년에 태어난 남성과 여성을 추적하여, 여성이 추가된 특징이 있다. 분석 결과, 남성은 첫 번째 연구에서와 마찬가지로 약 6%가 만성적 범죄인으로 분류되었고, 여성은 약 1%가 만성적 범죄인으로 분류되었다. 트레이시와 캠프-레너드(1996)[34]는 이 두 번째 코호트를 성인기 이후까지 계속 추적해보았다. 그 결과, 비행청소년의 2/3는 범죄를 중지했으나, 만성적 범죄인으로 분류된 청소년들은 높은 확률로 성인기 이후에도 계속 범죄 행위를 이어갔다. 이러한 현상을 '범죄의 지속'이라 한다.[35]

발달범죄학 vs. 잠재적속성이론

범죄학자들은 'aging-out'과 '만성적 범죄인' 현상을 관찰한 후 서로 다른 두 가지 설명을 내놓았다. 발달범죄학자들은 전체 인구 중 범죄를 저지르는 사람의 수가 10대 중후반에 가장 많아졌다가 성인기 이후 대부분 그만두는 패턴을 인정하면서, 그 이유를 개인적 요인(성격, 지능 등), 사회적 요인(수입, 이웃 등), 사회화 요인(양육, 친구, 입시, 결혼 등), 인지적 요인(인식, 주의, 정보처리 등), 그리고 상황적 요인(범죄기회, 체포의 위험 등)까지 총동원하여 찾는다(예, Sampson & Laub, 1993).[36] 간단히 말하면, 각 개인은 인생의 '궤적(trajectory)'을 가지고 있는데, 그 삶의 과정에서 양육, 친구, 입시, 취업(실업), 결혼(이혼), 군대 등 중요한 사건이 궤적을 변화시키는 '전환점(turning point)'이 될 수 있는바, 부정적인 사건이 발생하면 범죄 위험성이 커지고, 반대로 긍정적인 사건이 발생하면 범죄를 중지할 수도 있게 된다. 따라서 대부분의 사람들은 10대 중후반 질풍노도의 시기에 일시적으로 비행에 가담했다가 성인기 이후 멈추는 패턴을 가진 것으로 보는데(중지), 일부는 만성적 범죄인처럼 문제행동이 지속되기도 하고(지속), 또 일부는 모범적인 청소년기를 보낸 다음 성인기에 들어서 범죄를 저지르기도 하며(늦은 시작), 또 일부는 죄질이 나빠지거나(심화) 약화되기도 하고(경화), 멈췄다가 다시 저지르기도 하는(재시작) 등 다양한 가능성이 존재한다고 설명한다. 결국, 발달범죄학은 다양한 변수들과 상황을 고려하는 통합이론으로서 범죄의 복잡하고 역동적인 특성을 담아내다 보니 자신도 그만큼 역동적인 이론이 된 것으로 이해할 수 있다. 그런 만큼, aging out과 만성적 범죄인 현상을 설득력 있게 설명하는 이론으로 평가된다.

이와는 달리 잠재적속성이론가들은 '잠재적 속성(latent trait)'을 범죄의 핵심 요인으로 간주한다. 충동성이나 낮은 인지능력, 분노 등의 잠재적 속성은 보통 선천적인 경우가 많은바, 거의 변하지 않기 때문에 평생 자신의 행동에 큰 영향을 미치게 된다(예, Gottfredson & Hirschi, 1990).[37] 이러한 설명은 만성적 범죄인 중 대다수가 잠재적 속성을 가지고 있기 때문에 만성적 범죄인 현상을 설명하는 데는 적합하다. 하지만, aging out 현상을 설명하는 데는 뭔가 부족함이 느껴진다. 이에 잠재적속성이론은 주변인과의 상호작용과 범죄기회와 연관된 상황적 요인은 항상 변하기 때문에 변하지 않는 잠재적 속성에도 불구하고 범죄 빈도는 변할 수 있다고 주장한다. 즉, 잠재적속성이론가들은 선택이론을 도입해서 범죄는 선택하는 과정이라 전제하고, 상호작용이 부정적이거나 범죄기회가 생겼을 때 잠재적 속성을 가진 사람들은 그렇지 않은 사람들에 비해 충동적으로 범죄를 선택할 가능성이 훨씬 크지만, 성인기 이후에는 그런 부정적 상호작용

▶에이징아웃의 이유
– 발달범죄학: 범죄인 수 감소(10대 중후반 이후 대부분 멈춤)
– 잠재적속성이론: 범죄 수 감소(만성적 범죄인의 범죄기회 감소)

과 상황적 요인이 감소하는 경향이 있기 때문에 이들의 범죄가 감소한다는 것이다. 결국 잠재적속성이론은 aging out 현상을 전체 인구 중 범죄자의 수가 감소하는 현상으로 보지 않고, 잠재적 속성을 가진 사람들의 범죄 빈도가 감소한 현상으로 보고 있다.

어떤 이론의 설명이 더 설득력이 있는가는 중요하지 않다. 단지, 에이징아웃 현상과 만성적 범죄인이라는 조금은 상반된 패턴이 존재한다는 사실을 두 이론 모두 인정하고 있음을 이해하면 되고, 그중 발달범죄학이 현대의 주요 패러다임으로 간주되고 있음을 알면 된다. 이에 대한 설명은 제9장에서 다시 이루어진다.

노인범죄

최근 주목받는 주제는 노인범죄이다. 노년기가 되면 범죄유혹에 대한 저항성이 더 강해지는바, 미국의 경우 65세 이상 노인인구가 전체 인구의 14%를 넘는데 체포율은 1%도 안 된다. 하지만, 노인인구가 빠르게 늘면서 낮은 비율임에도 절대 건수는 급증할 우려가 있다.[38]

그런데 사실 노인범죄는 세계에서 노령화가 가장 빨리 진행되고 있는 우리나라가 더 신경 써야 할 문제로 사료된다. 미국 등 선진국은 노인복지가 촘촘히 구축되어 있어 생계가 원만하지만, 우리나라의 경우 그렇지 못하고 또한 독거 비율이 높아 정서적 고립감도 심각한 것으로 알려져 있다. 대검찰청 통계에 따르면 노인 범죄자 비율이 2014년 4.8%에서 2021년 10.0%로 무려 두 배 이상 증가했다. 범죄 유형별로 보면, 살인·강도 등 강력범죄는 6.7%, 폭행·상해 등 폭력범죄는 8.0%인데 반해, 절도·사기 등 재산범죄가 11.5%를 차지해 확실히 노인에 대한 경제적 지원과 복지시스템 구축이 신속히 필요한 상황으로 판단된다.

(2) 성별과 범죄

남성이 여성보다 범죄를 더 많이 저지른다는 것은 잘 알려져 있다. 미국의 경찰 데이터 UCR에 따르면 2014년 기준 체포된 사람의 73% 이상이 남성이었는데, 특히 재산범죄로 체포되는 비율(62%)보다 폭력범죄로 체포되는 비율(80%)이 훨씬 높았다. 살인의 경우에는 남성과 여성의 비율이 7:1 정도 됐다.

이러한 성별 차이에 대한 전통적인 설명으로서 '남성성 가설(masculinity hypothesis)' 과 '기사도 가설(chivalry hypothesis)'이 있다. 전자는 범죄를 남성성의 상징으로 보기 때문에 여성이 더 적게 범죄를 저지른다고 하는바, 여성범죄자 역시 모성이나 신앙심, 나약함 등 전형적인 여성성이 결여된 집단으로 간주한다. 후자인 기사도 가설은 남성 중심의 문화에서 여성을 처벌하지 않으려는 형사사법기관들의 보호적 태도 등이 여성 범죄를 감춘다고 주장한다.

▶ 성차에 대한 전통적인 설명
– 남성성 가설: 범죄는 남성성의 상징, 여성범죄자는 여성성 결여 때문임.
– 기사도 가설: 여성에 대한 보호적 태도.

최근의 범죄학적 설명으로는 사회화 과정이 더 주목받고 있다. 태어나서 2~3년 동안은 공격성에 성차가 거의 없는데, 어린이집이나 유치원 같은 교육기관에 들어가면서부터 성차가 발생하기 시작하는 점을 근거로 든다. 어린이들이 처음 사회화될 때 가장 먼저 목격되는 성차는, 남자 아이들은 물리적 공격성을 보이는 경우가 많은 반면, 여자 아이들은 관계적 공격성(예, 따돌리기, 험담 등)을 주로 보인다. 어린 시절 이후에도 지속되는 사회화 과정에서 남성은 여성에 비해 더 공격적이고, 강한 주장을 하며, 타인에게 덜 애착하도록 교육받는다.[39]

많은 범죄학 이론들이 사회화 과정에 관심을 갖고 있는바, 대표적으로 사회유대이론(허쉬, 1969)[40]은 부모, 교사, 친구 등 지인들과의 유대가 약하면 범죄 유혹에 쉽게 넘어간다고 설명한다. 권력통제이론(헤이건, 1989)[41]과 같은 다른 사회통제이론들도 가부장제 하에서 부모의 감독이나 통제가 여자 아이들에게 더 엄격한 경향이 비행에서의 성차를 유발한다고 주장한다. 보다 상세한 설명은 제7장 사회과정이론에서 이루어진다.

이 밖에도 타고난 지능이나 심리적 차이(생물·심리학적 관점), 남녀 간 불평등한 사회경제적 지위(페미니즘) 등 성별에 따른 차이를 설명하는 시각들이 다양한데, 이들에 대해서는 독자들이 스스로 보충해가길 바란다. 물론 이 책에서도 관련된 내용이 나올 때마다 부연설명이 이루어진다.

(3) 인종 및 계층과 범죄

공공기관의 범죄통계에 따르면 소수인종이나 하류층 사람들이 더 높은 확률로 범죄와 연관되어 있다. 하지만 이것은 다소 민감한 이슈로서, 비판주의 범죄학은 이들이 더 많은 범죄를 저지른다기보다는 더 많이 적발되고 처벌되기 때문에 그렇게 보이는 것일 뿐이라고 주장한다. 대표적인 예로서 체포 과정에서 이루어지는 '인종 프로파일링'은 주로 흑인이나 중남미 계통의 소수인종을 대상으로 이루어진다. 이는 미국의 형사사법시스템 전체를 관통하는 유전무죄 무전유죄 현상 중 하나에 불과하다. 흥미로운 점은 소수인종이 부유층 주거지역에 살 때 인종 프로파일링이 더 심하게 이루어진다는 것인바, 이는 미국 사회에 깊이 뿌리박힌 인종에 대한 편견을 말해준다.[42] 보다 상세한 설명은 제8장 비판범죄학에서 이루어진다.

물론 소수인종이나 하위계층에 대한 관심이 비판적 시각에서만 다뤄지는 건 아니다. 대표적인 예로서, 머튼(1938)[43]의 긴장(아노미)이론은 이들에게는 성공을 위한 합법적 기회가 부족하기 때문에 범죄를 대안으로 이용한다고 주장한다. 또 다른 설명으로서, 특정 지역이나 집단에서는 백인 중산층의 주류문화와 구별되는 하위문화가 발견되는데, 이런 문화적 접근은 상당히 설득력 있는 설명을 제시한다. 예컨대 코헨(1955)[44]의 일탈하위문화이론은 하위문화 속 사람들은 주류사회의 가치를 따르는데 반대하기 때문에 아무리 범법 행위라 해도 자신들만의 가치체계와 일치하면 당연하거나 권장되는 행위로 간주된다고 설명한다. 보다 상세한 설명은 제6장 사회구조적 관점에서 진행된다.

II. 범죄 추세와 관련된 패턴

1. 미국의 범죄 추세

미국의 표준범죄통계보고(UCR)에 의하면 경우 범죄 추세는 1960년대 이후 혼란한 사회 분위기 속에서 급증했다가 1980년대 보수화가 시작되면서 점차 안정되기 시작했다. 1990년대 초반까지는 조금씩 증가하는 추세가 유지되었지만, 그 후 감소하기 시작해서 2010년대 이후에는 영국, 덴마크, 핀란드 등 유럽의 산업 국가들보다 낮은 수준을 보이고 있다. 〈표 II-3〉은 1992년 이후 UCR에 따른 폭력범죄와 재산범죄의 발생 추세를 보여주는바, 인구가 증가함에도 불구하고 두 범죄 모두 지속적으로 감소했음을 알수 있다. 이를 범죄율로 환산하면 폭력범죄는 무려 52% 감소했고, 재산범죄도 47% 정도 감소했다. 이러한 감소추세는 피해자 데이터(NCVS)에서도 확인할 수 있다. 1993년부터 2014년까지 폭력범죄 피해율은 약 80% 감소했고, 재산범죄 피해율도 2/3 이상 감소했다.[45]

〈표 II-3〉 미국의 폭력·재산범죄 발생 추세

연도	인구	폭력범죄 수	폭력범죄율	재산범죄 수	재산범죄율
1992	255,029,699	1,932,274	757	12,505,917	4,903
2000	281,421,906	1,425,486	506	10,182,584	3,618
2004	293,656,842	1,360,088	463	10,319,386	3,514
2009	307,006,550	1,318,398	429	9,320,971	3,036
2012	312,780,968	1,214,462	388	8,975,438	2,869
2014	320,050,716	1,165,383	364	8,277,829	2,586

출처: Siegel, L.J. (2018). *Criminology.* Wadsworth. 이민식 외 7인 역(2020). p.48. 표2.1 & 표2.2. 재구성.

▶미국의 범죄율
- 출처의 수치가 잘못 계산되어 있어 필자가 수정했음.

지랄총량의 법칙 = 범죄총량의 법칙? : 오프라인에서 온라인으로

▶페리(E. Ferri)의 '범죄포화
의 법칙'과 유사.

우스갯소리 같지만, 우리는 대부분 일생 동안 비슷한 정도의 지랄을 떤다고 한다. 어떤 이유에서건 누구나 분노를 경험하는데, 시점만 다를 뿐 일생의 어느 한 지점에서는 그 분노를 무질서한 방식으로 외부에 표출하는 것 같다. 물론 분노를 표출하는 방식과 경중은 매우 다양할 것이며, 따라서 타인에게 적발되는 가능성도 상이할 것이다. 하지만, 적발되지 않는다고 해서 문제 행동이 없는 것은 아닌바, 이 지랄총량의 법칙은 범죄의 총량을 인구수에 비례해 유지시키지 않을까 생각된다.

그래서 필자는 미국 등 선진국들의 범죄가 눈에 띄게 감소하고 있는 추세가 진짜일까 하는 의문을 항상 가져왔다. 물론 거리 범죄는 실제로 줄고 있는 게 맞겠지만(경찰 데이터와 피해자 조사 데이터가 모두 감소 추세이므로), 이는 전체 범죄가 줄었음을 의미하기보단, 범죄 현장이 오프라인에서 온라인으로 옮겨갔을 뿐이라는 생각을 떨쳐버릴 수 없다. 이러한 생각에는 1979년 발표된 코헨과 펠슨(L. Cohen & M. Felson)의 일상활동이론이 시사하는 바가 크다. 그에 따르면, 우리의 일상이 변함에 따라 범죄의 양상도 변하는바, 점차 많은 업무와 일상이 온라인 상에서 이루어지는 요즘 범죄도 온라인으로 이동하는 상황이 연출될 수밖에 없다. 더군다나 온라인은 적발과 처벌의 위험이 적어 잠재적 범죄인들에게는 훨씬 합리적인 공간이 될 수도 있다. 이를 잘 대변하는 문장이 있어 잠시 소개한다. 참고로, 이탈리아의 초기 실증주의 학자인 페리(Ferri)는 '범죄포화의 법칙'을 주장했는데 그 핵심은 이와 유사하다(〈보충설명 V-1〉 참고).

영국과 웨일스의 범죄율은 사이버 범죄가 전국 범죄율에 포함되기 시작한 2015년 1,160만 건 이상으로 두 배가 되었다. 관습법(common-law) 범죄가 지속적으로 감소하는 반면, 전체 범죄율은 510만 건의 온라인 사기 사건과 250만 건의 사이버 범죄 추정치를 포함하는 바람에 급증했다. 잉글랜드와 웨일스의 인구는 약 5,600만 명이고 미국 인구는 약 3억 2,000만 명이다. 비율이 같다면 매년 미국 시민들은 4,000만 건 이상의 사이버 범죄 사건으로 피해를 당하는 셈이다. … 이 자료는 미국에서의 범죄 감소가 사실상 일반 범죄에서 사이버 범죄로 전환하는 범죄자들의 역할 때문일 수도 있음을 나타낸다. … 상점 절도를 하다가 경비원에게 잡히는 위험을 무릅쓰기보다, 가해자들은 전자 판매 사기에 가담하는 보다 안전한 길을 택할 것이다. … 은행을 총으로 털어 버리는 대신 현대의 도둑들은 계좌를 해킹하여 외국 은행에 자금을 이체하는 것이 더 쉽다는 것을 알아챘다. … 사이버 범죄가 수익률은 높고 위험은 낮은 성장 산업이라는 사실은 놀라운 일이 아니다.

출처: Siegel, L. J. (2018). Criminology. Wadsworth. 이민식 외 7인 역(2020), pp.660-661.

2. 우리나라의 범죄 추세

우리나라의 범죄 발생 추세는 미국과 조금 다르고, 유형별로도 차이가 난다. '국민의 삶의 질 지표' 가운데 하나로서 형법 범죄율을 제시하고 있는 'e–나라지표' 홈페이지에 따르면, 우리나라의 전체 범죄율은 지난 30여년 사이 2배 이상 증가했다. 1981년 935건에서 1991년 558건으로 상당히 감소했으나 이후 증가 추세로 바뀌었다. 그런데 이 증가 추세에는 특별히 세 가지 이슈가 영향을 미친 것으로 판단된다. ① 1997년 외환위기의 영향으로 1998년 증가폭이 컸고, ② 경찰청에서 2000년을 '경찰통계 원년의 해로 선포하면서 경미한 사건도 빠짐 없이 통계에 잡히게 되었으며, ③ 2002년에는 특별법 범죄에 속했던 「특정범죄 가중처벌 등에 관한 법률」, 「특정경제범죄 가중처벌 등에 관한 법률」, 「성폭력범죄의 처벌 등에 관한 특례법」, 「폭력행위 등 처벌에 관한 법률」 위반을 형법 범죄에 포함시키면서 갑자기 급증하기도 했다. 이처럼 우리나라의 정치·경제 및 형사사법체계가 역동적으로 변화해온 상황 때문에 대략 2010년 이전까지의 추세는 순수한 범죄율만의 추세로 보기 어렵다고 사료된다.

〈표 II-4〉는 2010년부터 2020년까지의 전체 형법 범죄율과 주요 5대범죄 범죄율을 보여준다. 전체 형법 범죄는 조금 증가했지만 전반적으로 약간의 증감이 반복되어 특별한 추세를 단정하기 어려워 보인다. 그런데 살인과 강도, 절도는 감소 추세를 보이는바, 특히 강도 범죄율이 살인율 이하로 떨어진 게 눈에 띈다. 반대로 폭행은 약간 증가하고 있고 강간을 포함한 성폭력은 약 50% 정도 급증했다. 결국 살인과 강도는 상당히 감소하는 반면 성폭력은 급증하는 상반된 패턴을 확인할 수 있다. 이 책에서는 주요 범죄 중 눈에 띄게 증가하고 있는 성폭력에 대해 여러 데이터 소스를 근거로 조금 더 살펴보고자 한다.

〈표 II-4〉 우리나라의 주요 범죄 발생 추세

		2010	2011	2012	2013	2014	2015	2016	2017	2018	2019	2020
전체 형법 범죄		1895	1997	2069	2098	2003	2054	1964	1867	1916	2012	2015
5대 범죄	살인	2.5	2.4	2.0	1.9	1.8	1.9	1.9	1.7	1.6	1.6	1.6
	강도	8.9	8.1	5.3	4.0	3.2	2.9	2.3	1.9	1.6	1.6	1.3
	성폭력 (강간 포함)	40.2	44.1	42.5	53.4	58.8	60.9	57.3	63.9	62.2	61.9	58.1
	절도	541	564	584	577	526	483	398	359	344	363	347
	폭행	221	247	255	251	289	317	336	322	319	313	277

주석: 성폭력은 강간과 강제추행, 기타 형법상의 성폭력을 모두 포함한 수치임.
출처: e-나라지표, 국민삶의질지표.

▶용어정리(성범죄)
– 성폭행: 형법상 강간죄를 순화시킨 용어
– 성희롱: 남녀고용평등법 상 '직장 내 성희롱'으로 규정되어 있는 행위로서 원칙적으로 직장 내 조치 대상이지만, 형법상 모욕죄로 처벌 가능하고, 민사상 손해배상 청구가 가능함.
– 성폭력: 성폭행, 강제추행, 기타 성폭력(표 II-5), 성희롱을 포괄하는 범죄.
– 성범죄: 성폭력 범죄와 성풍속 범죄를 포괄하는 범죄
– 출처: 장응혁·김상훈 (2018), 「젠더폭력의 이해와 대응」, 박영사

성폭력 범죄의 추세

대검찰청의 범죄분석 통계에 따르면 지난 10년간(2008-2017) 성폭행과 강제추행을 합친 범죄의 10만명당 발생건수는 94.7% 증가했다(〈그림 II-2〉). 전체 성폭력 범죄로 범위를 넓혀보면, 순 발생건수는 2008년 16,129건에서 2017년 32,824건으로 두 배 이상 증가했다. 그 중 특히 많이 증가한 범죄를 살펴보면, 카메라 등을 이용한 불법촬영 범죄가 2008년 585건에서 2017년 6,615건으로 10배 이상 늘었고, 지하철 등 공중 밀집장소에서의 추행을 포함한 강제추행도 2008년 6,934건에서 2017년 18,066건으로 2.5배 가량 증가했다(〈표 II-5〉).

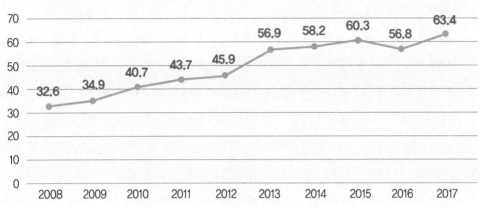

〈그림 II-2〉 성폭력(성폭행과 강제추행) 발생 추세

〈표 II-5〉 유형별 성폭력 발생 현황

단위: 건(%)

연도	강간	강제 추행	강간 등	강간 등 살인/ 치사	강간 등 상해/ 치상	특수 강도 강간 등	카메라 등 이용촬영	성적 목적 장소침입	통신매체 이용 음란	공중밀집 장소 추행	계
2008	3,621 (22.5)	6,080 (37.7)	2,601 (16.1)	17 (0.1)	1,625 (10.1)	368 (2.3)	585 (3.6)	-	378 (2.3)	854 (5.3)	16,129
2009	3,923 (22.6)	6,178 (35.6)	2,706 (15.6)	18 (0.1)	1,544 (8.9)	479 (2.8)	834 (4.8)	-	761 (4.4)	934 (5.4)	17,377
2010	4,384 (21.3)	7,314 (35.5)	3,234 (15.7)	9 (0.0)	1,573 (7.6)	293 (1.4)	1,153 (5.6)	-	1,031 (5.0)	1,593 (7.7)	20,584
2011	4,425 (20.0)	8,535 (38.5)	3,206 (14.5)	8 (0.0)	1,483 (6.7)	285 (1.3)	1,565 (7.1)	-	911 (4.1)	1,750 (7.9)	22,168
2012	4,349 (18.6)	10,949 (46.9)	1,937 (8.2)	13 (0.1)	1,208 (5.2)	209 (0.9)	2,462 (10.5)	-	917 (4.0)	1,332 (5.7)	23,365
2013	5,359 (18.4)	13,236 (45.5)	1,186 (4.0)	22 (0.1)	1,094 (3.8)	150 (0.5)	4,903 (16.9)	214 (0.7)	1,416 (4.9)	1,517 (5.2)	29,097
2014	5,092 (16.7)	12,849 (42.2)	624 (2.0)	8 (0.0)	872 (2.9)	123 (0.4)	6,735 (24.1)	470 (1.5)	1,254 (4.1)	1,838 (6.1)	29,863
2015	5,274 (17.0)	13,266 (42.7)	283 (0.9)	6 (0.0)	849 (2.7)	72 (0.2)	7,730 (24.9)	543 (1.7)	1,139 (3.7)	1,901 (6.1)	31,063
2016	5,412 (18.4)	14,339 (48.8)	192 (0.7)	8 (0.0)	736 (2.5)	56 (0.2)	5,249 (17.9)	477 (1.6)	1,115 (3.8)	1,773 (6.0)	29,357
2017	5,555 (16.9)	15,981 (48.7)	144 (0.4)	7 (0.0)	716 (2.2)	34 (0.1)	6,615 (20.2)	422 (1.3)	1,265 (3.9)	2,085 (6.4)	32,824

출처: 대검찰청 범죄분석

성폭력 범죄의 암수 실태

성폭력은 공식통계에 포함되지 않는 암수가 가장 많은 유형의 범죄로 잘 알려져 있다. 수치심이나 2차 피해에 대한 공포 등 여러 가지 이유로 피해자가 신고를 꺼리는 경향이 매우 큰 것이 사실이다. 이를 보완하고 보다 정확한 실태를 파악하기 위해 여성가족부에서는 2010년부터 「성폭력 안전 실태조사」를 3년마다 실시하고 있다. 2013년부터는 국가승인 통계로 인정받아 점차 표본 수를 늘려가고 있으며, 2019년 조사에서는 불법촬영 등 디지털 성범죄에 대한 피해 현황을 파악하기 위해 '불법촬영물 유포 피해' 항목을 추가했다.

비교적 최근 실시된 2016년도 조사는 전국 만 19세 이상 64세 이하 성인남녀 7,200명을 대상으로 실시되었다. 그 결과 0.8%의 응답자(여성 1.5%, 남성 0.1%)가 '신체접촉을 수반한 성폭력', 즉 성폭행과 강제추행을 경험한 것으로 드러났다. 피해율을 2016년 9월 기준 해당 연령대 인구수인 35,280,720명에 적용하면 약 282,245건이 발생한 것으로 추정할 수 있다. 이에 비해 공식통계 데이터는 20,743건에 불과하여 엄청난(92.65%) 암수가 존재함을 확인할 수 있다. 실제 여성가족부의 조사 결과에 따르면 피해자 중 직접 경찰에 도움을 요청한 경우는 1.9%에 불과한 것으로 드러났다.

우리나라의 성폭력 범죄는 정말 급증하고 있을까?

대검찰청의 범죄개요 등 기관 통계에 따르면 우리나라의 성폭력 범죄가 급증하고 있는 것으로 보인다. 그런데 대표적인 피해자조사로서 보다 정확한 현실을 반영하는 것으로 평가되는 「성폭력 안전 실태조사」는 정반대의 모습을 보여주고 있다. 2010년도 결과를 보면 피해율이 2.9%(여성 4.7%, 남성 0.9%)였는데, 2013년도에는 1.5%(여성 2.7%, 남성 0.3%)로 감소했고, 2016년도에는 더 감소하여 0.8%(여성 1.5%, 남성 0.1%)에 달했다. 물론 표본 수의 증가 등 방법론적인 영향도 있을 수 있지만, 이처럼 남녀가 모두 일관되게 감소한 추세는 결코 무시할 수 없는 결과로 판단된다.

그럼 왜 기관 통계와 피해자조사가 반대의 추세를 보이는 걸까? 필자의 생각으로는 성폭력 범죄에 대한 '인식의 변화'와 '신고의 증가' 때문으로 판단된다. 즉, 동일한 성적 침해 행위에 대해서 과거에 비해 점차 많은 국민들이 성폭력 범죄로 인식하고 있고, 피해를 당할 경우 적극적으로 신고하는 문화가 성숙해지고 있는 것으로 보인다. 물론 여전히 사각

▶성폭력의 암수와 추세
– 해당 내용은 필자가 직접 분석하여 다른 저서에 기술한 내용을 가져온 것임(출처: 정진성(2020), "성폭력의 그림자, #미투운동, 그리고 정반합", 「폴리스 트랜드 2020」, 제2장, 박영사.)

▶공식 통계 20,743건
– 강간, 강제추행, 강간 등, 강간 등 살인/치사, 강간 등 상해/치상, 특수강도강간 등을 합한 수치임.

▶기관 통계와 피해자조사의 상반된 추세 주의!

지대가 존재하고 피해자에 대한 보호와 지원이 많이 부족한 실정이지만, 일단 긍정적인 방향으로의 문화적 변화는 감지되는 것 같다. 신고율에 대한 종단 데이터가 확보되면 보다 합리적인 설명이 가능할 것이다.

지금 여기에서 대부분의 독자들은 국가기관의 공식 데이터와 피해자조사 데이터가 상반된 추세를 보일 수 있음을 처음 접하였을 것이다. 앞으로 이 책에서 또는 다른 저술을 학습하다가 유사 사례가 나오면 당황하지 말고 나름의 해석을 시도해보기 권한다. 물론 그 해석에는 논리적 설득력이 필요하고 가능한 한 실증 자료가 존재한다면 더욱 합리적인 해석이 될 것이다. 성폭력에 대한 필자의 해석은 아직 주관적인 상태이므로 독자들의 건전한 비판을 환영한다.

필자 비평 II-3 : 건전한 비판의 중요성 – Hierarchy of Credibility(신뢰의 서열)

필자가 플로리다 주립대에서 치리코스(T. Chiricos) 교수로부터 범죄학을 수강하던 중 아직도 기억에 남는 몇 가지 개념들을 배웠는데, 그중 하나가 'Hierarchy of Credibility(신뢰의 서열)'이다. 이는 저명한 낙인이론가인 베커(H. Becker)가 1967년 논문 'Whose Side Are We On?(우리는 누구의 편에 서있는가?)'에서 제시한 개념으로서, 베커는 당시 미국사회의 위계적인 계층구조는 언행의 신뢰도에도 그대로 이어져 상류층의 언행이 하류층의 언행에 비해 훨씬 강한 신뢰를 받는다고 주장했다. 즉, 똑같은 언행을 해도 누가 했느냐에 따라 대중이 보내는 신뢰가 달라진다는 것이다. 이는 차별적인 사회구조가 더욱 심화되는 메커니즘으로 작동하는바, 베커는 당시 대다수의 사회학자들이 연구용역을 수행하면서 발주기관인 정부나 공공기관, 상류층의 목소리만 대변하여 차별의 심화에 일조하던 관행을 신랄하게 비판했다. 대신 묻히거나 잊혀져버린 하류층의 목소리에 더 귀를 기울일 때 학자들은 비로소 균형 잡힌 판단을 할 수 있다고 역설했다.

치리코스 교수는 이 개념을 학계에 존재하는 빅네임(원로 학자)과 신진 학자와의 관계, 교수와 학생과의 관계에 적용하여 설명했다. 상당히 많은 경우 신진 학자나 학생은 원로 학자나 교수의 주장을 그대로 답습하는 경향이 있다. 하지만 이는 학문의 발전을 저해하는 나쁜 문화로서 꼭 지양되어야 한다. '신뢰의 서열'을 깨뜨려 학문 발전에 기여한 바람직한 예로서, 1990년대 초반 신진 학자였던 샘슨(& 라웁)은 당시 원로 중의 원로였던 허쉬(& 갓프레드슨)의 이론(i.e., 자기통제이론)에 반기를 들고 자신(들)의 주장(i.e., 생애과정이론 또는 인생항로이론)을 설득력있게 전개했다. 샘슨은 현재 거시 이론의 맹주인 '집합효율성이론'과 발달이론의 맹주인 '생애과정이론'을 모두 주창한 사람으로서 범죄학계의 거목이 되어 있다. 어쩌면 '신뢰의 서열'이 학문발전을 가로막는 나쁜 예로서는 국내 역사학계에 존재하는 식민사관의 답습을 거론할 수 있을 것이다.

필자는 수업 시간에 이 개념과 사례를 반드시 이야기한다. 그 목적은 필자의 강의내용을 맹목적으로 수용하지 말고 학생들 자신의 목소리를 크게 내도록 독려하기 위함이다. 물론 학생들이 너무 착해서 열띤 토론이 오가는 경우는 드물지만, 가끔 학생들의 주장과 견해를 통해 필자가 배우는 경우가 분명 있다. 그때마다 필자는 뿌듯한 마음이 드는바, 독자들도 이 책의 내용에 대해 조금은 더 비판적인 태도로 접근하길 바란다. 단, 신뢰 있는 데이터나 레퍼런스(참고나 인용)는 꼭 확인하는 습관을 들여야 한다.

비평 속 비평 : 비판 vs. 비난

치리코스 교수는 비판주의 관점을 가진 학자였다. 간혹 비판주의자들은 비현실적인 탁상공론만 펼치며 남의 학문적 업적을 깎아내리는 데만 몰두한다고 비난받는다. 이를 잘 아는 그는 학생들에게 비판(criticism)과 비난(blaming)을 꼭 구분하도록 주문했고, 올바른 비판을 하기 위해서는 반드시 합리적인 대안을 제시해야 한다고 강조했다. 어떤 이론이나 정책에 대한 문제점을 찾고 지적하는 것이 잘못된 것은 아니다. 하지만, 그는 더 나은 대안을 제시하지 못한 채 단점만 지적하는 것은 지성인의 자세가 아니라고 말했다. 문제만 지적하는 것은 삼척동자도 할 수 있는 일인데, 그걸 자랑스럽게 떠벌리는 자는 스스로 삼척동자 수준밖에 되지 않음을 방증하는 것이라 역설했다.

범죄와 같은 사회문제에 대해서는 어떤 이론이나 정책도 정답이 될 수 없다. 단지 최선의 선택만이 존재할 뿐이다. 이를 전제로 치리코스 교수는 더 나은 대안이 쉽사리 떠오르지 않는다는 것은 어쩌면 현재의 이론과 정책이 최선일 수 있음을 인정해야 한다고 주장했다. 필자가 돌이켜 생각해보면, 치리코스 교수는 자신이 비판주의자였음에도 일부 비판주의자들이 취했던 비난 위주의 접근을, 그리고 자신도 그렇게 될지 모르는 상황을 스스로 경계했던 것 같다.

사실, '신뢰의 서열'과 '건전한 비판' 개념은 학자로서의 필자의 삶에 큰 영향을 미쳤다. 젊은 학생들의 언행을 가급적 존중하려 하고, 타인의 업적을 쉽사리 깍아내리려 하지 않는다. 필자도 문제가 많은 인간인데 감히 누구를, 무엇을 가벼이 평가하겠는가? 물론 문제점을 지적할 때는 과감하게 한다. 이 책에서 다른 교재들 일부가 범죄학 연구방법을 기술하는 방식을 문제 삼은 것처럼 말이다. 하지만, 고민 끝에 더 나은 대안이 떠오를 때만 문제를 지적한다. 즉, 타인의 언행이나 학문적 성과가 개선될 수 있는 방향으로 접근할 뿐, 필자에게 그런 능력이 없는 문제에 대해서는 있는 그대로 인정하려 한다. 이는 개인적인 삶에 있어서도 타인과 세상을 바라보는 시각이 보다 긍정적으로 변한 계기가 되었다. 앞서 필자가 범죄학의 발달과정을 '정반합'의 과정으로 보게 된 것도 다 이런 연유에서인 듯하다. 대부분의 사람들이 주어진 여건에서 최선의 삶을 살아가고 있고, 이 세상도 그렇게 흘러가고 있을테니 독자들도 타인과 세상을, 그리고 자신을 좀 더 긍정적으로 바라봤으면 좋겠다.

III. 범죄의 패턴 정리 그리고 미디어의 역할에 대한 소고

이상 범죄의 실태와 관련된 패턴을 살펴보았다. 만약 범죄에 패턴이 존재하지 않고 무작위하게 발생·분포하거나 단순히 인구수에 따라 발생·분포한다면 크게 범죄학자의 주목을 끌지 못할 것이다. 그런데 범죄 현상에는 현황과 관련된 횡적 패턴, 추세와 관련된 종적 패턴이 다양하게 존재하는바, 이러한 패턴은 범죄학 연구의 출발점으로서 원인 규명과 대책 마련의 필요조건으로 작동했음을 알 수 있다. 이 장에서 개괄적으로 살펴본 '패턴 – 원인(이론) – 대책'으로 이어지는 전형적인 사례들은 〈표 II–6〉에 정리되어 있다. 이를 통해 지금은 범죄학 연구의 일반적인 과정에 대한 감을 잡도록 하고, 보다 상세한 내용에 대해서는 제2부에서 살펴보도록 하자.

▶개념의 연결성
– '패턴 – 원인(이론) – 대책

〈표 II-6〉 범죄의 패턴, 원인, 대책

▶주의사항
– 〈표 II-6〉은 개념의 연결성에 대한 감을 잡는 것이 목적이므로 스치듯 지나가면 됨. 이러한 표를 이용해서 독자들 스스로 수정·보완하는 연습을 해보길 권유함.

범죄 패턴		원인(이론)	대책
구분	주요 특징		
장소	• 지역별 차등적 분포	사회해체(생태)이론 문화적일탈이론	핫스팟 대응 & 관련 이론 검토
시간	• 계절, 월일, 시간대별 차등적 분포	na	핫타임 대응
나이	• 에이징아웃(거꾸로 된 U자 형태) vs. 만성적 범죄인 • 노인범죄 증가	차별접촉이론 발달범죄학 잠재적속성이론	조기개입 등 관련 이론 검토
성별	• 남성 〉여성	사회통제이론 여성범죄학	관련 이론 검토
인종 및 계층	• 소수인종 및 하류층	긴장이론 문화적일탈이론 비판주의	관련 이론 검토

추세	• 미국 – 1990년대 이후 감소 추세
	• 한국 – 2010년대 들어 살인, 강도는 감소
	  추세
	  – 반대로, 성범죄는 증가 추세
		na	범죄 예측에
			활용

미디어의 역할

▶개념의 연결성
– 이데올로기 – 미디어 – 도덕적 공포 – 엄격한 통제'(제8장 참고)

그런데 데이터에 기반해서 발견된 객관적인 패턴만이 범죄학 연구의 계기가 될까? 혹시 사실보다 많이 부풀려져서 정책의 우선순위에 자리한 경우는 없을까? 아니면 사실보다 너무 축소되어서 학계와 당국의 외면을 받은 경우는 없을까? 앞서 살펴본 베커(1967)[46]의 '신뢰의 서열' 개념은 이러한 가능성이 존재할 거란 암시를 준다. 또한 범죄를 바라보는 갈등적 시각과 상호작용주의적 시각은 범죄 문제를 대하는 권력의 속성이 꼭 객관적이지만은 않을 것이라 추측케 한다. 그런데 힘 있는 자들이 자신의 의견을 정당화시키는 가장 효과적인 방법은 미디어를 활용하는 것이다. 따라서 범죄학을 학습하는 사람이라면 미디어가 범죄를 다루는 방식에 대해 생각해볼 필요가 생기게 된다. 그런데 너무 이데올로기적 관점에서 미디어의 역할을 기술하게 되면 책이 자칫 균형을 잃을 수 있기 때문에, 여기에서는 최대한 중립적인 관점에서 미디어의 자본주의적 생리에만 집중하고자 한다. 어차피 이데올로기적 접근은 제8장 비판주의 관점에서 다뤄지므로 그때 '이데올로기(이념) – 미디어 – 도덕적 공포(moral panic) – 엄격한 통제'로 이어지는 연결성을 학습하도록 하자.

▶도덕적 공포(moral panic)
– 범죄의 위협에 대해 만연한 과장된 두려움.

　　미디어는 대중의 관심을 먹고 산다. 그래서 시청률이나 구독자 수를 늘리기 위해 자극적이고 선정적인 보도 방식을 택한다. 이는 필연적으로 복잡하고 다양한 범죄 현상과 원인을 심층 분석하기보다는 미친 주인공의 희귀한 행동을 단편적이고 반복적으로 보도한다. 이러한 보도 행태는 대중들에게 범죄인은 대부분 사이코패스이다라거나 범죄 동기는 대부분 치정, 금전, 복수와 같은 개인적인 욕망을 채우는 것에 불과하다는 믿음을 갖게 만든다. 또한 이러한 범죄자와 범죄를 매우 효과적으로 다루는 과학수사관, 프로파일러, 법의학자 등을 영웅적으로 묘사하여 대중들의 인식을 현실에서 멀어지게 만든다.

　　프로스트와 필립스(2009)[47]는 미국의 메이저 방송사인 CNN, Fox, MSMBC가 방송한 범죄 관련 프로그램을 3개월간 모니터링 해보았다. 그 결과, 방송에서 인터뷰한 전문가들 중 83%가 범죄의 원인에 대해서는 전혀 논평하지 않았는데, 그나마 원인을 논평한 일부 전문가들은 대부분 범죄자를 역겨운 정신병자나 미친 사람쯤으로 묘사하는 게 전부였다. 더 심각한 문제는 전문가들 중 매우 소수(약 4%)의 범죄학자들이 범죄행위의 원인을 체계적으로 분석하면, 많은 방송 패널들이 조롱하듯 비웃으며 최선의 대안은 엄격한 통제뿐이라고 제안한 사실이다. 그만큼 현대의 미디어는 범죄 문제를 너무 경솔하고 편향되게 다루고 있다. 이는 대중의 인식을 왜곡시키고, 범죄두려움을 부추기며, 시민 통제에 좋은 명분을 제공한다. 국내 상황도 크게 다르지 않은바, 독자들은 이러한 사실을 속히 깨닫고 현실을 제대로 직시해주기 바란다. 방송에 출현한 전문가의 말에 대해서도 '신뢰의 서열' 개념이 정확히 작동한다. 따라서 조금은 더 비판적인 접근을 요한다.[48] 단, 객관적인 데이터와 레퍼런스는 필수임을 명심하자.

요점 정리

범죄의 패턴

- 범죄의 패턴에 대한 학문적 관심은 19세기 초중반 콩트에 의해 주창된 실증주의로 인해 유럽에서 사회통계가 수집되면서부터 시작되었음. 케틀레와 게리가 대표적인 학자들로서 이

들은 사회학적 실증주의가 태동하는 데 선구적 역할을 했음.

- 적 현황 및 종적 추세와 관련된 패턴은 학자들로 하여금 범죄의 원인을 규명하고 효과적인 대책을 강구하도록 동기를 부여하는 시발점 역할을 함. 또한 예측의 객관적인 토대가 됨. 상세한 내용은 후술되므로 이 절에서는 〈표 II-6〉에 정리된 바와 같이 '패턴 - 원인(이론) - 대책'으로 이어지는 연결성을 이해하면 됨.

- 단, ① 범죄의 공간이 사이버 세상으로 이동하고 있는 세계적인 현상, ② 국내의 성폭력 범죄에 대해 기관 데이터는 급증을, 피해자조사 데이터는 급락을 보이는 상반된 추세에 대해서는 한 번 더 고민할 필요가 있음.

미디어의 역할

- 하지만, 범죄 연구가 항상 객관적으로 드러난 패턴에 근거하는 것은 아님. 미디어에 의해 실태가 과장되거나 축소되는 경우가 존재하는바, 독자들의 주의를 요함. 특히, '신뢰의 서열'과 '건전한 비판' 개념을 이해하고 미디어에 등장하는 전문가와 패널들의 언행을 비판적으로 해석할 필요가 있음.

- 범죄를 다루는 미디어의 행태를 수익 향상이라는 단순한 속성으로 보지 않고, 권력관계가 표출되는 수단으로 바라보는 이데올로기적 접근은 제8장 비판주의 관점에서 다뤄짐. 제8장에서 '이데올로기(이념) - 미디어 - 도덕적 공포(moral panic) - 엄격한 통제'로 이어지는 연결성을 학습할 예정임.

제4절 범죄의 예측 소개

19세기 초중반 범죄를 비롯한 사회통계가 수집되던 시점부터 범죄 예측에 대한 관심은 존재했었다. 당시 게리가 '사회법칙'이란 용어를 사용한 데는 미래에 대한 관심과 어느 정도의 확신이 묻어있었다. 물론 미래를 예측하는 것은 모든 사람의 꿈이기 때문에 인류가 존재하기 시작한 순간부터 점성술 등 다양한 방식으로 시도되어왔다. 하지만, 체계적인 데이터에 기반한 사회현상 예측은 콩트의 실증주의를 계기로 역사상 처음 시도되었고, 그것은 누가 봐도 점성술과 같은 이전의 예측에 비해 훨씬 고차원의 것이었다. 참고로 당시 이러한 사회과학 발전에 가장 환호했던 사람들 중 하나가 왕을 비롯한 권력자들이었는바, 그들은 태생적으로 미래를 가장 궁금해하는 집단으로서 그들의 엄청난 지원 속에 사회과학은 더욱 급속히 성장할 수 있었다. 하지만 그 이후 1980년대까지는 방법론적 한계로 인해 믿을 만한 범죄 예측이랄 게 별로 없었다. 그럼에도 불구하고 인간의 지속적인 관심과 기술 발전, 전문가들의 노력으로 인해 1980년대부터 '지리적 프로파일링' 등 체계적인 시도가 이루어졌고, 21세기 들어서면서 실질적인 성과를 거두기 시작했다.

범죄 예측은 필히 범죄 예방을 목적으로 하기 때문에 상세한 논의는 제2권에서 함께 이루어진다. 다만, 범죄 예측은 현대 범죄학에서 가장 주목받으며 확장되는 영역 중 하나로서, 데이터와 관련된 주제이기 때문에 이 장에서 간단히 소개하고자 한다. 일반적으로 범죄 예측은 '범죄 예측', '범죄자 예측', '범죄자 신원(동일성) 예측', '피해자 예측' 등 네 가지로 구분된다. 그런데 한 가지 주의할 점은, 예측의 영역으로 넘어가는 순간 데이터를 '빅데이터' 개념으로 이해해야 한다는 것이다. 즉, 실질적인 범죄 예측은 빅데이터 없이 불가능한바, '빅데이터 – 범죄 예측 – 예방 활동'으로 이어지는 연결성은 제2권에서 다루도록 하겠다. 참고로 여기에서 소개되는 범죄 예측의 방법(종류)은 필자가 2015년 한국형사정책연구원과 공동으로 수행한 연구용역 보고서 내용에 기초한 것임을 밝힌다.[49]

범죄 예측

가장 일반적인 범죄 예측은 어느 지역에서 어느 시간대에 범죄 위험성이 증가했는지, 그 이유는 무엇인지를 파악하는 것이다. 이를 위해 과거와 근래의 범죄 자료, 범죄신고 자료, 지역의 경제상황 자료와 무질서 자료 등이 사용된다. 기존의 묘사적인 핫스팟과 핫타임 분석법을 뛰어넘어 위험지역 분석, 근접–반복 모델링, 시공간 분석 등이 적용된다. 이러한 범죄 예측은 경찰의 적극적인 예방활동과 직결된다.

▶데이터 기반 추론
– 범죄학에서 데이터에 기반한 추론은 '인과관계에 대한 추정'과 '미래 범죄에 대한 예측' 두 가지 형태로 이루어짐. 방법론상 전통적으로는 '가설검정'에 기반한 인과관계 추정이 대부분을 차지했으나, 최근 예측에 대한 실질적 관심이 증가하면서 '추정법'에 근거한 미래 예측이 급증하는 추세임.

▶개념의 연결성
– 빅데이터 – 범죄 예측 – 예방 활동'(제2권)

범죄자 예측

범죄자 예측은 범죄조직 간의 폭력사태 위험성을 파악하는 것과 특정 개인의 범죄 행위 가능성을 예측하는 것이다. 후술되는 범죄자 신원(동일성) 예측은 이미 발생한 범죄가 누구의 소행인지를 밝히는 것으로서 범죄자 예측과는 확연히 구분된다. 조직의 범죄 가능성은 잠입수사관과 같은 경찰이나 민간 정보원으로부터 수집되는 조직의 범죄정보, 활동정보, 조직구성 변화정보 등을 토대로 예측된다. 개인의 범죄 가능성은 주로 재범에 대한 예측으로서 이를 위해 범죄경력, 보호관찰, 가석방 기록 등이 사용된다. 예측적 분석기법은 위험요인별로 중요도를 계산하여 가중치를 부여함으로써 정확도를 높이고 있다. 하지만, 사람에 대한 예측은 장소나 시간에 대한 예측에 비해 정확도가 떨어지고 인권침해의 소지도 다분해서 훨씬 신중한 접근을 요한다.

범죄자 신원(동일성) 예측

범죄자 신원(동일성) 예측은 이미 발생한 범죄가 누구의 소행인지 밝히는 것으로서 엄밀히 말하면 예측이라기보다는 '규명'에 가까운바, 검거를 위한 증거수집 및 분석 활동으로 볼 수 있다. 다만, 연쇄범죄의 유사성을 파악해서 용의자를 추적한다든지 지리적 프로파일링을 활용해 범죄자의 주거지나 다음 범행 장소를 추정하는 것은 예측의 영역이라 할 수 있다. 특히 이러한 주거지 예측이나 다음 범행 장소 예측은 최근 급증한 관심 속에 큰 발전을 이룬 분야로 평가된다.

피해자 예측

피해자 예측은 범죄 피해를 당할 가능성이 큰 집단이나 개인에 대해 예측하는 것으로서, 이를 위해 위험지역의 영향권에 있거나 가정폭력을 비롯한 범죄 유형별로 주요 표적이 되고 있는 대상을 분석한다. 또한 많은 경우 범죄행위자들이 범행 과정에서 자신이 피해를 당하기 때문에 위험한 범죄행위에 가담하고 있는 사람들도 피해자 예측의 범위에 포함된다. 일상활동이론에 근거하여, 주거지를 비롯해 직장, 여가활동장소, 쇼핑장소 등 평상시 활동무대가 위험지역에 위치하고 있거나, 범죄가 많이 발생하는 유흥장소, 번화가 등을 자주 찾는 사람들이 피해자 예측의 주 대상이 된다.

참고문헌

1. Curra, J. (2000). *The Relativity of Deviance*. Thousand Oaks, CA: Sage.
2. Brown, S., Esbensen, F., & Geis, G. (2013). *Criminology: Explaining Crime and Its Context*. Elsevier. 황의갑 외 12인 역(2015), pp.52-53. 그린.
3. Michael, J. & Adler, M. J. (1933). *Crime, Law, and Social Science*. New York: Harcourt, Brace, and Co.
4. Tappen, P. W. (1947). Who is the Criminal? *American Sociological Review*, 12, pp.96-102.
5. Sutherland, E. H. (1949). *White Collar Crime*, p.35. New York: Dryden.
6. Brown, S., Esbensen, F., & Geis, G. (2013). *Criminology: Explaining Crime and Its Context*. Elsevier. 황의갑 외 12인 역(2015), pp.24-25. 그린.
7. Mannheim, H. (1965). *Comparative Criminology*. Boston, MA: Houghton Mifflin.
8. Sellin, T. (1938). *Culture Conflict and Crime*. New York: Social Science Research Council.
9. Brown, S., Esbensen, F., & Geis, G. (2013). *Criminology: Explaining Crime and Its Context*. Elsevier. 황의갑 외 12인 역(2015), pp.25-30. 그린.
10. Siegel, L. J. (2018). *Criminology: Theories, Patterns and Typologies*. Wadsworth. 이민식 외 7인 역(2020), pp.13-17. 센게이지 러닝 코리아.
11. Sutherland, E. H. & Cressey, D. R. (1974). *Criminology*. Philadelphia, PA: J. B. Lippincott.
12. Becker, H. S. (1963). *Outsiders*. New York: Free Press.
13. Siegel, L. J. (2018). *Criminology: Theories, Patterns and Typologies*. Wadsworth. 이민식 외 7인 역(2020), p.17. 센게이지 러닝 코리아.
14. Durkheim, E. (1893). *The Division of Labour in Society*. Reprinted in 1997, New York: The Free Press.
15. Schwendinger, H. & Schwendinger, J. (1975). Defenders of Order or Guardians of Human Rights? In I. Taylor, P. Walton, & J. Young (eds.) *Critical Criminology*. Boston, MA: Routledge and Kegan Paul.
16. Siegel, L. J. (2018). *Criminology: Theories, Patterns and Typologies*. Wadsworth. 이민식 외 7인 역(2020), pp.32-36. 센게이지 러닝 코리아.
17. https://ucr.fbi.gov/nibrs/2019
18. Siegel, L. J. (2018). *Criminology: Theories, Patterns and Typologies*. Wadsworth. 이민식 외 7인 역(2020), pp.36-37. 센게이지 러닝 코리아.
19. Truman, J., Langton, L., & Planty, M. (2012). *Criminal Victimization*. Washington, DC: Bureau of Justice Statistics.
20. Siegel, L. J. (2018). *Criminology: Theories, Patterns and Typologies*. Wadsworth. 이민식 외 7인 역(2020), pp.37-39. 센게이지 러닝 코리아.
21. Maxfield, M. G. & Babbie, E. R. (2009). *Research Methods for Criminal Justice and Criminology*. Wadsworth. 박정선 외 6인 역(2009), pp.208-213. 센게이지 러닝 코리아.

22. Maxfield, M. G. & Babbie, E. R. (2009). *Research Methods for Criminal Justice and Criminology*. Wadsworth. 박정선 외 6인 역(2009), pp.288-306. 센게이지 러닝 코리아.

23. Singleton, R. A., Straits, B. C., & Straits, M. M. (2005). *Approaches to Social Research*, p.100. New York: Oxford University Press.

24. Maxfield, M. G. & Babbie, E. R. (2009). *Research Methods for Criminal Justice and Criminology*. Wadsworth. 박정선 외 6인 역(2009), pp.166-173. 센게이지 러닝 코리아.

25. Quetelet, A. (1842). *A Treatise on Man and the Development of His Faculties*.

26. Siegel, L. J. (2018). *Criminology: Theories, Patterns and Typologies*. Wadsworth. 이민식 외 7인 역(2020), p.220. 센게이지 러닝 코리아.

27. Siegel, L. J. (2018). *Criminology: Theories, Patterns and Typologies. Wadsworth*. 이민식 외 7인 역(2020), p.55. 센게이지 러닝 코리아.

28. 정진성·황의갑. (2010). "살인범죄의 원인에 대한 거시분석: GIS를 활용한 공간회귀모델링", 「형사정책」, 22(1), pp.157-184.; 정진성·박종하. (2015). "성범죄의 유형별·지역특성별 거시원인 연구: 전국 읍면동을 대상으로 한 음이항회귀분석", 「통계연구」, 20(2), pp.70-92.

29. Weisburd, D. (2015). The Law of Crime Concentrations and the Criminology of Place. *Criminology*, 53, pp.133-157.

30. Tompson, L. & Bowers, K. (2013). A Stab in the Dark? A Research Note on Temporal Patterns of Street Robbery. *Journal of Research in Crime and Delinquency, 50*, pp.616-631.

31. Cohn, E. (1993). The Prediction of Police Calls for Service: The Influence of Weather and Temporal Variables on Rape and Domestic Violence. *Journal of Environmental Psychology, 13*, pp.71-83.

32. Siegel, L. J. (2018). Criminology: *Theories, Patterns and Typologies*. Wadsworth. 이민식 외 7인 역(2020), p.59. 센게이지 러닝 코리아.

33. Wolfgang, M. E., Figlio, R., & Sellin, T. (1972). *Delinquency in a Birth Cohort*. Chicago, IL: University of Chicago Press.; Wolfgang, M. E. (1983). Delinquency in Two Birth Cohorts. *American Behavioral Scientist, 27*, pp.75-86.

34. Tracy, P. & Kempf-Leonard, K. (1996). *Continuity and Discontinuity in Criminal Careers*. New York: Plenum Press.

35. Siegel, L. J. (2018). *Criminology: Theories, Patterns and Typologies*. Wadsworth. 이민식 외 7인 역(2020), pp.68-70. 센게이지 러닝 코리아.

36. Sampson, R. J. & Laub, J. H. (1993). *Crime in the Making: Pathways and Turning Points through Life*. Cambridge, MA: Harvard University Press.

37. Gottfredson, M. & Hirschi, T. (1990). *A General Theory of Crime*. Stanford, CA: Stanford University Press.

38. Siegel, L. J. (2018). *Criminology: Theories, Patterns and Typologies*. Wadsworth. 이민식 외 7인 역(2020), pp.58-59. 센게이지 러닝 코리아.

39. Siegel, L. J. (2018). *Criminology: Theories, Patterns and Typologies*. Wadsworth. 이민식 외 7인 역(2020), pp.60-61. 센게이지 러닝 코리아.

40. Hirschi, T. (1969). *Causes of Delinquency*. Berkeley, CA: University of California Press.

41. Hagan, J. (1989). Micro and Macro-Structures of Delinquency Causation and a Power-Control Theory of Gender and Delinquency. In S. E. Messner, M. D. Krohn, & A. E. Liska (eds.), *Theoretical Integration in the Study of Deviance and Crime*. Albany, NY: State University of New York Press.

42. Siegel, L. J. (2018). *Criminology: Theories, Patterns and Typologie*s. Wadsworth. 이민식 외 7인 역(2020), pp.62-63. 센게이지 러닝 코리아.

43. Merton, R. K. (1938). Social Structure and Anomie. *American Sociological Review, 3*, pp.672-682.

44. Cohen, A. K. (1955). *Delinquent Boys: The Culture of the Gang*. New York: The Free Press.

45. Siegel, L. J. (2018). *Criminology: Theories, Patterns and Typologies*. Wadsworth. 이민식 외 7인 역(2020), pp.46-48. 센게이지 러닝 코리아.

46. Becker, H. S. (1967). Whose side are we on? *Social Problems, 14(3)*, pp.239-247.

47. Frost, N. & Phillips, N. (2009). Talking Heads: Crime Reporting on Cable News. Justice Quarterly, 26(4), pp.1-26.

48. Brown, S., Esbensen, F., & Geis, G. (2013). *Criminology: Explaining Crime and Its Context*. Elsevier. 황의갑 외 12인 역(2015), pp.35-37. 그린.

49. 정진성. (2015). "주요 외국의 빅데이터 기반 범죄예방시스템 운영현황 및 성과 분석", 「범죄 빅데이터를 활용한 범죄예방시스템 구축을 위한 예비 연구(II)」, 제3부. pp.179-313. 한국형사정책연구원.

제3장 범죄학의 발달과정(역사)

앞서 범죄학이 무엇이고(정의) 어떤 분야를(영역) 어떻게(연구방법) 연구하는지 살펴보았다. 그리고 범죄학의 핵심 연구영역 가운데 첫 번째인 '범죄 현상'을 범죄의 개념과 실태로 구분하여 살펴보았다. '범죄의 개념'을 통해서는 범죄 개념의 확대 과정과 상대성을 이해했고, '범죄의 실태'를 통해서는 범죄 데이터가 보여주는 패턴을 출발점으로 다양한 이론과 정책이 전개되는 과정을 엿볼 수 있었다. 또한 가끔은 실제 데이터가 아닌 미디어의 영향 때문에 형사사법시스템이 권력자의 취향대로 운용될 수 있음도 짐작해보았다.

▶**범죄학의 본질적인 연구 영역과 관점**
- 3대 연구영역: 현상, 원인, 대책
- 3대 관점: 고전주의, 실증주의, 비판주의
- 이 책을 통한 범죄학 학습은 본질적인 연구영역과 토대가 되는 관점을 확실히 이해한 다음, 그것들이 확장되는 과정을 추적해가는 것임.

이제 본격적으로 범죄의 원인과 대책에 대해 학습할 준비가 되었다. 범죄의 원인과 대책을 학습한다는 것은 기본적으로 범죄 이론을 학습한다는 것과 같은바, 범죄학은 범죄 이론의 총합이라 해도 과언이 아니다. 재차 강조하지만, 이 책은 범죄학의 본질을 먼저 확실히 파악한 다음, 본질에서 확장되어 간 과정을 추적하는 전략을 취하고 있다. 따라서 범죄학의 발달도 모든 이론 전개의 토대가 되는 3대 관점(i.e., 고전주의, 실증주의, 비판주의)을 먼저 살펴보고, 그것들이 1980년대를 전후해서 어떻게 진화되었는지 살펴보는 순서로 진행된다. 〈표 III-1〉은 범죄학의 발달과정을 역사적 순서대로 가장 큰 줄기에서 정리하고 있다. 따라서 이 표는 이 책의 가장 큰 숲 역할을 하는바, 앞으로 각 관점에 대한 설명이 진행될 때 필요한 경우 작은 크기의 숲도 제시될 것이다(〈표 VI-2〉, 〈표 VII-2〉 등 확인).

책 소개에서 밝힌 것처럼, 이 책이 범죄학의 발달을 논하는 핵심 도구는 '범죄학 루프'이다. 〈그림 I-1〉에서에서 확인할 수 있듯, 범죄학 루프는 범죄학이 멈추지 않고 순환하는 진화의 과정임을 보여주고 있다. 이는 필자가 스토리텔링으로 내용을 전개하는 데 매우 유용한 도구가 될 것인바, 독자들은 '범죄학 루프'는 내용 전개의 수단으로, 〈표 III-1〉과 같은 '숲'들은 내용 전개의 출발점이자 결과물에 대한 요약으로 이해하기 바란다.

이상을 정리하여 이 장에서는 ① 먼저 '범죄학 루프'에 대해 상세히 설명한 다음, ② 정반합의 원리를 염두에 두고, 범죄학의 3대 관점 위주로 발달과정을 자연스러운 역사적 진화의 한 예로서 개괄해보고, ③ 마지막으로, 현대범죄학을 살펴보면서 전통적인 3대 관점이 언제 어떻게 확장되었는지와 새롭게 등장한 시각에는 무엇이 있는지를 검토해보고자 한다.

스토리박스 〈보충설명 III-1〉

이 책의 차별성을 확보하기 위한 저술 전략

솔직히 범죄학 개론서는 내용에 있어 차별성을 갖기 쉽지 않다. 따라서 외국의 저명한 개론서들을 보면 내용에서의 차별보다는 책의 구성과 강조점에서의 차별을 시도한다. 예컨대, 어떤 교재들은 범죄 원인을 바라보는 관점에 따라 이론들을 묶어 설명하는 데 반해(예, Siegel, 2018/2020), 어떤 교재들은 역사적 발달 순서에 따라 설명하고 있다(예, Lilly et al., 2011/2017). 어떤 교재들은 역사적 맥락을 강조하는데 반해(예, Brown et al., 2013/2015; Einstadter & Henry, 2006), 어떤 교재들은 주요 이론군의 핵심을 짚어내고 이를 뒷받침하는 주요 학자의 저술 내용을 일부 보여주고 있다(예, Cullen et al., 2022). 이렇게 구성 체계와 강조점이 달라지면 자연스럽게 책의 내용에서도 차별성이 드러난다. 하지만, 이론들의 주요 논리(명제)는 어떤 책에서든 일치하며 이것이 저술 내용의 핵심이 되어야 한다는 당위에는 변함이 없어 보인다.

따라서 필자는 네 가지 전략을 통해 이 책만의 차별성을 추구했다. 첫째, 여러 번 강조한 대로 본질적인 핵심 연구영역과 관점을 명확히 설명하고, 이것이 확장되어 가는 과정을 추적하고자 했다. 이를 위해 '범죄학 루프'라는 내용 전개의 도구를 사용했는바, 이러한 전략은 자연스럽게 역사적 발달순서에 따라 논하는 체계로 이어졌다. 둘째, 각 이론과 정책이 등장하고 성장한 맥락에 집중해서 자연스러운 스토리텔링이 이뤄지도록 했다. 이 전략은 범죄학이 우리의 삶과 밀접한 관련이 있는 실천학문임을 느끼게 해서 독자들의 흥미와 집중도를 향상시키리라 기대된다. 셋째, 이론의 주요 논리는 간결하게 설명하되, 독자들에게 정작 중요한 건 여러 이론들이 서로 어떤 공통점과 차이점이 있는지를 명확히 정리하는 것이라 판단하여 이론 간 비교에 상당히 집중했다. 넷째, 반복과 정리가 중요하기 때문에 신경을 많이 써서 저술 내용을 최대한 표와 그림으로 정리했다. 특히 〈표 III-1〉이나 〈표 VIII-2〉와 같은 표들은 이 책의 '숲'으로서, '나무'에 해당하는 내용들을 전개하는 출발점이자 요약의 역할을 담당한다.

　　이러한 전략들은 이 책의 차별성을 확보하는 데도 도움이 되지만, 그것보다 중요한 건 독자들이 범죄학을 체계적으로 정리할 수 있도록 돕는 데 있다. 이 책을 구성하는 주요 키워드는 맥락, 범죄학 루프, 발달과정, 스토리텔링, 숲과 나무, 공통점과 차이점, 본질과 확장 등에 있음을 명심하고 독자들 나름대로의 학습법을 혼합하여 좋은 성과가 있길 바란다. 참고로 이 〈보충설명 III-1〉의 내용들은 대부분 책 소개에 나와 있으므로 필요하면 다시 책 소개를 확인하기 바란다.

I. 범죄학 루프의 개념

진화하는 범죄학과 이를 담아내는 범죄학 루프

범죄학 활동의 본질은 범죄 현상을 탐구하고, 그 원인을 규명하며, 적절한 대책을 강구하는 것으로서, 모든 범죄학 활동은 우리가 살아가고 있는 현실을 토대로 이루어진다. 따라서 범죄학을 학습한다는 것은 시대적 상황에 따라 범죄학이 어떤 활동을 해왔는지 그리고 그것이 우리의 삶에 어떤 영향을 미쳤는지를 알아가는 과정이라 하겠다.

오랜 연구와 강의 경험을 통해 필자가 정립한 범죄학의 모습은 사회문화적 맥락 – 이론 – 정책이 끊임없이 순환하는 '진화의 과정'이다. 이 과정에서 반드시 필요하고 동시에 진화를 멈추지 않게 만드는 동력이 있는데, 이론과 정책에 대한 '과학적 검증'이 바로 그것이다. 진화 과정의 한 예를 들면, 1920년대 이후 시카고학파가 사회구조적(거시) 차원에서 범죄의 원인을 찾고자 했던 이유는 19세기 중반 과학기술의 급속한 발달에 힘입어 자신만만하게 등장했던 생물학적 관점이 순전히 개인적인(미시) 차원에서 범죄 원인을 규명하고자 했으나, 검증 결과 너무나 많은 예외가 존재하고 정책적으로 오남용되어 특정 사람이나 집단을 차별하고 통제하는 수단으로 전락했기 때문이다.

이 같은 범죄학의 발달과정은 앞서 범죄학의 정의에서도 살펴봤듯, 반드시 맥락 안에서 이해해야 하고, 과학적 검증을 동력 삼아 계속 진화하는 역동적인 개념으로 받아들여야 한다. 이를 그림으로 표현하면 순환하는 고리 모양이 되는데, 필자는 이를 '범죄학 루프'라 명명하고 앞으로 이 책을 기술하는 기본 틀로 사용할 것이다(책 소개와 〈그림 I-1〉 확인).

▶범죄학 루프
– 필자가 생각한 정식 명칭은 '범죄학 피드백 루프(feedback loop)'인데 편의상 줄인 표현임.

결국 범죄학 루프는 필자가 정의하는 범죄학의 진화 모습을 순환하는 고리로 표현한 것이다. 이것은 모든 범죄학 활동의 시작과 끝을 맥락으로 간주하는데, 그 이유는 맥락이 이론과 정책이 싹트는 토양을 제공하고 동시에 이론과 정책으로 인해 변화되는 결론을 맞이하기 때문이다. 또한 그 중간과정에 과학적 검증이 존재하는바, 그것은 이론이 타당한지 여부를 검증하여 정책으로 승화되는 근거를 제공하거나, 정책이 효과적인지 여부를 검증하여 확대 시행되는 계기로 작동한다. 전자를 '가설의 타당성 검증', 후자를 '정책의 효과성 검증'이라 하여 목적은 다르지만, 검증의 과정, 즉 과학적 연구가 진행되는 방식은 앞서 살펴본 대로(제1장 제3절) 같다고 보면 된다. 참고로 이러한 과학적 검증은 범죄학자들이 실제 수행하는 범죄학 활동의 대부분을 차지한다고 볼 수 있는바, 그들은 주로 과학적 연구를 통해 범죄문제 해결 및 삶의 질 개선이라는 범죄학의 목표에 기여하고 있는 것이다.

범죄학 루프를 이용한 학습의 장점

▶실증주의의 시작
– 생물학적 관점은 실증주의의 시작임(《표 III-1》 참고).

범죄학 루프를 이용해서 위 사례를 좀 더 살펴보자. 범죄 연구에 있어 19세기 중반 유럽에서 생물학적 관점이 등장한 것은 과학기술의 눈부신 발전, 특히 다윈의 진화론으로 촉발된 과학숭배사상(과학주의, Scientism)이라는 사회문화적 맥락이 있었기에 가능했다. 처음엔 타당하고 획기적인 사상으로 각광받았기 때문에, 중범죄자들을 타고난 범죄인으로 간주하는 주장이 정책적으로 받아들여져서 실제로 생물학적 거세와 같은 처벌이 시행되기도 했다. 하지만, 과학적 검증 결과 실제와 맞지 않는 오류가 너무 많이 발견되어 쇠퇴하다가, 1차 세계대전을 전후로 특정 인종이나 집단에 대한 차별적 통제 수단으로 사용된 정치적·윤리적 문제가 부각되면서 20세기 초반 쇠퇴하기 시작했다.

▶전이지역
– zone of transition(제2지역).

그즈음 1920년대 초중반 시카고학파는 시카고 지역이 동심원 모양으로 급속히 확대되는 과정에서 도심과 바로 그 주변 지역(i.e., 전이지역)의 범죄율이 가장 높은 수준을 유지하는 패턴을 목격했다. 특히 당시 전이지역은 가장 빈곤한 지역으로서 미국 남부와 유럽, 아시아 등지에서 이주해 온 사람들이 저렴한 생활비 때문에 처음 정착했던 곳이었는데, 돈을 벌면 바로 생활환경이 더 나은 외곽으로 이주해나갔기 때문에 인종이나 민족 구성에 잦은 변화가 있었다. 그런데도 항상 높은 범죄율이 지속되는 상황은 생물학적 관점이 주장하는 것과 달리 범죄가 개인만의 문제가 아닐 수 있다는 의문을 갖게 했다. 이러한 모순되는 상황을 설명하기 위해 시카고학파는 범죄가 지역의 문제, 예컨대 빈곤이나 열악한 교육환경, 약해진 통합 등에 영향을 받을 수 있다고 생각하기 시작했고, 이는 결국 사회해체이론으로 귀결되었다. 상세한 설명은 차후 기술하기로 하고, 지금 여기에서 우리가 주목해야 하는 사실은 첫째, 시카고학파에 의해 사회학적 원인 분석이 체계적으로 시작되었다는 점과 둘째, 이러한 사회학적 탐구가 본격화될 때 과정적 (미시) 관점이 아닌 구조적(거시) 관점이 먼저 시작된 이유는 생물학적 관점에 대한 반동 때문이었다는 점이다.

▶시카고학파의 의의
- 후기 실증주의의 시작으로 간주됨(《표 III-1》).
- 케틀레와 게리 등이 사회학적 실증주의의 시작으로 분류되는 것과 구분할 필요가 있음.

이처럼 범죄학 루프를 이용한 학습의 장점은 범죄 이론과 정책을 다양한 사회문화적 맥락 안에서 살펴보기 때문에 훨씬 이해가 쉽고 기억에 오래 남는다는 것이다. 또한 겉으로는 유사해 보이는 이론과 정책들의 차이점을 알아낼 수 있으며, 반대로 상이해 보이는 이론과 정책들의 공통점을 찾아낼 수도 있다. 위 사례에서 우리가 추가로 깨닫게 된 사실은 시카고학파에 의해 사회학적 탐구가 본격화될 때 과정적 원인(예, 친구, 유대, 긴장 등)이 아닌 구조적 원인(예, 사회해체)에 먼저 주목했던 이유이다. 즉, 상식적으로는 사회구조적 원인보다 사회과정적 원인에 먼저 관심을 가졌을 것 같은데 그렇지 않았던 이유가 명확해진 것이다. 따라서 독자들은 지금은 다소 생소하겠지만 범죄학 루프의 개념을 온전히 이해하고 장점을 최대한 활용하려 노력하길 바란다. 혹시 역사를 좋아하지 않더라도 이 책을 제대로 활용하기 위해서는 꼭 필요한 배경지식이니 가능하면 스스로 부족한 부분을 채워주길 바란다(보충설명 III-3 참고). 마지막으로 첨언하자면, 주요 범죄학 이론들을 장(chapter)으로 구분하여 기술하면 자칫 이론들 간에 연관성이 없어 보일 수 있다. 이 책도 어쩔 수 없이 그러한 방식을 따르지만, 연관성을 찾아 스토리텔링이 끊기지 않도록 하는 것이 이 책의 목표 중 하나인바, 범죄학 루프가 그 역할을 담당할 것이다.

▶범죄학 루프를 이용한 학습의 장점
- 공차법에 유리
- 기억에 오래 잔존

II. 범죄학 루프의 구성요소: 맥락과 이론을 중심으로

1. 맥락(contexts)

(1) 맥락의 개념 및 중요성

▶미시 맥락의 추가 예시
– 비판주의 입장을 견지하
는 학자들 중 상당수가 소
수인종이나 여성이라는 것
은 공공연한 사실임.

맥락은 개인을 둘러싼 환경으로서 거시 맥락과 미시 맥락으로 구분된다. 거시 맥락은 지역사회나 국가의 정치, 경제, 사회, 문화 등을 말하는데 이 책에서는 편의상 사회문화적 환경 또는 사회문화적 맥락으로 표현한다. 미시 맥락은 가족, 친구, 학교, 종교, 사제관계 등 개인이 실제로 상호작용하는 비교적 가깝고 밀접한 관계를 의미한다.

범죄학을 공부할 때 우리는 맥락을 두 가지 방향에서 바라봐야 한다. 첫째는 범죄의 원인을 탐구할 때 사용되는 맥락으로서, 이는 거시 맥락에서 범죄 원인을 찾는 관점과 미시 맥락에서 찾는 관점으로 구분된다. 예컨대, 〈표 III-1〉의 사회구조적 관점은 거시 맥락에 해당하고 사회과정적 관점은 미시 맥락에 해당한다. 다시 말해, 어떤 이론은 사회문화적 환경에서 범죄 원인을 찾고, 어떤 이론은 개인과 밀접한 요소에서 범죄 원인을 찾으며 발전해왔는바, 현대범죄학에서는 두 맥락이 복합적으로 작용한다고 보아 양자를 통합하려는 움직임이 힘을 얻고 있다.

둘째는 범죄학의 발달과정을 이해할 때 사용되는 맥락으로서 이 책이 계속 강조하고 있는 내용이다. 앞서 밝혔듯, 모든 범죄학 이론과 정책은 맥락에 뿌리를 두고 있고 그 이론과 정책으로 인해 결국 맥락이 변화하는 과정을 진화의 고리로 표현한 것이 범죄학 루프인바, 거시 맥락이 범죄학 이론과 정책에 미치는 영향에 대해서는 앞서 살펴봤으니 여기에서는 미시 맥락이 미치는 영향에 대해서만 간단히 언급하고자 한다. 학자들의 이론 형성에 가장 큰 영향을 미치는 요인 중 하나는 그들이 어느 학파에 속해 있는지 또는 어떤 스승의 가르침을 받았는지일 것이다. 예컨대, '사회학습이론'의 창시자인 서덜랜드는 같은 시카고학파이자 '상징적 상호작용주의'의 창시자인 미드(Mead)의 후학으로서 학습이란 기본적으로 개인 간의 상호작용에서 영향을 주고받는 과정임을 전제했다. 서덜랜드가 이러한 전제를 공유했기 때문에, 범죄행위는 범죄에 대해 호의적으로 바라보

▶Edwin Sutherland, 미국,
1883-1950.

▶George H. Mead, 미국,
1863-1931.

는(정의하는) 친구들과 더 많이 접촉함으로써 일탈규범을 자연스럽게 학습한 결과라는 '차별접촉이론'을 주장한 것으로 이해할 수 있다.

이처럼 범죄의 원인을 탐구하거나 범죄학의 발달사를 학습하는 과정에서 맥락의 중요성은 아무리 강조해도 지나침이 없다. 저명한 사회철학자 푸코(Foucault) 역시 "나는 지도도 달력도 없는 것에 대해서는 말하지 않는다"라고 하며 시공간적 맥락의 중요성을 역설했다. 참고로 범죄학을 주도한 지역이 1920년대를 기점으로 이전은 유럽, 이후는 미국으로 분명하게 구분되기 때문에 맥락을 살펴볼 때 이 점을 주의하면 도움이 된다(〈표 III-1〉 참고). ▶Michel Foucault, 프랑스, 1926-1984.

그렇다면 맥락은 어떻게 이론과 정책 형성에 영향을 미치는 것일까? 그것은 바로 맥락이 인간과 사회를 바라보는 '기본가정'에 영향을 미치기 때문이다. 즉, 맥락은 기본가정이라는 징검다리를 통해 이론과 정책에 큰 영향을 미친다고 할 수 있다.[1]

(2) 기본가정(domain assumptions)

기본가정의 개념

기본가정은 미국의 사회학자 굴드너[2]의 저술에 나온 'domain assumptions'를 필자가 번역한 용어이다. 굴드너는 1970년에 출판된 저서 「서구 사회학의 다가오는 위기(The Coming Crisis of Western Sociology)」에서 아무리 학자나 전문가라 해도 성장배경 등 다양한 맥락에서 형성되는 개인적 성향에서 자유로울 수 없기 때문에 서구 사회학자들이 중립의 입장을 주장하는 것은 넌센스라고 비판했다. 하물며 비교적 중립적인 자연현상을 다루는 자연과학에서도 학자들 개인만의 기본가정 때문에 어떤 분야를 어떻게 연구할지가 결정되는데, 현상 자체가 중립적이지 않은(즉, 가치가 반영되어 해석되는) 사회현상을 다루는 사회과학에서는 어떤 연구자도 중립적인 자세를 견지할 수 없다고 주장했다. ▶Alvin W. Gouldner, 미국, 1920-1980.

굴드너에 따르면, 기본가정이란 특별한 이유를 찾을 수 없는 당연한 가정(전제)으로서 너무나 자연스러워 본인이 그러한 가정을 가지고 있는지 조차 인식하기 어려운 특성이 있다. 기본가정은 모든 개인이 다양한 맥락 속에서 성장하고 살아가는 과정에서 형성되기 때문에 각자 독특한 가정을 갖게 된다. 한 번 형성된 기본가정은 잘 변하지 않고, 개인의 관심사가 결정되는 기준으로 작용하기도 한다. 비유하자면, 기본가정은 과학에서의 패러다임이나 정치에서의 이데올로기와 같이 사고의 틀이나 범위, 방향으로서 기능하는 일종의 주관적 견해라 할 수 있다.

이러한 기본가정을 집단적 차원에서 살펴보면, 유사한 사회문화적 맥락을 경험해 온 집단에서 유사한 기본가정이 공유됨은 매우 자연스러운 현상이다. 예컨대, 대다수 한국인들은 일본과의 경쟁이라면 무조건 이겨야 한다는 생각을 갖고 있으며, 많은 경찰 관련 학과의 학생들이 예비 경찰관이 되면서부터 강한 통제위주의 사고방식을 갖게 되곤 한다. 이러한 집단적인 생각도 다른 사람이 지적하지 않는 한 스스로 깨닫지 못하고 유사한 사고를 가진 사람들과의 상호작용을 통해 더욱 강화되어 자연스럽게 행동으로 표출되기도 한다.

요약하면, 기본가정은 특정 대상이나 현상에 대해 '당연히 어떠할 것이다'라고 단정 짓는 믿음이나 태도를 말한다. 이는 특수한 맥락에 의해 개인과 집단 차원에서 필연적으로 형성되는데, 특히 집단 차원의 기본가정은 시대와 장소에 따른 사회문화적 맥락에 크게 영향을 받게 된다. 따라서 우리가 범죄학의 발달과정을 제대로 이해하기 위해서는 맥락에 따른 인간의 본성과 사회의 본질에 대한 기본가정을 꼭 살펴봐야 한다.

인간의 본성에 대한 기본가정

▶인간의 본성에 대한 기본가정
― 자유의지(합리성) vs. 연성결정론 vs. 경성결정론
― 1920년대 이후 후기 실증주의부터는 연성결정론이 지배함.

인간의 본성은 크게 합리적으로 선택할 수 있는 자율적 존재인지 아니면 환경이나 타고난 인자의 영향을 받는 수동적 존재인지로 구분된다. 전자를 '자유의지(합리성)'를 가진 존재, 후자를 '(경성)결정론'적 존재라 하는데, 1920년대 이후 근대성이 성숙하면서부터는 두 입장을 모두 극단적으로 간주하기 시작했다. 즉, 완전한 자유의지나 완전한 수동적 존재란 현실에 없는 것으로 보고, 그 대안으로 인간은 환경 등의 영향도 받으면서 동시에 자율적으로 판단하는 존재라는 입장을 취하기 시작했는바, 이를 '연성결정론(soft determinism)'이라 한다.

〈표 III-1〉을 보면, 고전주의는 자유의지(합리성), 초기 실증주의는 경성결정론(hard determinism)의 입장을 취하다가 후기 실증주의부터는 모두 연성결정론을 고수하고 있음을 알 수 있다. 만약 아직 여전히 양 극단의 입장을 취하는 주장이 있다면, 특별한 사유가 없는 한 비정상적인 것으로 간주해도 될 것이다. 예컨대, 초기 실증주의에서는 경성결정론적 입장을 취했지만, 현대의 생물사회학적 관점에서는 유전자나 호르몬의 영향을 인정하면서도 그것이 전적으로 범죄에 영향을 미치는 것이 아니라 양육방식 등 생활환경과의 상호작용을 통해 영향을 미친다고 설명한다(GxE). 즉, 가장 결정론에 가까울 것 같은 관점도 비록 제한적이긴 하지만 개인의 자율적인 상황판단과 의사결정을 인정하고 있는 것이다.

▶생물사회학적 관점
– GxE: 유전자(gene)와 환경(environment)의 상호작용

사회의 본질에 대한 기본가정

사회의 본질은 크게 자유의지를 가진 개인들의 집합에 불과한 '허구'인지 아니면 회사나 학교와 같이 특정한 목적을 달성하기 위해 기능적으로 움직이는 '실체'인지로 구분된다. 사회를 허구로 보는 관점은 개인의 자유의지와 합리성을 강조하기 위한 것으로 고전주의 시대 유행했던 계몽사상과 사회계약론의 영향 때문이다. 당시에는 '신' 중심의 중세에서 오랫동안 억눌려왔던 인간의 자유와 이성을 되찾으려던 열망이 매우 강했기 때문에, 주체이자 핵심은 인간이었고, 사회는 단지 그러한 인간이 자신의 자유와 권리를 확보하기 위해 맺은 계약의 산물에 불과하다는 논리가 필요했던 것이다.

▶사회의 본질에 대한 기본가정
– 허구 vs. 온전히 기능하는 실체 vs. 위계적·차별적 체계
– 1960년대 이후 비판주의부터는 위계적·차별적 체계로 보는 인식이 지배함.

반대로 사회를 기능적인 실체로 보는 시각은 19세기 중반 이후 근대화가 성숙하면서 경험한 과학기술의 발전, 실증주의 사상의 팽배, 자본주의의 성장과 부의 축적 등의 산물이다. 인류 역사상 한 번도 경험해보지 못한 자유와 부의 축적, 편리하고 신기한 과학기술 상품 등은 현실 세계에 대한 만족과 자부심으로 이어졌으며, 가까운 미래에 유토피아가 실현될 것 같은 환상을 꿈꾸기도 했다. 이러한 맥락에서 사회는 그 자체가 '스스로 온전히 기능하는 실체'일 수밖에 없었다.

그런데 1920년대 이후 두 차례의 세계대전을 거치고 경제대공황을 경험하며 과학기술과 자본주의가 인류에게 오히려 독이 될 수 있다는 불안감이 커졌다. 제2차 세계대전

이후 미국 사회는 패권 국가로서 안정을 찾고 번영을 누렸지만, 1960년대를 전후로 잠재되어 있던 사회문제가 한꺼번에 폭발하며 대 혼란기가 찾아왔다. 대표적인 예로서 계층, 인종, 성 간의 갈등이 극에 달했고, 쿠바 등 인접 국가의 공산화, 베트남 전쟁에서의 뜻하지 않은 패배, 게다가 믿고 지지했던 정부와 관료들의 부정부패 스캔들 등은 권력에 대한 불신과 반감을 불러일으켰다. 이러한 시기에 사회는 기득권만을 대변하는 '위계적이고 차별적인 실체'로서 만족과 지지의 대상이 아닌 강력한 개혁의 대상으로 인식되었다.

그렇게 20여 년의 혼란한 시기를 거친 후 1980년대부터 미국 사회는 공화당의 레이건 대통령이 취임하는 등 보수 안정화의 시기로 접어들었다. 1990년대 초반까지 보수 정권의 집권 하에 마약과 무질서를 퇴치하기 위해 강력한 통제정책을 펼치기도 했으나, 그 이후 진보와 보수가 정국을 교대로 주도하면서 큰 혼란과 분쟁 없이 차분한 변화와 개혁이 이어져 왔다. 따라서 현대적 시선으로 바라보는 사회는 이념적 성향에 따라 지켜야 할 대상(보수)이거나 개혁해야 할 대상(진보)으로 양분할 수 있다. 하지만 보수가 지키고자 하는 것에는 기존의 위계적인 질서도 포함되기 때문에, 두 이념 모두 불평등한 사회적 현실을 인정하고 있다 하겠다. 한 가지 주목해야 할 점은 1991년 소련의 해체로 냉전체제가 붕괴되면서 시장의 자율과 글로벌화를 중시하는 신자유주의가 세계를 주도하고 있다는 사실이다. 신자유주의는 30여 년이 지난 지금까지도 그 위세를 유지하고 있는데, 이는 비단 경제뿐만 아니라 사회의 모든 분야에 영향을 미치는 시스템으로 이해할 필요가 있다.

맥락과 기본가정 정리

사회문화적 맥락은 인간의 본성과 사회의 본질에 대한 몇 가지 기본가정을 만들어냈고, 이 기본가정은 이론과 대책이 추구하는 방향의 나침반으로 작용했다. 상세한 설명은 앞으로 계속 진행되는바, 최대한 간단히 언급하면, 고전주의 시대에는, 합리적 인간이 계약으로 창조한 사회는 허구였기 때문에 어떤 사회제도라도 정당성을 인정받기 위해서는 합리적이어야만 했다. 그런데 당시 형벌제도는 지나치게 잔인하고 임의적이어서 전혀 합리적이라 할 수 없었는바, 이를 신속하고, 확실하고, 엄격하게(i.e., 범죄의 심각성에 맞도록) 개혁하는 것이 핵심 의제였다. 이후 실증주의 시대에는, 인간의 행동도 자연현상처럼 어떤 원인이 있을 거라 생각했고, 사회는 온전한 실체로 간주되었다. 따라서 온전한 사회를 어지럽히는 범죄행위는 그 원인을 규명해서 해결해야 할 사회문제로 간주되었다. 그 이후 비판주의 시대에는 사회가 위계적이고 차별적이어서 같은 행위를 해도 처벌이 달라지는 현실을 깨닫게 되었는바, 원인에 대한 규명보다는 차별적인 형사사법시스템을 개혁하는 것이 더 중요한 과제였다.

이 책은 맥락과 기본가정의 중요성을 재차 강조하고자 하는바, 이는 특히 〈표 III-1〉에서 제시된 범죄학의 가장 큰 틀인 3대 관점을 구분하기 위해 꼭 필요한 지식이다. 이후 각 관점 내의 이론들을 구분하기 위해 작은 틀을 만들 때도 다양한 맥락에 대한 이해는 필수요소가 될 것이다.

2. 이론

구체적인 범죄학 이론에 대해서는 앞으로 계속 설명된다. 따라서 여기에서는 일반적인 이론의 개념과 특징에 대해 살펴보고자 하는바, 특히 범죄학 이론과 연구에서 자주 등장하는 용어들을 정리하는 것이 중요한 목적이다.

이론의 개념 및 특성

이론에 대한 정의는 학문 분야마다 학자마다 조금씩 다른데, 이 책은 사회과학에서의 이론 구성과 검증에 대해 체계적으로 논하고 있는 레이놀즈(1971)[3]의 정의를 토대로 설명하고자 한다. 이론이란 "다소 추상적인 개념들로 구성된 일련의 관계 진술로서 어떤 현상이 발생하는 이유와 과정을 설명하는 체계(a set of relation statements involving more or less abstract concepts, the purpose of which is to explain why and how something occurs)"를 말한다. 이 정의에서 우리가 주목해야 하는 특징은 세 가지이다.

첫째, 이론은 현상의 발생 원인과 과정을 설명하고자 하는 목적을 가지고 있다. 따라서 범죄학 이론들은 대부분 범죄가 왜 어떻게 발생하는지 설명하려고 한다. 만약 우리가 범죄의 원인과 발생 과정을 설명할 수 있다면, 그다음 목적은 예측과 대응일 것인바, 이것이 범죄학 이론의 궁극적인 목적이라 할 수 있다. 하지만 이 책은 범죄학의 본질에 충실하고자 하는바, 범죄 이론의 목적도 일단 원인과 과정을 논리적으로 설명하는 데 있다고 이해하자.

둘째, 현상에 대한 설명은 개념들을 연결하는 '관계 진술(relation statement)'로 이루어진다. 관계 진술에는 법칙(law), 명제(proposition), 가설(hypothesis) 등이 있는데, 사회과학 이론에서 가장 일반적인 형태는 명제이다. 명제는 법칙과 비교해서 아직 검증이 필요한 진술이다. 다시 말해, 법칙은 이미 경험적 검증이 끝나 (근사)진실로 간주되는 상황에 대한 진술인데 반해, 명제는 계속 검증이 진행되고 있는 상황에 대한 진술이다. 그런데 명제는 그 자체로는 검증이 어렵기 때문에 이를 검증 가능한 진술로 바꿔야 하는바, 이것이 가설에 해당한다. 명제가 그 자체로 검증이 어려운 이유는 추상적인 개념들의 집합이기 때문인바, 개념들을 조작화하여 측정 가능한 변수들로 바꾸면 명제가 검증 가능한 가설이 되는 것이다.

셋째, 개념(concept)은 추상적이다. 개념을 정의하면 '사물이나 현상에 대한 정신적인 관념을 언어로 표현한 것'으로, 사람마다 다를 수 있어 주관적이다. 예컨대, 시골이란 개념이 어떤 사람에게는 정겨운 고향인 반면, 어떤 사람에게는 가난하고 불편한 지역일 수 있다. 따라서 이론을 검증할 때는 개념을 명확히 정의하고 측정하는 방식을 독자들에게 알려야 하는바, 이 과정이 개념을 측정 가능한 변수로 바꾸는 과정이다. 예를 들면, 범죄는 개념인데, 실증연구에서 범죄는 살인, 절도, 폭력 등 측정 가능한 변수의 형태로 바뀌어 측정된다. 빈곤이나 사회경제적지위도 개념에 해당하는바, 실증연구에서는 이들을 소득, 학력, 직업 등의 변수 형태로 바꾸어 측정하고 있다.

이론과 실증연구의 관계

이론을 논의하면서 필자가 강조하고 싶은 부분은 이론의 두 번째와 세 번째 특징으로서, 〈그림 III-1〉에 정리되어있는 것처럼, 이론적 명제가 실증 연구에서는 '검증

가능한' 가설로 바뀌고, 이론적 개념이 실증 연구에서는 '측정 가능한' 변수로 바뀐다는 점에 주목하기 바란다. 참고로 명제가 검증 가능한 가설로 바뀔 때는 반드시 이론적 배경과 문헌분석, 건전한 상식을 토대로 충분한 논의를 거친 다음 매우 논리적으로(연역적으로) 추출되어야 한다. 그리고 개념이 측정 가능한 변수로 바뀌는 과정을 '조작화' 과정이라 하는데, 이 역시 이론적 맥락과 가용 데이터의 현실을 면밀히 검토해야 한다.

▶가설에 대한 연역 추론
– 가설이 추출되는 과정은 엄밀히 말하면 연역 추론이 아니지만, 그 형태(보편에서 사실로/큰 설명에서 작은 설명으로)와 방식(경험적 관찰이 아닌 이성적 사고 활용)이 연역과 닮아있어 연역으로 간주함.

	이론	전환과정 → → →	실증 연구
셉테드 (CPTED) 예시	명제		가설
	• 자연적 감시를 강화하면 (잠재적 범죄인이 범죄를 포기하여) 범죄가 감소한다.	이론적 배경 + 문헌분석 + 건전한 상식	1. 방범용 CCTV가 많이 설치될수록 재산범죄발생율이 감소할 것이다. 2. 방범용 CCTV가 많이 설치되어도 폭력범죄발생율은 감소하지 않을 것이다.
	개념		변수
	• 지연적 감시 • 범죄	조작화	• 자연적 감시 → CCTV 설치 대수 • 범죄 → 재산범죄율/폭력범죄율

〈그림 Ⅲ-1〉 이론과 실증 연구에서의 용어 구분

셉테드 이론의 명제들 중 '자연적 감시'의 범죄예방 효과를 예로 들어보자. 자연적 감시는 최근 개념이 확장되어 기계적 감시와 조직적 감시를 포함하는바, 방범용 CCTV는 기계적 감시의 대표적인 예가 되어 있다. 범죄예방은 설치 후 범죄가 감소하는 것으로 측정할 수 있고, 범죄는 다시 재산범죄와 폭력범죄로 구분하여 측정할 수 있는바, 이렇게 범죄 유형별로 예방효과를 구분한 이유는 이론과 문헌분석, 건전한 상식에 기반해서 내린 결정이다. 즉, CCTV의 효과는 합리성이 강한 재산범죄에는 크게 있을 수 있지만, 충동성이 강한 폭력범죄에는 별로 없을 것이라는 논리적 추론의 결과인 것이다.

앞으로 우리는 범죄학을 학습하면서, 명제, 가설, 개념, 변수, 조작화 같은 용어들을 많이 접할 것이다. 필자의 바람은 독자들이 이들을 엄밀히 구분해서 사용할 줄 알면 가장 좋을 것이다. 그런데 실상은 명제와 가설, 개념과 변수가 구별 없이 혼용되는 경우가 있고, 어떤 저술에서는 이 책과 다른 방식으로 정의하는 경우도 있어, 강하게 요구할 수 없는 상황이다. 다만, 필자는 이 책의 방식이 어느 정도 일반화된 구별법이라 믿기 때문에 독자들에게 추천하는 바이다.

요점 정리

범죄학 루프

- **개념**: 범죄학은 '사회문화적 맥락 – 이론 – 정책'이 계속 순환하는 진화의 과정인바, 이를 순환하는 고리로 표현한 것이 '범죄학 루프'임. 정식 명칭은 '범죄학 피드백 루프'인데 편의상 줄인 표현임.

- **장점**: 이론과 정책을 사회문화적 맥락 안에서 살펴보기 때문에 이해가 쉽고 공통점과 차이점을 잘 파악해낼 수 있음. 또한 장으로 구분되어 기술되는 주요 이론들에 대한 설명이 끊기지 않고 계속 이어져 더욱 생생한 스토리텔링이 됨.

맥락과 기본가정

- 맥락은 거시적인 사회문화적 맥락과 미시적인 개인적 맥락으로 구분할 수 있음. 예컨대, 〈표 III-1〉의 사회구조적 관점은 거시 맥락에서 범죄 원인을 찾는 접근이고, 사회과정적 관점은 미시 맥락에서 찾는 접근임.

- 맥락은 범죄학의 발달과정을 이해할 때도 필수요소로서, 사회문화적 맥락은 물론이고, 학자 개인의 출신학교, 사제관계, 개인적 이념 등 미시 맥락도 이론과 주장에 영향을 미칠 수 있음.

- 맥락이 이론과 정책에 영향을 미치는 것은 맥락이 인간과 사회에 대한 기본가정 형성에 영향을 미치기 때문임. 이는 특히 거대 관점을 구분할 때 유용하게 쓰임.

- 인간의 본성과 사회의 본질에 대해 고전주의는 자유의지(합리성)와 허구, 실증주의는 결정론(경성/연성)과 온전히 기능하는 실체, 비판주의는 연성결정론과 위계적이고 차별적인 체계로 가정함.

이론

- 개념: "다소 추상적인 개념들로 구성된 일련의 관계 진술로서 어떤 현상이 발생하는 이유와 과정을 설명하는 체계"

- 이론과 실증연구: 이론의 타당성을 검증하는 실증연구에서는 명제가 가설로, 개념이 변수로 전환됨. 실증연구를 위한 가설을 도출할 때는 반드시 이론적 배경과 문헌분석, 건전한 상식이 충실하게 논의되어야 함.

〈표 Ⅲ-1〉 범죄학의 발달과정

시기	1750	1830		1920
구분 **(3대관점)**	**고전주의**	**초기**		**실증주의**
핵심 의제	■ 형벌제도 개혁	■ 범죄의 원인 규명		
		생물학적 관점 **(진화/정신발달)**	**사회학적 관점** **(사회법칙)**	**사회구조적 관점** **(계층화)**
주요 이론 **및** **학자**	• 잔혹한 형벌제도 비판 (베카리아, 1764) • 공리주의식 개혁 (벤덤, 1789)	• 생래적 범죄인설 (롬브로소, 1876) • 이탈리아 실증주의 (페리, 가로팔로) • 롬브로소 비판 & 생물 결정론 지지 (고링, 1913) • 정신이상 (프로이트, 1920)	• 사회요인 (케틀레, 1835) (게리, 1833) • 아노미 (뒤르켐, 1893)	• 사회생태학 & 사회해체이론 (파크 & 버지스, 1925) (쇼 & 맥케이, 1942) • 긴장(아노미)이론 (머튼, 1938) • 문화적일탈이론 (셀린, 1938) (밀러, 1958) (코헨, 1955) (클로워드 & 올린, 1960)
기본 **인간의 본성** **가정**	자유의지(합리성)	경성결정론		
사회의 본질	허구	스스로 온전히 기능하는 실체	→	점차 문제점 부각
사회문화적 맥락 **(등장 배경)**	• 계몽사상 • 사회계약론	• 과학의 발전(다윈 진화론,1859) • 실증주의(콩트) • 자본주의 발전(부의 축적)		• 급격한 사회변화 • 제1·2차 세계대전
대책	• 합리적 처벌	• 범죄자 통제		• 사회구조 개선 (인간적 실증주의)
주도 지역	유럽 ←←←←←		1920 →→→→→	

	1960	1980
후기(~지속)	**비판주의**	**현대범죄학**
	■ 낙인과 차별 철폐	■ 이론적 진화 & 통합 = 설명력 강화

사회과정적 관점
(상호작용 & 사회화)
 	
• 사회학습이론
  (서덜랜드, 1939)
  (에이커스 & 버지스, 1966)
  (마짜, 1964)
 	
• 사회통제이론
  (레클리스, 1967)
  (허쉬, 1969)
 	
• 일반긴장이론
  (애그뉴, 1992)
	• 사회반응(낙인)이론
	  (베커, 1963)
	
	• 범죄의 사회적 실재
	  (퀴니, 1970)
	
	• 권력자 비호
	  (챔블리스 & 사이드먼, 1971)
	
	• 범죄의 개념(신범죄학)
	  (테일러 외, 1973)
		• 고전주의 부활
		  → 합리적선택 관점
		  (억제이론 + 상황적 접근))
		
		• 초기 생물학적 실증주의 부활
		  → 생물사회학적 관점
		
		• 사회생태학 & 사회해체이론 부활
		  → 생태학적 관점
		
		• 발달범죄학
		  → 3대 관점의 주 요소 통합
		  → 잠재적속성이론과 대립

연성결정론	*연성결정론*	*연성결정론*
	위계적 · 차별적 체계	*위계적 · 차별적 체계*
• 전후 미국 패권 • 경제대공황	• 계층 · 인종 · 성 갈등 • 쿠바 공산화 • 베트남 전쟁 • 부정부패 스캔들	• 정치적 보수화 → 이후 진보 · 보수 대립 • 신자유주의 • 유전학 · 뇌과학 발달
• 갱생 · 교화	• 위계적 질서 파괴 • 회복적 사법	• 억제이론: 처벌강화 • 생태학: 범죄예방 • 생물사회학: 치료+교화 • 발달범죄학: 아동청소년기 지원+ 처우의 개별화
미국		

맥락은 인간과 사회에 대한 기본가정을 형성시키고, 이는 다시 이론적 관점과 대응 방식에 큰 영향을 미쳐 우리 삶의 실제 이야기가 된다. 이렇게 범죄학 루프가 함축하는 범죄학의 발달과정을 이해하면, 현재 기준으로는 생각하기 어려운 낮은 수준의 잘못된 접근방식이 과거 한 시대를 풍미했던 데는 다 그럴만한 이유가 있었기 때문임을 알 수 있다. 따라서 우리는 정반합의 개념을 염두에 두고, 범죄학의 발달과정을 자연스러운 역사적 진화의 한 분야로 받아들이면 되겠다. 어쩌면 한두 세대가 지난 후 그들의 눈에는 지금 우리가 범죄를 이해하고 다루는 방식이 미숙해 보일 수도 있으니, 조금은 겸손한 자세로 과거의 모습을 있는 그대로 인정하며 바라보도록 하자.

이 절에서는 범죄학의 본질을 이해하기 위해 먼저 3대 관점에 대해 살펴보고자 한다. 범죄학의 3대 관점은 〈표 III-1〉에서 고전주의, 실증주의, 비판주의를 말한다. 이들 관점을 이해하고 나면, 제3절에서 다뤄질 현대범죄학과 범죄학의 확장은 모두 3대 관점에 기반하고 있음을 알게 될 것이다. 사실 인간의 본성과 사회의 본질에 대한 기본가정이 3대 관점을 거치며 거의 확정되었기 때문에 큰 틀에서의 관점의 변화는 더 이상 찾아보기 어려울 것이다. 지금 독자들은 범죄를 바라보는 대부분의 시각은 초기 실증주의 이후 대체로 공존해왔는데, 단지 사회문화적 맥락에 따라 어떤 관점이 더 주목받았는지만 달라졌을 뿐으로 이해하면 된다.

앞서 살펴본 대로, 3대 관점은 각각 '형벌제도 개혁', '범죄의 원인 규명', '낙인과 차별 철폐'라는 핵심 의제를 다루고 있다. 이를 중심으로 3대 관점을 설명하는 과정에서 범죄학 루프에서 언급한 내용이 중복되어 나올 수 있지만, 저술의 내용 전개상 필요하므로 이해 바란다. 대신, 최대한 간결하고 명확하게 서술하고자 하는바, ① 주요 관점이 왜 등장했는지, ② 핵심 주장은 무엇인지, ③ 어떤 정책으로 인해 우리 삶에 영향을 미쳤는지, ④ 왜 쇠퇴하였고, 어떻게 부활하게 됐는지 위주로 설명된다. 단, 실증주의는 시기와 내용이 너무 광범위해서 명확한 소제목을 붙이지 않은채 관련 내용 위주로 전개된다. 독자들은 〈표 III-1〉을 꼭 확인하면서 설명을 읽어나가기 바란다.

▶현대범죄학
– 현대범죄학에서는 3대 관점이 세련된 모습으로 재등장하였고 때로는 필요에 의해 복수의 이론들이 통합되면서 설명력을 강화하려는 경향이 강해졌음.
– 또한 발달범죄학이 독자적인 영역으로 발전하고 있는데, 이는 대표적인 통합이론으로 볼 수 있음.
– 제9장 참고.

범죄학을 3대 관점으로 구분하는 방식

이 책이 범죄학을 3대 관점으로 구분하는 것은 치리코스 교수의 영향이 큼을 인정한다. 그런데 국내외 개론서들을 보면, 〈표 III-1〉의 초기 실증주의를 '19세기 실증주의', '생물학적 실증주의', 또는 그냥 '실증주의'로 표현하고, 후기 실증주의라는 표현은 사용하지 않는 경향이 있다. 대신, 이 책과 마찬가지로 사회구조이론들(사회구조적 관점)과 사회과정이론들(사회과정적 관점)로 구분하는 것은 동일하다.

우리가 이론들을 관점으로 묶어 구분하는 이유는 중요한 공통점이 있기 때문으로서, 필자의 경험상 범죄학을 학습하는 데 큰 도움이 된다. 실증주의가 무엇인지는 〈스토리박스 보충설명 I-2〉를 비롯해 이 책의 여러 곳에서 상세히 설명되어 있고, 범죄학 루프의 맥락과 기본가정을 살펴보면서 실증주의의 핵심 의제가 '범죄의 원인 규명'에 있음도 확인했다. 따라서 범죄의 원인을 설명하고 이를 경험적으로 검증하는 이론체계는 모두 실증주의로 보는 게 맞다.

대다수의 저명한 미국 교재들을 보면, 사회구조이론과 사회과정이론에 대해 목차로서는 실증주의라 칭하지 않지만 내용에서는 이들을 실증주의라 명확히 표현하고 있다. 대표적인 예로서 브라운과 동료들의 저술 내용을 아래와 같이 직접 인용한다. 또한 그들의 저서 32쪽의 [표 1.4]를 보면, 생물·심리학적 관점과 사회구조이론들, 사회과정이론들을 모두 실증주의로 구분하고 있다.

새로운 패러다임으로서 실증주의로의 급격한 이동은 범죄현상 이해를 위한 틀 속에 있는 다른 어떤 이론들보다 범죄를 이해하기 위해서 더 중요하다. 초기에 실증주의는 어떤 사람들이 범죄를 저지르게 만드는 생물학적 체질 측면에서 범죄를 설명하려고 노력하였다. 후에 실증주의는 심리학적 요인들을 포함하였고, 7장과 8장에서 나타난 것처럼 궁극적으로는 20세기의 대부분 시기동안 사회학적 요인들에 의해 지배되었다. 따라서 실증주의는 많은 다른 형태를 가지고 있으며, 가끔 다른 학문적 정체성을 가지는 실증주의 학자들은 어떤 요인들이 범죄를 설명할 수 있는가에 대해서 날카롭게 대립하고 있기도 한다.

출처: Brown et al. (2013). Criminology. Elsevier. 황의갑 외 12인 역(2015). p.250.

따라서 독자들은 교재의 목차와 무관하게 실증주의의 개념을 온전히 이해하고, 어떤 이론들을 실증주의로 분류해야 하는지 스스로 정리해두기 바란다. 참고로 실제 시험에서도 실증주의의 특성을 묻는 문제가 출제되는데, 이런 문제를 접하면 보기 문항을 잘 보고 생물학적 실증주의를 말하는 것인지 일반적인 실증주의를 말하는 것인지 구분할 필요가 있다.

필자 비평 III-1 : 관점 vs. 이론

관점(perspective)은 표현 그대로 바라보는 시점(view point)을 의미한다. 유사한 용어로서 과학에는 패러다임(paradigm)이 있고, 정치학에는 이데올로기(ideology)가 있다. 그만큼 관점은 생각의 기본 틀로서 작용하는데, 이는 사회문화적 맥락을 토대로 형성되는 인간과 사회에 대한 기본가정에 큰 영향을 받기 때문이다. 즉, 기본가정을 공유하는 사상을 동일한 관점으로 묶을 수 있는바, 범죄학에는 고전주의, 실증주의, 비판주의 등 3대 관점이 존재한다. 이들을 구분하는 기준은 핵심 의제로서 그것은 각 관점들이 무엇에 관심을 두고 있는지를 명확히 보여준다.

그런데 관점은 실증주의 안에 사회구조적 관점과 사회과정적 관점이 있는 것처럼 위계적 질서가 가능하다. 이는 다시 말해, 꼭 기본가정을 공유하지 않더라도 여러 이론들에 특정한 공통점이 있으면 하나의 시각으로 묶을 수 있음을 의미한다. 이런 이유로 관점과 유사한 용어로서 학파(school)가 사용되기도 한다. 따라서 간혹 범죄학 교재들을 보면 관점과 이론이 명확한 구분 없이 사용되는 경우가 있는바, 독자들은 상황에 따라 적절한 용어를 선택하되, 이론들의 묶음이 관점이라는 점은 명심하기 바란다.

지금까지 살펴본 모든 이론과 관련된 개념들을 살펴보면, 포괄성이 큰 순서대로 관점 〉 이론 〉 명제 〉 개념 순으로 나열할 수 있다.

I. 고전주의(Classical Criminology)

등장 배경

고전주의는 18세기 중후반 계몽사상과 사회계약론의 영향으로 인간의 이성을 중시하던 시대에 여전히 잔인하고 임의적이며 때로는 부패했던 형벌제도를 합리적으로 개선하고자 등장했다. 당시의 사회문화적 맥락에서는 인간을 합리적으로 의사결정하는 자율적인 존재로 보았고 사회는 그러한 개인들이 자발적으로 계약한 허구에 불과하다고 간주했다. 따라서 사회에 존재하는 모든 제도는 인간의 합리성이 최대한 발휘되도록 설계되어야 존재의의를 찾을 수 있었는데, 당시의 형벌제도는 여전히 중세의 비합리적인 모습을 띠고 있었다.[4]

핵심 주장

이에 범죄학의 아버지로 불리는 베카리아(1764)와 저명한 공리주의자 벤담(1789)으로 대표되는 고전주의 학자들은 공리주의를 이론적 토대로 삼아 다음과 같은 논리를 전개했다.

▶Cesare Beccaria, 이탈리아, 1738–1794.

▶Jeremy Bentham, 영국, 1748–1832.

모든 사회제도의 정당성은 그것이 '공리(utility)'를 달성하느냐 여부에 달려있다. 공리란 '최대다수의 최대행복이 실현되는 상태'로서, 구체적으로 형벌제도의 공리는 범죄를 예방할 수 있는 능력을 말한다. 형벌제도가 범죄예방 효과를 가지기 위해서는 잠재적 범죄인이 고통과 즐거움, 즉 범죄로 인한 비용과 효과(cost & benefit)를 고려해서 스스로 억제할 수 있도록 설계되어야 한다. 그런데 현재의 형벌제도는 너무나 임의적이고 불합리하여 범죄를 예방할 수 없을뿐더러, 가끔은 경미한 범죄를 저지른 자가 잡히지 않기 위해 피해자나 목격자를 살해하는 등 더 큰 범죄를 저지르게 만드는 역효과도 발생하고 있다. 따라서 형벌제도는 확실하고, 신속하며, 엄격하게(범죄의 심각성만큼) 개선되어야 합리적인 인간본성에 부합하여 예방효과를 거둘 수 있을 것이다.[5]

정책적 함의

베카리아와 벤담의 주장은 유럽과 미국에서 형사사법시스템의 개혁으로 이어져 현대적 시스템의 토대가 된 것으로 평가된다. 예를 들면, 프랑스 혁명(1789년) 이후 프랑스 헌법의 '인간권리선언문'에 반영되었고, 미국 헌법의 여덟 번째 수정안에서도 '잔인하고 비상식적인 처벌에 반대한다'는 내용이 추가되는 성과가 있었다. 구체적으로, 고문의 금지, 무죄추정의 원칙 등이 보편적인 원칙으로 자리잡는 계기가 되었다.[6]

쇠락 및 부활

약 100년간 이어진 고전주의 전통은 콩트가 경험적 실증이 빠진 논리적 주장(i.e., 이성, 자유의지, 선택)은 탁상공론에 불과하다고 비판하면서 실증주의에 자리를 내주고 말았다. 물론 콩트가 고전주의 범죄학을 직접적으로 비판한 건 아니지만 실증주의의 분위기가 워낙 철학자들 같은 담론을 싫어했기 때문에 범죄학계의 관심도 자연스럽게 식어갔다고 할 수 있다. 그렇다고 형벌제도의 개혁에 대한 논의가 멈춘 것으로 생각하면 안 된다. 단지 합리성에 대한 가정이 범죄학의 영역에서 잠시 벗어나 있었을 뿐이다.[7]

▶고전주의의 유산(부활)
– 20세기 후반의 합리적선택 관점: 억제이론 & 상황적 접근(신고전주의)

그러다가 1970년대 중반 이후 치료와 갱생이라는 (후기)실증주의식 접근이 한계를 보이자 다시 범죄는 '자신의 이익을 위한 합리적 선택의 결과'이므로 개인이 책임지면 된다는 인식이 퍼지면서 부활하게 되었다. 그 이후 합리적선택 관점은 두 방향으로 발전했는데, 하나는 처벌을 강화하고자 하는 억제이론이고, 다른 하나는 보다 중립적인 입장에서 범죄를 예방하고자 하는 상황적 접근이었다. 특히 합리적선택이론, 일상활동이론, 범죄패턴이론 등으로 구성되는 상황적 접근은 신고전주의로 불리기도 하는바, 추가적인 설명은 제4장에서 이루어진다.

Ⅱ. 실증주의(Positivist Criminology)

실증주의는 근대가 무르익은 19세기 중반 과학기술의 급격한 발전과 자본주의의 성장, 제국주의를 통해 거의 전 세계를 식민통치하던 유럽에서 자신감 넘치게 등장한 사상이다. 콩트는 (자연)현상을 설명하는 인간정신의 발달을 다음과 같이 세 단계로 구분했다. 먼저 신이나 초자연적인 힘을 빌어 설명하던 '신화적 단계'가 있었고, 다음으로 신을 대신해 등장한 이성의 논리적 힘으로 설명하던 '형이상학적 단계'가 있었으며, 마지막으로 경험적으로 증명할 수 있는 것만 믿고 반복된 관찰을 통해 패턴이나 법칙을 도출해내는 '실증과학의 단계'가 존재한다. 콩트는 사회현상을 탐구하는 사회학도 실증과학의 단계에 들어가야 진정한 진리를 탐구할 수 있다고 주장하여 사회과학 탄생에 결정적 역할을 했는바, 이를 범죄 연구에 적용한 것이 범죄학의 실증주의이다. 따라서 범죄학의 실증주의 관점은 콩트의 실증주의와 정확히 일치한다고 보면 된다.

범죄학의 실증주의는 관찰을 통해 양적 데이터를 수집하고 이를 체계적으로 분석해서 범죄의 패턴(또는 법칙)을 찾고 그 원인을 규명하고자 한다. 원인을 규명하면 문제를 해결할 수 있고, 미래에 대한 예측이나 대비도 가능하다. 이렇게 자신만만했던 실증주의자들에게 범죄의 원인은 결코 단순한 선택이 아니었다. 내적인 소질이든 외적인 환경이든 무언가 범죄성의 근본 원인이 반드시 존재할 것이라 믿었다. 따라서 그들은 고전주의를 실체 없는 논리적 허상으로 배척하고 과학적으로 원인을 찾아내는 데 집중했다.[8] 이러한 실증주의식 접근은 빠르게 범죄학의 주류를 접수했고, 1960-70년대 비판주의의 공격을 받기 전까지 계속 그 우월적 지위를 유지했다. 그리고 1980년대 이후 비판주의가 약해지기 시작하면서 다시 압도적인 위치를 점하고 있는데, 앞으로도 당분간은 실증주의 세상이 유지될 것으로 사료된다.

그런데 좀 더 세부적으로 들어가면, 같은 실증주의 전통을 고수하지만 주로 생물학적 관점에서 원인을 분석한 초기 실증주의와 사회학적 관점에서 원인을 분석한 후기 실증주의가 명확히 구분된다. 이는 〈표 Ⅲ-1〉에서 보여지듯, 사회문화적 맥락에서 주목할 만한 변화가 있었고 그에 따라 기본가정에서, 특히 인간의 본성을 바라보는 기본가정이 경성결정론에서 연성결정론으로 변했기 때문으로 이해할 수 있다.

1. 초기 실증주의(19세기 실증주의)

초기 실증주의는 19세기 중반부터 20세기 초반까지 근대화가 절정에 달하던 시기에 유행했던 사상으로서 19세기 실증주의라고도 불린다. 전술한 대로, 당시에는 유토피아에 대한 환상이 있었기 때문에 사회를 온전히 기능하는 실체로 보았고, 실증주의에 대한 믿음 때문에 인간의 행동에도 자연현상처럼 근본 원인이 존재할 것이라는 (경성)결정론적 시각이 지배했다. 따라서 범죄의 원인을 과학적으로 규명하는 것이 핵심 의제였는바, 이는 다시 롬브로소를 필두로 해서 주로 생물학적 접근을 취한 관점과 케틀레, 게리, 뒤르켐과 같이 사회학적 접근을 취한 관점으로 구분된다. 물론 그중 범죄학의 주류는 생물학적 관점이었다고 할 수 있다.

그렇다면 이 시대의 정치권력은 범죄의 원인을 규명해서 범죄자를 어떻게 하고 싶었던 걸까? 사회는 완전무결한데 만약 누군가 범죄행위를 해서 사회질서를 어지럽힌다면, 그는 사회 부적응자로서 단순히 통제의 대상에 불과했을 것이다. 따라서 초기 실증주의가 추구하던 범죄 대책의 기본 방향은 범죄자 통제에 있었다 하겠다.

(1) 생물학적 관점: 롬브로소

▶Cesare Lombroso, 이탈리아, 1835-1909.

초기 실증주의의 생물학적 관점을 견지한 학자들이 많지만, 여기에서는 근대 범죄학 또는 실증주의 범죄학의 아버지로 불리는 롬브로소(1876)[9]의 연구에 대해서만 간단히 살펴보고자 한다. 참고로 이 시기의 결정론적 연구는 인상학, 골상학을 포괄하는 생물학 분야뿐만 아니라 심리학 분야에서도 정신분석의 형태로 시도되었음에 주의하자. 그래서 단순하게 '생물학적 이론들'이라 하지 않고 좀 더 포괄적으로 '특성이론[10] 또는 '개인중심이론[11]으로 분류하는 것이다. 이에 대해서는 제5장에서 보충 설명된다.

이탈리아에서 군의관으로 근무했던 롬브로소는 범죄인과 일반인이 신체적으로 다

162

른지 살펴보기 위해 처형된 범죄자의 시체를 분석했다. 그 결과, 상습적으로 폭행이나 절도를 저지른 심각한 범죄인들은 범죄자의 특성(trait)을 타고난다고 믿게 됐다. 이런 '타고난 범죄인들'은 신체적으로 원시시대의 야만인과 유사한 특성을 갖고 태어나는바, 큰 턱과 강한 송곳니는 흡사 육식동물의 그것과도 비슷했다. 이러한 특성을 롬브로소는 '격세유전적 이상성(atavistic anomalies)'이라 명명하고, 퇴화한 가계로부터 간접적인 유전을 통해 전달된다고 믿었다. 그런 가계의 구성원들은 원시적인 신체적 특성뿐만 아니라, 정신이상, 알코올중독, 매독과 같은 성병으로도 고생한다고 주장했다. 생물학적 결정론에 근거한 그의 주장은 미국에도 전해져 큰 인기를 끌었는바, 그의 많은 추종자들은 19세기 말까지 범죄인류학(criminal anthropology)에 대한 관심을 계속 유지해갔다.

하지만, 20세기에 들어서면서부터 그의 결정론적 주장은 관심이 빠르게 식어갔다. 롬브로소 자신도 나중에는 심각한 범죄자 모두가 격세유전적 이상성을 갖고 태어나는 게 아니라는 점과 사회적, 문화적, 경제적 요인들의 영향을 인정했다. 그러던 중 제1차 세계대전을 거치면서 생물학적 결정론이 정치적으로 오남용될 수 있다는 우려가 커졌고, 1920년대 이후 시카고학파가 범죄의 원인은 개인의 특성에 있지 않고 사회적 환경에 있다는 주장을 펼치기 시작하면서 학계에서 거의 사라지게 됐다. 그러다가 1990년대 이후 유전학과 뇌과학이 급격히 발달하면서 다시 주목받기 시작했는데, 현대의 모습은 결정론에 근거하지 않고, 유전자와 환경 간의 상호작용(GxE)을 강조한다 하여 '생물사회학적 범죄학(biosocial criminology)'이라 불린다.

▶19세기 생물학적 관점의 유산(부활) – 20세기 말의 생물사회학적 범죄학

(2) 사회학적 관점: 케틀레, 게리, 그리고 뒤르켐

케틀레와 게리

초기 실증주의 시기의 사회학적 관점은, 제2장 제3절에서 살펴본 것처럼, 콩트의 주장에 의해 19세기 초중반부터 수집이 시작된 '사회통계'를 이용해서 범죄와 관련된 요인을 분석하는 것이 주를 이루었다. 대표적인 예로서, 벨기에의 사회학자였던 케틀레(1842)[12]는 나이와 성별, 계절, 날씨, 인구구성, 빈곤 등이 범죄와 관련된 요인임을 밝

▶Adolphe Quetelet, 벨기에, 1796–1874.

▶Andre Michel Guerry, 프랑스, 1802–1866.

혀냈다. 프랑스의 법률가였던 게리(1833)[13]는 케틀레와 함께 대표적인 '범죄 지도학파(cartographic school of criminology)' 학자로 분류되는데, 프랑스의 범죄율과 자살률을 최초로 전국 지도에 표시한 것으로 유명하다. 또한 사회통계를 분석해서 범죄율과 자살률이 지역에 따라 상이한 패턴이 오래도록 지속되는 사실을 발견했고, 나이, 성별, 계절별로도 일정한 패턴이 존재함을 찾아냈다. 이를 근거로 게리는 인간의 범죄 행동도 물리법칙처럼 '사회법칙'으로 설명될 수 있다고 믿었다.[14]

▶케틀레와 게리의 유산 － 시카고학파의 사회구조적 접근

이러한 초기의 사회학적 실증주의는 방법론적으로 당시 유행하던 생물학적 실증주의에 강력히 도전할만 했고, 주장의 타당성도 차츰 인정받기 시작했다. 물론 범죄라는 사회현상을 법칙으로 묘사한 섣부름이 있었지만, 당시의 사회문화적 맥락을 고려하면 충분히 이해가 되는 주장이었다. 이러한 접근은 수십 년이 지나 1920년대 이후 시카고학파의 사회구조적 접근(i.e., 사회생태학과 사회해체이론)으로 승화되어 범죄학의 주류 자리를 차지하게 되었다.

뒤르켐

▶Emile Durkheim, 프랑스, 1858-1917.

사회학계의 거목인 뒤르켐은 사회실증주의자이자 기능주의자로 잘 알려져 있다(제6장 제2절 참고). 그에 따르면, 사람은 저마다의 욕구가 있고 저마다의 방법으로 욕구를 충족하며 살아가는데, 범죄도 그 방법 중 하나이기 때문에 범죄가 없는 사회란 있을 수 없다. 만약 그런 사회가 존재한다면, 사람의 개성이란 존재하지 않고 모든 사람이 똑같이 행동할 것인바, 그런 세상은 상상하기 어렵다. 이를 증명하는 것은 사회가 번영할 때나 혼란할 때를 가리지 않고 범죄는 항상 존재해왔다는 사실이다. 따라서 범죄는 정상적인 것으로서, 어찌 보면 사회의 다양성과 창의성이 존재하고 있음을 방증하는 증거가 될 수 있다.

또한, 만약 특정 시점에 형법에서 정해놓은 범죄행위가 모두 사라진다면, 다른 경미한 행위가 그 자리를 차지할 것이다. 그 이유는 범죄가 사람들이 지켜야 할 도덕의 기준을 제시하기 때문인바, 뒤르켐의 논리는 다음과 같다. 모든 사회는 '집단적 양심(또는 집합의식, collective consciousness or conscience collective)'이라는 공유된 가치와 믿음, 규

범을 가지고 있다. 이 집단적 양심은 사회의 구성원에게 소속감과 정체성을 부여하고 행동의 기준으로 작동한다. 범죄는 집단적 양심이 허용하는 범위를 넘어선 일탈행위로 서 범죄가 발생해야 구성원들이 집단적 양심이 무엇인지를 계속 인지하게 된다. 따라서 실재하는 모든 사회는 질서 있게 기능하기 위해 집단적 양심의 기준선을 명확히 제시하고 있는바, 그 역할을 범죄와 형법이 훌륭하게 수행하고 있는 것이다.

뒤르켐에게 범죄는 이처럼 정상적이고 기능적인 것이었다. 그렇다면, 사회마다 시대마다 다른 범죄율은 어떻게 설명했을까? 직접 범죄를 검증하진 않았지만, 뒤르켐(1897)은 자살률의 차이를 이용해서 매우 설득력 있는 주장을 전개했다. 그 핵심 개념은 '아노미(anomie)'로서 전통적인 가치와 규범이 상실된 상태가 되면 자살률이 증가한다고 설명했다. 예컨대, 19세기 유럽에서 발생한 청교도(protestant, 신교도)와 카톨릭 신자들(구교도)의 자살률을 비교한 결과, 청교도의 자살률이 더 높았는데, 그 이유는 청교도의 개인주의적 성향이 상대적으로 강해서 집단적 가치와 규범에 따를 가능성이 낮기 때문이라는 논리를 펼쳤다. 또한, 우리는 초기 실증주의 시대의 급격한 사회변화에 대해 이미 살펴봤다. 아노미는 이처럼 사회가 급변할 때 증가하는 것으로 뒤르켐은 그에 따른 자살률의 증가를 주장했다. 이는 비단 자살률의 증가뿐만 아니라 다른 일탈행위의 증가도 예견할 수 있는 훌륭한 설명체계였다.[15]

하지만, 당시 범죄학계에서는 뒤르켐의 아노미이론이 범죄를 직접 설명하지 않았기 때문에 큰 주목을 받지 못했다. 그러다가 수십 년이 지나 미국의 사회학자 머튼(1938)[16]이 이를 각색하여 사회구조적 차원의 설명을 내놓으면서 주류 이론으로 등장했다. 뒤르켐(1893, 1897)[17]이 아노미와 자살을 논하면서 제시한 사회의 구조와 변화에 대한 통찰은 사회학의 거대담론에 엄청난 영향을 미쳤고, 종종 범죄학의 사회구조적 논의에 대해서도 실질적인 기원으로 평가된다.[18] 참고로 머튼의 긴장(아노미)이론은 사회적 목표와 이를 달성하기 위한 합법적인 수단의 괴리에서 범죄의 원인을 찾았는데, 이는 훗날 일반긴장이론(예, Agnew, 1992)으로 확장되며 전성기를 맞이했다.

▶뒤르켐의 유산
— 머튼의 아노미(긴장)이론

초기 실증주의의와 범죄통제

앞서 초기 실증주의 시대에는 범죄자를 단순히 통제의 대상으로 간주했다고 간단히 언급했다. 여기에서는 당대의 범죄통제에 대해 부연 설명 하고자 한다. 먼저, 롬브로소를 비롯하여 생물학적 관점을 견지했던 학자들은 대체로 진화론의 영향을 받아 범죄인을 열등한 존재로 규정했다. 따라서 그들에게 범죄인은 당연히 통제와 감시의 대상이었다. 또한 롬브로소와 함께 이탈리아 범죄학의 3대장으로 불리는 페리와 가로팔로는 사회경제적 원인을 찾고 사회진화론의 입장에서 범죄를 설명하면서 결국 이탈리아 사회의 안정과 발전을 위해 강력한 통제의 필요성을 주장했다(제5장 제1절 참고).

한편, 사회학적 관점을 견지했던 케틀레와 게리는 다양한 사회적 요인에 따른 범죄의 분포 패턴을 물리법칙에 빗대어 '사회법칙'이라 칭했다. 그들이 명확히 범죄통제의 필요성을 강조했는지는 알 수 없으나, 콩트의 실증주의 사상을 범죄 연구에 실천했다는 점에서 사회의 안정과 발전을 중시했을 것이라 충분히 짐작할 수 있다. 실제로 페리와 가로팔로는 과학적 실증을 강조하는 과정에서 개인을 사회라는 진화적 유기체의 한 세포에 불과한 것으로 치부하기도 했다. 결국, 당대 유행했던 실증주의 사상과 과학에 대한 맹신은 개인의 권리를 훨씬 넘어서는 가치의 정점에 자리했던 것으로 보이는바, 케틀레와 게리도 어느 정도 범죄통제의 필요성에 공감했으리라 사료된다.

마지막으로 뒤르켐의 아노미 개념은 급격한 사회변화의 시기에 전통적인 가치와 규범이 상실된 상태를 말하는데, 여기에도 사회의 안정과 질서 회복을 염원하는 의도가 내포된 것으로 평가된다. 치리코스 교수의 강의에 따르면, 19세기 사회학의 두 거두인 마르크스와 뒤르켐은 당대 유럽 사회의 혼란을 다른 시각에서 바라봤다고 한다. 마르크스는 자본주의의 성장과 계급 갈등이라는 (정치)경제적 변화 때문으로 바라본 반면, 뒤르켐은 사회통합의 약화와 도덕적 규제의 붕괴 때문으로 진단했다. 이러한 진단은 학자 개인의 관점이나 관심사가 반영된 것으로서, 혼란의 원인에 대한 진단이 달랐기 때문에 당연히 처방도 달랐다. 마르크스는 자본주의가 성장하는 과정에서 노동자들의 삶이 노예나 농노보다 못한 수준으로 내몰리는 상황을 해결하기 위해 사회발전과 자신의 노동 가치에서 소외된 노동자들의 해방을 추구한 반면, 뒤르켐은 새로운 시대에 맞는 새로운 규범과 질서를 정립하고자 했다. 결국 뒤르켐도 초기 실증주의 시대의 다른 학자들처럼, 비록 범죄를 직접 연구하진 않았지만, 범죄통제를 사회안정의 필수요소로 간주했을 거라 판단할 수 있다.

출처: Lilly, J. R., Cullen, F. T., & Ball, R. A. (2011). *Criminological Theory: Context and Consequences*. Sage. 이순래 외 2인 역(2017). p.40; Ritzer, G. (2003). *Contemporary Sociological Theory and Its Classical Roots*. 한국이론사회학회 역(2006), pp.21-38. 박영사.

2. 후기 실증주의

20세기 들어 사회현상에 대한 양적 데이터는 증가하고, 이를 분석하는 통계기법은 계속 향상되는 시점에서 실증주의가 강화되는 건 당연한 현상이었다. 따라서 과학적으로 범죄의 원인을 규명하고자 하는 핵심 의제에는 변함이 없었다. (그로부터 100년이 지난 지금은 빅데이터에 기반한 인공지능과 미래예측이 현실화되는 걸 보면 실증주의는 앞으로도 계속 진실 탐구의 주된 접근법으로 존재할 것 같다.) 다만, 1920년대를 전후로 제1차 세계대전과 경제대공황을 경험하면서 낙관적이기만 했던 과학기술과 자본주의에 대한 생각이 점차 의구심으로 바뀌었는바, 사회의 온전함에 대한 믿음은 약해지기 시작했고, 인간의 행동이 소질이나 환경에 의해 결정된다는 시각은 터무니없는 것으로 배척되기 시작했다. 대신 어느 정도의 환경적 영향을 인정함과 동시에 개인의 자유의지도 강조하여 '연성결정론'의 시대가 시작되었는데, 이는 현재까지도 가장 타당한 가정으로 간주되고 있다.

이러한 시대적 상황에서 생물학적 관점은 거의 사라지고 사회학적 관점이 완전히 무대를 장악했다. 처음엔 시카고학파를 필두로 지역사회의 구조적 차원에서 범죄 원인을 규명하고자 했고, 1950년대를 전후해서는 개인의 사회화 과정에서 범죄 원인을 찾고자 한 사회심리

▶인간적 실증주의
− 인간적(후기/수정) 자본주의와 시대적 맥락을 공유함. 특히 사회구조적 관점에서 인간적 접근 강조.
− 참고: 인간적 공리주의(벤담의 공리주의를 수정한 존 스튜어트 밀의 사상)
− 단, 필자의 주관적 표현이므로 참고만 하기 바람.

▶주의: 통제정책의 공존
− 생물학적 우생학 등에 기반한 거세나 격리와 같은 통제 위주의 정책이 미국의 일부 주에서는 1970년대 중반까지 지속되기도 함(출처: Brown et al., (2013), Criminology, Elsevier, 황의갑 외 12인 역(2016), p.266).

▶3대장
− 쿨렌과 동료들의 저서 (Cullen et al., 2022)에서 사용된 'The Big Three'를 차용한 용어임. 참고로 그들은 시카고학파의 유산인 사회해체이론, 학습이론, 통제이론을 3대장으로 간주하고 있으니 주의 바람.

학적 접근이 주를 이뤘다. 전자를 사회구조적 관점이라 하고 후자를 사회과정적 관점이라 하는데, 여기에서는 범죄학의 흐름을 살펴보는 것이 목적이기 때문에 주요 이론 위주로 간단히 살펴보고자 한다. 사실 중요한 범죄학 이론들 대부분은 이 시기에 등장했다고 보면 되는바, 사회구조적 관점은 제6장에서, 사회과정적 관점은 제7장에서 상세히 논의된다.

그럼 이 시대의 정치권력은 범죄의 원인을 규명해서 범죄자를 어떻게 하고 싶었을까? 아무도 공식적으로 얘기하지 않지만, 필자는 이 시대의 실증주의를 '인간적 실증주의'라 명명하고 싶다. 특히 사회구조적 관점에서는 인간적 접근이 분명 존재했었다. 이는 '인간적 자본주의'에 빗댄 표현으로서, 인간적 자본주의는 1929년 발생한 경제대공황으로 인해 미국 정부가 시장에 적극 개입하기 시작한 '수정(후기) 자본주의'를 달리 칭하는 말이다. 보이지 않는 손의 힘, 즉 시장의 기능에 모든 걸 맡겼던 초기 자본주의는 승승장구하다가 1920년대 후반 빈익빈 부익부가 심해지는 부작용을 초래하여 공산주의보다 못한 시스템이라는 비판을 받게 되었다. 이때 루즈벨트 대통령은 뉴딜(New Deal) 정책을 통해 정부가 노동자를 보호하고 복지를 강화하는 적극적인 개입을 시행했다. 이러한 사회 분위기 속에서 범죄자는 사회질서를 위협하는 사람들이니 강력히 통제해야 한다는 초기 실증주의식 주장이 힘을 얻겠는가? 전혀 그렇지 않을 것이다. 대신 범죄는 개인만의 문제가 아니라 사회의 책임도 어느 정도 있다는 인식이 확산했기 때문에, 지역사회의 경제·환경적 여건을 개선하거나, 교육을 강화하거나, 갱생과 교화를 통해 건전한 사회의 일원으로 복귀(재사회화)하도록 돕는 등의 접근을 시도했다. 이런 이유로 필자는 후기 실증주의를 인간적 실증주의라 부르는데, 필자의 주관이므로 참고만 하기 바란다.

(1) 사회구조적 관점: 3대장 − 사회해체, 긴장(아노미), 문화적일탈

사회구조적 관점의 키워드는 '계층화(stratification)'이다. 앞서 후기 실증주의의 시작은 후기 자본주의의 등장과 시대적 맥락을 공유한다고 했는바, 이 시기는 초기 자본주의의 실패로 인한 뚜렷한 계층화가 범죄 문제의 근본 원인이라 생각하던 때이다. 이런 맥락에서 사회해체이론은 빈곤한 지역에서 전통적인 가치와 규범이 전해지는 조직(예, 가족, 학교, 교회, 시민단체)이 붕괴되어 사회통합이 안되고 청소년에 대한 감시와 통제가 소홀할

168

때 범죄가 증가한다고 봤다. 긴장(아노미)이론은 미국 사회가 지향하는 부의 축적이라는 목표를 달성할 수 있는 합법적인 수단을 가지고 있지 않을 때 스트레스(긴장)가 발생하는데, 이를 주로 경험하는 하류층 사람들은 범죄행위를 통해서라도 목표를 달성하려고 한다고 봤다. 마지막으로 문화적일탈이론은 빈곤한 지역에서 아노미(긴장)를 계속 경험하게 되면 주류 문화와 다른 자신들만의 하위 문화를 만들게 되는데, 이때 일탈을 정상적인 것으로 간주하는 일탈하위문화가 형성되면 범죄율이 증가한다고 봤다. 이처럼 계층화를 키워드로 한 주요 이론들은 독자적인 특성을 갖고 있으면서도 서로 연관된 부분이 상당히 많다. 이 점에 주의하면서 각 이론의 발달과정과 핵심 명제를 간단히 살펴보자.

▶미국 사회학계의 실증주의화 참고(스토리박스 보충 설명 I-3 & I-10)
▶계층화
- 사회구조적 관점의 키워드

사회생태학(Social Ecology)과 사회해체이론(Social Disorganization Theory)

유럽에서 케틀레와 게리가 사회학적 실증주의를 표방하며 사회통계를 이용해 범죄의 패턴을 찾고 그 원인을 규명하고자 했던 시도는 미국에서 1920년대를 전후로 시카고학파의 '사회생태학'으로 이어졌다. 단, 이 시점부터는 '사회법칙'이라는 표현은 더 이상 사용되지 않았음에 주의하자.

사회생태학의 대표주자로서 파크와 버지스(1925)[19]는 19후반부터 20세기 초반까지의 시카고 지역 확장과정을 설명하기 위해 동심원모델(concentric zone model)을 제시했다. 시카고는 '중심부의 상업지역(zone I)'을 중심으로 점차 동심원 형태를 그리며 외곽으로 확장해 갔는데, 중심에서 가까운 순서대로 '전이지역(zone II)', '노동자 계층 거주지역(zone III)', '중산층 거주지역(zone IV)', '상류층 거주지역(zone V)'으로 비교적 명확히 구분할 수 있었다. 이 중 범죄율이 가장 높은 지역은 중심상업지역과 전이지역이었는데, 시카고학파의 관심을 끈 곳은 전이지역이었다. 이 지역은 중심부와 바로 인접해서 출퇴근이 용이하고 월세 등 물가도 저렴해서 이주해 온 다양한 민족과 인종이 잠시 거쳐가는 곳이었다. 그런 만큼 생활환경은 좋지 못한 지역이었다. 그런데 특이한 건 민족과 인종이 자주 바뀌는데도 불구하고 높은 범죄율이 유지되는 현상이었는바, 이를 토대로 파크와 버지스는 범죄의 원인이 결코 개인의 타고난 특성에 있지 않고, '사회적 힘'에 큰 영향을 받는다고 주장했다. 그리고 전이지역을 사회적 힘이 조성한 '범죄의 자연지역(natural areas)'이라 명명했다.

사회생태학적 전통을 이어받아 시카고의 범죄를 연구하던 쇼와 멕케이(1942)[20]는 전이

▶자연지역
- 식물생태학에서 일군의 식물들이 '공생'하며 살아가는 지역을 말하는바, 공생하는 가운데 동질성을 띠게 됨.
- 그러다가 균형이 무너지면 '침입-점령-계승' 과정이 발생함. 이 과정을 통해 시카고가 5개 지대로 확장된 것임.
- 그중 전이지역은 범죄율이 높은 특성을 갖고 있어 '범죄의 자연지역'이라 명명됨(제6장 제1절 참고).

지역 가운데 일부, 예컨대 중국인이나 유태인 집단 거주지역에서는 범죄율이 높지 않음을 발견하고 그 이유를 찾으려 노력했다. 그들이 내린 결론은 중국인과 유태인 거주지역에서는 집단의 고유한 문화가 유지되고 자녀들에 대한 교육과 감독이 제대로 이루어지기 때문에 범죄율이 높지 않다는 것이었다. 즉, 아무리 열악한 지역에서 거주하더라도 공동체의 전통과 규율이 유지되면 범죄율이 낮게 유지됨을 발견한 것이다. 이를 토대로 쇼와 멕케이는 사회해체이론을 주창했는바, 사회해체란 공동체의 가치를 실현하고 공동의 문제를 해결하는 능력이 부재한 상태를 의미한다. 따라서 사회해체이론의 핵심 논리는 '열악한 주거환경이 사회해체로 이어지고 이것이 다시 높은 범죄율로 이어진다'는 것이다.

▶사회생태학과 사회해체이론의 유산(부활)
- 1980년대 전후 생태학적 관점

시카고학파의 사회생태학과 사회해체이론은 1950년대 이후 잠시 사회과정적 이론들에게 주류 자리를 내주었다가 1980년대를 전후해서 보다 세련된 모습의 '생태학적 관점'으로 부활했다. 이는 범죄예방에 대한 관심이 증가하던 시기와 정확히 맞물려있는바, 시카고학파 스타일의 지역사회 연구는 '습진과 같이' 관심에서 멀어지기 어려운 치명적인 매력을 가지고 있었다. 집합효율성이론을 비롯한 생태학적 관점에 대한 상세한 설명은 제6장 제1절에서 이루어진다.

긴장(아노미)이론(Strain/Anomie Theory)

▶긴장(아노미)
- 성공이라는 목표와 합법적 수단 사이의 괴리

머튼(1938)[21]의 긴장(아노미)이론은 뒤르켐의 아노미 개념을 미국 상황에 맞게 수정하여 발표한 것이었다. 머튼에게 아노미는 미국 사회가 보편적으로 지향하는 경제적 성공이라는 목표를 합법적으로 달성할 수 있는 기회와 수단이 제한된 상태를 의미하는바, 이는 주로 하위계층이 겪는 긴장(스트레스)이 된다. 계층화가 심해지면, 이상과 현실의 괴리, 즉 목표와 합법적 수단의 괴리도 심해진다. 이 과정에서 하위계층은 '상대적 박탈감'을 느끼고, 이를 극복하기 위해서는 범죄라는 불법적인 수단을 사용할 수밖에 없게 된다. 이처럼 머튼의 이론은 목표와 수단 간의 괴리에서 오는 스트레스를 강조했다는 점에서 아노미이자 긴장이론으로도 불린다.

참고로 스트레스(긴장)를 범죄의 중요한 원인으로 보는 것은 매우 직관적이다. 그런데 이를 이론적으로 보완한 것은 생각보다 오랜 시간이 지나 1992년 애그뉴[22]의 '일반긴장이론'에 의해 실현됐다. 그는 스트레스를 집단 차원이 아닌 개인 차원에서 바라보면서, 경제적 실패뿐만 아니라 학업, 취업, 연애, 가족관계 등 다방면에 걸쳐 발생 가능함을 지적했다. 즉, 스트레스는 누구나 경험하는 일반적인 것으로서 완전히 피할 수는 없는바, 애그뉴에게 정말 중요한 건 '스트레스에 적절히 대처하는 능력'이었다. 이는 개인 수준의 이론이기 때문에 제7장에서 상세히 다뤄지는바, 이 책은 일반긴장이론을 사회과정적 관점의 3대장 중 하나로 분류한다.

그로부터 2년이 더 지나 구조적 차원에서 머튼의 이론을 직접적으로 계승한 이론이 등장했는데, 메스너와 로젠펠드(1994)의 '제도적아노미이론'이 그것이다. 그들이 '제도적'이라는 명칭을 사용한 이유는 아메리칸드림이라는 메시지가 강조하는 경제제도의 힘이 다른 어떤 사회제도(예, 법과 질서, 가족, 교육, 종교 등)의 힘보다 월등하다고 생각했기 때문이다. 즉, 물질적 성공을 위해서는 다른 제도가 강조하는 법과 질서, 희생, 나눔, 봉사, 평화 등의 가치를 등한시해버리는 게 미국사회의 현실이라는 주장이었다. 이 이론은 머튼이 경제제도에만 관심을 기울인 점을 보완하기 위해 여러 사회제도들 가운데 경제제도가 갖는 우월적 지위를 탐색했다는 데 의의가 있다. 상세한 설명은 제6장 제2절에서 이루어진다.

문화적일탈이론(Cultural Deviance Theory)

한편, 오랜 시간 삶의 경험을 공유해온 공동체는 고유한 가치와 행위규범을 가지게 된다. 셀린(1938)[23]은 주류집단의 '행위규범'은 법률로 규정되거나 주류문화가 되지만, 소수집단의 행위규범은 그들만의 하위문화가 된다고 봤다. 그중 주류문화가 일탈로 규정하고 있는 행위를 정상적인 것으로 보거나 격려하는 경우 '일탈하위문화'(코헨, 1955)[24]가 형성되는바, 이처럼 범죄를 문화적 관점에서 바라보는 접근을 문화적일탈이론이라 한다. 다른 문화적 접근에는 밀러(1958)[25]의 '초점적 관심', 클로워드와 올린(1960)[26]의 '차별기회이론' 등이 있다.

▶문화적일탈이론의 기반
- 셀린의 행위규범
- 쇼와 멕케이의 사회해체이론

일탈적인 하위문화의 형성은 주로 빈곤한 지역에서 오랫동안 불법적인 수단을 이용해 부를 축적하는 행위가 지속되는 경우 발생한다. 따라서 문화적일탈이론은 사회해체이론과 긴장이론의 결합으로 간주되기도 한다. 특히 쇼와 멕케이(1942)의 사회해체이론이 규범과 가치의 '전파'를 강조한 점에서 큰 영향을 미친 것으로 평가된다. 또한 다양한 문화가 존재한다는 건, 특히 주류문화와 하위문화가 명확히 구분된다는 건 '문화 갈등(culture conflict)'의 소지가 매우 큰 상태를 의미한다. 이러한 갈등과 충돌 개념은 결국 계층화의 산물로서, 훗날 계층, 성, 인종 갈등을 논하는 비판주의에서 다시 거론된다. 다만, 문화적일탈이론과 비판주의가 직접적으로 연관된 시각은 아니므로 주의를 요한다.

(2) 사회과정적 관점: 3대장 – 학습, 통제, 일반긴장

▶상호작용(사회화)
– 사회과정적 관점의 키워드

사회과정적 관점은 범죄의 원인을 개인의 '사회화' 과정에서 찾는 시각으로서, 키워드는 '상호작용'이다. 나쁜 친구들로부터 일탈을 배우거나, 강압적인 양육방식 때문에 부모와의 유대가 약해지거나, 인간관계의 실패로 인해 스트레스를 받는 것은 모두 타인과의 상호작용 속에서 발생하는 것이다. 앞서 미드(1934)[27]의 상징적 상호작용주의(보충설명 II-1)를 살펴보면서 그 핵심은 타인의 반응과 의미, 기대, 내면화에 있음을 잘 알고 있다. 이처럼 개인의 행동을 다양한 상호작용 속에서 형성되는 심리 과정의 표현으로 접근하는 시각을 '사회심리학'이라 한다. 참고로 미드의 사상은 당시 주류 심리학으로서 행동의 겉모습과 패턴에만 집중하던 행동주의 심리학(과학적 심리주의)에 대한 반발에서 시작되었음을 명심하자.

▶사회심리학
– 사회화 과정은 곧 심리의 형성 과정임.

또한 미드도 시카고학파의 일원이었음을 기억하자. 이러한 상징적 상호작용주의의 토대 위에서 사회화에 주목한 사회과정적 관점은 1950년대를 전후해서 급속히 발달하기 시작했다.

사회학습이론(Social Learning Theory)

▶차별접촉이론의 기반
– 사회해체이론

사회과정적 관점의 출발은 서덜랜드(1939)[28]의 '차별접촉이론'이라 할 수 있다. 이론의 핵심 명제는 범죄를 우호적으로 바라보는 사람들과 자주 접촉할수록 자신도 범죄에 우호적인 시각을 수용하게 된다는 것이다. 이러한 논리는 타인의 반응을 살피고 내면화(학습)하는 인간의 습성을 그대로 반영한 것이다. 또한 쿨렌과 동료들(2022)[29]에 의하면, 서덜랜드는 쇼와 멕케이의 사회해체이론에서 공동체의 가치와 생활양식이 구성원에게 '전파'된다는 개념을 차용한 것으로 보고 있는데, 이는 사회해체이론이 문화적일탈이론에 영향을 미친 것과 동일한 논리이다.

차별접촉이론은 사회학습이론의 태두로서 훗날 버지스와 에이커스(1966)[30]의 차별강화이론, 마짜(1964)[31]의 중화이론 등에 영향을 미쳤다. 다른 모든 이론들과 마찬가지로 몇 가지 비판이 존재하지만, 범죄를 가장 잘 설명하는 이론 중 하나로 평가된다.

사회통제이론(Social Control Theory)

사회통제이론의 핵심 개념은 '자아 이미지'이다. 대표적으로 잘 알려진 이론은 허쉬 (1969)[32]의 사회유대이론으로서, 사회화 과정에서 형성된 부모, 형제, 친구, 교사 등과의 친밀한 유대감이 범죄의 유혹에 빠지는 걸 막아준다고 본다. 즉, 중요한 지인들과의 바람직한 상호작용은 강한 유대감을 형성시키고 자아에 대한 의식을 좋게 만들어서 일탈 행위를 스스로 자제하게 된다는 설명이다. 이러한 논리가 다른 이론들과 차별되는 점은 다른 이론들이 성선설에 기반해서 왜 범죄를 저지르는가를 탐구하는데 반해, 사회유대이론은 성악설에 기반해서 왜 범죄를 저지르지 않는가를 탐구한다는 것이다. 결국 범죄 행위의 결정적인 원인은 통제 기제가 얼마나 잘 작동하는가에 달려있는바, 사회유대이론은 특히 개인의 내적 통제를 강조하는 이론이다. 이 밖에도 레클리스(1967)[33]의 '봉쇄이론' 등 다양한 통제이론들이 존재하는데, 이들에 대한 설명은 제7장 제2절에서 이뤄진다.

사회유대이론은 전술한 대로 성악설에 기반한다는 이론적 창의성이 높게 평가된다. 또한 이론적 설명력도 사회학습이론에는 미치지 못하지만 충분히 빼어난 것으로 평가된다. 허쉬는 약 20년이 지나 갓프레드슨과 함께 자기통제의 중요성을 더욱 강조한 자기통제이론[34]을 발표했는데, 이는 잠재적속성이론의 대표주자로서 발달이론과 대립하며 많은 논란을 낳고 있다. 이에 대해서는 제9장에서 상세히 설명된다.

한 가지 더 주의할 점은 '사회통제'라는 용어에서 비롯되는 혼란이다. 앞으로 정책 부분에서 '공식적 사회통제'나 '비공식적 사회통제'와 같은 용어들이 빈번히 등장하는바, 공식적 사회통제는 경찰 등 국가기관의 범죄통제를 의미하고, 비공식적 사회통제는 주민 자치에 의한 범죄통제를 의미한다. 앞서 살펴본 사회해체는 비공식적 사회통제가 부재한 상황으로 이해하면 되고, 집합효율성은 비공식적 사회통제가 매우 효과적으로 작동하는 상태로 이해하면 된다. 이처럼 범죄학을 학습하다보면 매우 비슷한 용어들이 분별없이(? 사실은 분별 있게 사용되고 있지만, 잘 구별하지 못하면 분별없이 사용되는 것처럼 보이게 됨!) 사용되고 있는바, 맥락에 따른 발전과정을 본질에서 확장되어간 과정으로 이해하면 용어 구분에도 상당히 도움이 될 것이다(필자비평 IX-1 참고).

▶자아 이미지
– 사회통제이론의 키워드

▶성선설 vs. 성악설
– 사회유대이론만 유일하게 성악설을 전제로 함.

일반긴장이론(General Strain Theory)

전술한대로 긴장(아노미)이론(머튼, 1938)은 '계층화'에 초점을 맞춘 사회구조적 관점의 거시이론인데 반해, 일반긴장이론(애그뉴, 1992)[35]은 '사회심리학'을 이용한 개인 차원의 미시이론이다. 우리가 일상에서 겪는 긴장은 너무나 다양한바, 목표와 수단(또는 기대와 성취) 간의 괴리로 인한 좌절은 물론이고, 긍정적 가치를 주는 자극이 제거되거나(예, 이별, 이혼, 실직 등), 부정적 자극이 생겨나는 경우(예, 학대, 무관심, 갈등, 차별, 피해 등)에도 스트레스를 받게 된다.

그런데 긴장이 발생한다고 모든 사람이 범죄를 저지르는 것은 아니다. 다시 말해, 정말 중요한건 스트레스에 적절하게 대처하는 능력으로서, 이는 계층과 무관한 특성이라 할 수 있다. 따라서 일반긴장이론은 긴장(아노미)이론이 하류층의 범죄에만 집중했던 한계를 극복했다는 점에서 높이 평가된다. 사실 필자 개인적인 생각이지만, 대부분의 사회구조적(사회해체이론, 긴장이론, 문화적일탈이론), 사회과정적(사회학습이론, 사회통제이론) 이론들은 노골적으로 또는 은연중에라도 하류층이 더 많은 범죄를 저지를 것이라 가정하고 있다. 그런 차원에서 필자는 일반긴장이론을 매우 중립적인 이론으로 평가한다. 또한 생애의 전 과정에서 발생할 수 있는 사건들을 고려하게 됐다는 점에서 어느 정도 발달이론에 영향을 미쳤다고 할 수 있다.

Ⅲ. 비판주의(Critical Criminology)

등장 배경

비판주의는 1960–70년대 극심한 혼란기에 근대화의 축적된 문제가 폭발하면서 등장했다. 수 세기 동안 특별한 견제 없이 앞만 보고 전진해 온 근대성(modernism)은 사회의 모든 질서를 위계적으로 만들어놨고 이는 필히 불평등과 차별을 수반했다. 문제와 불만은 있었지만, 수면 아래 잠재돼있는 상태였던바, 이 시기는 정반합에서 '정'의 상태라 할 수 있다. 그런데 유토피아의 도래라는 환상을 심어줬던 과학기술의 발달은 세계전쟁을 거치면서 인류의 파멸을 앞당길 수 있다는 두려움으로 변했고, 시민계급과 민주주의의 성장을 이끌었던 자본주의는 부익부 빈익빈의 심화로 노동자의 삶을 농노나 노예의 삶보다 더 불안정하게 만들어버렸다. 이처럼 유럽과 미국 사회를 지탱했던 두 축에 대한 신뢰가 무너지기 시작하면서 시민들의 불안과 불만은 점차 커져갔는데, 공산 진영과 대립하던 냉전체제 하에서 쿠바의 공산화, 베트남 전쟁, 정부 관료의 부정부패 스캔들은 잠재되어 있던 갈등을 폭발시키기에 충분했다. 여기에 사상적으로도 합리성과 실증주의에 반대하는 '실존주의(existentialism)'가 유행하는 등 반이성주의가 팽배하여, 근대성이 오랫동안 구축해놓은 질서, 효율, 통제 등의 개념에 반발하는 분위기였다. 이에 정반합의 '반'에 해당하는 갈등의 표출이 현실화됐는바, 그 대표적인 사례가 1968년 프랑스에서 발생한 6·8혁명이었다. 냉전체제를 핑계로 개인의 삶을 간섭하고 통제했던 국가권력에 대항해서 학생과 노동자들이 주도했던 6·8혁명은 유럽은 물론 미국과 일본에까지 퍼져나가 세계적인 저항운동으로 확대되었다. 대표적인 표어인 "금지를 금지하라"는 근대성이 구축해놓은 기존 질서에 대한 비판과 저항을 상징한다.

▶근대성의 두 축
– 과학기술 & 자본주의

▶비판주의의 사상적 배경
– 반이성주의(예. 실존주의)

핵심 주장 및 주요 정책

이러한 시대적 배경 속에 범죄학에서도 비판주의가 주류 관점으로 등장해서 형사사법시스템 내에 존재하는 낙인과 차별을 철폐하고자 했다. 따라서 비판주의의 키워드는 '갈등'이라 할 수 있다. 비판주의 범죄학자들의 눈에는 비행과 범죄가 특정 소수집단의 전유물이 아니었다. 실제로 청소년들을 대상으로 설문조사를 해보면 비행 확률은 인종이나 계층과 전혀 상관이 없었다. 그런데 형사사법시스템을 거치면서 가진 자들은 대부분 빠져나가고 가난한 소수인종만 처벌되는 게 현실이었다. 가장 정의롭고 공정해야 할 형사사법시스템이 부와 권력의 편에 서 있는 부당함은 비판주의가 가장 먼저 해결해야 할 문제였다.

비판주의는 탈근대성과 밀접하게 연관되어 있다. 그래서 〈스토리박스 보충설명 III-3〉에서 설명한 것처럼 형사사법시스템의 개혁 외에도 매우 다양한 주제를 다루며 확장해갔다. 다시 말하면, 베커(1967)[36]가 주장한 것처럼 범죄학자는 국가나 가진자들뿐만 아니라 그렇지 못한 다양한 사람들의 목소리도 들어봐야 진정 균형 잡힌 논의가 가능함을 실천

▶비판주의의 키워드
– 갈등

한 것으로 볼 수 있다. 상세한 논의는 제8장에서 다뤄지는바, 지금 독자들은 탈근대성과 비판주의가 같은 맥락에서 출현했고 지향점도 유사하다는 사실을 정리해두기 바란다. 또한 앞서 살펴본 범죄의 개념(제2장 제1절)에서 '갈등적 시각'은 비판주의의 맥락에서 이해해야 한다. 마지막으로, 교재에 따라 낙인이론을 사회과정적 관점으로 분류하는 경우가 있는데, 이 책은 공권력 개입의 부작용을 새로운 관점에서 논하고 있다는 점에서 비판주의로 분류한다.

쇠락의 과정 및 현재 상황

이처럼 범죄의 개념을 확장시키고 범죄학에 새로운 관점을 제시한 비판주의는 1980년대 이후 보수화된 사회분위기 속에서 점차 세력을 잃어갔다. 그리고 1990년대 공산 진영의 붕괴는 비판주의의 처신을 더욱 위축시켰다. 특히 자본주의와 민주주의에 대한 체제 전복 같은 급진적인 주장은 비판주의 내에서도 비판의 대상이 되었다.

하지만 비판주의는 여전히 다양한 분야에서 목소리를 내고 있다. 이는 탈근대성의 확장을 바라보면 잘 이해가 된다. 특히, 다양성의 공존을 모색하며 합리적 개혁을 주장하는 시각은 다수의 지지 속에 실증주의와도 원활히 공존하고 있다. 대표적으로 권력남용에 대한 감시나 글로벌 자본주의의 부작용에 대한 지적은 매우 건설적인 비판으로 평가된다. 또한 '평화주의 범죄학'과 '회복적 사법'은 국가의 형벌권도 가급적 폭력적이지 않은 방식으로 사용될 것을 제안하면서 실제 바람직한 정책대안으로 시도되고 있다.

필자는 개인적으로 비판주의의 최근 특징을 용어 사용에서 찾고 있다. 비판주의라는 용어는 지나치게 포괄적이어서 구체성이 떨어지고 심지어 약간의 거부감도 들게 한다. 따라서 각 주제나 분야에 특화된 이름으로 활동하고 있는바, 핵심은 노동자를 포함한 하위계층, 소수인종이나 이주민, 여성, 성 소수자, 환경론자, 제3세계, 또는 청소년에 이르기까지 그동안 드러나지 않았던 사람들의 목소리를 대변하는 것으로 이해할 수 있다. 따라서 앞으로 이런 주제를 접할 때면 어떤 부분에서 비판주의와 관련이 있는지를 유심히 살펴보기 바란다. 참고로 현재의 상황은 근대성과 탈근대성이 공존하므로 정반합에서 '합'의 상태에 있다 하겠다.

인류 역사의 발전과정 검토

　범죄학의 역사적 발달과정을 학습하다 보면 중세, 근대, 현대, 포스트모더니즘과 같이 역사를 구분하는 용어들이 많이 등장하고 각 시대의 사회문화적 맥락도 간간이 소개된다. 이 책의 주요 전략 역시 범죄학의 발달과정을 추적해가는 것이기 때문에 그러한 용어와 시대상이 필수적으로 논의되어야 하는바, 이미 앞서 맥락과 기본가정을 설명하면서 잠깐 소개되었다. 특히 범죄학은 근대 이후 등장한 학문으로서 두 핵심 축인 고전주의와 실증주의를 제대로 이해하기 위해서는 근대의 특성(근대성)을 잘 알아야 한다. 그리고 세 번째 관점인 비판주의는 이들과는 차원이 다른 새로운 관점으로서 비판주의를 이해하기 위해서는 1960-70년대의 극심한 혼란기를 거치며 본격적으로 등장한 '포스트모더니즘(탈근대성)'에 대한 검토가 필수적이다. 따라서 여기에서는 근대와 현대를 중심으로 인류 역사의 발전과정에 대해 간단히 살펴보고자 한다. 그런데 이 책이 계속 강조하고 있는 맥락의 중요성에 빗대어 생각해보면, 근대와 현대를 잘 이해하기 위해서는 그것의 맥락에 해당하는 전체 역사 발전과정을 살펴보는 과정이 필요하다고 생각된다. 따라서 먼저 역사발전의 전 과정을 5단계로 나눠 간단히 살펴보고, 본격적으로 근대와 현대의 특성에 대해 비교·분석하고자 한다.

■ 역사발전의 5단계와 신자유주의

　유럽과 미국에서 가장 보편적으로 사용되는 시대 구분은 마르크스(Marx, 1818-1883)의 '역사발전 5단계설'이다. 이에 따르면 인류 역사는 원시 공산사회 – 고대 노예제 사회 – 중세 봉건제 사회 – 근대 자본주의 사회를 거쳐 마지막으로 공산주의 사회로 발전해간다. 이는 '유물론적 역사관(historical materialism)'에 기반한 구분으로서 마르크스에게 중요한 건 누가 생산수단을 소유하면서 경제(물질)생활을 주도했는지와, 가진 자와 가지지 못한 자들 간의 계급 갈등으로 인해 체제가 변하는 과정이었다. 모든 변화는 외부로부터의 요인이 아니라 내부의 갈등 때문에 발생하는 것으로, 변증법의 논리로 보면 인류 역사는 정반합의 연속이었다고 할 수 있다. 결국 마르크스가 찾아낸 변화의 동력은 바로 끊임없는 계급투쟁이었다(김경동, 2007, pp.484-488).

원시 시대에는 수렵생활을 했기 때문에 사냥 도구 외에 딱히 생산수단이랄 게 없었다. 물질을 함께 채집하고 똑같이 나눴기 때문에 계급투쟁도 불필요했다.

그러다가 농경기술이 발달하고 정착생활을 시작하면서 국가가 생겨났는데 이를 고대로 분류한다. 고대 그리스와 고대 로마가 대표적인 예로서 이 시기에는 왕과 귀족이 생산수단인 토지를 소유하고 생산을 위해 노예가 동원되었다. 이때 사유재산 개념이 처음 등장했는데, 노예는 재산의 일부로 취급되었다. 스파르타쿠스의 반란과 같은 노예들의 봉기는 자유시민과 노예 간의 계급 갈등이 존재했음을 잘 보여준다.

중세 봉건제 사회는 로마제국의 콘스탄티누스 대제가 313년 '밀라노칙령'을 통해 기독교를 로마의 종교로 공인하면서 시작되었다. 그리고 이는 14세기 이탈리아에서 인본주의를 내세운 르네상스가 꽃피울 때까지 약 1천 년 동안 지속되었다. 중세의 주요 생산수단은 장원으로서 영주가 소유하는 토지였다. 장원을 경작해 농산물을 수확하는 것은 '농노'의 역할이었는데, 이들은 영주에 예속된 소작농이었다. 농노란 명칭은 어느 정도의 사유재산이 인정되었지만, 거주이전이나 직업선택의 자유가 없었던 데서 비롯되었는바, 이들은 자유민과 노예의 중간적 성격을 갖고 있었다. 중세 말 영주의 힘이 약화되고 왕권이 강화되면서 농노는 영주의 신하가 아닌 국가 소속의 국민으로 변모해갔다.

근대 자본주의 사회에서는 공장과 상업이 주요 생산수단이었다. 장원과 같은 토지를 이용한 생산은 결코 이에 미치지 못했다. 따라서 공장을 소유하고 상업을 주도하며 부를 축적한 사람들이 새로운 권력층으로 등장하였는데, 이들이 바로 부르주아이다. 처음엔 부르주아가 세습권력에 맞서 시민의 권리를 신장시키는 데 앞장섰지만, 그들이 권력을 잡은 이후에는 자신들이 고용한 노동자들인 프롤레타리아를 착취하며 이익을 극대화시키고자 했다. 이익(잉여가치)의 극대화는 자본주의의 속성으로서 필히 자본가와 노동자 간의 계급 갈등을 초래하게 되었다. 그 결과 러시아에서는 1917년 소비에트 혁명이 발생하여 세계 최초의 공산주의 국가가 탄생하기도 했다(Ritzer, 2003/2006, pp.29-38).

신자유주의

그런데 현재까지의 역사를 보면 마르크스의 예언과 달리 자본주의의 말로가 공산주의일 것 같지는 않다. 제2차 세계대전 이후 세계는 미국이 주도하는 자유 진영과 소련이 주도하는 공산 진영으로 양분되어 냉전체제를 맞이했는데, 각 진영은 자신들의 정치·경제 시스템이 더 우월함을 선전하며 체제 확장에 힘을 쏟았다. 그 과정에서 1960-70년대를 전후로 베트남 전쟁, 쿠바의 공산화 등 굵직한 사건들이 연이어 발생했고, 자유 진영 내부에서는 계급 갈등이 폭발하기도 했다. 이 계급 갈등은 비단 계층 간의 갈등이었을 뿐만 아니라, 성, 인종, 문화, 종교 등 거의 전 분야에서 잠재되어 있던 갈등이 표면화된 것으로 이 시기 자유 진영의 긴장감은 극에 달했다. 하지만 1980년대 이후 안정기가 도래했고 오히려 1991년 소련이 해체되면서 냉전체제가 붕괴되는 결말을 맞이했다. 즉, 공산 진영의 맹주가 사라져버린 것인바, 그 이후 세계는 '신자유주의' 시대로 접어들어 우리는 지금 자본주의가 세계화된 세상에서 살고 있다.

필자가 지금 신자유주의를 언급하는 이유는 마르크스의 이론을 평가하기 위함이 아니다. 그럴 능력도 없고 의도도 없다. 이 책은 범죄학 교재로서 우리가 현대범죄학을 이해하기 위해서는 그 맥락이 되는 신자유주의를 살펴보지 않을 수 없다. 중요한 건 신자유주의가 공산 진영의 몰락 후 1990년대 등장했다는 사실로서 당시의 사회 분위기는 전술한 대로 보수화가 진행되던 시대였다. 따라서 독자들은 신자유주의라는 경제 시스템이 보수라는 정치 이념과 동행하는 체제임을 기억하면 된다. 앞으로 후기 실증주의에 대해 설명할 때, 그것이 1929년 경제대공황 이후 '후기(수정/인간적) 자본주의'와 동행하는 체제임이 설명된다. 그 맥락에 비추어 필자는 후기 실증주의를 '인간적 실증주의'라 칭하고 있는바, 당시의 전반적인 사회 분위기가 소수 약자에 대한 지원과 보호에 있었기 때문이다. 그렇다면, 신자유주의 시대의 현대범죄학은 어떤 이론과 정책이 주를 이룰까? 이에 대한 설명은 제10장에서 상세히 다뤄진다. 핵심만 간단히 언급하면, 한 축은 보수적 억제정책으로 이어지고, 다른 한 축은 보다 중립적인 입장에서 상황이나 환경 변화를 통한 예방적 접근을 시도한다. 물론 사상적 흐름은 실증주의의 지배력이 더욱 강화되었다고 보면 되고, 개별이론들은 통합을 시도한다고 보면 된다. 지금은 일단 일반적으로 보수 정치이념은 시장의 자율에 맡기는 자유주의 경제체제와 동행하고 진보 정치이념은 정부가 시장에 개입하는 수정 자유주의 경제체제와 동행한다는 점을 확실히 기억하자.

■ 근대성 vs. 탈근대성(modernism vs. post-modernism)

중세와 근대의 물질적·정신적 토대 비교

역사발전에 대한 마르크스의 설명은 생산수단의 소유와 계급 갈등을 기반으로 한다. 즉, 정치와 경제적 측면의 분석인 것이다. 그런데 근대성과 탈근대성을 비교·분석하기 위해서는 '진리(truth)'를 탐구하는 사상의 측면에서도 설명이 필요하다. 간단히 언급하면, 절대적이고 보편적이며 불변하는 진리다운 진리가 등장한 건 중세 이후로서, 중세 시대의 진리는 '신(God)'이었다. 원시 시대에도 자연신이 존재했고 고대에도 신화 속의 신들이 다수 존재했었지만, 중세 시대에야 비로소 신이 참다운 진리의 지위를 차지할 수 있었던 이유는 중세의 신만이 유일신이었기 때문이다. 정리하면, 중세 권력의 물질적 토대는 장원이었고 정신적 토대는 기독교 유일신이었다.

근대의 자본주의는 과학기술의 발전이 있었기에 가능했고, 과학기술의 발전은 인간의 '이성(reason)'을 강조했기에 가능했다. 학문은 진리를 탐구하는 행위인데, 중세와 같이 신이 진리의 자리를 차지하고 있으면, 신학 외에는 다른 학문들의 가치가 떨어질 것이다. 그런데 14세기 이탈리아에서 시작된 르네상스 덕분에 인본주의 사상이 도래하면서 합리적인 인간 이성이 진리의 자리를 대체하게 되었다. 이에 자본주의를 등에 업고 새롭게 등장한 부르주아 권력층은 이성을 진리의 자리에 위치시키고 신을 기반으로 한 세습권력을 몰아냈다. 정리하면, 근대 권력의 물질적 토대는 공장과 상업(자본주의)이었고 정신적 토대는 이성이었다.

이 책에서의 근대, 그리고 현대

근대를 자본주의와 이성에 근거한 시대로 분류하는 건 매우 타당하다. 그런데 근대가 워낙 급변하는 시대이다 보니 어느 시점을 기준으로 삼아야 하는지에 대해 다양한 시각이 존재한다. 특히, 범죄학의 관점에서 보면 고전주의와 실증주의가 근대의 사상인 건 확실한데, 근대의 어느 시점으로 묘사해야 하는지는 명확하지 않다. 또한 비판주의는 탈근대성을 대표하는바, 1960-70년대를 현대로 봐야하는지에 대한 고민도 필요하다.

근대의 시작을 바라보는 가장 일반적인 시각은 14세기부터 지나친 신 중심의 세계에서 벗어나 인본주의를 외치던 이탈리아의 르네상스를 근대의 시작으로 간주한다. 이에 따르면 근대는 다시 18세기 중후반 무렵 시민사회의 성립을 기점으로(예, 1776년 미국의 독립, 1789년 프랑스 대혁명) 이전은 '전기 근대'로, 이후는 '후기 근대'로 구분되기도 한다. 그런데 이러한 구분에 대해 동양에서는 조금 다른 표현을 사용하는바, 전기 근대를 '근세'로 따로 분류하고, 후기 근대만 근대라 부르기도 한다.

이 책은 동양적 해석을 기준으로 18세기 중후반부터를 근대라 칭하고자 한다. 가장 큰 이유는 이 시기에 범죄학의 고전주의가 등장했기 때문이다. 그리고 범죄학의 실증주의는 19세기 중반부터 등장했는바, 이 시기는 과학숭배사상과 콩트의 실증주의, 자본주의의 체계적 성장을 함축해서 근대가 성숙하던 시기, 즉, '성숙기'로 묘사하고자 한다(〈보충. 표 III-1〉). 독자들은 막연히 이 책이 제시하는 시대 구분법에만 의지하지 말고 다른 분류방법도 참고해야 할 것이다. 그런데 대부분의 범죄학 교재에서는 14세기 이후부터 20세기 중반까지를 근대로 통칭하기 때문에 많이 혼란스럽지는 않을 것이다.

현대를 구분하는 기준도 일치하는 건 아니지만, 근대만큼 다양하거나 어렵진 않다. 어떤 이는 제2차 세계대전 이후를 현대의 시작으로 보기도 하고, 어떤 이는 1991년 소련의 해체로 인한 냉전체제의 붕괴를 기점으로 보기도 한다. 약간 허무적인 시각에서 현대는 항상 현대이기 때문에 현대를 따로 분류하는 건 의미 없고 향후 다음 세대가 이 시대를 적절히 정의할 것이라는 견해도 존재한다.

이 책은 1980년대를 현대범죄학의 기점으로 구분하는바, 그 이유는 이때 비판주의를 마지막으로 3대 관점이 마무리된 다음, 기존 관점들이 세련되게 재등장하거나 발달범죄학 및 이론적 통합이 시도되었기 때문이다(〈표 III-1〉 참고). 그런데 탈근대성에 대한 논의는 1960-70년대 혼란기를 배경으로 본격화되었고 이 시기에 범죄학의 비판주의가 전면에 등장했기 때문에 이 시기를 현대로 보지 않을 경우 뭔가 다른 구분이 필요해 보인다. 고민 끝에 이 책은 근대가 현대로 넘어가는 과도기에 극심한 성장통을 경험하는 '혼란기'로 표현하고자 한다(〈보충. 표 III-1〉).

근대성과 탈근대성

'근대 합리성'이라고도 불리는 근대성은 이분법처럼 개체를 특정 공통점에 따라 한 데 묶으려는 속성을 가지고 있다. 원래 공통점과 차이점에 따라 개체를 특정 집단으로 묶는 '분류(classification)'는 과학적 지식의 출발점으로서 매우 중요하고 가치 있는 접근이다. 생물을 동물과 식물로 구분하고, 동물을 다시 척추동물과 무척추동물로 구분하는 등의 '집단화(grouping)'는 사물이나 현상에 대한 우리의 이해도를 높여주고 계속된 세분화를 통해 학문발전에 기여한다.

그런데 이러한 분류가 인간이나 사회현상에 대해서 이루어지면 많은 경우 우월함과 열등함이라는 위계적 질서와 차별을 수반하게 된다. 〈보충. 표 III-1〉에 몇 가지 예시를 제시했는데, 선과 악, 백인과 유색인, 주류문화와 하위문화, 범죄인과 비범죄인 등의 이분법적 분류를 보고 독자 여러분은 어떤 생각이 드는가? 아마 첫인상은 너무 지나치게 단순화시켰다는 느낌이 들 것이고, 조금 더 생각해보면 차별과 불평등의 느낌도 들 것이다. 물론 너무나 익숙해져서 그저 당연하게 받아들여질 수도 있다. 하지만, 세상에는 훨씬 다양한 특성을 가진 사람과 가치가 있고, 우리의 행동은 관습과 비관습을 왔다 갔다 하며 표류하는 게 일반적이다. 이러한 다양성을 깨닫고 인정하게 되면 분류나 집단화의 필요성을 별로 느끼지 못하고 차별적인 느낌도 사라진다. 이것이 근대성과 탈근대성을 대표하는 특징이다. 다시 말해, 근대성은 개체를 분류하여 집단적으로 이해하려 하는 반면, 탈근대성은 이를 다시 해체하여 각 개체의 고유한 특성을 이해하려 한다. 이는 간단하게 '일반화'와 '개별화'의 차이로 요약할 수 있는바, 탈근대성은 이성이 진리인 양 독단적으로 집단화시켜 놓은 분류 체계를 극복하고자 하는 것이다. 따라서 양자 간 목적의 차이는 '위계적 질서의 구축'과 '위계적 질서의 파괴'로 요약할 수 있으며, 이는 범죄학의 실증주의와 비판주의 간 대립의 실체를 잘 반영하고 있다.

〈보충. 표 Ⅲ-1〉 근대의 특성과 탈근대성

	중세	근대		
		초기 (18C중후반~19C초반)	성숙기 (19C중반~1950년대)	혼란기 = 현대로의 과도기 (1960-70년대)
진리	신 (기독교)	이성		이성의 독단과 폭력 극복
인식론	na (존재론)	합리주의	경험주의	합리+경험
범죄학	na (마녀사냥)	고전주의	실증주의	비판주의
연구 방법	믿음	합리적 추론	경험적 분석 → 일반화	질적 연구, 내용 분석 → 개인의 역사 중시

	-	근대성	탈근대성
특징	-	분류 = 일반화 (이분법)	해체 = 개별화 (억압받는 약자와 드러나지 않은 제3자의 목소리에 주목)
예시	-	선 vs. 악 백인 vs. 유색인 남성 vs. 여성 부 vs. 가난 주류문화 vs. 하위문화 범죄인 vs. 비범죄인	선 --- 표류 --- 악 백인–황인–히스패닉–흑인 남성--양성--여성 부--중산층--가난 주류문화–표류–하위문화 범죄인–표류–비범죄인
목적	-	위계적 질서 구축 → 공통점, 차별화	위계적 질서 파괴 → 다양성, 동등화

주석: 1) 중세와 근대 사이에 근세(14세기~18세기 초반)가 존재함.

하지만, 탈근대성도 근대성적 접근인 분류를 아예 안 할 수는 없다. 이는 마치 실증주의식 양적 분석을 비판하는 비판주의가 효과적인 비판을 위해 양적 분석을 해야 하는 아이러니와 동일한 상황이다(필자비평 I-5 참고). 대신 탈근대성은 근대성의 상징인 이분법을 지양하고 그동안 억압받거나 드러나지 않았던 제3자의 목소리에 주목한다. 따라서 소수인종이나 양성애자, 크게는 제3세계나 환경보호론자들의 목소리를 대변하는 것도 탈근대성의 예에 해당한다. 범죄학의 비판주의가 매우 다양한 주제를 다루고 있는 이유는 바로 이러한 탈근대성의 특징 때문으로 이해할 수 있다. 참고로 탈근대성의 많은 부분이 베커(1967)의 주장과 연관되어 있으므로 다시 한번 베커에 대해 살펴보기 바란다.

출처: 김경동. (2007). 「현대의 사회학」. 박영사. Ritzer, G. (2003). *Contemporary Sociological Theory and Its Classical Roots*. 한국이론사회학회 역(2006). 박영사.

요점 정리

범죄학의 3대 관점

- 대부분의 개론서들은 사회구조적 관점과 사회과정적 관점을 19세기(초기) 실증주의와 분리해서 설명하고 있는데, 실증주의의 개념과 취지를 고려하면 양자 모두 실증주의에 해당함.

- 이 책은 1980년대 이전에 흥망성쇠를 거쳤던 모든 주장과 이론을 고전주의, 실증주의, 비판주의라는 3대 관점으로 구분하고 있는바, 이들을 범죄학의 본질(토대)로 이해하고 어떻게 부활·확장되어 갔는지 추적하는 것이 이 책의 주요 전략임.

- 고전주의와 실증주의는 근대성(모더니즘)의 맥락에서 이해하고, 비판주의는 탈근대성(포스트모더니즘)의 맥락에서 이해하면 큰 도움이 됨. 근대성은 다시 합리성에 대한 중시(고전주의)와 과학적 실증에 대한 중시(실증주의)로 구분되는데, 그중 특히 실증주의는 분류(대표적으로 이분법)를 통한 일반화를 지향함. 반면, 탈근대성은 해체를 통한 개별화를 지향함. 탈근대성은 또한 그동안 억눌려왔던 제3자의 목소리에 귀를 기울이고자 하는바, 이는 대표적인 낙인이론가인 베커(1967)의 주장과 닮아있음.

3대관점의 흥망성쇠와 주요 포인트

- 고전주의 → 19세기 중반 실증주의의 공격으로 쇠퇴 → 1970년대 중반 이후 합리적선택 관점으로 부활.

- 초기 생물학적 실증주의 → 20세기 초반 경성결정론의 불합리성으로 쇠퇴 → 1990년대 이후 생물사회학적 관점으로 부활.

- 초기 사회학적 실증주의: 케틀레와 게리의 사회통계를 이용한 범죄의 패턴 분석 → 20세기 초중반 시카고학파의 사회구조적 접근으로 이어짐 → 1980년대 이후 생태학적 관점으로 부활.

- 초기 사회학적 실증주의: 뒤르켐의 아노미이론 → 1938년 머튼의 아노미(긴장)이론에 영향을 미침.

- 초기 실증주의의 범죄통제에 대한 관심: 19세기에는 생물학적 관점과 사회학적 관점 모두 사회안정과 발전을 위해 범죄인을 통제의 대상으로 간주했음. 대표적인 예로서, 페리와 가로팔로는 과학적 실증을 강조하는 과정에서 개인을 사회라는 진화적 유기체의 한 세포에 불과한 것으로 간주하기도 했음.

- 후기 실증주의 = 인간적 실증주의: 정부의 온정적 대책(*필자의 주관적 생각이므로 주의를 요함)

- 사회생태학 & 사회해체이론 → 문화적일탈이론과 차별접촉이론에 영향

- 사회유대이론: 유일하게 성악설에 기반 → 자기통제이론으로 진화: 발달범죄학과 대립

- 일반긴장이론: 모든 계층의 범죄 설명 가능 / 생애의 전 과정에서 발생할 수 있는 범죄 설명

제3절 현대범죄학 소개

이론의 진화와 통합

〈표 III-1〉에 정리되어 있듯, 현대범죄학의 첫 번째 특성은 이론의 진화와 통합으로서 이는 현대범죄학의 핵심 의제라 할 수 있다. 그 목적은 이론의 설명력을 강화하는 것인바, 이를 방법론적으로 해석하면, 종속변수(범죄)의 변량을 설명하는 비율이 더 커진 이론적 모델을 개발하는 것이다. 3대 관점에 속하는 이론들은 나름대로 설득력 있는 논리를 제시하고 있지만, 현대 범죄학자들은 좀 더 깊이 있고 확장된 방식으로 범죄를 설명하고자 했다.

이론적 진화의 개요는 앞서 모두 살펴봤다. 고전주의는 1970년대 중반 즈음 '합리적 선택 관점'으로 부활했고, 초기 생물학적 실증주의는 20세기 말 '생물사회학적 관점'으로 부활했으며, 시카고학파의 사회생태학과 사회해체이론은 1980년대 이후 '생태학적 관점'으로 부활했다. 그리고 이론적 통합의 대표적인 사례로서 '발달범죄학'을 간단히 살펴봤는바(제2장 제3절 참고), 이는 합리적 선택, 특성(trait), 사회구조, 사회화, 상황 등 3대 관점의 주요소들을 두루 활용하고 있다. 물론 이론적 통합에는 몇 가지 중요한 사례가 더 있어 따로 논의할 필요가 있다.

필자에게 중요한 건 이들을 책의 어디에 배치해야 가장 효과적으로 내용 전달이 될

186

까 하는 고민이었다. 결론적으로, 이론의 진화나 부활은 논의의 연속성을 중시해서 기존 관점을 설명하는 장에서 함께 다루고, 통합이론들에 대해서는 발달범죄학을 중심으로 독립된 장(제9장)에서 다루고자 한다. 앞에서 역사적 순서에 따른 발달과정을 개괄하고 〈표 III-1〉로 잘 정리했기 때문에 이 책의 취지가 훼손되지 않고 독자들에게 잘 전달되리라 기대한다.

범죄예방에 대한 관심

현대범죄학의 두 번째 특성은 이념적 성향이 점차 감소한다는 것이다. 이론적 측면에서는 앞서 살펴본 대로 설명력 강화에 집중하고 있고, 정책적 측면에서는 사후 대응보다는 사전 예방으로 관심을 돌리고 있다. 물론 1980년대를 전후로 억제이론에 근거해서 보수적인 사회 분위기에 편승한 통제 위주의 정책이 시행되기도 했지만, 대체로 중립적인 입장에서 환경의 변화나 상황 개선을 통해 범죄를 예방하려는 움직임이 두드러졌다. 1990년대 이후에는 다자간 협력 패러다임이 본격적으로 등장하고 빅데이터에 기반한 범죄 예측이 성과를 거두기 시작했는바, 이는 현대의 범죄예방에 대한 논의에서 범죄 예측과 다자간 협력이 꼭 포함될 것을 주문한다.

새로운 연구영역과 주제의 등장

이 밖에도 현대범죄학은 새로 등장하는 다양한 영역과 주제를 탐구한다. 예컨대, 새로운 신종범죄(예, 사이버범죄, 보이스피싱 등)나 사회적 이목을 끄는 범죄(예, 소년범죄, 여성범죄, 화이트칼라범죄 등)에 대해 계속 주시하며 원인 분석과 대책 마련을 강구하고 있다. 또한, 범죄의 원인을 넘어 피해의 원인을 탐구하고 피해자 처우에 대해 고민하고 있다. 범죄자의 처우에 대해서는 다이버전과 평화주의를 지향하는 회복적사법이 새로운 영역으로 큰 관심을 끌고 있기도 하다.

이처럼 현대범죄학은 본질적인 연구영역인 범죄 현상, 범죄 원인, 범죄 대책에서 새로운 주제와 접근이 계속 시도되고 있는바, 이들에 대한 설명은 제2권에서 상세히 이루어진다.

참고문헌

1. Einstadter, W. J. & Henry, S. (2006). *Criminological Theory: An Analysis of Its Underlying Assumptions.* pp.1-5. Rowman and Littlefield.
2. Gouldner, A. W. (1970). *The Coming Crisis of Western Sociology.* New York: Basic Books.
3. Reynolds, P. D. (1971). *A Primer in Theory Construction.* Bobbs-Merrill.
4. Einstadter, W. J. & Henry, S. (2006). *Criminological Theory: An Analysis of Its Underlying Assumptions.* pp.1-5. Rowman and Littlefield.
5. Cullen, F. T., Agnew, R., & Wilcox, P. (2022). *Criminological Theory: Past to Present.* pp.22-24. New York: Oxford University Press.
6. Siegel, L. J. (2018). *Criminology: Theories, Patterns and Typologies.* Wadsworth. 이민식 외 7인 역(2020), p.120. 센게이지 러닝 코리아.
7. Cullen, F. T., Agnew, R., & Wilcox, P. (2022). *Criminological Theory: Past to Present.* pp.22-24. New York: Oxford University Press.
8. Cullen, F. T., Agnew, R., & Wilcox, P. (2022). *Criminological Theory: Past to Present.* pp.24-25. New York: Oxford University Press.
9. Lombroso, C. (1876). *The Criminal Man.*
10. Siegel, L. J. (2018). *Criminology: Theories, Patterns and Typologies.* Wadsworth. 이민식 외 7인 역(2020). 센게이지 러닝 코리아.
11. Brown, S., Esbensen, F., & Geis, G. (2013). *Criminology: Explaining Crime and Its Context.* Elsevier. 황의갑 외 12인 역(2015). 그린.
12. Quetelet, A. (1842). *A Treatise on Man and the Development of His Faculties.* W. and R. Chambers.
13. Guerry, A. (1833). *Essay on Moral Statistics of France.* Paris: Crochard.
14. Siegel, L. J. (2018). *Criminology: Theories, Patterns and Typologies.* Wadsworth. 이민식 외 7인 역(2020). 센게이지 러닝 코리아.
15. Siegel, L. J. (2018). *Criminology: Theories, Patterns and Typologies.* Wadsworth. 이민식 외 7인 역(2020), pp.220-221. 센게이지 러닝 코리아.
16. Merton, R. K. (1938). Social Structure and Anomie. *American Sociological Review, 3,* pp.672-682.
17. Durkheim, E. (1893). *The Division of Labour in Society.* Reprinted in 1997, New York: The Free Press.; Durkheim, E. (1897). *Suicide: A Study in Sociology.* Reprinted in 1952, Routledge & Kegan Paul.
18. Brown, S., Esbensen, F., & Geis, G. (2013). *Criminology: Explaining Crime and Its Context.* Elsevier. 황의갑 외 12인 역(2015), p.306. 그린.

19. Park, R. E. & Burgess, E. W. (1925). *The City. Chicago,* IL: University of Chicago Press.

20. Shaw, C. R. & McKay, H. D. (1942). *Juvenile Delinquency and Urban Areas*. Chicago, IL: University of Chicago Press.

21. Merton, R. K. (1938). Social Structure and Anomie. *American Sociological Review, 3,* pp.672-682.

22. Agnew, R. (1992). Foundation for a General Strain Theory of Crime and Delinquency. *Criminology, 30(1),* pp.47-87.

23. Sellin, T. (1938). *Culture Conflict and Crime*. New York: Social Science Research Council.

24. Cohen, A. K. (1955). *Delinquent Boys: The Culture of the Gang*. New York: The Free Press.

25. Miller, W. B. (1958). Lower Class Culture as a Generating Milieu of Gang Delinquency. *Journal of Social Issues, 14(3),* pp.5-19.

26. Cloward, R. A. & Ohlin, L. E. (1960). *Delinquency and Opportunity: A Theory of Delinquent Gangs*. New York: Free Press.

27. Mead, G. H. (1934). *Mind, Self, and Society*. Chicago, IL: University of Chicago Press.

28. Sutherland, E. H. (1939). *Principles of Criminology*. Philadelphia, PA: J. B. Lippincott.

29. Cullen, F. T., Agnew, R., & Wilcox, P. (2022). *Criminological Theory: Past to Present*. p.11. New York: Oxford University Press.

30. Burgess, R. L. & Akers, R. L. (1966). A Differential Association-Reinforcement Theory of Criminal Behavior. *Social Problems, 14(2),* pp.128-147.

31. Matza, D. (1964). *Delinquency and Drift*. New York: John Wiley and Sons.

32. Hirschi, T. (1969). *Causes of Delinquency*. Berkeley, CA: University of California Press.

33. Reckless, W. C. (1967). *The Crime Problem*. New York: Appleton Century Crofts.

34. Gottfredson, M. & Hirschi, T. (1990). *A General Theory of Crime*. Stanford, CA: Stanford University Press.

35. Agnew, R. (1992). Foundation for a General Strain Theory of Crime and Delinquency. *Criminology, 30(1),* pp.47-87.

36. Becker, H. S. (1967). Whose side are we on? *Social Problems, 14(3),* pp.239-247.

2부

STORYTELLING CRIMINOLOGY

범죄학
이론

제 **4** 장 고전주의 범죄학과 합리적선택 관점

고전주의 범죄학의 의의는 크게 두 가지로 정리할 수 있다. 첫째, 18세기 중반까지도 여전히 잔인하고 임의적이었던 형벌제도를 근대 합리성에 기반해서 현대적인 모습으로 개혁하는 출발점이 되었다. 이후 점차 개혁의 범위가 확대되어 형사사법시스템 전반에서 피고인의 권리보장과 적법절차 원리가 강화되었다. 둘째, 인간의 본성을 합리적인 의사결정이 가능한 자유의지를 가진 존재로 가정했다. 물론 현대범죄학에서는 완전한 합리성을 전제하진 않지만, 1980년대를 전후로 급속히 성장한 범죄예방 패러다임은 합리성 없이 절대 설명되지 않는다. 둘 다 지금은 너무나 당연한 것으로 간주되지만, 신 중심의 시대를 1천 년 이상 경험했던 당시에는 대단히 파격적인 주장이었다. 덕분에 지금 우리는 훨씬 더 나은 여건에서 살아가고 있다.

이 장은 고전주의가 가진 두 가지 의의를 중심으로 서술된다. 제1절에서는 고전주의 범죄학이 형벌제도의 개혁을 주장한 이유와 과정을 살펴본다. 여기에서 범죄학의 아버지로 불리는 베카리아와 저명한 공리주의 학자 벤담이 어떤 논리를 펼쳤는지 검토한다. 제2절에서는 고전주의로 인해 강조된 인간의 합리성을 살펴본다. 이는 결국 1970년대 중반 등장한 '합리적선택 관점'에 대한 논의로 귀결되는바, 합리적선택 관점은 고전주의의 부활(i.e., 신고전주의)로 평가된다.

고전주의 범죄학

고전주의 범죄학은 다른 관점에 비해 상당히 직관적이고 간단하다. 따라서 앞 장에서 개괄적으로 살펴본 내용이 고전주의의 핵심을 대부분 요약하고 있다 해도 과언이 아니다. 여기에서는 그 뼈대에 살을 좀 더 붙여 독자들의 이해를 돕고자 하는바, 특히, 고전주의 범죄학의 두 개척자인 베카리아와 벤담의 주장을 중점적으로 살펴보고자 한다.

I. 등장 배경

계몽사상과 사회계약론

고전주의의 주요 등장 배경은 18세기에 널리 퍼진 계몽사상과 사회계약론이다. 계몽사상은 인간을 합리적 이성을 가진 존재로 보았고, 따라서 우리의 의식은 신이 아닌 우리 자신의 이성에 의해 형성되어야 한다고 주장했다. 대표적으로 몽테스키외, 볼테르, 루소 등의 계몽사상은 근대 시민의식이 형성되는데 크게 기여하였다. 사회계약론은 홉스와 로크 등 영국 자연법론자들의 주장이다. 그에 따르면, 인간은 사회(국가)가 형성되기 이전의 자연상태에서부터 이미 자연법에 의해 생명, 재산, 자유에 대한 권리를 보장받고 있었는데, 이를 더욱 확실히 지키기 위해 자발적으로 합리적인 계약을 맺어 사회(국가)를 만들었다고 한다.[1]

참고로, 역사적인 시기로 보면 사회계약론이 계몽사상에 앞선다. 실제로 영국에서 시작된 사회계약론이 프랑스에서 시작된 계몽사상에 영향을 미친 것으로 평가된다. 그런데 이 책이 계몽사상을 사회계약론보다 먼저 언급하는 이유는 '합리성(자유의지) – 계약 – 공리 – 형벌제도 개혁'이라는 논리적 순서를 강조하기 위함이다. 앞 장에서 살펴본 대로, 당대의 모든 사회제도의 정당성은 공리에 의해 평가되었는바, 공리는 합리적인 계약이 목표로 하는 최대다수가 최대로 행복한 상태를 말한다. 그렇다면, 당시의 형사

▶고전주의의 추론과정
– '합리성(자유의지) – 계약
– 공리 – 형벌제도 개혁'

사법제도는 어떤 모습이었길래 계몽사상과 사회계약론에 의해 비판받았을까?

잔인하고 임의적인 고문과 처벌

14세기 이탈리아 르네상스가 태동하기 전의 중세는 신 중심의 사회로서 종교적 관행이나 사회적 규범을 어기는 것은 죄악 그 자체였다. 사탄에 대한 미신과 공포가 사람들의 생각을 지배해서 죄인은 마녀나 악령에 홀린 자로 간주되었다. 따라서 이 시기의 가장 전형적인 처벌 중 하나는 말뚝에 묶어 불태우는 것이었다.[2]

▶규문주의
 - 법원이 스스로 사법절차를 개시하여 심리, 재판하는 주의. 법관에게 수사, 심리개시, 재판의 권한이 모두 집중되어 있는 절대주의시대의 산물. 프랑스혁명(1789년) 이후 탄핵주의로 대치됨.

그런데 이탈리아 르네상스가 알프스를 넘어 프랑스, 영국, 독일 등 서유럽으로 퍼진 이후에도 한동안은 잔인하고 임의적인 처벌 관행이 지속되었다. 성스러운 종교재판(Holy Inquisition)은 여전히 횡행하였고, 형사사법절차의 토대는 고문에 기초한 규문주의였다. 이 시기에 죄를 입증하는 방법은 주로 자백이었기 때문에 자백을 끌어내기 위한 잔인한 고문이 일상적으로 행해졌다. 또한 영국에서는 17세기 들어 사형을 모든 중범죄로 확대하였는데, 사형을 집행하는 방법도 고통을 극대화시키는 방향으로 악화되었다. 비록 영국의 보통법은 고문을 금지하고 있었지만, 종교 법원에서는 기소에 대한 동의를 얻어내기 위해 죽을 때까지 피고인의 등을 늘리거나 무쇠로 누르는 행위를 서슴지 않았다. 프랑스의 경우는 더욱 잔혹해서 묘사하기 힘들 정도였는바, 18세기까지도 살아있는 상태에서의 화형, 사지절단형, 투석형, 참수, 채찍, 낙인 등의 고문과 처벌이 일상적으로 이루어졌다. 특히 이교도와 대역죄에 대한 처벌은 잔혹함이 최고에 달했는바, 루이 16세를 암살하려다 체포된 다이엥(Damien)에 대한 처벌은 다음과 같이 묘사되었다.[3]

"고문실에서 다이엥의 다리는 쐐기를 통해 천천히 분쇄하는 부츠(boots)라고 불리는 기구 위에 놓여 있었다. 15분 간격으로 8개의 쐐기가 삽입되었는데, 그때마다 괴로운 비명이 수반되었다. ... 고문 후 다이엥은 파리 시청 앞 처형장으로 끌려갔다. ... 수많은 구경꾼들 앞에서 그의 팔과 다리는 동아줄로 묶였고, ... 상처에는 끓는 납과 기름이 부어졌다. ... 이후 네 마리의 말이 그의 사지를 당기고 흔들었는데 이는 거의 1시간 동안 지속되었다. ... 두 다리와 한 팔이 떨어져 나갈 때까지 살아있던 다이엥은 나머지 팔이 떨어져 나가자

결국 죽고 말았다(Maestro, 1973, pp.14-15. 필자 각색).[4]

이처럼 잔인하고 임의적인 처벌은 당시의 사상가들에게 결코 받아들일 수 없는 관행이었다. 이들의 비판은 연민이나 동정 같은 감정에 기반한 것이 아니라 법의 취지와 논리적 추론에 기반한 것이었다. 많은 계몽사상가들 중 형법의 잘못된 운용을 직접 거론한 학자는 몽테스키외(1748)였다. 그는 「법의 정신」에서 고문과 더불어 형법의 권력남용에 대해 비판하였는데, 이는 고전주의의 중요한 서막으로 평가된다. 또한 1762년에 발생한 볼테르의 개혁운동과 같은 해 출판된 루소의 「사회계약론」도 고전학파에 큰 영향을 미친 것으로 평가된다.[5]

II. 베카리아와 벤담

1. 체사레 베카리아(Cesare Beccaria)

베카리아는 1738년 이탈리아 밀라노에서 부유한 귀족 집안의 4형제 중 맏이로 태어났다. 그는 친구들 사이에서 '작은 뉴턴'으로 불릴 만큼 수학에 뛰어났고, 20세에 법학 박사 학위를 취득할 정도로 영특했다. 어린 시절에는 기독 학교에서 교육을 받았는데, 조금 답답했던 경험으로 알려져있다. 그는 천성이 내성적이고 대중 앞에 서길 꺼렸는데, 피스티코프 아카데미의 문학모임에서 만난 알레산드로 베리(Alessandro Verri)는 그에게 잔혹한 형벌의 실상을 알려주고 비판적인 글을 써보도록 권유했다. 야만적인 현실에 격분했던 베카리아는 당대 유명한 사상가들의 저술을 모두 섭렵하고 고전주의의 바이블로 평가되는 책을 집필했는데, 그것이 바로 1764년 출간된 「범죄와 형벌(Crimes and Punishments)」이다. 출판 당시에는 자신도 권력과 종교로부터 핍박이나 야만적인 처벌을 받을까 두려워 익명을 사용했는데, 출간되자마자 전 유럽을 뒤흔들 정도로 큰 반향을 불러일으켰다. 대표적인 계몽사상가인 볼테르는 이 책을 '인류의 강령'이라 극찬하며 계몽주의 시대를 통틀어 가장 중요한 저서로 평가했고, 뒤이어 살펴볼 벤담은 공리주의 원칙에 유용한 길을 제시한 분으로 묘사하며 특별한 존경을 표했다. 하지만 기존의 법률가들과 종교인들의 비판을 피할 수는 없었고, 1962년 해제될 때까지 무려 200년가량을 가톨릭교회의 금서목록에 존재했었다.[6] 베카리아의 주장을 저술 내용에 기반해 간단히 정리하면 다음과 같다.[7]

인간의 합리성과 사회계약론

▶Thomas Hobbes, 영국, 1588-1679.

베카리아의 주장은 사회계약론에 기반을 두고 있는바, 그의 책 서문은 토마스 홉스의 사회계약사상을 인용하고 있다. 요컨대, 인간은 본래 자신의 이익을 가장 중시하는 이기적인 존재이다. 그런 인간이 합리적으로 계산해보면 약간의 불편함을 감수하더라도 생명, 재산, 자유에 대한 권리를 확실히 지키는 게 더 이익일 수 있다. 그래서 인간은 자발적인 합의를 통해 자연상태를 벗어나 사회(국가)를 만들기로 했고, 그 사회를 운영하는 원리는 법으로 정했다. 형법이 그 대표적인 예로서 타인의 권리를 무단히 침해하는 자는 그에 상응한 처벌을 받아야 한다.[8]

입법·사법의 분리와 죄형법정주의

베카리아는 사회계약론에 따라 형법과 처벌의 필요성을 인정하면서도, '법률이 없으면 범죄도 없다'는 죄형법정주의를 강력히 주장함으로써 재판관의 임의적인 판단을 금기시했다. 여기에는 두 가지 중요한 의미가 함축되어 있다. 첫째, 입법과 사법은 엄격히 구분되어야 할 영역으로서, 형법의 내용은 사회계약의 일종이기 때문에 모든 국민을 대표하는 입법기관에 의해 명확히 정해져야 한다. 그런데 모든 개별 사건에 대한 판단까지 입법부가 할 수는 없으므로 제3자인 재판관을 두어 객관적으로 유무죄를 판단할 수 있도록 해야 한다. 이러한 주장의 배경에는 앞서 살펴본 형벌제도의 임의성과 비일관성을 개혁하려는 의도가 존재했다.

둘째, 모든 범죄와 형벌이 법에 정해져 있을 때 국민은 자신의 행동이 초래할 결과를 알고 올바르게 대처할 수 있다. 이 두 번째 함의는 앞으로 살펴볼 범죄예방 가능성과 공리주의의 논리적 토대가 된다.

사회적 해악에 대한 처벌

베카리아는 형법의 내용으로서 사회적 해악을 초래하는 행위만 범죄로 규정할 것을 주문했다. 모든 도덕적 악행을 범죄로 규정하는 것은 불가능하며, 합리적인 인간이 그런 계약에 합의할 리도 만무하다. 또한 불필요하게 개인의 자유를 억압하는 것은 오히려 범죄를 부추길 수 있다고 생각했다.

범죄예방과 처벌의 확실성, 신속성, 엄격성

처벌은 타인의 권리를 침해하는 등 사회적 해악을 초래한 행위에 대한 응보적 성격을 가지고 있다. 그런데 베카리아에게 응보는 처벌의 궁극적인 목적이 아니었다. 형벌제도의 궁극적인 목적은 범죄를 예방하는 기능에 있었는바, 이를 위해 처벌은 확실하고, 신속하며, 엄격해야 한다고 주장했다. 확실성(certainty)은 누구나 범죄를 저지르면 반드시 처벌된다는 원칙으로서, 당시 형벌제도가 피의자의 신분이나 재판관의 사상에 따라 임의적이고 비일관적이었던 관행을 비판했다. 신속성(celerity)은 처벌이 막연히 지연되지 않고 신속하게 이루어져야 한다는 원칙으로서, 범죄와 처벌 간의 시간적 간격이 짧을수록 두 개념의 연결성이 강하게 전달된다는 주장이었다. 엄격성(severity)은 사회적 해악을 일으키는 범죄행위에 대해서는 엄한 처벌이 가해져야 한다는 원칙으로서, 고통(범죄에 따른 비용)이 증가하면 스스로 범죄를 멈출 것이라고 주장했다.

처벌의 확실성, 신속성, 엄격성은 훗날 억제이론의 토대가 된다. 그런 만큼 많은 독자들이 이에 대해 한 번쯤은 들어봤을 것으로 사료된다. 그런데 여기서 엄격성은 해석에 주의를 요한다. 얼핏 보면, 강하게 처벌할수록 범죄예방 효과가 큰 것으로 해석할 수 있는데, 베카리아의 주장은 이보다 훨씬 세심했다. 그는 처벌의 강도는 범죄의 심각성에 비례해야 한다고 주장했는바, 그렇지 않고 지나치게 엄격하기만 할 경우 오히려 범죄를 부추길 수 있다고 우려했다. 예컨대, 경미한 범죄를 저지른 자가 체포되면 고통스럽게 사형당한다고 생각할 경우 잡히지 않기 위해 목격자를 살해할 가능성도 있는 것이다. 이

▶**처벌의 엄격성**
– 베카리아는 '범죄의 정도에 비례한 만큼'의 엄격성을 주장하였음.

▶한계적(제한적) 억제
 – 경미한 범죄가 심각한 범
죄와 동일한 처벌을 받을 경
우, 위반자는 심각한 범죄를
선택할 것이라는 개념.
 – 유사어: 사형제도의 부작
용인 '잔인화 효과'

처럼 처벌이 범죄의 심각성에 따라 다르게 규정되지 않을 경우, 범죄자는 이왕이면 심각한 범죄를 선택할 것이라는 개념을 '한계적(제한적) 억제(marginal deterrence)'라고 한다.[9] 따라서 필자는 항상 고전주의에서 처벌의 엄격성이 나오면 '범죄의 정도에 비례한 만큼'의 엄격성임을 명확히 강조한다. 실제 저술에 나타난 베카리아의 생각은 다음과 같다.

"형벌이 그 목적을 달성하기 위해서는 형벌이 초래한 손해가 오직 범죄로 인한 이익을 초과하는 수준에서 집행되어야 한다. … 그 이상의 형벌은 불필요한 것이며 폭압에 불과하다."[10]

2. 제레미 벤담(Jeremy Bentham)

벤담은 1748년 영국 런던의 부유한 가정에서 태어났다. 어린 시절부터 천재로 알려졌는데, 3살 때 라틴어를 배우기 시작했고, 7살 때는 헨델의 바이올린 소나타를 연주하기도 했다. 12세 때부터 옥스퍼드의 퀸스 칼리지에서 고등교육을 받기 시작해 15세에 학사, 18세에 석사 학위를 취득했다. 주로 법률가 교육을 받았지만, 매우 비판적인 성격을 가졌던 그는 잠깐의 법률가 생활을 마치고 대학에서 평생 학자의 삶을 살았다. 하지만 그는 이론적으로 대단한 철학자라기보다는 여러 행정 분야에서 실질적인 개혁을 끌어낸 위대한 개혁가였다.

벤담은 베카리아와 마찬가지로 당시 형사사법분야의 문제를 잔혹하고 임의적인 데서 찾았다. 사회계약론의 전통을 이으며 공리주의를 완성한 벤담에게 형벌제도의 목적은 응보적 처벌 자체가 아니라 범죄를 예방하는 것이었다. 그 이유는 범죄를 예방할 수 있어야만 최대다수에게 이익이 되는 공리가 발생하기 때문이었다. 이러한 주장의 기저에는 범죄를 공동체의 질서를 어지럽히는 사회적 해악으로 보는 관점이 깔려있었다. 즉, 범죄는 피해자에게만 해가 되는 것이 아니라 공동체 전체에 해를 끼치므로 반드시 억제되어야 할 문제였다.[11]

공리주의(Utilitarianism)

이상은 베카리아의 주장과 별반 다를 것이 없다. 사실 벤담은 자신의 저서(1789)를 통해 베카리아의 사상을 널리 전파함으로써 형사사법 분야의 개혁을 도모하고자 했다.[12] 그렇다면 벤담식 주장의 특징은 무엇일까? 특별한 점이 없는데도 단지 벤담이 매우 저명한 인사라는 이유로(단순히 이름값으로만 비교하면 벤담이 베카리아보다 훨씬 저명한 인사임) 고전주의 범죄학의 대표 학자로 인정받는 것일까? 그렇진 않을 것이다. 그런데, 많은 교재와 자료들을 찾아봐도 명확한 설명을 찾을 수가 없었다. 따라서 필자가 나름대로 내린 결론은 벤담의 주장이 조금 더 공리주의를 명확히 밝히고 그 틀에 맞춤으로써 형벌제도의 개혁에 보편적 당위성을 입혔다는 것이다.

앞서 정리한 고전주의의 추론과정은 '합리성(자유의지) – 계약 – 공리 – 형벌제도 개혁'이다. 베카리아와 벤담 모두 이 추론과정을 따르고 있는데, 벤담이 보다 명확하게 공리를 강조하고 있음은 분명하다. 이것이 중요한 이유는 공리주의가 정의의 원칙을 판단하는 하나의 기준으로 간주되기 때문이다. 사회에 존재하는 법과 제도의 정당성을 평가하는 기준에는 공리주의를 비롯해서 자유주의, 공동체주의 등이 있다.[13] 우리가 어떤 제도의 개혁을 주장할 때 이러한 보편적인 기준에 맞춰 논리를 펼치면 그 설득력은 훨씬 강해진다. 따라서 (양적)공리주의의 완성자로 평가되는 벤담이 공리주의라는 보편적인 기준에 맞춰 베카리아의 사상을 전파한 것은 형벌제도의 개혁이 인류의 발전과 행복을 위해 반드시 성취되어야 할 과제임을 명확히 한 것이다. 그럼 벤담이 전개한 공리주의식 주장에는 어떤 것들이 있을까?

행동의 기준. 벤담에게 합리적인 인간의 행동 기준은 '고통과 즐거움(pain and pleasure)'이다. 그는 고통과 즐거움을 인간의 두 '지배자(sovereign masters)'로 칭하며, 그것에 의해 우리의 행동이 결정된다고 주장했다. 행동의 방향은 당연히 고통을 줄이고 즐거움을 극대화하는 방향으로 결정될 것인바, 그러한 상태가 바로 '공리(utility)'이다.

그런데 벤담에게 고통과 즐거움은 행동의 옳고 그름을 판단하는 기준이 되기도 한다. 즉, 일반적인 행동의 방향을 묘사하는 수단에 그치지 않고, 올바른 행동은 어떠해

▶양적 공리주의
– 모든 재화와 가치를 화폐라는 단일 기준으로 환산하여 평가하는 공리주의
– 이에 반해 질적 공리주의존 스튜어트 밀는 재화와 가치의 질적 차이를 인정함.

야 한다는 당위의 원칙으로 기능하는 것이다. 결국 공리가 달성된 행동만이 옳은 행동으로 평가할 수 있다.

"자연은 인간이 두 개의 주요 요인, 고통과 즐거움의 지배를 받게 하였다. 이것은 우리가 무엇을 해야 하는가 뿐만 아니라 우리가 무엇을 할 수 있는가를 결정하는 데 영향을 미쳤다. … 그것은 우리의 행동과 말, 생각을 지배한다."(Bentham, 1789/1973, p.66)[14]

입법의 기준. 벤담은 고통을 줄이고 즐거움을 극대화해야 한다는 공리 원칙이 입법자에게도 동일하게 적용되어야 한다고 보았다. 즉, 입법자는 법과 제도를 만들 때 모든 구성원을 만족시킬 수 없더라도 가급적 많은 구성원에게 이익이 되는 방향으로 만들어야 한다고 주장했다. 이를 '최대다수의 최대행복 원칙'이라 하는바, 결국 공리주의란 법과 제도의 정당성을 최대다수에게 이익이 되는지 여부로 판단하는 정의의 원칙이라 할 수 있다.

범죄예방. 그렇다면 형벌제도가 최대다수에게 이익이 된다는 건 어떤 상태를 말하는 것일까? 형벌이 단순히 응보의 목적만 달성한다면 이는 개인이 침해당한 권리를 복구하는 것일 뿐 결코 사회 전체의 행복을 증진시키는 결과는 아닐 것이다. 베카리아와 마찬가지로 벤담에게 범죄는 공동체의 질서를 어지럽히는 사회적 해악이었다. 따라서 형벌이 진정으로 다수에게 이익이 되는 결과란 잠재적인 범죄를 억제하여 사회질서를 유지할 수 있을 때 비로소 달성된다고 보았다. 결국 벤담의 추론은 형벌제도가 적절한 응보를 통해 범죄를 예방할 수 있을 때 공리가 달성되므로 비로소 정당성이 인정된다는 결론에 이르게 된다. 벤담은 처벌의 구체적인 목적으로서 다음 네 가지를 제안했다.[15]

① 처벌의 목적은 모든 범죄행위를 막기 위한 것이다.
② 범죄행위를 막을 수 없더라도 덜 심각한 범죄를 저지르도록 억제시킬 수 있다.
③ 범죄자에게 필요 이상의 힘을 사용하지 않도록 확신시킬 수 있다.
④ 범죄를 가능한 저렴한 비용으로 막을 수 있다.

III. 정책적 함의

베카리아와 벤담의 고전주의 관점은 서유럽과 미국의 형사사법체계에 실질적인 영향을 미쳤다. 먼저, 프랑스에서는 대혁명(1789) 이후 다음과 같이 헌법의 인간권리선언문에 수용되었다.

"법은 사회에 해를 주는 행위만 금하도록 하는 권리를 갖는다. ... 법은 엄중하게 그리고 필요한 만큼의 처벌을 가할 것이다. ... 어떤 사람도 제정되고 공표된 법을 제외하고 다른 것에 의해 처벌되지 않을 것이다."[16]

영국에서는 법률가인 사무엘 로밀리(Sir. Samuel Romily)가 1806-1818년 사이에 의회에서 활동하면서 야만적인 처벌을 제거하고 일관되고 확실한 처벌을 촉구하는 법률을 많이 도입했다. 그리고, 미국에서는 헌법 여덟 번째 수정안에서 잔인하고 과도한 처벌을 금지하는 규정이 채택되었다.

보다 구체적인 사례를 보면, 배심원에게서 공개재판 받을 권리, 변호인 조력권, 자신에게 유리한 증거를 제출할 권리, 무죄추정의 권리 등 현대적인 모습의 피고인에 대한 권리가 도입되었고, 잔인한 신체형 폐지, 고문 금지, 사형 감축 등 형벌제도의 개혁이 실현되었다. 그 밖에도 감옥과 같은 수형시설의 환경개선, 로버트 필(Sir. Robert Peel)이 주도한 경찰 개혁과 범죄예방 강화 등이 모두 고전주의의 영향으로 평가된다.[17]

IV. 쇠락 및 부활

쇠락: 실증주의의 비판

베카리아 이후 약 100년간 유럽과 미국의 형사사법시스템 개혁을 이끌었던 고전주의는 19세기 초중반 실증주의의 등장으로 인기가 시들기 시작했다. 특히 범죄예방을 목표로 많은 개혁을 단행했음에도 불구하고 1820년대의 범죄율은 여전히 높았는바, 계몽사

상에 기대어 범죄를 단순히 합리적 선택으로 설명했던 고전주의를 게으른 탁상공론으로 멀리하게 되었다.[18]

이러한 비판의 배경에는 콩트가 실증주의를 주장하면서 제시한 '인간정신의 발달 3단계'가 있다. 첫 번째 단계는 '신화적 단계'로서 (자연)현상을 설명할 때 신이나 초자연적인 힘을 빌어 설명하는 단계이다. 두 번째 단계는 '형이상학적 단계'로서 신을 대신해 등장한 이성의 논리적 힘으로 설명하는 단계이다. 마지막 세 번째 단계가 바로 '실증과학의 단계'로서 경험적으로 증명할 수 있는 것만 믿고 반복된 관찰을 통해 패턴이나 법칙을 도출해내는 단계이다. 이에 따르면 고전주의 관점은 범죄를 초자연적 현상으로 설명하던 신화적 단계를 뛰어넘는 발전을 보였지만, 아직 형이상학적 단계에 머물러 실증을 제대로 하지 못하는 상대적으로 미숙한 상태였다. 따라서 실증과학의 시대에는 지양해야 할 접근법으로 치부되었다.

하지만 여기서 우리가 주의해야 할 점은 형사사법시스템의 개혁이 멈춘 것은 아니라는 사실이다. 이 장의 서두에서 밝힌 것처럼, 고전주의의 의의는 형벌제도의 개혁과 인간의 합리성에 대한 가정이다. 그중 실증주의의 비판을 받은 것은 합리성을 전제로 범죄의 원인에 대한 탐구를 소홀히 했던 점임을 분명히 이해해야 한다. 19세기 이후 근대 시민사회가 급속히 성장하던 배경에서 형사사법시스템의 개혁은 인권과 적법절차에 대한 것이었기 때문에 실증주의의 등장과 무관하게 계속 진행된 것으로 이해하기 바란다.[19]

부활: 합리적선택 관점

19세기 중반부터 약 150년간 지속된 실증주의 시대를 거치면서 범죄의 원인에 대한 탐구가 다양하게 이루어졌다. 타고난 개인의 특성(5장 특성이론), 사회적 환경(6장 사회구조적 관점), 사회화 과정(7장 사회과정적 관점) 등이 주요 원인으로 지목되었고, 이를 토대로 범죄문제를 해결하기 위한 다양한 정책이 시도되었다. 특히, 사회학적 렌즈를 이용해 범죄 원인을 찾았던 후기 실증주의 시대에는 지역사회 부활, 빈곤층 지원, 무상교육 확대 등 복지 차원의 대책이 주를 이뤘고, 교정의 목표도 강한 통제와 처벌이 아닌 갱생과 교화를 통한 재사회화에 초점을 맞췄다.

그런데 1960-70년대 혼란기를 거치면서 미국의 범죄율은 급증했고, 복지와 지원, 갱생 위주의 대책을 못마땅해하던 보수 인사들의 불만은 쌓여갔다. 대표적인 예로서, 로버트 마틴슨(1974)[20]은 "What Works?(무엇이 효과적인가?)"라는 자조적인 의문을 던지면서 당대의 교정 프로그램이 전혀 범죄(재범)예방에 기여하지 못했다고 비판했다. 이러한 상황에서 정책의 변화를 꾀할 수 있는 유일한 대안은 '합리적 선택' 카드였다. 대부분의 범죄자들은 쉽게 욕심을 채우기 위해 스스로 범죄를 선택한다는 논리는 범죄의 책임을 온전히 개인에게 돌릴 수 있는 최적의 통로였다.[21]

여기서 주의할 점은 인간의 합리성을 다시 들고나와 범죄의 중요한 원인으로 보기 시작한 합리적선택 관점이 처벌을 강조하는 억제정책으로만 전개된 것은 아니라는 사실이다. 다수의 교재가 앞에서와 같이 억제이론만 언급하지만, 이 책은 보다 중립적인 입장에서 범죄를 예방하고자 하는 상황적 접근도 합리적선택을 전제로 발전했음을 강조한다. 사실 억제이론보다는 상황적 접근에 대해 신고전주의(범죄학)라는 별명을 자주 붙이는바, 상황적 접근은 당연히 고전주의와 함께 논의하는 게 맞다는 생각이다.

이상을 정리하면, 1970년대 중반 이후 고전주의가 합리적선택 관점으로 부활한 이유는 범죄자 개인의 책임을 강조하여 처벌을 강화하고자 한 의도가 분명히 있었다. 이는 보수적 성향을 가진 인사들이 강력한 억제정책을 펼치기 위한 논리적 근거로 이용되었다. 하지만, 이와는 다른 보다 중립적인 입장에서 범죄예방을 효과적으로 달성하기 위해 상황적 접근을 취한 방식도 비슷한 시기에 등장했다. 필자의 생각으로는, 합리적인 개혁을 통해 범죄를 예방하고자 했던 고전주의 범죄학자들의 눈에는 아마 억제정책보다 상황적 접근이 자신들의 견해를 더 진일보시킨 논리로 평가할 것 같다. 그런 의미에서 베카리아의 폭력에 대한 혐오와 휴머니즘적 소신을 잘 표현하는 문구 하나를 소개한다. "이 글을 썼다는 이유로 온 인류가 나를 경멸하더라도 기꺼이 받아들이겠다. 인류의 권리와 불굴의 진리를 지지함으로써 폭정과 무지에 희생되는 피해자 중 단 한 명이라도 죽음의 고통에서 구해낼 수 있다면 내게는 큰 위안이 될 것이다."

▶합리적선택 관점의 두 발달 경로
- 보수적 접근인 억제이론과 정책
- 중립적 접근인 상황적 범죄예방

고전주의 범죄학의 두 가지 의의

■ 형사사법시스템의 합리적 개혁 주도: 인권보호 + 적법절차

■ 합리성(자유의지)에 대한 기본가정 도입: 현대의 '합리적선택 관점'으로 부활. 대신 합리적선택 관점에서는 완전히 자유롭고 합리적인 선택을 가정하지 않음(연성결정론).

고전주의 범죄학의 등장 배경과 추론과정

■ 등장 배경: 계몽사상과 사회계약론 & 잔인하고 임의적인 형벌제도

■ 추론과정: 인간은 합리적인 이성을 가진 자유로운 존재로서, 자신의 자연권(생명, 재산, 자유)을 더 확실히 지키기 위해 자발적인 계약을 맺어 사회(국가)를 만들었음. 따라서 모든 사회제도는 최대다수에게 이익이 되는 상태인 공리가 달성되어야 정당성이 인정됨. 형벌제도의 공리는 범죄예방에 있는바, 그러기 위해서는 형벌제도가 확실성, 신속성, 엄격성을 갖춘 합리적 과정이어야 함.

체사레 베카리아: 범죄학의 아버지

■ 「범죄와 형벌(Crimes and Punishments)」(1764): 영국의 사회계약론자인 토마스 홉스의 영향을 받았다고 밝힘.

■ 입법·사법의 분리와 죄형법정주의: 재판관의 임의적인 판단과 월권에 의한 비일관성을 개혁하고자 함.

■ 사회적 해악에 대한 처벌: 사회적 해악을 초래하는 행위만 범죄로 규정해야 하며, 불필요하게 개인의 자유를 제약하는 것은 오히려 범죄를 부추길 수 있음.

■ 범죄예방과 처벌의 확실성, 신속성, 엄격성: 처벌의 1차적 목적은 사회적 해악에 대한 응보이지만, 궁극적인 목적은 범죄예방임. 이를 위해 처벌은 확실하고, 신속하고, 엄격해

야 함. 이때 엄격해야 한다는 원칙은 범죄의 심각성에 비례해야 한다는 의미임. 그렇지 않고 엄격하기만 할 경우 오히려 더 심각한 범죄를 선택하는 한계적(제한적) 억제(marginal deterrence)가 초래될 수 있음.

제레미 벤담: (양적)공리주의의 완성자

- 「도덕과 입법의 원리(An Introduction to the Principles of Morals and Legislation)」(1789)

- 공리주의 적용의 의의: 베카리아의 주장을 공리주의 원칙에 맞게 각색함으로써 형벌제도 개혁에 보편적 당위성을 부여함.

- 행동과 입법의 기준: 합리적인 개인은 고통(비용)을 줄이고 즐거움(효과)을 극대화시켜 공리를 달성하고자 함. 따라서 입법자도 최대다수에게 이익이 되는 방향으로 법과 제도를 만들어야 하는바, 이것이 공리주의 원칙임.

- 범죄예방: 형벌제도의 공리는 단순한 응보가 아니라 범죄예방을 통해 사회질서가 유지될 때 비로소 달성되는 것임.

고전주의의 쇠락과 부활

- 쇠락: 실증주의의 비판 – 고전주의는 '형이상학적 단계'에서 실증 없이 범죄를 합리적 선택의 결과로 단정함. 그 결과 형사사법제도의 상당한 개혁에도 불구하고 1820년대의 범죄율은 여전히 높았음.

- 부활: 합리적선택 관점 – 약 150년 동안 실증주의 관점에서 범죄의 원인을 찾고 이를 해결하고자 노력했으나, 1960–70년대 혼란기를 거치면서 범죄문제는 더욱 심각해졌음. 특히, 후기(인간적) 실증주의의 복지, 지원, 갱생 위주의 대책은 효과 없이 예산만 낭비하는 것으로 치부되었음. 점차 보수화되는 사회분위기 속에서 범죄는 개인이 이기적인 목적으로 선택한 결과이므로 스스로 책임져야 한다는 생각이 커져갔는바, 이에 딱 맞는 논리가 '합리적 선택'이었음. 이후 합리적선택 관점은 보수적인 통제 목적의 억제이론과 중립적인 예방 목적의 상황적 접근으로 발전해갔음.

I. 합리적선택 관점의 의의

1. 고전주의와 합리적선택 관점의 차이

▶고전주의와 합리적선택
관점의 차이
－ 완전한 자유의지(합리성)
vs. 연성결정론

합리적선택 관점은 범죄도 다른 행위와 마찬가지로 비용과 효과(i.e., 고통과 즐거움)를 고려하여 자신에게 이득이 될 때 선택하는 것으로 본다. 이는 고전주의의 견해와 일치한다. 그런데 고전주의가 완전한 자유의지와 온전한 합리성을 가정했던 시대적 배경을 반영하여 범죄로 인한 이익과 처벌로 인한 손해만 계산식에 넣은 반면, 합리적선택 관점은 연성결정론이라는 현대적 가정을 반영하여 더 복잡한 요인들이 선택에 영향을 미칠 수 있다고 본다. 좀 더 쉽게 예를 들어 설명하면, 고전주의는 열 명의 잠재적 절도범이 똑같은 조건(i.e., 절도로 인한 이익과 처벌로 인한 손해를 계산한 결과가 열 명에게 동일한 상황)에 있을 때 똑같은 의사결정을 할 것이라고 생각하지만, 합리적선택 관점은 아무리 절도의 조건이 똑같아도 개인의 성향이나 능력, 가족관계, 사회관계, 환경적 특성 등 다른 상황이 달라지면 열 명의 의사결정이 제각각 달라질 수 있다고 생각하는 것이다.

제한된 합리성(bounded rationality)

필자는 현대적인 선택의 개념을 설명할 때 '제한된 합리성' 개념을 예로 들곤 한다. 제한된 합리성은 미국의 경제학자 허버트 사이먼(1957)[22]이 개인이나 기업(조직)의 의사결정은 능력의 한계와 수많은 변수들로 인해 결코 온전히 합리적일 수 없음을 강조하며 제시한 개념이다. 이에 따르면, 우리는 합리적인 의사결정을 하는 존재가 아니라 합리적인 의사결정을 하려고 '노력하는' 존재이다. 즉, 각자는 합리적이라 생각하지만, 객관적으로 보면 합리적이지 않은 경우가 상당히 많은바, 어떻게 보면 우리는 합리적이라 착각하는 존재에 가깝다. 예컨대, 가격이 올라가면 수요가 줄고, 가격이 내려가면 수요가 느는 것이 정상인데, 우리나라의 명품 소비 형태를 보면 비쌀수록 잘 팔리는 불합리한 상황이 연출되고 있다.

아담 스미스(1776) 이후 오랫동안 합리성을 전제로 발달해왔던 경제학계에서 제한된 합리성은 패러다임의 전환을 가져왔다. 그 결과로 경제활동의 실제 패턴을 분석하는 '행동경제학(behavioral economics)'이 주류로 등장했으며, 우리가 잘 알고 있는 '넛지(nudge)' 이론은 우리의 경제활동이 얼마나 충동적으로 이뤄지는지를 잘 보여준다. 이러한 공로로 사이먼 교수는 1978년 노벨 경제학상을 수상했다. 범죄학의 합리적선택 관점이 이러한 제한된 합리성 개념을 반영한 사고인지는 분명치 않다. 다만, 필자는 유사한 시대적 상황으로 보아 완전한 합리성이나 자유의지를 가정하는 것이 더 이상 통용되지 않음을 양자가 모두 인정한 것으로 판단한다. 따라서 이제부터는 현대의 선택 개념을 공부할 때 개인별로도 합리적 판단에 질적 차이가 있음을 염두에 두기 바란다.

2. 합리적선택 관점의 두 발달 경로

고전주의 이후 약 150년 만에 등장한 합리적선택 논리는 현대범죄학에서 매우 중요한 위치를 차지하고 있다. 특히 베카리아와 벤담, 로버트 필이 그토록 열망했던 범죄예방이 현대범죄학의 주요 패러다임으로 자리한 데에는 합리적선택 논리가 결정적 역할을 했다.

전술한 대로 이 책은 합리적선택 관점이 통제 목적의 억제이론과 예방 목적의 상황적 접근 두 방향으로 발달했다고 본다. 물론 억제도 넓게 보면 당연히 예방의 범주에 포함되지만, 두 접근법이 명확히 구별되는 이유로 두 가지를 들 수 있다. 첫째, 억제이론은 보수적인 이념을 등에 업고 강력한 통제를 지향하는 반면, 상황적 접근은 중립적인 입장에서 범죄 상황을 어렵게 만들어 기회를 감소시키는 방법을 지향한다. 둘째, 이러한 접근방식의 차이는 결국 선택의 계산식에서 어떤 요소에 가중치를 두느냐의 차이에 기인하는바, 억제이론은 처벌이 범죄의 비용으로 작동하는 기능을 강조하는 반면, 상황적

▶억제이론과 상황적 접근의 차이
– 보수(통제 목적) vs. 중립(예방 목적)
– 처벌의 기능 강조 vs. 상황적 요소를 조작하여 범죄 실행을 어렵게 만듦.

▶참고로, '합리적선택 관점'과 '합리적선택이론'은 다른 용어로서 명확한 개념구분이 필요함.

접근은 처벌 외의 다른 환경 및 상황적 요소들을 중요하게 본다. 예컨대, CCTV나 방범창을 설치하는 것은 범죄 실행을 어렵게 만들어 더 많은 노력을 소모시키므로 범죄 비용이 증가하게 된다. 이 절에서는 먼저 억제이론에 대해 자세히 살펴보고, 상황적 접근에 대해서는 간략히 소개하는 정도로 정리하고자 한다. 상황적 접근은 현대 범죄예방의 한 축을 담당하기 때문에 제2권에서 상세히 설명된다.

II. 억제이론(Deterrence Theory)

1. 등장 배경과 제임스 Q. 윌슨(James Q. Wilson)

▶James Q. Wilson, 미국, 1931-2012.
– 1975년 저서 「범죄에 대한 숙고」
– 1982년 켈링과의 공동 논문 "깨진유리창"
– 1985년 헌스타인과의 공저 「범죄와 인간의 본성」

1970년대 중반 혼란하고 무질서한 사회분위기에 피로와 위기감을 느끼고 점차 보수·안정화를 기대하던 미국의 사회문화적 맥락은 앞서 살펴봤다. 또한 실증주의식 갱생과 교화 프로그램의 효과성에 대한 평가가 좋지 못했던 점도 지적했다.[23] 여기서 이 책이 강조하고 싶은 중요한 인물이 있는데, 바로 대표적인 보수 정치학자이자 행정가인 제임스 Q. 윌슨이다. 그는 1975년 저서 「범죄에 대한 숙고(Thinking about Crime)」에서 범죄의 원인을 빈곤 등 외부 요인에서 찾고 이를 해결하기 위해 정부가 부조했던 실증주의식 접근을 신랄하게 비판했다. 대신 잠재적 범죄인을 억제하고 범죄자를 감금시킴으로써 범죄 기회를 줄여야 한다고 주장했다. 또한 정부가 강하게 반응하지 않으면 범죄자는 별 두려움 없이 계속 적당한 범죄 기회를 찾을 것이라고 경고했다.

"사악한 사람들은 분명 존재하며, 그들은 순진한 사람들과 분리해서 다뤄야 한다. 그러나 사악하지도 순진하지도 않은 많은 사람들은 조심스럽게 뭔가를 숨기고, 기회를 엿보며, 자신이 얻게 될 이익을 계산하면서 타인과 법집행기관의 반응을 살핀다."(Wilson, 1975, p.128; Siegel, 2018/2020, p.121에서 재인용, 필자 각색)[24]

윌슨의 이 책은 미국 정부의 분위기를 급속히 보수화시켰다. 그리고 마침내 1980년 공화당의 레이건 행정부가 들어서면서 범죄에 대응하는 강력한 법률이 속속 제정되었고 교도소 수용자 수는 급증하였다. 이를 지지하는 전반적인 사회 분위기 속에서 낙태를 반대했던 많은 사람들이(생명을 존중한다는 명목으로) 사형제도에는 열렬한 지지를 보내는 아이러니한 상황이 연출되었다.

제임스 Q. 윌슨의 유명한 저술 가운데 우리가 주목해야 할 두 편을 더 소개한다. 먼저 1982년 켈링(G. Kelling)과 함께 발표한 논문 '깨진 유리창(broken windows)'이 있다. 이는 짐바르도(P. Zimbardo, 1969) 교수가 실증한 깨진유리창이론을 범죄학에 적용한 논문으로서, 사소한 무질서라도 용납하지 않겠다는 '무관용 정책'의 이론적 근거가 되었다.[25] 이어서 1985년에는 하버드 대학의 동료 심리학자였던 헌스타인(R. Hernstein)과 함께 「범죄와 인간의 본성(Crime and Human Nature)」이란 책을 출판했다. 이 책의 핵심은 생물학적, 심리학적 속성이 범죄의 선택에 결정적인 영향을 미친다는 것이다. 그러한 속성을 타고난 사람들은 선택을 하긴 하지만, 충동성이나 낮은 지능, 적개심 등의 성향 때문에 합리적인 판단이 어렵다고 주장한다.[26] 이 책은 초기 실증주의의 생물학적 관점을 다시 소환해서 '잠재적속성이론'의 촉진자가 된 것으로 평가된다.[27] 여기서 소개된 세 편의 저술만으로도 제임스 Q. 윌슨이 얼마나 보수 논객인지 짐작될 것이다.

2. 억제의 종류

강력한 처벌을 통해 범죄를 억제하는 것은 두 가지 방향에서 가능하다. 하나는 범죄자를 처벌해서 그가 다시 범죄를 저지르지 못하게 만드는 방법이고, 다른 하나는 일반 대중 또는 잠재적 범죄인에게 처벌의 두려움을 이용해서 범죄를 저지르지 못하게 만드는 방법이다. 전자를 특별억제, 후자를 일반억제라 한다.

참고로, 이제부터는 고전주의와 달리 처벌의 의미를 형사사법시스템 전체로 확대해서 이해해야 한다. 다시 말해, 고전주의에서는 처벌이 재판과정에서의 잔혹한 고문과 과한 형벌을 의미했지만, 억제이론에서는 목격과 적발(체포) 등 경찰 단계에서부터 형량을 결정하는 재판, 형을 집행하는 교정 단계에 이르기까지 모든 형사사법절차에 걸쳐있는 개념인 것이다. 따라서 앞으로 제시되는 사례들은 형사사법절차의 다양한 단계에서 추출될 것이다.

(1) 일반억제(general deterrence)

가. 처벌에 대한 인지의 중요성 = 일반억제의 전제조건

일반억제는 고전주의 범죄학자들이 처벌의 확실성, 신속성, 엄격성(범죄 정도와의 비례성)을 통해 범죄를 예방하고자 했던 공리주의식 방법이다. 이것이 효과를 거두기 위해서는 '처벌에 대한 인지(또는 처벌의 지각)'라는 전제조건이 필요하다. 그 이유는 실제 억제가 발생하기 위해서는 자신이 처벌될 수 있음을 지각해야만 비용효과분석에 포함시키기 때문이다. 예컨대, 국내에서 음주운전 삼진아웃제도 시행 초기에 그런 제도를 몰라서 계속 음주운전 했다는 변명이 매우 빈번했다. 따라서 처벌의 이유와 정도에 대한 적극적인 계도와 홍보는 일반억제의 가능성을 높이기 위해 꼭 필요한 조치라 하겠다. 유명한 '캔사스시 범죄예방순찰 실험'을 사례로 인식의 중요성을 다시 한번 살펴보자.[28]

캔사스시 범죄예방순찰 실험. 1970년대 초 순찰차를 이용한 경찰의 예방순찰이 범죄예방에 효과적인지를 검증하는 실험연구가 미국의 캔사스시에서 진행되었다. 15개의 순찰 권역을 세 집단으로 나누어, 첫 번째 집단에서는 원래 하던 대로 순찰을 진행했고, 두 번째 집단에서는 평소보다 2-3배 순찰을 강화했으며, 세 번째 집단에서는 순찰을 중단한 채 신고가 있을 때만 출동을 실시했다. 연구의 가설은 순찰의 증감에 따라 범죄발생도 줄거나 늘 것이라 예상했지만, 연구결과는 놀랍게도 범죄발생에 아무런 변화가 없었다. 또한 경찰에 대한 태도나 범죄두려움도 변하지 않았다. 이 연구는 파급력이 강력해서 경찰의 순찰 강화만으로는 범죄예방이 어렵다는 인식을 학계와 현장에 널리 심어주었다.

하지만, 이 실험연구의 결과를 비판하는 학자들은 다른 해석을 내놓는다. 순찰의 변화는 가시성의 변화를 통해 시민들의 인식을 변화시키는 것이 핵심인데, 애초에 순찰의 변화를 인지하지 못한다면, 당연히 범죄발생이나 경찰에 대한 태도, 범죄두려움에 변화가 없을 것이라 주장한다. 실제로 시민들을 대상으로 설문을 실시한 결과, 그들은 순찰의 변화를 거의 인지하지 못한 것으로 드러났다. 결국 이 실험연구는 순찰의 변화가 원래 측정하고자 했던 시민 인식의 변화를 제대로 반영하지 못했기 때문에 이를 근거로 순찰의 효과가 없다고 단정하는 것은 매우 성급한 결론이라 할 수 있다(제1장 제3절 구성타당도 참고).

나. 처벌의 확실성, 신속성, 엄격성

(가) 처벌의 확실성

처벌의 확실성은 범죄를 저지르면 반드시 처벌된다는 인식을 심어주는 것이다. 이는 범인의 신분이나 재판관의 성향에 따라 임의적으로 시행됐던 형벌 제도를 개혁하고자 했던 고전주의 범죄학자들의 주요 관심사였다. 확실성을 높이기 위해 유명 사건에 대한 검거나 처벌을 대중매체로 공개하는 것이 효과적일 수 있다. 최근 DNA 분석을 통해 장기 미제사건을 재수사해서 수십 년 만에 진범을 잡아냈다는 뉴스들은 대중에게 매우 높은 검거 가능성을 인식시킨다.

임계점(tipping point)

억제효과의 측면에서 확실성은 신속성이나 엄격성에 비해 더 효과적인바, 이는 대부분의 연구자들 사이에서 동의된 결과에 해당한다. 그런데 안타깝게도 신고되지 않는 암수 범죄와 신고되었지만 검거되지 않는 숨은 범죄가 상당한 현실은 확실성에 대한 인식을 약화시킨다. 그렇다면 어느 정도 확실해야 억제효과를 담보할 수 있을까? 명확한

▶tipping point(임계점)
– 작은 변화들이 어느 정도 기간을 두고 쌓여, 작은 변화 하나만 더 일어나도 큰 영향을 초래할 수 있는 상태가 된 단계나 수준.
– 유사한 용어로서 '문지방 효과(threshold effect)'가 있음. 독립변수(자극, 처치)의 정도가 문턱을 넘어서는 순간에 비로소 종속변수에 큰 변화가 생기는 현상을 말함.

확률에 대한 합의는 없지만, '임계점(tipping point)'으로 간주되는 수준을 넘어서야 억제효과가 나타날 것이라는 의견에는 많은 학자들이 동조한다. 임계점에 이르지 못할 경우 잠재적 범죄인은 ① 체포될 가능성이 매우 낮다고 생각하거나 ② 신고되어도 경찰이 체포하는 데 소홀하다고 생각하거나 ③ 체포되더라도 보호관찰 같은 관대한 처벌을 받을 것이라 생각하기 때문에 범죄가 감소하지 않는다고 할 수 있다.[29]

처벌의 확실성에 대한 인식을 심어주는 임계점에 도달하기 위해서는, 해결해야 할 범죄문제를 좀 더 명확히 규정하고 가급적 특정한 지역(핫스팟)에서 집중적으로 단속과 예방을 병행하는 것이 효과적이라는 주장이 있다. 그런 차원에서 '핫스팟 경찰활동'이나 '문제지향적 경찰활동'이 좋은 효과를 보일 수 있다. 하지만, 경찰력에만 의존할 경우 효과가 지속되지 않는다는 우려도 존재하는바, 주민들과 함께 지역사회를 개선해가는 노력이 병행되어야 한다는 주장이 힘을 얻고 있다. 이것이 바로 지역사회와 함께하는 경찰활동으로서 1980년대 이후 경찰활동의 주요 패러다임으로 자리하고 있다.[30]

(나) 처벌의 신속성

신속성은 범행 후 신속하게 체포와 처벌이 이루어져야 한다는 원칙이다. 베카리아는 범죄와 처벌 간의 시간적 간격이 짧을수록 두 개념의 연결성이 강하게 전달되는바, 범죄를 저지르면 곧 체포되고 처벌된다는 인식이 형성되어야 억제효과가 발생할 수 있다고 생각했다. 최근 우리나라 경찰이 신속 출동을 지향하는 것은 신속성의 원칙과 관련 있다.

▶신속성에 대한 실증연구
– 확실성과 엄격성에 대한 연구에 비해 매우 적은 실정임.

그런데 체포 이후의 형사사법절차는 고전주의로 인해 많은 개혁을 거치면서 인권(피고인의 권리) 보호를 위한 조치들이 하나씩 증가하였고, 그 결과 최종 판결과 형집행까지 걸리는 시간이 점차 늘어나고 있다. 또한 유죄협상이나 보석 등 수사와 재판을 회피하거나 지연시키는 조치들은 억제효과를 약화시킬 수 있다. 신속성의 효과에 대한 실증연구가 많지 않지만, 리스토킨(2007)[31]에 의하면 범행 후 즉시 체포, 기소, 재판이 이루어지는 경우가 지연되는 경우보다 강한 억제효과를 보일 수 있다고 보고했다.

참고로 최근 우리나라에서도 소년범에 대한 처벌강화 이슈가 큰 논란의 중심에 있는데, 많은 청소년들이 실제로 범행 후 한참 먼 미래에 처벌을 받을 것이라 생각한다고 한다. 이러한 생각 때문에 범행을 통해 당장의 만족을 얻고자 하는 욕구가 잘 억제되지 않을 수 있다. 또한 필자 개인적인 경험으로는 교통사고와 같은 과실범의 경우 시간이 지날수록 죄책감이 매우 빠르게 사라지기 때문에 신속한 조사와 재판의 필요성을 느낀 적이 있다.

▶과실범의 죄책감
– 필자가 1990년대 후반 교통사고조사업무를 할 당시 처음엔 잘못을 인정하고 사죄하는 피의자들이 얼마 지나지 않아 상대방 탓을 하고 억울하다는 태도로 돌변하는 경우를 많이 봤었음.

그런데 어떤 학자들은 형사사법절차의 지연이 오히려 더 고통과 두려움을 주는 경우가 있고, 그런 경우에는 억제효과가 강해질 수 있다고 주장한다.[32] 어떤 주장이 맞는지는 더 많은 실증연구가 수행된 이후에야 판단할 수 있을 것이다.

(다) 처벌의 엄격성

엄격성은 강한 처벌을 통해 범죄로 인한 비용을 증가시켜 스스로 억제하게 만든다는 원칙이다. 고전주의에서는 엄격성을 범죄의 심각성에 비례하는 만큼의 엄격성이라고 정리했다. 그에 비해 억제이론에서는 시대적 배경을 고려했을 때 가급적 엄하게 처벌해서 범죄와 무질서를 통제하고자 하는 의도가 있었음을 이해해야 한다. 앞서 살펴본 제임스 Q. 윌슨의 깨진유리창이론과 무관용 정책이 엄격성의 좋은 예가 될 수 있다.

엄격성의 억제효과에 대해서는 의견이 분분하다. 어떤 연구는 효과가 있다고 하고,[33] 어떤 연구는 효과가 없다고 한다.[34] 또 어떤 연구에서는 효과가 있다고 했는데, 알고 보니 다른 지역에서도 범죄가 감소하여 그 효과를 과연 엄격한 처벌의 효과로 볼 수 있는지 의문인 경우도 있다.[35] 이는 무관용 정책의 효과성에 대한 의문과 유사한 연구 결과이다.

▶무관용 정책의 효과성에 대한 의문
– 제5장 제3절 연구방법 참고.

사형제도

엄격한 처벌의 대표적인 예는 사형제도이다. 그런데 사형의 억제효과에 대해서도 역시 의견이 분분하다. 따라서 상이한 결과가 도출된 연구들을 나열하기보다는 찬반 논

▶엄격성의 대표적인 사례
– 사형제도

쟁의 대표적인 논리들을 소개하는 게 나을 것 같다. 먼저 사형제도에 찬성하는 논리는 다음과 같다. ① 흉악범죄를 예방하는 데 도움이 된다. ② 공권력에 의한 합법적 복수(응보)를 통해 피해자와 피해자 가족에게 심리적 위안을 제공한다. ③ 사회적 카타르시스를 유발하여 일반 대중에게도 위안을 제공한다. 반대로 사형제도에 반대하는 논리는 다음과 같다. ① 흉악범죄를 예방하는 데 도움이 되지 않는다는 연구가 많다. ② 피해자와 피해자 가족에게 제공되는 심리적 위안이 그렇게 크지 않고 또 일시적일 뿐이다. 차라리 계속 고통 속에 살려둠으로써 더 큰 위안을 얻을 수 있다. ③ 대중의 여론과 카타르시스도 빨리 식어가는 경향이 있다.[36]

▶잔인화 효과(brutalization effect)
– 사형제도가 흉악범죄를 억제하지 못하고 오히려 더 유발하는 현상
– 유사어: 제한적(한계적) 억제(marginal deterrence)

이처럼 사형제도의 찬반논란은 동일한 소재에 대해 극명하게 엇갈리는 시각을 보여주고 있다. 그런데 우리가 한 번쯤 더 생각해봐야 할 추가적인 반대 논리가 있어 소개한다. ④ 사형제도는 주체가 국가라 해도 타인의 생명을 빼앗을 수 있다는 메시지를 담고 있는바, 자칫 생명경시풍조를 조장할 수 있다. 이 주장에 따르면, 실제로 사형제도가 존재하는 나라에서 자살률이 높고, 미국의 경우 사형 존치 주에서 항상 전쟁에 대한 지지가 높게 나타나고 있다고 한다. 따라서 만약 사형제도가 흉악범을 실질적으로 억제하는 효과가 없을 경우에는, 오히려 부작용만 초래될 수 있는 것이다. 이처럼 사형제도가 생명경시풍조를 조장하여 흉악범을 증가시키는 경우를 '잔인화 효과(brutalization effect)'라 부른다.[37]

▶Innocence Project
– 억울하게 유죄판결을 받은 사람들을 위해 DNA 분석 등 과학적 조사를 통해 무죄입증을 돕는 인권단체(제8장 제2절 낙인이론 참고).

⑤ 또한 사법기관의 잘못된 판단으로 인해 무고한 사람들이 사형을 당할 경우, 이는 결코 돌이킬 수 없는 오점으로 남게 된다. 실제 미국에서는 1976년부터 100명 이상이 사형을 당한 이후 새로운 과학적 증거(주로 DNA)가 발견되어 무죄로 판명된 사례가 있다. 이들의 안타까운 생명을 누가 책임지겠는가? 참고로 1992년 설립된 미국의 인권단체인 '무죄입증 프로젝트(innocence project)'가 잘못된 판결의 사례를 파헤치며 피해와 인권회복을 위해 노력하고 있는데, 사형선고에 있어서도 인종차별이 중대한 영향을 미치는 것으로 보인다.[38]

다. 부분적(제한적) 억제(restrictive deterrence) = 일반억제의 가능한 효과

사회 일반을 대상으로 하는 억제정책은 이론적으로나마 '절대적 억제(absolute deterrence)'를 목표로 한다. 절대적 억제란 법적 제재의 두려움이 개인의 범죄를 완전히 억제하는 현상을 말한다. 그런데 이런 효과를 거두기는 사실상 불가능하며 검증할 수도 없는바, 범죄를 하지 않는 이유는 너무 다양하고 때론 너무 당연해서 논의의 가치도 별로 없다.

이에 반해 '부분적(제한적) 억제'는 법적 제재의 두려움이 개인의 범죄를 감소시키는 현상을 말하는데, 이는 매우 실질적인 의미를 가지고 있다. 예컨대, 처벌의 위협 때문에 덜 심각한 범죄를 선택하거나, 빈도를 줄이거나, 덜 폭력적으로 접근하는 것을 충분히 예상할 수 있다.[39] 범죄학자 제이콥스(2010)[40]는 실증연구를 통해 이러한 부분적(제한적) 억제를 증명했는바, 여기에 추가로, 적발을 면하기 위해 변장을 하거나 다른 장소나 시간을 선택하는 경향도 밝혀냈다.[41]

참고로 ① 부분적(제한적) 억제는 '전이(displacement)' 현상과 약간 유사한 개념이므로 상황적 범죄예방과 함께 학습하기 바란다. 물론 부분적 억제는 억제정책의 효과성 차원에서 논의되는 것이고, 전이는 상황적 범죄예방의 부작용 차원에서 논의되는 것이기 때문에 본질적인 차이는 존재한다. ② 부분적(제한적) 억제는 처벌의 엄격성과 관련된 '한계적(제한적) 억제(marginal deterrence)'와 용어는 비슷하지만, 전혀 다른 의미를 가지고 있으므로 잘 구별하기 바란다(스토리박스 보충설명 IV-1 참고).

(2) 특별억제(specific deterrence)

특별억제는 범죄자에 대한 처벌을 통해 그가 다시 범행하지 못하게 억제하는 방법으로서, '특수억제'나 '특정억제'로 불리기도 한다. 처벌이 '재범'을 억제할 것이라는 생각은 지극히 상식적이다. 그런데 이는 고전주의에서 강조되지 않은 새로운 개념으로서 현대 억제이론의 통제 목적을 다시 한번 엿볼 수 있다.

무력화. 특별억제의 대표적인 예는 '무력화(incapacitation)'로서, 이는 범죄자를 교도소 등에 감금시키면 사회에서의 범죄 기회가 그만큼 줄어들기 때문에 범죄가 감소할 것이라는 논리이다. 무력화 주장은 억제이론이 인기를 얻을 당시의 구호가 'Lock'em Up!(다 가둬버려!)'이었던 것과 일맥상통하는 주장이다(Walker, 2006). 그 결과, 1970년대 후반부터 30년 동안 미국의 교도소 수용인원이 3배나 증가했고, 2008년 기준 미국의 성인은 약 100명당 1명꼴로 교도소에 가게 되었다.[42]

▶특별억제의 부작용
– 도박꾼의 오류: 다시 잡힐 확률을 과소평가
– 낙인이론: 반발효과

특별억제의 효과. 그런데 실제 연구 결과는 체포와 처벌이 재범을 억제하는 데 별로 효과가 없다는 경우가 많다. 심지어 포가스키와 피케로(2003)[43]의 연구에서는 체포와 처벌을 받은 자들이 오히려 더 높은 재범률을 보이기도 했다. 이에 대해 연구자들은 '도박꾼의 오류'와 같이, 한 번 처벌받은 범죄자들이 다시 잡힐 확률을 과소평가하기 때문으로 보았다. 이와 더불어 낙인이론은 처벌의 역효과를 설명하는 데 매우 유용하다. 우리가 잘 알고 있듯, 처벌로 인한 낙인은 자아 이미지를 악화시키고 결국 자기 낙인으로 이어질 경우 더 많은 범죄를 저지를 수 있는바, 이를 억제의 '반발효과(backlash effect)'라 한다.[44]

▶만성적 범죄인
– 제2장 제3절 범죄의 실태 참고

물론 무력화의 효과를 긍정적으로 평가하는 연구도 있다. 대표적으로 경제학자인 레빗(1998)[45]은 범죄자를 무력화하는 데 드는 비용보다 범죄감소에 따른 사회적 이익이 더 크다고 주장했다. 특히, 앞서 살펴본 만성적 범죄인의 경우 이들이 상당한 비중의 범죄를 저지르기 때문에 이들에 대한 무력화는 큰 효과를 거둘 수 있다고 간주된다.

삼진아웃제도

▶특별억제의 대표적인 사례
– 삼진아웃제도

무력화를 통한 특별억제의 대표적인 예는 삼진아웃제도이다. 폭력성이 있는 (유사한) 범죄를 세 번 저지를 경우 구속 상태에서 재판을 진행하고 형량도 장기간 부과하는 제도로서, 이에 대한 찬반 논란은 매우 뜨겁다. 억제 정책의 찬성 논리는 대동소이하므로 생략하고, 반대 논리만 몇 가지 소개하면 다음과 같다. ① 세 번째 체포 시 격렬한 저항으로 경찰과 피해자에게 더 큰 위험이 될 수 있다. ② 삼진아웃으로 처리하는 과정에서 인종이나 계층에 따른 차별이 발생한다. ③ 세 번째 체포자는 나이가 많은 경우가 많은데, 그럴 경우 감금의 효과가 떨어진다. ④ 교도소 수용인원 급증은 제대로 된 교정 프로그램 운영을 어렵게 하고 출소 후 재범 가능성만 높일 수 있다. 이는 무력화의 일반적인 부작용과 동일하다.

스토리박스 〈보충설명 IV-1〉

개념 정리

억제이론과 정책을 학습하다 보면 유사해 보이는 용어와 개념들이 자주 등장하기 때문에 체계적으로 정리할 필요가 있다. 특히 교재마다 개념을 다르게 정의하는 경우가 있어 우려가 큰바, 이 책은 여러 교재들을 교차검증하여 다음과 같이 일부 개념을 정리한다.

- **한계적(제한적) 억제(marginal deterrence)**
  - 의미: 경미한 범죄가 심각한 범죄와 동일한 처벌을 받을 경우, 위반자는 이왕이면 심각한 범죄를 선택할 것이라는 개념.
  - 출처: 베카리아. 범죄의 심각성을 고려하지 않고 엄격하기만 했던 18세기 형벌제도의 문제 지적

    (Siegel, L. J. (2018). *Criminology*. Wadsworth. 이민식 외 7인 역(2020). p.119).

  - 유사어: '잔인화 효과(brutalization effect)' - 사형제도의 부작용.

- **부분적(제한적) 억제(restrictive deterrence)**
  - 의미: 법적 제재의 두려움이 개인의 범죄를 완전히 없애지는 못하지만, 어느 정도 감소시키는 현상. 예컨대, 처벌의 위협 때문에 덜 심각한 범죄를 선택하거나, 빈도를 줄이거나, 덜 폭력적으로 접근하거나, 다른 장소나 시간을 선택하는 현상.

- 출처: 일반억제의 가능한 효과

(Siegel, L. J. (2018). Criminology. Wadsworth. 이민식 외 7인 역(2020). pp.142-144).

- 반의어: 절대적 억제(absolute deterrence) - 처벌의 위협이 개인의 범죄를 완전히 억제하는 현상. 이는 사실상 불가능하며 검증할 수도 없음.
- 유사어: 전이(displacement) - 상황적 범죄예방의 부작용.

■ 반발효과(backlash effect)
- 의미: 체포와 처벌이 재범을 막지 못하고 오히려 증가시키는 현상.
- 출처: 특별억제의 부작용. 낙인이론의 주장에서 유추

(Brown et al. (2013). Criminology. Elsevier. 황의갑 외 12인 역(2015). p.194).

3. 억제이론에 대한 평가

(1) 치열한 이념적 논쟁의 장

억제가 제대로 작동하기 위해서는 잠재적 범죄인이 처벌의 존재와 정도를 잘 알고 있어야 한다. 따라서 미디어를 이용한 홍보와 현장에서의 계도가 중요하다는 점에 대해서는 큰 논란이 없다. 그런데 일반억제의 요소(원칙)인 확실성, 신속성, 엄격성과 특별억제의 효과에 대해서는 많은 논란이 있음을 살펴봤다. 그 이유에 대해 필자는 억제이론이 보수적 이념에 동조하여 통제 위주로 접근하다 보니 반대 진영과의 이념적 충돌이 컸기 때문이라고 생각한다. 이 분야는, 물론 실증연구에 기반한 주장도 많지만, 범죄학에서 신념(faith)이 가장 격렬하게 대립하는 분야 중 하나임이 분명하다. 우리나라와는 크게 상관이 없어서 언급을 삼갔지만, 미국에서 뜨거운 총기 규제에 대한 논란도 이념적 논쟁의 전형에 해당한다.[46] 우리나라에서 최근 이슈가 되고 있는 사안들 중에서는 소년범에 대한 기준연령 하향(또는 소년법 폐지)이 대표적인 이념적 대립의 사례로 볼 수 있다.

이념적 논쟁에 대한 이해가 불필요한 것은 아니다. 오히려 다른 지식들보다 범죄를 둘러싼 현실을 냉정하게 이해하는 데 더 큰 도움이 될 수 있다. 우리는 가끔 잘 이해가 되지 않는 무리한 주장을 접하곤 하는데, 그들 대부분은 주관적 이념이 정제되지 않고 표출된 경우로서, 얼마나 잘 취사선택하느냐가 건전한 사회인의 척도가 될 수 있다. 따라서 독자들은 사형제도를 비롯하여 삼진아웃제도, 소년범 처벌, 낙태, 전쟁, 과세, 복지 등 이념 논쟁이 뜨거운 분야들을 잘 정리해둘 필요가 있다. 보수와 진보의 양 극단에서 나오는 근거 없는 주장을 잘 거르는 것이 현실을 객관적으로 바라보는 첫 걸음이 될 것이다.

(2) 제한된 합리성과 억제효과의 차이

이 절의 서두에서 현대의 합리적선택 관점은 고전주의와 달리 연성결정론에 기반하기 때문에 완전한 합리성을 전제하지 않는다고 했다. 또한 개인의 합리성과 상황적 조건을 다양하게 간주해서, 범죄의 조건(범죄의 이익 vs. 처벌의 강도)이 같아도 다양한 선택이 가능함을 시사했다. 이에 필자는 사이먼(1957)[47] 교수의 '제한된 합리성' 개념을 유용한 도구로 제시했는바, 여기에서는 제한된 합리성을 토대로, 이념적 논쟁과 무관하게, 좀 더 객관적인 차원에서 억제이론의 논리를 평가하고 보완해보는 기회를 갖고자 한다.

억제이론도 합리적선택 관점을 공유하기 때문에 제한된 합리성을 인정하긴 한다.[48] 하지만, 안타깝게도, 보수 성향과 통제 목적이 강하다 보니 선택의 계산식에서 범죄 조건(범죄의 이익과 처벌의 손해)만 고려하고 그중에서도 특히 처벌의 비용 기능을 지나치게 강조하고 있다. 그 결과 개인의 특성이나 범죄의 유형에 따라 선택이 달라질 수 있음을 간과하고 있다. 선택의 차이는 결국 억제효과의 차이를 의미하는바, 억제이론이 보다 성숙하고 억제정책이 보다 효과적이기 위해서는 왜 어떻게 선택의 차이가 발생하는지 숙고할 필요가 있다.

가. 개인의 특성에 따른 억제효과 차이

우리는 대부분 합리적으로 판단하고 선택한다고 생각한다. 그런데 다른 사람의 눈으로

▶개인의 특성
– 여기에서는 특성이 생물
학적 관점에서의 'trait'만 뜻
하는 것이 아님. 좀 더 포괄
적인 개념으로서 인구사회
학적 특성과 범죄 현장의 상
황 등도 포함함.

보면 꼭 그렇지만은 않다. 상식적으로, 충동성이 강한 사람은 차분한 사람에 비해 범죄를 선택할 가능성이 높다. 또한 노인보다는 젊은이가, 여성보다는 남성이, 잃을 게 많은 사람보다는 없는 사람이 더 범죄를 선택할 것이라 생각할 수 있다. 다시 말해, 충동성이 강한 사람, 젊은이, 남성, 잃을 게 없는 사람은 똑같은 범죄 조건에서 범죄의 이익을 더 크게 생각하거나 처벌의 강도를 더 약하게 생각해서 더 많은 범죄를 저지를 것이라는 논리이다. 이는 결국 범죄의 원인에 대한 탐구로 이어지는바, 앞으로 살펴볼 실증주의 관점의 핵심 의제에 해당한다.[49]

우리는 앞서 고전주의가 왜 실증주의의 공격을 받았는지 살펴봤다. 범죄의 원인을 막연히 합리적 선택으로 단정한 채 실증적인 원인 탐구를 소홀히 했기 때문이다. 억제이론도 그러한 비판에서 자유로울 수 없는바, 억제정책이 효과를 거두기 위해서는 개인의 특성을 반드시 고려해야 할 것이다. 단적이고 속된 예지만, 정말 잃을 게 없는 사람들은 차라리 범행을 저질러서라도 교도소에 수감되면 숙식을 공짜로 해결할 수 있다는 말이 있다.

흥미로운 예로서, 포가스키(2002)[50]는 억제가능성에 따라 개인을 세 집단으로 분류했다. '억제 불능자(the incorrigible)'는 처벌의 위협에 전혀 영향을 받지 않는 집단으로서, 전술한 잃을 게 없는 사람들이 해당된다. 또한 강한 생물·심리학적 특징을 가진 만성적 범죄인이나 (아동)성범죄처럼 재범률이 높은 범죄를 저지르는 사람들은 합리적인 계산이 어렵기 때문에 억제가 매우 어려운 집단이다. 정반대의 대척점에는 '철저한 순응자(the acute conformists)' 집단이 있다. 이들은 전통적인 가치와 도덕을 중시하기 때문에 법적 제재가 없어도 잘 억제될 수 있다. 마지막으로, '억제 가능자(the deterrable)'는 중간에 존재하는 집단으로서 공식적인 법규로 억제될 수 있는 사람들이다. 따라서 포가스키는 처벌의 억제효과를 제대로 연구하기 위해서는 억제 가능자들을 연구해야 한다고 주장했다.

포가스키의 분류는 매우 설득력이 있어 보인다. 라이트와 동료들(2004)은 뉴질랜드 연구에서 대부분 포가스키의 주장과 일치하는 결과를 확인했다. 억제정책은 '철저한 순응자' 집단에는 영향이 없었고, '억제 가능자' 집단에는 효과적이었다. 그런데, 자기통제력이 낮은 집단은 억제 불능이 아니라 오히려 억제정책이 가장 큰 효과를 보인 것으로 드러나 포가스키의 주장과 정반대였다. 따라서 섣부른 결론보다는 향후 '억제 불능자' 집단에 대한 세분화

된 실증연구가 더 많이 수행되어야 할 것이다.[51]

나. 범죄의 유형에 따른 억제효과 차이

범죄의 유형에 따라서도 억제효과는 달라질 수 있다. 그 이유는 개인의 특성에서와 마찬가지로 범죄 유형에 따라 합리성이 질적으로 달라지기 때문이다. 가장 전형적인 예는 재산범죄가 폭력범죄보다 더 계산적이거나 또는 덜 충동적이기 때문에 억제효과가 더 크게 나타날 수 있다는 것이다. 내부자 횡령(대표적인 재산범죄)과 음주 폭행(대표적인 폭력범죄)을 비교해보면 일반적으로 내부자 횡령 범죄자가 적발과 처벌을 면하기 위해 훨씬 더 치밀하게 준비하는 경향이 있다.

챔블리스(1967)[52]는 범죄 유형을 '도구적 범죄(instrumental crime)'와 '표출적 범죄(expressive crime)'로 구분하고 억제효과가 달리 나타나는지 연구했다. 도구적 범죄란 다른 목적을 달성하기 위해 사용되는 범죄를 말하고, 표출적 범죄란 쾌락이나 범죄 그 자체를 저지르기 위해 범해지는 범죄를 말하는바, 간단하게 '획득'과 '열정'으로 양자를 구분할 수 있다. 이 중 법적 제재의 억제효과는 감정 발산이 많이 수반되는 표출적 범죄에서 더 약한 것으로 드러났다. 특히 챔블리스는 성범죄가 가장 단적인 표출적 범죄이기 때문에 가장 억제가 어렵다고 주장했다. 그중에서도 소아성애자들은 대부분 도착증세를 가지고 있어 한 번 욕구가 발산되면 억제가 매우 어렵게 된다.

발생장소에 따라서도 억제효과는 달라진다. 길거리와 같이 공개된 장소에서 저질러지는 범죄는 건물 내에서 저질러지는 범죄에 비해 억제 가능성이 높다. 예컨대, 같은 매춘행위라 해도 강력한 단속이 시행될 경우 길거리 매춘이 오피스 매춘보다 빠르게 억제되는 경향이 있다. 심지어 일부 길거리 매춘이 오피스 매춘으로 이동해서 오피스 매춘이 증가하는 경우도 있다. 이는 흔히 억제나 상황적 범죄예방의 부작용으로 일컬어지는 '전이 현상(displacement)'으로서 향후 상세히 설명된다.[53]

▶범죄 유형별 억제효과의 차이
– 재산범죄 〉 폭력범죄
– 도구적 범죄 〉 표출적 범죄
– 노상 범죄 〉 내실 범죄

(3) 기회비용에 대한 고려 필요

억제이론은 선택의 계산식에서 처벌로 인한 손해에 집중한다. 이에 대해 개인의 합리성과 상황적 조건의 차이를 간과했다는 비판은 앞에서 살펴봤다. 여기에서는 제한된 합리성이라 해도 일반적으로 합리적인 판단이라 하면 반드시 고려하게 되는 기회비용의 개념과 필요성을 살펴보고자 한다. 개인을 둘러싼 상황적 조건의 일부(예, 가족관계, 사회관계, 직업이나 소득 등)가 기회비용으로 작동할 수 있다.

기회비용이란, 잘 알고 있듯, 하나를 선택할 때 포기 해야 하는 다른 것(들)의 가치를 의미한다. 모든 선택에는 대가가 따르는바, 합리적인 선택이 되려면 가급적 기회비용이 낮은 선택을 해야 한다. 앞에서 잃을 게 없는 사람은 범죄를 선택할 확률이 증가한다고 했는데, 잃을 게 없다는 건 바로 기회비용이 없음을 뜻한다. 따라서 이들에 대한 처벌 위협은 억제효과를 거두기 어려울 것이다.

범죄는 여러 대안들 가운데 하나. 기회비용 개념을 이해하면, 우리의 선택은 여러 대안들 가운데 하나를 선택하는 과정임을 깨닫게 된다. 다시 말해, 범죄행위는 근로, 학습, 레저, 친목, 휴식 등 여러 행위들 가운데 하나로서, 범죄를 선택하는 순간 그 시간에 근로, 학습 등 다른 행위들을 포기하게 되는 것이다. 그런데 고전주의와 억제이론은 그러한 대안들을 고려하지 않고 범죄만을 선택의 옵션으로 설정하고 있다. 즉, 다음과 같이 범죄의 이익과 손해만을 계산식에 포함시키고 있는바, 이러한 계산식에서는 당연히 처벌을 강화하여 손해를 증가시키는 게 적절한 해법처럼 보일 수 있다.

- 억제이론의 계산식:
  범죄 선택 = 범죄로 인한 이익 〉 범죄로 인한 손해

하지만 이는 올바른 계산 방법이 아니다. 합리적인 사람의 계산은 다음과 같이 이루어진다.

■ 합리적인 계산식:

범죄 선택 = 범죄로 인한 이익과 손해의 총합 〉 기회비용의 총합

즉, 범죄가 처벌의 위협에도 불구하고 이익이라 해서 무조건 범죄를 선택하는 건 아니다. 기회비용까지 고려했는데도 범죄가 이익이라고 판단될 경우에 범죄를 선택하는 것이다. 그래서 잃을 게 많은(기회비용이 큰) 사람들은 아무리 범죄의 조건이 좋아도 왠만해선 범죄를 선택하지 않는 것이다.

대안의 가치를 향상시키는 것이 좋은 억제정책. 그렇다면, 범죄 선택을 억제하는 방법은 처벌 강화에만 국한되지 않게 된다. 대안의 가치, 즉 기회비용을 높여주는 것이 더욱 효과적인 억제 방법이 될 수 있다. 가장 일반적인 대안은 근로인바, 예컨대 최저임금을 올리는 것과 같이 노동의 가치를 향상시키면 범죄를 선택할 이유가 줄어들게 된다. 따라서 억제이론과 정책이 진일보하기 위해서는 대안이 포함된 복잡한 선택의 과정을 체계적으로 정리하고, 개인의 특성이나 범죄의 유형에 맞게 정책을 구상하는 노력이 필요할 것이다.

▶노동의 가치 상승을 처벌의 대안으로 제시하는 것은 비판주의식 주장임. 치리코스 교수가 강조했던 사항을 필자가 정리한 것임.

(4) 비법률적 제재에 대한 고려 필요

억제가 꼭 법률적 제재로만 가능한 것은 아니다. 앞서 포가스키의 분류에서 '철저한 순응자' 집단은 전통적인 가치와 도덕을 중시하기 때문에 법적 제재가 없어도 잘 억제될 수 있다고 했다. 그렇다면 '억제 불능자' 집단이나 '억제 가능자' 집단에 대해서도 비법률적 제재가 효과적인지 검증해 볼 필요가 있을 것이다. 어쩌면 벌금이나 징역과 같은 공식적 처벌보다는 가족과 지인들이 느끼는 실망감, 주변인들의 눈치와 따돌림 같은 부정적인 느낌이 더 큰 억제 요인이 될 수 있다.

재통합적 수치심(reintegrative shaming). 브레이스웨이트(1989)[54]는 모든 형태의 비공식

적 제재에서 오는 부정적인 느낌을 '수치심(shaming)'이라 명명하고 이것의 억제효과를 공식적 제재와 비교해보았다. 그 결과, 수치심이 법적 제재보다 더 큰 억제효과를 보였다. 뿐만 아니라 수치심을 통한 제재는 도덕적 양심을 강화시켜 건전한 사회인으로의 재사회화를 실질적으로 가능케 하기 때문에 '재통합적 수치심'이라 칭했다.[55] 재통합적 수치심은 '회복적 사법(restorative justice)'의 한 형태로서 제8장 비판이론에서 추가로 설명된다.

비공식적 사회통제로의 확장. 수치심과 같은 비법률적 제재의 효과는 결국 '비공식적 사회통제'라는 범죄학의 큰 담론으로 이어진다. 비공식적 사회통제는 공식적 사회통제의 반의어로서 경찰이나 법원 등 국가기관이 아닌 시민이 주체가 되어 수행되는 사회통제를 말한다. 비공식적인 제재 위협이 법적인 제재 위협보다 더 큰 억제효과를 보인다는 데는 상당한 합의가 이루어져 있다. 이에 패터노스터와 이오반니(1986)[56]는 억제이론가들이 비공식적 사회통제모형을 받아들이고 검증할 필요가 있다고 주장했다. 또한 프랭크 윌리엄스(1985)[57]는 공식적인 제재가 통제의 한 부분이며, 다른 형태의 사회통제와 불가피하게 얽혀있다고 밝혔다.[58] 사회통제에 대한 이론적인 논의는 제7장 사회과정이론에서 상세히 소개된다.

III. 상황적 접근 소개

합리적선택 관점은 궁극적으로 범죄예방을 지향한다고 보면 된다. 따라서 상황적 접근이 억제이론보다 합리적선택 관점의 더 주요한 부분을 차지한다고 볼 수 있다. 그런데 이 절에서 처벌을 통한 통제를 추구하는 억제이론만 설명하면 합리적선택 관점에 대한 오해가 있을 수 있기 때문에 '상황이론들(situational theories)' 위주로 범죄예방과 관련된 논리를 간단히 살펴보고자 한다.

1. 범죄발생의 3요소

▶일상활동이론
– Routine Activity Theory(RAT)

상황이론들은 매우 즉시적이고 직접적인 장소적 특징과 상황을 탐구한다. 상황적 범죄예방의 논리를 이해하기 위해서는 범죄발생의 3요소를 알아야 한다. 코헨과 펠슨(1979)[59]의 '일상활동이론'은 범죄가 발생하려면 동기화된 '잠재적 범죄자'가 범죄를 목격하거나 제압할 수 있는 '힘있는 보호자'가 부재한 상태에서 '적당한 범행대상(피해자나 피해품)'을 접해야 한다고 설명한다(〈그림 IV–2〉 좌측 도식). 즉, 잠재적 범죄자와 적당한 범행대상, 힘있는 보호자의 부재라는 3요소가 시공간적으로 수렴해야 범죄가 발생하는바, 그렇다면 효과적인 범죄예방을 위해서는 힘있는 보호자의 역할이 매우 중요해진다.

〈그림 IV–2〉 범죄발생의 3요소와 힘있는 보호자의 종류*

* 〈그림 IV–2〉의 출처
– 구글 이미지에 워낙 많은 도식이 공개되어 있어 출처 공개 불필요.

힘있는 보호자의 개념 확대. 일상활동이론의 설명체계는 콜럼버스의 달걀과 같이 너무나 상식적인데 뒤늦게 발표된 느낌이 있다. 하지만, 1980년대를 전후로 범죄예방에 대한 관심이 증가하면서 이 이론은 크게 각광받았다. 이에 고무되어 1986년 펠슨[60]은 범죄예방의 핵심 역할을 해야 하는 힘있는 보호자의 개념을 보다 확대·구체화시켰다. 〈그림 IV–2〉의 우측 도식에서와 같이 ① 잠재적 범죄인을 사적으로 통제할 수 있는 '가까운 통제자(intimate handler)'로서 부모, 교사, 고용주, 친구 등의 역할을 강조했고, ② 장소와 시설을 관리할 수 있는 '장소 관리자(place manager)'로서 경비원이나 경비업체의 역할을 강조했으며, ③ 범행대상을 공적·사적으로 보호할 수 있는 '힘있는 보호자(capable guardian)'로서 경찰이나 경호원의 역할을 강조했다.

2. 범죄의 패턴

▶범죄패턴이론
– Crime Pattern Theory

우리는 모두 잠재적 범죄인이다. 우리의 일상을 돌이켜보면 집 – 직장(학교) – 여가활동 – 집 등 거의 매일 반복되는 특징을 가지고 있다. 따라서 범죄는 일상적인 장소적 패턴에 따라 발생할 가능성이 크다. 이에 착안한 설명체계가 브랜팅햄 부부(1984)[61]의 '범죄패턴이론'이다. 범죄패턴이론은 범죄의 장소적 특징에 대한 프로파일링을 촉진시켰는바, 그 결과 실제 범죄는 범죄인의 일상적인 활동범위를 크게 벗어나지 않는 것으로 드러났다.

▶피해의 원인과 피해자의 일상활동에 대한 관심 증가로 이어짐.

피해자의 일상활동에 대한 관심으로 확대. 일상활동이론과 범죄패턴이론이 처음에 관심을 가졌던 것은 범죄인의 일상활동과 생활양식이었다. 그런데 우리 모두는 잠재적 범죄인임과 동시에 잠재적 피해자이기도 하기 때문에 동일한 논리가 피해의 원인과 예방에 대한 논리로 활용될 수 있다. 특히 일상활동이론은 대표적인 생활양식과 관련된 이론으로서 피해자학 발달에 크게 기여한 것으로 평가된다. 이는 제2권에서 상세히 논의된다.

3. 상황적 범죄예방과 합리적 선택의 실제

▶합리적선택이론
– Rational Choice Theory
– 합리적선택 관점과 구분해야 함.
– 범죄 계산에서 더 중시하는 것은 이익 극대화가 아니라 적발과 체포의 위험 최소화임: 상황적 범죄예방의 효과성 시사.

마지막 문제는 범죄발생의 3요소가 시공간적으로 수렴했을 때 잠재적 범죄인은 실제로 어떤 선택을 할까이다. 클락과 코니시(1985)[62]는 '합리적선택이론'을 발표하고 실제 범죄 상황에서 이루어지는 의사결정 과정을 구체적으로 설명했다. 가장 큰 특징 세 가지는 다음과 같다. ① 대부분의 범죄인은 실제로 범죄가 자신에게 이익이 되는지를 계산한다. 아무리 계산 능력과 계산에 필요한 정보, 시간이 부족하더라도 계산을 하긴 한다. ② 범죄 유형에 따라 의사결정 과정이 달라지고(예, 절도 vs. 방화), 동일한 범죄라 해도 동기가 무엇이냐에 따라 달라진다(예, 돈 자체를 목적으로 한 절도 vs. 돈을 취득해 마약을 사기 위한 절도). 그만큼 현실에서의 계산은 매우 복잡하고 때로는 즉흥적이기도 하다. ③ 계산에서 더 중시하는 것은 범죄의 이익을 극대화하는 것보다는 적발과 체포의 위험을 최소화하는 것이다.

이 중에서 특히 세 번째 특징은 상황적 범죄예방이 매우 효과적일 수 있음을 시사한다. 아무리 좋은 목표물이 있다 해도 적발이나 체포의 위험성을 느끼면 포기하기 때문에 힘있는 보호자의 역할이 실제로 기능할 수 있는 것이다. 사실 펠슨(1986)[63]이 힘있는 보호자의 개념을 확대하고 구체화시킨 것도 이런 이유 때문이라 할 수 있다.

5가지 방법과 25가지 기술. 상황적 범죄예방이 억제이론과 어떻게 다른지 이제 명확해졌을 것이다. 상황적 범죄예방은 처벌 강화에는 별 관심이 없고, 실제 이루어지는 복잡하고 다양하며 때로는 즉흥적인 선택의 과정을 탐구한다. 그 결과로 코니시와 클락(2003)[64]은 현장 상황을 범죄에 비우호적으로 변경시켜 범죄의 기회를 감소시킬 수 있는 25가지 기술을 제안했다(〈표 IV-1〉). 이는 크게 다섯 개의 방법으로 구분될 수 있다. ① 범죄를 실행하기 위한 노력을 증가시키는 방법, ② 범죄행위 시 직면하게 되는 위험(적발이나 체포 가능성)을 증가시키는 방법, ③ 범죄로 인해 얻을 수 있는 보상이나 이익을 감소시키는 방법, ④ 범죄 상황에서 범죄자의 충동을 부추기는 자극을 줄이는 방법 ⑤ 범죄행동을 합리적이거나 정당한 것이라고 변명하는 것을 제거하는 방법.

<표 Ⅳ-1> 범죄기회 감소를 위한 5가지 방법과 25가지 기술

방법 (Ways)	노력 증가 (Increasing Efforts)	위험 증가 (Increasing Risks)	보상 감소 (Reduce the Rewards)	자극(충동) 감소 (Reduce Provocations)	변명 제거 (Remove Excuses)
기술 (Techniques)	범죄대상물 강화 (Hardening targets)	보호 강화 (Extend guardianship)	목표물 은폐 (Conceal targets)	좌절·스트레스 감소 (Reduce frustration & stress)	규칙 설정 (Setting rules)
	시설물 접근통제 (Control access to facilities)	자연적 감시 지원 (Assist natural surveillance)	목표물 제거 (Remove targets)	논쟁 회피 (Avoid disputes)	경고문(안내문) 세우기 (Post instructions)
	출입시 검색 (Screen exits)	익명성 감소 (Reduce anonymity)	소유물 표시 (Identify property)	감정적 충동 감소 (Reduce emotional arousal)	양심에 경고 (Alert conscience)
	범죄자 우회 (Deflect offender)	장소관리자 활용 (Utilize place managers)	(암)시장 관리 (Disrupt markets)	동료의 압박 중화 (Neutralize peer pressure)	준법 지원 (Assist compliance)
	도구/무기 통제 (Control tools/weapons)	공식적 감시 강화 (Strengthen formal surveillance)	범죄 이익 차단 (Deny benefits)	모방 차단 (Discourage imitation)	마약과 술 통제 (Control drugs & alcohol)

출처: 박현호 외 2인(2009), 「범죄예방론」, p.60. 경찰대학

요점 정리

합리적선택 관점의 의의

■ 고전주의와의 차이점: 고전주의가 완전한 합리성(자유의지)을 가정하는 반면, 합리적선택 관점은 연성결정론을 가정함. 따라서 고전주의는 범죄로 인한 이익과 처벌로 인한 손해라는 범죄 조건만 계산식에 넣지만, 합리적선택 관점은 범죄 조건 외에도 개인의 성향이나 능력, 가족관계, 사회관계, 환경적 특성 등 다양한 요인들이 선택에 영향을 미칠 수 있다고 봄.

■ 제한된 합리성: 현대의 합리성 개념은 '제한된 합리성(bounded rationality)'으로 이해하는 것이 바람직한바, 앞으로 범죄학에서도 선택이나 의사결정 개념이 나오면 개인마다 합리적 판단에 질적 차이가 있음을 전제해야 함. 그 질적 차이는 개인의 성향(속성)이나 능력 등에 기인함.

- 두 발달 경로: 합리적선택 관점은 통제 목적의 억제이론과 예방 목적의 상황적 접근으로 발달해갔음. 억제이론은 연성결정론이라는 현대적 가정을 공유하지만, 보수적인 통제 목적 때문에 선택의 계산식에서 처벌이 범죄의 비용으로 작동하는 기능을 강조함. 반면 상황적 접근은 범죄 실행을 어렵게 만들어(i.e., CCTV나 방범창 설치와 같이 상황적 요소들을 조작하여 범죄에 필요한 노력을 배가시킴) 범죄를 예방하고자 함.

억제이론의 등장 배경

- 1960-70년대 혼란기를 거치면서 피로와 위기감이 쌓여 점차 보수·안정화를 기대하던 시기 였음. 게다가 실증주의식 갱생과 교화 프로그램의 실효성에 강한 의문이 제기되었음.

- 제임스 Q. 윌슨: 보수 정치학자이자 행정가로서 1975년 저서 「범죄에 대한 숙고」에서 온정 적인 실증주의식 정책을 신랄하게 비판함. 대안으로서 강한 억제와 감금을 통해 범죄 기회를 줄여야 한다고 주장함.

일반억제

- 처벌의 대한 인지의 중요성: 일반억제는 처벌을 통해 일반 대중의 범죄를 예방하고자 하는 것으로, 실제 억제가 발생하기 위해서는 자신이 처벌될 수 있음을 지각해야만 함. 따라서 억제정책에 대한 적극적인 계도와 홍보가 요구됨.

- 처벌의 확실성: 확실성은 신속성과 엄격성에 비해 더 효과적인 것으로 파악됨. 하지만, 억제효과를 담보하기 위해서는 임계점(tipping point)을 넘어서는 수준의 확실성이 요구되는바, 핫스팟 폴리싱이나 문제지향적 경찰활동과 같은 집중단속이 효과적일 수 있음. 다만, 효과의 지속을 위해서는 지역사회와 함께하는 경찰활동이 필요해서 현대 경찰활동의 주요 패러 다임으로 자리 잡음.
- 처벌의 신속성: 범죄와 처벌 간의 시간적 간격이 짧을수록 두 개념의 연결성이 강하게 전달됨. 하지만, 신속성의 효과에 대한 실증연구는 상대적으로 적은 실정임. 소년범의 경우 처

벌을 먼 미래의 사건으로 생각하기 때문에 당장의 만족에 대한 욕구가 잘 억제되지 않을 수 있음.

- 처벌의 엄격성: 고전주의는 엄격성을 범죄의 심각성에 비례하는 개념으로 사용한 반면, 억제이론은 통제와 질서유지를 위해 가급적 엄하게 처벌해야 한다는 개념으로 사용함. 대표적인 사례가 무관용정책과 사형제도인데, 효과성에 대해서는 의견이 분분함. 사형제도에 반대하는 논리 중 주목할 것은 ① 생명경시풍조를 조장하여 자칫 흉악범죄를 유발하는 '잔인화 효과(brutalization effect)'가 초래될 수 있다는 것과 ② 무고한 사람이 사형을 당할 경우 결코 돌이킬 수 없다는 것임.

- 부분적(제한적) 억제(restrictive deterrence): 법적 제재의 두려움(처벌의 위협)이 개인의 범죄를 감소시키는 현상으로서, 예컨대, 덜 심각한 범죄를 선택하거나, 빈도를 줄이거나, 덜 폭력적으로 범행하거나, 장소나 시간을 변경하는 것이 해당함. 한계적(제한적) 억제(marginal deterrence)와 우리말 용어는 비슷하지만, 완전히 다른 개념이므로 주의해야 함.

특별억제

- 무력화: 특별억제는 처벌을 통해 재범을 막고자 하는 것으로, 대표적인 수단이 무력화임. 무력화는 범죄자를 교도소 등에 감금시켜 사회에서의 범죄 기회를 줄이고자 하는 접근임.

- 특별억제의 효과: 재범 예방에 효과적이라는 연구가 있지만, 효과가 없다거나 오히려 재범을 증가시킨다는 연구도 존재함. 재범이 증가하는 이유로는 ① 다시 잡힐 확률이 줄어들었다고 생각하는 '도박꾼의 오류'와 ② 처벌이 자기 낙인으로 이어져 더 많은 범죄를 저지르게 된다는 '반발효과'가 제기됨.

억제이론에 대한 평가

- 치열한 이념적 논쟁의 장: 억제는 현대 범죄학에서 보수와 진보 간 이념적 논쟁이 가장 뜨거운 분야 중 하나임. 신념이 실증연구보다 우선시되는 현실은 바람직하지 않지만, 범죄학

을 학습하는 입장에서는 이념 논쟁이 존재함을 알고, 양 진영이 어떤 주장을 하는지 알면, 범죄를 둘러싼 현실을 좀 더 객관적이고 비판적으로 바라보는 안목을 키울 수 있음.

■ 제한된 합리성과 억제효과의 차이: 합리성은 완전하지 않고 또한 개인마다 다름. 따라서 개인의 특성이나 범죄의 유형에 따라 선택이 달라질 수 있는바, 이는 곧 억제효과의 차이를 의미함.
  – 개인의 특성에 따른 차이: 충동성, 젊은이, 남성, 빈곤 등 개인의 타고난 속성이나 인구사회학적 특징, 현장 상황 등에 따라 선택이 달라질 수 있음. 이는 결국 범죄의 원인에 대한 탐구로 이어짐. 흥미로운 예로서 포가스키(2002)는 억제가능성에 따라 개인을 '억제불능자', '억제 가능자', '철저한 순응자'의 세 집단으로 분류하고, 법적 제재의 효과는 억제 가능자를 대상으로 연구하는 것이 바람직하다고 주장함.
  – 범죄의 유형에 따른 차이: 범죄의 유형에 따라서도 선택에 있어 합리성의 정도가 달라지므로 억제효과의 차이가 존재할 수 있음. 재산범죄는 폭력범죄보다, 도구적 범죄는 표출적 범죄보다, 노상 범죄는 내실 범죄보다 더 합리적 판단이 적용되므로 억제의 가능성이 큼.

■ 기회비용에 대한 고려 필요: 기회비용 개념을 이해하면 범죄의 선택이 범죄로 인한 이익과 손해만을 따져서 이뤄지는 것이 아님을 알 수 있음. 근로, 학습, 친목 등 다양한 대안들의 가치를 따져본 후 이뤄지는 결정으로서, 효과적인 억제를 위해 대안의 가치를 향상시키는 것도 좋은 방안이 될 수 있음.

■ 비법률적 제재에 대한 고려 필요: 수치심과 같은 비법률적 제재가 법적 제재보다 더 큰 억제효과를 거둘 수 있음. 특히, 도덕적 양심이 강화되는 것은 실질적인 재사회화를 가능케 함. 따라서 억제이론의 발전을 위해서는 공식적 제재와 비공식적 사회통제를 함께 고려해야 함.

상황이론들과 상황적 범죄예방

■ 상황적 접근은 매우 즉시적이고 직접적인 장소적 특징과 상황을 탐구함.

- 일상활동이론은 잠재적 범죄자, 적당한 범행대상(피해자나 피해품), 힘있는 보호자의 부재를 범죄발생의 3요소로 간주하고 이들이 시공간적으로 수렴할 때 범죄가 발생한다고 간주함. 이중 범죄예방을 위해서는 힘있는 보호자의 역할이 가장 중요하다고 봄.

- 범죄패턴이론은 범죄가 일상적인 생활패턴의 범주에서 크게 벗어나지 않는다고 주장함. 지리적 프로파일링을 촉진하는 이론적 근거가 됨.

- 합리적선택이론은 대부분의 범죄자가 실제 범죄 상황에서 계산과 선택을 한다고 봄. 그런데 의사결정 과정은 복잡하고 다양하며 때로는 즉흥적이기도 함. 가장 중요한 특징은 이익이 큰 상황보다는 적발과 체포의 확률이 낮은 상황을 더 중시함. 이는 상황적 범죄예방이 매우 의미 있는 접근임을 시사함.

- 상황적 범죄예방은 지속적인 발전을 거듭해왔음. 그 결과 대표적으로 범죄 기회를 감소시키기 위한 5가지 방법과 25가지 기술이 개발되었는바, 5가지 방법은 다음과 같음. ① 범죄에 필요한 노력 증가시키기, ② 적발이나 체포의 가능성 증가시키기, ③ 범죄로 인한 보상이나 이익 감소시키기, ④ 범죄자의 충동을 부추기는 자극 감소시키기, ⑤ 범죄행동에 대한 변명 제거하기.

1. Sandel, M. (2009). *Justice: What's the Right Thing to Do?* Farrar, Straus and Giroux.
2. Siegel, L. J. (2018). *Criminology: Theories, Patterns and Typologies*. Wadsworth. 이민식 외 7인 역(2020), pp.118-119. 센게이지 러닝 코리아.
3. Brown, S., Esbensen, F., & Geis, G. (2013). *Criminology: Explaining Crime and Its Context*. Elsevier. 황의갑 외 12인 역(2015), pp.181-184. 그린.
4. Maestro, M. (1973). *Cesare Beccaria and the Origins of Penal Reform*. Philadelphia, PA: Temple University Press.
5. 황의갑. (2022). "고전주의 범죄학과 합리적 선택이론", 「범죄학개론」, 제3장, pp.60-95, 박영사. Brown, S., Esbensen, F., & Geis, G. (2013). *Criminology: Explaining Crime and Its Context*. Elsevier. 황의갑 외 12인 역(2015), pp.184-185. 그린.
6. Brown, S., Esbensen, F., & Geis, G. (2013). *Criminology: Explaining Crime and Its Context*. Elsevier. 황의갑 외 12인 역(2015), pp.185-189. 그린.
7. Cullen, F. T., Agnew, R., & Wilcox, P. (2022). *Criminological Theory: Past to Present*, pp.26-28. New York: Oxford University Press.
8. Siegel, L. J. (2018). *Criminology: Theories, Patterns and Typologies*. Wadsworth. 이민식 외 7인 역(2020), p.119. 센게이지 러닝 코리아.
9. Siegel, L. J. (2018). *Criminology: Theories, Patterns and Typologies*. Wadsworth. 이민식 외 7인 역(2020), p.119. 센게이지 러닝 코리아.
10. Brown, S., Esbensen, F., & Geis, G. (2013). *Criminology: Explaining Crime and Its Context*. Elsevier. 황의갑 외 12인 역(2015), p.189. 그린.
11. Brown, S., Esbensen, F., & Geis, G. (2013). *Criminology: Explaining Crime and Its Context*. Elsevier. 황의갑 외 12인 역(2015), pp.189-191. 그린.
12. Bentham, J. (1789). *An Introduction to the Principles of Morals and Legislation*. Oxford: Clarendon Press.
13. Sandel, M. (2009). *Justice: What's the Right Thing to Do?* Farrar, Straus and Giroux.
14. Bentham, J. (1789). *An Introduction to the Principles of Morals and Legislation*. Oxford: Clarendon Press.; Brown, S., Esbensen, F., & Geis, G. (2013). *Criminology: Explaining Crime and Its Context*. Elsevier. 황의갑 외 12인 역(2015), p.189. 그린.
15. Siegel, L. J. (2018). *Criminology: Theories, Patterns and Typologies*. Wadsworth. 이민식 외 7인 역(2020). 센게이지 러닝 코리아.
16. Siegel, L. J. (2018). *Criminology: Theories, Patterns and Typologies*. Wadsworth. 이민식 외 7인 역(2020), p.120. 센게이지 러닝 코리아.

17. Brown, S., Esbensen, F., & Geis, G. (2013). *Criminology: Explaining Crime and Its Context.* Elsevier. 황의갑 외 12인 역(2015), pp.191-194. 그린.

18. Lilly, J. R., Cullen, F. T., & Ball, R. A. (2011). *Criminological Theory: Context and Consequences.* 이순래 외 2인 역(2017), pp.30-31. 박영사.

19. Brown, S., Esbensen, F., & Geis, G. (2013). *Criminology: Explaining Crime and Its Context.* Elsevier. 황의갑 외 12인 역(2015), p.191. 그린.; Lilly, J. R., Cullen, F. T., & Ball, R. A. (2011). *Criminological Theory: Context and Consequences.* 이순래 외 2인 역(2017), pp.30-31. 박영사.

20. Martinson, R. (1974). What Works? Questions and Answers about Prison Reform. *Public Interest, 35,* pp.22-54.

21. Siegel, L. J. (2018). *Criminology: Theories, Patterns and Typologies.* Wadsworth. 이민식 외 7인 역(2020), pp.121-122. 센게이지 러닝 코리아.

22. Simon, H. (1957). *Models of Man: Social and Rationa*l. Wiley.

23. Martinson, R. (1974). What Works? Questions and Answers about Prison Reform. *Public Interest, 35,* pp.22-54.

24. Siegel, L. J. (2018). Criminology: *Theories, Patterns and Typologies.* Wadsworth. 이민식 외 7인 역(2020), p.121. 센게이지 러닝 코리아.; Wilson, J. Q. (1975). *Thinking about Crime.* New York: Basic Books.

25. Wilson, J. Q. & Kelling, G. L. (1982). The Police and Neighborhood Safety: Broken Windows. *Atlantic Monthly, 127,* pp.29-38.

26. Wilson, J. Q. & Herrnstein, R. J. (1985). *Crime and Human Nature.* New York: Simon and Schuster.

27. Siegel, L. J. (2018). *Criminology: Theories, Patterns and Typologies.* Wadsworth. 이민식 외 7인 역(2020), p.378. 센게이지 러닝 코리아.

28. Brown, S., Esbensen, F., & Geis, G. (2013). *Criminology: Explaining Crime and Its Context.* Elsevier. 황의갑 외 12인 역(2015), pp.202-203. 그린.; Siegel, L. J. (2018). *Criminology: Theories, Patterns and Typologies.* Wadsworth. 이민식 외 7인 역(2020), p.140. 센게이지 러닝 코리아.

29. Siegel, L. J. (2018). *Criminology: Theories, Patterns and Typologies.* Wadsworth. 이민식 외 7인 역(2020), p.140. 센게이지 러닝 코리아.

30. Walker, S. (2006). *Sense and Nonsense about Crime and Drugs.* Thomson and Wadsworth.

31. Listokin, Y. (2007). Crime and (with a Lag) Punishment: The Implications of Discounting for Equitable Sentencing. *American Criminal Law Review, 44,* pp.115-140.

32. Brown, S., Esbensen, F., & Geis, G. (2013). *Criminology: Explaining Crime and Its Context.* Elsevier. 황의갑 외 12인 역(2015), p.200. 그린.

33. Pogarsky, G. (2002). Identifying 'Deterrable' Offenders: Implications for Research on Deterrence. *Justice Quarterly, 19,* pp.431-452.

34. Spohn, C. & Holleran, D. (2002). The Effect of Imprisonment on Recidivism Rates of Felony Offenders: A Focus on Drug Offenders. *Criminology, 40*, pp.329-358.

35. Webster, C. M., Doob, A., & Zimring, F. (2006). Proposition 8 and Crime Rates in California: The Case of the Disappearing Deterrent. *Criminology and Public Policy, 5,* pp.417-448.

36. Walker, S. (2006). *Sense and Nonsense about Crime and Drugs.* Thomson and Wadsworth.

37. Brown, S., Esbensen, F., & Geis, G. (2013). *Criminology: Explaining Crime and Its Context.* Elsevier. 황의갑 외 12인 역(2015), pp.217-218. 그린.

38. Siegel, L. J. (2018). *Criminology: Theories, Patterns and Typologies.* Wadsworth. 이민식 외 7인 역(2020), pp.142-143. 센게이지 러닝 코리아.

39. Brown, S., Esbensen, F., & Geis, G. (2013). *Criminology: Explaining Crime and Its Context.* Elsevier. 황의갑 외 12인 역(2015), pp.200-201. 그린.

40. Jacobs, B. A. (2010). Deterrence and Deterrability. *Criminology, 48,* pp.417-442.

41. Siegel, L. J. (2018). Criminology: *Theories, Patterns and Typologies.* Wadsworth. 이민식 외 7인 역(2020), pp.142-144. 센게이지 러닝 코리아.

42. Siegel, L. J. (2018). *Criminology: Theories, Patterns and Typologies.* Wadsworth. 이민식 외 7인 역(2020), p.147. 센게이지 러닝 코리아.

43. Pogarsky, G. & Piquero, A. R. (2003). Studying the Reach of Deterrence: Can Deterrence Theory Help Explain Police Misconduct? *Journal of Criminal Justice, 32,* pp.371-386.

44. Brown, S., Esbensen, F., & Geis, G. (2013). *Criminology: Explaining Crime and Its Context.* Elsevier. 황의갑 외 12인 역(2015), p.194 & pp.203-204. 그린.

45. Levitt, S. (1998). Why Do Increased Arrest Rates Appear to Reduce Crime: Deterrence, Incapacitation, or Measurement Error? *Economic Inquiry, 36,* pp.353-372.

46. Walker, S. (2006). *Sense and Nonsense about Crime and Drugs.* Thomson and Wadsworth.

47. Simon, H. (1957). *Models of Man: Social and Rational.* Wiley.

48. Wilson, J. Q. (1975). *Thinking about Crime.* New York: Basic Books.

49. Brown, S., Esbensen, F., & Geis, G. (2013). *Criminology: Explaining Crime and Its Context.* Elsevier. 황의갑 외 12인 역(2015), pp.204-207. 그린.

50. Pogarsky, G. (2002). Identifying 'Deterrable' Offenders: Implications for Research on Deterrence. *Justice Quarterly, 19,* pp.431-452.

51. Wright, B. R. E., Caspi, A., Moffitt, T., & Paternoster, R. (2004). Does the Perceived Risk of Punishment Deter Criminally Prone Individuals? Rational Choice, Self-Control, and Crime. Journal of Research in Crime

and Delinquency, 41, pp.180-213.; Brown, S., Esbensen, F., & Geis, G. (2013). *Criminology: Explaining Crime and Its Context*. Elsevier. 황의갑 외 12인 역(2015), p.207. 그린.

52. Chambliss, W. J. (1967). Types of Deviance and the Effectiveness of Legal Sanctions. Wisconsin *Law Review, 1967,* pp.703-719.

53. Brown, S., Esbensen, F., & Geis, G. (2013). *Criminology: Explaining Crime and Its Context*. Elsevier. 황의갑 외 12인 역(2015), p.194 & pp.207-210. 그린.

54. Braithwaite, J. (1989). *Crime, Shame, and Reintegration*. Cambridge, UK: Cambridge University Press.

55. Brown, S., Esbensen, F., & Geis, G. (2013). *Criminology: Explaining Crime and Its Context*. Elsevier. 황의갑 외 12인 역(2015), p.220. 그린.

56. Paternoster, R. & Iovanni, L. (1986). The Deterrent Effect of Perceived Severity: A Reexamination. *Social Forces, 64,* pp.751-777.

57. Williams, F. P. (1985). Deterrence and Social Control: Rethinking the Relationship. *Journal of Criminal Justice, 13,* pp.141-151.

58. Brown, S., Esbensen, F., & Geis, G. (2013). *Criminology: Explaining Crime and Its Context*. Elsevier. 황의갑 외 12인 역(2015), pp.219-221. 그린.

59. Cohen, L. E. & Felson, M. (1979). Social Change and Crime Rate Trends: A Routine Activities Approach. *American Sociological Review, 44,* pp.588-608.

60. Felson, M. (1986). Linking Criminal Choices, Routine Activities, Informal Control, and Criminal Outcomes. In D. B. Cornish & R. V. Clarke (eds.), *The Reasoning Criminal: Rational Choice Perspectives on Offending.* pp.119-128. Spring-Verlag.

61. Brantingham, P. J. & Brantingham, P. L. (1984). *Patterns in Crime*. New York: MacMillan.

62. Clarke, R. V. & Cornish, D. B. (1985). Modeling Offenders' Decisions: A Framework for Research and Policy. In M. Tonry & N. Morris (eds.), *Crime and Justice: An Annual Review of Research, 6.* Chicago, IL: University of Chicago Press.

63. Felson, M. (1986). Linking Criminal Choices, Routine Activities, Informal Control, and Criminal Outcomes. In D. B. Cornish & R. V. Clarke (eds.), *The Reasoning Criminal: Rational Choice Perspectives on Offending.* pp.119-128. Spring-Verlag.

64. Cornish, D. B. & Clarke, R. V. (2003). Opportunities, Precipitators, and Criminal Decisions: A Reply to Wortley's Critique of Situational Crime Prevention. In M. J. Smith & D. B. Cornish (eds.), *Theory for Practice in Situational Crime Prevention.* Monsey, NY: Criminal Justice Press.

제**5**장 특성이론과 생물사회학적 관점

19세기 중반부터 20세기 초반까지 이어진 초기 실증주의에서는 인간의 행동을 결정론적 시각에서 바라보았다. 즉, 고전주의와 달리 범죄는 자유로운 선택이 아니라 무언가 내적·외적 원인이 존재하기 때문에 발생하는 행위라 믿었다. 그중 생물학(인상학, 골상학 포함), 심리학 등 자연과학을 이용하여 범죄의 내적 원인을 탐구했던 접근법을 '특성이론(trait theory)'이라 부른다. (참고로 사회학을 이용하여 범죄의 외적 원인을 탐구했던 접근법은 사회학적 실증주의라 불린다.) 여기에서 특성은 타고난 속성이나 소질을 의미한다.

일부 교재들을 보면 범죄의 원인을 크게 소질과 환경(i.e., 범죄 = 소질×환경)으로 구분하는데,[1] 여기에서의 소질이 특성에 해당한다고 보면 된다. 이 책은 범죄의 원인을 거시(구조 또는 환경, 제6장)와 미시(개인)로 구분하고, 미시는 다시 nature(본성 또는 특성, 제5장)와 nurture(양육 또는 사회화, 제7장)로 구분한다. 따라서, 일부 교재에서 '환경'으로 통칭하는 요인이 이 책에서는 '사회구조'와 '사회화'로 구분되어 있다고 보면 된다.

한편, 초기 실증주의의 특성이론은 20세기 말부터 급격히 발전한 유전학과 뇌과학에 힘입어 생물사회학적 관점으로 다시 주목받고 있다. 용어에서 알 수 있듯, 생물사회학적 관점은 생물학적 특성과 사회학적 환경을 결합한 시각(GxE)으로서 강한 설명력을 인정받고 있다. 여기에서 환경은 다시 사회구조와 사회화를 통칭하는 용어가 된다. 용어가 어떤 맥락에서 사용되느냐에 따라 의미(포괄성)가 달라지므로 독자들의 주의를 요한다.

용어와 개념을 중시하는 이 책이 제5장의 제목을 '특성이론과 생물사회학적 관점'으로 정한 이유는 특성이론과 생물사회학적 관점의 차별성을 부각하기 위함이다. 많은

▶**특성(trait)**
– 타고난 속성이나 소질을 의미함.
– 인구사회학적 특징과 같이 일반적으로 많이 사용되는 '특징'은 charaleristics를 번역한 용어임.

▶**GxE**
– 유전(gene) × 환경(envi-ronment)
– 일부 교재들의 소질 × 환경과 유사.
– 여기에서 '환경'은 사회구조와 사회화를 포괄하는 개념임.

교재들이 특성이론을 포괄적인 개념으로 인정해서 타고난 속성(소질)을 다루면 모두 특성이론으로 분류하고 있는바, 생물사회학적 관점도 특성이론에 포함되는 경우가 많다. 하지만, 이 책은 그럴 경우 생물사회학적 관점을 지나치게 속성의 측면에서만 바라볼 우려가 있다고 보아, 독자들이 좀 더 균형 있게 속성과 환경의 상호작용을 이해하길 바라는 차원에서 두 용어를 분리해서 사용했다.

제1절은 초기 실증주의 시대의 특성이론을 다룬다. 제3장에서 살펴본 것처럼 19세기의 특성이론은 콩트의 실증주의를 범죄 연구에 처음 적용한 것으로 본격적인 범죄 원인 탐구의 시발점이 되었다는 데 의의가 있다. 하지만, 과학의 발전과 사회의 진화에 대한 지나친 믿음 때문이었는지, 특성이론과 연구에 내재된 통제 위주의 이념과 방법론적 허점에 대한 문제를 인식하지 못해, 20세기 초중반부터 많은 비판을 받으며 범죄학계의 관심에서 사라져갔다. 그러다가 20세기 말 유전학과 뇌신경과학의 급격한 발달은 인간의 행동에 영향을 미치는 유전적 특성을 더 이상 무시할 수 없게 만들었다. 오히려 특정 이념에 치우침 없이 중립적인 입장에서 유전의 영향을 탐구하는 것은 범죄에 대한 설명력을 상당히 증가시킨다는 합의가 범죄학계에서 점차 확산되고 있는 상황이다. 이러한 특성이론의 부활은 유전과 환경의 상호작용을 탐구하는 생물사회학적 관점으로 정리되는바, 이는 제2절에서 다뤄진다.

제1절　특성이론

I. 등장 배경

근대화와 경험주의

고전주의와 마찬가지로 19세기의 특성이론은 근대화의 산물이다. 천년 넘게 절대적이고 보편적이며 불변하는 '진리'의 위치를 차지했던 기독교 유일신의 시대가 저물고 인간의 이성이 그 자리를 대체하면서, 철학의 중심은 진리의 존재 여부를 탐구하는 '존재론'에서 진리에 어떻게 도달할 수 있는지를 탐구하는 '인식론'으로 이동했다. 인식론은 다시 이성적 사고를 중시하는 데카르트의 '합리주의'와 경험과 실증을 중시하는 베이컨의 '경험주의'로 양분되어 발달했다. 양자가 서로의 접근법을 완전히 부정한 건 아니지만, 경쟁 관계에 있었음은 분명하다. 특히 베이컨의 우상론(예, 종족, 동굴, 시장, 극장 우상)은 경험하지 않고 생산된 지식은 자칫 편견이나 선입견으로 이어질 수 있음을 경고해서 자연과학이 발달하는 데 크게 기여했다(스토리박스 보충설명 I-2 참고). 그런 차원에서 일견 범죄학의 고전주의는 합리주의 전통을 따른 것이고, 실증주의는 경험주의 전통을 따른 것으로 이해할 수 있다(〈표 III-2〉 참고).

▶Francis Bacon, 영국, 1561-1626.

▶Rene Descartes, 프랑스, 1596-1650.

콩트의 실증주의

자연과학의 발달은 산업화와 자본주의를 촉진시키며 시민사회가 성숙하는 데 일조했다. 그러다가 19세기 초중반 과학에 대한 무한 신뢰와 인류사회에 대한 낙관적인 태도가 콩트의 실증주의로 나타나 사회현상에 대한 탐구도 관찰을 통한 데이터 수집과 통계를 이용한 분석과 추론이 일상화되었다. 콩트는 실증주의를 인간정신의 발달단계에서 마지막 종착지로 간주하고, 모든 지식은 상상 속의 추론이 아니라 실제 경험과 관찰을 통해서만 생산되어야 한다고 주장했다.[2] 이때부터 실증주의는 범죄 연구에 있어서도 대세로 자리 잡았는데, 반대로 고전주의식 철학적 사유는 현실적이지 못한 탁상공론으로 치부되었다.

▶Auguste Comte, 프랑스, 1798-1857.

다윈의 진화론

과학의 발달 중에서도 19세기 특성이론에 가장 큰 영향을 미친 사상은 다윈[3]의 진화론이다. 우리나라에서는 다윈이 갈릴레이, 뉴턴, 아인슈타인에 비해 명성이 덜 하지만, 서구에서는 인류사의 패러다임을 바꾼 과학자로 명성이 드높다. 그도 그럴 것이 천 년 이상 지속된 기독교 세계관과 창조론을 정면으로 부정하는 진화론을 주장했으니 가히 혁명 중의 혁명이라 부를 만했다. 이를 계기로 서구에서는 '과학숭배사상'(또는 과학주

▶Charles Darwin, 영국, 1809-1882.

의)이 등장한 것으로 평가된다.

다윈은 인간이 다른 모든 생물과 마찬가지로 '자연선택'과 '적자생존'의 과정에서 수많은 적응을 거치며 진화해 왔다고 주장했다. 인종도 다양하게 존재했는데, 어떤 인종은 적응에 실패해 멸종하거나 열등한 존재로 남아 우세한 인종의 지배를 받게 된 것으로 보았다.[4] 그의 주장은 전 세계를 여행하며 수집한 진화의 증거로 인해 과학적인 것으로 인정되었다. 그리고 인간의 본질과 세상의 현상에 대한 탐구를 과학적으로 접근해야 한다는 당위성을 확실히 부각시켰다. 앞서 제3장에서 살펴본 롬브로소의 연구가 유전, 진화, 퇴화 등의 주제로 구성되어 있는 것은 진화론의 영향 때문이었다.

현상의 패턴과 근대성

범죄의 원인을 규명하기 위해서는 먼저 일정한 패턴이 '관찰'되어야 한다. 예컨대, 롬브로소의 연구에서는 심각한 범죄인 대부분이 강한 턱과 송곳니를 가지고 있었고, 시카고학파는 전이지역의 범죄율이 지속적으로 높은 현상을 목격하였다. 패턴이 관찰되면 유사한 모습을 보이는 개체들을 집단으로 분류하고 본격적으로 원인을 탐구하게 되는데, 이것이 바로 근대성의 대표적인 특징이다(〈표 III-2〉 참고). 따라서 독자들은 범죄학의 실증주의를 학습할 때 항상 '현상(데이터) – 패턴 – 원인 – 대책'으로 이어지는 과정을 염두에 두기 바란다(〈표 II-6〉).

이상 기술된 특성이론의 등장 배경은 시대순으로 나열한 것이다. 마지막의 '현상의 패턴과 근대성'은 실증주의 전체를 포괄하는 배경이라 할 수 있다. 최대한 수미쌍관하도록 기술하였으니 독자들은 반복 학습을 통해 온전히 체득하길 바란다. 범죄학의 큰 흐름을 이해하는 데는 '근대화(=이성)', '근대성(=실증, 분류, 일반화)', '탈근대성(=맥락과 역사, 개별화)'의 큰 맥락을 알아두는 게 많은 도움이 될 것이다.

II. 주요 이론 및 학자

이 책은 초기 실증주의의 특성이론을 크게 생물학적 설명과 심리학적 설명으로 구분하고자 한다. 현대의 생물사회학적 관점에서는 충동성, 분노조절장애, 공감능력력부족, 우울, 불안 등 정신이나 감정 상태가 유전자, 호르몬, 신경전달물질 등의 영향을 받는다고 하여 생물학과 심리학의 일부가 서로 결합되어 논의되지만(예, 생물심리학, 인지심리학), 19세기 전체와 20세기 중반까지는 두 학문이 별개의 영역으로 존재했었다. 그도 그럴 것이 이 시기의 생물학에서는 DNA를 분석하여 유전자를 해독한다거나 신경전달물질의 존재와 기능을 탐구하는 연구가 불가능했었다. 즉, 이 시기에는 생물학과 심리학을 연결할 수 있는 매개체에 대한 연구가 없었기 때문에 양자를 따로 살펴볼 수밖에 없는 실정이다. 참고로 가계(家系) 연구는 범죄성향을 생물학적 유전으로 설명한다는 점에서 생물학과 심리학의 결합으로 볼 수 있지만, 현대의 기준에서 보면, 문제성향이 특정 가족에게서 높은 확률로 발현되었다는 일부 사례로 유전을 단정할 수는 없기 때문에 그다지 과학적이지 않은 접근이었다. 가계 연구는 핵심이 범죄성향이기 때문에 심리학적 설명에서 간단히 소개한다.

▶초기의 특성이론이 생물학적 설명과 심리학적 설명으로 명확히 구분되는 이유 - 두 접근법을 매개할 수 있는 기술 부재(예. 유전자 해독. 신경전달물질의 기능 탐구 등).

1. 생물학적 설명

생물학적 설명에는 얼굴의 특징을 범죄와 연결시키는 '인상학(관상학)', 뇌의 크기와 기능을 범죄와 연결시키는 '골상학', 진화의 개념을 적용하여 신체적 특징을 유전과 범죄에 연결시키는 '신체 연구' 등이 있다. 이 가운데 주류는 신체 연구로서 롬브로소, 고링, 그리고 이들의 영향을 받은 미국의 학자들인 후튼과 쉘던의 연구가 많은 관심을 끌었다. 그에 비해 인상학과 골상학은 18-19세기 과학이 급속히 발전하던 시대의 부산물로서 당시의 기준으로도 약간은 설득력이 떨어지는 유사과학으로 치부되며 진지하게 받아들여지지 않았다. 따라서 이 책은 인상학과 골상학에 대해서는 간단히 언급만 하고, 롬브로소를 비롯한 신체 연구 위주로 설명하고자 한다.

인상학을 대표하는 사례로는 라바터(J. K. Lavater, 1741-1801)의 연구가 있다. 스위스의 목사이자 시인이었던 라바터는 영적인 내면이 얼굴에 나타난다는 신념을 가지고 있었고, 이를 증명하기 위해 관상학을 공부했다. 그러다가 범죄자의 얼굴 형태를 연구하면서 눈, 코, 귀의 모양과 이들 사이의 거리에 특이한 패턴이 있는지 살펴보았다. 골상학을 대표하는 학자로는 독일의 갈(F. J. Gall, 1758-1828)과 스푸르츠하임(J. G. Spurzheim, 1776-1832)이 있다. 그들은 두개골의 모양과 머리의 돌출된 부분이 범죄행위와 연관되는지 연구했다. 실제로 뇌의 기형은 범죄성향과 관련이 있었으며, 이는 외부적으로도 확인이 가능했다. 골상학자들의 연구는 이탈리아 실증주의의 선구자인 롬브로소에게 영향을 미친 것으로 평가된다.[5]

(1) 체사레 롬브로소: 생래적 범죄인설

▶Cesare Lombroso, 이탈리아, 1835-1909. 베카리아와 같은 대학 졸업.

근대(실증주의) 범죄학의 아버지로 불리는 롬브로소는 베카리아와 같은 파비아 대학(Univ. of Pavia)을 졸업했다. 베카리아는 1758년에 법학과를 졸업했고, 롬브로소는 1858년에 의학과를 졸업했으니, 100년 사이에 고전주의가 실증주의로 넘어가는 역사, 그리고 법학과 정치철학이 주도했던 합리적 사고에서 자연과학이 주도했던 경험적 실증으로 넘어가는 역사를 한눈에 짐작할 수 있다. 롬브로소에게 범죄라는 인간의 행위를 실증적으로 탐구하는 접근은 고전주의식 자유의지 철학에 대한 명백한 도전이었고 반드시 수행해야 할 사명이었다.[6]

생래적 범죄인(born criminals). 다윈의 진화론에 큰 영향을 받은 롬브로소는 범죄인을 진화가 덜 된 열등한 존재로 파악했다. 그 증거는 얼굴과 두개골, 신체 전반에 걸쳐 나타나는데, 큰 턱, 강한 송곳니, 돌출된 광대뼈, 긴 팔, 두터운 입술 등은 야만인의 것과 흡사하다고 주장했다. 이러한 특성을 롬브로소는 퇴화한 가계로부터 간접 유전을 통해 전달된 '격세유전적 이상성(atavistic anomalies)'이라 칭했다. 유독 심한 사례로는 남부 이탈리아의 한 절도범의 뇌 후두부가 움푹 파여 있었는데, 이는 설치류와 같은 열등한 동물에서 나타나는 특징이었다. 롬브로소는 이러한 해부 및 신체검사 결과를 정리하여 1876년 「범죄인(The Criminal Man)」이라는 책으로 발표했다.[7]

이론의 수정. 롬브로소는 범죄자를 네 가지 유형으로 구분했다. ① 격세유전적 이상성을 가진 '생래적 범죄인' ② 백치, 정신박약자, 편집증 환자, 고주망태 등을 포괄하는 '정신이상적 범죄인(insane criminals)' ③ 선천적인 범죄성향을 가지고 있긴 하지만 주로 범죄 기회를 엿보며 행동하는 '우발적(기회적) 범죄인(occasional criminals)' ④ 울화, 치정, 복수심과 같은 불가항력적 감정 때문에 범죄를 저지르는 '격정적 범죄인(criminals of passion)'.

▶롬브로소의 범죄자 유형 분류
- 생래적 범죄인
- 정신이상적 범죄인
- 우발적(기회적) 범죄인
- 격정적 범죄인

여기에서 생래적 범죄인을 제외한 다른 유형의 범죄인들은 오늘날 우리에게 매우 익숙한 부류로서, 필자가 이를 소개하는 이유는 롬브로소가 모든 범죄인을 유전적으로 덜 진화한 열등한 자들로만 바라본 게 아님을 강조하기 위해서다. 또한 저서를 다섯 번 개정하면서 롬브로소는 기후, 강수량, 성, 결혼풍습, 법, 정부 구조, 종교 기관 등 다양한 요인들의 영향을 다루는 환경적 설명을 받아들이기도 했다.[8]

업적에 대한 평가와 유산. 현대의 기준으로 보면 롬브로소의 진화론적 설명은 매우 단순하고 허점이 많다. 하지만 당시에는 유럽과 미국에서 엄청난 인기를 끌었고 19세기 말까지 범죄인류학에 대한 관심이 크게 지속되는 계기가 되었다. 범죄학 역사를 통틀어 그의 업적은 두 가지 측면에서 높게 평가된다. 첫째, 앞서 여러 번 언급된 것처럼, 범죄 연구의 패러다임을 '형벌제도 개혁'이라는 형이상학적 담론에서 '범죄원인 탐구'라는 과학적 실증으로 전환시켰다. 이런 점에서 그가 근대(실증주의) 범죄학의 아버지로 불리는 것이다. 둘째, 롬브로소는 진화적 원인뿐만 아니라 사회적, 경제적, 문화적 원인을 포괄하는 설명을 제시했다. 우리는 흔히 롬브로소에 대해 생물학적 설명만 고집한 학자로 오해하는데, 사실은 그렇지 않다. 다양한 부류의 범죄인이 존재함을 인정했고, 범죄의 원인도 다양한 환경적 설명이 가능함을 인정했는바, 그의 열린 시각은 현대적 시각과 크게 다르지 않았던 것이다.

▶롬브로소의 업적
- 형이상학적 담론에서 과학적 실증으로의 패러다임 전환
- 진화적(생물학적) 요인과 더불어 사회적, 경제적, 문화적 원인을 포괄하는 설명 제시

롬브로소의 업적은 페리(E. Ferri)와 가로팔로(R. Garofalo)로 이어지는 이탈리아 범죄학의 토대가 되었다. 페리는 정치, 경제, 사회적 요인들에 주목했고, 법학자인 가로팔로는 사회진화론의 시각에서 범죄 원인을 탐구했다. 페리와 가로팔로가 생물학적 특성에는 덜 주목했지만, 다른 환경적 요인들의 상호작용과 진화론적 시각에 관심을 가졌던 이유는 롬브로소에서 비롯되었다고 할 수 있다. 페리와 가로팔로의 주장은 아래 스토리박스 〈보충설명 V-1〉에서 설명된다.[9]

이탈리아의 초기 실증주의 범죄학: 페리 & 가로팔로

■ 엔리코 페리(**Enrico Ferri, 1856-1929**)

페리는 실증주의자답게 고전주의의 자유의지 철학을 공격하고, 대신 범죄성을 탐구하는 데 집중했다. 그는 롬브로소와 달리 생물학적 요인보다는 물리적 요인(예, 인종, 지역, 온도 등), 개인적 요인(예, 연령, 성별, 심리 등), 사회적 요인(인구, 종교, 문화 등)이 서로 상호작용하여 범죄가 유발되는 과정에 주목했다. 또한 정치적으로 사회주의적 입장을 고수하면서 보조금으로 지어진 주택, 산아 제한, 결혼과 이혼의 자유, 공공 레크리에이션 시설 등과 관련된 정책을 옹호했는바, 노동자의 이익이 대변되는 사회적 변화가 범죄를 감소시킬 수 있다고 주장했다.

그런데 페리는 범죄에 대한 법적 책임을 논하면서도 과학적 접근을 강조했다. 급격한 사회변화의 시기에 더 나은 조국을 열망했던 그는, 범죄자가 신 앞에 윤리적으로 책임을 진다는 허황된 사상을 타파하고, 과학으로 무장한 전문가들이 범죄원인 규명과 법률 제정, 형벌 집행을 모두 설계해야 한다고 주장했다. 결국 파시즘과 무솔리니 정권을 지지했던 페리는 국가의 권위를 재확인시키고자 범죄자에 대한 통제가 필요함을 역설했는데, 그 이면에는 시대적 격동기에 급격히 증가하는 범죄에 대한 우려가 존재했다. 실제 그의 저서 「범죄사회학(Sociologia Criminale)」 제

▶페리의 특징
- 범죄는 물리적, 개인적, 사회적 요인들의 상호작용 결과물
- 사회주의자에서 전체주의자로 변화: 범죄통제의 필요성 강조

▶페리의 범죄자 유형 분류
- 생래적 범죄인
- 정신이상적 범죄인
- 기회적(우발적) 범죄인
- 격정적 범죄인
- 습관성 범죄인
- 비자발적 범죄인

5판(1929)에서는 제1차 세계대전 이후 현기증 날 정도로 변화하는 시대의 산물로서 '비자발적 범죄자'가 많이 늘어날 것이라 예측했다. 사회주의자에서 파시스트로의 변화가 극적이긴 하지만 사회안정과 국가발전을 꿈꾸었던 페리의 이상은 항상 변하지 않았다는 평가가 지배적이다.

■ 라파엘 가로팔로(Raffaele Garofalo, 1851-1934)

1885년 '범죄학(Criminologia)'이라는 용어를 처음 사용한 가로팔로는 19세기 실증주의 또는 이탈리아 범죄학파의 마지막 주자로 간주된다. 그는 법학자로서 당시 형사사법시스템에 존재했던 구체적인 문제에 대해 실천적인 해법을 추구했는바, 이것이 롬브로소, 페리와 구별되는 특징이었다. 또한, 범죄와 범죄인의 본질을 설명하기 위해 당대 유행했던 '사회진화론(social Darwinism)'을 차용한 점은 그에게 실증주의자 지위를 부여해주었다. 하지만, 동시에 고전주의식 자연법사상을 받아들여 '자연범' 개념을 정립한 것으로도 유명하다.

가로팔로에게 범죄는 '도덕(또는 정직, probity)'과 '연민(pity)'의 감정을 침해하는 행위였다. 도덕은 청렴결백하고 성실해야 한다는 윤리적 양심을 의미하고, 연민은 타인의 고통과 시련을 안타까워하는 공감 능력을 의미하는데, 그는 사회가 진화할수록 구성원에게 요구되는 도덕과 연민의 수준이 높아진다고 주장했다. 또한 동일한 사회 내에서도 집단별로 도덕과 연민의 수준이 다를 수 있음을 인정했다. 가로팔로는 도덕과 연민의 감정이 거의 대부분의 문명화된 사회에서 공통으로 요구되는 '기본 감정'이라 전제하고, 이를 기준으로 범죄자의 유형을 네 부류로 구분했다. ① 도덕과 연민이 전적으로 부족한 살인 범죄인 ② 연민이 부족한 폭력 범죄인 ③ 도덕이 부족한 절도 범죄인 ④ 연민이 부족한 성폭력 범죄인 또는 도덕이 부족한 음란한 범죄인. 이러한 범죄 정의와 범죄자 유형 분류는 모든 문명화된 사회에서 수용될 수 있는 보편적인 자연범 개념에 해당한다고 주장했다.

가로팔로의 사상에서 사회진화론의 절정은 형벌과 행형에 대한 주장에서 드러

▶가로팔로의 특징
- '사회진화론' 적용: 실증주의
- '자연범' 개념 정립: 고전주의
- 강력한 통제 주장

▶가로팔로의 범죄자 유형 분류(기준: 기본 감정)
- 살인 범죄인: 도덕과 연민이 전적으로 결핍
- 폭력 범죄인: 연민 결핍
- 절도 범죄인: 도덕 결핍
- 성 범죄인: 성폭력은 연민 결핍, 음란성은 도덕 결핍

났다. 그는 사회가 '생존'하기 위해서는 구성원에게 요구되는 기본 감정이 부족한 범죄인을 '도태'시켜야 한다고 주장했다. 살인범과 같이 도덕과 연민이 전적으로 결핍된 자들은 사형(i.e., '물리적 제거')을 시키는 것이 사회에 도움이 된다고 했고, 덜 심각한 범죄인들에 대해서는 종신형이나 해외 추방과 같은 '사회적 제거'를 제안했다. 물론 법학자로서 억제나 재사회화에 대한 논의도 진행했지만, 이는 부차적인 관심사였다. 간단하게, 그는 강제배상과 부정기형을 선호했다는 정도로 정리해두자.

가로팔로에게 개인이란 제거되더라도 사회에 큰 손해가 되지 않는 하나의 세포에 불과했다. 페리와 마찬가지로 가로팔로는 개인보다 사회를 더 중시하면서, 과학적 전문가의 의견은 개인의 권리나 호소보다 상위에 위치한다고 보았다. 이러한 사상은 이탈리아의 전체주의화에 과학적 신뢰를 부여했기 때문에 무솔리니 정권의 지지를 받게 되었다. 하지만, 결국 20세기 중반 이후 인종차별과 인권침해의 원인을 제공했다는 이유로 많은 비판을 받기도 했다.

출처: Lilly, J. R., Cullen, F. T., & Ball, R. A. (2011). *Criminological Theory: Context and Consequences*. Sage. 이순래 외 2인 역(2017). pp.35-41.

(2) 찰스 고링(Charles Goring, 1870-1919)

▶고링의 특징
- 피어슨과 협업하여 정교한 측정과 통계적 비교를 수행함.
- 범죄인과 비범죄인 간의 차이 거의 없음.
- 하지만 범죄인의 신장과 체중이 상대적으로 왜소한 점과 범죄 유형별로 범죄인의 신체가 다른 특징을 근거로 생물학적 연구의 정당성을 주장하기도 함.

생래적 범죄인설 비판. 영국의 교도소에서 군의관으로 근무했던 고링(1913)[10]은 롬브로소와 마찬가지로 범죄인의 신체적 특징에 주목했다. 그는 저명한 통계학자인 피어슨(Karl Pearson)과 협업하여 3,000명의 죄수들과 통제집단으로서 많은 수의 비범죄인을 비교했다. 96가지의 신체적 특징을 8년간 비교 연구한 끝에 고링은 신장과 체중을 제외하곤 두 집단 사이에 유의미한 차이가 없다고 결론 내렸다. 이러한 결과는 롬브로소의 생래적 범죄인설을 약화시켰는바, 고링은 롬브로소의 접근이 정확한 측정과 통계분석에 의존하지 않고,

상대적으로 간단한 관찰과 비과학적인 언어를 사용한 문제가 있다고 비판했다. 결국 고링에게 인류학적인 괴수는 존재하지 않는 허구였으며, 그의 연구를 계기로 범죄인류학에 대한 관심은 점차 식어갔다.[11]

생물학적 결정론 지지. 하지만 고링의 연구는 범죄 유형에 따라 범죄인의 신체적 특징이 뚜렷이 구분되는 결과를 얻기도 했다. 예컨대, 폭력 범죄인은 다른 유형의 범죄인보다 힘이 세고 체격이 당당했던 반면, 빈집털이범이나 절도범, 방화범은 다른 유형의 범죄인보다 신장과 체중이 왜소했다. 또한, 전술한 대로 신장과 체중에서는 범죄인과 비범죄인의 유의미한 차이가 발견되었는바, 신장은 범죄인이 1–2인치(약 2.5–5cm) 작고 체중은 범죄인이 3–7파운드(약 1.3–3.2kg) 가벼웠다. 이를 근거로 고링은 범죄인이 생물학적으로 열등한 존재라는 가설을 지지하기도 했다. 결국 고링의 연구는 롬브로소의 생래적 범죄인설을 너무 과장되고 사변적인 것으로 부정하면서도 동시에 생물학적 결정론과 내적 요인에 대한 탐구는 계속 지지하는 결과를 보였다.[12]

(3) 미국의 초기 생물학 이론가들: 후튼 & 쉘던

롬브로소의 진화론적 주장은 19세기 말 미국에서도 큰 인기를 끌었지만, 20세기 초가 지나면서부터 관심이 빠르게 식어갔다. 1920년대 이후 범죄학의 주류 자리는 사회학적 관점을 견지한 시카고학파가 차지했는데, 특히 범죄학의 위상을 높이고자 노력했던 서덜랜드는 범죄학을 생물학이나 심리학으로부터 완전히 분리해야 한다고 주장했다.[13]

그럼에도 불구하고, 하버드 대학의 인류학자였던 후튼과 체질심리학자였던 쉘던은 신체적 특징이나 체형이 분명 범죄와 같은 행동 양식과 연관되어 있다고 믿었다. 그들의 연구를 통해 생물학적 특성이론은 명맥을 유지해 갔는데, 특히 주목해야 할 것은, 그들의 연구가 글룩 부부(1950)[14]의 연구에 영향을 미쳤고, 이는 다시 잠재적속성이론과 발달이론이 성장하는 밑거름이 되었다는 사실이다(제9장 참고).

▶**후튼과 쉘던의 공헌**
– 20세기 중반 생물학적 특성이론의 명맥 유지.
– 글룩 부부의 연구에 영향을 미쳐 발달이론의 성장에 밑거름이 됨.

어니스트 후튼(Earnest A. Hooton, 1887-1954)

후튼(1939)[15]은 생물학만으로 범죄를 이해할 수 있다고 확신했다. 17,000명이 넘는 범죄인과 비범죄인을 비교 연구한 결과, 롬브로소의 격세유전적 형질과 유사한 특징을 발표했다. 크게 논란이 됐던 점은 20세기 중반임에도 범죄자를 열등한 존재로 규정하고 박멸이나 격리를 통해서만 범죄통제가 가능하다고 주장한 사실이었다. 그의 주장은 나치의 대량학살에 정당성을 제공했다는 점에서 큰 비난을 받았다. 하지만, 라프터(2004)[16]와 같은 논평가는 후튼이 유별난 우생학자이긴 했지만, 인종차별주의자는 아니었다고 평가한다. 실제로 그는 출생통제, 불임수술, 안락사 등을 선호했지만, 나치에 대해서는 인간 이하로 취급했으며, 유색인종 발전을 위한 국가 협회의 편집자로 활동하기도 했다.[17]

윌리엄 쉘던(William H. Sheldon, 1898-1977)

▶라바터 vs. 쉘던
— 라바터: 얼굴이 영적 신념을 담고 있음.
— 쉘던: 몸이 행동 습관을 담고 있음.

심리학과 의학을 전공했던 쉘던(1949)[18]은 체질심리학(constitutional psychology)을 발달시킨 것으로 유명하다. 체질심리학은 체형과 성향의 관계를 탐구하는 학문으로서, 쉘던은 몸이 오랜 진화의 과정 속에서 행동 습관을 가장 잘 담고 있는 그릇이자 증거라고 주장했다. 이는 마치 라바터가 얼굴 모습에 영적 신념이 드러난다고 믿었던 것과 유사했다. 쉘던의 연구는 독일의 정신과 의사였던 크레슈머(1925)[19]가 네 가지 체형(허약형, 운동형, 비만형, 혼합형)에 따라 정신과적 문제가 달라진다고 발표한 연구에 큰 영향을 받았다. 예컨대, 허약형과 운동형은 정신분열적 성격과 연관이 있고, 비만형은 조울증과 연관이 있다는 등의 주장이었다.[20]

▶체형별 비행
— 중배엽형: 근육질 체형. 가장 많은 비행.
— 외배엽형: 마르고 연약한 체형. 가장 적은 비행.

쉘던은 이전 학자들의 연구와 달리 비행청소년을 연구대상으로 삼았다. 그는 인간의 배아가 내배엽, 중배엽, 외배엽으로 구성되어 있고, 내배엽은 내장기관으로, 중배엽은 근육과 뼈로, 외배엽은 피부와 신경계로 발달한다는 지식을 적용하여, 체형을 내배엽형, 중배엽형, 외배엽형으로 구분했다.[21] 보스턴의 재활시설에 수용되어 있던 200명의 비행청소년을 분석한 결과, 내배엽형은 배가 나오고 둥그스름한 체형을 가지고 있으며, 느긋함, 유쾌함, 폭식, 인간관계 중시, 애정, 사회성과 같은 성향이 강했다. 중배엽형은 가슴과 어깨가 발달한 근육질 체형을 가지고 있으며, 활동적이고 공격적인 성향이 강했다. 외배엽형은 마르고 연약한 체형을 가지고 있으며, 피부 트러블이 많고 예민한 성향이 강했다. 비행의 비율은 중배엽형에서 가장 높게 나타났고, 외배엽형에서 가장 낮게 나타났다.[22]

쉘던의 연구 결과는 글룩 부부(1950)의 연구에 의해 일부 지지되기도 했다. 예컨대, 500명의 비행청소년과 그에 대응하는 500명의 일반청소년을 장기간 비교 연구한 결과, 글룩 부부는 비행청소년이 일반청소년보다 중배엽형 비율이 높고, 반대로 외배엽형 비율은 낮다고 발표했다. 하지만, 전술한대로, 쉘던의 연구는 후튼의 연구, 글룩 부부의 연구와 함께 서덜랜드를 비롯한 사회학적 관점을 견지한 주류 범죄학자들에 의해 신랄한 비판을 받았다. 결국 1990년대 이후 생물사회학적 관점이 다시 주목받기 전까지 이들의 연구는 방법론적으로 조악하고, 이념적으로 편향되어 있으며, 현실과도 맞지 않는 접근으로 박한 평가를 받아야만 했다.[23]

2. 심리학적 설명

초기 실증주의의 심리학적 설명은 외적으로 드러난 신체적 특징에 전혀 관심이 없었다. 또한 신체적 특징이 타고난 것인데 반해, 심리적 특징은 만들어지는 동적인 개념으로 간주했다. 그런데, 현대의 기준으로는 매우 조악하지만, 정신이상이나 우둔함 같은 심리적 문제를 생물학적 유전에 연결시켜 탐구한 시도가 있었는바, 나쁜종자이론(bad seed theory)에 근거한 가계(家系) 연구가 대표적인 예이다. 따라서 이 책은 먼저 정신이 형성되는 동적인 과정에 집중하는 정신분석학적 접근을 살펴보고, 이어서 생물학과 심리를 연결시키는 가계 연구를 살펴보고자 한다.

▶심리학적 설명의 특징
– 성격은 타고나는 것이 아니라 만들어지는 것임: 정신분석학.
– 생물학적 유전과 심리의 연결 시도: 가계 연구(나쁜 종자이론)

(1) 정신분석학적 접근

정신분석학의 대부는 우리가 잘 알고 있는 프로이트(Freud)이다. 정신과 의사였던 프로이트는 범죄의 원인을 직접적으로 설명하지 않았지만, 모든 행위를 설명할 수 있는 방법을 제시하여 범죄의 원인을 간접적으로 추측할 수 있게 했다. 그의 핵심 주장은, 모든 행위에

▶Sigmund Freud, 오스트리아, 1856–1939.

는 동기와 의도가 있는데, 모든 욕망과 충동을 표출하는 것은 사회적으로 용납되지 않기 때문에, 얼마나 잘 억제하느냐에 따라 행위에 대한 평가가 좌우된다는 것이다. 이를 잘 알고 있는 대부분의 정상인들은 어린 시절부터의 사회화 과정에서 절제와 자기성찰을 잘 함양한 경우이지만, 그렇지 못한 사람들은 자신만의 무의식에 잠재하고 있는 욕구를 무절제한 방식으로 표출하게 된다는 설명이다. 결국 범죄는 그러한 무절제한 욕구 표현의 한 방식으로 볼 수 있다.[24]

▶정신의 3요소
- 원초적 자아(id): 본능(욕구)
- 자아(ego): 이성
- 초자아(super-ego): 도덕(양심)

이를 프로이트(1920)[25]가 제안한 정신의 3요소로 설명하면 다음과 같다. 첫 번째 요소로서, 모든 사람은 자신만의 무의식인 '원초적 자아(또는 원초아, id, 이드)'를 가지고 있다. 이는 각 개인의 삶의 과정에서 타고나거나 경험하며 축적된 거대한 욕망과 충동의 저장소와 같다. 즉, 자신만의 쾌락을 추구하고자 하는 이기적인 본능에 해당한다. 두 번째 요소는 '자아(ego, 에고)'로서 현실적인 조건과 외부의 도덕을 고려하여 합리적으로 본능적인 욕구를 절제하거나 실현하는 기제이다. 원초적 자아와 자아는 흔히 멈추지 않고 달려가려는 말과 이를 통제하려는 마부에 비유되곤 한다. 세 번째 요소는 '초자아(super-ego, 수퍼에고)'로서 자신이 속한 사회(문화)의 질서와 규범을 준수하도록 학습된 도덕 기제이다. 이 외부의 도덕 또는 양심은 자신을 비판하고 성찰하는 힘으로 작동하게 된다.

▶원초적 자아(id) 유사어
- 뒤르켐: 무한 욕망(unlimited desires, 자살론, p.247)
- 머튼: 무한 욕망(unlimited appetite of aspirations)

프로이트는 결국 자아가 어떻게 행동할지를 판단하고 실천하는 핵심 주체로 간주했다. 그런데 이때 고려해야 할 대상이 본능(욕구), 도덕(양심), 그리고 현실 세 가지로서, 이들이 서로 충돌하는 경우가 많아 우리는 늘 스트레스를 안고 살아간다고 설명했다. 자칫 심할 경우에는 무의식 속의 방어기제가 작동하여 현실부정, 포기, 우울, 변명(자기합리화) 등으로 상황을 모면하려 한다고 주장했다.

범죄 연구에의 적용. 프로이트의 동료였던 에이혼(A. Aichhorn)은 자아와 초자아를 개발하는 데 실패하면 성인이 되어서도 계속 유치한 행동을 지속하게 된다고 주장했다. 프리드란더(1951)[26]는 프로이트와 에이혼의 영향을 받아 아동에 대한 연구를 진행한 결과, 일부 아이들은 도덕과 양심을 체득하지 못하고 현실에 대한 판단능력이 떨어져 반사회적 성격을 발달시킨다고 주장했다. 여기서 더 나아가 레들과 와인맨(1951)[27]은 자아와 초자아를 개발하지 못한 일부 아이들이 성인에 대한 적대적 태도나 권위에 대한 공격성을 강화시키는 현상을 목격하고 이를 '비행적 자아'라 명명했다.[28]

심리학적 설명의 중요성. 전술한 대로 서덜랜드는 범죄학의 위상을 높이고 정체성을 확립하기 위해 범죄학을 생물학이나 심리학으로부터 완전히 분리해야 한다고 주장했다. 이를 계기로 1920년대 이후 범죄학은 사회학적 접근이 주류로 자리잡았다. 그런데 필자는 독자들이 심리학적 설명의 중요성을 꼭 인식하길 바란다. 1990년대 이후 생물사회학적 관점이 다시 부각되기 전까지 생물학적 설명이 쇠퇴하고 겨우 명맥만 유지한 것은 맞다. 그리고 프로이트의 정신분석학적 접근이 범죄연구에 직접 활발히 적용된 것도 아니다. 하지만, 앞으로 살펴볼 사회구조적 관점, 사회과정적 관점, 그리고 낙인이론까지 모두 개인과 집단의 심리 상태를 범죄로 이어지는 열쇠로 간주한다. 예컨대, 사회구조적 관점의 '집합효율성'은 지역 주민들 간의 유대와 개입의지를 의미하는바(i.e., 집단적 심리), 이것의 정도가 구조적 여건과 무관하게 범죄율에 유의한 영향을 미치는 것으로 설명된다. 그리고 친구와의 사귐을 통해 범죄에 대해 우호적인 정의를 학습한다든지, 양육과정에서 부모와의 유대감을 형성한다든지, 어린 시절의 사회화가 자기통제력을 결정한다든지, 사법기관의 개입이 낙인을 찍어 범죄자로서의 자아를 형성하게 된다든지 하는 설명들은 모두 개인의 심리와 관련되어 있다.

필자는 개인적으로 인간의 행동을 설명할 때 미드의 상징적 상호작용주의를 가장 선호한다. 앞서 〈스토리박스 보충설명 II-1〉에서 설명된 것처럼, 사회적 행동주의자였던 미드는 모든 행동의 기저에 정신이 있다고 보았다. 우리의 삶은 상호작용의 연속이며 이를 통해 끊임없이 자신을 돌아보고 행동준칙을 확립한다. 물론 개인마다 차이는 있겠지만, 자신이 중요하다고 생각하는 사람과 집단·조직(i.e., 의미있는 타자)의 기대와 반응을 살피며 긍정적인 결과가 도출되도록 행동한다. 나쁘게 말하면 눈치를 살피는 것일 테지만 좋게 말하면 분위기를 잘 파악하고 사회성이 좋은 것이라 평가할 수 있다. 우리는 모두 이러한 과정을 거치며 다양한 상황에 적절히 대응하는 방법을 체득해간다.

따라서 독자들은 심리학적 설명의 중요성을 깨닫고 프로이트의 정신분석학에서부터 사

▶심리학적 설명의 중요성(필자의 당부)
– 초기 실증주의의 특성이론은 대부분 현대의 기준으로 보면 비과학적이고 설득력이 떨어짐.
– 하지만, 심리학적 설명, 특히 정신분석학적 접근은 행위의 결정과 실행에 관련된 것으로서, 심리는 앞으로 살펴볼 대부분의 사회학적 설명에서 중요하게 다뤄짐.
– 참고로, 미드의 상징적 상호작용주의는 모든 행동의 기저에 정신이 있다고 전제하는 점을 주목하기 바람.

회구조적 관점, 사회과정적 관점, 낙인이론에까지 일관되게 내재된 정신세계의 중요성을 잘 정리하길 바란다. 이때, 일차적으로는 우리의 성향(기질)이 삶의 과정에서 형성되어가는 동적인 개념에 주목해야 하고, 이차적으로는 생물사회학적 관점을 학습하면서 타고난 유전자나 호르몬, 신경전달물질 등이 성향에 영향을 미치는 과정을 정리해야 하며, 마지막으로 유전적 영향으로 인한 성향의 발현은 양육방식과 같은 사회적 환경에 의해 조절될 수 있음을 알아두기 바란다.

(2) 가계(家系) 연구

▶가계 연구의 핵심 의제
– 정신적인 문제 성향이 유전됨.

　　가계 연구의 핵심은 정신적인 문제 성향이 타고난다는 것으로, 생물학적 유전의 개념을 심리 연구에 적용한 것이다. 현대의 생물사회학적 관점에서 보면 매우 조악한 수준이지만, 19세기 후반을 살아가던 사람들에게는 매우 흥미롭고 믿을만한 내용이었다. 가계 연구는 나쁜종자이론(bad seed theory)에 근거한 것으로, 명칭에서 짐작할 수 있듯, 범죄성향이 계속 유전되는 가족을 탐구하는 것이다.

　　가장 대표적인 사례로 더그데일(1877)[29]의 '주크家(The Jukes)' 연구가 있다. 이 연구는 1700년대 중반 미국에 살았던 에이다 주크(가명)라는 여성 범죄자의 후손을 75년에 걸쳐 조사한 것이다. 분석 결과, 그녀의 후손 중 상당수가 전과자, 포주, 창녀, 극빈자였음이 드러났다. 더그데일은 이들을 "인간의 퇴보와 타고난 사악함"에 시달리는 가족으로 규정하고, 이들의 범죄가 정부와 사회에 엄청난 손해를 끼쳤다고 주장했다.

　　범죄 가문에 대한 관심은 20세기 초반까지 이어졌다. 고다드(1912)[30]는 '칼리카크 가문(The Kallikak Family)'을 연구했고, 에스트라브룩(Estrabrook, 1916)은 주크家 연구에 대한 후속연구를 진행했다. 이중 칼리카크가 사례에 흥미로운 점이 있어 소개하고자 한다.

　　마틴 칼리카크는 독실한 기독교 집안의 청년이었다. 미국의 독립전쟁에 참전한 후 고향으로 돌아오던 중 하룻밤 묵게 된 여관에서 정신지체를 가진 여성 종업원과 관계를 맺었다. 그 후 고향에 돌아와 기독교인 여성과 결혼하고 건실한 가정을 꾸리며 살았는데, 하룻밤을 보낸 여성 종업원도 아이를 낳아 자손이 이어졌다. 고다드(1912)는 두 여성에게서 태어난 마틴의 후손을 4대까지 추적했다. 그 결과, 기독교인 아내에게서 태어난 후손들 중에는 법률가, 성직자, 의사 등 사회적으로 성공한 사람들이 많았고 범죄자는 단 한 명도 없었다. 반면, 정신지체를 가진 여관 종업원에게서 태어난 후손들 중에서는 절반 이상이 정신박약을 앓거나 범죄를 저질렀다.

더그데일, 고다드, 에스트라브룩 등 가계 연구를 수행한 학자들은 범죄성향을 비롯해서 정신박약, 낮은 지능 등의 열등한 형질은 대대로 유전되기 때문에 교육이나 치료 등의 방법으로 개선될 수 없다고 주장했다. 이는 20세기 초 우생학자들과 정부 관료들에게 영향을 미쳐 강제적 불임수술이 추진되었고, 실제로 1960년대까지 수만 명의 사람들이 강제 불임을 당한 것으로 알려졌다.[31]

▶**가계 연구의 정책 제안**
- 강제적 불임을 통해 유전을 막아야 함.
- 교육이나 치료로는 예방할 수 없음.

Ⅲ. 요약 및 정책적 함의

특성이론의 의의 및 개요

19세기 중반부터 20세기 초반까지 실증주의를 이끌었던 특성이론은 역사상 처음으로 범죄의 원인을 과학적으로 탐구했다는 데 의의가 있다. 범죄학의 태동 이후 약 100년 동안 당연시되어왔던 '자유로운 선택' 가정을 거부하게 된 배경에는 경험주의 인식론과 과학의 발달, 콩트의 실증주의, 다윈의 진화론, 그리고 근대성의 성숙이 차곡차곡 축적되어 범죄 문제를 과학적으로 진단하고 해결할 수 있다는 자신감이 존재했기 때문이다. 특성이론은 사회에 해를 끼치는 범죄에는 반드시 타고난 원인이 있을 것이라는 생물학적·심리학적 결정론을 견지했고, 그것을 규명해서 범죄를 효과적으로 통제하고자 했던 의도를 가지고 있었다. 근대화 이후 개인의 인권과 자유에 대한 사상이 많이 성숙했음에도 불구하고, 이 시대에는 사회가 개인보다 더 중요한 위치에 존재했었다.

생물학적 설명에는 인상학(관상학), 골상학, 신체 연구 등이 있는데, 이중 주류는 신체적 특성이 범죄와 연관되는지 탐구하는 연구였다. 이들 대부분은 진화론의 시각에서 범죄와 연관있다고 판단한 외적 특성(e.g., 큰 턱, 강한 송곳니, 돌출된 광대뼈, 긴 팔, 두꺼운 입술, 함몰된 뇌)을 덜 진화하거나 퇴화한 열등함의 상징으로 간주했다.

심리학적 설명에는 결정론적 시각을 공유하는 가계 연구와 정신의 후천적 형성을 주장하는 정신분석학이 있었다. 가계 연구는 범죄성향이나 정신박약, 낮은 지능 등이 유전된다고 주장했고, 정신분석학은 사회화 과정에서 자아(이성)와 초자아(도덕·양심)가 잘 발달해야 원자아(본능·욕구)를 적절히 통제하는 정상적인 삶을 살 수 있다고 주장했다. 가계 연구는 생물학적 결정론과 매우 유사해서 정책 제안도 강제 불임과 같은 통제적 접근을 취했다. 하지만, 정신분석학은 사회화 방식에 따라 건전한 자아가 형성될 수 있다고 시사하기 때문에, 독자들은 이를 미드의 상징적 상호작용주의와 거의 모든 사회학적 범죄학 이론에 연결시켜 공부하길 당부한다.

진화론과 통제정책

특성이론이 통제 위주의 정책을 제안한 이유는 진화론의 영향이 크다. 다윈의 진화론은 원래 자연 생태계와 그 일부로서 인간의 진화에 대한 설명이었지만, 그 영향력이 워낙 강력해서 사회의 모든 것을 진화론적 시각으로 바라보는 전 사회적 분위기가 형성되었다. 이것이 바로 '사회진화론'인데, 우리는 앞서 가로팔로가 이를 적용했던 사례를 살펴봤다.

진화론의 핵심은 적자생존과 자연선택이다. 대부분의 특성이론가들은 의학, 생물학, 생리학, 사회학, 법학, 심리학 등 학문분야를 막론하고 범죄자의 외형이나 범죄성향이 정상적으로 진화하지 못하거나 퇴화한 열등함의 상징이라고 간주했다. 범죄인의 반사회적 행위는 사회의 진화를 방해하기 때문에 억제되어야 하는데, 그 방법은 교육이나 치료로는 불가능하기 때문에, 물리적 제거(예, 사형, 거세)나 사회적 제거(예, 수감이나 격리)가 효과적인 대안이었다. 즉, 우생학에 기반한 당시의 형사정책은 적자생존과 자연선택 원칙을 국가가 강제로 시행하는 형태를 취했다고 할 수 있는바, 필자는 빅토리아(대영제국) 시대의 이러한 접근을 '부적자제거'와 '사회선택'이라 빗대어 부른다.

▶**특성이론의 통제정책**
– 진화론의 적자생존과 자연선택 원칙에 빗대어 필자는 부적자 제거와 사회선택이라 칭함.
– 〈보충설명 Ⅲ–3〉 참고.

Ⅳ. 쇠락 및 부활

특성이론의 쇠락

특성이론에 기반한 강력한 통제정책은 제국주의와 일부 국가의 전체주의화, 보수적 이념이 맞물린 시대적 산물이었다. 그런데 제1차 세계대전을 경험한 인류는 과학기술의 위험성과 오남용을 인식하기 시작했고, 유럽과 미국에서 진보 성향의 개혁적 목소리가 힘을 얻기 시작했다. 그러다가 1929년 경제 대공황을 겪으면서 시장 자본주의의 문제가 드러났고, 이를 해결하기 위해 정부가 복지와 재분배를 주도하는 수정(인간적) 자본주의가 정착되었다. 이 시기에 특성이론과 통제정책도 자연스럽게 쇠퇴하기 시작했는바, 범죄학의 주류 자리는 사회학적 이론과 갱생·교화·사회구조 개선 정책이 차지하게 되었다.

특성이론의 쇠락은 사회문화적 변화에서만 기인했던 게 아니다. 실증과학을 내세웠지만 과학적이지 못한 허점이 많았던 것도 중요한 이유였다. 예컨대, 롬브로소의 연구는 고링에 의해 엄격하지 못한 측정과 미흡한 통계분석으로 비판받았고, 후튼의 연구는 통제집단의 대표성이 결여되었다고 비판받았으며, 가계 연구는 지나치게 소수의 표본으로 일반화한 문제가 있었다. 그렇다면 과연 학자들과 정책결정자들이 이러한 연구에 어떤 방법론적 문제가 있는지를 몰랐을까? 필자는 그렇게 믿고 싶지만, 일부 비평가들의 생각은 다른 것 같다.

사회진화론자들은 사회복지 프로그램이 게으르고, 무능하며, 비도덕적인 사람들을 생존시켜 결국 정상적인 사람들과 사회의 발전을 지체시킨다고 생각했다. 이에 우생학 운동이 빠르게 퍼져나갔고 그 결과 불임과 정신외과적 수술이 대대적으로 시행되었다. 이는 연구 결과에 기반해 도출된 상황처럼 보이지만, 사실은 통제를 목적으로 한 상황적 필요성 때문에 위 같은 연구가 나왔다고 보는 시각이 존재한다. 예컨대, 카츠와 아벨(1984)[32]은 불임의 진정한 이유가 정신박약이 아니라 계급이었다고 지적했다. 즉, 빈곤층과 같은 피지배계급에 대한 통제가 필요했기 때문에 범죄성향이나 정신박약 등이 타고난 결과이고 치유될 수 없다는 연구가 생산된 것으로 본 것이다.[33]

▶쇠락의 두 가지 이유
- 사회문화적 맥락의 변화
- 치밀하지 못했던 연구방법과 논리

255

부활: 생물사회학적 관점

1920년대 이후 일부 학자들에 의해 명맥만 유지해오던 특성이론은 1990년대 이후 유전학과 뇌과학이 급격히 발달하면서 다시 주목받기 시작했다. 그 결과는 일차적으로 행동유전학이란 이름으로 등장했는바, 그에 따르면, 인간의 성향과 행동은 유전과 환경의 영향을 약 절반씩 받는다고 한다.[34] 범죄와 반사회적 행위가 얼마나 유전의 영향을 받는지에 대한 메타분석 연구도 40-50%를 유전의 영향으로 보고 있다.[35] 그렇다면 범죄의 원인을 사회학적으로만 탐구할 경우 약 절반에 해당하는 요인을 빠뜨리게 되는 것이다. 유전자(게놈) 해독이 급속히 발전하고 있는 현대에 생물학적 관점은 더 이상 조악한 유사과학이 아니며 특정 이념이 반영된 편향된 접근도 아니다. 따라서 유전과 환경을 동시에 고려하는 생물사회학적 관점은 기존의 사회학적 접근을 의미 있게 보충해주며 범죄행동에 대한 이해를 한층 드높일 것으로 평가된다.[36]

범죄의 원인에 대한 용어 정리: 소질(본성, 유전)을 중심으로.

아직 범죄학 이론에 대한 설명 초반이지만, 소질, 환경, 사회구조, 사회화, 자아, 생물, 심리, 정신, 성향, 양심, 도덕, 감정, 그리고 선택까지 많은 용어들이 범죄의 원인으로서 등장했다. 앞으로 더 다양한 개념들이 등장하겠지만, 지금쯤 한 번 종합적으로 정리해서 범죄 원인의 체계를 잡고 혼란스러운 용어들을 명확히 이해할 필요가 있어 보인다. 특히 다음 절에서 설명되는 생물사회학적 관점은 현대 범죄학의 생물학, 심리학, 사회학적 개념을 많이 포함하기 때문에 더 다양한 용어들이 출현함과 동시에 그들 간의 관계도 다소 복잡하게 설명된다. 따라서 그에 대비하기 위해서라도 용어 정리가 필요한바, 사실 범죄학 이론의 대부분은 생물학, 심리학, 사회학을 배경으로 하기 때문에 지금의 정리가 범죄 원인을 전반적으로 이해하는 데 큰 도움이 될 것이다. 이는 범죄학의 발달과정을 개괄하고 있는 〈표 Ⅲ-1〉과는 다소 결이 다른 정리로서, 여기에서는 소질(특성)을 중점적으로 정리하고자 한다.

▣ 범죄의 주요 원인 = 소질(nature/gene) + 환경(nurture/environment)

　Ⅰ. 소질(본성/유전) = 생물학적 특성 + 심리학적 특성
　　⇒ 자연과학적 접근

　　Ⅰ-A. 생물학적 특성(육체, 신체) = 유전자 + 뇌신경체계
　　Ⅰ-B. 심리학적 특성(정신, 영혼) = 이성 + 감정 ⇒ "범죄성향(기질)"

　Ⅱ. 환경(양육/환경) = 거시환경(사회구조) + 미시환경(사회과정 or 사회화)
　　⇒ 사회과학적 접근(사회심리학 포함)

　　Ⅱ-A. 거시환경(사회구조) = 사회경제적 여건 + 구조적 긴장 + 일탈문화
　　Ⅱ-B. 미시환경(사회과정) = 나쁜 친구 + 사회통제 + 일반긴장

〈보충. 그림 Ⅴ-1〉 범죄의 주요 원인

▶영혼
– 플라톤(박스 in 박스) 참고

■ 해설 I. 소질(본성/유전)

소질은 환경과 대비되는 개념으로서 '타고난 특성'을 강조한다. 그래서 본성이나 유전으로 표현되기도 한다. 그런데 인간은 생명체로서 육체와 정신으로 구성되어 있는바, 신체적인 특성은 거의 타고 나지만, 정신적인 특성은 타고나는 측면과 형성되는 측면이 공존하며 또한 변화하는 경우도 있다. 따라서 **엄밀히 말해 소질을 모두 타고난 특성으로 볼 수는 없지만, 편의상 그렇게 사용되고 있다고** 이해하자.

• I-A. 생물학적 특성(육체, 신체)

범죄 원인에 대한 생물학적 접근은 인간의 신체적 특징에 집중한다. 과거 특성이론에서는 앞서 살펴본 대로 큰 턱, 강한 송곳니, 돌출된 광대뼈, 긴 팔, 두터운 입술, 함몰된 뇌 등 외형적 특징에 집중해서 설득력이 매우 떨어졌다. 하지만, 앞으로 살펴볼 현대 생물사회학적 관점에서는 유전자와 뇌신경체계의 입증된 기능에 근거하기 때문에 매우 설명력이 강한 것으로 평가된다. 다만, **유전자와 뇌신경체계가 직접 범죄행동으로 이어지는 것이 아니라 범죄성향(기질)으로 발현된 다음 범죄에 영향을 미친다**는 점을 명심하자(제2절 참고).

• I-B. 심리학적 특성(정신, 영혼)

범죄 원인에 대한 심리학적 접근은 인간의 정신적 특징에 집중한다. 그런데 정신은 이성과 감정으로 구분되는바, 이성은 논리적으로 계산하고 판단하는 합리성을 의미하므로, 심리학적 접근은 주로 감정에 집중한다고 보면 된다. 물론 과거에는 낮은 지능(IQ)이나 정신박약에 관심이 많았고, 현대 생물사회학적 관점에서도 인지와 판단능력을 다루긴 하지만 주요 관심사는 아니다. 그리고 주지하듯, 이성에 집중하는 접근은 합리적선택 관점으로 정리하면 된다.

이 책에서 지금까지 언급된 정신적인 개념은 주로 프로이트의 정신분석학적 접근과 관련 있다. 프로이트는 (범죄를 포함한) 모든 문제행동의 근본 원인을 욕구·

본능(원초아, id)으로 보았고, 이를 스스로 통제하는 기제로서 이성(자아, ego)과 도덕·양심(초자아, super-ego)을 들었다. 이 설명에서 욕구·본능은 타고난 이기적인 감정이고, 이성은 후천적으로 개발된 합리적 판단능력이며, 도덕·양심도 사회화 과정에서 형성된 고차원적인 감정이다. 프로이트의 이론을 검증하는 연구에서 레들과 와인맨(Redl & Wineman, 1951)은 자아와 초자아를 적절하게 개발하지 못한 일부 아이들이 성인에 대한 적대적 태도나 권위에 대한 공격성을 강화시키는 현상을 목격하고 이를 '비행적 자아'라 칭했다.

이상 살펴본 '욕구·본능', '자아', '도덕·양심', '적대적 태도', '공격성', '비행적 자아', '판단' 등의 용어들은 앞으로도 자주 등장할 것이다(p.162 '심리학적 설명의 중요성' 참고). **필자가 지금 체계적으로 정리하고 싶은 개념은 '성향' 또는 '기질'**로서, 이 용어는 범죄학에서 자주 사용되지만 정확한 의미와 종류가 애매한 측면이 있다. 앞으로 살펴볼 생물사회학적 관점과 발달이론을 포함한 많은 사회화 이론들이 범죄적 성향 또는 기질을 핵심적인 범죄 원인 중 하나로 간주하기 때문에 정리해둘 가치가 있다.

범죄성향(기질) 정리

① 용어: 이 책에서 **성향과 기질은 동의어**로 간주하여 혼용된다.

② 종류: 충동성, 공격성, 산만함, 자극추구성향, 공감능력부족, 자기중심성, 약한 자기통제력, 우울감, 불안 등 매우 다양한 용어들이 사용되는데, **사실상 우리가 알고 있는 대부분의 좋지 못한 감정과 인지능력이 범죄성향이나 기질로 묘사된다**고 보면 된다. 다만, 심리학과 범죄학 연구에서 자주 사용되는 척도들이 있는데, 대표적으로 '충동·공격성 척도(BIS/BAS)', '우울감 척도(BDI)', '불안감 척도(BAI)' 등이 있다.

③ 유전적 특징: 범죄성향(기질)이란 용어가 내포하고 있는 특징은 매우 유전적·선천적이다. 하지만, 연구 결과 모든 **범죄성향은 유전과 환경의 상호작용으로 형성된다**고 밝혀졌다. 예컨대, 비버와 동료들(Beaver et al., 2008)은 자기통제력의 52-64%가 유전의 결과라고 보고했다. 충동성, 자극추구성향, 공감능력부족, 공격성 등의 성향 역시 유전과 환경이 대략 절반씩 영향을 미치는 것으로 드러났다(Rutter,

▶**척도(scale)**
– 개념을 측정하기 위한 도구. 쉽게 말해 키는 자로, 무게는 저울로 측정하는 것처럼 인간의 감정이나 인식, 태도도 측정하는 도구가 존재한다. 사회과학에서는 개념을 정확히 측정하는 게 너무 어렵기 때문에 제대로 된 척도를 개발하기 위해 엄청난 노력을 기울인다.

2007). 이를 종합하면 결국 **소질(본성, 유전)은 범죄성향(기질)으로 표출된다고 보면 되는데, 성향(기질)의 유전적 원인은 50% 정도로 판단되고, 나머지는 환경의 영향**을 받아 형성되는 것으로 알려져 있다.

④ 범죄에 미치는 영향: 전술한 대로, 타고난 특성인 유전자와 뇌신경체계는 범죄성향과 범죄행동에 약 절반의 영향을 미친다. 이는 범죄성향이 범죄에 상당한 영향을 미치는 것을 의미함과 동시에 환경의 영향도 상당함을 의미한다. 특히 최악의 경우 범죄적 성향과 범죄유발환경(예, 부모의 학대, 빈곤, 나쁜 친구 등)이 동시에 존재한다면 범죄 가능성이 급증할 것으로 예상할 수 있다. 이러한 가설에 대한 검증이 실제 연구에서 활발히 이루어지고 있는바, 상세한 내용은 다음 절에서 살펴볼 것이다. 여기서 주의할 점은 **소질과 환경이 범죄에 이르는 과정은 단순하지 않다**는 사실로서, **때로는 범죄가 환경이나 소질(성향)에 영향을 미칠 수도 있음**을 미리 염두에 두면 좋겠다.

출처: Beaver, K. M., Wright, J. P., DeLisi, M., & Vaughn, M. G. (2008). Genetic Influences on the Stability of Low Self-Control. *Journal of Criminal Justice, 36(6)*, pp.478-485.; Redl, F. & Wineman, D. (1951). *Children Who Hate*. Glencoe, IL: The Free Press.; Rutter, M. (2007). Gene-Environment Interdependence. *Developmental Science, 10(1)*, pp.12-18.

플라톤의 영혼에 대한 설명

플라톤(Plato, BC 427~BC 347)은 육체와 대비되는 개념으로서 정신이나 심리 대신 '영혼'을 사용하고, 이를 이성, 용기, 욕구로 구분했다. 이성은 지혜에 대한 사랑으로서 끊임없이 진리를 탐구하는 영역이다. 이성이 강한 사람은 눈에 보이지 않는 비가시적(내재적) 가치를 추구하여 진정으로 이상적인(가치 있는) 삶을 실현할 수 있는바, 철학자가 바로 그러한 부류의 사람이다. 용기와 욕구는 감정의 영역으로서 눈에 보이는 가시적(외재적) 가치를 추구한다. 그렇다고 용기와 욕구가 불필요하거나 바람직하지 못한 것은 아니지만, 이것만으로는 이상적인 삶을 실현할 수 없다. 이 가운데 욕구는 돈이나 물질과 같이 삶을 유지하는데 필요한 가치를 추구하는 것으로서 일반 시민(생산자)에게 발달한 영역이고, 용기는 명예나 승리, 헌신처럼 한 차원 높은 가치를 추구하는 것으로서 군인이나 경찰과 같이 수호자에게 필요한 영역이다. 플라톤에게 이상적인 삶이란 이성과 용기, 욕구가 적절하게 조화된 삶이었는바, 이상적인 국가도 유사한 논리로 설명되었고, 이러한 이상적인 것들은 모두 '이데아'로 표현되었다.

필자가 갑자기 플라톤의 사상을 언급하는 이유는 그 유명한 "서양 철학은 플라톤의 각주에 불과하다"(Whitehead, 1985)는 문구 때문이다. 이 문구는 대부분의 근현대 사상가들이 플라톤의 사상을 알았을 것이고 때로는 자신의 저술에 적용했을 것이라 짐작케 한다. 범죄학 분야도 예외가 아닐 것이라 사료되는바, 이성, 욕구, 용기, 명예, 헌신 등은 앞서 살펴본 프로이트와 미드의 정신에 대한 묘사, 그리고 가로팔로의 도덕, 양심 등의 개념과 무관해 보이지 않는다. 물론 이는 필자의 주관적인 생각이므로 독자들의 취사선택을 요한다. 다만, 모든 행동의 기저에는 정신, 목적, 의도, 욕구(본능) 등으로 표현되는 심리적 기제가 작동한다는 점을 강조하기 위한 것으로 이해하기 바란다.

요점 정리

생물학적 설명

- 롬브로소
  - 생래적 범죄인설: 범죄인은 신체적으로 격세유전적 이상성을 가진 열등한 존재임.
  - 이론의 수정: '생래적 범죄인'뿐만 아니라 '정신이상적 범죄인', '우발적(기회적) 범죄인', '격정적 범죄인' 등이 존재함.

- 롬브로소의 영향을 받은 이탈리아의 초기 실증주의
  - 페리: 범죄는 물리적, 개인적, 사회적 요인들이 상호작용해서 발생함. 시대가 급변하는 격

동기에는 '비자발적 범죄인'이 많이 늘어나기 때문에 사회안정과 국가발전을 위해 강력한 범죄통제가 필요함.

- 가로팔로: 사회진화론을 적용하여 범죄인은 도덕(양심)과 연민(공감 능력)의 감정이 낮은 수준에 머물러 있음. 이들은 사회의 생존과 발전에 도움이 안되므로 도태시켜야 함(물리적 제거 또는 사회적 제거). 이러한 주장은 20세기 중반 이후 인종차별과 인권침해의 빌미를 제공했다는 이유로 많은 비판을 받음.

■ 고링
- 생래적 범죄인설 비판: 저명한 통계학자 피어슨과 협업하여 정교한 측정과 통계적 비교 수행. 그 결과 생래적 범죄인은 존재하지 않음.
- 생물학적 결정론 지지: 하지만, 범죄인의 신장과 체중이 상대적으로 왜소한 점과 범죄 유형별로 범죄인의 신체가 다른 특징을 근거로 생물학적 연구의 정당성을 지지하기도 함.

■ 미국의 초기 생물학 이론가들: 후튼 & 쉘던
- 20세기 중반 생물학적 특성이론이 명맥을 유지하는 데 공헌함.
- 글룩 부부(1950)의 연구에 영향을 미쳐 잠재적속성이론과 발달이론이 성장하는 데 밑거름이 됨.

심리학적 설명

■ 프로이트의 정신분석학적 접근
- 모든 행위에는 동기와 의도가 있는데, 모든 욕망과 충동을 표출하는 것은 사회적으로 용납되지 않기 때문에 얼마나 잘 억제하느냐에 따라 행위에 대한 평가가 좌우됨. 욕망과 충동은 원초아(id), 이를 통제하는 것은 이성과 도덕(양심)으로서 각각 자아(ego)와 초자아(super-ego)라 칭함.
- 본능적인 욕구와 이를 억제하고 조절해가는 과정을 배워가는 인생을 잘 묘사함.

■ 가계연구: 폭력성과 같은 정신적인 문제는 유전의 결과임. 교육이나 치료로는 예방할 수 없기 때문에 강제적 불임과 같이 유전을 억제하는 생물학적 조치를 취해야 함.

범죄의 원인에 대한 용어 정리: 소질

- 소질(=특성=본성=유전) = 생물학적 특성 + 심리학적 특성
  - 생물학적 특성: 육체(신체)적으로 드러난 특성 = 유전자 + 뇌신경체계
  - 심리학적 특성: 정신(영혼)적으로 드러난 특성 = 이성 + 감정

※ 엄밀히 말해 소질을 모두 타고난 특성으로 볼 수는 없지만, 환경이나 양육에 대비되는 표현으로서, 편의상 그렇게 사용되고 있음.

※ 생물학적(육체적, 신체적) 특징인 유전자와 뇌신경체계가 직접 범죄행동으로 이어지는 것이 아니라 범죄성향(기질)으로 발현된 다음 범죄에 영향을 미치는 것임.
  = 생물학 + 심리학 + 사회학

※ 범죄와 연관 있는 모든 심리적(정신적) 상태를 범죄성향 또는 범죄기질로 표현함. 성향(기질)은 유전과 환경의 상호작용 결과임.

※ 소질과 환경이 범죄에 이르는 과정은 단순하지 않고, 때로는 범죄가 환경이나 소질(성향)에 영향을 미칠 수도 있음(제2절 참고).

제2절 생물사회학적 관점(생물사회학적 범죄학)

생물사회학적 관점의 핵심은 범죄가 유전과 환경이 상호작용한 결과물(GxE)이라는 것이다. 그런데 내용을 깊이 파고 들어가면 필자나 대부분의 독자에게 어려운 용어와 메커니즘이 너무 많다. 이 분야는 행동유전학, 분자유전학, 뇌신경과학 등이 다채롭게 접목되어 '유전/환경 → 범죄성향/범죄행동'으로 이어지는 과정을 설명하고 있는바, 사실상 생물학, 심리학, 사회학이 모두 적용된 분야로 볼 수 있다. 이 책에서 관련 연구들을 단순히 나열하는 것은 의미가 없다고 생각되므로, 기술적인 서술은 자제하고 최대한

개념적으로 설명하여 인문사회학적 배경을 가진 독자들도 어렵지 않게 접근할 수 있도록 구성해보았다. 기술적인 내용을 좀 더 학습해보고 싶은 독자들은 다른 국내외 개론서들을 확인하기 바란다.

참고로, 다른 범죄학 분야에는 국내에도 전문가들이 복수로 많이 존재한다. 그런데 이 분야를 전문적으로 연구한 국내 학자는 조선대학교의 윤일홍 교수가 거의 유일하다고 할 수 있다. 따라서 이 책은 그의 저술을 많이 참고했는바, 그의 설명에 따라 행동유전학, 분자유전학, 뇌신경과학의 순으로 기술했다. 그리고 마지막에 이들을 종합하여 유전과 환경이 범죄에 이르는 다양한 과정을 정리하였는데, 여기에서 다음 장들에서 살펴볼 부모의 양육, 비행친구 등의 내용과 연관되는 중요한 추론과정이 예시된다.

그 전에 우리가 알아야 할 연구는 특성이론 가운데 유전의 영향을 가장 설득력 있게 시사하는 쌍생아 연구와 입양아 연구이다. 그 외의 특성이론들은 앞서 살펴본 대로 대부분 논리적 설득력이 떨어진다(정신분석학적 접근 제외). 따라서 실질적으로 쌍생아 연구와 입양아 연구가 범죄학에서 유전에 대한 관심이 사라지지 않도록 지속시켰다고 할 수 있는바, 결국 그러한 관심이 잔존했기 때문에 생물사회학적 연구가 촉발되었다고 할 수 있다.

I. 쌍생아 연구와 입양아 연구: 유전의 영향 시사

부모의 외모와 성향이 어느 정도 자식에게 전해지는 건 모두가 알고 있다. 앞서 살펴본 가계 연구는 이러한 상식을 이용해서 범죄성향이 대물림된다고 주장했다. 하지만, 이 주장에는 크게 두 가지 문제점이 있다. 첫째, 사례연구를 통해 실증적 근거를 제시하긴 했지만, 그 수가 너무 적고 예외적이다. 우리는 범죄를 저질렀거나 정신적으로 문제 있는 부모에게서 정상적이고 훌륭한 자손이 나오는 경우를 많이 알고 있다. 또한 정상적인 부모에게서 문제를 일으키는 자손이 나오는 경우도 매우 많다. 가계 연구는 이러한 반대적인 현상을 전혀 설명하지 못한다. 둘째, 백번 양보해서 부모의 범죄성향을 자손이 닮았다고 해도 그것이 유전 때문인지 아니면 잘못된 양육이나 열악한 환경의 영향 때문인지 알 수 없다. 그런데도 가계 연구는 막연히 유전 때문이라고 섣부른 결론을 내리고 있다.

그렇다면, 유전자에 대한 과학적 분석이 시작되기 이전 시대에, 어떻게 하면 범죄성향이 유전될 수 있다는 명제를 보다 설득력 있게 증명할 수 있었을까? 이에 답하기 위해 시작된 것이 쌍생아 연구이고 뒤이어 유사한 논리의 입양아 연구가 다수 진행되었다.

1. 쌍생아 연구

주지하듯, 일란성 쌍생아는 유전적으로 100% 동일하다. 그런데 이란성 쌍생아는 50%의 유전자만 공유한다. 쌍생아 연구는 이런 유전적 사실에 근거해서 쌍생아 중 한 명이 범죄자일 때 다른 한 명도 범죄자일 확률인 일치율을 조사한다. 다른 환경적 조건이 최대한 유사한 표본을 추적했을 때 일란성 쌍생아의 일치율이 이란성 쌍생아의 일치율보다 높으면 유전의 영향을 인정할 수 있고, 일치율에 차이가 없으면 유전과는 무관한 것으로 볼 수 있다.

크리스찬센(1968)[37]은 1881년에서 1910년 사이에 덴마크에서 태어난 모든 쌍생아들의 일치율을 조사했다. 분석 결과, 남성의 경우 일란성 쌍생아의 일치율은 35.8%, 이란성 쌍생아의 일치율은 12.5%였고, 여성의 경우는 각각 21.4%와 4.3%였다. 남녀 공히 일란성과 이란성 쌍생아의 일치율에 상당한 차이가 발견된 것은 유전의 영향이 존재함을 보여준 결과였다.

그런데 이 연구 결과를 해석함에 있어 주의해야 할 점이 두 가지 있다. 첫째, 만약 환경의 영향이 존재하지 않는다면 사실 일란성 쌍생아의 일치율은 100%가 되어야 한다. 그런데 남녀 모두에게서 50%에도 미치지 못하는 일치율을 보인 것은 (연구에서 완벽히 통제할 수 없는) 성장 환경의 영향이 상당히 존재함을 시사한다. 둘째, 독자들이 어느 정도 동의할지 모르겠지만, 일란성 쌍생아가 매우 흡사한 외모로 인해 이란성 쌍생아보다 더 유사한 환경에서 더 유사한 처우를 받으며 자라난다고 한다. 그렇다면 일란성과 이란성의 일치율 차이를 꼭 유전 때문이라고 주장할 수 없을 것이다.

▶일치율
– 쌍생아 중 한 명이 범죄자일 때 다른 한 명도 범죄자일 확률

▶환경의 유사성
– 일반적으로 일란성 쌍생아가 더 유사한 성장 환경을 경험함.

두 번째 이슈를 해결하기 위한 방법으로는 태어나자마자 분리된 환경에서 자란 일란성 쌍생아들을 조사하는 것이 가능하다. 그로브와 동료들(1990)[38]은 그러한 쌍생아들 32쌍을 조사한 결과, 여전히 유의미한 일치율을 발견하여 유전의 영향이 실존함을 보다 명확히 보여주었다.[39]

2. 입양아 연구

쌍생아 연구와 유사한 논리로 유전의 영향을 확인하기 위해 입양아 연구가 실시되었다. 입양아는 생물학적 부모와 입양한 부모를 가지고 있기 때문에 이들과의 범죄성향이 얼마나 일치하는지 비교해보면 유전과 환경 중 어떤 요인이 더 큰 영향을 미치는지 짐작할 수 있다. 메드닉과 동료들(1984)[40]은 덴마크의 입양아 자료를 수집해서 14,472명의 입양아, 생물학적 부모, 입양 부모의 범죄경력을 조사했다. 분석 결과, 생물학적 부모와 입양 부모 모두 범죄경력이 없는 경우에는 입양아의 13.5%가 범죄경력을 가지고 있었다. 생물학적 부모만 범죄경력이 있는 경우에는 입양아의 20%가 범죄경력을 가지고 있었고, 입양 부모만 범죄경력이 있는 경우에는 입양아의 14.7%가 범죄경력을 가지고 있어 상당한 차이가 발견되었다. 마지막으로, 생물학적 부모와 입양 부모 모두 범죄경력이 있는 경우에는 입양아의 25%가 범죄경력을 가지고 있어 가장 높은 수준을 보였다.

▶ 메드닉과 동료들(1984)의 연구의 시사점
– 유전적 영향이 환경적 영향보다 클 수 있음
– 유전과 환경이 중첩될 때 가장 큰 영향을 미칠 수 있음.
– 유전이나 가족 환경외의 다양한 요인들이 영향을 미칠 수 있음.

이 연구는 세 가지 시사점을 제공한다. 첫째, 생물학적 부모의 유전적 영향이 입양 부모의 환경적 영향보다 클 수 있다. 둘째, 생물학적 부모의 유전적 영향과 입양 부모의 환경적 영향이 중첩될 때 범죄에 가장 큰 영향을 미칠 수 있다. 셋째, 생물학적 부모와 입양 부모 모두 범죄경력이 없는데도 13.5%의 입양아가 범죄에 가담한 결과는 유전이나 가족 환경과 무관하게 다른 요인들이 작동할 수 있음을 시사한다. 또한 이 결과는 가계 연구의 유전에 대한 지나친 편향성을 명확히 지적해준다.

다만, 입양아 연구는 일반적으로 한 가지 문제를 공유하고 있어 주의를 요한다. 입양을 하는 부모는 대개 중산층 이상인 경우가 많아 가족 환경이 경제적인 측면에서는 크게 다르지 않다고 할 수 있다. 이는 다시 말해 연구의 표본이 모집단에 실재하는 다양한 환경을 잘 대표하지 못하기 때문에 환경의 영향을 일반화하기 어려운 문제가 발생한다. 그럼에도 불구하고, 입양아 연구가 논리적으로는 쌍생아 연구보다 유전과 환경의 영향을 비교하기에 더 적절한 것으로 판단된다.[41]

II. 행동유전학

1. 행동유전학의 의의

행동유전학을 이해하기 위해서는 '유전형(genotype)'과 '표현형(phenotype)'이라는 용어를 반드시 알아야 한다. 유전학에서 유전형은 개체의 유전적 특성을 말하고, 표현형은 유전형이 신체나 행동적 특성으로 발현된 것을 말한다. 이때 모든 표현형이 유전의 결과는 아니므로 유전형은 표현형의 퍼센티지(i.e., 일부)로 나타내고, 이를 '유전력'이라 한다. 이 용어들을 범죄행동에 적용하면 표현형의 '분산(variation)'은 '범죄의 분산'에 해당하는바, 행동유전학은 이 범죄의 분산에 유전형이 얼마나 영향을 미치는지 규명하는 것을 일차적인 목표로 한다.

생물사회학적 관점이 'GxE'로 표현되는 것을 기억하자. 이는 범죄의 분산에 영향을 미치는 요인을 크게 유전과 환경으로 구분함을 의미한다. 이때 유전의 영향을 '유전분산'이라 하고 환경의 영향을 '환경분산'이라 하는데, 환경분산은 유전분산을 제외한 모든 영향을 통칭한다. 이상을 종합하면 결국 행동유전학 연구의 결과는 범죄의 분산을 유전분산과 환경분산의 합으로 표현한 식이 된다. 그리고 범죄의 유전력은 범죄의 분산을 유전분산으로 나눈 비율이 된다.

쌍생아 표본의 필요성. 행동유전학은 쌍생아 표본을 필요로 한다. 이를 통해 유전과 환경의 영향을 구분하는 논리는 앞서 살펴본 쌍생아 연구의 논리와 동일하다. 즉, 일란성 쌍생아의 일치율과 이란성 쌍생아의 일치율을 비교하는 방식으로서, 유전의 영향이

▶행동유전학
– 특정 행동에 미치는 유전의 영향을 연구하는 학문

▶유전력 = 유전형/표현형

▶분산
– 표본의 점수가 평균으로부터 퍼져있는 정도
– 일반적으로 회귀분석과 같은 전통적인 추리통계에서 분산은 추론의 핵심 역할을 수행함.
– 범죄의 분산 = 유전분산 + 환경분산

▶범죄의 유전력 = 유전분산/범죄의 분산

267

크다면 일란성 쌍생아의 일치율이 이란성 쌍생아의 일치율보다 높을 것이고, 환경의 영향이 크다면 일치율에 큰 차이가 없을 것이다.

▶환경분산 = 공유환경분산 + 비공유환경분산

그런데 여기서 환경의 영향을 좀 더 세분화할 필요가 있다. 참고로 앞서 쌍생아 연구의 문제점을 지적하면서 일란성 쌍생아가 이란성 쌍생아보다 더 유사한 환경에서 자랄 가능성이 제기된 점을 기억하자. 행동유전학에서는 환경을 '공유환경'과 '비공유환경'으로 구분한다. 공유환경은 쌍생아가 집안 내에서 공유하는 환경으로서, 이들의 표현형을 유사하게 만들 수 있다. 비공유환경은 쌍생아가 공유하지 않는 환경으로서 서로 다르게 경험하는 학교나 교사, 친구, 양육방식의 차이는 이들의 표현형을 다르게 만들 수 있다. 따라서 행동유전학에서 환경의 영향이라 함은 주로 '비공유환경'의 영향을 의미하는 것이다.

2. 유전과 환경의 영향

앞 절에서 살펴본 대로, 행동유전학에 의하면, 인간의 모든 성향과 행동은 유전과 환경의 영향을 약 절반씩 받는다고 한다. 실제 범죄행위에 대한 연구 결과 유전력이 40-50%를 차지하는 것으로 드러났고,[42] 범죄와 밀접한 관련이 있는 충동성, 자극추구성향, 공감능력부족, 공격성 등의 성향 역시 유전적 요인이 약 50%를 차지했다.[43]

▶유전과 환경의 영향
– 범죄적 성향(기질)과 범죄행동에 유전과 환경이 약 절반씩 영향을 미침.
– 이때 환경의 영향은 대부분 비공유환경의 영향에서 비롯된 것임.

환경의 영향과 관련해서는 대체로 공유환경의 영향은 약하고 비공유환경의 영향이 강한 것으로 드러났다. 리와 왈드만(2002)[44]이 51건의 쌍생아 연구를 메타분석 해본 결과, 유전분산은 41%, 공유환경분산은 16%, 비공유환경분산은 43%였다. 이 결과는 유전과 비공유환경의 영향은 비슷하고, 비공유환경의 영향이 공유환경의 영향보다 훨씬 강함을 보여주었다.

이러한 행동유전학 연구는 범죄행동을 연구함에 있어 사회환경적 요인과 더불어 반드시 유전적 요인을 함께 고려해야 함을 여실히 보여주었다. 이에 현대의 생물사회학적 관점은 더 이상 치부나 금기의 대상이 아니라 범죄연구의 블루오션으로서 새로운 활력소를 제공하는 분야로 인정받고 있다. 저명한 범죄학자 라이트와 쿨렌(2012, p.244)[45]은 이러한 변화를 다음과 같이 표현했다.

"... 생물사회학적 관점의 발전을 막았던 이데올로기적 장벽은 약화되었고 구멍이 뚫리기 시작했다. 인간이 생물학적 특성에서 다양성을 보이는 생물학적 존재라는 현실은 너무나 명백하여 무시할 수 없게 되었다."

필자 개인적인 생각으로 라이트와 쿨렌의 설명 중 '인간은 생물학적 존재'라는 표현이 가장 인상적이다. 인간은 생명체이기 때문에 사회적 존재이기 이전에 생물학적 특성을 가질 수밖에 없는 존재이다. 따라서 사회환경적 접근으로는 결코 알 수 없는 생물학적 특성을 파악하기 위해 생물학적 접근이 반드시 필요하다. 그런데 이때 중요한 것은 범죄적 성향과 범죄행동이 100% 유전에 의해 결정되는 것이 아니라 환경과의 상호작용 속에서 변화한다는 사실이다. 유전과 환경이 어떤 방식으로 상호작용하여 범죄와 성향에 영향을 미치는지 탐구하기 위해서는 분자유전학과 뇌신경과학적 연구가 필요하다.[46]

III. 분자유전학과 뇌신경과학

1. 분자유전학의 의의

분자유전학은 유전자 분석을 통해 특정 유전자의 구조와 기능을 분석하는 학문이다. 우리가 잘 알고 있는 '인간게놈프로젝트'는 인간의 DNA에 존재하는 모든 염기서열과 유전자를 밝혀내는 것이었다. 1990년에 시작된 이 프로젝트는 2003년 완성되었는데, 그 결과, 총 25,000개 정도의 유전자와 30억 개의 염기쌍이 해독되어, 각종 신체적·정신적 장애나 범죄성향의 유전적 고리가 밝혀지게 되었다.

분자유전학을 이해하기 위해 몇 가지 용어들을 정리해야 한다. 인간의 세포에는 핵이 있고, 핵 안에는 촘촘히 뭉쳐진 실타래 모양의 염색체가 있는데, 이 염색체를 구성

▶분자유전학
– 유전자의 구조와 기능을 분석하는 학문

하는 성분이 DNA(Deoxyribo Nucleic Acid, 디옥시리보 핵산)이다. DNA는 모든 생명체의 형성과 발달에 필요한 유전 정보를 함유한 화학물질로서, 우리에게 익숙한 이중나선형으로 꼬여 있는 사다리 모양을 하고 있다. 이 사다리의 난간은 당과 인산으로 이루어져 있고, 계단은 염기(neucleotide)로 이루어져 있다. 염기는 총 4종으로 A(아데닌), C(사이토신), G(구아닌), T(티민)인데, 아데닌은 항상 티민과 결합하고 구아닌은 항상 사이토신과 결합하여 염기쌍을 이룬다(〈그림 V–1〉).

유전자의 개념을 이해하는 데 있어 핵심은 염기쌍이다. 염기쌍들은 서로 협력해서 특정 아미노산을 만들어내는데, 이때 협력한 염기쌍들의 배열을 유전자라 부른다. 보통 한 개의 유전자는 1,000개 이상의 염기쌍 조합으로 구성되어 매우 복잡한 구조를 띠고 있다. 아미노산은 단백질의 구성요소이므로 결국 유전자의 역할은 단백질을 합성하는 것이라 할 수 있다.

▶유전자
– 특정 아미노산을 생산하기 위해 협력한 염기쌍들의 배열.

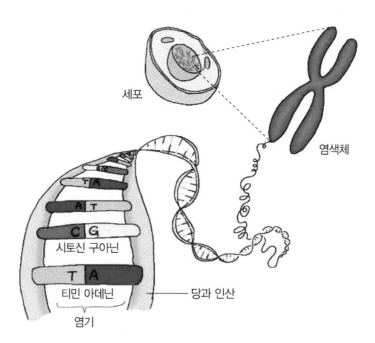

〈그림 V–1〉 DNA의 구조
출처: 네이버 이미지(https://blog.naver.com/tipshs/222447734509).

유전자가 만들어내는 단백질의 역할. 단백질은 인간을 구성하는 기본요소로서 구조적 단백질과 기능적 단백질로 구분된다. 구조적 단백질은 살, 뼈, 장기, 조직 등 육체 자체를 형성하고, 기능적 단백질은 육체와 뇌(정신)가 정상적으로 작동하도록 만드는 기능을 담당한다. 비유하자면, 구조적 단백질은 하드웨어를 생산하고 기능적 단백질은 이 하드웨어가 잘 작동하도록 기능하는 소프트웨어 역할을 수행하는 것이다. 예컨대, 헤모글로빈, 효소, 신경전달물질, 수용체 등이 기능적 단백질에 해당한다. 따라서 결국 사람의 신체와 뇌(정신)은 단백질로 구성되기 때문에 유전자가 어떤 단백질(직접적으로는 아미노산)을 만들어내느냐에 따라 신체와 뇌(정신)의 차이가 발생하는 것이다.

유전의 과정. 이상 유전자의 구조와 기능을 살펴보았다. 유전의 영향이 성립하기 위해서는 부모의 유전자가 자손에게 전달되어야 하는데, 이 책에서 그 과정까지 설명할 필요는 없는 것 같다. 간단히 말해, 우리는 모두 23쌍의 염색체를 가지고 있는데, 각 쌍의 염색체 중 하나는 부계로부터 다른 하나는 모계로부터 물려받는다고 이해하면 되겠다. 유전자가 염색체 상에 존재하므로 당연히 부계로부터 하나, 모계로부터 하나를 물려받아 쌍을 이루어 자손의 유전자가 되는 것이다.[47]

2. 뇌신경과학의 의의

뇌와 뇌 속의 신경체계도 모두 세포로 구성되어 있기 때문에 유전자의 산물이다. 심지어 인간 유전자의 60%가 뇌를 구성하는데 사용되고, 체중의 2%에 불과하지만 인체가 사용하는 전체 포도당의 20% 이상을 소비하는 고에너지 소모기관이다. 주지하듯, 우리가 하는 생각과 느끼는 감정은 모두 뇌에서 처리되므로 뇌와 신경체계는 행동의 원천이 된다. 뇌신경과학은 그러한 인식, 정보처리, 감정의 생성, 그리고 행동으로 표출되는 역동적인 과정을 탐구하는 학문이다.

이 책에서 뇌와 신경체계의 구조, 작동원리를 상세히 설명하는 것은 한계가 있다. 따라서 두 가지 중요한 이슈를 던지고 답하는 방식으로 기술하고자 하는바, 이 과정에서

▶뇌신경과학
– 뇌와 신경체계를 분석하여 인식, 정보처리, 감정의 생성, 행동의 표출 등을 연구하는 학문

뇌신경체계의 구조와 기능에 대해 간단히 소개한다.[48]

(1) 범죄성향(기질)은 어떻게 형성되는가?

신경전달물질. 인간의 뇌는 약 1,000억개의 신경세포로 구성되어 있다. 눈, 코, 입, 귀, 그리고 촉각으로 수용되는 정보는 뇌신경체계를 통해 처리되는데, 이때 정보 전달자 역할을 하는 것이 '신경전달물질(neurotransmitter)'이다. 신경전달물질은 다양한 기능에 따라 구분되는바, 예컨대, 흥분성, 억제성, 공포감, 행복감 등을 유도하는 신경전달물질들이 존재한다. 그중 범죄성향과 가장 밀접한 관련이 있는 것은 '도파민'과 '세로토닌'이다.

도파민은 운동능력, 집중력, 문제해결능력을 전달하고 보상과 쾌락의 감정을 담당한다. 전반적으로 도파민은 흥분성 신경전달물질로 분류되는바, 자동차의 가속페달에 비유된다. 반대로 세로토닌은 충동성이나 욕구를 조절하고 억제하는 역할을 담당하기 때문에 자동차의 제동장치에 비유된다. 범죄성향이 발현되는 기본 원리는 흥분한 상태나 본능적인 욕구가 적절히 제어되지 않기 때문으로, 분자유전학과 뇌신경과학의 범죄 연구는 이 두 신경전달물질에 집중하고 있다. 대체로 도파민 시스템과 관련된 문제는 중독성, 자극추구성향, 폭력성으로 이어지고, 세로토닌 시스템과 관련된 문제는 욕구불만으로 인한 충동성, 분노, 공격성, 우울증 등으로 이어지는 것으로 알려져 있다.

▶COMT 효소 유전자
– 이 효소는 세로토닌의 분해에는 관여하지 않고 도파민과 노르에피네프린의 분해만을 담당한다. 만성적 범죄인 연구에서 분석되곤 한다.

모노아민 산화효소 A(MAOA) 유전자. 신경전달물질이 과다 분비될 경우 이를 분해해서 비활성화시키면 정상적인 상태가 유지될 것이다. 모노아민 산화효소 A(Monoamine Oxidase A: MAOA) 유전자는 도파민과 세로토닌, 노르에피네프린의 분해를 담당하는 효소로서, 이 효소의 합성과 기능이 정상적일 경우 담당하는 순기능이 크다. 하지만, 비정상적일 경우에는 범죄성향이 발생하게 된다.

MAOA 유전자와 범죄와의 관계를 처음 밝힌 것은 1993년 학술지 사이언스에 실린 브러너와 동료들(1993)[49]의 연구였다. 그들은 네덜란드의 한 가문의 남성들이 여러 세대에 걸쳐 충동성과 공격성을 띠며 폭력, 방화, 강간 등의 범죄를 저지른 이유를 밝히고자 이들의 유전자를 분석했다. 그 결과, 문제 남성들의 MAOA 효소 유전자의 기능이 현저히 저하되어 있음을 찾아냈다. 이 연구 이후 많은 후속연구들이 MAOA의 기능저하는 폭력성, 공격성, 기타 반사회적 성향 및 범죄행위와 연관되어 있다고 일관되게 보고했다. 참고로 브러너와 동료들의 연구는 가계연구로서 과거 특성이론의 가계연구와의 질적 차이를 실감할 수 있다.

(2) 범죄성향은 변하는가?

뇌의 구조와 기능. 뇌는 크게 뇌간, 변연계, 대뇌피질의 3층 구조로 되어있다. 뇌간은 호흡, 순환, 생식 등 기본적인 생존 관련 기능을 담당하고, 변연계는 욕구와 감정을 담당하며, 대뇌피질은 기억, 언어, 연산 등 고차원적 기능을 담당한다. 특히, 대뇌피질의 전두엽은 변연계에서 대뇌피질 방향으로 투사된 욕구, 감정 관련 신경정보를 상황에 맞게 억제하거나 조절, 표출하는 등의 집행기능을 수행한다.

뇌의 발달. 뇌는 인간이 출생 후 성장하는 과정에서 함께 발달해간다. 뇌의 구조와 기능에서 짐작할 수 있듯, 뇌간에서부터 변연계, 대뇌피질의 순서로 발달하는데, 가장 늦게 발달하는 대뇌피질의 전두엽은 20대 초중반이 되어야 성장을 마친다. 또한 뇌의 성장에는 단순히 시간적 순서뿐만 아니라 '위계적 질서'도 존재해서, 뇌간이 정상적으로 성장을 완료하지 않으면 시간이 지나도 변연계가 성장하지 않는 특징이 있다. 따라서 적절한 시기에 적절한 자극을 경험해야만 대뇌피질의 전두엽까지 정상적으로 발달할 수 있게 된다.

필자의 생각에, 뇌의 이러한 발달 순서는 플라톤, 프로이트, 가로팔로 등이 정신(심리)의 구조로서 설파한 기본욕구(본능), 억제(이성), 고차원적 감정(용기, 도덕, 연민, 양심) 등의 개념이 생물학적 특성과 밀접한 관련이 있음을 보여주는 것 같다.

부정적인 경험과 범죄성향. 뇌의 발달과 관련해서 또 다른 매우 중요한 원리가 존재한다. 소위 '경험-기대 기전(experience-expected mechanism)'이라는 것인데, 모든 개체의

273

▶경험-기대 기전
- 뇌는 출생 후 특정 시기에 특정 자극을 경험할 것을 미리 예상하기 때문에 이 자극이 적절하게 주어지지 않으면 정상적으로 발달하지 못하는 현상.

뇌는 출생 후 특정 시기에 특정 자극을 경험할 것을 미리 기대하고 있어 해당 자극을 적절하게 경험해야만 관련 부위가 정상적으로 발달하게 된다. 예컨대, 인간의 뇌는 생후 2-3년 동안 변연계와 관련된 신경회로들이 폭발적으로 증가하는바, 이 시기에 개체 발생학적으로 예상되는 자극을 적절하게 경험하지 못하거나 비정상적인 자극에 노출될 경우 변연계 계통이 정상적으로 발달하지 못하게 된다. 이러한 문제는 변연계 계통에서 끝나는 것이 아니라 위계적 질서로 인해 대뇌피질의 발달에도 문제가 생기게 된다. 이것이 바로 성장 과정에서의 경험이 매우 중요한 이유인 것이다.

유아기에 기대되는 자극에는 엄마와의 신체적 접촉과 포옹, 수유, 마주보고 웃기, 장난치기, 정서적 교감, 필요한 욕구 즉시 해소 등이 있는바, 이러한 경험을 통해 아이는 엄마와의 애착을 형성하게 된다. 이 시기에 적절한 애착 자극을 받지 못하면 변연계의 발달에 문제가 생겨 본능적인 욕구와 충동, 감정 신호가 전두엽에 과하게 투사되는데, 대뇌피질과 전두엽도 정상적으로 발달하지 못한 상태에서 이러한 상황이 반복되면 결국 전두엽의 기능도 감소하게 된다. 이러한 이유로 대부분의 폭력 범죄자들의 뇌를 살펴보면 변연계는 과하게 활성화되어 있고, 이를 조절해야 하는 전두엽은 제대로 작동하지 못하는 저활성화 상태가 관찰된다.[50] 결론적으로, 양육과정에서의 학대와 방임은 범죄성향이 형성되는데 큰 영향을 미친다 하겠다.

▶범죄성향의 개선과 시사점
- 범죄성향은 변할 수 있음!
- 루마니아 고아 연구: 좋은 환경은 뇌기능을 회복시키고 범죄성향을 개선시킴.
단, 12세 이전에 변화 가능성이 큼!

범죄성향의 개선과 시사점. 지금까지 뇌와 신경체계의 구조와 기능을 통해 성장과정에서 범죄성향이 생기고 발현되는 과정을 살펴봤다. 핵심은 유전적 요인과 환경적 요인의 상호작용에 있는 것으로 드러났다. 그렇다면 환경적 요인의 개선을 통해 범죄성향이 개선될 여지도 있지 않을까? 루마니아 고아들에 대한 연구가 희망적인 메시지를 전해준다.

제2차 세계대전 후 공산화와 독재로 가난한 삶을 살았던 루마니아에서 많은 고아들이 발생했고 국영 고아원에서 지내던 고아들 상당수가 서구 선진국으로 대거 입양된 사례가 있었다. 입양 당시 고아들의 뇌기능은 전두엽과 편도체의 물질대사가 심각하게 저하되어 있었고, 그런 이유로 인지, 감정, 행동적 결핍이 두드러지며 반사회적 성향도 높앞다.[51] 그런데 다행스럽게 입양 후 좋은 환경에서 성장하면서 뇌기능도 회복되는 경향을 보였다.

하지만 뇌기능의 회복과 범죄성향의 개선은 입양시기에 따라 상당한 편차를 보였다. 짐작하듯, 나이가 어릴수록 정상적인 회복 가능성이 높았는바, 예컨대 12세가 넘어 입양된 경우에는 정상적인 회복이 불가능한 경우도 있었다.[52] 따라서 범죄성향의 개선을 위해서는 뇌 발달이 활발해지는 영유아기와 어린 시절의 경험을 긍정적으로 변화시키는 것이 최선임을 알 수 있었다. 결국 유소년기에 부모의 양육방식이 얼마나 중요한지를 시사하는 연구였다.

나이와 범죄. 그렇다고 청소년기의 환경개선이 쓸모없다는 말은 아니다. 유소년기의 학대와 방임은 뇌 발달에 치명적 손상을 가하기 때문에 개선이 쉽지 않고 빠른 환경변화가 요구된다. 하지만 정상적인 유소년기를 보내서 정상적인 뇌 발달이 이루어진 경우에는 그 이후 경험하는 부정적인 사건이 기억에는 남겠지만 대부분 뇌 기능의 변화까지 초래하진 않는다. 따라서 다수의 청소년들이 일시적으로 일으키는 문제나 반사회적 성향은 뇌 기능의 문제가 아니라 사회적 관계(부모, 교사, 또래 등)나 스트레스(학업, 연애, 금전 등)의 영향이 크다고 볼 수 있다. 앞서 뇌의 발달에서 살펴본 대로 욕구나 충동을 조절할 수 있는 대뇌피질의 전두엽은 20세가 넘어서까지 발달하기 때문에 아직 성숙하지 못한 청소년기에 반항기 가득하고 문제를 미숙하게 처리하는 모습은 오히려 당연한 현상으로도 볼 수 있다. 그렇기 때문에 범죄의 빈도를 표시하는 곡선이 거꾸로 된 U자형을 띠는 것이다(제2장 제3절 참고).

IV. 유전자와 환경이 범죄에 이르는 과정

분자유전학과 뇌신경과학을 통해 우리는 세 가지 중요한 사실을 알게 됐다. ① 유전자가 단백질을 만들고, 단백질이 신체와 정신(뇌와 신경체계)의 핵심을 구성하며, 부모의 유전자는 자식에게 절반씩 전달된다. ② 신경전달물질(예, 도파민, 세로토닌)과 이를 분해하는 효소(예, MAOA) 유전자가 범죄성향 형성과 밀접한 관련이 있다. ③ 뇌는 20세 중반까지 성장하는데(특히 욕구와 감정을 조절하는 대뇌피질의 전두엽), 어린 시절의 학대나 방임은 뇌의 정상적인 발달을 저해한다. 반대로 긍정적인 자극이 주어지면 저하된 기능이 정상으로 회귀할 수도 있다. 즉, 범죄성향의 형성은 뇌기능과 환경의 영향을 동시에 받은 결과이다.

과거에는 본성과 양육(nature vs. nurture) 또는 유전과 환경(gene vs. environment) 중 무엇이 더 중요한가에 대한 치열한 논쟁이 있었지만, 인간게놈프로젝트가 수행되면서 범죄행동을 포함한 대부분의 표현형이 유전과 환경의 영향을 동시에 받는 결과임이 밝혀지면서 더 이상의 논쟁은 없다.[53] 또한 범죄성향과 같은 기질 자체도 유전과 환경의 영향을 동시에 받아 변화하고 발현됨이 드러났다. 그런데 유전과 환경이 범죄에 영향을 미치는 과정은 다양한 방식으로 가능하다. 따라서 여기에서는 단순히 '유전과 환경이 상호작용해서 범죄성향이 형성되고 상황에 따라 성향이 범죄행동으로 표출된다'는 설명에서 좀 더 나아가 세부적인 경로를 살펴보고자 한다. 이 책이 강조하고자 하는 두 경로는 '유전자–환경 상호작용(GxE)' 기제와 '유전자–환경 상관관계(rGE)' 기제이다.

참고로, 우리는 지금까지 생물사회학적 관점을 단순히 GxE로 표현해왔다. 이는 범죄가 유전과 환경의 영향을 동시에 받는다는 명제를 일반적으로 표현한 것이었다. 하지만 이제부터는 GxE가 유전과 환경의 상호작용(x = interaction)을 의미하는 것으로 명확히 이해해야 한다. 그리고 상호작용의 뜻이 무엇인지, 상관관계와는 어떤 차이가 있는지 등을 개념적으로 구분할 줄 알아야 한다. 실제로 유전과 환경이 범죄에 이르는 과정들을 살펴보면 논리적 사고에 큰 도움이 된다. 또한 우리가 앞으로 공부할 비행친구(사회학습이론)나 양육(사회통제이론, 발달이론)과 범죄와의 복잡·다양한 관계를 미리 살펴보는 기회가 되기도 한다.[54]

(1) 유전자–환경 상호작용(GxE)

유전자–환경 상호작용은 두 요소가 동시에 범죄에 영향을 미친다는 설명으로서 크게 두 가지 경우가 가능하다. 참고로 여기서 유전은 유전자에 의해 형성되는 기질(범죄적 성향, 비범죄적 성향)을 의미한다.

첫째, 동일한 범죄유발환경(예, 부모의 학대, 빈곤, 나쁜친구 등)에 처했을 때 기질에 따라 행동이 다르게 나타날 수 있다. 예컨대, 충동적이거나 자극을 추구하는 기질을 가진 사람은 범죄를 저지를 가능성이 크지만, 차분하고 조용한 기질의 사람은 범죄 가능성이 떨어질 수 있다.

둘째, 동일한 범죄성향(충동성, 자극추구)을 가지고 있을 때 환경에 따라 이 기질이 발현되거나 억제될 수 있다. 예컨대, 부모의 학대나 빈곤과 같이 범죄유발환경에 처하게 되면 범죄를 저지를 가능성이 커지지만, 부모와의 유대가 강하거나 경제적으로 윤택할 경우 범죄성향이 억제될 수 있다.

이러한 유전자-환경 상호작용은 실제 연구에서 지지되는 경우가 많다.[55] 그 결과들을 종합하면, 유전자와 환경 두 요소를 결합하여 형성되는 네 가지 경우에 대해 범죄 가능성의 순으로 다음과 같이 정리할 수 있다.

- 고위험: 범죄적 성향 x 범죄유발환경
- 중위험: 범죄적 성향 x 범죄억제환경 / 비범죄적 성향 x 범죄유발환경
- 저위험: 비범죄적 성향 x 범죄억제환경

이중 가장 심각한 경우는 범죄적 성향을 가진 사람이 범죄유발환경에 처하게 되는 경우로서, 앞서 살펴본 메드닉과 동료들(1984)[56]의 입양아 연구가 그 가능성을 짐작케 한다. 그들의 연구에서 생물학적 부모의 유전적 영향과 입양 부모의 환경적 영향이 중첩되었을 때 범죄 확률이 가장 증가했다.

(2) 유전자-환경 상관관계(rGE)

유전자-환경 상호작용(GxE)은 유전자와 환경을 서로에게 영향을 미치지 않는 독립된 요소로 간주하는 반면, 유전자-환경 상관관계(rGE)는 환경이 유전자와 연관되어 있

▶GxE vs. rGE
- GxE: 유전자와 환경을 독립된 요소로 간주
- rGE: 환경이 유전자와 연관된 것으로 파악

음을 강조한다. 유전자-환경 상관관계에서 두 요소가 연관되는 방식은 세 가지가 있다.

수동적(reactive) 유전자-환경 상관관계

▶부모효과 vs. 자녀효과
– 수동적 상관관계 vs. 촉발
적 상관관계

일반적으로 어린 자녀는 부모가 제공해 준 환경에서 살아갈 수밖에 없다. 이는 유전자와 환경이 모두 부모에 의해 형성되는 경우로서, 대표적인 환경적 요인인 양육방식을 예로 설명하면 다음과 같다. 범죄성향을 가진 부모가 폭력적으로 양육하는 경우, 자녀는 부모의 기질을 물려받음과 동시에 폭력적인 환경에 처하게 된다. 이는 앞서 살펴본 대로 자녀의 비행 확률을 가장 높이는 상황이 되지만, 자녀의 입장에서는 거부하기 힘든 게 현실이다. 따라서 이를 '수동적' 유전자-환경 상관관계라 칭하는바, 가장 일차적이고 단순한 논리이다.

대부분의 사회학적 이론들(예, 통제이론, 발달이론)도 부정적인 양육방식이 자녀의 비행을 유발하는 중요한 문제라는데 동의한다. 그런 차원에서 이를 '부모효과(parental effect)'라 칭하는데, 이 역시 사회학적 탐구에서 가장 먼저 제안된 가장 일반적인 기제에 해당한다. 결국, 유전의 영향을 제외하곤, 수동적 유전자-환경 상관관계와 부모효과는 유사한 논리를 펼치고 있음을 기억하자.

그런데 여기서 주의할 점은 수동적인 관계가 범죄적 성향과 범죄유발환경이 동시에 발생하는 경우만을 지칭하는 것이 아니라는 사실이다. 앞서 살펴본 대로, 두 요소를 결합하면 네 가지 경우가 가능한바, 모든 경우에 대한 일차적인 논리로서 자녀의 수동적인 수용을 말하고 있는 것이다.

촉발적(evocative) 유전자-환경 상관관계

다시 양육방식을 생각해보자. 대부분의 부모는 능력이나 성향을 떠나 자녀에 대해 강한 애착을 가지고 있다. 따라서 처음에는 사랑으로 자녀를 양육하는데, 간혹 자녀의 기질이 충동적이거나 폭력적인 경우, 사랑의 매란 이름으로 체벌을 시작하는 경우가 있다. 이를 통해 자녀의 행동이 개선되면 문제가 없지만, 오히려 악화되는 경우에는 부모의 폭력적인 양육도 심화될 수 있다. 이를 사회학적 이론들은 '자녀효과(child effect)'라 부르고, 생물사회학적 관점에서는 '촉발적' 유전자-환경 상관관계라 부른다.

대표적인 연구로서 비버와 동료들(2011)[57]은 쌍생아들을 대상으로 구조방정식 모형을 적용한 결과, 반사회적 성향을 가진 자녀들이 부모의 거칠고 폭력적인 양육방식을 유도해내는 현상을 밝혀냈다. 이러한 생물사회학적 연구는 연구대상의 유전 정보를 이용하기 때문에(예, Add Health 자료), 주로 설문조사 자료를 이용하는 사회학적 접근에 비해 훨씬 객관적인 분석이 가능한 장점이 있다. 물론 설문조사도 검증된 척도를 이용할 경우 높은 신뢰성이 인정되지만, 응답자가 연구자에게 자신의 문제를 숨기거나 잘 보이고 싶어 하는 편향성 문제(social desirability bias)를 온전히 해결할 순 없다.

물론 여기에서도 주의할 점은 촉발이 꼭 나쁜 기질이 부정적인 환경을 촉발하는 경우만을 의미하는 게 아니라는 사실이다. 양호한 기질이나 호감형 외모를 타고난 경우에는 좋은 양육방식이나 원활한 사회관계가 촉발되기도 한다.

스토리박스 〈보충설명 V-3〉

Add Health 데이터: 생물사회학적 범죄 연구에서 주로 사용하는 공공데이터

생물사회학적 연구를 수행하는 학자들이 가장 많이 사용하는 공공데이터는 일명 'Add Health'로 불리는 '전국 청소년-성인기 건강조사(National Longitudinal Study of Adolescent to Adult Health)'이다. 이는 생물사회학적 연구의 중요성을 깨달은 미국 연방정부에서 교육부, 보건복지부 등이 합동으로 1994년부터 2018년까지 2,658명의 청소년을 대상으로 유전자 정보를 포함하는 생물학·심리학적 변인과 각종 사회환경적 변인을 수집한 종단자료이다. 현재는 미시간대학교에 있는 세계 최대 사회과학조사자료 아카이브인 ICPSR(Inter-University Consortium for Political and Social Research)에 공개되어 있다. 우리나라에서도 유사한 데이터베이스를 구축하려는 노력이 있었으나 청소년의 유전 정보 수집에 대한 반감이 존재하여 쉽지 않은 상황이다.

능동적(active) 유전자-환경 상관관계

▶능동적 상관관계
– 자신의 성향에 맞는 환경을 선택하고 창조하는 현상
= 유유상종, 적소찾기 = 비행선행론(전통적인 비행친구선행론과 반대 논리)

'농동적' 유전자-환경 상관관계란 수동적 상관관계와 정반대로 특정한 유전적 기질을 가진 사람이 자신의 성향에 부합하는 환경을 선택하고 창조하는 현상을 가리킨다. 가장 대표적인 예는 청소년기의 친구 사귐으로서, 유유상종하는 현상과 유사하다. 즉, 비행 성향을 가진 청소년은 자신과 유사한 성향의 친구들과 어울리려 하고, 그렇지 않은 청소년은 비행 성향의 친구를 멀리하는 경향이 있다. 실제 클리브랜드와 동료들(2005)[58]의 행동유전학 연구에서는 미국의 쌍생아 자료를 분석한 결과, 비행친구와의 교재에 영향을 미치는 요인이 유전 64%, 비공유환경 36%라고 밝혔다(공유환경은 0%). 또한 다수의 분자유전학 연구에서도 DAT1과 같은 위험 대립유전자가 비행친구와의 교재에 유의미한 영향을 미치는 것으로 드러났다.[59] 이 같은 현상을 유전학에서는 '적소찾기(niche-picking)'라 부른다.

이와 유사한 논리로서 사회학습이론과 관련한 연구에서는 '비행선행론'이 주목받고 있다. 비행선행론은 전통적인 '비행친구선행론', 즉 비행친구를 사귀기 때문에 비행을 저지른다는 설명과 반대되는 주장으로서 비행을 저지르기 때문에 비행친구를 찾게 된다고 설명한다. 이에 대한 사회학적 연구에서는 유전자나 기질의 역할을 직접 검증하지 않지만, 논리구조가 유사하다는 점에서 함께 학습해두길 바란다.

V. 소결

현대의 생물사회학적 관점은 더 이상 결정론적 시각에 의존하지 않고 생물학, 심리학, 사회학적 요인들이 다양한 방식으로 범죄에 영향을 미치는 과정을 분석한다. 라이트와 쿨렌(2012)[60]이 주장한 것처럼 현대 범죄학에서는 인간이 생물학적 존재라는 사실을 받아들여야 하는바, 이러한 접근은 특정 이념에 치우침 없이 기존의 사회학적 설명을 매우 높은 수준으로 보완하고 있다.

예컨대, 우리는 앞서 만성적 범죄인의 존재를 살펴봤다(제2장 제3절 참고). 소수에 불과한데도(울프강과 동료들의 연구에 따르면 약 6%) 그들은 전체 범죄의 절반 이상을 저지르고 중범죄에서는 더 높은 비율을 차지하고 있다. 이러한 사실은 사회학적 접근만으로는 명확히 설명되지 않는다.

이 사회에는 매우 다양한 종류의 사람들이 매우 다양한 환경에서 살아가고 있다. 어쩔 수 없이 범죄적 성향(기질)을 타고난 사람도 있고, 부모의 잘못된 양육방식 때문에 그런 성향을 갖게 된 사람도 있다. 반대로 범죄성향을 가지고 있지만 좋은 환경에서 무난한 삶을 살아가는 사람도 있고, 열악한 환경 속에서도 역경을 극복하고 성공한 사례도 있다. 이처럼 사회적 생명체로서 다양한 삶을 살아가는 인간을 이해하기 위해서는 생물사회학적 접근이 선택이 아닌 필수라 사료된다. 추가적인 논의는 제9장 발달이론에서 이루어진다.

요점 정리

쌍생아 연구와 입양아 연구

- 유전의 영향이 존재할 것이라 암시: 메드닉과 동료들(1984)의 연구의 시사점 – ① 유전적 영향이 환경적 영향보다 클 수 있음. ② 유전과 환경이 중첩될 때 가장 큰 영향을 미칠 수 있음. ③ 유전이나 가족 환경 외에도 다양한 요인들이 영향을 미칠 수 있음.

행동유전학

- 행동유전학의 의의: 특정 행동에 미치는 유전의 영향을 연구하는 학문

- 유전과 환경의 영향: 유전과 환경은 범죄성향(기질)과 범죄행동에 약 절반씩의 영향을 미침. 이때 환경의 영향은 대부분 비공유환경의 영향에서 비롯된 것임.

분자유전학과 뇌신경과학

- 분자유전학: 유전자의 구조와 기능을 분석하는 학문. 유전자는 단백질(아미노산)을 만들어

내고, 단백질은 신체와 정신(뇌)을 구성하기 때문에 유전자가 어떤 단백질을 만들어내느냐에 따라 신체적 특징과 기능적 특징이 큰 영향을 받게 됨.

- 뇌신경과학: 뇌와 신경체계를 분석하여 인식, 정보처리, 감정의 생성, 행동의 표출 등을 연구하는 학문. 신경전달물질(도파민, 세로토닌)과 모노아민 산화효소 A(MAOA) 유전자가 범죄성향에 큰 영향을 미침. 그런데 이는 양육방식 등 환경과의 상호작용으로 인해 형성되므로 악화되거나 개선될 수 있음.

- 나이와 범죄: 어린 시절 정상적으로 발달한 뇌신경체계는 정상적인 성향(기질)을 갖추는 경우가 많음. 따라서 청소년기의 비행 빈도가 높은 것은 범죄성향 때문이 아니라, 욕구나 충동을 제어하는 대뇌피질의 전두엽이 아직 덜 성숙한 상태에서 학업이나 이성, 친구 등으로 인한 스트레스를 적절히 제어하지 못하기 때문으로 볼 수 있음.

유전자와 환경이 범죄에 이르는 과정

- 유전자–환경 상호작용(GxE): 유전자와 환경을 서로에게 영향을 미치는 않는 독립된 요소로 간주함. 두 요소가 상호작용하여(이때 유전은 성향을 의미함) 범죄에 영향을 미치게 됨. 범죄성향과 범죄유발환경을 동시에 가질 경우 범죄 가능성이 가장 높아짐.

- 유전자–환경 상관관계(rGE): 유전자와 환경이 서로 관계된 요소로 간주함. 즉, 범죄성향을 가진 사람이 범죄유발환경을 초래하거나(촉발적 관계), 범죄유발환경을 선택할 수 있음(능동적 관계). 그렇지 않고 성향과 환경이 모두 부모로 인해 결정되는 경우는 수동적 관계에 해당함. 수동적 관계는 부모효과 & 비행친구선행론과 연관되고, 촉발적 관계는 자녀효과와 연관되며, 능동적 관계는 비행선행론과 연관됨.

- Add Health 데이터: 이러한 유전, 환경, 범죄 간의 다양한 관계를 연구함에 있어 미국에서는 교육부와 보건복지부 등이 합동으로 구축한 Add Health 데이터가 유용하게 사용되고 있음.

참고문헌

1. 박현호·강용길·정진성. (2009). 「범죄예방론」, 경찰대학.
2. 김경동. (2007). 「현대의 사회학」, p.482. 박영사.
3. Darwin, C. (1859). *On the Origin of Species.* Cambridge, MA: Harvard University Press.; Darwin, C. (1871). *The Descent of Man, and Selection in Relation to Sex.* London: John Murray.
4. 김재민·이봉한. (2021). 「범죄학 강의」, pp.94-95. 박영사.
5. Brown, S., Esbensen, F., & Geis, G. (2013). *Criminology: Explaining Crime and Its Context.* Elsevier. 황의갑 외 12인 역(2015), p.253. 그린.; Siegel, L. J. (2018). *Criminology: Theories, Patterns and Typologies.* Wadsworth. 이민식 외 7인 역(2020), p.164. 센게이지 러닝 코리아.
6. Lilly, J. R., Cullen, F. T., & Ball, R. A. (2011). Criminological Theory: Context and Consequences. 이순래 외 2인 역 (2017), p.32. 박영사.
7. 윤일홍. (2022). "생물사회학적 범죄학 이론", 「범죄학개론」, 제4장, pp.99-100. 박영사.
8. Lilly, J. R., Cullen, F. T., & Ball, R. A. (2011). *Criminological Theory: Context and Consequences.* 이순래 외 2인 역 (2017), p.33. 박영사.
9. Lilly, J. R., Cullen, F. T., & Ball, R. A. (2011). *Criminological Theory: Context and Consequences.* 이순래 외 2인 역 (2017), pp.34-35. 박영사.
10. Goring, C. B. (1913). *The English Convict: A Statistical Study.* London: His Majesty's Stationary Office.
11. 윤일홍. (2022). "생물사회학적 범죄학 이론", 「범죄학개론」, 제4장, p.100. 박영사.; Brown, S., Esbensen, F., & Geis, G. (2013). *Criminology: Explaining Crime and Its Context.* Elsevier. 황의갑 외 12인 역(2015), pp.259-260. 그린.
12. Brown, S., Esbensen, F., & Geis, G. (2013). *Criminology: Explaining Crime and Its Context.* Elsevier. 황의갑 외 12인 역(2015), p.260. 그린.; Lilly, J. R., Cullen, F. T., & Ball, R. A. (2011). *Criminological Theory: Context and Consequences.* 이순래 외 2인 역(2017), p.41. 박영사.
13. Brown, S., Esbensen, F., & Geis, G. (2013). *Criminology: Explaining Crime and Its Context.* Elsevier. 황의갑 외 12인 역(2015), p.252. 그린.
14. Glueck, S. & Glueck, E. (1950). *Unraveling Juvenile Delinquency.* Cambridge, MA: Harvard University Press.
15. Hooton, E. A. (1939). *Crime and Man.* Cambridge, MA: Harvard University Press.
16. Rafter, N. H. (2004). Earnest A. Hooton and the Biological Tradition in American Criminology. *Criminology, 42,* pp.735-771.
17. Brown, S., Esbensen, F., & Geis, G. (2013). *Criminology: Explaining Crime and Its Context.* Elsevier. 황의갑 외 12인 역(2015), pp.260-261. 그린.
18. Sheldon, W. (1949). *Varieties of Delinquent Youth.* New York: Harper and Row.
19. Kretschmer, E. (1925). *Physique and Character.* New York: Harcourt Brace.

20. Brown, S., Esbensen, F., & Geis, G. (2013). *Criminology: Explaining Crime and Its Context.* Elsevier. 황의갑 외 12인 역(2015), p.261. 그린.; Lilly, J. R., Cullen, F. T., & Ball, R. A. (2011). *Criminological Theory: Context and Consequences.* 이순래 외 2인 역(2017), pp.41-42. 박영사.

21. 윤일홍. (2022). "생물사회학적 범죄학 이론", 「범죄학개론」, 제4장, p.100. 박영사.

22. 윤일홍. (2022). "생물사회학적 범죄학 이론", 「범죄학개론」, 제4장, pp.100-101. 박영사.; Brown, S., Esbensen, F., & Geis, G. (2013). *Criminology: Explaining Crime and Its Context.* Elsevier. 황의갑 외 12인 역(2015), pp.261-263. 그린.

23. Brown, S., Esbensen, F., & Geis, G. (2013). *Criminology: Explaining Crime and Its Context.* Elsevier. 황의갑 외 12인 역(2015), p.263. 그린.

24. Lilly, J. R., Cullen, F. T., & Ball, R. A. (2011). *Criminological Theory: Context and Consequences.* 이순래 외 2인 역(2017), pp.44-45. 박영사.

25. Freud, S. (1920). *Beyond the Pleasure Principle.* Reprinted in 1990, W.W. Norton & Company.

26. Friedlander, K. (1951). *The Psycho-Analytical Approach to Juvenile Delinquency.* London: Routledge and Kegan Paul.

27. Redl, F. & Wineman, D. (1951). *Children Who Hate.* Glencoe, IL: The Free Press.

28. Lilly, J. R., Cullen, F. T., & Ball, R. A. (2011). *Criminological Theory: Context and Consequences.* 이순래 외 2인 역(2017), pp.45-46. 박영사.

29. Dugdale, R. L. (1877). *"The Jukes": A Study in Crime, Pauperism, Diseases, and Heredity.*

30. Goddard, H. H. (1912). *The Kallikak Family: A Study in the Heredity of Feeble-Mindedness.* Macmillan.

31. 윤일홍. (2022). "생물사회학적 범죄학 이론", 「범죄학개론」, 제4장, pp.101-102. 박영사.; Lilly, J. R., Cullen, F. T., & Ball, R. A. (2011). *Criminological Theory: Context and Consequences.* 이순래 외 2인 역(2017), p.46. 박영사.

32. Katz, J. & Abel, C. F. (1984). The Medicalization of Depression: Eugenics and Crime. *Contemporary Crisis, 8,* pp.227-241.

33. Lilly, J. R., Cullen, F. T., & Ball, R. A. (2011). *Criminological Theory: Context and Consequences.* 이순래 외 2인 역(2017), pp.47-50. 박영사.

34. Rhee, S. H. & Waldman, I. D. (2002). Genetic and Environmental Influences on Antisocial Behavior: A Meta-Analysis of Twin and Adoption Studies. *Psychological Bulletin, 128,* pp.490-529.; Rutter, M. (2007). Gene-Environment Interdependence. *Developmental Science, 10(1),* pp.12-18.

35. Mason, D. A. & Frick, P. J. (1994). The Heritability of Antisocial Behavior: A Meta-Analysis of Twin and Adoption Studies. *Journal of Psychopathology and Behavioral Assessment, 16(4),* pp.301-323.

36. 윤일홍. (2022). "생물사회학적 범죄학 이론", 「범죄학개론」, 제4장, pp.104-105. 박영사.

37. Christiansen, K. O. (1968). Threshold of Tolerance in Various Population Groups Illustrated by Results from Danish Criminological Twin Study. In A. Reuck & R. Porter (eds.), *Ciba Foundation Symposium on the Mentally Abnormal Offender*, pp.107-116. London: Churchill.

38. Grove, W. M., Eckert, E. D., Heston, L., Bouchard, T., Segal, N., & Lykken, D. T. (1990). Heritability of Substance Abuse and Antisocial Behavior: A Study of Monozygotic Twins Reared Apart. *Biological Psychiatry, 27(12)*, pp.1293-1304.

39. 윤일홍. (2022). "생물사회학적 범죄학 이론", 「범죄학개론」, 제4장, pp.102-103. 박영사.

40. Mednick, S. A., Gabrielli, W. F., Hutchings, B. (1984). Genetic Influences in Criminal Convictions: Evidence from an Adoption Cohort. *Science, 224*, pp.891-894.

41. 윤일홍. (2022). "생물사회학적 범죄학 이론", 「범죄학개론」, 제4장, pp.103-104. 박영사.

42. Mason, D. A. & Frick, P. J. (1994). The Heritability of Antisocial Behavior: A Meta-Analysis of Twin and Adoption Studies. *Journal of Psychopathology and Behavioral Assessment, 16(4)*, pp.301-323.; Waldman, I. D. & Rhee, S. H. (2006). Genetic and Environmental Influences on Psychopathy and Antisocial Behavior. In C. J. Patrick (ed.), *Handbook of Psychopathy*, pp.205-228. New York: Guilford.

43. Rutter, M. (2007). Gene-Environment Interdependence. *Developmental Science, 10(1)*, pp.12-18.

44. Rhee, S. H. & Waldman, I. D. (2002). Genetic and Environmental Influences on Antisocial Behavior: A Meta-Analysis of Twin and Adoption Studies. *Psychological Bulletin, 128*, pp.490-529.

45. Wright, J. P. & Cullen, F. T. (2012). The Future of Biosocial Criminology: Beyond Scholars' Professional Ideology. *Journal of Contemporary Criminal Justice, 28*, pp.237-253.; Siegel, L. J. (2018). *Criminology: Theories, Patterns and Typologies*. Wadsworth. 이민식 외 7인 역(2020), p.166. 센게이지 러닝 코리아.

46. 윤일홍. (2022). "생물사회학적 범죄학 이론", 「범죄학개론」, 제4장, pp.104-105. 박영사.

47. 윤일홍. (2022). "생물사회학적 범죄학 이론", 「범죄학개론」, 제4장, pp.106-108. 박영사.

48. 윤일홍. (2022). "생물사회학적 범죄학 이론", 「범죄학개론」, 제4장, pp.115-126. 박영사.

49. Brunner, H. G., Nelen, M., Breakefield, X. O., Ropers, H. H., & van Oost, B. A. (1993). Abnormal Behavior Associated with a Point Mutation in the Structural Gene for Monoamine Oxidase A. *Science, 262*, pp.578-580. Raine, A. (2014). *The Anatomy of Violence: The Biological Roots of Crime*. Vintage.

50.
51. Chugani, H. T., Behen, M. E., Muzik, O., Juhasz, C., Nagy, F., & Chugani, D. C. (2001). Local Brain Functional Activity Following Early Deprivation: A Study of Post-Institutionalized Romanian Orphans. *Neuroimage, 14*, pp.1290-1301.

52. Nelson, C. A., Zeanah, C. H., Fox, N. A., Marshall, P. J., Smyke, A. T., & Guthrie, D. (2007). Cognitive Recovery in Socially Deprived Young Children: The Bucharest Early Intervention Project. *Science, 318*, pp.1937-1940.

53. Rutter, M. (2007). Gene-Environment Interdependence. *Developmental Science, 10(1),* pp.12-18.

54. 윤일홍. (2022). "생물사회학적 범죄학 이론", 「범죄학개론」, 제4장, pp.111-113. 박영사.; 정진성·장응혁. (2021). "약한 자기통제력과 부정적 양육방식이 청소년 비행에 미치는 상호작용효과". 「형사정책연구」, 32(1), pp.345-378.

55. Yun, I., Cheong, J., & Walsh, A. (2011). Genetic and Environmental Influences in Delinquent Peer Affiliation: From the Peer Network Approach. *Youth Violence and Juvenile Justice, 9(3),* pp.241-258.

56. Mednick, S. A., Gabrielli, W. F., Hutchings, B. (1984). Genetic Influences in Criminal Convictions: Evidence from an Adoption Cohort. *Science, 224,* pp.891-894.

57. Beaver, K. M., Rowland, M. W., Schwartz, J. A., & Nedelec, J. L. (2011). The Genetic Origins of Psychopathic Personality Traits in Adult Males and Females: Results from an Adoption-Based Study. *Journal of Criminal Justice, 39(5),* pp.426-432.

58. Cleveland, H. H., Wiebe, R. P., Rowe, D. C. (2005). Sources of Exposure to Smoking and Drinking Friends among Adolescents: A Behavioral-Genetic Evaluation. *The Journal of Genetic Psychology, 166(2),* pp.153-169.

59. Beaver, K. M. (2008). Nonshared Environmental Influences on Adolescent Delinquent Involvement and Adult Criminal Behavior. *Criminology, 46,* pp.341-370.; Yun, I., Cheong, J., & Walsh, A. (2011). Genetic and Environmental Influences in Delinquent Peer Affiliation: From the Peer Network Approach. *Youth Violence and Juvenile Justice, 9(3),* pp.241-258.

60. Wright, J. P. & Cullen, F. T. (2012). The Future of Biosocial Criminology: Beyond Scholars' Professional Ideology. *Journal of Contemporary Criminal Justice, 28,* pp.237-253.

제6장 사회구조적 관점

개인주의적 접근 거부

고전주의 범죄학은 범죄의 원인을 이성적인 개인의 합리적 선택으로 보았고, 초기 실증주의의 생물학적 관점은 범죄인의 타고난 본성으로 보았다. 즉, 범죄학의 탄생 이후 20세기 초반까지 주류 범죄학 이론은 선택이든 본성이든 범죄를 개인의 문제로 간주했다. 그런데 1920년대를 전후로 후기 실증주의 시대를 연 사회학적 접근에서는 이를 거부하고 사회의 구조적 문제에서 범죄 원인을 찾고자 했다. 그들이 진단한 사회의 구조적 문제는 크게 ① 열악한 사회적 환경과 그로 인해 자정능력이 부족한 상태인 '사회해체', ② 성공이라는 사회문화적 목표와 이를 달성하기 위한 합법적 수단 사이의 괴리로 인한 '구조적 긴장', ③ 해체된 지역사회에서 구조적 긴장을 장기간 경험하면서 주류문화의 대안으로 생겨나는 '문화적 일탈' 등 세 가지였다. 여기에서 문화적 일탈에 대한 설명은 큰 틀에서 봤을 때 사회해체와 구조적 긴장의 통합으로 이해할 수도 있다. 이러한 구조적 차원의 문제들은 특정 지역이나 계층의 범죄율을 지속적으로 높게 유지시키는 '사회적 힘(social force)'으로 작동한다는 것이 구조 이론들의 기본 사상이다.[1] 물론, 이 시기부터는 더 이상 경성결정론이 인정되지 않았기 때문에 열악한 환경이나 상황이 무조건 높은 범죄율로 이어진다는 주장으로 이해해선 안 된다.

등장 배경

사회구조적 관점의 등장 배경은 19세기 특성이론의 쇠락과 연관이 크기 때문에 앞 장들(제3 & 5장)의 설명을 참고하기 바란다. 요약하면, 과학기술의 맹목적인 발달이 가져온 부작용과 인간적(후기, 수정) 자본주의의 성장, 특성이론의 방법론적 약점과 추론의 오류, 윤리적 문제 등은 생물학적 결정론과 통제 위주의 형사정책을 멀리하는 계기가 되었다. 그 빈자리는 시카고학파의 활약 덕분에 사회학적 관점이 채우게 되었다. 그 중에서도 개인주의적 접근에 반발하던 시대적 분위기는 사회구조적 차원의 설명을 먼저 촉진시켰고, 그 후 1950년대 무렵 다시 개인적 차원에서 사회학적 설명(사회과정적 관점)이 발달하기 시작했다.[2]

▶초기 실증주의 시대의 사회학
- 마르크스, 뒤르켐, 베버로 대표되는 고전주의 발달 (사회학의 고전주의를 말함에 주의)
- 콩트의 실증주의 지속 확대
⇒ 거시적 실증연구의 활성화

거시적 실증연구의 활성화. 사회구조적 관점이 먼저 등장한 배경을 추가로 생각해보면, 당시에 거시적 실증연구가 보편화되어 있던 학문적 흐름과도 무관치 않다. 19세기 중반부터 20세기 초까지 범죄학계에서는 생물학적 관점이 주류였던 게 맞지만, 사회학계에서는 마르크스, 뒤르켐, 베버로 대표되는 고전주의가 맹위를 떨친 시기였고, 콩트의 실증주의가 사회 연구 전반에서 계속 확대되던 시기였다. 따라서 시카고대학의 사회학자들은 사회와 조직의 현상, 변화를 경험적으로 탐구하는 '거시적 실증연구'에 매우 익숙해 있었다. 이러한 학문적 분위기는 비단 시카고학파 뿐만 아니라 사회학계 전반에 퍼져있었는바, 예컨대 머튼(1938)[3]은 뒤르켐의 아노미이론을 미국사회에 적용하여 실증연구의 결과를 바탕으로 긴장이론을 주창하기도 했다.

또한, 제3장 제2절에서 설명한 대로, 거시적인 실증연구가 범죄학 분야에서 아예 없었던 것은 아니다. 케틀레와 게리가 '사회통계'를 이용해서 범죄의 분포와 사회적 원인을 탐구한 것은 사회학적 실증주의를 상당히 발달시켰는바, 당시 유행했던 생물학적 관점에 대적할 수 있는 것으로 평가받기도 했다.[4] 결국, 이러한 연구 성과와 학문적 분위기가 축적되었기 때문에 사회구조적 관점이 생물학적 관점을 밀어내고 주류 자리를 차지하게 된 것이다.

계층화와 사회생태학

사회구조적 관점의 키워드는 초기 자본주의의 실패로 인한 빈익빈 부익부, 즉 '계층화(stratification)'이다. 따라서 이 관점의 대표적인 세 이론들은 모두 빈곤한 지역이나 하위계층의 범죄가 지속적으로 높은 패턴에 주목하고 있다. 그런데 부와 권력의 불평등한

분배는 세상의 모든 나라가 겪고 있는 문제이자 역사적으로도 불평등한 사회구조는 지속되어왔다.[5]

필자는 이러한 계층화 현상을 사회생태학을 이용해 설명하곤 한다. 생태학의 핵심은 유한한 자원과 이를 쟁취하기 위한 지속적인 경쟁에 있다. 개인이나 집단의 경쟁력에 따라 그(들)가 위치하는 계층이나 지역이 달라진다. 물론 대부분의 유기체들은 서로 협력하며 상생하는 편이 더 낫다는 공생의 DNA를 강하게 가지고 있지만, 그런데도 암암리에 경쟁은 항상 존재한다. 자연에 대한 생태학적 설명은 인간 사회에도 잘 들어맞는바, 대부분의 사람들이 추구하는 가치인 부나 성공은 항상 유한해서 '제로섬' 게임으로 불린다. 이 경쟁에서 합법적인 수단으로는 승리할 수 없는 경우 탈법이나 불법적인 수단이 사용되기도 하는데, 동물의 왕국에서는 약육강식의 원리가 적용되어 문제가 없지만, 인간 사회에서는 그러한 행위를 범죄로 규정하고 있다. 이러한 상황에서 경쟁에서 뒤처진 지역사회나 집단이 어떻게 대처하는지를 설명하는 것이 사회구조적 이론들이다.

▶사회구조적 관점의 키워드
– 계층화

비판주의와의 차이점

사회구조적 차원에서 범죄 원인을 진단하는 또 다른 관점으로 비판주의(제8장)가 있다. 주지하듯, 비판주의는 위계적인 사회질서를 타파하여 평등한 세상을 만드는 것이 차별적인 처벌을 없애는 방법이라 주장한다. 하지만, 사회구조적 관점은 시스템의 붕괴가 아니라 개선을 추구하는바, 지역 환경의 개선, 경제적 지원, 공동체 복원, 직업교육, 공교육 강화 등을 정책대안으로 제시한다. 즉, 법의 정당성을 전제하고 법의 공정성을 보장하는 범위 내에서의 개선을 추구했던 것이다. 적절한 비유를 하나 소개하면, 비판주의 관점은 헌 자동차를 폐차시키자는데 반해 사회구조적 관점은 문제 있는 자동차를 잘 정비하고 고쳐 쓰자는 주장으로 볼 수 있다.[6]

이러한 차이를 이해하기 위해서는 역시 사회문화적 맥락을 고려해야 한다. 사회구조적 관점이 등장한 시기에는 1922년 소련의 공산화와 1929년 경제 대공황으로 자본주의에 대한 위기의식이 커져갔다. 하지만 근대화와 민주주의의 주역인 자본가들이 19세기

▶비판주의와의 비교
– 공통점: 구조적 접근
– 차이점: 온건한 개혁(체제 인정) vs. 급진적 개혁(체제 불만)

를 거치며 사회 지배층으로 거듭난 지 얼마 되지 않았기 때문에 유럽과 미국에서는 민주주의와 자본주의 체제에 대한 신뢰가 여전히 강했고 사회적 진보에 대한 믿음이 있었다. 이런 분위기에서 자본주의의 위기를 극복하기 위해 시장 중심의 시스템을 국가가 개입해서 소득을 재분배하는 시스템으로 수정했는바, 이러한 변화의 실질적인 이유는 노동자들의 소요를 막고 자본주의를 지키기 위함이었다. 결국 이 시기의 최대 관심사는 다수의 노동자와 시민의 불만을 해소하고, 그들과 동행하여 자본주의와 민주주의 체제를 진일보시키는 것이었다. 따라서 범죄 관련 분야에서도 개혁은 온건했고, 그 방향은 각종 지원과 재사회화였는바, 통제 위주의 정책은 어불성설이었다.

그런데 비판주의가 등장한 1960-70년대에는 제2차 세계대전 후 본격적인 냉전이 시작되었고, 정부의 감시 강화, 관료들의 부패 스캔들, 베트남 전쟁에서의 패배 등이 맞물려 체제에 대한 불만이 폭발했다. 또한 사상적으로 반이성주의가 성장하여 근대화와 자본주의가 구축해놓은 위계적 질서를 타파하고자 했다. 이런 분위기에서 계층, 성별, 인종, 문화 등 거의 모든 분야에서의 갈등이 격하게 표출되었는바, 범죄학계에서도 이러한 위계적 질서와 차별이 처벌에서의 차별로 이어짐을 목격하고 이를 강력하게 개혁하고자 했던 것이다.

제1절 사회생태학과 사회해체이론

사회생태학과 사회해체이론은 시카고학파의 업적이다. 그런데 우리에게 익숙한 주요 사회학적 범죄 이론들은 대부분 시카고학파와 깊이 연관되어 있다. 제3절에서 살펴볼 문화적일탈이론도 시카고학파가 주도한 이론이다. 따라서 필자는 시카고학파를 개괄적으로나마 꼭 정리해야 한다고 생각한다. 전술한 대로 학파의 특성과 학자들 간의 관계를 파악하는 것도 범죄학을 이해하는 데 중요한 맥락임을 상기하자.

이 장에서 살펴볼 세 가지 이론에 대한 등장배경은 이미 앞에서 살펴봤다. 따라서 여기에서 개괄할 시카고학파에 대한 사항은 사회생태학과 사회해체이론의 추가적인 등장 배경으로 이해하면 된다. 그런 다음 사회생태학과 사회해체이론을 살펴보고, 마지막으로 이들의 부활로 여겨지는 생태학적 관점을 살펴본다. 생태학적 관점은 원인론의 성격과 함께 범죄예방을 위한 실천적 이론의 성격이 강하다. 따라서 여기에서는 간략히 핵심만 살펴보고 제2권에서 범죄예방 정책과 함께 보다 상세히 다뤄진다.

I. 시카고학파

1. 시카고학파의 특징

1920년대를 전후로 범죄학 연구를 주도했던 학자들은 시카고대학의 사회학자들이었다. 고전주의 사회학의 발달과 실증주의의 성장으로 엄청나게 발달한 사회학은 정치, 경제, 문화, 종교, 그리고 법규에 이르기까지 사회의 모든 영역과 현상, 인간의 행동을 탐구대상으로 삼았다. 따라서 당시 시카고대학의 사회학과를 상상해보면 다양한 분야의 전문가들이 서로 의견을 교환하고 협업하는 모습이 그려진다. 필자는 이러한 시카고학파의 특징을 '생태학적 접근'과 '현장조사' 두 가지로 요약하는데, 이는 범죄학을 제대로 이해하기 위해 꼭 필요한 요소라 할 수 있다.

▶시카고학파의 특징
- 생태학적 접근
- 현장조사

생태학적 접근

시카고학파는 종종 '생태학파(Ecological School)'로 불릴 정도로 사회적 구조와 물리적 환경에 관심이 많았다. 개인의 생물학적, 심리학적 특성은 배제한 채, 시카고라는 도시를 배경으로 인간의 삶을 둘러싼 환경이 어떻게 개인의 행동에 영향을 미치는지 탐구하고자 했다. 20세기 초 시카고는 인구가 200만을 넘길 정도로 급격히 성장하는 도시였다. 1833년 4,100명으로 시작된 도시가 1890년 인구 100만 명을 넘겼고 불과 20년 만인 1910년에 200만 명을 넘겼으니 가히 놀랄만한 팽창이었다. 이처럼 엄청난 도시의 확장과 다양한 민족의 유입, 극적인 인구이동은 시카고를 생태적 경쟁의 장으로서 연구하기에 안성맞춤인 도시로 만들었다.[7]

생태학은 자연생태계에서 (동)식물이 유한한 자원을 획득하기 위해 끊임없이 경쟁하고 공생하는 과정을 탐구한다. 경쟁에서 승리하는 개체는 침입(invasion), 점령(dominance), 계승(succession)의 과정을 통해 번성하게 된다. 시카고학파의 도시생태학은 이러한 원리와 과정을 시카고의 팽창과정에 비유했는바, 시민의 삶은 유한한 자원을 두고 경쟁하거나 때로는 부족함을 나누며 공존하는 과정으로 묘사되었다. 이때 부족한 주거시설, 열악한 교육환경, 저임금, 환경오염, 이질적인 문화와 갈등은 일차적으로 범죄를 증가시키는 요인으로 분석되었고, 지역사회마다 상이한 여건은 범죄율의 차별적 분포로 연결되었다. 그리고 이러한 생태학적 분석 결과는 통상 지도로 표시되어 지리적 분석과 프로파일링의 발전에도 영향을 미쳤다. 이는 앞서 살펴본 케틀레와 게리의 범죄지도와 연관하여 이해할 수 있는 내용이다.

현장조사(field work)

앞서 여러 번 강조했듯, 실증은 사회 연구의 필수요소가 되었다. 시카고학파는 특히 지역사회에 나가 현장을 관찰하고 주민과 인터뷰하는 '현장조사'를 즐겨한 것으로 유명하다. 현장조사는 보통 민족지학(ethnography)의 전형적인 연구방법으로서 행동관습과 문화를 연구하기 위해 자주 사용된다. 파크(R. Park)는 기자 출신의 사회학자로서 시카고의 생태학적 발달패턴과 그것이 주민의 행동에 미치는 영향을 이해하기 위해서는 도시생활에 대한 주의 깊은 관찰이 필수라고 주장했다. 그리고 동료 교수와 학생들에게 학교에만 머무르지 말고 현장을 찾아가서 관찰하고 대화하도록 독려했다.[8] 그 결과, 시카고학파는 개인 간의 상호작용과 학습, 집단 간 경쟁과 문화충돌, 하위문화의 형성과 계승을 이해할 수 있었다. 이를 토대로 상징적 상호작용주의, 사회해체이론, 학습이론, 통제이론, 문화적 일탈이론, 낙인이론 등이 제안될 수 있었다.

2. 주요 학자와 이론

시카고학파는 제2차 세계대전을 기점으로 1세대와 2세대로 구분된다. 전쟁 이전의
1세대에는 다음과 같은 학자들이 있다.

- 1892년 시카고대학 사회학과를 설립하여 시카고학파를 연 스몰(Albion W. Small,
  1854-1926)
- 상징적 상호작용주의를 주창한 미드(George Herbert Mead, 1863-1931) &토마스
  (William I. Thomas, 1863-1947)
- 사회생태학을 주창한 파크(Robert E. Park, 1864-1944), 버지스(Ernest Burgess,
  1886-1966), & 워스(Louis Wirth, 1897-1952)
- 사회해체이론을 주창한 쇼(Clifford Shaw, 1895-1957) & 맥케이(Henry D. McKay,
  1899-1980)
- 차별접촉이론을 주창한 서덜랜드(Edwin Sutherland, 1883-1950)
- 사회통제이론을 주창한 리이스(Albert J. Reiss, 1922-2006) & 레클리스(Walter C.
  Reckless, 1899-1988)

전쟁 이후의 2세대에는 다음과 같은 학자들이 있다.

- 차별기회이론을 주창한 클로워드(Richard Cloward, 1926-2001) & 올린(Lloyd
  Ohlin, 1918-2008)
- 낙인이론을 주창한 베커(Howard S. Becker, 1928-현재)

필자는 비록 시카고학파로 분류되진 않지만, 이들의 가르침을 받거나 시카고대학에
서 근무한 학자들도 시카고학파 계열에 포함시킨다. 대표적인 예로 다음과 같은 학자들
이 있다.

- 일탈하위문화이론을 주창한 코헨(Albert K. Cohen, 1918-2014): 코헨은 서덜랜드의 제자였다.
- 생애과정이론과 집합효율성이론을 주창한 샘슨(Robert J. Sampson, 1956-현재): 샘슨은 1991-2003년 사이 시카고대학의 교수로 재직하면서 유명한 '시카고지역개발 프로젝트(PHDCN: Project on Human Development of Chicago Neighborhoods)'를 이끌었다. 그는 미시와 거시에서 가장 설명력이 강한 이론 중 하나로 평가되는 이론들(생애과정이론, 집합효율성이론)을 개발하여 현대범죄학에서 가장 중요한 학자 중 하나로 평가된다.

II. 사회생태학과 사회해체이론

1. 사회생태학

(1) 버지스의 동심원모델(Concentric Zone Model/Theory)

사회생태학의 대표주자는 파크(R. Park)와 버지스(E. Burgess)이다. 참고로 일부 교재에서는 인간(인류)생태학(human ecology)이라 표현하기도 하는데, 인간의 집합이 사회이므로 범죄학에서는 두 용어가 혼용되어도 무방하다. 그들[9]은 시카고의 확장과정을 생태학적인 침입-점령-계승의 과정으로 설명했다. 그 결과로 〈그림 VI-1〉과 같은 동심원모델(또는 동심원이론)을 제안했는바, 이는 버지스의 모델로 잘 알려져 있다. 동심원모델은 시카고를 5개의 '지대(zone)'로 나누고 중심에서 외곽으로 확장해갔다고 설명한다. 기본적으로 누가 어떤 지대에 살게 되는지를 결정하는 것은 '경쟁'의 질과 정도라고 주장했다.[10]

첫 번째 지대는 중심상업지구로서 도심(loop)에 해당한다. 이곳은 기차나 선박 같은 운송수단에 대한 접근성이 우수해서 영리 목적의 사업체들이 위치했다.

두 번째 지대는 전이지역으로서 주거환경이 가장 열악한 지역이었다. 그런데도 회사나 공장 등 직장과의 거리가 가깝고 물가가 저렴해서 최근에 이주한 집단들(recent immigrant groups)이 우선 정착하는 곳이었다. 이곳이 전이지역이라 명명된 이유는 잠시 머물다가 돈을 벌면 외곽으로 나가는 중간 기착지 같았기 때문이었다. 또한 다양한 민족과 인종이 섞여 있어서 주민 간의 이질감도 심했고, 맞벌이 부부가 많았음에도 어린 자녀들을 교육시킬 환경이 좋지 못했다. 이처럼 가난, 빈번한 주거이동, 인종적 이질성, 부적절한 자녀교육과 통제 등의 구조적 열악성은 높은 범죄율과 연관된 문제로 간주되었다.

세 번째 지역은 노동자들이 주로 거주하는 지역으로서 전이지역에 살던 사람들이 돈을 모아 이주하는 곳이었다. 이곳의 주거형태는 아파트형 공동주택이 주를 이루었다.

네 번째 지역은 중산층 거주지역으로서 주요한 주거형태는 앞마당과 차고가 딸린 단독주택과 조금 더 비싼 아파트였다.

마지막으로 다섯 번째 지역은 상류층 거주지역으로서 '통근 지대'로 불리며 고급 주택이 많은 교외 지역이었다.

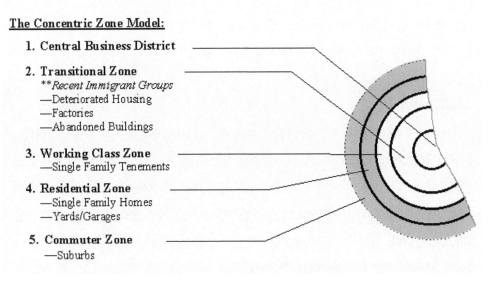

〈그림 Ⅵ-1〉 버지스의 동심원모델(이론)

출처: 구글 이미지(https://crimeandplaceashleypick.weebly.com/concentric-zones.html).

(2) 공생과 범죄의 자연지역

공생(symbiosis)

▶생태학의 키워드
– 공생' & '침입–점령–계승'
– 공생을 위한 균형이 무너
지면 '침입–점령–계승'의 과
정이 진행됨.

파크와 버지스의 사회생태학이론은 '공생'과 '침입–점령–계승'이라는 두 핵심 개념을 중심으로 전개된다. 이중 침입–점령–계승은 도시의 확장과정을 설명하는 개념이다. 그런데 인간을 포함한 유기체는 제한된 자원을 두고 경쟁하는 어려운 환경 속에서도 공생을 모색하는 특성이 있다. 덴마크의 생태학자 워밍(Warming)은 일군의 식물들이 각자의 삶만 도모하지 않고 공동체를 이루어 상생한다는 사실을 알아냈다. 그는 이러한 공동체적 삶이 각자도생에 비해 생명을 유지, 연장, 재생산하는 데 더 유리한 방식이라고 설명했다. 마치 남극의 황제펭귄들이 허들링(huddling)을 통해 혹독한 겨울을 함께 이겨내는 것과 같은 이치였다.

인간이 거주하는 자연지역도 대부분 공생적 상호관계를 통해 서로 교류하고 성장해 간다. 이 과정에서 구성원들은 같은 운명을 받아들이고 동질감을 느끼게 되는데, 코리아타운이나 리틀이태리처럼 민족적 동질성을 띠는 경우도 있고, 직업이나 산업으로 연결되는 경제적 동질성을 띠는 경우도 있으며, 강이나 건물, 도로와 같은 구조물로 구분되는 경계적 동질성을 띠는 경우도 있다. 또한 공생의 힘은 생각보다 강해서 이질적인 자연지역 사이에서도 상생하는 관계가 자주 형성된다.[11]

범죄의 자연지역

공생이 유지되기 위한 자연적 균형이 무너지면 침입–점령–계승 과정이 발생한다. 마치 식물생태계에서 갈대밭이 소나무 숲으로 변화되듯, 인간 세계에서도 유럽인이 인디언을 몰아내거나, 흑인의 수가 증가하면서 도심의 백인 거주지역을 차지하는 등의 변화가 발생했었다. 파크와 버지스는 이 과정을 거쳐 시카고가 5개의 자연지역으로 팽창해 갔다고 설명했다. 그리고 각 자연지역은 동질적인 특성을 갖게 되며 자연지역들 간에도 필요한 교류와 협력이 발생한다고 주장했다.

그들이 특히 주목했던 자연지역은 두 번째 지대인 전이지역이었다. 이 지역은 가난한 사람들, 소수인종 및 이민자들, 사회적 일탈자들이 주로 거주해서 범죄와 비행에 가장 취약한 지역으로 묘사되었다. 그들은 이 지역을 '범죄의 자연지역'이라 명명하고, 빈곤, 잦은 주거이동, 인종적 이질성, 열악한 교육환경 등이 특징이라 설명했다. 결국 파크와 버지스의 사회생태학적 접근은 인간이 거주하는 자연지역의 특성에 따라 행동의 특성이 달라질 수 있음을 보여주었고 후배 학자들이 구조적 차원에서 범죄 원인을 탐구하도록 자극하는 계기가 되었다.[12]

2. 사회해체이론

파크와 버지스의 영향을 받아 쇼와 맥케이(1942)[13]는 왜 자연지역마다 범죄율이 상이한지, 정말 중심상업지구에서 멀어질수록 범죄가 감소하는지를 본격적으로 탐구했다. 특히 전이지역에서 높은 범죄율이 유지되는 이유를 찾고자 했는바, 이를 위해 선배들의 조언에 따라 현장조사를 마다하지 않았고 실증 데이터를 수집·분석하는 체계적인 노력을 경주했다.

(1) 버지스의 동심원모델 검증

그들이 가장 먼저 한 작업은 소년법원의 남자청소년 비행자료를 분석해서 버지스의 동심원모델이 주장하는 것처럼 자연지역별로 범죄율이 상이한지 확인하는 것이었다. 수십 년간(1900-1933)의 법원기록을 지도에 표시해가며 분석한 결과, 남자청소년의 비행률은 중심상업지구에서 멀어질수록 감소한다는 버지스의 가설이 지지되었다. 또한 슬럼으로 묘사되는 전이지역의 범죄율이 가장 높은 현상은 수십 년간 지속되었는데, 주목해야 할 점은 이 지역에 거주한 인종적, 민족적 특성과 무관했다는 것이다. 즉, 누가 와서 살든 전이지역의 범죄율은 계속 높았고, 그 지역에 살던 집단이 외곽으로 이동할수록 그 집단의 범죄율은 감소했는바, 이는 분명 사람의 문제가 아니라 지역의 문제였던 것이다.[14]

(2) 사회해체

▶사회해체
- 공동체의 가치를 실현하고 공동의 문제를 해결하는 능력이 부재한 상태

쇼와 맥케이는 단순히 지역의 열악한 환경이 높은 범죄율로 이어진다는 결론에서 멈추지 않았다. 현장에 나가 관찰하고 주민들과 인터뷰한 결과, 전이지역에서는 전통적인 형태의 가족, 학교, 교회, 자원단체 등이 형태나 기능에서 붕괴되어 있었다. 이러한 환경에서 청소년들에게는 건전한 발전에 필요한 지지도 없었고 적절한 감시나 통제도 없었다. 그저 황량한 도시의 거리에서 재미있는 자극거리를 찾아다니고 그러한 친구들과 어울리는 것이 전부였다. 이처럼 공동체의 가치와 규범이 전해지는 조직이 붕괴되어 사회통합이 안되고 청소년에 대한 감시와 통제가 소홀한 상태를 쇼와 맥케이는 사회가 해체된 상태라 명명하고 이것이 청소년비행과 각종 사회문제의 원인이라고 주장했다.[15] 결국 사회해체란 간단히 정의하면 '공동체의 가치를 실현하고 공동의 문제를 해결하는 능력이 부재한 상태'를 의미했다.[16]

▶사회해체이론의 논리
- 열악한 사회구조적 여건
→사회해체 →높은 범죄율

사회해체의 개념이 설득력을 가지려면 그 원인과 결과에 일관성이 있어야 한다. 쇼와 맥케이는 전이지역에서 사회해체가 심각한 이유로 빈곤, 주거 불안정, 인종적 이질성 등 크게 세 가지를 제시했다. 중심에서 외곽으로 갈수록 이 세 가지 특성은 약해졌고 그에 따라 사회해체도 약해졌으니 그럴듯한 원인이라 할 수 있었다. 또한 사회해체가 약해질수록 청소년비행도 감소했으니 결과도 일관적이었다. 따라서 열악한 사회구조적 여건인 빈곤, 주거 불안정, 인종적 이질성은 사회해체로 이어지고 이것은 다시 높은 범죄율로 이어진다는 설명체계가 정립되었다.[17]

사회해체이론의 논리구조가 정립되는 데는 한 가지 현상이 크게 기여했다. 전이지역에 거주하는 대부분의 인종과 민족집단들 내에서는 청소년비행, 무단결석, 영아 사망, 결핵, 정신질환, 성인범죄 등의 문제가 심각한 수준이었다. 그런데 유대인이나 중국인같이 일부 이민자집단이 거주하는 지역에서는 그러한 문제가 심각하지 않았는바, 그 이유는 이들이 경제적으로 어려운 상황에서도 가족과 전통을 지키고 자녀들의 교육을 위해 헌신했기 때문이었다. 즉, 아무리 구조적 여건이 열악해도 사회해체가 발생하지 않으면 범죄율이 증가하지 않았기 때문에, 가장 중요한 기제는 열악한 환경이 아니라 사회해체 여부였던 것이다. 이러한 논리는 반대로 경제적으로 부유하고 양호한 환경에 있어

도 사회해체가 발생하면 사회문제가 심각해질 수 있음을 경고한다. 따라서 사회해체이론은 가족과 학교, 시민단체의 복원을 통해 주류사회의 가치와 규범이 회복되고 사회통합이 달성되어야 한다고 주장했다.

(3) 학습과 문화전파

사실 쇼와 맥케이는 당시 시카고대학의 교수가 아니라 정부지원 아동지도프로그램에 고용된 연구원들이었다. 아직 박사과정을 마치지 못한 학생들이기도 해서 파크와 버지스의 조언을 충실히 수행했다는 전언도 있다. 또한 그들은 미국 중서부 지역의 시골에서 태어나 기독교 가정에서 자랐고 지역의 기독교 계통 대학을 졸업했다. 이러한 성장배경은 기독교 가치를 공유하는 주민들 간의 동질성, 잘 조직된 가정과 학교 및 자원단체, 주류문화의 가치를 학습하고 잘 통제되는 청소년들의 모습을 지극히 정상적이고 당연한 것으로 간주하게 만들었다. 이러한 쇼와 맥케이의 개인적인 배경은 시카고라는 거대도시가 동심원 형태로 팽창하는 모델에 큰 관심을 갖게 했고 그들이 경험하지 못했던 슬럼 지역에서의 삶에 대한 탐구심을 강하게 자극했다.[18]

쇼와 맥케이는 전이지역에 나가 청소년들의 행동을 관찰하고 직접 면담을 진행하기도 했다. 비행청소년들에 대한 면담 내용은 자서전 성격의 생애사(life history) 연구로 출판되기도 했는데, 대표적으로 「아리랑치기범: 한 비행소년의 이야기」(Shaw, 1930), 「범죄에 빠진 형제들」(Shaw et al., 1938)[19] 등이 있다. 그들은 관찰과 생애사 연구를 통해 다음과 같은 사실을 알아냈다. 슬럼지역의 청소년들은 종종 손위 형제나 갱 맴버와의 교제를 통해 비행을 저지르게 된다. 이 과정에서 주류문화와 충돌하지만 비행을 지지하는 가치체계를 접하게 되고 매일의 상호작용을 통해 비행적 가치를 배우게 된다. 이는 곧 그들만의 범죄적 전통이 되고 기존의 전통적 가치와 각축하며 다음 세대에 전파되기도 한다. 반대로 가정과 학교, 지역단체의 조직이 잘 갖춰진 다른 지역에서는 청소년들의 일탈이 비난받고 통제되어 범죄적 전통이나 문화가 뿌리내릴 수 없었다.[20]

이처럼 쇼와 맥케이가 사회해체이론을 정립하는 과정에서 탐구한 학습, 문화전파, 사회통제 등의 기제는 동료와 후배 학자들에게 많은 영향을 미쳤다. 예컨대, 서덜랜드

▶쇼와 맥케이의 유산
— 학습, 사회통제, 문화전파

299

(1939)의 차별접촉이론, 코헨(1955)의 일탈하위문화이론, 클로워드와 올린(1960)의 차별 기회이론, 리이스(1951)와 레클리스(1967)의 사회통제이론 등은 그들의 연구활동에 영감을 받은 것으로 평가된다.

III. 정책적 함의

사회생태학과 사회해체이론이 제안한 대표적인 정책은 그 유명한 '시카고지역프로젝트(CAP: Chicago Area Project)'이다. 특히 쇼는 연구와 실무를 연계시켜야 한다는 의무감을 강하게 느낀 활동가였는바, CAP은 쇼에 의해 진행된 생태학적 연구와 비행청소년들의 자서전적 생애사 연구가 큰 영향을 미친 것으로 알려져 있다.

CAP은 1932년부터 1957년까지 청소년비행이 심각한 세 지역에서 시행되었다. 쇼가 총 책임을 맡았는데, 그의 목표는 지역사회가 스스로의 문제를 통제하고 해결할 수 있는 능력을 키우도록 돕는 것이었다. 자신이 사회통합과 통제가 잘 이루어졌던 시골마을에서 성장한 경험은 대도시의 슬럼지역도 그러한 방식으로 개선될 수 있다고 믿게 만들었다.[21]

CAP이 가장 중시했던 정책은 일단 지역조직을 활성화시키는 것이었다. 사회해체의 근본적인 이유가 전통적인 가족, 학교, 봉사 및 자치단체 등의 조직이 와해되었기 때문인바, 주정부의 지원 하에 지역주민들을 설득하고 조직화했다. 이렇게 설립된 지역조직을 중심으로 공동체 발전을 위한 교육, 공중위생 개선, 교통안전 향상, 법 집행 강화 등의 캠페인이 실시되었고, 청소년을 위한 레크리에이션 프로그램이 후원되었다. 아울러 청소년 갱과 성인 범죄자에 대한 감독과 치료도 병행되었는데, 그 목적은 청소년의 건전한 성장을 돕고 범죄자를 사회의 일원으로서 재사회화시키는 것이었다. CAP에 대한 평가연구에서 코브린(1959)[22]은 일탈이 빈번한 지역에서 청소년 복지 조직을 만드는 것이 가능하고 바람직하며, 고립된 도시 남성의 삶을 주류사회에 복귀시키는 데 큰 공헌을 했다고 평가했다.[23]

IV. 쇠락

시카고학파의 사회생태학과 사회해체이론은 범죄학의 주류를 법학·정치학(고전주의), 생물학·심리학(초기 실증주의)에서 사회학의 영역으로 가져오는 데 핵심적인 역할을 했다. 또한 개인 차원의 미시적인 논의(선택 또는 타고난 특성)를 환경 차원의 거시적인 논의로 확대시키는 데도 크게 기여했다. 사회해체이론은 방법론적으로도 체계적인 데이터 분석, 다양한 지도 활용, 현장조사(관찰, 인터뷰)와 생애사 연구 등을 실시하여 범죄학의 진보에 혁혁한 공을 세웠다. 심지어 이론적인 기여도 많이 해서 학습, 사회통제, 문화전파와 관련된 이론들이 성장하는 밑거름이 되었다.

그런데 아이러니하게도 사회해체이론이 성장에 기여한 문화와 같은 다른 거시적 측면이나 학습, 통제(유대) 등 개인의 사회화와 관련된 미시적 차원의 연구가 활성화되면서 사회생태학과 사회해체이론에 대한 관심은 시들해졌다. 그리고 논리적인 측면에서 크게 두 가지 문제가 지적되었다.

첫째, 사회해체의 개념은 설득력이 있지만(사실 뒤르켐의 아노미와 유사한 개념이라 할 수 있음), 쇼와 맥케이는 이를 직접 측정하지 않았고, 따라서 이를 매개변수로 설정한 연구모형을 검증하지도 않았다. 즉, 실증이 되지 않은 상태에서 이론적 명제로만 존재한 것인데, 더 놀라운 사실은 이러한 상태가 무려 50년 가까이 지속되었다는 점이다. 그러다 보니 사회해체의 원인인 구조적 열악성(빈곤, 주거 불안정, 인종적 이질성)을 사회해체로 간주하거나, 사회해체의 결과인 범죄를 사회해체로 간주하는 등의 연구가 수행되었고, 이런 과정에서 사회해체이론은 '동어반복'에 불과하다는 비판을 받기도 했다.[24] 참고로 샘슨과 그로브스의 1989년 연구[25]가 비로소 사회해체를 직접 측정하고 사회해체모형을 제대로 검증한 연구로 평가된다.[26]

둘째, 1950년에 로빈슨[27]이 생태학적 오류(ecological fallacy)를 지적하면서 거시 연구의 결과를 개인에 적용하는 데 제동이 걸렸다. 이는 거시 이론과 연구에 대한 비판이 증가하는 계기가 되었음과 동시에, 범죄의 이유를 개인의 사회적 요인에서 찾으려고 하는 입장에서는 더 이상 거시 이론을 탐구할 필요성이 없어져 버린 것이나 다름없었다.[28]

▶사회생태학과 사회해체이론의 의의
- 범죄학의 주류를 사회학으로 가져옴.
- 미시적인 논의를 거시적인 논의로 확대함.
- 방법론적 기여(특히 현장조사).
- 이론적 기여: 학습, 통제, 문화전파.

▶사회해체이론 비판
- 사회해체를 직접 측정하지 않고, 사회해체가 매개하는 모형을 검증하지 않음.
- 생태학적 오류(제1장 제3절 참고).
- 기타: 공식 데이터만 사용, 빈곤 지역에 대한 편견

이 밖에도 쇼와 맥케이가 공식 데이터(법원, 센서스)만 사용했다는 비판, 하류층이 거주하는 빈곤 지역을 막연히 해체된 지역으로 간주하는 편견을 가졌다는 비판 등이 존재한다. 당시의 시대상을 고려하면 공식 데이터, 특히 범죄 데이터는 빈곤 지역의 범죄를 더 많이 기록하는 경향이 있었는바, 이는 향후 비판주의(제8장)에서 활발히 논의된다. 빈곤 지역에 대한 편견은 향후 머튼의 긴장(아노미)이론과 서덜랜드의 차별접촉이론에서 다시 논의되는데, 필자는 편견이라는 용어가 좋은 의도로 지역사회를 개선하고 청소년을 성장시키고자 했던 쇼와 맥케이에게 다소 억울한 표현이라 생각되기도 한다.

V. 부활: 생태학적 관점

▶사회해체이론에 대한 비유
– 습진과 같다.

시카고학파 스타일의 생태학적 접근은 질긴 생명력을 가지고 있었다. 비록 1950년대 이후 잠시 사회과정적 관점에 자리를 내주고 관심에서 멀어졌지만, 1980년대 무렵 범죄예방에 대한 관심이 증가하면서 더 세련되고 확대된 모습으로 다시 등장했다. 이는 범죄학 연구가 지역사회에 대한 관심을 끊을 수 없다는 사실을 방증하는 것으로서, 버식과 그라스믹(1993)[29]은 1980년대 중반 미국범죄학회(American Society of Criminology: ASC)에서 '사회해체이론은 습진과 같다'라는 말을 들었다고 고백했다. 다소 우스꽝스러운 비유이지만, 잊을 만하면 다시 증세가 도지는 데는 그럴만한 가치가 있기 때문일 것이다.[30]

1. 생태학적 관점의 개념과 특징

원래 사회해체이론의 업그레이드된 버전은 '집합효율성이론'[31]이다. 이것은 지역사회의 구조적 특성과 더불어 자발적인 사회통제 능력, 즉 '비공식적 사회통제'를 강조하며 등장했다. 그런데 1980년대를 전후로 부활한 생태학적 관점에는 집합효율성이론뿐만 아니라, 셉테드로 대표되는 '환경범죄학', 사회적·물리적 무질서를 개선하고자 한 '깨진유리창이론', 보다 직접적인 범죄 상황을 조작해서 범죄를 예방하고자 한 상황이론들(일상활동이론, 범죄패턴이론, 합리적선택이론)도 포함된다. 물론 각 이론이 처음 등장했을 때는 각자의 목적과 방향(이념적 성향)이 있었고 생태학적 관점이라는 주제를 공유하지도 않았다. 예컨대, 집합효율성이론은 지역사회 차원에서 범죄의 원인을 규명하고자 했고, 깨진유리창이론은 범죄와 무질서를 강력히 통제하고자 했으며, 셉테드와 상황이론들은 물리적 환경이나 설비를 활용해서 범죄를 예방하고자 했다.

그런데 이들은 1990년대 이후 이념적 성격이 약해지면서 점차 중립적인 입장에서 '효과적인 범죄예방'이라는 목적을 중심으로 서로 통합되기 시작했다. 이런 맥락에서 제4장에서 살펴본 상황적 접근도 생태학적 관점으로 분류되고 있다. 이를 종합하여 프랫과 쿨렌(2005)[32]은 '생태학적 이론들이 모두 거시 이론으로서 지역사회의 차별적인 범죄율 분포에 대한 관심에서 출발해 범죄예방을 목표로 발달한 공통점이 있다'고 정리했다.

생태학적 관점의 구조

필자가 정립한 생태학적 관점의 구조는 〈그림 VI-2〉와 같다. 네 가지 이론들이 위계적인 구조를 띠는 이유는 두 가지이다. 첫째, 일반적인 논의와 연구에서 각 이론의 분석 단위가 조금 상이하다. 집합효율성이론과 환경범죄학이 가장 큰 단위에서 연구되고, 깨진유리창이론이 중간, 상황이론들이 가장 작은 단위에서 연구되는 경향이 있다. 물론 항상 그런 것은 아니니 주의를 요한다. 둘째, 규모가 큰 지역적 변수가 작은 변수에 영향을 미칠 수 있음을 표현하고 있다. 예컨대, 열악한 사회적·물리적 구조가 무질서를 증가시킬 개연성이 큰바, 실제 깨진유리창이론도 그러한 논리구조를 따르고 있다. 반대의 경우를 생각해보면, 예컨대 방범창의 설치 비율이 적어서 지역사회에 무질서가 난무한다거나 경제적으로 어렵다는 논리는 별로 합리적이지 않다.

▶생태학적 이론들(Pratt & Cullen, 2005)
- 지역사회의 차별적인 범죄율 분포에 대한 관심에서 시작된 거시 이론으로서 1990년대 이후 범죄예방을 목표로 통합적으로 발달하고 있음.
- 각 이론이 처음 등장할 때는 각자의 뚜렷한 목적과 이념적 성향을 가지고 있었음에 주의!

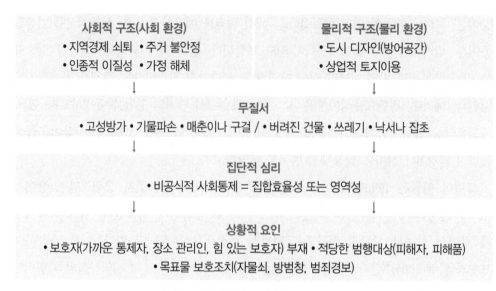

사회적 구조(사회 환경)
• 지역경제 쇠퇴 • 주거 불안정
• 인종적 이질성 • 가정 해체

물리적 구조(물리 환경)
• 도시 디자인(방어공간)
• 상업적 토지이용

↓ ↓

무질서
• 고성방가 • 기물파손 • 매춘이나 구걸 / • 버려진 건물 • 쓰레기 • 낙서나 잡초

↓ ↓

집단적 심리
• 비공식적 사회통제 = 집합효율성 또는 영역성

↓ ↓

상황적 요인
• 보호자(가까운 통제자, 장소 관리인, 힘 있는 보호자) 부재 • 적당한 범행대상(피해자, 피해품)
• 목표물 보호조치(자물쇠, 방범창, 범죄경보)

〈그림 VI-2〉 생태학적 관점의 위계적 구조

출처: 정진성 외(2015). "성범죄의 생태학적 요인에 대한 연구". 「경찰학연구」15(2), p.7. 〈그림 1〉, 재구성.

따라서 이 위계적 구조는 어느 정도의 인과성을 내포하고 있다고 할 수 있다. 추가로 필자가 강조하고 싶은 점은 현대의 범죄예방은 주민참여가 없으면 불가능한 것으로 여긴다는 사실이다. 따라서 생태학적 관심을 정리할 때 생태적(환경적) 특징과 더불어 심리적 특징, 즉 집합효율성이나 영역성과 같은 비공식적 사회통제도 중요하게 간주해야 한다.

생태학적 관점의 특징

▶장소에 대한 설명체계
– 이는 코헨(Cohen, 1966)이 개인의 특성에서 범죄의 원인을 찾는 이론들을 "사람에 대한 설명체계(kinds-of-people)"라 정의한 것에 빗댄 표현임.

이 책이 정의하는 생태학적 관점은 다음과 같은 특징을 가지고 있다. ① 모든 이론이 연성결정론에 기반하고 제한된 합리성을 가정한다. ② 일반 대중을 모두 '잠재적 범죄인'이라 가정하기 때문에 범죄인의 특성에는 관심이 없다. 대신 범죄가 발생하는 장소와 상황에 집중한다. 이를 반영해서 스탁(1987)[33]은 생태학적 관점을 "장소에 대한 설명체계(kinds-of-place explanations)"라 칭했다. ③ 지역마다 왜 범죄율이 상이한지에 관심을 갖고 있으며, 사후대응보다 사전예방에 집중한다. ④ 사람이 아닌 장소에 집중하기 때문에 처벌을 통한 억제에는 별로 관심이 없다. 대신 구조적인 환경이나 상황 개선, 지역사회의 통합을 통해 범죄의 필요성을 감소시키거나 범죄에 필요한 노력을 배가시켜 범죄 기회를 줄이고자 한다. ⑤ 지역 구성원의 적극적인 참여가 없으면 효과가 없음을 깨닫고 점차 집합효율성이나 영역성과 같은 지역사회의 자정능력(비공식적 사회통제)이 강조되는 추세이다.

생태학적 관점과 범죄예방

전술한 대로 이 책은 제2권에서 범죄예방을 대책론의 핵심 축으로 다룬다. 이때 생태학적 관점은 범죄예방을 구조화하는 개념적 틀로 작동한다. 범죄예방에서 가장 자주 인용되는 구조화로서, 브랜딩햄과 파우스트(1976)는 일반인을 대상으로 한 1차예방, 우범자(집단)를 대상으로 한 2차예방, 범죄자를 대상으로 한 3차예방으로 구분한다. 이에 비유하면, 생태학적 관점에서 '사회적·물리적 구조'와 '무질서'는 1차예방이 되고, '상황적 요인'은 2차예방이 된다. 그리고 제4장에서 살펴본 억제이론을 통한 처벌과 무력화는 3차예방에 해당한다. 결국, 우리가 지금까지 살펴본 합리적 선택을 가정하는 이론들이 제2권에서 범죄예방을 논할 때 핵심 논거로서 다시 등장한다고 정리해두면 된다.

2. 개별이론들에 대한 설명

(1) 집합효율성이론(Collective Efficacy Theory)

사회해체이론 검증. 시카고대학의 사회학과 교수를 지낸 샘슨은 지역사회의 통합과 자발적 통제능력이 중요하다는 사회해체이론의 기본 논리에 동의했다. 그는 1989년 그로브스(B. Groves)와 함께 영국범죄조사(British Crime Survey) 자료를 이용해서 사회해체이론을 검증했다. 분석 결과, 통제받지 않는 청소년 집단이나 사회조직에의 낮은 참여율 같은 특징이 두드러진 지역사회에서 높은 비행률과 범죄율이 드러났다. 이를 근거로 샘슨과 그로브스(1989)[34]는 '열악한 환경이 범죄로 이어지는 과정을 사회해체가 매개한다'는 명제가 지지되었다고 주장했다.[35]

이 연구는 앞서 사회해체이론의 문제점에서 설명된 것처럼 사회해체를 직접 측정한 것으로 유명하다. 이를 위해 샘슨과 그로브스는 다음과 같은 세 가지 변수를 통합한 척도를 만들었다. ① 지역 친교네트워크의 강도, ② 지역조직에 대한 주민의 참여 정도,

③ 지역이 청소년 집단을 감시하는 정도.[36]

핵심 주장. 이후 샘슨은 동료들과 함께 집합효율성이란 개념을 이용해서 범죄를 설명하고자 했다. 집합효율성은 '지역의 공공장소에서 질서를 유지할 수 있는 능력'으로 정의되는바, 사회해체가 통합과 통제가 부재한 '상태'를 의미하는 데 비해 집합효율성은 실제 상황을 통제할 수 있는 '의지와 능력'을 강조하는 개념이다. 집합효율성의 효과를 검증하기 위해 샘슨과 동료들(1997)은 시카고의 343개 지역사회를 대상으로 구조적 특징, 사회통합과 질서유지 능력, 범죄율의 관계를 분석하는 연구를 진행했다. 여기서 구조적 특징은 여러 지표 변수들을 세 개의 요인 변수로 통합해서 사용했는바, '집중된 불이익(concentrated disadvantage)', '주거 불안정(residential instability)', 인종적 이질성(racial heterogeneity)'이었다. 분석 결과, 주민, 사업체, 자치조직 등 지역사회의 구성원들이 범죄를 공동의 문제로 인식하고 이를 해결하기 위해 적극적으로 참여하는 것이 범죄에 가장 효과적인 대응방법인 것으로 드러났다. 집합효율성은 구조적 환경이 열악해도 범죄를 예방하는 효과를 보였는바, 이는 사회해체가 구조와 범죄를 매개하는 논리와 동일한 결과였다. 이 연구에서 샘슨과 동료들은 집합효율성의 개념을 측정하기 위해 다음과 같이 좀 더 구체화했다. '주민들 간의 상호신뢰 및 유대(mutual trust & social cohesion)와 범죄·무질서 같은 사회문제에 적극적으로 개입하려는 움직임(willingness to intervene & active intervention)의 합'을 집합효율성이라 명명하고 사회해체이론의 업그레이드 버전으로서 집합효율성이론을 주창했다.[37]

집합효율성 개념 정리. 집합효율성이론은 현대 거시 이론 가운데 가장 설명력이 강하고 실제 범죄예방에도 효과적인 것으로 알려져 있다.[38] 따라서 집합효율성의 개념을 명확히 이해하는 것은 매우 중요하다. 전술한 대로 집합효율성은 통합의 상태에서 그치지 않고 실제 문제에 대응하려는 의지와 능력을 강조하는 개념이다. 샘슨과 동료들(2011)은 집합효율성이 '집합'과 '효율성'을 신중히 선택해서 합친 개념이라고 했다. 먼저 '집합'은 지역 주민들이 적절한 통제에 대해 서로 '공유하고 있는 기대(shared expectation)'를 나타낸 용어로서, 예컨대 난폭한 10대들의 무질서한 행위에 대해 적절한 통제 조치가 취해져야 한

▶집합효율성 개념 정리
– 지역의 공공장소에서 질서를 유지할 수 있는 능력
– 지역의 유대 + 적극적인 개입의지
– 문제의식 공유(집합) + 해결을 위한 적극적인 의지와 행동(효율성)
– 필자비평 IX–1 참고.

다는 데 동의하는 의견을 의미한다. '효율성'은 주민들이 실제 문제 상황에서 이를 해결하기 위해 행동을 제지하거나 경찰에 신고하는 등의 조치를 적절히 취하는 행동을 나타낸 용어이다. 결국 집합효율성은 주민들이 자기 지역의 문제가 무엇인지에 대해 동의하고 그러한 문제가 발생했을 때 적극적으로 개입하고 해결하려는 의지와 능력을 의미한다.

문제해결 의지와 능력 강조. 필자의 생각에 샘슨과 동료들이 주민들 간의 유대와 통합의 상태를 전제로 실제 문제를 해결하려는 의지와 능력을 중시한 이유는 단순한 유대와 통합의 상태가 범죄 억제를 담보하지 못하기 때문인 것 같다. 예컨대, 갱 조직 내부나 갱이 지배하는 지역의 결속력은 매우 강하지만 이러한 결속력이 범죄를 더욱 부추기거나 범죄 신고를 방해하는 경우가 많다. 개인 차원에서도 비행 친구와의 유대나 범죄자 부모와의 유대가 범죄를 증가시키는 경우가 많다.[39] 그렇다고 주민들 간의 유대가 불필요한 개념은 절대 아니다. '효율성'이 담보되려면 '집합'이 성립해야 하므로 유대와 통합은 실질적인 개입과 협력의 전제조건이라 할 수 있다.

(2) 셉테드(환경범죄학)

핵심 주장. 플로리다주립대학의 범죄학자 제프리(1971)[40]는 물리적 환경설계를 통해 범죄를 예방할 수 있다는 셉테드(CPTED: Crime Prevention Through Environmental Design)를 주창했다. 물리적 환경설계의 주요 전략에는 ① 잠재적 범죄인의 접근을 어렵게 만드는 '접근통제' 강화, ② 잠재적 범죄인에게는 발각과 체포의 두려움을 높여주고 적법한 사용자에게는 안전감을 늘려 긍정적 상호작용을 증대시켜주는 '자연적 감시' 강화, ③ 지역사회에 대한 애착을 높이고 주민들 스스로 지켜나가고자 하는 '영역성' 강화가 있고, 추가로 '주민 활동의 활성화'와 건축된 환경에 대한 '유지관리' 등이 있다. 셉테드는 기본적으로 범죄인의 특성에는 관심이 없으며 어떻게 범죄 기회를 감소시킬지에 집중한다. 그리고 범죄 기회를 감소시키기 위해 ① 적발(체포)의 가능성을 높이고 ② 범죄 실행을 조금 더 어렵게 만드는 방식으로 환경을 설계한다.

▶**셉테드 운영 전략**
- 접근통제
- 자연적 감시
- 영역성
- 활동의 활성화
- 유지관리

▶**범죄 기회 감소 전략**
- 적발(체포) 가능성 증대
- 범죄 실행에 필요한 노력 증대

방어공간. 건축학자인 오스카 뉴먼(1972)[41]은 제프리의 이론, 특히 영역성에 대한 개념을 더욱 발전시켜 '방어공간이론(defensible space theory)'을 주창했다. 뉴먼은 주민들이 살고 있는 지역이나 장소를 자신들의 영역이라 생각하고 감시를 게을리하지 않으면 어떤 지역이나 장소든 범죄로부터 안전할 수 있다고 생각했다. 그는 뉴욕시의 공공주택 주변 범죄를 분석하면서 주택의 물리적 형태와 범죄와의 상관성을 연구했다. 그 결과, 감시가 용이하고 주민들의 공동체의식을 향상시키는 방향으로 설계하면 범죄를 실질적으로 예방할 수 있다고 주장했다. 그의 주장은 정책 결정자들에게 큰 공감을 얻어 당시 미국에서 공공주택을 건설할 때 하나의 중요한 기준으로 채택되기도 했다.[42]

▶2세대 셉테드
- 비공식적 사회통제(영역성 또는 집합효율성) 강화

비판 및 진화. 방어공간이론을 포함하여 셉테드와 같은 환경범죄학은 논리가 직관적이고 실행하기에 용이해서 광범위하게 정책으로 실현되었다. 전술한 대로, 그러한 정책들은 잠재적 범죄자의 범행동기를 변화시키기보다는 환경적 요소의 변화를 통해 범죄 실행을 억제하고자 했다. 그런데 지나치게 외형적 변화에만 집중하여 잠재적 범죄인이 환경의 변화에 쉽게 적응해간다는 사실을 망각했다는 비판이 존재한다. 즉, 물리적 환경의 변화가 실제로 접근을 통제하고 자연적 감시를 늘리며 영역성을 강화시켜 범죄를 예방하기 위해서는 물리적 환경의 변화만으로는 불가능하며 지역 주민들의 참여가 필수적인데 이점을 간과했다는 것이다. 이러한 비판을 수용한 셉테드는 1990년대 이후 2세대 셉테드로 진화하면서, 자위방범 등의 자치활동에 주민참여를 독려하고, 시민모임을 활성화하며, 청소년의 건전한 활동을 장려하는 등 비공식적 사회통제를 강화하고자 노력했다.[43]

(3) 깨진유리창이론(Broken Windows Theory)

▶깨진유리창이론의 논리
- 경미한 무질서 → 범죄두려움 증가 → 비공식적 사회통제 약화 → 중범죄 증가

핵심 주장. 깨진유리창이론은 무질서와 심각한 범죄를 이론적으로 연결시킨 최초의 시도로서 미국의 범죄학자인 윌슨과 켈링(1982)[44]이 주창한 이론이다. 핵심 명제는 무질서한 행위(사회적 무질서. 예, 구걸, 매춘, 음주 후 소란 등)와 환경(물리적 무질서. 예, 쓰레기, 낙서, 비거나 낡은 집, 버려진 자동차 등)이 방치되면 주민들을 공공장소로부터 회피하게 만들고, 범죄두려움을 증가시키며, 잠재적 범죄인들과 10대 청소년들의 일탈욕

구를 증대시켜 무질서가 더욱 심각해지고 비공식적 사회통제는 약화된다는 것이다. 증가한 무질서와 약화된 비공식적 사회통제 때문에 주민들이 느끼는 범죄두려움은 더욱 커지게 되고 일부는 심지어 이사를 나가기도 한다. 이에 다른 지역의 범죄자들이 해당 지역으로 이동하고 결과적으로 절도, 강도, 폭력 등 심각한 범죄가 증가하게 된다. 이러한 무질서, 범죄두려움, 비공식적 사회통제의 약화, 그리고 중범죄를 잇는 순차적 연결고리는 무질서가 범죄를 유발하는 시발점이자 핵심요인임을 강조한다. 따라서 서로 돕고 건강하며 자율적 통제가 가능한 지역사회를 재건하려면 무질서에 대한 엄격한 통제 관리가 우선되어야 한다고 주장한다.

무관용 정책. 깨진유리창이론이 처음 등장한 1980년대 초반의 보수적인 시대상과 저자들, 특히 윌슨의 우파적 성향을 고려했을 때 무질서에 대한 공격적인 통제 목적이 이론의 기저에 깔려있음을 부인할 수 없다(제4장 제2절 억제이론 참고). 따라서 깨진유리창이론에 근거해 1990년대 초중반 뉴욕시에서 시행된 무질서에 대한 적극적 경찰활동이 '무관용정책'이라 불린 것은 전혀 이상하지 않았다.

뉴욕시는 1980년대 초중반 지하철 환경개선을 위해 약 80억불(약 10조원)이라는 거금을 투입했으나 홈리스, 걸인, 불량 청소년들 문제가 여전히 해결되지 않아 승객이 지속적으로 감소하는 추세였다. 그러던 중 1990년 4월 윌리엄 브래튼(William Bratton)이 뉴욕시 교통경찰대 대장으로 부임하면서 강력한 리더십으로 무질서에 대한 전방위적 대응을 시작했다. 1980년대까지만 해도 홈리스, 걸인, 불량 청소년들의 무질서한 행위는 직접적인 피해자가 없는 행위로서 법집행 대상에서 제외되어 있었으나, 브래튼이 취임하면서부터 실정법에 어긋나는 명확한 불법행위로 규정하고 강력한 단속의 대상임을 강조했다. 무관용 정책에 대한 평가가 엇갈리긴 하지만, 당시에는 지하철을 직접 이용하는 시민들의 엄청난 환영을 받았고 강력범죄가 크게 감소하여 결국 뉴욕 지하철이 사랑받는 교통수단으로 거듭나는 계기가 된 것으로 평가되었다.[45]

비판 및 진화. 깨진유리창이론에 대한 비판은 무관용 정책에 대한 비판과 거의 일치하는바, 크게 두 가지를 지적할 수 있다. 첫째, 무관용 정책의 주 대상은 이미 사회적

▶무관용 정책 비판
– 인권침해
– 효과성 의문

으로 불우한 상황에 처해 있는 사람들로서 이들에 대한 통제 위주의 정책은 인권침해의 소지가 크다. 둘째, 1990년대 후반 무관용 정책으로 인해 뉴욕시의 강력범죄율이 급감했다는 연구는 다른 도시들과의 비교연구가 진행되지 않아 추론에 허점이 많았다. 실제로 무관용 정책이 시행되지 않은 다른 대도시들의 강력범죄율을 살펴본 결과 뉴욕시 못지않거나 더 급격히 감소한 것으로 드러났다. 따라서 뉴욕시의 범죄율 급감은 무관용 정책 때문이라 할 수 없었다.

시대상의 변화에 따라 깨진유리창이론도 점차 수정·발전해왔다. 1990년대 이후부터는 이론과 정책의 핵심이 무질서에 대한 적극적인 규제에서 비공식적 사회통제 또는 집합효율성의 강화로 이동했음에 주목해야 한다.[46] 지역 주민들과 법집행기관이 공동으로 해당 지역에서 특히 문제가 되는 무질서에 대해 허용 가능한 범위를 정하고 규칙을 어겼을 경우 어떻게 대응할 것인지에 대해 가이드라인을 만들어 주민, 지방정부, 의회, 경찰 등 모든 관계인이 함께 실천해 나가야 한다는 것이 이론의 핵심이 되었다.[47] 이론의 타당성과 정책의 효과성에 대해서는 연구결과가 다양하지만, 이러한 변화는 기존의 통제위주 정책에 비해 타당성과 효과성이 높다는 연구가 많다.[48]

(4) 상황이론들

핵심 요약. 상황이론들은 신고전주의이론으로 불리는바, 제4장 제2절에서 이미 살펴봤다. 대표적인 사례로서 일상활동이론, 범죄패턴이론, 합리적선택이론을 설명했는데, 핵심은 이들이 생태학적 관점의 특징들을 공유하며 상황적 범죄예방을 추구한다는 점이다. 상황적 범죄예방은 매우 즉시적이고 직접적인 장소적 특징과 상황을 변화시켜 범죄 기회를 차단하고자 한다. 구체적인 예시는 〈표 IV-1〉에 정리되어 있는바, 다섯 가지 원칙은 ① 범죄를 실행하기 위한 노력 증가시키기, ② 범죄행위 시 직면하게 되는 위험(적발이나 체포 가능성) 증가시키기, ③ 범죄로 인해 얻을 수 있는 보상이나 이익 감소시키기, ④ 범죄 상황에서 범죄자의 충동을 부추기는 자극 줄이기, ⑤ 범죄를 합리적이거나 정당한 것이라고 변명하게 만드는 것 제거하기 등이다. 이러한 상황적 범죄예방 기법들이 효과적일 거라고 기대할 수 있는 이유는 합리적 범죄자가 범죄의 이익과 손해를 계산할 때 이익이 큰 것보다는 적발과 체포의 위험이 낮은 것을 선호하기 때문이다.

비판 및 진화. 상황적 범죄예방에 대한 비판은 '전이효과'와 '빅 브라더 현상' 두 가지로 정리할 수 있다. 첫째, 전이효과를 우려하는 학자들은 범죄를 예방하는 장치나 수단이 실제로는 범죄예방에서 효과가 없으며, 범죄기회를 줄인다고 해서 실제로 범죄가 줄어드는 것이 아니라 전이될 뿐이라고 주장한다. 범죄자는 자신의 물질적 필요나 공격성을 분출하기 위해 다른 목표물이나 다른 장소, 다른 시간을 찾기 때문에 특정 개인의 입장에서 범죄가 예방되었다 해도 사회 전체로 보면 줄어든 것이 아니다는 것이다. 둘째, 국가나 지방자치단체가 상황적 범죄예방을 핑계로 과도한 경비시설을 설치하거나 지나친 감시를 시행할 경우 빅 브라더 현상이 발생하여 자유가 억압되거나 사생활이 침해될 우려가 존재한다.

▶상황적 범죄예방 비판
– 전이효과
– 빅 브라더 현상(자유 억압, 사생활 침해)

첫 번째 비판인 전이효과에 대해 상황적 범죄예방을 옹호하는 학자들은 전이현상이 그렇게 심각하지 않으며, 오히려 어떤 경우에는 범죄예방효과가 주변으로 확산되는 '이익의 확산효과'가 발견되기도 한다고 주장한다. 또한 두 번째 비판인 빅 브라더 현상에 대해서는 활발한 공청회와 주민참여를 통해 정부와 시민이 함께 계획하고 실행하고 평가하는 협력 체계가 구축되면 개선될 것이라고 주장한다.[49]

요점 정리

사회구조적 관점

■ 후기 실증주의의 사회구조적 관점은 개인주의식 접근(합리적 선택, 타고난 특성)을 거부하고 특정 지역이나 집단에서 범죄가 많이 발생하는 이유를 탐구함. 높은 범죄율은 결국 빈곤한 지역이나 하류층에서 발견되었기 때문에 자본주의의 부작용 같은 사회의 구조적 모순에 의한 계층화가 근본 원인으로 지적됨.

■ 계층화는 생태학으로 잘 설명됨. 부와 권력 등 한정된 자원을 두고 경쟁하는 사회는 필히 계층화를 경험해왔음. 경쟁력이 가장 약한 하위계층은 합법적이지 않은 방법으로라도 자원을 쟁취하는 상황에 내몰리게 되는바, 사회구조적 관점은 그들이 어떻게 다른 계층에 비해 더 많은 범죄를 저지르는지 탐구함.

시카고학파

- 후기 실증주의, 즉 본격적으로 사회학적 탐구가 시작되는 기점 역할을 했음.

- 현장조사: 흔히 사회생태학이나 사회해체이론으로만 알려져 있으나, 현장에 진출하여 관찰하고 면담함으로써 문화이론, 학습이론, 통제이론, 낙인이론 등 대부분의 사회학적 접근을 태동시켰음.

사회생태학(파크 & 버지스, 1925)

- 핵심 개념: '공생' & '침입-점령-계승'. 공생을 위한 균형이 무너지면 침입-점령-계승 과정이 진행됨. 시카고의 동심원 모양 발달과정을 잘 설명함.

- 전이지역: 빈곤, 잦은 주거이동, 인종적 이질성, 열악한 교육환경 등 구조적 여건이 열악한 지역으로서 지속적으로 높은 범죄율을 보임 → 그 이유에 대한 호기심을 자극하여 사회해체이론이 발달하는 계기가 됨.

사회해체이론(쇼 & 맥케이, 1942)

- 버지스의 동심원모델 검증: 수십 년간(1900-1933)의 소년법원의 남자청소년 비행자료 분석. 동심원 가설 지지. 사람과 무관한 지역의 특성이 원인임 - 장소적 설명체계(kinds-of-place explanations)의 본격적인 시작.

- 사회해체: 전통적인 공동체의 가치와 규범, 통합이 와해된 상태. 사회해체는 지역사회의 조직 (가정, 학교, 자원단체 등)이 붕괴되고, 청소년에 대한 감시와 통제가 부재하기 때문에 발생하는바, 전이지역과 같은 슬럼에서 가장 심각함.

- 핵심 명제: 구조적 열악성(빈곤, 주거불안정, 인종적 이질성)이 사회해체로 이어지고 사회해체가 높은 범죄율로 이어짐. 사회해체는 '매개변수'로서 구조적으로 열악해도 사회해체가 발생하지 않으면 범죄율이 증가하지 않음.

- 학습과 문화전파의 개념 정립: 쇼와 맥케이의 유산

- 시카고지역프로젝트(CAP): 쇼의 감독하에 지역조직을 활성화시키고, 교육, 공중위생 개선, 교통안전 향상, 법 집행 강화 등의 캠페인 실시. 청소년을 위한 레크리에이션 프로그램 후원.

- 비판: ① 사회해체를 직접 측정하지 않고 그 원인변수들인 지역조직의 붕괴와 청소년에 대한 통제 부재를 사회해체로 측정함. ② 생태학적 오류 – 거시 연구의 결과를 개인의 행동에 직접 적용할 수 없음(거시 원인으로 개인의 행동을 직접 설명하면 안됨).

생태학적 관점: 사회생태학과 사회해체이론의 부활

- 의의: 1980년대 무렵 지역사회의 차별적인 범죄분포에 대한 관심에서 출발, 범죄 예방에 대한 관심이 증가하면서 포괄적인 거시 이론으로 재등장.

- 종류 및 위계적 구조: 사회적 구조(집합효율성이론) / 물리적 구조(셉테드 등 환경범죄학) / 무질서(깨진유리창이론) / 상황적 요인(상황이론들)
  → 각 이론이 처음 등장했을 때는 고유한 목적과 방향(이념적 성향)을 가지고 있었음. 그러다가 1990년대 이후 이념적 성격이 약해지면서 점차 중립적인 입장에서 범죄예방을 목적으로 통합되기 시작함.

- 특징: ① 제한된 합리성 가정 ② 범죄가 발생하는 장소에 관심(범죄인의 특성에는 무관심) ③ 지역사회마다 차별적인 범죄율 분포에 관심 ④ 범죄의 필요성이나 기회를 줄여 범죄를 예방하고자 함 ⑤ 점차 지역사회의 자정능력(비공식적 사회통제) 강조.

집합효율성이론

- 사회해체이론 검증: 샘슨과 그로브스(1989) – 사회해체를 최초로 직접 측정함. 열악한 구조적 여건이 범죄로 이어지는 과정을 사회해체가 매개함을 입증.

- 집합효율성: 지역의 공공장소에서 질서를 유지할 수 있는 능력 = 주민들 간의 상호신뢰 및 유대 + 사회문제에 적극 개입하려는 움직임. 사회해체가 통합과 통제의 부재 '상태'를 의미하는 데 비해서 집합효율성은 실제 상황을 통제할 수 있는 '의지와 능력'을 강조하는 개념임.

▶긴장과 아노미의 개념적
연관성에 대한 이해 필요

이 절에서 살펴볼 주 이론은 머튼(1938)의 긴장(아노미)이론이다. 긴장이론은 경제적 성공이라는 문화적 목표를 달성하기 위한 합법적인 수단이나 기회가 부족할 때 겪는 긴장이 범죄로 이어지는지를 구조적 차원에서 탐구한다. 그런데 이는 뒤르켐의 아노미이론을 계승했다 하여 아노미이론으로도 불린다. 언뜻 보면 불만이나 스트레스를 의미하는 긴장과 통제력 상실을 의미하는 아노미가 다른 개념 같지만, 이 절을 학습하고 나면 두 용어가 나란히 표현되는 이유를 알게 될 것이다.

이를 위해서는 먼저 뒤르켐의 아노미이론에 대한 설명이 필요하다. 뒤르켐에 대한 소개가 제3장 제2절에서 간단히 이루어졌는데, 그가 사회학의 거두로서 가지고 있는 지위와 영향력, 그리고 필자가 생각하는 범죄학에서의 중요성을 고려하면 보충 설명이 필요하다. 여기에서는 범죄학과 관련해서 독자들이 꼭 알았으면 하는 내용 위주로 정리했는바, 뒤르켐의 아노미이론과 머튼의 긴장이론이 어떻게 연결되고 어떤 차이점이 있는지 꼭 확인하기 바란다.

우리가 신경 써야 할 또 다른 요점은 앞서 살펴본 사회해체이론과의 비교이다. 두 이론이 미국의 동시대를 배경으로 하면서도 서로 다른 논리를 펼치는 데는 그럴만한 이유가 있기 때문이다. 특히 동일한 현상을 다르게 바라보고 해석하는 것은 뒤르켐과 마르크스의 예에서와 같이 학자 개인의 관점이나 관심사가 반영된 결과일 수 있다(〈보충설명 III-3〉 참고)). 따라서 두 이론을 비교하는 것은 지식의 확장뿐만 아니라 사회를 바라보는 방식에 대한 이해도 높여줄 것으로 기대된다.

참고로 경제에 집중된 머튼의 긴장이론을 개인 차원의 다양한 긴장으로 확장해서 이론화한 애그뉴(1992)의 일반긴장이론은 사회과정적 관점을 다루는 다음 장에서 설명된다. 사실 명칭은 비슷하지만 논리구조가 꽤 상이해서 일반긴장이론은 사회화를 다루는 장에 위치하는 것이 더 적절하다. 마지막으로, 구조적 차원에서 긴장이론의 부활과 확장으로 여겨지는 메스너와 로젠펠드(1994)의 '제도적아노미이론'은 이 절의 끝부분에서 간단히 설명된다.

I. 뒤르켐

1858년 프랑스에서 태어난 뒤르켐은 마르크스, 베버와 함께 고전주의 사회학의 3대 장으로 불린다. 그런 만큼 그가 사회학계에 미친 영향은 대단했는데, 아쉽게도 범죄의 원인에 대한 직접적인 논의는 진행하지 않았다. 그래서 범죄학에서는 머튼의 긴장(아노미)이론에 영향을 미친 인물로만 간단히 소개된다. 하지만, 필자는 사회학적 실증주의와 범죄의 원인을 이해하는데 뒤르켐의 사상이 매우 중요하다고 생각한다. 실제로 그의 '아노미이론'은 많은 사회문제를 이해할 수 있는 구조적 근간이 되며, '집단적 양심(또는 집합의식, collective consciousness or conscience collective)', '사회통합(social integration)', '무한한 욕망', '사회화', '상호작용', '문화', '사회통제' 등의 개념은 많은 범죄학 이론들에 직간접적인 영향을 미쳤다. 따라서 범죄학과 관련된 그의 사상을 체계적으로 정리했으니 독자들은 이를 범죄학 이론에 적극 대입시키면서 학습하기 바란다.

▶Emile Durkheim, 프랑스, 1858-1917.

참고로 앞서 프로이트의 정신분석학적 접근이 많은 문제행동을 이해할 수 있는 보편적인 설명체계라고 소개했는데, 필자는 그와 더불어 뒤르켐의 아노미 관련 사상도 범죄를 이해하는데 매우 보편적인 논리를 제공한다고 생각한다. 양자를 구분하자면, 프로이트는 미시적, 뒤르켐은 주로 거시적 설명을 제공한다고 볼 수 있는데, 뒤르켐의 사상은 개인의 행동을 설명하는 데도 전혀 부족함이 없다고 생각된다.

▶범죄 등의 문제행동에 대한 보편적 설명체계
− 프로이트의 정신분석
− 뒤르켐의 아노미이론

1. 뒤르켐 소개

사회학적 결정론. 뒤르켐은 콩트의 실증주의를 옹호했고, 사회학이 심리학이나 정치철학과 차별된 독립된 학문으로 자리잡기 위해서는 '사회적 사실(social facts)'을 과학적으로 검증하는 사회과학이 되어야 한다고 주장했다. 이러한 주장의 배경에는 '사회실재론(social realism)'을 향한 강력한 믿음이 있었다. 즉, 뒤르켐은 개인이 어떻게 인식하든 사회적 사실은 엄연히 존재하는 현실로서 개인의 행동에 중대한 영향을 미친다고 생각했다. 그에게 사회적 사실은 사회적 현상을 포괄하는 용어로서, 법, 종교, 자살과 같은 객관적인 사실뿐만 아니라 사랑, 유대, 자유와 같은 추상적인 현상도 포함하는 개념이

▶뒤르켐 소개
− 사회실증주의자
− 사회실재론자: 사회적 사실 탐구 → 사회학적 결정론
− 공동체의 가치와 규범 중시 → 아노미이론
− 사회화: 공동체의 가치와 규범 내면화 과정 → 교육의 목적 중 하나

었다. 그리고 사회는 사회적 사실의 집합체였는바, 결코 계몽주의와 사회계약론이 주장한 개인의 집합인 허구가 아니었다. 결국 뒤르켐은 사회학적 결정론자였으며, 사회가 어떻게 통합되고 개인의 행동에 영향을 미치는지를 중점적으로 탐구했다.

공동체의 가치와 규범. 뒤르켐은 당시 대다수의 학자들처럼 사회의 안정과 질서, 통합, 발전을 원했고, 자신도 그것에 기여하고자 했다. 이런 그에게 가장 관심을 끈 사회적 사실은 '공동체의 가치와 규범'이었다. 19세기 격변의 시대에 조국 프랑스를 비롯한 유럽 사회가 정치적, 경제적, 사회적 혼란을 경험할 때, 뒤르켐은 공동체의 가치와 규범이 무너지는 현실을 깨달았고, 이로 인해 자살과 같은 사회적 문제가 증가하는 현상을 목격했다. 이것이 바로 우리가 잘 알고 있는 '아노미' 상태에서 자살이 증가하는 현상이었는바, 이에 대한 뒤르켐의 설명은 곧이어 다뤄진다.

사회화. 뒤르켐은 아노미 문제를 해결하기 위해서는 새로운 시대에 맞는 새로운 가치와 규범체계가 주입되어야 한다고 주장했다. 이것이 바로 '사회화'로서, 뒤르켐에게 사회화는 사회 구성원들이 공유하는 가치와 규범을 내면화하는 과정이었다. 그리고 이를 위해 체계적인 교육이 필요하다고 주장했는바, 교육의 목적은 사회의 보편적 가치와 규범을 가르치는 것(보편적 사회화)과 함께 개인의 직업과 관련된 역량을 향상시키는 것(특수 사회화) 두 가지였다.

2. 범죄의 기능

▶**인간의 본성**
- 무한한 욕망을 가진 존재
- 프로이트의 원초적 자아와 유사
- 사회화를 통해 억제: 원초적 자아 → 사회적 자아

무한한 욕망. 뒤르켐이 성악설을 주장하진 않았지만, 인간은 기본적으로 욕망덩어리라고 보았다. 이는 앞서 살펴본 프로이트의 '원초적 자아(id)' 개념과 비슷한 시각으로서 동시대를 살았던 두 학자가 인간의 본성을 유사하게 바라본 것이다. 실제로 이들은 사회화를 통해 본능적인 욕구를 제어하게 된다는 주장도 매우 비슷하게 전개했는바, 원초적 자아는 사회화를 통해 사회적 자아가 된다고 믿었다. 하지만 이 과정에는 항상 예외가 있어 무한한 욕망이 제대로 억제되지 않거나 잘못된 방식으로 표출되는 경우, 범죄와 같은 문제행동이 발생한다고 설명했다.

집단적 양심. 여러 문제행동 가운데 특정한 선을 넘는 경우 범죄가 되는데, 뒤르켐은 '집단적 양심'이 바로 범죄를 판단하는 기준선이라고 주장했다. 집단적 양심이란 '공유된 가치와 믿음, 규범'으로서 도덕적 행동의 기준인 동시에 사회통합의 근간이 된다. 따라서 사회가 특정 행위를 범죄로 규정한다는 것은 구성원들에게 그 사회가 허용하는 집단적 양심의 범위를 명확히 전달하는 것과 같고, 이를 통해 사회통합과 질서가 유지되는 것이다. 또한 범죄는 사회의 문제가 무엇인지에 대해 돌아보게 만들어서 사회가 잘못된 부분을 개선하게 만들기도 한다. 이런 차원에서 뒤르켐은 범죄가 어느 사회에서나 발생하는 정상적이며 기능적인 현상이라 주장했다. 다만, 집단적 양심이 시대와 장소에 따라 상이하므로 범죄로 규정되는 행위도 상황에 따라 달라질 뿐이었다(제3장 제2절 참고).

▶집단적 양심
– 공유된 가치, 믿음, 규범

▶범죄의 기능
– 집단적 양심 명확화
– 사회의 잘못 진단

3. 아노미

상호작용, 문화, 사회통제. 뒤르켐이 가장 큰 관심을 보인 사회적 사실인 공동체의 가치와 규범은 결국 집단적 양심의 형태로 나타난다고 할 수 있다. 집단적 양심은 양육과 교육이라는 사회화 과정을 통해 내면화되고, 개인 간의 상호작용을 통해 구성원들에게 강화된다. 그 결과 사회가 통합되고, 이렇게 통합된 사회의 구성원들은 자신을 자연세계의 동물이 아닌 사회적 존재로 인식하게 된다. 즉, 사회적 자아가 형성되는 것인데, 이때 개인은 사회적으로 책임 있고 도덕적으로 올바르게 행동하는 습관을 다지게 된다. 결국 이러한 상호작용과 자기인식을 거쳐 사회마다 고유한 문화가 형성되는바, 올바른 집단적 양심과 선진(진화된) 문화는 개인의 욕망을 제어하는 훌륭한 사회통제 기제로 작동하게 된다.

▶집단적 양심과 선진 문화의 기능
– 사회통합
– 개인의 욕망 제어와 문제행동 통제

아노미. 그런데 뒤르켐의 시대와 같이 사회가 급변하는 경우 전통적으로 공유되어 온 가치와 규범이 무너지는 경우가 많다. 이를 '아노미'라 하는데, 아노미 상태에서는 행동의 기준이었던 집단적 양심이 모호해져 구성원들이 어떻게 행동해야 할지 우왕좌왕하게 된다. 이때 개인의 욕망이 잘 제어되지 못하고 자살이나 범죄로 표출될 가능성이 증가하게 된다. 즉, 사회의 통제기능이 상실되는 것이다.

4. 자살에 대한 실증연구

▶기계적 연대 vs. 유기적 연대
– 미개한 사회의 연대 vs. 진화된 사회의 이상적인 연대
– 개인 간의 유사성에 기초 vs. 분업에 기초
– 강한 집단적 양심 vs. 약한 집단적 양심
– 사회통합 우선 vs. 개인의 자율과 존엄 우선
– 아노미: 유기적 연대가 완성되기 전 과도기에 공유된 가치와 규범이 불명확한 상태

사회의 진화. 뒤르켐 역시 당시를 주름잡은 사회진화론의 영향을 받았는데, 그가 사회의 진화를 설명하는 방식은 연대 방식의 변화였다. 오랜 중세를 거쳐 형성된 '기계적 연대(mechanical solidarity)'는 근대의 산업발달과 자본주의의 성장을 거치면서 '유기적 연대(organic solidarity)'로 바뀌고 있었다. 기계적 연대는 개인 간의 유사성에 기초하여 전통적인 가치와 규범이 인간관계와 사회통합의 기초로 작동하는 상태로서, 집단적 양심이 강해 개인의 자율보다 사회의 통합과 종교의 권위가 더 중시되는 특징이 있었다. 반대로 유기적 연대는 분업의 가속화로 말미암아 전문화된 개인들이 서로의 필요에 의해 상호의존하며 결속된 상태로서, 집단적 양심이 약해 사회의 통합이나 종교의 권위보다 개인의 자율과 존엄이 더 중시되는 특징이 있다. 뒤르켐이 보기에 기계적 연대는 미개한 사회의 연대 방식이고 유기적 연대는 진화된 사회의 이상적인 연대 방식인데, 문제는 아직 유기적 연대가 완성되지 못한 과도기의 상태, 즉 아노미 상태에 있다는 것이었다.

이를 요약하면, 뒤르켐은 사회의 발달과 분업화가 집단적 양심의 약화와 개인 간의 이질성을 높이지만, 이것이 사회적 유대 자체를 없애는 것이 아니라 오히려 개인 간의 상호의존성과 상호보완성을 더 높이는 유대로 발전해간다고 보았다. 다만 문제는, 뒤르켐의 시대가 아직 유기적 연대가 완성되지 못한 과도기로서 급격한 사회변화가 행위규범(도덕)을 모호하게 만들어 각종 사회문제가 빈번하게 발생하는 아노미 시대였다는 것이다. 이에 대한 뒤르켐의 해결책은 사회 전체가 합심하여 새로운 시대에 맞는 새로운 연대와 도덕(행위규범)을 정착시켜야 한다는 것이었다.

자살의 분포. 뒤르켐은 아노미 상태에서 자살률이 증가한다는 가설을 입증하기 위해 19세기 유럽 각국의 자살 데이터를 분석했다. 이때 자살은 사회적 사실이고 사회적 사

실은 사회적 사실로만 설명되어야 한다는 사회실증주의를 실천하기 위해 종교, 혼인상태, 경제적 상황, 전시 상황과 같은 사회적 요인은 물론 인종, 체질, 정신병, 신경쇠약, 날씨, 밤낮의 길이 등 생물학적, 심리적, 물질적 요인들을 비교 목적으로 포함시켰다. 연구 결과, 생물학적, 심리적, 물질적 요인들은 자살률과 관계가 없거나 충분한 설명을 제공하기에 부적합한 것으로 드러났다. 그가 제안했던 사회적 요인과 관련해서는 다음과 같은 패턴이 도출되었다.[50]

① 종교: 신교도가 카톨릭 신자보다 더 높은 자살률을 보였다.
② 혼인상태: 독거인(이혼·별거 포함)이 기혼자보다 더 높은 자살률을 보였다.
③ 경제상황: 경제적 위기 상황에서 안정기보다 더 높은 자살률을 보였다.
④ 전시상황: 군인이 민간인보다 더 높은 자살률을 보였다. 그런데 전쟁·혁명 등의 혼란기에는 안정기보다 더 낮은 자살률을 보였다.

기타, 종교인 중에서는 유대교 신자가 자살률이 가장 낮았고, 여성이 남성보다 더 낮은 자살률을 보였다. 분석 결과를 종합해보면, 카톨릭, 기혼자(특히 아이 있는 가정), 경제적 안정기가 더 사회통합이 강하기 때문에 뒤르켐의 아노미 가설은 실증 데이터에 의해 지지된 것으로 보였다. 한편, 전시상황에서 평소보다 더 낮은 자살률을 보인 것은 다소 의아해 보이지만, 이 역시 전시상황에서 사회통합이 더 강해진다는 설명이 불합리하진 않았다.

자살의 유형. 그런데 사회통합이 잘 이루어진 상황에서도 자살은 발생한다. 단적인 예로, 위의 분석 사례에서 전시상황보다 평상시에 자살률이 높은 것은 전시상황에 더 통합이 강해지기 때문이라는 설명이 이해는 되지만, 그렇다고 평상시를 아노미 상황이라고 간주할 수는 없기 때문에 이 시기에 발생하는 자살은 왜 발생하는지에 대한 설명이 필요했다. 이에 뒤르켐은 자살의 유형을 '사회통합(social integration)'과 '도덕적 규제(또는 통제, moral regulation)'를 기준으로 네 종류로 세분화했다.[51]

▶자살의 분포
– 자살은 사회적 사실로서 생물학적, 심리적, 물질적 요인들로 설명하기에는 부족함
– 다른 사회적 사실들인 종교, 혼인상태, 경제상황, 전시상황 등과 연관되어 있음. 아노미가 강한 상태에서 자살률이 증가함.

▶자살의 유형
– 사회통합의 정도에 따라, 이기적 자살 vs. 이타적 자살.
– 도덕적 규제(사회통제)의 정도에 따라, 아노미적 자살 vs. 숙명적 자살.

- 사회통합을 기준으로,
① 이기적 자살: 집단의 가치나 목표에 대한 몰입이 약해졌을 때, 특히 자신만의 가치나 목표에 온전히 의지해야 할 때 발생.
② 이타적 자살: 집단의 가치나 목표에 대한 과몰입이 발생했을 때 발생.

- 도덕적 규제(통제)를 기준으로,
③ 아노미적 자살: 급격한 사회변화로 인해 집단의 가치와 규범이 약화되었을 때 발생.
④ 숙명적 자살: 과도한 규범이나 규제에 의해 발생(예, 노예제도, 수감상태).

5. 물질적(경제적) 욕망과 아노미

필자는 앞서 뒤르켐의 사상이 범죄를 비롯한 많은 사회문제의 구조적 원인에 대한 보편적 설명을 제공한다고 주장했다. 그리고 개인의 행동을 설명하는데도 충분해 보인다고 했다. 실제로 뒤르켐은 그의 형이 자살한 아픈 경험 때문에 거시적 설명을 전개하면서도 미시적 설명을 도모했다고 알려져 있다.[52]

▶아노미의 개인차와 계층 간 차이
– 발생 이유: 사회적 자아가 이기적 자아의 욕망을 제어하는 능력에 따라 욕구불만족의 개인차 발생 → 욕구불만족은 내면화한 규범과 도덕의 작동을 방해
– 계층의 차이로 확대: 계층에 무관하게 기회는 평등하지만, 상위계층의 경제적 욕망이 가장 커서 이들이 가장 심각한 긴장(아노미)을 경험함 → 상위계층의 자살률이 가장 높음.
– 머튼의 긴장이론은 이 논리를 차용함.

아노미 상황에서의 개인차. 이제 우리는 아노미가 공유된 가치와 규범이 무너져서 사회가 개인의 행동을 통제하지 못하는 상황임을 잘 알고 있다. 특히, 뒤르켐의 시대와 같이 기계적 연대에서 유기적 연대로 변화되는 혼란한 과도기에 새로운 연대 방식이 정착되지 않았을 때 강한 아노미가 발생함도 이해했다. 따라서 거시적인 차원에서 사회 전체의 혼란과 규범의 붕괴, 그에 따른 문제행동의 증가는 아주 자연스럽게 연결된다.

그런데 논의를 한 단계 더 진행시켜보자. 사회현상인 아노미와 개인현상인 자살을 적절한 이유 없이 연결시키면 아노미 상태에서 자살하지 않는 사람에 대해 전혀 설명할 수 없게 된다(생태학적 오류 참고). 따라서 똑같은 상황에서 발생하는 개인차에 대한 언급이 반드시 필요한바, 필자는 뒤르켐이 개인을 욕망덩어리로 가정하고 사회화를 통해 욕망을 억제하는 방법을 배우게 된다고 설명한 것에 해답이 있다고 생각한다(이기적 자아 → 사회적 자아). 이는 프로이트의 주장과도 일맥상통하는바, 욕망과 제어능

력에 무수한 개인차가 존재하는 건 이유를 불문하고(그 이유에 대한 탐구는 다른 미시 이론들의 역할임) 사회적 사실이다. 따라서 사람마다 욕망과 기대가 다르고, 그것을 성취할 수 있는 능력도 다르며, 그것을 제어하는 능력과 성취하지 못했을 때 좌절하는 정도도 다르기 때문에, 아노미 상황에서 사회 전체의 자살률은 증가하지만, 엄연히 개인차가 존재하는 것이다.

개인 수준의 아노미. 그렇다면 개인에게 문제가 되는 경우는 이기적인 욕구와 이 욕구를 충족시킬 수 있는 기회 간에 괴리가 생기는 경우일 것이다. 이는 곧 욕구불만족으로 인해 스트레스가 쌓이는 긴장 상황으로서, 이때 내면화한 규범과 양심(도덕)이 잘 작동하지 않아 문제행동으로 표출될 가능성이 커진다. 결국 욕망과 기회와의 괴리로 인해 쌓이는 긴장은 개인 수준의 아노미처럼 작동한다고 할 수 있다. 이것이 바로 긴장이 아노미와 동의어로 사용되는 이유이다. 그런데 두 용어 간의 차이점을 굳이 지적하자면, 아노미는 통제능력의 부족이라는 의미로서 거시와 미시 수준에서 다 사용 가능하지만, 긴장은 좀 더 개인 수준의 용어로 적합하다 하겠다.

계층별 아노미 = 머튼과의 연결고리. 머튼의 긴장이론은 물질적(경제적)인 측면에서의 긴장을 다룬다. 따라서 여기에서는 뒤르켐이 다양한 욕망 가운데 부의 축적과 관련된 아노미를 어떻게 설명했는지 살펴봄으로써 머튼과의 연관성을 찾아보고자 한다. 먼저, 경제적 열망과 좌절에 대한 뒤르켐의 생각을 살펴보자.

> 경제적으로 번성할수록, 욕망은 증가하고... 지나친 야망은 항상 성취한 결과를 넘어서고, 이미 충분한 결과일 수 있음에도 멈춰야 한다는 경고가 없이 경쟁은 계속된다. 이러한 상황에서 경쟁이 멈춰지고 빈손으로 남겨졌을 때... 어찌 삶에 대한 열망이 약화되지 않겠는가?(Brown et al., 2013/2015, p.309. 필자 각색.)[53]

뒤르켐은 하위계층에서 상위계층으로 갈수록 자살률이 증가하는 현상을 목격했다. 이는 상위계층으로 갈수록 더 강한 아노미를 느끼기 때문인데, 위 문구처럼 뒤르켐은 그 이유를 상위계층으로 갈수록 욕망이 커지기 때문이라고 설명했다. 반면, 욕망을 달성할 수 있는 기회는 프랑스혁명 이후 평등 사회가 구현되었기 때문에 계층과 무관하게 동일하다고 생각했다. 결국 뒤르켐은 상위층으로 갈수록 욕망과 기회와의 괴리가 커져 자살률이 증가한다고 결론지었다.

머튼은 이 같은 뒤르켐의 개인 수준의 아노미 논리를 계층으로 통합해 미국사회의 범죄를 설명하고자 했다. 그런데 시대와 장소가 변하여 욕망과 기회구조가 상이하게 분포하고 있었다. 간단히 말해, 모든 미국인이 부를 좇는 사회문화는 모든 계층의 욕망을 동일한 수준으로 만들었는데, 자본주의의 발달로 빈부격차가 심해진 상황에서 성공의 기회는 하위계층에게 훨씬 부족한 상황이었다. 이에 머튼은 하위계층이 가장 큰 긴장을 경험하기 때문에 가장 높은 범죄율을 보인다고 설명하였는바, 상세한 논리는 곧이어 설명된다.

6. 소결

뒤르켐의 이론, 연구방법, 추론에 문제가 없는 것은 아니다. 그러나 독자들도 느끼겠지만, 그의 사상은 매우 체계적이고 논리적이다. 필자가 가장 감탄한 부분은 유기적 연대의 시기가 어떤 이상적인 모습을 띨지 구체적으로 상상했다는 것이다. 마치 마르크스가 자본주의의 다음 시대를 공산주의로의 회귀로 예상한 것처럼 묘한 설렘을 선사한다. 사상의 옳고 그름이나 이념적 선호를 떠나 사회학적 상상의 힘이 대단하다는 걸 새삼 느끼는데, 아마 그래서 밀스(1959)가 지나친 실증주의를 거부하고 사회학적 상상력을 강조한 것 같다(〈보충설명 I-10〉 참고).

필자가 갑자기 상상력을 이야기하는 이유는 상상은 누구나 할 수 있기 때문이다. 물론 논리적이고 객관적이면 금상첨화일 테지만, 조금 부족하더라도 자꾸 생각하는 습관을 들이면 자신이 학습한 내용에 대해 나름의 체계를 만들어 나갈 수 있다. 너무 지엽적인 내용에 매몰되어 암기만 하려 하지 말고 한 발치 물러나서 큰 그림을 그리다 보면 세부 내용 간의 연결성을 찾아낼 수 있을 것이다. 그렇게 공부하는 것이 훨씬 재미도 있고 장기간 지속할 수도 있다. 전술한 대로 뒤르켐의 사상은 앞으로 은연중에 계속 나올 것인바, 그때마다 얼마나 뒤르켐을 연관시켜 생각해내는지 스스로 확인해보기 바란다.

II. 머튼의 긴장(아노미)이론

머튼의 긴장(아노미)이론은 "Social Structure and Anomie(사회구조와 아노미)"라는 짧은 논문으로 1938년 발표되었다.[54] 당시는 시카고학파가 사회학적 범죄학을 주도하던 시기로서 사회해체이론(1942), 사회학습이론(1939), 셀린의 행위규범(1938) 등이 발표된 시기였다. 사회적으로는 앞서 사회해체이론에서 설명한 것처럼 엄청난 변화의 시기였는데, 일부 교재에서는 미국의 이 시기를 뒤르켐이 아노미를 설파한 유럽의 19세기 말보다 더 격변의 시대로 보기도 한다.[55] 이런 맥락에서 시카고학파는 사회해체를 보았고, 머튼은 긴장(아노미)을 보았다. 머튼이 본 긴장은 성공을 향한 목표와 합법적인 기회 사이에 괴리가 존재할 때 발생하는 것이었는데, 이는 앞서 살펴본 뒤르켐의 논리와 유사한 측면이 있었다.

▶Robert K. Merton, 미국, 1910-2003.

1. 주요 내용

(1) 구조적 긴장

머튼은 뒤르켐과 마찬가지로 사회적 힘이 개인의 행동에 영향을 미친다고 생각했다. 물론 경성결정론이 받아들여지지 않는 시기였기 때문에 사회가 개인의 행동을 온전히 통제한다고 본 건 아니다. 머튼이 관심을 가진 사회적 힘은 '구조적 긴장'이었는데, 이것은 문화적으로 정의된 목표와 그것을 달성하기 위한 합법적인 수단(기회) 간의 괴리로 인해 발생하는 스트레스였다.

미국사회의 구조적 긴장. 머튼은 모든 사회가 독특한 '문화체계'를 가지고 있다고 생각했다. 문화체계의 주요 역할 중 하나는 사회적으로 지향하는 가치와 목표를 보여주며, 동시에 이를 달성하기 위해 용인되는 수단을 구체적으로 규정하는 것이다. 이는 구성원들로 하여금 목표를 달성하도록 동기부여를 함과 동시에 실패에 대한 두려움과 압박감을 선사하기도 한다. 목표는 큰데 이를 달성하기 위해 용인된 수단이 부족하거나 그것만

▶구조적 긴장
- 개인의 행동에 영향을 미침
- 미국사회: 성공을 위한 목표는 과도하고 획일적이지만, 합법적인 수단과 기회가 계층별로 크게 차별적이어서, 미국사회는 심각한 긴장 상태에 놓여 있음.

으로는 목표를 달성할 수 없을 때 개인들은 구조적 긴장을 느끼게 된다.

20세기 초중반 미국사회의 문화체계는 소위 '아메리칸드림'으로 불리며 부의 획득을 가장 중요한 목표로 제시했다. 그리고 이를 달성하기 위한 수단으로는 근면, 절약, 노력, 정직, 자기계발 등을 제시하며 누구나 노력하면 성공할 수 있다는 '신교도의 직업윤리'를 강조했다. 하지만 현실은 양질의 교육, 인맥, 투자를 위한 초기자본 등이 없으면 아무리 근면하고 절약해도 원하는 목표를 달성할 수 없는 경우가 훨씬 많았다. 이는 특히 하위 계층이 겪는 어려움이었는바, 당시 미국사회의 기회구조는 빈익빈 부익부로 인해 계층 별로 매우 차별적이었다. 결국 머튼은 미국의 독특한 문화체계가 물질적 성공이라는 획 일적인 목표를 과도하게 강조하지만, 현실적인 사회구조는 용인된 수단(기회)에 있어 계 층별로 큰 차이가 존재하기 때문에 구조적 긴장이 큰 상태라고 진단했다.

뒤르켐의 아노미 개념 차용. 뒤르켐의 아노미는 보통 무규범 상태를 의미한다. 그런데 머튼의 구조적 긴장은 목표와 수단 간의 괴리로 인한 스트레스를 의미한다. 양자 간의 비교가 잠시 후 상술되지만, 언뜻 보기에 두 개념은 조금 다른 뉘앙스를 가지고 있다. 물론 머튼이 뒤르켐의 논리구조를 차용한 것은 '욕구불만족 → 긴장 → 내면화한 제어 능력 약화'로서, 개인 수준에서는 아노미 개념을 이해할 수 있지만, 왜 미국사회의 구조 적 긴장이 개인의 아노미를 유발하는지에 대해서는 보다 명확한 설명이 필요했다. 이에 대해 머튼에게 깨달음을 준 뒤르켐의 사상은 이러했다.

▶**머튼의 깨달음**
– 뒤르켐: 올바른 집단적 양심과 선진문화는 개인(사회적 자아)에게 욕망을 제어하도록 메시지를 전함.

뒤르켐은 올바른 집단적 양심과 선진 문화는 개인이 사회적 자아로서의 자부심을 느끼고 이기적인 욕망을 스스로 제어하게 만든다고 생각했다. 즉, 핵심은 그 사회의 문화가 구성원들에게 전하는 메시지였다. 그런데 사회가 혼란해지면 집단적 양심과 문화가 약화되어 메시지가 불명확해지기 때문에 그동안 내면화했던 규범과 도덕이 제대로 작 동하지 못하는 것이었다.

이에 착안하여 머튼은 사회의 문화체계가 과도한 성공을 부추기면, 아무리 제도적으 로 허용된 수단을 제시하더라도, 구성원들은 합법적인 수단을 준수하는 것보다 성공이 라는 목표 달성에 더 집중하게 된다고 주장했다. 이런 경우 규범과 도덕에 대한 존중감 이 약해지는 아노미 상태가 올 수 있는바, 머튼이 바라본 미국사회는, 비록 뒤르켐이 말하는 정도의 혼란과 무규범 상태는 아닐지라도, 아메리칸드림을 지나치게 강조하여 수단과 방법을 가리지 않고 목표에 도달하면 된다는 메시지를 전하고 있다고 생각했다. 이처럼 규범과 신뢰가 약해진 채 모두가 성공만을 향해 돌진하는 사회는 그 대가로서 많은 범죄를 안고 살아가야 했다.

참고로 이러한 설명체계는 중상류층의 화이트칼라범죄를 이해하는 데도 적합한 방법이었다. 그리고, 사견이지만, 어쩌면 현재의 우리사회도 보이스피싱 같은 사기범죄가 활개 치고 영끌이나 벼락거지 등 물질적 성공을 중시하며 습관적으로 남과 비교하려는 모습을 보면, 상당한 긴장이 느껴지고 사회통합과 규범, 도덕이 약해졌다는 우려가 든다.

(2) 구조적 긴장에 대응하는 방식

구조적 긴장이 큰 사회에서 규범이 제대로 작동하지 못하고 불법행위가 증가할 것이라는 설명은 설득력이 있다. 특히 성공을 부추기는 메시지에 익숙하지만 제도적인 수단만으로는 기회가 부족한 하위계층이 느낄 좌절감에 대해 수긍이 간다. 그런데 기회가 차단되어 긴장을 경험하는 모든 개인이 범죄를 성공의 수단으로 선택하는 것은 아니다. 이를 인지한 머튼은 개인별로 구조적 긴장에 대응(적응)하는 방식이 다르다고 주장했고, 〈표 VI-1〉과 같이 다섯 가지 방식을 제시했다.[56]

> ▶구조적 긴장에 대응하는 방식
> - 구조적 긴장이 모든 개인을 일탈하게 만드는 것은 아님.
> - 다섯 가지 유형 중 혁신형과 반항형이 범죄와 밀접하게 연관됨.
> - 혁신형은 하위계층의 범죄를, 반항형은 일탈하위문화를 잘 반영함.

① 순응형은 문화적으로 중시되는 목표를 받아들이고, 이를 달성하기 위해 사회적으로 용인된, 즉 제도화된 수단만을 사용한다. 이들은 사회의 다수를 차지하고 근간을 지탱하는 사람들로서 범죄와는 거의 무관하다.

② 혁신형은 목표를 달성하고 싶지만 제도화된 수단만으로는 달성할 수 없다고 생각할 때 범죄를 이용하는 사람들이다. 구조적 긴장 상태에서 가장 흔히 생겨나는 일탈의 유형으로서 범죄학자들이 가장 관심을 갖는 사람들이다. 범죄의 유형에는 내부정보를 이용한 금융·증권 범죄, 교수의 연구부정행위, 공무원의 뇌물수수 등과 같이 지나친 욕심을 추구하는 중상류층의 일탈도 있지만, 대부분은 합법적인 수

단과 기회가 제한된 하위계층의 불법이 해당한다.

③ 의례형은 혁신형과 반대로 규범과 도덕을 준수하지만 문화적인 목표를 추구하지 않는 사람들이다. 자신만의 목표와 삶의 방식이 존재해서 타인이나 사회에 해를 끼치지 않으며 조금 부족해도 자기만족을 느끼며 살아간다.

④ 은둔형은 흔히 도피자나 낙오자로도 불린다. 이들은 문화적 목표를 추구하지도 않으며 제도화된 수단을 따르지도 않는다. 허무주의, 약물중독, 노숙 등의 형태로 사회 안에 있지만 사회적이지 않은 삶을 살아가는바, 신교도의 직업윤리나 중산층의 가치관과 배치되는 삶을 추구한다. 대부분 타인에게 피해를 끼치진 않지만 마약과 같이 금지된 행위를 저지르기도 한다.

⑤ 반항형은 은둔형과 마찬가지로 문화적 목표와 제도화된 수단을 모두 거부한다. 하지만, 은둔형과 달리 자신만의 목표와 수단을 새로 정립하며 살아가는 사람들이다. 조직폭력배나 정치적 혁명을 꿈꾸는 사람들이 대표적인 예로서 주류문화에 대항하는 자신들만의 하위문화를 만들어 간다.

〈표 Ⅵ-1〉 개인별 적응 방식 유형

적응 방식	문화적 목표	제도화된 수단
순응형(또는 동조형, conformity)	+	+
혁신형(innovation)	+	−
의례형(ritualism)	−	+
은둔형(또는 도피형, retreatism)	−	−
반항형(또는 반역형, rebellion)	±	±

출처: Brown et al. (2013). Criminology. Elsevier. 황의갑 외 12인 역(2015). p.313. [그림 7.3]. 재구성.

구조적 긴장에 대응하는 다섯 가지 유형 중 범죄와 밀접하게 관련된 유형은 혁신형과 반항형이다. 혁신형은 하위계층에게 제도화된 수단이나 합법적인 기회가 부족한 현실을 잘 반영하고, 반항형은 주류문화에 대항하는 일탈하위문화의 형성을 잘 보여준다. 결국 머튼은 혁신형에 관심을 가졌지만, 그 외에도 그가 제시한 문화체계나 일탈하위문화와 같은 개념은 다음 절에서 설명될 문화적 일탈에 대한 논의를 촉진시키는 데 크게 기여했다.[57]

2. 뒤르켐의 아노미와의 비교

뒤르켐과 머튼의 연결성 복기. 뒤르켐의 아노미는 사회 전체의 공유된 가치와 규범이 붕괴되어 개인의 이기적인 욕구를 통제하지 못하는 상태를 말한다. 하지만 아노미 상황에서도 일탈하지 않는 개인들에 대한 설명이 필요했는바, 이를 위해 뒤르켐은 인간의 본성을 욕망덩어리인 이기적 자아로 규정하고 사회화를 통해 규범과 도덕을 준수하는 사회적 자아로 성장한다는 프로이트식 논리를 전개했다. 이 논리는 개인마다 욕망의 수준, 제어 능력, 좌절의 정도가 다른 것으로 귀결된다. 따라서 어떤 이는 사회적인 아노미 상황에서도 제어 능력이 유지되는 반면, 어떤 이는 아노미 상황이 아님에도 개인적인 욕구불만족이 쌓여 긴장이 유발되고 내면화한 규범과 도덕이 잘 작동하지 않는 자신만의 아노미 상태에 빠질 수 있는 것이었다.

뒤르켐은 이러한 아노미의 개인차를 경제적 상황과 연결시키면 계층에 따른 아노미의 차이를 도출해낼 수 있다고 생각했다. 논리의 관건은 어느 계층이 더 많은 욕구불만족을 경험하느냐였는데, 욕구불만족은 욕구와 기회 간의 괴리에서 발생하는 긴장이었다. 뒤르켐은 프랑스 사회가 혁명 이후 평등사회를 이루었다고 보아 기회구조는 계층과 무관하게 동일하다고 간주했다. 결국 계층 간의 차이는 욕망에 있었는데, 뒤르켐은 상위계층이 하위계층에 비해 더 큰 욕망을 추구한다고 생각했다. 따라서 상위계층이 더 많은 아노미를 경험하고 더 많이 자살한다고 주장했는데, 실제 자살 데이터도 그런 모습을 보이고 있었다.

뒤르켐과 머튼의 공통점. 원래 뒤르켐의 아노미는 사회가 개인의 행동에 대해 갖는 통제력의 상실을 의미한다. 그런데 이것이 확대되어 개인이 이기적인 욕구를 제어하지 못해 경험하는 욕구불만족, 즉 긴장 때문에 내면화한 규범과 도덕이 작동하지 않는 개인 수준의 아노미가 주장되었다. 이는 아노미의 개인차를 설명하는 훌륭한 논리였고, 이를 계층으로 통합하면 계층 간의 아노미 차이를 적절히 설명할 수 있었다.

여기에서 머튼은 계층별로 상이한 긴장 수준을 설명하는 뒤르켐의 논리를 그대로 차용했다. 먼저 다음과 같이 아노미의 개인차를 적용했다. 뒤르켐이 긴장이라 칭한 욕구불만족은 욕망과 이를 달성하기 위한 기회와의 괴리 때문에 발생하는 것이었는데, 머튼도 이와 동일하게 성공을 위한 목표와 합법적인 수단과의 괴리가 긴장의 원천이라 주장하고, 이러한 긴장 상황은 개인마다 다르다고 설명했다. 이어서 이러한 개인차를 계층으로 통합해 미국사회도 욕구불만족(긴장)이 상당히 존재하고 계층별로 뚜렷한 차이를 보인다고 주장했다.

뒤르켐과 머튼의 차이점. 뒤르켐에게 욕구불만족이 생기는 이유는 개인이 본질적으로 무한한 욕망을 가진 존재이기 때문이었다. 즉, 욕망의 원천은 타고난 본능과 사회화 과정에서 습득한 욕망이 결합된 것으로서 종류와 크기에 개인차는 존재하지만 그 욕망을 달성하고자 하는 욕구는 동일한 것이었다. 결국 기회는 평등했지만 욕망의 크기가 상이해서 개인과 계층이 느끼는 아노미가 달랐던 것이다.

반면, 머튼은 개인의 욕망을 사회가 주입한 결과물이라 생각했다. 미국사회의 독특한 문화체계는 모든 미국인들에게 부의 축적이라는 목표를 과도하고 획일적으로 갖게끔 만들었다. 그런데 자본주의의 부작용으로 빈부격차가 커진 상황에서 성공을 위한 수단과 기회는 너무나 차별적이었다. 결국 지나치게 물질적 성공을 강조한 미국사회는 기회의 불평등으로 인해 여느 사회보다 더 심각한 긴장상태를 경험하고 있었는바, 더 심각한 문제는 부의 축적만이 성공의 기준이라는 메시지는 많은 미국인에게 불법을 이용해서라도 부자가 되어야 한다는 잘못된 인식을 심어주었다.

요약. 머튼이 아노미라 부른 긴장은 뒤르켐이 개인 수준의 아노미를 설명하는 과정에서 표현한 '욕구불만족'을 차용한 개념이었다. 아노미의 개인차는 결국 욕구불만족의 개인차였고 이를 계층으로 합하면 긴장(아노미)에 계층 간의 차이가 존재한다는 결론에 도달했다. 다만, 뒤르켐은 욕망이 개인적으로 형성되는 것이고 상위계층의 욕망이 가장 커서 긴장도 가장 크다고 주장한 반면, 머튼은 욕망이 사회적으로 주입된 것으로 모두에게 동일하지만 기회가 계층에 따라 차별적이어서 하위계층의 긴장이 가장 크다고 주장했다. 특히 미국사회의 문화체계는 물질적 성공이라는 목표를 과도하고 획일적으로 주입하는 특성이 있어 자칫 불법적인 수단과 방법을 사용해도 좋다는 인식을 심어줄 수 있다고 우려했다.

3. 사회해체이론과의 비교

사회해체이론과 긴장이론 요약. 쇼와 맥케이는 사회해체이론을 발표하면서 도시 빈민가의 청소년들이 전통적인 가치와 규범을 습득하지 못한 채 적절한 통제 없이 자극적인 재미만 찾아다니다 결국 비행 가치를 배우면서 범죄자가 되어간다고 주장했다. 이러한 문제의 근본 원인은 전이지역(슬럼)이 사회해체를 겪었기 때문인바, 이 지역은 전통적인 지역조직(가족, 학교, 교회, 자원단체 등)이 붕괴되면서 사회통합과 규제력을 상실한 상태였다. 이는, 필자의 주관을 더하면, 뒤르켐이 원래 의도했던 거시 수준의 아노미와 매우 유사한 상황이었다. 쇼와 맥케이는 이를 해결하기 위해 전이지역의 지역조직을 회복시키는 등의 개선을 하고자 했는데(CAP), 이상적인 모델은 자신들이 자라난 시골 마을의 안정되고 통합된 모습이었다.

그런데 머튼은, 사회해체이론을 부정하진 않았지만, 도시의 일부가 아닌 사회 전체적인 차원에서 사회문화적 가치가 일탈을 부추기는 현상에 더 관심을 가졌다. 머튼이 보기에 '아메리칸드림'으로 대표되는 미국사회의 가치는 모든 미국인들로 하여금 경제적 성공을 꿈꾸게 만드는 다소 과하고 획일적인 것이었다. 현실에 만족하거나 부 외에 다른 가치(예, 나눔, 헌신, 명예, 자아실현 등)를 추구하는 다양성은 보이지 않았고 동일한 목표를 향해 치열하게 경쟁하는 문화는 필히 승자와 패자를 양산해냈다. 이때 패자의 목표는 오로지 경제적 성공이었기에 불법적인 수단을 사용해서라도 부를 축적하고자 했

▶사회해체이론과의 비교
– 사회해체: 지역사회의 통합과 규제력 상실. 뒤르켐의 거시 수준 아노미와 유사.
– 머튼: 특정 지역이 아닌 사회 전체의 사회문화적 가치가 일탈을 부추기는 현상에 관심.

▶개인적인 성장 배경 비교
– 쇼와 맥케이: 안정되고 통합된 시골 마을에서 성장. 도시 빈민가의 삶이 다소 충격적으로 다가왔을 것임. 동정의 마음으로 슬럼지역을 개선하고자 했음(CAP)
– 머튼: 동유럽 이민자의 자식으로서 도시 빈민가에서 성장. 자기 동네는 해체되지 않았고 가난했지만 서로 의지하며 주류 사회와 문화에 동화되려 노력했음. 자신은 노력의 대가를 얻었지만, 많은 친구들이 노력에도 불구하고 성공할 수 없는 구조적 불평등으로 좌절했음.

다. 만약 모든 사람들에게 성공을 위한 수단과 기회가 똑같이 주어졌다면 좋았겠지만, 자본주의의 실패로 빈부격차가 심해져 하위계층에게는 이미 합법적인 기회가 차단되어 있었다. 결국, 미국사회는 문화적으로 정의된 목표는 동일한데 기회구조는 불평등한 기울어진 운동장이었고, 이는 기울어진 운동장의 낮은 부분에 위치한 하위계층에게 엄청난 긴장을 초래하여 불법이 증가했던 것이다. 물론 긴장을 경험하는 모든 사람이 범죄를 선택하는 건 아니었으며, 일부 집단은 자신만의 일탈문화를 구축하기도 하는 등 긴장에 대응하는 방식은 다양했다.

머튼의 개인적 배경과 관심. 머튼이 이러한 생각을 가지게 된 이유 중 하나는 자신이 동유럽 유태계 이민자의 자식으로서 필라델피아 남부의 빈민가에서 성장했기 때문이다. 머튼의 가정은 가난했지만 온전했다. 동네는 허름했지만 해체되지 않았고 범죄문제도 심각하지 않았다. 친구들은 못 배웠지만 열심히 노력해서 미국사회에 동화되고 성공하려 노력했다. 머튼이 직접 경험한 이러한 사실들은 도시 빈민가의 청소년들이 사회해체로 인해 범죄자가 되어간다는 주장에 온전히 동의할 수 없게 만들었다. 그에게 중요한 문제는 사회가 성공에 대한 열망을 획일적으로 불어넣는 문화와 그 열망을 실현하기에는 턱없이 부족한 기회의 사다리였다. 따라서 범죄의 원인은 도시 빈민가에서의 삶 자체가 아니라 목표와 기회 사이의 불균형이었다. 다행히 그는 장학금을 받아 대학을 다니고 하버드대학에서 박사학위를 받아 성공한 삶을 살았지만, 그렇지 못한 선한 친구들이 훨씬 많다는 걸 잘 알고 있었다. 또한 어떤 이들은 낙오자의 삶을 살고, 어떤 이들은 갱 맴버가 된 사실을 직간접적으로 경험하였다.[58]

III. 메스너와 로젠펠드의 제도적아노미이론

서두에서 밝힌 것처럼, 애그뉴(1992)의 일반긴장이론은 머튼의 긴장이론을 '개인 수준'으로 확장한 것이고, 긴장이라는 개념을 빼면 논리 구조도 꽤 상이하다. 그에 반해 메스너와 로젠펠드(1994)[59]의 제도적아노미이론은 머튼의 긴장이론을 구조적 차원에서 적절히 재해석하고 확장한 것으로 평가된다.

1. 머튼의 긴장이론: 문화체계의 메시지

머튼의 긴장이론은 간단히 '경제적 목표와 합법적인 수단과의 괴리로 인한 긴장'으로만 알려져 있다. 물론 그것이 이론의 핵심이긴 하지만, 필자가 강조하고 싶은 또 다른 핵심은 사회의 문화체계가 주는 메시지이다. 사회문화적 메시지는 우리의 삶에서 무엇이 중요하고 어떻게 살아야 하는지에 대한 가치관의 토대가 된다. 그리고 그렇게 형성된 가치관은 우리의 의사결정과 행동에 직간접적인 영향을 미친다. 물론 영향의 정도는 그 사회의 집단성과 개인의 특성에 따라 달라지겠지만, 영향력의 존재 자체는 부인할 수 없다. 따라서 만약 머튼이 뒤르켐의 아노미이론으로부터 문화체계가 주는 메시지의 중요성을 깨닫지 못했다면, 긴장이론은 속빈 강정으로 폄훼되었을지도 모른다.

2. 메스너와 로젠펠드의 의기투합

메스너와 로젠펠드(1994)가 제도적아노미이론을 발표할 당시 미국의 범죄는 급증추세였고 다른 산업화된 나라들에 비해서도 범죄율과 강력범죄율이 매우 높은 실정이었다. 그들이 보기에 냉전시대의 종식 이후 경제적으로 번영하는 초일류국가에서 이처럼 범죄문제가 심각한 것은 범죄자 개인만의 문제가 아니었다. 그런데 당시 범죄의 원인을 탐구하는 주류 범죄학은 개인 수준의 설명에 집중하고 있었고(예, 발달범죄학, 생물사회학적 범죄학, 사회유대이론), 거시 수준의 범죄학은 원인 규명이 아니라 범죄예방에 몰두해 있었다(예, 상황적 접근, 생태학적 관점). 이러한 상황에서 메스너와 로젠펠드는 사회학의 기본으로 돌아가 문화, 사회구조, 사회제도의 기능과 중요성을 탐구해야 한다고 생각했다. 그들에게 사회는 분명히 존재하는 실체였으며 개인의 행동을 규정하는 원천이었다. 그렇기 때문에 사회적 동물인 인간의 행동을 이해하기 위해서는 사회에 대한 탐구가 선택이 아닌 필수라 생각했다.

메스너는 컬럼비아 대학에서 머튼의 학생이었다. 로젠펠드는 하버드 대학에서 아노

▶메스너와 로젠펠드의 의기투합
- 사회학의 기본으로 돌아가 문화, 사회구조, 사회제도의 역할을 탐구하자!

미와 범죄에 대한 논문을 작성하면서 머튼의 멘토였던 파슨스(Parsons)의 '사회적 행동(social action)'에 대한 이론으로부터 많은 영감을 받았다. 이런 이유로 공감을 나눈 메스너와 로젠펠드는 아노미이론이 미국의 높은 범죄율을 가장 잘 설명할 수 있다고 믿었고, 파슨스의 이론에 따라 사회제도적 측면을 보완하면 거시 세계와 미시 행동을 논리적으로 연결시킬 수 있다고 생각했다. 결국 제도적아노미이론은 머튼이 강조한 '문화'와 '사회구조'에 파슨스 사회학에서 배운 '사회제도'를 접목시킨 설명체계였다. 특히 사회제도는 경제 뿐만 아니라 정치, 법, 가족, 종교, 교육 등을 포괄하는 개념이기 때문에, 머튼이 경제적 측면에 집중한 이론을 사회제도 전반으로 확대시킨 특징이 있었다. 역작으로 평가되는 그들의 저서 제목은 「범죄와 아메리칸드림(Crime and the American Dream)」이었다.[60]

3. 사회제도의 불균형

메스너와 로젠펠드는 문화체계의 메시지가 중요하다는 머튼의 주장에 전적으로 동의했다. 그런데 그들은 머튼이 여러 사회제도 중 경제제도에만 관심을 기울인 것을 지적하고, 다른 사회제도가 전하는 메시지도 함께 고려해야 한다고 제안했다. 물론 그들의 논의도 결국 경제제도의 힘이 법과 질서, 가족, 종교, 교육 등 다른 영역의 힘을 압도하는 현실로 귀결되지만, 이론의 완성도를 위해서는 미국사회가 왜 그렇게 되었는지에 대한 체계적인 설명이 필요하다고 주장했다. 그들의 논의를 요약하면 다음과 같다.[61]

(1) 미국사회의 주요 가치관: 아메리칸드림

미국사회에 존재하는 여러 가치관 중 아메리칸드림이 주요 가치관이라는 데 이론의 여지가 없다. 그런데 아메리칸드림은 단순히 부를 추구하는 목표가 아니라 오랫동안 다른 사회제도와 상호작용하면서 네 가지 하위 가치관에 의해 탄탄히 지지되는 지배적인 가치관이 되었다.

① **성취**: 미국사회는 성취를 강조하여 선의의 경쟁이나 노력보다는 승리를 중시한다. 이는 경제적 성취에서도 마찬가지여서 수단과 방법이라는 과정보다 목표 달성이라는 결과가 더 중시된다. 이러한 결과(성취) 지향적인 가치관은 아메리칸드림의 전형적인 특징이다.

② **개인주의**: 미국인은 자신이 옳다고 여기는 대로 생각하고 행동하는 개인주의 성향이 강하다. 이는 '권리장전'에 기술된 가치로서 개성에 대한 침해는 미국적인 것이 아니다.

③ **보편주의**: 보편주의는 사회 전체가 공유하는 가치관을 따라야 한다는 것으로서 미국인은 아메리칸드림을 따르도록 유도된다. 즉, 가장 미국적인 가치는 누구나 성공할 수 있고 모두가 성공에 대한 열망을 가져야 한다는 것인바, 개인의 성취에 대한 평가도 경제적으로 성공했는지 여부로 판가름 난다. 이러한 보편주의는 미리 경제적 실패에 대한 두려움을 심어주고, 실패 후에는 엄청난 긴장으로 다가온다.

④ **물질만능주의**: 금전숭배사상으로도 불리는 물질만능주의는 미국사회의 독특한 현상이다. 돈을 추구하는 것 자체가 나쁜 건 아니지만, 물질만능주의는 만족을 모르고 끝없이 성취하고자 하는 열망을 자극한다. 이는 뒤르켐이 프랑스 상류층의 무한 욕망을 지적한 것과 유사한 맥락으로서 만족을 모르면 필히 긴장이 유발되고 불법에 기댈 가능성도 커진다.

(2) 경제적 가치(아메리칸드림)가 다른 사회제도에 미치는 영향

아메리칸드림이 단순히 부를 추구하는 가치관이라면 다른 사회제도가 부양하는 가치(예, 나눔, 헌신, 명예, 준법, 행복, 평화 등)에 의해 충분히 조정되거나 억제될 수 있을 것이다. 하지만 미국사회에서 경제제도가 차지하는 비중은 가히 압도적이어서 오히려 다른 사회제도에 영향을 미치는 형국이었다. 메스너와 로젠펠드는 경제가 정치, 가족, 교육 등의 사회제도에 영향을 미치는 방식을 세 가지로 정리했다.

① 평가절하(devaluation): 돈과 관련된 것이 아니면 평가절하된다. 예컨대, 대학 교육에서 취업이나 돈벌이 전망이 좋은 학과만 중시되고, 인기 없는 학과나 강좌는 폐지된다.

② 수용(accommodation): 금융과 관련 없는 제도와 정책이 경제적인 효율성을 기준으로 평가된다. 예컨대, 이미 많은 교육기관과 공공기관이 B/C 분석에 따라 투자 대비 효용이 적으면 바람직하지 못한 것으로 평가하고 있다.

③ 침투(penetration): 경제적인 언어와 논리는 계속 다른 사회제도 속으로 확산하고 있다. 심지어 경제인이 정치지도자가 되어 정치를 경제 논리로 풀어가는 경우도 있다(예, 트럼프 대통령).

4. 요약

결국 아메리칸드림은 모든 미국인에게 물질적인 성공이 가장 중요한 가치이고 이를 위해서는 수단과 방법을 가리지 말라고 전한다. 경제적 가치는 압도적으로 중요해서 다른 가치에 의해 중화되는 것이 아니라 다른 가치들을 하찮은 것으로 만들어 버린다. 이러한 제도적 불균형으로 인해 미국사회는 다른 산업화된 국가에 비해 훨씬 심한 아노미를 경험하고 있고 높은 범죄율로 신음하고 있다.

메스너와 로젠펠드(1994)의 제도적아노미이론은 스승과 선배의 이론을 훌륭하게 보완했다. 또한 20세기 후반에 거의 사라졌던 거시적 원인론을 부활시킨 공로도 크며, 모든 계층의 범죄를 잘 설명할 수 있는 장점도 있다. 필자는 개인적으로 거시 이론이, 일반적으로 설명력은 떨어지지만, 사회학적 상상과 통찰이 강해서 매력적이라고 생각한다. 설명력이 약하기 때문에 거시 이론을 비판하고자 하면 신랄하게 할 수 있지만, 그보다 먼저 논리적 장점과 사회적 통찰을 인정할 필요가 있다고 생각한다. 제도적아노미이론에 대한 그동안의 실증연구는 대체로 지지를 보내고 있는데, 사실 이를 검증하는 모형 구축이 쉽지 않아 연구가 활발한 실정은 아니다.[62]

IV. 소결

뒤르켐과 머튼은 기본적으로 사회가 실재하고 사회적 현실(사실과 현상)이 개인의 사고와 행동에 영향을 미친다고 생각했다. 뒤르켐의 아노미는 사회의 공유된 가치와 규범이 붕괴되어 구성원들의 행동이 통제되지 않는 무규범 상태를 의미한다. 그런데 머튼의 구조적 긴장은 물질적 성공이라는 목표와 그것을 달성하기 위해 필요한 합법적인 수단 간의 괴리로 인한 스트레스를 의미한다. 언뜻 보면 아노미와 구조적 긴장이 다른 개념 같지만, 구조적 긴장으로 인해 개인의 내면화된 규범이 작동하지 않는다는 차원에서, 둘 다 사회적 문제로 인해 개인의 행동이 통제되지 않는다는 결론에 이르게 되었다.

▶사회실재론 공유

그런데 여전히 구조적 긴장이 왜 개인의 아노미로 연결되는지에 대한 설명이 필요했다. 이에 답하기 위해 머튼은 사회의 문화체계가 전하는 메시지에 주목했다. 문화적 메시지 역시 뒤르켐의 논의에서 영감을 받은 것으로, 뒤르켐은 올바른 집단적 양심과 선진 문화는 개인이 사회적 자아로서 자부심을 느끼고 이기적인 욕망을 스스로 억제하게 만든다고 생각했다. 그런데 사회가 혼란해져 집단적 양심과 문화적 자긍심이 쇠퇴하면 지켜오던 도덕과 규범을 계속 준수해야 하는지 의문이 생기게 된다. 이에 착안하여 머튼은 미국사회의 문화체계가 지나치게 물질적 성공을 부추기는 경향이 있다고 지적했다. 소위 아메리칸드림으로 불리는 물질만능, 성공지상주의는 성공을 위해서라면 어떤 수단과 방법이든 사용할 수 있다는 메시지로 읽혀질 수 있었다. 그 결과 특히 합법적인 수단이 부족한 하위계층은 불법에 기댈 수밖에 없었고, 중상류층도 더한 욕심을 채우기 위해 불법을 사용하는 경우가 있었다. 머튼(1938)이 20대 후반의 젊은 시절에 이러한 논리를 펼친 이후 30년이 지난 1968년 그는 다시 '아메리칸드림이 미국의 성장 동력이지만 동시에 미국의 중차대한 악덕인 범죄를 조장했다'고 강조했다. 이는 그의 이론이

▶구조적 긴장이 개인의 아노미로 연결되는 이유: 문화체계의 메시지(아메리칸드림)

옳았다는 의미일 수도 있고, 미국사회가 계속 물질만능주의의 늪에서 허우적거리고 있다는 방증일 수도 있었다.

　　그로부터 또 30여년이 지난 1994년 머튼과 파슨스의 후학들인 메스너와 로젠펠드는 머튼의 '문화'와 '사회구조'에 파슨스의 '사회제도' 개념을 추가해서 제도적아노미이론(IAT)을 주창했다. 이들은 기본적으로 머튼이 강조한 문화적 메시지의 중요성에 동의했다. 우리가 스스로를 돌아봐도 개인차는 있지만 사회제도가 전하는 메시지에 확실히 영향을 받긴 한다. 그런데 메스너와 로젠펠드는 머튼이 경제제도에만 집중한 점을 지적하며 정치, 법, 가족, 교육, 종교 등 다른 사회제도와의 관계 속에서 문화적 메시지를 논해야 한다고 주장했다. 그들은 미국사회가 경제적 메시지의 영향력이 워낙 강력해서 다른 사회제도가 부양하는 나눔, 헌신, 명예, 준법, 행복, 평화 등의 가치를 하찮게 여기는 사회라고 진단했다. 게다가 아메리칸드림은 다른 가치와 섞여 중화되는 게 아니라 오히려 평가절하, 수용, 침투의 과정을 거쳐 다른 가치에 경제적 측면을 확산시키고 있었다. 그 결과 1990년대 미국은 다른 선진국들에 비해 높은 범죄율과 심각한 범죄로 신음하고 있었다.

▶경제제도의 압도적 영향력
- 돈 외의 다른 가치들은 하찮은 것이다!

제3절　문화적일탈이론

▶머튼의 긴장(아노미)이론 흥망 정리
- 1950년대 중반까지 거의 주목을 받지 못함: 미국 사회가 구조적 불평등 불인정.
- 1960년대 즈음 코헨(1955)과 클로워드와 올린(1960)의 저서에 의해 재조명됨: 문화적일탈.
- 1994년 메스너와 로젠펠드의 제도적아노미이론으로 부활함.

　　머튼의 긴장(아노미)이론 재조명. 긴장(아노미)이론에 대한 머튼의 1938년 논문은 범죄학계에서 가장 많이 읽힌 논문 중 하나로 평가된다. 하지만 머튼의 사상이 주목받은 건 1960년대를 즈음하여 코헨(1955)의 책인 「비행소년들(Delinquent Boys)」과 클로워드와 올린(1960)의 책인 「비행과 기회(Delinquency and Opportunity)」가 출판되면서부터였다. 머튼의 이론이 그때까지 주목받지 못한 이유는 미국사회가 계층에 따른 구조적인 불평등을 가지고 있다는 그의 주장을 인정하지 않았기 때문이다. 대신 동시대에 발표된 사회해체이론을 받아들여 범죄 유발적인 도시빈민가의 자정능력을 향상시키는 데 집중하

336

던 시기였다. 그리고 필자의 생각에 당시 시카고학파는 미국의 범죄사회학계를 이끌고 있었지만, 머튼은 20대 후반의 이민자 출신 신진학자였던 것도 그가 주목받지 못한 또 다른 이유로 판단된다.

그런데 1960년대를 전후해서 머튼의 이론이 갑자기 주목받은 이유는 전술한 대로(제 3장 제2절 비판이론 참고) 이 시기가 극심한 혼란과 갈등의 시기였기 때문이다. 1920년 대 이후 자본주의의 부작용으로 인해 심화된 빈부격차를 정부가 수습하고자 노력한 건 사실이었다. 하지만 빈부격차는 쉽게 해결되는 문제가 아니었고, 제2차 세계대전 이후 초강대국으로 부상한 미국사회는 성장의 필요성과 냉전의 분위기로 인해 잠재된 불만이 표출되기 어려운 상황이었다. 그러다가 1960년대 즈음 정부의 문제와 사회의 억압에 대한 불만이 폭발하여 경제적, 인종적, 성적, 문화적 차별을 성토하기 시작했다. 이때부터 정부와 주류 범죄학에서도 빈곤을 개인의 문제가 아니라 사회구조적인 문제로 받아들였고, 계층에 따른 구조적 차별과 불평등이 심화된 현실을 진지하게 탐구하기 시작했다.[63]

구조적 불평등과 사회해체의 결합. 이 책은 사회구조적 관점을 사회해체, 구조적 긴장, 문화적 일탈 등 크게 세 가지로 구분하고 마지막 이론인 문화적 일탈은 사회해체와 구조적 긴장의 결합이라고 소개했다. 코헨(1955)과 클로워드와 올린(1960)은 도시 빈민가의 청소년 갱을 연구하면서 그들이 해체된 지역에서 어떻게 구조적 불평등에 대응하며 살아가는지 탐구했다. 이는 머튼(1938)의 구조적 긴장에 대한 재조명이면서 쇼와 맥케이(1942)의 사회해체를 소환해 결합한 것이었다. 또한 쇼와 맥케이가 슬럼 현장에서 관찰한 차별적 문화의 형성, 학습, 전파는 빈민가 청소년들이 살아가는 방식을 담고 있었다. 결국 코헨, 클로워드, 올린은 '일탈(비행)하위문화'가 실제로 존재하고 청소년의 행동에 큰 영향을 미친다고 주장했는바, 이에 대한 이해를 돕기 위해 '행위규범으로서의 문화'에 대한 소개가 필요하다.

셸린의 문화갈등과 행위규범. 머튼이 뒤르켐을 참고하여 사회문화적 메시지의 중요성을 강조한 것은 개인의 행위가 순전히 이성적인 의사결정이나 타고난 특성에 의해서가

▶문화적일탈이론
– 사회해체 + 구조적 긴장
+ 학습 & 문화전파
– 뒤르켐 & 머튼: 사회문화
적 메시지 강조

▶셀린의 문화갈등과 행위규범
- 모든 집단(조직)은 독특한 행위규범을 가지고 있음.
- 형법은 주류사회의 가치와 규범을 반영함.
- 소수인종이나 계층의 행위규범이 형법과 충돌할 때 문화갈등과 법규 위반 발생.
- 개인의 행위는 전체 사회의 규범인 법보다 가까이 속해 있는 집단의 규범을 우선시함: 문화갈등의 일상화.

아니라 사회의 구조와 분위기에 영향을 받음을 보여주기 위함이었다. 또한 사회해체이론은 뒤르켐과 마찬가지로 급격한 사회변화의 시기에 전통적인 가치체계와 통합이 무너지면 일탈이 증가한다고 주장했으며, 저자들인 쇼와 맥케이는 실제로 전이지역의 청소년을 관찰하면서 주류문화와 갈등하고 그들만의 규범이 형성되고 전파되는 과정을 생생하게 보여주었다. 이러한 문화의 힘, 가치와 규범, 갈등, 새로운 규범의 탄생, 학습 및 전파 등의 개념을 처음 체계적으로 정리한 사람이 셀린(1938)이었다. 그는 저서 「문화갈등과 범죄(Culture Conflict and Crime)」에서 형법이 주류사회의 가치체계를 반영하기 때문에 소수인종이나 계층의 가치체계와 맞지 않는 부분이 존재하며, 그러한 차이가 문화갈등과 법 위반을 초래한다고 주장했다.[66]

이러한 결론에 도달하기 위해서는 한 가지 기본개념이 필요했는바, 셀린은 비단 소수인종이나 계층뿐만 아니라 모든 집단(조직)이 자신들만의 독특한 '행위규범(conduct norms)'을 가지고 있다고 주장했다. 실제로 우리는 행위규범이 상당히 다른 집단 간에 갈등과 충돌이 발생할 수 있음을 잘 알고 있다. 종교나 지역 간의 갈등, 학교 간의 라이벌 의식, 인종이나 국민 간의 대결 등이 일반적인 사례이다. 그런데 더욱 복잡한 문제는 한 명의 개인이 여러 집단에 속해 있는 경우가 일반적이어서 종종 어느 집단의 규범을 따라야 할지 고민일 때가 많다는 사실이다.

결국 셀린의 핵심은 우리가 다양한 종류의 행위규범 속에 살아가고 있으며 행위규범 간의 갈등과 충돌이 그렇게 예외적이지 않다는 사실이다. 다만, 주류사회의 행위규범이 형법으로 반영되기 때문에 비주류 문화에 따르는 행위가 불법으로 규정될 수 있음에 주의를 환기시켰다. 특히 셀린은 개인의 행위가 전체 사회의 규범보다는 좀 더 가까이 속해 있는 집단(조직)의 행위규범을 더 우선시하는 경향이 있다고 봤고, 따라서 이 과정에서 문화적 갈등이 현실화된다고 주장했다. 대표적인 예로서 명예살인을 정당하게 여기는 집단의 규범을 들 수 있다.

셀린의 이론에서 우리는 두 가지 점을 주의해야 한다. 첫째, 셀린은 개인의 행위가 법보다 행위규범을 우선시한다고 봤다. 이러한 통찰은 범죄학이 법 위반보다 행위규범 위반을 더 탐구해야 한다는 주장으로 이어졌다(제2장 제1절 범죄의 개념 참고). 둘째, 셀린의 이론이 긴장(아노미)이론, 사회해체이론, 학습, 문화전파 등의 영향을 받았지만,

▶셀린 이론의 특징
- 법 위반보다 규범 위반에 대한 탐구 중시
- 하층계급의 범죄에 국한되지 않는 보편적인 현상 묘사.

하층계급의 범죄에 국한된 설명이 아니었다. 전술한 대로 행위규범과 문화갈등은 보편적인 현상이기 때문에 사회가 다원화될수록 갈등의 형태와 결과도 다양해질 것이다.[65]

I. 코헨의 일탈하위문화이론

코헨은 하버드 대학에서 머튼의 수업을 들었고 인디애나 대학에서 서덜랜드의 세미나 수업에 참여했다. 두 거장과의 조우로 인해 코헨은 구조적으로 유발되는 긴장과 문화전파에 대해 깨달았고, 두 개념을 연결시켜야 도시 빈민가의 청소년 갱에 대한 이해를 높일 수 있다고 생각했다. 즉, 그는 쇼와 맥케이, 서덜랜드가 주창한 해체된 지역에서의 학습과 문화전파에 전적으로 동의했지만, 그러한 상황이 발생하는 근본적인 이유는 미국 사회의 구조적 불평등과 그로 인해 발생하는 긴장 때문이라고 생각했다. 이를 조합하여 코헨(1955)[66]은 저서 「비행청소년들: 갱의 문화(Delinquent Boys: The Culture of the Gang)」에서 슬럼지역의 청소년 갱이 자신들만의 일탈문화를 형성하는 이유와 과정, 결과를 일목요연하고 설명했다.[67]

▶Albert K. Cohen, 미국, 1918-2014.

지위 좌절

머튼은 구조적 긴장에 대응하는 방식을 다섯 가지로 분류하면서, 그중 '반항형'은 문화적 목표와 제도화된 수단을 모두 거부하고 자신만의 목표와 수단을 새로 정립해 살아가는 사람들이라 규정했다. 코헨(1955)은 이에 동의하여 하위계층 청소년들의 일탈을 중산층의 가치와 규범에 대한 반항이라고 주장했다. 그들은 구조적 불평등으로 인해 정당한 방법으로는 물질적 성공을 거둘 수 없다는 걸 잘 안다. 그래서 많은 이들이 좌절감을 느끼는데, 코헨은 이를 '지위 좌절(status frustration)'이라 명명하고 하위계층 청소년들이 일반적으로 경험하는 문화적 갈등으로 간주했다.

▶**일탈하위문화의 형성 과정 키워드**
- 중산층 측량의 잣대
- 지위 좌절
- 반동 형성
- 일탈하위문화

중산층 측량의 잣대

코헨은 하위계층 청소년들이 겪는 갈등과 좌절을 좀 더 구체적으로 설명하는 작업이 필요하다고 생각했다. 그렇지 않으면 이론이 너무 추상적이고 상식 수준에 머무를 우려가 있었다. 이를 위해 코헨은 '중산층 측량의 잣대(middle-class measuring rods)'라는 개념을 제시하고, 미국 사회가 모든 청소년의 행동을 중산층의 기준에 따라 평가하는 현실을 비판했다. 특히 학교의 교사나 진로 감독관, 고용주 등이 중산층의 잣대로 빈곤층 청소년들을 평가할 경우, 그들의 성적, 품행, 능력, 열정 등의 가치가 평균 이하로 기록될 가능성이 크다. 이러한 평가는 객관적인 지표와 함께 평가자들이 갖고 있는 부정적인 선입견이 반영된 결과일 수 있어 빈곤층 청소년들에게 더욱 불리해진다. 이렇게 만들어진 평가와 기록은 그들의 인생에 항상 따라다니고, 무언가 열심히 노력해서 성취하려 할 때 이 과거가 발목을 잡을 수 있다.

반동 형성과 일탈하위문화

머튼이 그랬던 것처럼 빈곤층 청소년들도 성공을 위해 열심히 노력한다. 이때 유소년기에는 부모의 지지가 필요하고 청소년기에는 교사의 칭찬이 중요하지만, 그들에게는 상대적으로 부족한 경우가 많다. 이러한 상황에서 지위 좌절을 계속 느끼다 보면 자신들을 평가하는 중산층의 잣대가 불합리하고 억압적이라 생각하게 된다. 그들은 좀 더 자유로운 생활을 원하게 되고 자신을 속박하는 가정, 학교 등 권위적인 것들에 저항하기 시작하는데, 코헨은 이 과정을 '반동 형성(reaction formation)'이라 불렀다. 지위 좌절과 반동 형성을 경험한 청소년들은 자신을 인정하고 지지해줄 대안을 찾게 되고, 일부는 차라리 갱에 가입해서 성공을 도모하는 편이 낫다고 생각한다.

갱은 주류사회의 문화에 완전히 반하는 자신들만의 일탈하위문화를 가지고 있다. 자신들이 중요하다고 생각하는 가치(예, 돈, 승리, 지배, 쾌락 등)를 새로운 목표로 정하고 이를 성취하기 위해 자신들만의 방법(예, 결투, 속임수, 약물 등)을 사용한다. 따라서 이들에게 일탈은 비난받을 일이 아니라 정당하거나 장려되는 행동이 된다. 갱 맴버가 된 청소년들은 좀 더 폭력적인 방법으로 주류사회의 권위에 도전하게 된다. 예컨대, 가정이나 학교에서 자신을 비난하거나 억압하려 할 때 매우 과격하고 비이성적인 적대감을 표출한다.

지위 좌절에 대응하는 방식

머튼이 그랬던 것처럼 코헨도 모든 하위계층 청소년들이 갱에 가입해서 일탈하위문화를 형성하는 건 아니라고 봤다. 코헨은 이들을 '칼리지보이(college boy)', '코너보이(corner boy)', '비행소년(delinquent boy)' 등 세 그룹으로 구분했는데, 갱 멤버가 되는 청소년들은 비행소년이었다. 칼리지보이는 어려운 환경 속에서도 중산층 측량의 잣대를 받아들이고 중산층의 기준에 따라 대학에 진학하며 주류사회에 섞여 살고자 하는 청소년들이다. 머튼과 같은 사람이 해당한다. 코너보이는 중산층의 가치와 규범을 거부하지만, 그렇다고 폭력적인 비행을 일삼지는 않는다. 무단결석, 조숙한 성관계, 약물 오남용 등 비폭력적인 일탈을 하면서 서로 지지하는 친구들끼리의 삶을 선택하기 때문에 집단의 가치가 곧 자신의 가치가 된다. 일생을 하위계층에 머물며 그곳에서 직업을 구하고 가정을 꾸린다.

▶지위 좌절에 대응하는 방식
– 비행소년: 갱 가입
– 코너보이: 비폭력적 일탈
– 칼리지보이: 중산층 가치 추구

요약

코헨의 이론을 정리하면 일탈하위문화는 다음과 같이 형성되고 작동한다. 미국 사회는 성공을 목표로 정하고 중산층의 가치와 규범을 제도적 수단으로 제시한다. 그런데 도시 빈민가의 청소년들은 성공을 위해 노력하지만, 그 노력과 성과에 대한 평가가 중산층의 잣대로 이루어지면서 종종 기대에 못 미치는 사람으로 간주된다. 이는 문화적 갈등과 지위 좌절로 이어지고 자연스럽게 주류사회의 중산층 잣대를 거부하게 된다. 그중 일부는 청소년 갱이 되어 자신들만의 가치와 규범을 새롭게 정립하고, 일탈을 정당한 것으로 간주하는 하위문화 속에서 서로 의지하고 지지하며 살아간다. 갱 멤버가 된 청소년들은 자신을 비난하고 억압하려는 주류사회의 권위에 대해 더욱 격렬히 저항한다.[68]

II. 클로워드와 올린의 차별기회이론

클로워드와 올린은 2세대 시카고학파로 분류된다. 클로워드는 머튼의 학생이었고 올린은 서덜랜드의 제자였는데, 둘은 나중에 콜롬비아 대학의 사회복지학과 교수로 만나

▶Richard Cloward, 1926–2001.

▶Lloyd Ohlin, 1918~2008.

시카고학파의 전통과 머튼의 구조적 긴장을 통합하고자 노력했다.

일탈하위문화 인정

클로워드와 올린(1960)[69]은, 코헨이 그랬던 것처럼, 머튼의 구조적 긴장을 문제의 시작으로 보았다. 성공을 위해 필요한 합법적인 수단이 부족한 도시 빈민가의 청소년들은 극심한 지위 좌절을 경험하고 저항적인 대안을 찾게 된다. 그 결과 중 하나가 청소년 갱이고, 갱 멤버들은 자신만의 일탈하위문화 속에서 서로 지지하고 존중한다. 일탈행동에 대해 관습적 사회에서 생길 수 있는 수치심, 두려움, 죄의식을 서로 통제해주고, 불법적 성공에 대해 존경을 표하기도 한다.

불법의 차별적 기회

그런데 클로워드와 올린이 제기한 문제는 모든 갱이 자신들이 원하는 모든 불법행위를 저지를 수 있는 게 아니라는 점이었다. 즉, 합법적 기회가 차별적으로 분포하듯, 불법적 기회도 차별적으로 분포하는바, 갱의 힘과 능력에 따라 그들이 참여하는 일탈의 종류와 정도가 다르다고 주장했다. 이는 결국 일부 청소년에게는 불법적 성공의 기회마저 막혀있음을 의미하는바, 이들이 '진정으로 불우한' 청소년들이었다. 클로워드와 올린은 불법의 차별적인 기회구조에 따라 갱을 세 종류로 구분했다.[70]

① **범죄적 갱.** 범죄적 갱은 가장 잘 조직된 갱으로서 성인, 청년, 청소년 멤버 간 역할 배분이 분명하다. 회원이 된 청소년은 범죄로 성공하는데 필요한 지식과 기술을 배운다. 이 학습 기간에 숙련된 성인 멤버는 청소년 회원이 갱을 위험에 빠뜨릴 수 있는 무모한 행동을 자제시킨다. 이러한 과정을 거치면서 새 회원은 범죄 세계의 기술과 전략, 범죄 사업에서 다른 사람과 성공적으로 협조하는 방법을 익혀가는데, 자신이 조직에 충성하고 믿을 만한 사람이란 걸 계속 증명해야 한다. 이러한 범죄적 갱은 멤버의 수급과 상호작용이 원활한 도시 빈민지역에 위치한다.

② **갈등적 갱.** 갈등적 갱은 미숙하게 연결된 집단으로서 주로 경범죄를 저지르고, 그 대가도 크지 않으며, 조직적인 관리와 보호가 존재하지 않는다. 성공적인 범죄 기술과 전략을 가르치는 성인 모델이 존재하지 않아서 조직 내 입지를 다지기 위해 폭력을 사용하기도 한다. 그 과정에서 일반인들에게 예상치 못한 신체적, 물질적 피해를 입히기도 한다. 하지만, 합법의 기회는 막혀있고 불법의 기회는 부족한 청소년들에게 갱은 유일한 대안이기 때문에, 조직에서의 성공을 원하는 청소년들은 언제나 싸울 준비를 하고 있다. 특히 다른 갱들과의 결투를 통해 조직원들의 단결을 도모하고 조직의 명예를 높이는 것은 자신의 '지위(rep)'를 확보하는 지름길이 되기도 한다. 이러한 갈등적 갱은 주거가 불안정하고 물리적으로 쇠퇴한 해체지역에서 주로 생겨난다.

③ **도피적 갱.** 세 번째 하위문화는 합법과 불법의 기회가 모두 막혀있는 청소년들이 선택하는 도피적 갱이다. 이들은 어수룩하거나 겁이 많아 스스로 범죄를 회피하거나 갱에게 거부당하는 사람들로서 '이중 실패'를 경험하고 있다. 삶의 무력감이 심해서 사회의 주변인으로 도피하고 자신만의 쾌락을 추구한다. 음주, 마약, 섹스, 음악 등에 심취하고 이와 관련된 일탈(예, 마약 밀매, 성매매 알선, 사기)을 하며 살아간다. 이들은 코헨의 '코너보이'와 같은 특성을 가지고 있는바, 해체된 지역에서 흔하게 발견되며, 자기들끼리 서로 의지하며 살아간다.

요약

클로워드와 올린은 도시 빈민가의 청소년들이 느끼는 구조적 긴장과 좌절감, 주류 사회의 문화와 가치에 대한 반동으로서 형성되는 일탈하위문화에 온전히 동의했다. 그런데 이들이 주목한 사실은 일탈하위문화라고 해서 모두 불법의 기회를 충분히 제공하지 않는다는 점이었다. 예컨대, 범죄적 갱은 잘 조직되고 안정되어 청소년 멤버에게 많은 성공의 기회를 제공하지만, 갈등적 갱은 미숙하고 불안정하여 제한된 기회만 제공하고 잦은 싸움을 유발하며, 도피적 갱은 합법과 불법의 기회가 모두 차단되어 이중 실패를 경험한 청소년들이 사회의 주변인으로 도피하는 삶을 살아간다고 설명했다. 이러한 논의는 미국 사회의 차별적인 기회구조 문제를 제기했던 머튼의 시각을 일탈하위문화 내에도 존재하는 보편적인 차별의 문제로 확대했다는 데 의의가 있다. 즉, 머튼이 내세운 구조적 긴장에 적응하는 방식이나 코헨이 제기한 지위 좌절에 대응하는 방식은 수긍이 가지만, 왜 특정 방식을 선택하는지에 대한 설명이 부족했는데, 클로워드와 올린의 차별기회이론은 이 궁금증을 말끔히 해소해준 것이다. 결론적으로 어느 집단이나 조직이든 다양한 상황 속에 존재하고 그러한 상황의 다양성은 기회구조의 다양성으로 이어지며 구성원은 대체로 주어진 기회구조에 적응하며 살아가는 것이다. 경제 지식이 부족하고 금융 네트워크에 접근할 수 없는 빈민가의 청소년이 횡령이나 내부자거래를 시도하는 건 상상하기 어렵다. 대신 망을 봐주거나 장물을 처리해 줄 친구나 지인이 있는 경우 절도나 강도를 실행하기에 보다 용이할 것이다.

▶상황적 범죄예방에서의 '범죄 기회'와 개념구분 필요

참고로 '범죄 기회'는 상황적 범죄예방에서 자주 등장하는 용어로 여기에서의 기회와 구분을 요한다. 상황적 범죄예방에서의 기회는 잠재적 범죄인이 보호되지 않은 상태의 목표물(피해자, 피해품)을 조우하는 즉시적 상황을 의미한다. 반면, 긴장(아노미)이론과 문화적일탈이론에서의 기회는 물질적으로 성공할 수 있는 기회를 의미하는바, 클로워드와 올린이 말하는 불법적 기회도 결국은 개별 범죄의 성공여부가 아니라 범죄적 삶을 통해 부를 축적할 수 있는 확률을 의미한다 하겠다.

Ⅲ. 정책적 함의

앞서 머튼(1938)의 긴장(아노미)이론은 미국사회가 구조적 불평등이 심각하다는 그의 주장을 받아들이지 않아 20여 년 동안 주목받지 못했다고 했다. 그리고 메스너와 로젠펠드(1994)의 제도적아노미이론은 경제 외 다른 사회제도의 활성화와 물질 외 다른 가치의 강조·확산이 대안으로 제시될 수 있는데, 이는 직접적인 범죄 정책으로만 다루기 어렵다. 따라서 앞 절에서는 정책에 대한 설명이 생략되었다.

그런데 문화적일탈이론은 1960년대의 사회 분위기와 맞물려 빈곤지역과 하위계층에 대한 적극적인 개선과 지원으로 이어졌다. 1960년 취임한 케네디 대통령은 균등한 기회 제공에 진심이었고, 특히 청소년 문제를 해결하고자 하는 의지가 강했다. 그 결과 1961년 '청소년비행과 소년범죄에 대한 대통령위원회'가 만들어졌고, 클로워드와 올린(1960)의 차별기회이론에 기반해서 "청소년을 위한 동원(Mobilization for Youth: MFY)" 프로그램이 시행되었다. 1962년 클로워드는 MFY의 연구책임자로 선임되었고, 올린은 워싱턴 D.C.로 초빙되어 비행 정책 마련에 도움을 주었다. MFY는 청소년 교육과 취업 지원에 중점을 두었는데, 머튼의 구조적 불평등과 쇼와 맥케이의 사회해체 개념에도 영향을 받은 것으로 알려져 있다. 그런데 MFY 의사결정자들은 머튼 식 주장에 조금 더 동조하여, 단순한 지원보다는 자립할 수 있는 기반을 마련하는 데 더 집중했다. 예컨대, 책을 몇 권 지원하기보다는 유능한 교사를 배정하고, 지역조직을 만드는 것에서 그치지 않고 실제 지역사회 활동을 도모하도록 했다. 부실한 학교 운영에 대한 저항, 복지 정책에 대한 투쟁, 빈민의 권리를 보장하는 소송, 유권자 등록과 같은 활동이 대표적인 사례였다. MFY는 기회구조의 본질을 바꿔 청소년비행을 줄이겠노라 야심차게 진행되었지만, 여러 논란 속에 큰 성과 없이 시들해졌다. 하지만, 이후 전국적으로 활성화된 지역사회 활동 프로그램의 모델 역할을 했다는 데 큰 의의가 있다.[71]

또 다른 유명한 프로그램은 역시 클로워드와 올린(1960)의 관점을 반영한 '가난과의 전쟁'이었다. 이것은 1960년대 초중반 케네디와 존슨 행정부에서 시행되었는데, 대표적으로 '헤드 스타트(Head Start)'와 '업워드 바운드(Upward Bound)' 프로그램이 있었다. 전자는 빈곤층 아동에 대한 무상교육 프로그램이었고, 후자는 청소년에 대한 교육지원 프로그램이었는데, 특히 빈곤층 청소년이 대학에 진학할 수 있도록 컨설팅을 제공하는 것이 특징이었다. 이 밖에도 지역사회를 위한 법률지원 서비스(Neighborhood Legal Service), 주민을 위한 취업지원 프로그램(Job Corps) 등이 시행되었다.

▶주요 정책
– MFY & 가난과의 전쟁
– 1960년대의 시대적 배경과 맞물려 적극적으로 정책화됨(특히 클로워드와 올린의 차별기회이론)

기타 문화적일탈이론들

▶문화적일탈이론 구분
- 하층계급의 문화를 다루는 이론: 밀러(1958)의 초점적 관심
- 빈곤지역의 하층계급의 일탈하위문화를 다루는 이론: 코헨(1955)의 일탈하위문화이론, 클로워드와 올린(1960)의 차별기회이론
- 빈곤지역의 하층계급의 폭력하위문화를 다루는 이론: 울프강과 페라쿠티(1967)의 폭력하위문화이론, 앤더슨(1999)의 거리의 규범
※셀린(1948)의 문화갈등과 행위규범: 문화적일탈이론의 기반 조성

일부 교재(Lilly et al., 2011/2017, pp.75-76)는 문화적일탈이론을 세 가지로 구분한다: ① 하층계급의 문화를 다루는 이론, ② 빈곤지역의 하층계급의 일탈(비행)하위문화를 다루는 이론, ③ 빈곤지역의 하층계급의 폭력하위문화를 다루는 이론. 그중 이 책은 빈곤지역의 일탈(비행)하위문화를 다루는 이론들만 살펴봤다. 그 이유는 일탈하위문화이론들이 사회해체이론과 긴장(아노미)이론을 적절히 결합한 점과 1960년대의 범죄 정책을 주도한 사실을 강조하기 위함이었다. 하지만, 다른 이론들도 간단하게나마 정리할 필요가 있다.

■ 하층계급의 문화를 다루는 이론: 밀러의 초점적 관심(Focal Concerns)

월터 밀러(Walter Miller)는 1958년 논문 "갱 비행 유발환경으로서의 하층계급 문화(Lower Class Culture as a Generating Milieu of Gang Delinquency)"에서 하층계급의 문화를 정의하는 독특한 가치체계를 밝혔다. 하층계급의 문화는 관습적 가치와 규범에 순응하는 것이 아니라 그들만의 '초점적 관심'(또는 '중점관심')에 순응한다. 초점적 관심에는 '자극 추구', '터프함', '교활함', '말썽', '운명주의'(행운에 기대기), '자율성'(법과 권위로부터의 독립) 등이 있는바, 이러한 초점적 관심에 대한 집착은 당연히 불법과 폭력을 조장한다.

이 이론과 관련해서는 두 가지 특징을 주목해야 한다. 첫째, 빈곤한 지역을 전제하지 않는다. 밀러는 어떤 지역에 거주하든 하층계급 청소년들은 초점적 관심과 같은 행태를 추구한다고 주장했다. 이는 마치 중산층 청소년들이 좋은 학점, 대학, 직업, 인맥을 추구하는 것처럼 당연하게 받아들여지는 것이다.

▶초점적 관심의 특징
- 빈곤한 지역을 전제하지 않음.
- 주류문화에 대한 반동이 아니라 하층계급의 조건에 맞게 진화한 결과임.

둘째, 앞에서 살펴본 일탈하위문화이론들(코헨, 1955; 클로워드 & 올린, 1960)은 일탈하위문화가 주류문화에 대한 반동으로서 중산층이 추구하는 가치체계를 거

역하며 생겨난다고 주장했다. 하지만 밀러는 초점적 관심이 주류문화에 대한 반항으로 생겨난 것이 아니라 하층계급의 조건에 맞게 진화된 행태라고 주장했다. 밀러의 이론은 전체적으로 명료하면서도 논란의 여지가 꽤 존재했다(Siegel, 2018/2020, pp.253-254).

■ **빈곤지역의 폭력하위문화를 다루는 이론: 앤더슨의 거리의 규범(Code of Street)**

거리의 규범. 엘리자 앤더슨(Elijah Anderson)은 1990년대 중반부터 도시 빈민가의 젊은 흑인 남성들 사이에서 빈번히 발생하는 폭력을 연구하기 위해 4년 동안 현장조사 연구를 진행했다. 그 결과가 1999년 저서 「거리의 규범: 도시 빈민가의 체면, 폭력, 그리고 도덕(Code of the Street: Decency, Violence, and the Moral Life of the Inner City)」으로 발표되었는데, 저술을 위한 그의 엄청난 노력과 그에 걸맞는 풍부하고 생생한 도심 속 폭력을 둘러싼 이야기는 학계의 관심을 끌기에 충분했다.

앤더슨은 도심 속 젊은 흑인 남성들 사이에는 '거리의 규범(또는 길거리 법칙)'이 존재하고, 이 규범이 그들의 행위를 관장한다고 설명했다. 거리의 규범은 그들에게 거칠고 폭력적일 것을 요구한다. 어차피 다른 성공 수단이 없는 상황에서 '용기(nerve)' 있다는 명성은 그들의 자존감과 지위를 높여주는 유일한 수단이다. 만약 다른 사람에게 '경멸'을 받게 되면 반드시 폭력으로 대응해야 하는바, 그렇지 못하면 용기 없는 사람으로 비쳐서 지위를 잃게 된다. 그런데 이런 과정을 거쳐 어렵게 획득한 명성과 지위마저 끊임없는 도전으로 인해 별로 오래 가지 못한다(Lilly et al., 2011/2017, p.77).

폭력하위문화. 거리의 규범이 '용기' 있는 행위를 요구하고 그것을 통해 명성과 지위를 부여하는 기제는 울프강과 페라쿠티(1967)가 폭력하위문화(subculture of violence)를 묘사하면서 사용했던 '명예'라는 기제와 유사하다. 폭력하위문화에서는 남성다움, 즉 남성의 육체적인 강인함과 성적 능력이 공격받을 때 반드시 폭력으로 보복해야 한다. 이러한 폭력하위문화에서는 빈곤지역의 하위계층 사람들이 차별접촉이나 차별적 동일화(identification)를 통해 폭력에 우호적인 태도를 습득하기 때문에 폭력은 전혀 잘못된 선택이 아니며 죄의식을 느낄 필요도 없다(Lilly et al., 2011/2017, p.76).

교량이론(구조 + 학습). 앤더슨(1999)과 울프강과 페라쿠티(1967)의 폭력하위문화이론은 선배 학자들이 제시한 구조적 불평등, 사회해체, 문화갈등, 학습, 문화전파 등의 개념을 통합하여 폭력문화라는 미국 도시 빈민가의 독특한 행위 양식을 설명하고자 했다. 그들은 대체로 구조적 불평등과 사회해체, 문화갈등은 하위문화 형성의 원인이고, 학습과 문화전파는 하위문화의 지속과 확대의 원인이라는 접근을 취했다. 윌리엄스와 맥쉐인(Williams & McShane, 1998)은 폭력하위문화이론이 이처럼 사회구조와 사회과정 모두를 아우른다고 하여 '교량이론(bridging theory)'이라 칭하기도 했다. 그런데, 앞에서 살펴본 일탈하위문화이론들 역시 빈곤지역의 하위계층이 주류문화의 대안으로서 일탈문화를 형성하고 전파하는 것을 다루기 때문에 당연히 교량이론에 해당한다고 정리해두자(Brown et al., 2013/2015, p.370).

출처: Brown, S., Esbensen, F., & Geis, G. (2013). *Criminology: Explaining Crime and Its Context*. Elsevier. 황의갑 외 12인 역(2015). 그린.; Lilly, J. R., Cullen, F. T., & Ball, R. A. (2011). *Criminological Theory: Context and Consequences*. 이순래 외 2인 역(2017). 박영사.; Siegel, L. J. (2018). *Criminology: Theories, Patterns and Typologies*. Wadsworth. 이민식 외 7인 역(2020). 센게이지 러닝 코리아.

Ⅳ. 사회구조적 관점 정리

우리는 이 장에서 후기(인간적) 실증주의의 시작으로서 사회구조적 관점을 살펴봤다. 사회구조적 관점의 키워드는 '계층화'로서 주로 하위계층의 범죄와 일탈에 대한 원인을 탐구했다. 사회생태학과 사회해체이론은 지역사회의 열악한 환경과 자정능력의 부재를 원인으로 보았고, 긴장(아노미)이론은 경제적 성공을 달성하기 위한 합법적인 수단과 기회의 부족을 원인으로 보았으며, 문화적일탈이론은 기회가 부족한 빈곤층 청소년들이 해체된 지역에서 주류문화에 대한 대안으로 자신들만의 일탈하위문화를 형성하는 과정을 묘사했다. 각 이론의 배경, 인과과정에 대한 주요 명제, 대책은 〈표 Ⅵ-2〉에 요약되어 있으니 참고 바란다.

사회학적 실증주의 중간 정리

여기에서는 제7장의 사회과정적 관점으로 넘어가기 전에 사회학적 실증주의에 대한 중간 정리를 해보고자 한다. 앞으로도 계속 사회학적 실증주의를 학습해야 하는바, 중간 정리 없이 계속 학습량이 늘어나면 초점을 잃고 이해도가 떨어질 수 있다. 초기 실증주의 시대의 사회학적 접근은 내용이 간단하기 때문에 요약하는 방식을 취하고, 사회구조적 관점에 대한 내용은 문답식으로 정리한다. 그런데 문답식 정리는 독자들에게 난해할 수 있는 내용 몇 가지를 추려놓은 것에 불과하니 여러분이 중요하다고 생각하는 이슈들에 대해서는 스스로 이런 형태의 문답을 진행해보기 바란다.

1. 초기 실증주의 시대의 사회학적 접근 요약

콩트(1798-1857). 실증주의가 인간정신의 발달과정 중 마지막 단계라 주장하며 사회현상에 대한 탐구도 자연과학의 연구방법을 이용해서 실증적으로 탐구할 것을 주문했다. 이로 인해 '사회통계'가 수집되기 시작했다. 참고로 콩트는 범죄학과 직접 연관된 인물이 아니지만, 실증주의의 창시자로서 꼭 알아둘 필요가 있다.

케틀레(1796-1874)와 게리(1802-1866). 사회통계를 분석해서 나이, 성별, 계절, 날씨, 인구구성, 빈곤 등이 범죄와 연관되어 있음을 밝혀냈다. 특히 게리는 프랑스의 지도를 이용해서 시각적인 설명을 도모했는데, 전술한 몇 가지 요인들이 지속적으로 범죄와 연관되어 있는 패턴을 발견하고 이를 물리법칙과 유사한 '사회법칙'으로 설명될 수 있다고 주장했다. 현대의 기준으로는 사회법칙이 있을 수 없는 주장이지만, 당시 이들의 연구는 생물학적 실증주의에 도전할 만했다. 그리고 향후 시카고학파의 구조적 접근이 성장하는 토대가 되었다.

뒤르켐(1858-1917). 뒤르켐의 사회실증주의 역시 시카고학파의 구조적 접근이 성장하는 토대가 되었다. 그뿐만 아니라 사회의 구조와 변화에 대한 그의 통찰은 사회학의 거대담론에 막대한 영향을 미쳤고, 범죄학의 구조적 관점에도 실질적인 기원이 된 것으로 평가된다.

범죄학과 관련된 뒤르켐의 업적은 아노미이론과 범죄의 기능이다. 아노미란 공유된 가치와 규범이 붕괴된 상태로서 이 상태가 되면 사회통합이 약화되고 개인의 행동에 대한 통제력을 상실한다. 집단적 양심(집합의식)은 공유된 가치와 규범의 대표적인 사례로서 뒤르켐이 매우 중시하는 개념이다. 뒤르켐에게 범죄는 매우 정상적이고 기능적인 현상인바, 개인이 준수해야 할 집단적 양심의 범위를 명확히 보여주는 기능을 한다.

범죄통제에의 관심. 맥락과 관점에 대한 이해가 없으면 주장의 미묘한 뉘앙스를 느끼지 못한다. 필자는 시카고학파 이후 본격화된 후기 실증주의 시대를 생물학적 관점으로 대표되는 초기 실증주의 시대와 구분하기 위해 '인간적 실증주의' 시대로 표현했다. 두 시대의 구분은 인간과 사회에 대한 기본가정이 상이함을 강조하고, 그에 따라 범죄에 대응하는 방식도 달라짐을 강조하기 위함이다. 따라서 초기 실증주의 시대에 활약한 케틀레와 게리, 뒤르켐은 범죄와 사회문제의 거시적 패턴을 파악해서 이를 법칙과 유사한 현상으로 규정짓고 통제의 필요성을 공히 느꼈다고 볼 수 있다. 물론 그들이 당시의 생물학적 진화론자들(예, 롬브로소, 페리, 가로팔로, 고링)처럼 엄격한 통제의 필요성을 주장했는지 분명하진 않지만, 당시의 사회문화적 맥락을 고려하면 분명 범죄통제를 통해 사회의 안정과 발전을 염원하는 마음이 컸을 것이다.

2. 사회구조적 관점에 대한 문답

Q1. 범죄 원인을 규명하고자 한 사회학적 접근은 왜 개인이 아닌 국가나 지역 차원의 원인을 먼저 탐구했는가?

A1. 크게 두 가지 이유를 들 수 있다. 첫째, 범죄학의 출현 이후 고전주의는 개인의 선택, 생물학적 실증주의는 개인의 타고난 특성에서 범죄 원인을 탐구했다. 그런데 1920년대를 전후로 시카고학파가 사회학적 실증주의를 주도하면서 시카고의 특정 지역(전이지역)의 범죄율이 장기간 지속적으로 높은 현상을 목격했다. 이 지역은 다양한 인종이나 집단이 자주 주거를 옮기는 지역이었기 때문에 심각한 범죄율은 누가 사느냐의 문제가 아니라 그 지역의 특성과 관련된 문제라고 보았다.

둘째, 당시 미국의 범죄학계는 유럽의 초기 생물학적 실증주의에 영향을 받아 타고난 범죄인을 찾기 위해 노력하고 강력한 통제정책을 펼치고 있었다. 하지만 1920년대를 전후로 자본주의의 문제를 지각한 진보적 성향이 득세하면서 범죄학계도 좀 더 인간적인 실증주의가 확대되었다. 그럼에도 불구하고 후튼(1939)이나 쉘던(1949)과 같은 학자들은 여전히 생물학적 결정론을 견지하고 우생학적 통제를 주장했는바, 이를 경계한 범죄사회학자들은 그들의 주장에 신랄한 비판을 가했다. 대표적으로 서덜랜드는 범죄학의 위상을 높이기 위해 생물학이나 심리학으로부터 완전히 분리해야 한다고 주장했다. 머튼은 애슐리-몽태규와 함께 후튼(1939)의 생물학적 연구를 재분석 한 후 터무니 없는 연구라고 통렬한 비판을 가함으로써 하버드대학 출판부가 더 이상 후튼의 생물학적 연구를 출판하지 않는 계기가 되었다.[72] 이러한 분위기는 자연스럽게 개인주의적 접근에 대한 거부감을 형성시켰고 사회적 차원의 지원과 지지를 우선시 하도록 만들었다.

결국 범죄율이 지역에 따라 차등적으로 분포하는 '현상에 대한 관찰'과 초기의 '생물학적 관점에 대한 반발'로 인해 거시 차원의 연구가 먼저 시작된 것이라 할 수 있다. 여기에 필자의 의견을 하나 추가하자면, 콩트의 실증주의 이후 수집된 사회통계는 개인 수준의 자료가 아니었기 때문에 거시 수준의 분석만 가능했었는바, 사회학의 고전주의를 거치면서 약 100년간 거시 연구에 익숙했던 것도 타당한 이유라 생각된다.

Q2. 쇼와 맥케이의 사회해체와 샘슨의 집합효율성은 어떤 차이가 있는가?

A2. 사회해체는 구조적으로 열악한 지역사회에서 전통적인 지역조직(가족, 학교, 자원단체 등)이 붕괴되어 주민 간의 통합이 안 되고 청소년에 대한 감시와 통제가 소홀한 상태를 말한다. 결국 공동체의 가치를 실현하고 범죄와 무질서 같은 공동의 문제를 해결하는 능력이 부재한 상태로서 뒤르켐의 아노미와 유사한 개념이라 할 수 있다. 이에 비해 집합효율성은 지역의 공공장소에서 질서를 유지할 수 있는 능력을 말하는바, 주민 간의 유대와 적극적인 개입의지의 합성어이다. 유대를 통해 지역의 문제의식을 공유하고, 이를 해결하기 위해 적극적으로 참여하려는 의지와 행동이 중요하다는 개념이다.

여기에서 핵심은 사회해체가 '상태'를 의미하는 데 반해 집합효율성은 '의지와 능력'을 의미한다는 것이다. 특히 집합효율성은 유대와 통합의 존재 상태만으로는 범죄를 해결하기에 부족하다고 본다. 주민 간의 유대는 오히려 범죄를 조장하거나 신고를 방해하는 부작용도 있다. 따라서 샘슨은 끈끈한 유대를 바탕으로 주민들이 스스로 자신들의 범죄문제를 해결하려는 의지와 행동이 열쇠라고 본 것이다. 결론적으로 집합효율성은 '핵심인 효율성을 담보하기 위한 집합' 또는 '집합을 통해 효율성을 추구하는 것'이라 정리할 수 있다.

Q3. 머튼은 목표와 수단과의 괴리로 인한 긴장이 하위계층의 높은 범죄율의 원인이라고 설명했다. 이 이론에 근거해서 개인은 긴강을 경험할 경우 범죄를 저지른다고 주장하는 것이 합당한가? 만약 합당하지 않다면, 머튼은 어떻게 개인 수준에서 긴장(아노미)

과 범죄를 설명했는가?

A3. 거시 수준의 연구 결과나 논리를 개인의 행동에 직접 연결시키는 것은 '생태학적 오류'에 해당한다. 예컨대, 시카고의 중심상업지구는 경제 수준이 가장 높고 범죄율도 가장 높다는 연구 결과에 근거해서 잘사는 사람이 범죄를 더 저지른다거나 더 피해를 당한다고 주장하면 안 되는 것과 같다. 머튼의 긴장(아노미)이론은 성공을 위한 합법적인 수단과 기회가 부족한 하위계층이 더 많은 긴장을 경험해서 더 많은 범죄를 저지른다고 설명한다. 만약 이에 근거해서 개인이 범죄를 저지르는 이유는 긴장이라고 결론지으면 생태학적 오류가 된다. 따라서 머튼은 두 개의 단계를 거쳐 구조적 긴장이 개인의 범죄로 이어지는 과정을 설명했다.

먼저, 뒤르켐이 강조한 문화체계의 메시지의 중요성을 인용하여 미국사회가 물질적 성공을 과도하고 획일적으로 강조하는 점을 지적했다. 즉, 아메리칸드림은 단순히 성공을 응원하는 데서 그치지 않고, 어떤 수단과 방법을 사용해서라도 성공만 하면 된다는 메시지를 전한다고 생각했다. 이는 사회 전체, 특히 하위계층의 무규범 상태가 증가하는 과정으로서 구조적 차원의 요인(목표와 수단과의 괴리)이 개인의 행동에 영향을 미칠 가능성을 적절히 보여주었다.

두 번째 단계로서, 머튼은 이러한 메시지를 수용하는 방식이 개인에 따라 다르다고 주장했다. 즉, 긴장을 경험하는 개인이 무조건 무규범 상태에 빠져 범죄를 선택하는 게 아니라는 것이었다. 구체적인 대안으로서 머튼은 순응형, 혁신형, 의례형, 은둔형, 반항형 등 다섯 가지 유형을 제시했다. 그중 혁신형은 물질적 성공을 위해 범죄를 이용하는 사람들로서 일탈의 유형 중 가장 일반적인 부류이다. 반항형은 문화적 목표와 제도적 수단을 모두 거부하는 사람들로서 자신만의 목표와 수단을 새롭게 정립하는 유형이다. 갱(조직폭력배)과 같이 일탈적인 하위문화를 형성하는 경우가 대표적인 예이다. 참고로 이러한 개인차 주장은 뒤르켐이 설명한 욕구불만족과 제어능력의 개인차를 차용한 것이었다. 뒤르켐은 사회적 자아의 성숙도 차이가 개인차의 원인이라고 주장했다.

〈표 VI-2〉 사회구조적 관점 요점 정리

구분 (논의 대상)		사회생태학 & 사회해체이론 (도시 빈민지역)		
학자 및 이론		■ 파크 & 버지스(1925) 　사회생태학 ■ 쇼 & 맥케이(1942) 　사회해체이론	■ 샘슨 & 동료들(1997) 　집합효율성이론	■ 뒤르켐(1893, 1897) 　아노미이론
주요 명제 및 특징	거시 원인 1 (구조 · 문화)	• 구조적 열악성(빈곤, 잦은 　주거이동, 인종적 이질성) → 전통적인 조직(가정, 　학교, 자원단체) 붕괴 & 　청소년 감시와 통제 부재	• 구조적 열악성(집중된 　불이익, 주거 불안정, 　인종적 이질성	• 급격한 사회변화 → 공유된 가치와 규범 붕괴 　(아노미) ⇒ 자살 등 사회문제 증가 　(상위계층이 심각)
	거시 원인 2 (심리 · 하위 문화)	• 사회해체: 전통적인 　공동체의 가치, 규범, 　통합이 와해된 상태 ⇒ 해체된 지역의 범죄율 　증가	• 집합효율성 약화: 　공공의 질서를 유지할 　수 있는 능력 약화 ⇒ 열악한 지역의 범죄율 　증가	na
	미시 원인 (개인차)	na (※ 청소년 간 상호작용: 학습 & 문화전파 논의)	na	• 욕구불만족(긴장) → 사회적 자아가 이기적 자아 제어 실패(개인의 아노미) • 욕망 수준과 제어 능력에 　개인차 존재
거시 · 미시 맥락 (등장 배경)		• 급격한 사회변화 • 전통적인 시골의 통합된 　마을에서 성장	• 생태학적 접근의 　습진과 같은 생명력 • 중립적 입장에서 　범죄예방에 대한 관심 　증가	• 19세기 중후반 유럽의 　급격한 사회변화
대책 (정책적 함의)		• 시카고지역프로젝트 　(CAP) – 지역조직 강화, 　교육 및 캠페인 실시, 　청소년 프로그램 후원	• 빈곤한 지역의 환경 　개선 + 집합효율성 　강화	• 사회화를 통해 새로운 　시대에 맞는 가치와 　규범체계 주입 – 교육의 　역할 중요

긴장(아노미)이론 (국가 전체)		문화적일탈이론 (빈민지역의 청소년 갱 / 교량이론)	
■ 머튼(1938) 긴장(아노미)이론	■ 메스너 & 로젠펠드(1994) 제도적아노미이론	■ 코헨(1955) 일탈하위문화이론	■ 클로워드 & 올린(1960) 차별기회이론
• 문화적 목표와 합법적 · 제도화된 수단과의 괴리 → 구조적 긴장(아노미) ⇒ 기회 불평등: 하위계층의 범죄율 심각	• 문화적 목표: 아메리칸드림 • 사회구조: 불평등 • 사회제도: 경제제도의 가치가 다른 사회제도(정치, 가족, 교육)의 가치 압도 ⇒ 미국의 높은 범죄율	• 문화적 목표: 성공 • 제도적 수단: 중산층의 가치와 규범 • 사회구조: 불평등	• 문화적 목표: 성공 • 사회구조: 불평등
na	na	• 지위 좌절 → 반동 형성 → 일탈하위문화 (학습 & 문화전파) ⇒ 하위계층의 높은 범죄율	• 일탈하위문화 → 불법적 기회도 차별 → 범죄적 갱 〉갈등적 갱 〉도피적 갱 ⇒ 갱으로서의 성공 기회도 차별적
• 문화체계의 메시지 – 불법을 동원해서라도 경제적 성공을 쟁취하라! • 구조적 긴장에 적응하는 방식 상이 (5개 유형)	• 문화체계의 메시지 – 경제 외의 다른 가치들은 하찮은 것이다! ※ 모든 계층의 범죄(예, 화이트칼라범죄) 잘 설명	• 지위 좌절에 적응하는 방식 상이(3개 유형)	• 청소년의 성향에 따라 갱 종류 선택. 때로는 갱에 의해 거부당함.
• 자본주의의 부작용: 빈부격차 심화 • 도시 빈민가에서 이민자의 아들로 성장	• 다른 선진국에 비해 범죄율과 강력범죄 심각 • 머튼과 파슨스의 후학으로서 사회학의 기본으로 돌아가길 원함	• 극심한 혼란의 시기: 계층, 인종, 성, 문화 갈등 폭발 • 머튼과 서덜랜드의 후학	• 극심한 혼란의 시기: 계층, 인종, 성, 문화 갈등 폭발 • 머튼과 서덜랜드의 후학
• 미국 사회가 구조적 불평등을 인정하지 않아 1950년대 중반까지 주목받지 못함	• 경제 외의 다른 사회제도가 부양하는 가치(나눔, 헌신, 명예, 준법 등) 강조 · 확산	• 청소년을 위한 동원(MFY) • 가난과의 전쟁	

Q4. 머튼의 긴장(아노미)이론과 클로워드와 올린의 차별기회이론은 모두 하위계층에게 부족한 기회가 범죄의 원인이라고 설명한다. 그런데 머튼의 주장은 당시 정책으로 승화되지 못한 반면, 클로워드와 올린의 주장은 범죄 정책의 핵심으로 활용되었다. 왜 이런 차이가 발생했는가?

A4. 근본적인 원인은 시대적 배경의 차이에 있다. 머튼이 긴장(아노미)이론을 발표한 1938년경에는 미국사회가 자본주의의 부작용을 인정하고 이를 개선하기 위해 복지를 통한 재분배를 적극 시행했지만, 그렇다고 구조적인 불평등을 인정하고 평등사회로 나아가야 한다는 정도의 합의는 존재하지 않았다. 오히려 소련의 공산화로 인해 자본주의를 지켜야 한다는 인식이 훨씬 강하던 시대로서 머튼의 주장은 다소 급진적인 것으로 인식되었다. 그런데 클로워드와 올린의 차별기회이론은 계층, 인종, 성, 문화적 차별과 불평등에 대한 비판이 급증하던 1960년에 발표되어 하위계층에 대한 기회 제공의 필요성이 크게 공감받았다. 결국, 케네디와 존슨 행정부의 '청소년을 위한 동원(MFY)'이나 '가난과의 전쟁(War on Poverty)' 프로그램에 논리적 배경을 제공했다.

머튼의 긴장(아노미)이론이 주목받지 못한 부가적인 이유로는 머튼이 20대 후반의 젊은 신진학자였다는 점과 당시 학계와 정책당국의 관심이 사회해체이론에 쏠려있었다는 점을 들 수 있다.

참고문헌

1. Siegel, L. J. (2018). Criminology: *Theories, Patterns and Typologies*. Wadsworth. 이민식 외 7인 역(2020), pp.219-229. 센게이지 러닝 코리아.

2. Lilly, J. R., Cullen, F. T., & Ball, R. A. (2011). *Criminological Theory: Context and Consequences*. 이순래 외 2인 역(2017), pp.56-57. 박영사.

3. Merton, R. K. (1938). Social Structure and Anomie. *American Sociological Review, 3*, pp.672-682.

4. Siegel, L. J. (2018). Criminology: *Theories, Patterns and Typologies*. Wadsworth. 이민식 외 7인 역(2020), p.220. 센게이지 러닝 코리아.

5. Siegel, L. J. (2018). Criminology: *Theories, Patterns and Typologies*. Wadsworth. 이민식 외 7인 역(2020), p.222. 센게이지 러닝 코리아.

6. Brown, S., Esbensen, F., & Geis, G. (2013). *Criminology: Explaining Crime and Its Context*. Elsevier. 황의갑 외 12인 역(2015), p.305. 그린.

7. Lilly, J. R., Cullen, F. T., & Ball, R. A. (2011). *Criminological Theory: Context and Consequences*. 이순래 외 2인 역(2017), pp.58. 박영사.

8. Lilly, J. R., Cullen, F. T., & Ball, R. A. (2011). *Criminological Theory: Context and Consequences*. 이순래 외 2인 역(2017), p.60. 박영사.

9. Burgess, E. (1925). The Growth of the City: An Introduction to a Research Project. In R. E. Park, E. Burgess, & R. D. McKenzie (eds.), The City. Chicago: University of Chicago Press.; Park, R. E. (1929). Introduction to the Science of Sociology. Chicago: University of Chicago Press.

10. Lilly, J. R., Cullen, F. T., & Ball, R. A. (2011). *Criminological Theory: Context and Consequences*. 이순래 외 2인 역(2017), p.61. 박영사.

11. 박정선. (2022). "사회해체이론", 「범죄학개론」, 제5장, pp.141-142. 박영사.

12. 박정선. (2022). "사회해체이론", 「범죄학개론」, 제5장, pp.142-144. 박영사.

13. Shaw, C. R. & McKay, H. D. (1942). *Juvenile Delinquency and Urban Areas*. Chicago, IL: University of Chicago Press.

14. Lilly, J. R., Cullen, F. T., & Ball, R. A. (2011). *Criminological Theory: Context and Consequences*. 이순래 외 2인 역(2017), pp.62-63. 박영사.

15. Lilly, J. R., Cullen, F. T., & Ball, R. A. (2011). *Criminological Theory: Context and Consequences*. 이순래 외 2인 역(2017), p.63. 박영사.

16. Bursik, R. (1988). Social Disorganization and Theories of Crime and Delinquency: Problems and Prospects. *Criminology, 26*, pp.519-551.

17. Brown, S., Esbensen, F., & Geis, G. (2013). *Criminology: Explaining Crime and Its Context*. Elsevier. 황의갑 외 12인 역(2015), pp.336-337. 그린.

18. Lilly, J. R., Cullen, F. T., & Ball, R. A. (2011). *Criminological Theory: Context and Consequences.* 이순래 외 2인 역 (2017), pp.60-64. 박영사.

19. Shaw, C. R. (1930/1966). *The Jack-Roller: A Delinquent Boy's Own Story.* Chicago, IL: University of Chicago Press.; Shaw, C. R., McKay, H. D., McDonald, J. E., McDonald, J. F., Hanson, H. B., & Burgess, E. W. (1938). *Brothers in Crime.* Chicago, IL: University of Chicago Press.

20. Lilly, J. R., Cullen, F. T., & Ball, R. A. (2011). *Criminological Theory: Context and Consequences.* 이순래 외 2인 역 (2017), pp.64-65. 박영사.

21. Brown, S., Esbensen, F., & Geis, G. (2013). *Criminology: Explaining Crime and Its Context.* Elsevier. 황의갑 외 12인 역(2015), pp.337-338. 그린.

22. Kobrin, S. (1959). The Chicago Area Project: A 25-Year Assessment. *Annals of the American Academy of Political and Social Science, 322,* pp.19-29.

23. Siegel, L. J. (2018). Criminology: *Theories, Patterns and Typologies.* Wadsworth. 이민식 외 7인 역(2020), pp.259-260. 센게이지 러닝 코리아.

24. Pratt, T. C. & Cullen, F. T. (2005). Assessing Macro-Level Predictors and Theories of Crime: A Meta-Analysis. *Crime and Justice, 32,* pp.373-450.

25. Sampson, R. J. & Groves, W. B. (1989). Community Structure and Crime: Testing Social Disorganization Theory. *American Journal of Sociology, 94,* pp.774-802.

26. Lilly, J. R., Cullen, F. T., & Ball, R. A. (2011). *Criminological Theory: Context and Consequences.* 이순래 외 2인 역 (2017), pp.65-66. 박영사.

27. Robinson, W. S. (1950). Ecological Correlations and the Behavior of Individuals. American *Sociological Review, 15,* pp.351-357.

28. 박정선. (2022). "사회해체이론", 「범죄학개론」, 제5장, pp.150-151. 박영사.

29. Bursik, R. J. & Grasmick, H. G. (1993). *Neighborhoods and Crime.* New York: Lexington Books.

30. Brown, S., Esbensen, F., & Geis, G. (2013). *Criminology: Explaining Crime and Its Context.* Elsevier. 황의갑 외 12인 역(2015), pp.338-339. 그린.

31. Sampson, R. J., Raudenbush, S., & Earls, F. (1997). Neighborhoods and Violent Crime: A Multilevel Study of Collective Efficacy. *Science, 277,* pp.918-924.

32. Pratt, T. C. & Cullen, F. T. (2005). Assessing Macro-Level Predictors and Theories of Crime: A Meta-Analysis. *Crime and Justice, 32,* pp.373-450.

33. Stark, R. (1987). Deviant Places: A Theory of the Ecology of Crime. *Criminology, 25(4),* pp.893-910.

34. Sampson, R. J. & Groves, W. B. (1989). Community Structure and Crime: Testing Social Disorganization Theory. *American Journal of Sociology, 94,* pp.774-802.

35. Brown, S., Esbensen, F., & Geis, G. (2013). *Criminology: Explaining Crime and Its Context.* Elsevier. 황의갑 외 12인 역(2015), p.341. 그린.

36. Lilly, J. R., Cullen, F. T., & Ball, R. A. (2011). *Criminological Theory: Context and Consequences.* 이순래 외 2인 역(2017), p.66. 박영사.

37. 박정선. (2022). "사회해체이론", 「범죄학개론」, 제5장, pp.159. 박영사.; Lilly, J. R., Cullen, F. T., & Ball, R. A. (2011). *Criminological Theory: Context and Consequences.* 이순래 외 2인 역(2017), p.74. 박영사.

38. Walker, S. (2006). *Sense and Nonsense about Crime and Drugs.* Thomson and Wadsworth.

39. 정진성·정하보·김정민. (2020). "청소년 비행을 설명하는 사회유대이론 검증: 비행의 경중에 따른 유대 요소별 영향력 비교", 「경찰학연구」, 20(4), pp.137-168.

40. Jeffery, C. R. (1971). *Crime Prevention Through Environmental Design.* Beverly Hills, CA: Sage.

41. Newman, O. (1972). *Defensible Space.* New York: Macmillan.

42. Cheong, J. (2008). *Neighborhood Disorder, Dilapidated Housing, and Crime: Multilevel Analysis within a Mid-sized Midwestern City Context.* A Dissertation for Ph.D., Michigan State University.

43. 박현호. (2017). 「범죄예방 환경설계: CPTED와 범죄과학」. 박영사.

44. Wilson, J. Q. & Kelling, G. L. (1982). The Police and Neighborhood Safety: Broken Windows. *Atlantic Monthly, 127,* pp.29-38.

45. 정진성. (2008). "지역사회의 특성이 학교폭력에 미치는 영향 연구", 「한국범죄학」, 2(2), pp.3-38.; Kelling, G. L. & Bratton, W. J. (1998). Declining Crime Rates: Insiders' Views of the New York City Story. *The Journal of Criminal Law Criminology, 88(4),* pp.1217-1232.

46. Skogan, W. G. (1990). *Disorder and Decline: Crime and the Spiral of Decay in American Neighborhoods.* New York: Free Press.

47. Kelling, G. L. & Bratton, W. J. (1998). Declining Crime Rates: Insiders' Views of the New York City Story. *The Journal of Criminal Law Criminology, 88(4),* pp.1217-1232.; Kelling, G. L. & Sousa, W. H. (2001). Do Police Matter? An Analysis of the Impact of New York City's Police Reforms. *Civic Report, No.22.* New York: Center for Civic Innovation.

48. Cheong, J. (2008). *Neighborhood Disorder, Dilapidated Housing, and Crime: Multilevel Analysis within a Mid-sized Midwestern City Context.* A Dissertation for Ph.D., Michigan State University.

49. Felson, M. & Clarke, R. V. (1998). *Opportunity Makes the Thief: Practical Theory for Crime Prevention.* Police Research Series Paper, No.98. London: Research, Development, and Statistics Directorate.

50. Brown, S., Esbensen, F., & Geis, G. (2013). *Criminology: Explaining Crime and Its Context.* Elsevier. 황의갑 외 12인 역(2015), pp.307-308. 그린.; Ritzer, G. (2003). *Contemporary Sociological Theory and Its Classical Roots: The Basics.* 한국이론사회학회 역. (2006), pp.21-29. 박영사.

51. Brown, S., Esbensen, F., & Geis, G. (2013). *Criminology: Explaining Crime and Its Context.* Elsevier. 황의갑 외 12인 역(2015), pp.308-309. 그린.

52. Brown, S., Esbensen, F., & Geis, G. (2013). *Criminology: Explaining Crime and Its Context.* Elsevier. 황의갑 외 12인 역(2015), p.307. 그린.

53. Brown, S., Esbensen, F., & Geis, G. (2013). *Criminology: Explaining Crime and Its Context.* Elsevier. 황의갑 외 12인 역(2015), p.309. 그린.

54. Merton, R. K. (1938). Social Structure and Anomie. *American Sociological Review, 3,* pp.672-682.

55. Lilly, J. R., Cullen, F. T., & Ball, R. A. (2011). *Criminological Theory: Context and Consequences.* 이순래 외 2인 역(2017), p.130. 박영사.

56. 신동준. (2022). "아노미-긴장이론", 「범죄학개론」, 제6장, p.175. 박영사.

57. Brown, S., Esbensen, F., & Geis, G. (2013). *Criminology: Explaining Crime and Its Context.* Elsevier. 황의갑 외 12인 역(2015), pp.310-315. 그린.

58. Lilly, J. R., Cullen, F. T., & Ball, R. A. (2011). *Criminological Theory: Context and Consequences.* 이순래 외 2인 역(2017), pp.95-97. 박영사.

59. Messner, S. F. & Rosenfeld, R. (1994). *Crime and the American Dream.* Belmont, CA: Wadsworth.

60. Lilly, J. R., Cullen, F. T., & Ball, R. A. (2011). *Criminological Theory: Context and Consequences.* 이순래 외 2인 역(2017), pp.112-113. 박영사.

61. Brown, S., Esbensen, F., & Geis, G. (2013). *Criminology: Explaining Crime and Its Context.* Elsevier. 황의갑 외 12인 역(2015), pp.323-325. 그린.

62. Cullen, F. T., Agnew, R., & Wilcox, P. (2022). *Criminological Theory: Past to Present,* pp.152-153. New York: Oxford University Press.; Lilly, J. R., Cullen, F. T., & Ball, R. A. (2011). *Criminological Theory: Context and Consequences.* 이순래 외 2인 역(2017), p.115. 박영사.

63. Lilly, J. R., Cullen, F. T., & Ball, R. A. (2011). *Criminological Theory: Context and Consequences.* 이순래 외 2인 역(2017), p.97. 박영사.

64. Brown, S., Esbensen, F., & Geis, G. (2013). *Criminology: Explaining Crime and Its Context.* Elsevier. 황의갑 외 12인 역(2015), p.372. 그린.

65. Brown, S., Esbensen, F., & Geis, G. (2013). *Criminology: Explaining Crime and Its Context.* Elsevier. 황의갑 외 12인 역(2015), pp.372-373. 그린.; Siegel, L. J. (2018). *Criminology: Theories, Patterns and Typologies.* Wadsworth. 이민식 외 7인 역(2020), pp.251-253. 센게이지 러닝 코리아.

66. Cohen, A. K. (1955). *Delinquent Boys: The Culture of the Gang.* New York: The Free Press.

67. Cullen, F. T., Agnew, R., & Wilcox, P. (2022). *Criminological Theory: Past to Present*, pp.147-151. New York: Oxford University Press.; Lilly, J. R., Cullen, F. T., & Ball, R. A. (2011). *Criminological Theory: Context and Consequences*. 이순래 외 2인 역(2017), pp.98-99. 박영사.

68. Siegel, L. J. (2018). *Criminology: Theories, Patterns and Typologies*. Wadsworth. 이민식 외 7인 역(2020), pp.255-257. 센게이지 러닝 코리아.

69. Cloward, R. A. & Ohlin, L. E. (1960). *Delinquency and Opportunity: A Theory of Delinquent Gangs*. New York: Free Press.

70. Siegel, L. J. (2018). *Criminology: Theories, Patterns and Typologies*. Wadsworth. 이민식 외 7인 역(2020), pp.257-258. 센게이지 러닝 코리아.

71. Lilly, J. R., Cullen, F. T., & Ball, R. A. (2011). *Criminological Theory: Context and Consequences*. 이순래 외 2인 역 (2017), pp.119-122. 박영사.

72. Merton, R. K. & Ashley-Montagu, M. F. (1940). *Crime and the Anthropologist. American Anthropologist, 42(3)*, pp.384-408.

제7장 사회과정적 관점

사회구조적 관점의 한계

범죄는 하위계층의 전유물이 아니다. 가난해도 범죄를 저지르지 않는 사람이 훨씬 많고 반대로 살만한데도 범죄를 저지르는 경우가 있다. 또한 철없던 시절 가난해서 범죄를 저질렀는데 성인이 된 이후 계속 가난하지만 더 이상 일탈하지 않는 사람도 있다. 이러한 현실은 구조적 접근만으로는 범죄의 사회학적 원인을 충분히 설명할 수 없음을 보여준다.

▶사회과정적 관점의 키워드
－ 사회화 & 상호작용

물론 앞서 살펴본 대로 구조 이론가들도 보다 미시적인 설명을 담아내기 위해 노력했다. 예컨대, 쇼와 맥케이(1942)는 현장관찰과 인터뷰를 통해 해체지역의 청소년들이 범죄를 학습하고 일탈이 문화적으로 전파되는 과정을 알게 됐다. 머튼(1938)은 빈민가의 청소년들이 성공을 위한 경쟁에서 기회가 부족해 좌절감을 느껴도 꼭 범죄를 선택하는 것이 아니라 다양한 방식으로 적응해간다고 주장했다. 이와 유사하게 코헨(1955), 클로워드와 올린(1960)도 빈곤 청소년들의 삶이 다양한 경로로 구분된다고 설명했다. 하지만 여전히 개인이 범죄를 저지르게 되는 직접적인 과정에 대한 체계적인 설명과 이론화가 부족했다. 이를 위해서는 사회화와 상호작용에 대한 이해가 필요한바, 사회과정적 관점의 키워드는 바로 이 '사회화'와 '상호작용'이다.

사회화, 상호작용, 그리고 사회심리학

'사회화'는 개인이 살아가면서 사회의 여러 조직, 기관, 제도와 상호작용을 맺는 과정을 말한다. 이 과정에서 개인은 자아를 형성하고, 특정한 가치체계와 기술·요령을 배우고 내면화하며, 주변인들과 관계를 맺는다. 이때 상호작용이 긍정적·지지적이면 ① 좋은 자아 이미지가 형성되고, ② 주류사회의 가치와 규범을 내면화하고 순응하며, ③ 주변인들과 강한 유대를 쌓게 된다. 반대로 상호작용이 부정적·파괴적이면 자아 이미지가 악화되고, 비관습적 가치체계를 받아들여 반항적이 되며, 주변인들과의 부정적 유대가 형성된다. 대체로 부정적인 사회화는 개인의 일탈 가능성을 증가시키는바, 사회화와 그 과정에서 이루어지는 상호작용의 질은 개인의 행동을 이해하는 데 핵심 요소에 해당한다. 앞서 살펴본 학자들 가운데 사회화의 중요성을 강조한 사례를 정리해보자.

사회적 행동주의자이자 상징적 상호작용주의를 확립한 미드는 모든 행동의 기저에 정신이 있다고 보았다. 그는 우리의 삶이 상호작용의 연속으로서 이를 통해 계속 자신을 돌아보고 행동준칙을 확립해간다고 주장했다. 정신분석학의 대부인 프로이트는 심리적 정상과 비정상의 갈림은 사회화 과정에서 절제(이성, ego)와 자기성찰(도덕과 양심, super-ego)을 얼마나 잘 함양하느냐에 달려있다고 주장했다. 이와 유사하게 뒤르켐도 무한한 욕망을 추구하는 이기적 자아가 공동체의 규범과 가치를 내면화한 사회적 자아에 의해 얼마나 잘 통제되느냐에 따라 행동의 질이 달라진다고 주장했다.

결국, 이들은 모두 개인의 행동을 사회구조의 영향이 아닌 개인 수준에서 이해하기 위해서는 개인의 사회화에 대한 탐구가 필수적임을 강조했다고 볼 수 있다. 또한 건전한 자아 이미지의 형성, 주류사회의 가치와 규범·도덕·양심 등의 문화적 기제를 얼마나 효과적으로 내면화하느냐가 핵심이라고 보았다. 이처럼 개인의 행동을 다양한 상호작용 속에서 형성되는 자아 이미지나 가치관, 태도 등 정신상태의 표출로 접근하는 시각을 '사회심리학(social psychology, 또는 심리사회학)'이라 한다. 따라서 사회심리학은 범죄성을 타고나는 것이 아닌 사회화의 산물로 간주하고, 범죄는 객관적인 실체가 아니라 사회가 범죄로 정의할 때 비로소 범죄가 된다는 상대적인 특징을 인정한다.[1]

참고로 '행동주의 심리학(behavioral psychology, 또는 행동심리학)'은 사회심리학과 달리 내면의 심리 상태에는 관심이 없고 겉으로 드러난 행동을 관찰하고 패턴을 분석하는 데 집중한다(〈보충설명 II-1〉 참고). '강화(reinforcement)'가 대표적인 개념으로서 특정 행동은 보상에 의해 강화되고 처벌에 의해 삼가(억제)된다고 본다. (여기서 보상과 처벌은 법적 개념이 아니라 매우 광범위한 측면을 포괄하는 개념이다.) 즉, 아무리 비범죄적 가치를 내면화했어도 우연히 참여한 범죄로 인해 보상이 이루어지면 또다시 범죄 할 가능성이 증가하는 반면, 아무리 범죄적 가치를 내면화했어도 범죄로 인해 처벌

▶사회화의 중요성
– 미드, 프로이트, 뒤르켐
– 개인의 행동을 제대로 이해하기 위해서는 사회구조의 영향 외에 개인의 사회화를 반드시 탐구해야 함.
– 양호한 상호작용은 건전한 자아 이미지의 형성, 관습적 가치체계의 내면화와 순응, 주변인들과의 강한 유대 형성으로 이어짐.

▶사회심리학 vs. 행동주의 심리학
– 사회심리학: 개인의 행동은 내면화한 자아 이미지나 가치관·태도 등 정신상태의 표출임. 대부분의 사회 과정 이론들이 사회심리학적 접근을 취함.
– 행동주의 심리학: 가치관의 내면화나 심리에는 관심이 없고, 대신 행동만을 관찰하고 패턴을 분석. 강화가 대표적인 개념으로서 합리적 선택과 유사한 논리가 적용됨.

을 받으면 재범 가능성이 줄어든다는 설명이다. 이는 행동의 비용과 효과를 따지는 합리적 선택과 유사한 논리로서, 실제 '차별강화이론'과 '사회학습이론'을 주창한 에이커스(1990)는 '합리적선택이론'이 사회학습이론의 변형으로서 별로 새로울 것이 없다고 평가하기도 했다.[2] 그런데 이 장에서 살펴볼 사회과정 이론들은 차별강화이론과 사회학습이론을 제외하고 모두 사회심리학적 접근을 취했음에 주의하자. 행동주의 심리학과 에이커스 스타일의 행동사회학에 대한 설명은 '차별강화이론'과 '사회학습이론'을 설명하면서 보충된다.

사회화 요소

인간의 사회화는 가정, 학교, 직장, 종교단체, 동호회, 형사사법기관 등 다양한 조직과 제도 안에서 상호작용을 통해 이루어진다. 그중 인성과 행동양식의 형성에 가장 큰 영향을 미치는 조직은 역시 가정으로서 특히 어린 시절의 양육과정이 중요한 시기로 알려져 있다. 청소년기의 교우관계와 학교생활도 매우 중요한 요인에 해당하는바, 이 시기에 또래의 영향이 매우 큰 것은 상식이다. 한편, 현대 범죄학에서 중시되는 발달범죄학은 인생의 전 과정을 탐구하기 때문에 가정과 학교 외에도 성인기에 참여하는 조직과 상호작용에 대해 주의 깊게 살펴본다. 마지막으로, 낙인이론은 형사사법기관과의 상호작용을 주의 깊게 관찰하여, 그 과정에서 형성되는 범죄자로서의 자아 이미지와 자기낙인이 어떤 부정적 결과를 초래하는지 탐구한다.

▶3대장의 관심 분야
－ 사회학습이론: 비관습적 가치체계의 내면화, 변명의 기술 학습
－ 사회통제이론: 내면화한 전통적 가치체계의 약화, 부정적 유대, 자기통제력 약화
－ 일반긴장이론: 다양한 긴장에 효과적으로 대처하지 못함.
※ 낙인이론: 자아 이미지의 약화와 자기낙인

이 장에서 살펴볼 사회과정적 관점은 크게 사회학습이론, 사회통제이론, 일반긴장이론으로 구분된다. 사회학습이론은 주로 또래 관계와 학교생활에 주목하면서, 비관습적(범죄적) 가치체계를 내면화하거나 범죄에 필요한 기술·변명의 방법 등을 배워가는 과정을 탐구한다. 사회통제이론은 주로 사회문화와 가족관계, 양육과정에 주목하면서, 내면화한 전통적 가치체계가 약화되거나, 부정적인 유대가 형성되는 과정, 자기통제력의 약화를 탐구한다. 일반긴장이론은 다양한 사회화 요소를 포괄적으로 살펴보면서, 개인적인 목표 달성의 실패 등에서 오는 다양한 긴장(스트레스) 상황과 그것에 효과적으로 대처하지 못하는 과정을 탐구한다. 일부 교재는 일반긴장이론 대신 낙인이론을 사회과정적 관점으로 분류하는데(일반긴장이론은 사회구조적 관점에서 아노미이론과 함께 논

의), 그 방식도 존중한다. 다만, 이 책은 낙인이론이 사회화 이론의 전형이긴 하지만, 비판범죄학을 태동시켰다는 점에서 다음 장의 비판주의에서 다룬다. 참고로 낙인이론은 전술한 대로 형사사법기관과의 상호작용에 주목하면서, 자아 이미지가 악화되고 결국 자기낙인으로 이어지는 과정을 탐구한다.

제1절 사회학습이론

▶제1절의 사회학습이론은 에이커스의 사회학습이론을 포함하는 일반적인 이름임.

I. 서덜랜드의 차별접촉이론(Differential Association Theory)

범죄학의 사회과정 이론은 서덜랜드(1939)[3]의 '차별접촉이론(차별교제이론)'에서 시작되었다 해도 과언이 아니다. 서덜랜드는 시카고학파로서 쇼와 맥케이가 전이지역에서 관찰한 학습과 문화전파 메커니즘에 큰 영향을 받았다. 그리고 미드의 상징적 상호작용주의를 받아들여 가치와 규범 등 문화적 기제를 내면화하는 과정에 집중했다. 결국, 서덜랜드(시카고학파)가 보기에 슬럼의 빈곤한 청소년들은 상호작용을 통해 범죄적 가치와 기술을 배웠고 이것은 다시 후배들에게 전파되었다. 이러한 현상을 거시 이론가들은 문화적 일탈로 이론화시켰고 서덜랜드는 차별접촉이론이라는 학습이론으로 체계화시켰다. 물론 서덜랜드도 사회해체와 같은 구조적 요인이 개인의 행동에 영향을 미친다는 데 어느 정도 동의했지만, 범죄에 우호적인 태도를 배우고 문화적으로 전파한다는 것은 결국 개인 간의 상호작용에 기인하므로, 개인의 범죄행동을 보다 직접적으로 설명하기 위해서는 개인이 범죄적 가치를 내면화하는 사회화 과정을 탐구해야 한다고 생각했다.

▶Edwin Sutherland, 미국, 1883-1950.

1. 차별접촉의 개념

서덜랜드의 이론을 이해하기 위해서는 '차별접촉'의 의미를 명확히 알아야 한다. 전술

▶전이지역의 지역조직
– 서덜랜드는 완전히 해체
된 게 아니라 일부가 비전
통적 조직으로 대체되어 전
통적 조직과 공존하는 생
태로 봄.

한 대로 서덜랜드는 시카고학파 동료들과 활발히 교류하면서 사회해체이론을 인정하고 거시적 영향의 존재를 받아들였다. 하지만, '사회해체'라는 개념 자체에 약간의 의문을 품고 있었다. 그가 보기에 슬럼의 지역조직은 완전히 해체된 상태가 아니라 일부가 전통적이지 않은 다른 형태의 조직들로 대체되어 있었다. 즉, 아무리 빈곤한 지역이라 해도 지역조직이 전부 붕괴되는 게 아니라 전통적 조직과 비전통적 조직이 공존한다고 본 것이다. 이 상태에서 전통적인 지역조직은 주류사회의 가치와 규범을 전파하지만, 다른 형태의 지역조직은 독특한(범죄에 우호적인) 가치와 규범을 전파하고 있었다. 결국 서덜랜드는 지역 주민의 가치관과 행동양식은 어떤 지역조직과 더 많이 상호작용하느냐에 따라 크게 영향받는다고 생각했는바, '사회해체'보다는 '차별적 사회조직(differential social organization)'이란 표현이 더 현실에 부합한다고 생각했다. 또한 사회해체는 빈곤 지역을 이미 자정능력이 부재한 상태로 규정해버리는 가치지향적 뉘앙스를 가지고 있지만, 차별적 사회조직은 객관적인 상태를 나타내는 보다 중립적인 용어라고 생각했다.

▶차별(차별적, differential)
이란 용어에 익숙해지기 바
람. 차별기회이론, 차별강
화이론, 차별강제이론 등
모두 서덜랜드의 이론에서
차용한 개념임.

▶차별접촉
– 범죄에 우호적인 정의를
가진 사람과의 접촉 vs. 범
죄에 비우호적인 정의를 가
진 사람과의 접촉 비율
– 정의: justice가 아님.
'definition'을 번역한 용어로
서 '태도'나 '가치 부여' 정도
로 해석될 수 있음.

'차별적 사회조직' 개념을 개인 수준에 적용시키면 '차별접촉'이 된다. 어떤 사람은 범죄적 가치를 거부하는 반면, 어떤 사람은 옹호하거나 필요하다고 생각한다. 전이지역의 빈곤한 청소년들이라 해서 항상 범죄를 옹호하는 사람만 만나는 것은 아니다. 위와 동일한 논리로 서덜랜드는 청소년들이 특정한 가치와 규범을 배우고 전수하는 것은 어떤 사람과 더 많이 상호작용을 하는가에 달려있다고 봤다. 만약 '범죄에 우호적인 정의'를 가진 사람과 더 많이 접촉하면 범죄적 가치와 규범을 받아들이게 되고, '범죄에 비우호적인 정의'를 가진 사람과 더 많이 접촉하면 범죄를 멀리하게 된다. 결국 이것은 전통적(비범죄적) 정의와 범죄적 정의의 비율로서, 서덜랜드는 전이지역의 청소년들이 높은 범죄율을 보이는 것은 범죄적 정의에 더 많이 노출되어 있기 때문이라고 봤다.[4]

2. 주요 내용

▶차별접촉이론의 9명제
명심!

차별접촉이론이 1939년 처음 발표된 이후 최종 명제는 1947년에 아홉 개로 정리되었다. 1950년 서덜랜드가 사망하자 오랜 동료였던 크레시(Donald Cressey)는 그의 못다한 연구작업을 마무리하고 대중화하는 데 기여했다. 그로 인해 다음 명제들은 범죄 원인론 가운데

가장 영향력 있는 논리적 진술로 평가되고 있다.[5]

① 범죄행동은 학습된다.

이 첫 번째 명제는 범죄가 타고난 특성의 결과라는 생물학적 결정론을 반박하기 위한 것이다. 글을 읽고 쓰는 것을 배우듯 범죄도 배움의 결과이다. 배우지 않으면 범죄를 창조해낼 수 없다.

② 범죄행동은 다른 사람과의 상호작용을 통해 학습된다.

범죄는 학습의 결과이므로 다른 사람과의 의사소통 과정에서 상호작용을 통해 배우게 된다. 차별접촉이라는 용어 자체가 차별적인 상호작용을 의미한다.

③ 범죄행동 학습의 주된 부분은 친밀한 사적 집단 내에서 이루어진다.

부모나 형제자매, 친구, 직장동료 등 가까운 사람들과의 상호작용이 범죄행동 학습에 가장 큰 영향을 미친다. 미드의 상징적 상호작용주의에 따르면, 이들이 '의미있는 타자(significant others)'에 해당한다고 볼 수 있다(〈보충설명 II-1〉 참고). 이는 달리 말하면, 미디어의 영향이 그렇게 크지 않음을 시사한다.

④ 범죄행동의 학습은 (a) 범죄를 저지르는데 필요한 기술의 학습과 (b) 범죄 동기, 충동, 합리화, 태도에 대한 학습을 포함한다.

가택 침입 요령, 속이는 방법, 약물 획득 경로 등의 범죄 기술은 혼자서 터득하기보다 친구나 지인으로부터 배우는 것이다. 이때 기술만 배우는 게 아니라 범죄를 저지르는 이유나 저지르게 되는 충동, 범죄를 합리화시키는 방법, 뉘우치는 것처럼 보이는 요령 등 인식과 태도를 함께 학습한다.

▶범죄의 합리화
– 마짜(1957, 1964) 참고.

⑤ 범죄의 동기와 충동은 법에 대한 우호적 또는 비우호적 정의를 통해 학습된다.

법에 대한 태도는 다양한데 우호적으로 보는 시각과 비우호적으로 보는 시각이 충돌하는 경우가 있다. 이는 흔히 문화충돌의 형태로 나타나는바, 이를 경험하는 지역에서 범죄를 향한 동기와 충동이 학습되는 경우가 많다.

⑥ 법위반에 대한 우호적인 정의가 비우호적인 정의를 크게 초과할 때 범죄를 저지르게 된다. 이것이 바로 차별접촉의 원리이다.

말 그대로 이 명제가 차별접촉의 원리로서, 앞에서 충분히 설명되었다. 한 가지 추가하자면, 범죄에 우호적인 정의에 많이 접촉하는 것뿐만 아니라 비우호적인 정의에 접촉하지 못하는 것도 범죄의 원인이 된다.

⑦ 차별접촉은 빈도(frequency), 기간(duration), 우선성(priority), 강도(intensity)에서 다를 수 있다.

이 명제는 차별접촉의 질과 영향력을 말하는 것이다. 자주 만나는 사람이 드물게 만나는 사람보다 영향력이 크고, 오랫동안 지속적으로 만나는 사람이 단기간 만난 사람보다 영향력이 큰 것은 당연하다. 서덜랜드는 우선성에 대해 구체적으로 언급하지 않았는데, 크레시와 다른 학자들은 범죄를 처음 접하는 나이라고 봤다. 즉, 더 어린 시절의 차별접촉일수록 영향력이 크다는 것이다. 강도는 얼마나 중요한 사람과의 접촉인지를 의미하는바, 부모나 신뢰하는 친구는 덜 친한 사람보다 영향력이 크다.

⑧ 범죄적, 비범죄적 패턴과의 접촉을 통해 범죄를 학습하는 과정은 다른 일반적인 학습과 연관된 메커니즘을 모두 포함한다.

이 명제는 범죄를 학습하는 것이 단순히 내면화에 국한되지 않음을 의미한다. 예컨대, 범죄를 범하도록 유혹을 당한 경우에도 범죄 학습은 이루어진다. 결국, 필자의 의견을 첨부하면, 범죄 학습은 능동적인 방식과 수동적인 방식, 의식적인 노력과 의도하지 않은 경험 등 매우 다양한 과정을 통해 이루어진다.

⑨ 범죄가 일반적인 욕구와 가치의 표현이긴 하지만, 그렇다고 일반적인 욕구와 가치가 범죄의 원인이라고 설명해선 안 된다. 왜냐하면, 다른 비범죄적 행동도 똑같이 일반적인 욕구와 가치의 표현이기 때문이다.

서덜랜드는 범죄행동의 동기가 관습적 행동의 동기와 논리적으로 같을 수 없다고 봤다. 돈이나 사회적 지위를 원하고, 좌절이나 낮은 자존감을 극복하려는 동기는 더 열심히 공부하고 더 열심히 일하는 행동으로 이어질 수 있기 때문에, 이런 일반적인 욕구와 가치를 막연히 범죄의 원인으로 간주해선 안 된다. 결국 범죄의 원인은 범죄에 우호적인 정의에 더 많이 접촉해서 일탈 규범을 학습했기 때문이다.

3. 평가

차별접촉이론은 사회화 관점에서 설명력이 가장 강한 이론 중 하나로 평가된다. 그런 만큼 일탈 친구와의 교제나 일탈 태도가 실제 일탈로 이어진다는 실증연구가 매우 많다. 범죄 유형과 관련해서는 약물남용과 마약밀매를 특히 잘 설명하는 것으로 평가된다. 또한 범죄의 성차를 설명하는 데도 유용한바, 남성은 여성보다 더 강해 보이길 원하고 이기적인 특성이 있어 일탈 친구의 영향을 더 받는 경향이 있다.

반대로 다음과 같은 비판도 존재한다. 첫째, 범죄적 정의에 자주 노출되어도 범죄에 가담하지 않는 사람을 설명하지 못한다. 둘째, 범죄의 시작(최초의 범죄)을 설명하지 못한다. 즉, 범죄가 학습의 결과라면 맨 처음 범행을 저지른 사람은 어떻게 배우지 않고 범죄를 저지른 것인가 하는 의문에 답할 수 없다. 여기에서 서덜랜드가 성선설의 입장을 취했다고 추측할 수 있다. 마지막으로, 비행 친구와 비행과의 관계가 일방향이 아니라 쌍방향일 수 있다. 즉, 비행을 저질렀기 때문에 자신과 유사한 일탈 친구를 찾는 경로를 설명할 수 없다. 또한 갱에 대한 연구를 보면 갱에 가입한 것이 범죄를 시작하는 계기가 아니라 범죄를 원해서 갱에 가입하기 때문에 범죄를 용이하게 만들어 준다.[6]

화이트칼라범죄

몇 가지 비판에도 불구하고 차별접촉이론이 사회화 이론의 태두로서 갖는 의의와 강한 설명력의 가치는 사라지지 않는다. 이에 더해 반드시 주목해야 할 점은 서덜랜드가 이론을 정립하는 과정에서 '화이트칼라범죄'라는 용어를 처음 제시했다는 사실이다. 그 중요성은 비단 용어 자체에만 있지 않고, 중상위계층의 범죄를 효과적으로 설명했다는 데 있다.

앞서 살펴본 사회구조적 관점은 계층화의 맥락에서 주로 하위계층의 범죄를 다뤘다. 물론 구조 이론들이 하위계층을 일부러 범죄자 집단으로 몰아가려 한 건 절대 아니며 오히려 그들을 돕고 지지하려 했던 의도가 컸다. 하지만, 의도야 어쨌든 특정 계층의 범죄에만 몰두하면, 다른 계층의 범죄를 설명하지 못해 범죄에 대한 이해의 폭이 축소되고, 따라서 적절한 원인 규명의 가능성을 약화시킨다. 이에 서덜랜드는 1940년 즈음 범죄학계의 분위기를 비판하며 이렇게 주장했다.

> 대부분의 이론들은 범죄가 빈곤 탓이거나 빈곤과 관련된 정신병과 사회적 병리 때문이라고 가정한다... 그러나 대부분의 화이트칼라 범죄자들은 빈곤하지 않았고, 슬럼이나 문제 많은 가정에서 성장하지도 않았으며, 유약하거나 병리적이지도 않았다(Sutherland, 1940, pp.9-10. Lilly et al., 2011/2017, p.71에서 재인용. 필자 각색).[7]

서덜랜드는 상위계층의 사람들이 많은 범죄행동에 참여한다는 사실을 알고 있었다. 실제 미국 대기업의 불법행위에 대한 그의 연구(1949)[8]는 대기업과 고위직들이 법적 기준을 자주 위반하여 '상습적 범죄인'으로 명명될 수 있을 정도라고 밝혔다. 서덜랜드는 이들의 불법행위가 하나의 관행처럼 업무 수행과정에서 배우고 전파한 결과라고 주장했다. 그들은 실제 가난하지도 않았고 정신병자도 아니었다.

Ⅱ. 에이커스의 차별강화이론과 사회학습이론

▶Robert Burgess
– 미국의 행동사회학자(미드와 같은 사회적 행동주의자와 반대 시각을 가짐에 주의)
– 동명이인: 사회생태학과 동심원모델을 주창한 버지스는 Ernest Burgess.

서덜랜드의 차별접촉이론이 등장할 당시에는 개인주의에 대한 반발로 구조적 차원의 이론들이 범죄학계를 주도하고 있었다. 특히 시카고학파의 사회생태학과 사회해체이론이 그러했고, 머튼의 긴장(아노미)이론도 거시적 관점을 취하고 있었다. 이러한 분위기는 1950년대 즈음까지 지속되었는바, 버지스와 에이커스가 차별접촉이론을 수정·보완하여 '차별강화이론'을 주창한 건 1966년이었다.[9] 그리고 에이커스가 차별강화이론을 개

선하여 '사회학습이론'으로 발표한 해는 1973년이었다.[10]

차별강화이론과 사회학습이론은 서덜랜드의 차별접촉과 심리학의 학습이론적 요소를 결합한 이론이었다. 차별강화이론은 스키너(Skinner, 1904-1990)의 행동주의 심리학 중 '조작적 조건 형성(operant conditioning, 또는 직접적 조건화)'을 차용했고, 사회학습이론은 반두라(Bandura, 1925-2021)의 사회학습이론 중 '모방(imitation)'을 차용했다. 둘 다 합리적 선택의 요소를 강하게 가지고 있었는바, 실제로 에이커스(1990)는 합리적선택이론이 사회학습이론의 변형에 불과하다고 주장했다.[11]

필자 비평 VII-1 : 이 책의 시대적 구분에 대한 이해

1920-1950년대 사이 사회학적 이론들은 주로 구조적 관점을 취했다. 하지만 이 시기에 개인적 차원의 논의가 아예 없었던 건 아니다. 시카고학파의 유산에 학습이론, 통제이론, 낙인이론 등이 포함되어 있는 것은 당시 범죄학계에 개인 차원의 연구가 상당히 존재했음을 의미한다. 결국 이 책이 시대를 구분하여 역사적 순서대로 설명을 이어가는 것은 독자들이 범죄학을 큰 틀에서 그림을 그려가며 학습하길 바라는 마음에서 비롯된 것으로 이해하자.

이러한 시대적 구분과 관련해서 주의해야 할 또 다른 예로 비판주의 관점이 있다. 우리가 흔히 접하는 진술, 즉 1960-70년대에 비판주의 관점이 범죄학의 주류로 등장했다는 것은 이 시기에 사회구조나 사회과정이론들이 거의 사라질 정도로 쇠퇴했다는 의미가 절대 아니다. 일반적으로 어떤 사상이 두드러지게 쇠퇴하는 것은 그 사상이 터무니없거나 극단적인 성향을 가지고 있을 때이다. 주지하듯, 초기의 생물학적 관점이나 1960-70년대의 비판주의 관점은 보수와 진보의 양 극단에 위치하기 때문에 시대적 분위기에 따라 일시적인 조명을 받은 후 급격히 쇠퇴하는 흐름이 존재했다.

1. 차별강화이론(Differential Association–Reinforcement Theory)

▶차별강화
– 차별접촉 + 조작적 조건
형성(강화)
– 강화: 내면의 심리와 무관
하게 경험한 결과에 따라 행
동의 방향 결정
– 합리적 선택과 연관된
개념

차별강화는 서덜랜드의 차별접촉과 스키너의 '조작적 조건 형성'을 결합한 개념이다. 차별강화이론의 원래 명칭을 보면 '차별접촉–강화이론'으로 되어있어 서덜랜드의 이론이 많이 반영된 사실을 짐작할 수 있다. 그런데 차별접촉은 이미 학습했으니 '조작적 조건 형성'만 살펴보도록 하자. 이것은 쉽게 말하면, 어떤 행동은 그것이 초래하는 결과에 따라 강화되거나 억제되는바 이 과정을 통해 그 행동을 할지 말지가 학습된다는 것이다. 즉, 어떤 행동을 학습한다는 것은, 관련된 가치관이나 태도의 내면화와는 별개로, 그 행동이 가져오는 긍정적이거나 부정적인 결과와 연합해서 이루어진다는 개념이다. 만약 어떤 행동이 보상을 가져오면 그 행동을 더 하게 되는 긍정적 강화(positive reinforcement)가 발생하고, 처벌을 초래하거나 또는 기대했던 보상이 이루어지지 않으면 그 행동을 삼가게 되는 부정적 강화(negative reinforcement)가 발생한다. 비유하자면, 결국 인간의 행동도 당근과 채찍으로 서커스단의 동물이 훈련되는 것처럼 보상과 처벌에 의해 학습되고 강화된다는 설명이다. 이는 직관적으로 봐도 확실히 합리적 선택과 연관성이 큰 설명이다.

인간의 행동이 '조작적 조건 형성'에 따라 학습되므로 이제 중요한 건 어떤 집단과 접촉하느냐에 달려있다. 만약 가족이나 친구들이 일탈에 대해 옹호하고 권유하며 함께 참여해서 이익을 나누면 일탈의 가능성이 커진다. 범죄에 우호적인 정의를 형성하고 그에 따른 보상을 받기 때문이다. 반대로 금기시하고 처벌하면 범죄에 대해 비우호적인 정의를 형성하고 처벌이 두려워 일탈의 가능성이 줄어든다. 대부분의 개인은 범죄에 우호적인 집단과 비우호적인 집단과의 접촉을 동시에 하는데, 점차 범죄경력을 쌓아가다 보면 범죄에 우호적인 집단과 접촉하는 빈도와 강도가 훨씬 증가해서 더욱 범죄를 빈번하고 지속적으로 저지르게 된다.[12]

행동주의 심리학과 행동사회학

조작적 조건 형성과 강화의 개념은 행동주의 심리학(행동심리학)의 산물이다. 행동주의 심리학은 인간의 내면에 집중했던 프로이트 계열의 정신분석학적 심리학에 대한 반발로서, 겉으로 드러난 행동을 관찰하고 해석함으로써 심리를 파악해 가려는 과학주의 심리학이었다. 대표적인 학자는 스키너로서 그는 인간의 행동이 주변 환경의 '반응'에 의해 결정된다고 주장했다. 즉, 반응의 긍정성과 부정성에 따라 특정 행동에 대한 강화 현상이 발생하고 이 과정을 통해 행동은 습관화된다는 것이었다. 이러한 논리는 행동의 예측이 가능하고, 또한 예측의 정확성을 실증할 수 있는 장점이 있었다. 이처럼 철저히 과학주의를 따르는 행동주의 심리학은 20세기 초중반 미국사회를 휩쓸었다. 당시 실증주의가 학계를 주도한 흐름과 일치하기 때문에 전혀 놀라운 현상은 아니었다. 행동주의식 접근방법은 경제학이나 사회학 등 다른 학문 분야에서도 적극 차용하여 1950-60년대 행동경제학, 행동사회학이 성장하는 계기가 되었다.

차별강화이론의 주 저자이자 향후 사회학습이론을 주장한 에이커스는 1965년 워싱턴대학의 교수로 임용된 직후 동료 교수로 임용된 버지스를 만났는데, 버지스는 스키너의 행동주의 심리학에 심취해서 그 원리를 사회학에 적용하고 싶어하는 행동사회학자였다. 고민 끝에 두 학자는 서덜랜드의 차별접촉이론이 행동주의 심리학을 적용하기에 가장 적절한 이론이라 판단했다. 서덜랜드는 '접촉이라는 상호작용과 그로 인한 범죄 정의의 내면화(범죄적 가치의 수용)'를 학습의 핵심으로 내세웠지만, 버지스는 '행동을 통해 실제 경험하는 강화 과정'이 학습의 핵심이라고 주장했다. 에이커스는 버지스의 주장을 받아들여 그와 함께 차별접촉이론을 수정·보완하는 작업에 착수했고, 그 결과가 차별강화이론이었다.[13]

▶행동사회학의 학습
- 행동의 결과에 대한 보상이나 처벌을 경험하면서 특정 행동으로의 강화 현상이 발생. 이것이 학습이다! = 합리적 선택
※ 차별접촉이론: 상호작용과 범죄 정의(가치)의 내면화. 이것이 학습이다! = 규범적 선택?(필자비평 VII-2 참고)

2. 사회학습이론(Social Learning Theory)

차별강화이론은 범죄의 반복을 매우 잘 설명한다. 하지만, 범죄의 시작에 대한 설명은 차별접촉이론과 동일해서 비행친구와의 상호작용을 통해 범죄에 우호적인 정의를 내면화하는 것이 이유가 된다. 에이커스는 서덜랜드의 주장에 동의했지만, 범죄 시작의 원인을 '심리학의 사회학습이론'에서 추가적으로 찾고 싶었다. 즉, 내면화된 정의에 더해 외적인 기제를 탐구했는데, 그것이 바로 반두라의 '모방'이었다. 모방은 타인의 행동을 관찰하고 따라하는 것으로 행위의 결과를 경험하지 않아도 행위의 시작이 가능한 기제였다. 결과적으로 에이커스의 사회학습이론은 다음 네 가지 요소로 완성되었다.[14]

▶사회학습이론
- 차별강화이론 + 모방
- 4요소: 차별접촉, 정의의 내면화, 차별강화, 모방
- 범죄의 시작과 지속을 잘 설명함.
- 반두라의 사회학습이론(심리학)과 구분 요.

① **차별접촉.** 개인은 살아가면서 다양한 사람들과 상호작용하는데 어떤 이들은 범죄에 우호적인 정의를 가지고 있고 어떤 이들은 범죄에 비우호적인 정의를 가지고 있다. 어떤 성향의 사람과 많이 접촉하느냐에 따라 범죄에 대한 개인의 가치관이 달라진다.

② **범죄에 우호적인 정의의 내면화.** 범죄에 우호적인 사람들과의 차별적인 상호작용으로 인해 범죄적 가치관이 형성되는데, 이 가치관은 범죄에 대한 동기나 충동으로 작동한다. 또한, 범죄를 합리화시키는 방법이나 적발시 뉘우치는 것처럼 보이는 요령과 같은 인식과 태도도 함께 학습된다.

③ **차별강화.** 어떤 행위를 학습하는 것은 그 행위의 결과를 계속 경험함으로써 이루어지는바, 보상의 결과가 초래되면 긍정적 강화가 발생하고 처벌의 결과가 초래되면 부정적 강화가 발생한다. 이때 범죄에 따른 보상과 처벌은 법적, 물질적, 이념적, 종교적 측면의 것을 다양하게 포함한다.

④ **모방.** 모방은 차별강화와 무관하게 발생할 수 있다. 어떤 상황에서 존경하는 사람의 행위를 관찰하고 그 결과를 헤아리는 것은 모방의 가장 흔한 경로이다.

네 가지 요소들을 조합하여 에이커스가 주장한 내용을 간추리면 다음과 같다. 첫째, 범죄의 시작은 차별접촉으로 내면화한 정의에 의해서도 가능하고, 단순한 모방에 의해서도 가능하다. 이때 내면화한 정의와 모방이 동시에 작동할 수 있음은 지극히 당연하다. 둘째, 범죄의 지속은 범죄를 보상하는 차별적 강화가 계속 존재할 경우 발생한다. 서덜랜드는 정의의 내면화만으로 범죄의 시작과 지속을 주장하였지만, 에이커스는 모방과 강화라는 외적 기제를 추가해서 학습이론의 설명력을 강화했다.

3. 평가

서덜랜드의 차별접촉이론과 마찬가지로 에이커스의 사회학습이론은 설명력이 강한 것으로 잘 알려져 있다. 특히 사회유대이론이나 일반긴장이론 등 개인 수준의 다른 사회화 이론들과 비교한 연구에서도 대부분 사회학습이론의 우세가 보고됐다. 또한 재범 연구에서도 반사회적 가치관과 동료의 영향이 강력한 예측요인으로 드러났다.

사회학습이론에 대한 비판 역시 차별접촉이론과 유사한데, 그중 비행이 비행친구와 어울리게 만든다는 '유유상종' 비판이 가장 두드러진다. 이에 대해 에이커스는 어느 정도 동의했지만, 더 중요한 것은 개인이 반사회적 가치를 가지고 있어서 비행 친구를 선택했다 해도 비행친구와의 접촉이 비행을 증가시키는 건 변함없다고 주장했다.[15]

필자 비평 VII-2 : 합리적 선택 vs. 규범적 선택

선택의 개념과 관련해서 필자가 한 가지 부연하고 싶은 점이 있다. 전술한 대로, 에이커스의 학습이론들은 가치체계의 내면화를 강조하는 차별접촉이론을 기반으로 하면서도 합리적 선택을 강조하는 심리학적 개념들(i.e., 행동주의 심리학의 '강화', 반두라 학습이론의 '모방')을 통합해서 합리적선택이론과 유사한 특징이 있다. 우리가 보통 '선택'이라고 하면 합리적 선택을 의미하기 때문에 고전주의, 합리적선택이론, 생태학적 관점, 에이커스의 학습이론들을 논할 때 등장하는 선택이란 단어는 매우 자연스럽게 느껴진다. 그런데, 가치체계의 내면화를 다루는 문화이론이나 통제이론에서도 선택이라는 용어가 자주 등장하는바, 필자는 개인적으로 문장의 맥락에 따라 약간 불편하게 다가오는 경우가 있어 조금 더 명확히 구분해야 할 필요성을 느낀다. 결론적으로 필자는 그러한 이론적 맥락에서 등장하는 선택을 '규범적 선택'이라 명명하고 싶은데, 그 이유는 두 단계의 사유를 통해서이다.

우선, 개인이 어떤 가치체계에 따라 행동하는 것도 선택이긴 하다. 누가 시켜서 또는 타고난 문제로 인해 어쩔 수 없이 하는 행동이 아니라 본인이 가치관에 따라 결정한 것이기 때문에 분명 스스로 선택한 행동이다. 따라서 문화이론이나 통제이론 등에서 등장하는 '범행을 선택한다'라는 표현이 잘못된 것은 아니다. 둘째, 하지만 가치관에 따른 선택은 합리적 선택과 똑같지 않다. 자신에게 손해인 줄 알면서도 옳다고 생각하기 때문에 특정 행동을 선택하거나, 이익이지만 옳지 않다고 생각하기 때문에 선택하지 않는 것은 결코 합리적이라 할 수 없다. 우리는 흔히 왜 일탈하지 않느냐는 물음에 '부모님께서 걱정하실까봐' 또는 '그냥' 등으로 답한다. 이것은 소중한 사람들과의 관계를 중시하고, 자신의 양심과 도덕을 당연시하기 때문이다. 결국, 규범적 선택이란 범죄와 직접적으로 관련된 물질적 이익이나 손해를 따지지 않고 자신의 가치관에 따라 결정하는 행동을 말한다. 만약 범죄에 우호적인 가치관을 내면화한 경우라면 계산하지 않고 '반규범적 선택', 즉 범죄를 행하게 될 것이다.

참고로 '규범적 선택'은 법철학에서 사용하는 규범적 사고를 차용한 용어이다. 실제로 윤리학이나 경제학 등 다른 학문 분야에서는 '당위'의 의미로 사용된다. 이 책 제1장에서 범죄학이 사실학인지 규범학인지 구분하는 부분을 참고하기 바란다. 하지만 규범적 선택은 필자가 주관을 담아 사용하는 표현이고 범죄학에서는 거의 사용되지 않기 때문에 개론서인 이 책에서는 앞으로 사용하지 않을 것이다. 다만, 혹시라도 이 책이나 다른 교재들을 읽다가 선택이란 표현에서 필자와 같은 불편함을 느끼는 독자가 있다면, 맥락에 따라 '규범적 선택'으로 해석하는 것이 훨씬 편하게 다가올 수도 있을 것이다.

Ⅲ. 사이크스와 마짜의 중화(기술)이론(Techniques of Neutralization)

1. 의의 및 정체성

▶중화이론의 정체성
– 학습이론과 통제이론으로서의 성격 공유.

사이크스와 마짜(1957)[16]의 중화이론(또는 중화기술이론)은 중화기술에 대한 이론으로서, 중화기술이란 범죄를 합리화함으로써 자신에 대한 이미지(자아)를 지켜나가는 기술을 말한다. 중화기술은 사회화 과정에서 습득하는 것이기 때문에 기본적으로 학습이론으로서의 성격이 강하다. 그래서 이 책은 중화이론을 학습이론의 범주에서 논하고 있다. 하지만, 사이크스와 마짜가 중화이론을 주창한 목적은 내면화한 관습적 가치체계를 변명을 통해 중화시켜야 부담 없이 범행에 가담할 수 있다는 걸 설명하기 위함이었다. 즉, 평소에는 전통적 가치와 규범에 따라 행동하지만, 일탈을 합리화시킬 수 있는 변명거리가 생기면 비교적 자유롭게 일탈에 가담하게 된다는 주장이었다. 결국 중화가 자아통제를 스스로 완화시키는 기제이기 때문에 중화이론은 통제이론으로서의 성격도 가지고 있다.

학습. 중화기술을 학습한다는 생각은 차별접촉이론의 네 번째 명제와 관련이 크다. 사실 중화이론은 서덜랜드가 범죄적 정의를 학습하면서 기술, 합리화, 겉으로 위장하는 태도 등도 함께 학습한다고 주장한 데서 영감을 얻은 것으로 알려져 있다. 사이크스와 마짜는 실제로 청소년들이 상황에 따라 변명하는 방법을 체득한 후 본래 체득했던 전통적인 가치체계를 과감하게 위반하기 시작한다고 주장했다. 하나의 증거로써 범죄자가 피해자를 찾을 때 사회의 주요 가치를 잘 반영하는 사람보다는 외면받고 무시되는 사람을 찾는 경향을 발견했다.[17]

통제. 그런데 중화이론은 단순히 변명의 기술을 학습하는 과정을 탐구하는 이론이 아니었다. 사이크스와 마짜가 당대(1950년대)의 범죄학계에 의문을 가진 점은 빈곤이나 기회의 부재, 일탈하위문화가 범죄의 원인이라면 왜 그러한 구조적 상황에 처한 사람들 중 다수가 범죄를 저지르지 않는가 하는 문제였다. 물론 앞서 살펴본 대로 많은 구조 이론가들이 개인의 적응 방식이나 대응 요령이 다양함을 제시했지만, 사이크스와 마짜는 그러한 접근이 비행을 저지르는 사람과 저지르지 않는 사람의 차이를 과하게 부각한다고 생각했다. 즉, 대부분의 사람은 비행을 저지르기도 하고 안 저지르기도 하고 저질렀다 쉬기도 하고 쉬다가 저지르기도 하는 등 관습과 비관습을 오가는 게 일반적이다. 그런데도, 예를 들어 일탈하위문화이론은 일탈 규범을 내면화한 사람들이 범죄를 자연스럽게 저지르고 내면화하지 않은 사람들은 그렇지 않다고 설명하는바, 사이크스와 마짜는 이러한 설명에 절대 동의하지 못했다. 또한 개인 수준의 통제이론 역시 내면화한 관습적 가치체계가 약화될 때 범죄로 이어진다는 설명을 내놓고 있는바, 사이크스와 마짜는 그렇지 않다고 생각했다.

대신 그들은 절대 다수의 사람들이 관습적 가치체계를 잘 알고 있고 이를 지키지 않을 경우 창피함과 자존감 하락을 느낀다고 간주했다. 따라서 범죄를 저지르는 것은 내면의 통제 기제인 관습적 가치체계를 스스로 중화시켜 창피함과 자아 이미지에 대한 손상을 극복할 수 있을 때 가능하다고 생각했다. 결국 중화이론은 변명거리를 찾아 자신의 일탈을 합리화시키는 것이 범죄행위의 준비단계이자 실질적인 원인이라는 설명이었다. 그리고 그러한 중화의 기술은 상호작용을 통해 학습된다는 것이다.[18]

▶**기존 이론 비판**
– 거시 이론 비판: 빈곤, 기회부족, 일탈문화 등의 설명은 범죄자와 비범죄자의 차이를 과하게 부각시킴.
– 통제이론 비판: 내면화한 관습적 가치체계의 약화가 직접 범죄로 이어지는 것은 아님.

2. 다섯 가지 중화기술

▶5개의 중화기술 명심!

사이크스와 마짜는 범죄를 실행하기 위해서는 내면화한 관습적 가치체계를 어길 때 느끼는 죄책감을 극복하고 자아 이미지에 대한 손상을 막기 위한 준비과정이 필요하다고 생각했다. 이는 곧 자신의 일탈을 합리화시키는 변명의 기술을 습득하는 과정으로서, 다음과 같이 다섯 가지 중화기술을 제시했다(《표 VII-1》 참고).

① **책임 부정(denial of responsibility)**. 책임 부정은 범죄를 저지를 수밖에 없었다는 변명이다. 예컨대, 힘센 친구가 시켰다든지 부모가 나를 학대했다는 등의 진술로 고의로 저질렀다는 인식을 불식시키려 한다.

② **피해 부정(denial of injury)**. 피해 부정은 자신의 비행으로 인해 누구도 다치지 않았으며 어떤 손해도 발생하지 않았다는 변명이다. 예컨대, 그냥 장난이었다든지 잠시 빌린 후 돌려주려 했다는 등의 진술로 피해가 발생하지 않았다고 항변한다. 간혹 부자들을 대상으로 한 범죄에서 "이 정도의 손해는 그들에게 아무것도 아니다"라는 변명을 하기도 한다.

③ **피해자 부정(denial of the victim)**. 피해자 부정은 피해자가 피해를 당할 만했다는 변명이다. 그래서 자신이 안 했어도 다른 사람한테 피해를 당했을 것이라고 주장한다. 예컨대, 나쁜 놈들의 돈을 훔쳤다든지 우리 구역에 무단으로 들어왔기 때문에 물리칠 수밖에 없었다 등의 진술로 피해자들의 피해가 예상 가능했다고 항변한다.

④ **비난자 비난(condemnation of the condemners)**. 비난자 비난은 이 사회의 지도층도 다 나쁜 놈들이기 때문에 법을 어겨도 된다는 변명이다. 또는 누구나 잘못을 하고 살기 때문에 자신을 비난하는 사람은 위선자라고 생각한다. 예컨대, 엄청난 고위층의 비리를 보라든지 당신이 나보다 더 나쁜 놈이다는 등의 진술로 자신만 탓하지 말라는 항변을 한다.

⑤ **높은 충성심에의 호소(appeal to higher loyalties).** 높은 충성심에의 호소는 친구 간의 의리나 조직에의 충성, 종교에의 믿음 등 사적 관계로 맺어진 가치 때문에 공식적 규범을 어길 수밖에 없다는 변명이다. 예컨대, 친구를 지키기 위해 싸움에 끼어들 수밖에 없었다든지 우리 조직에 해를 가하기 때문에 응징했다는 등의 진술로 자신의 이익을 위한 일탈이 아니었음을 항변한다.

〈표 VII-1〉 중화기술 요약

중화기술	변명(합리화)	슬로건(구호)
책임 부정	통제할 수 없는 어떤 힘이 나로 하여금 법을 위반하게 만들었다.	"고의가 아니었다!"
피해 부정	내 비행은 누구에게도 피해를 끼치지 않았다.	"나는 정말 누구도 해치지 않았다!"
피해자 부정	그들은 피해를 당할 만했다. 그래서 상황적으로 이건 잘못된 것이 아니다.	"그들은 이렇게 될 줄 알았다!"
비난자 비난	사회의 지도층도 다들 부패하고 도둑놈들이기 때문에 법을 어겨도 괜찮다. 그들이 나를 비난하는 건 위선이다.	"왜 나한테만 그래!"
높은 충성심에의 호소	나는 의리와 명예를 지키기 위해 법을 어길 수밖에 없었다.	"나를 위해서 그런 것이 아니다!"

출처. Lilly et al. (2011). *Criminological Theory*. Sage. 이순래 외 2인 역(2017), p.147. 필자 각색.

3. 평가 및 표류이론(Drift Theory)

사이크스와 마짜의 중화이론은 학습이론과 통제이론의 특성을 결합한 이론이다. 그런데 일반적인 통제이론과 상당한 차이가 있어 주의를 요한다. 다음 장에서 살펴볼 개인 수준의 통제이론들은 대부분 내면화한 관습체계의 약화가 제어 능력의 상실로 이어져 범죄를 저지른다고 보는데, 중화이론은 그러한 수동적 상태만으로는 설명이 부족하다고 본다. 대신 범죄로 인한 창피함과 자존감 하락을 방지할 수 있는 변명(합리화)의 기술을 습득했을 때 스스로 내면의 관습적 가치체계를 잠시 누그러뜨리고 편하게 범행

▶사회통제이론과의 비교
- 통제이론: 내면화한 가치체계가 약화된 수동적인 상태가 범죄의 원인임.
- 중화이론: 변명의 기술을 습득하여 스스로 내면의 관습적 가치체계를 잠시 누그러뜨려서 범죄에 가담함.

에 가담할 수 있다고 주장한다.

중화이론은 대부분의 사람들이 관습적 행위를 하다가 잠시 비관습적 행위를 하고 다시 관습적 생활로 돌아오는 현실을 고려하면 매우 그럴듯한 설명이었다. 나중에 마짜 (1964)[19]는 중화이론을 발전시켜 '표류이론(drift theory)'이라 명명했는데, 바로 이러한 현실을 반영한 이론이었다. 표류이론에서 마짜는 특히 코헨(1955)의 일탈하위문화이론을 비판하였는바, 전통적인 가치와 규범이 일탈문화적 가치와 규범으로 대체된다는 데 전혀 동의하지 못했다. 마짜는 아무리 슬럼의 빈곤하고 기회가 부족한 청소년들이라 해도 대부분은 관습적 가치체계를 내면화하고 있다고 봤다. 그 증거로서 그들이 범죄자를 증오하고 준법시민을 존중하며, 비행 후 죄책감을 느끼거나 후회하는 등 매우 관습적인 행태를 보인다고 주장했다. 따라서 그들이 비행을 저지르는 것은, 범죄적 가치를 내면화해서가 아니라, 도덕적 딜레마나 부당함을 느끼는 상황에서 관습과 도덕에 대한 중화가 가능해졌기 때문이라고 주장했다.[20]

중화이론과 표류이론에 대한 실증연구는 제대로 개념을 측정하고 인과모형을 설정하기가 어려워 수적으로 많지가 않고 결과 또한 엇갈린다. 하지만, 화이트칼라범죄나 테러범죄를 설명하는데 유용한 것으로 평가된다. 예컨대, '정부가 소비자의 위험을 지나치게 강조했다'(손상부정), '우리의 신을 모욕했기 때문에 응징이 필요했다(높은 충성심에의 호소)' 등의 레토릭(수사)으로 범죄를 합리화시키는 경우가 종종 있다. 또한 성인이 된 이후 범죄를 그만두는 이유를 잘 설명하는 장점이 있다. 변명이나 합리화는 청소년기에나 유용하게 쓰일 뿐, 성인기에 접어들면 그러한 변명이나 합리화가 오히려 더 궁색하다고 느끼게 된다. 따라서 대부분의 성인들은 관습적 가치 안에 머무르거나 또는 관습적 가치와 잠재적 가치(관습과 비관습의 중간 가치. 예, 음란물 시청, 과음, 도박 등) 사이에서 표류하게 된다.[21]

▶ 표류이론
— 대부분의 사람들은 관습적 가치체계를 내면화하고 있음.
— 관습(합법)과 비관습(불법) 사이를 왔다 갔다 하는데, 대부분의 시간은 관습의 영역에서 보냄.
— 도덕적 고민이나 부당함을 느끼는 상황에서 관습과 도덕에 대한 중화가 가능할 때 범죄를 저지름.

▶ 중화이론(표류이론)의 장점
— 화이트칼라범죄, 테러범죄 설명에 유용
— 성인기 이후 범죄를 그만두는 이유 잘 설명.

IV. 정책적 함의

사회학습이론은 범죄적 가치를 내면화하기 전에 개입할 것을 주문한다. 따라서 변화의 가능성이 큰 청소년들을 대상으로 관습적 가치에 많이 노출 시키고, 청소년 위반자에게는 처벌보다 교화 프로그램을 우선해서 제공한다. 또한 학교 밖 청소년들을 지역사회와 협력해서 학교로 돌려보내려는 움직임이 있다.[22]

좀 더 구체적으로 살펴보면, 사회학습이론은 상호작용과 인지과정에 기초하기 때문에 '인지행동 프로그램'이 효과적이라는 연구가 많다. 또한 친사회적인 환경을 제공하는 것도 차별접촉을 줄이는 효과가 있다. 예컨대, 친사회적인 또래 청소년의 상담을 받게 하거나 '토큰경제(token economy)'로 운영되는 주거시설에 입주시키는 정책이 있다. 토큰경제란 규범을 잘 준수할 경우 포인트를 얻을 수 있고, 이 포인트를 이용해서 물건을 구매하거나 늦은 귀가를 허락받는 등의 특권을 얻을 수 있는 프로그램이다. 마지막으로, 부모의 양육방식을 모니터링하고 적절한 훈육 기술을 가르치는 프로그램도 효과적인 것으로 드러났다.[23]

제2절　사회통제이론

사회통제이론은 크게 시카고학파의 통제이론들, 허쉬의 사회유대와 자기통제이론, 기타 현대의 통제이론들로 구분할 수 있다. 시카고학파의 통제이론들은 시카고학파의 전통에 따라 공유된 가치와 규범의 제어 능력을 바탕으로 한 다음, 구체적으로 개인이 규범에 순응하거나 반항하게 되는 이유를 탐구한다. 허쉬는 주로 양육 및 교육 과정에서 형성되는 사회유대와 자기통제력을 탐구하는데, 유대는 사회관계의 질에 해당하는 사회학적 개념인 반면, 자기통제력은 내면화된 성향에 해당하는 심리학적 개념이다. 현대의 통제이론들은 통제의 개념과 종류를 확장하고, 개인을 통제의 대상으로서뿐만 아니라 행사자로 보는 등 관점의 전환을 시도하기도 한다.

순응의 개념

▶순응
– 수용: 내면화, 통합 / 개인적 통제, 내적 통제
– 복종: 비내면화, 규제 / 사회적 통제, 외적 통제

이 책은 사회통제이론의 키워드를 '순응(conformity)'으로 본다. 순응이란 전통적인 공동체의 가치와 규범에 따르는 상태를 말하는바, 뒤르켐과 사회해체이론의 기본 사상과 연관이 크다. 순응은 관습적인 가치체계를 '수용'하여 내면화하거나, 또는 내면화하지 않더라도 적절히 '복종'하는 방식으로 이루어진다. 뒤르켐은 전자를 '통합(integration)'이라 명명하고 후자를 '규제(regulation)'라 명명했다. 관련 용어들을 좀 더 나열해보면, 수용은 '개인적 통제'나 '내적 통제'로 표현될 수 있고, 복종은 '사회적 통제'나 '외적 통제'로 표현될 수 있다. 사회통제이론은 이처럼 개인을 순응하게 만드는 내적·외적 통제 기제가 사회화 과정에서 어떻게 형성되고 작동하는지를 탐구한다.

▶사회통제 개념의 맥락
– 원인론: 순응이나 반항의 이유 탐구
– 대책론: 공식적·비공식적 사회통제의 효과성 탐구

부적절한 통제 기제는 당연히 개인이 범죄를 저지르는 직간접적인 이유로 간주된다. 따라서 이러한 사회통제 개념은 현재 정책 분야에서 적극 수용되어 비공식적 사회통제나 공식적 사회통제와 같은 용어들이 유행처럼 사용되고 있다. 주지하듯, 비공식적 사회통제는 지역사회의 구성원들이 범죄나 무질서 문제를 스스로 해결할 수 있는 능력을 말하고, 공식적 사회통제는 경찰 등 법집행 기관의 범죄예방과 진압 활동을 말한다. 결국, 범죄 원인론에서 제시되는 사회통제의 개념과 범죄 대책론에서 제시되는 사회통제의 개념은 서로 유사하면서도 다른 특징을 가지고 있으므로 독자들의 주의를 요한다. 간단히 정리하면, 원인론에서의 사회통제는 순응이나 반항의 이유를 탐구하는 개념이고, 대책론에서의 사회통제는 공식적·비공식적 사회통제의 효과성을 탐구하는 개념이라 할 수 있다. 대책론에서의 사회통제는 제2권에서 상세히 설명된다.

성악설

사회통제이론이 순응에 관심을 두는 이유는 인간이 본래 자신의 욕망을 추구하는 이기적인 존재라고 전제하기 때문이다. 즉, 본래 이기적인 존재가 규범을 어기는 행위는 너무나 당연하기 때문에 다른 원인을 찾을 필요가 없는 것이다. 그런데 반대로 이기적인

존재가 자신의 욕망을 억제한 채 관습적 가치와 규범에 순응하는 것은 실로 놀라운 일인바(일반적인 동물의 세계에서는 찾아볼 수 없음), 사회통제이론은 이 순응의 메커니즘을 파악하는 것이 범죄 연구의 핵심이라고 생각했다.

사회통제이론의 뿌리라 할 수 있는 뒤르켐은 인간을 무한한 욕망을 가진 존재로 보았고, 사회해체이론도 명확히 언급하진 않았지만, 전통적 가치와 규범의 붕괴가 개인의 행동에 대한 사회의 억제력 상실로 이어진다는 뒤르켐의 시각을 공유했다. 그리고 성악설을 개인의 심리적 차원에서 체계적으로 설명한 학자는 프로이트로서, 그는 원초적 자아(id)를 이기적인 욕망을 추구하는 본능적 자아로 보고, 사회화를 통해 형성되는 자아(ego)와 초월적 자아(super-ego)가 충동적인 자아를 제어한다고 보았다. 사회화의 중요성은 뒤르켐도 이미 언급했는바, 많은 위대한 사상가들이 '진화한 인간다움'을 위해서는 양질의 사회화와 교육이 필수라고 입을 모았다.

참고로 앞서 살펴본 사회학습이론의 경우 성선설의 입장에 가깝다는 주장이 존재한다.[24] 인간은 본래 선한데 비관습적 가치나 기술, 합리화를 배워 범죄를 실행하기 때문이라고 설명한다. 하지만, 필자는 그러한 분류에 약간의 의문을 가지고 있다. 첫째, 차별접촉이론에 영향을 미친 사회해체이론이 성악설을 전제하고 있다. 둘째, 행동심리학에 기반한 에이커스의 학습이론은 인간이 자신의 이익을 위해 계산하고 선택하는 존재라고 가정한다. 셋째, 범죄적 가치나 기술을 배우기 전에 일반적으로 관습적 가치체계를 내면화하는 과정이 선행하는바, 이 과정은 개인의 욕망을 통제하기 위한 과정이라 할 수 있다. 따라서 필자는 사회학습이론을 오히려 성악설로 분류해도 큰 문제가 없다고 생각하는데, 이는 필자 개인의 생각이므로 독자들은 참고만 하기 바란다. 오히려 시험 등 공식적인 상황에서는 성선설에 가깝게 접근해야 할 것이다.

I. 시카고학파의 통제이론들

시카고학파의 전통에서 리이스(1951)[25]와 레클리스(1967)[26]는 뒤르켐과 사회해체이론의 근간이 되는 공동체의 가치와 규범, 통합이 개인의 행동에 영향을 미친다는 사상을

▶성악설
– 인간은 본래 이기적인 욕망덩어리
– 뒤르켐, 사회해체이론, 프로이트
– 양질의 사회화와 교육이 인간다움의 필수요건임.
– 사회학습이론은 불명확 & 입장 구분 불필요

존중했다. 그런데 그들은 구조적 차원의 설명이 개인의 행동을 직접 설명하거나 예측하는 데 한계가 있다고 생각했다(생태학적 오류 참고). 그래서 미드의 상징적 상호작용주의를 적용한 사회심리학의 관점을 취하고, 개인의 사회화 과정을 탐구했다. 그중 리이스(1951)는 사회통제가 실패하는 직접적이고 개인적인 이유에 관심을 가졌는바, 그 해답을 주로 가족 등 일차집단의 역할수행에서 찾았다. 반대로 레클리스(1967)는 대부분의 사람들이 수많은 압력과 유인에도 불구하고 범행에 가담하지 않고 순응 상태를 유지하는 이유에 관심을 가졌는바, 그 해답을 주로 사회화 과정에서 형성되는 내적(자기) 통제에서 찾았다. 레클리스의 봉쇄이론은 다음 절에서 살펴볼 허쉬(1969)의 사회유대이론에 영향을 미친 것으로 평가된다.[27]

1. 리이스의 개인적·사회적통제이론(Theory of Personal and Social Controls)

리이스는 1949년 시카고대학에서 박사학위를 마치고 2년 뒤인 1951년 자신의 박사과정 프로젝트를 요약정리한 논문 "개인적·사회적 통제의 실패로서의 비행(Delinquency as the Failure of Personal and Social Controls)"을 발표했다. 리이스의 연구는 뒤르켐과 사회해체이론의 기본 사상을 이어받아 사회의 전통적인 가치와 규범이 개인의 행동에 직간접적인 영향을 미친다고 전제했다. '개인적 통제'는 '공동체의 규범과 개인의 욕구가 갈등하는 상황을 통제할 수 있는 개인의 능력'이라 정의하고, '사회적 통제'는 '효과적인 규범을 만들어낼 수 있는 사회 집단이나 제도의 능력'이라 정의했다. 결국 개인의 비행은 개인적·사회적 통제가 실패한 결과로 발생하는 것이었다.

그런데 리이스의 이론이 이처럼 기본적인 메커니즘에서 멈췄다면 주목받을 이유가 없었을 것이다. 그는 통제의 실패가 비행으로 이어진다든지 주류 가치체계의 대안으로서 일탈문화가 형성되고 전파된다든지 하는 사후적인(그가 보기에) 과정에는 크게 관심이 없었다. 실제로 그는 비행친구집단에 대해서도 통제기능이 실패한 결과로 간주하고 크게 중시하지 않았다.

일차집단 내의 사회화

대신 그는 박사과정을 통해 청소년비행의 예측도구를 개발하고 싶어했다. 따라서 통제의 실패가 비행으로 이어진다는 대선배들의 사상을 수용했지만, 그에게 더 중요한 이슈는 왜 통제가 실패하느냐 하는 문제였다. 단순히 급격한 사회변화나 지역조직의 붕괴가 원인이라는 거시적 설명은 너무 간접적이고 집합적이어서 개인의 비행에 대한 예측이 불가능하다고 생각했다. 따라서 그는 미드의 상징적 상호작용주의를 수용하고 사회심리학의 관점에서 개인이 공동체의 가치와 규범을 따르지 않게 되는 이유를 탐구했다. 이를 위해 그는 가족을 포함한 일차집단의 역할에 주목했다.

주요 일차집단에는 가족, 이웃, 학교 등이 있다. 리이스는 이러한 일차집단이 개인적 통제 기제의 개발과 사회적 통제의 실천을 위한 가장 기본적인 사회제도라고 생각했다. 따라서 일차집단은 아동에게 비범죄적(관습적) 역할을 다양하게 부여하고 수용하도록 사회화시켜야 하는바, 이때 너무 과도하거나 너무 부족한 규제는 역효과를 일으킨다고 주장했다. 또한 적절한 통제의 효과성을 담보하기 위해서는 아동의 필요를 적절히 충족시켜야 한다고도 주문했다. 결국 이러한 사회화 과정을 거쳐 개인이 공동체의 규범체계에 순응하도록 만드는 것이 관건인바, 적절한 사회화와 순응의 메커니즘이 실패하면 비행으로 이어진다고 예측했다.[28]

2. 레클리스의 봉쇄이론(Containment Theory)

레클리스는 1920년대 중반 시카고대학에서 박사학위를 받고 시카고학파의 전통에서 지적으로 성장했다. 그는 1940년대 초반부터 개인이 범죄적 환경에 차별적으로 대응하는 이유를 탐구해야 한다고 생각했다. 즉, 그가 보기에 당시의 범죄학계는 이미 구조적 접근이 활성화되어 있었는바, 다음 과제는 구조 이론이 제시하는 빈곤이나 해체에 처한 사람들 중 일부는 범죄를 저지르고 다른 이들은 범죄를 저지르지 않는 이유를 찾는 것이라고 생각했다. 특히 그는 일탈보다는 순응의 이유에 더 관심이 있었는바, 리이스와 마찬가지로 사회심리학의 관점을 취한 다음, '자아 요인들(self-factors)'을 탐색하기 시작했다. 그 결실은 1967년 저서 「범죄 문제(The Crime Problem)」를 통해 '봉쇄이론'으

▶청소년비행 예측 = 통제 실패의 직접적·개인적 원인 탐구
- 일차집단의 적절한 역할 수행을 통해 개인이 공동체의 규범체계에 순응하도록 사회화시키는 것이 관건.
- 적절한 사회화와 순응의 실패는 비행으로 이어질 것이라 예측.

▶Walter C. Reckless, 미국, 1899-1988.
- 구조적인 범죄 유발적 상황에서 개인이 차별적으로 대응하는 이유. 특히 순응하는 이유에 관심
- 외적, 내적 봉쇄

로 발표되었다.

봉쇄이론은 개인을 둘러싼 많은 범죄 유발적 압력(pushes, 예, 생물심리학적 요인, 환경적 요인)과 유인(pulls, 범죄 기회들)에도 불구하고 '순응'이 일반적인 이유를 설명하고자 했다. 레클리스는 그 이유가 개인을 범죄로부터 절연시키는 외적 봉쇄와 내적 봉쇄 때문이라고 주장했다. 이는 리이스(1951)가 말한 '사회적 통제'와 '개인적 통제'에 해당하는 개념이었는데, 레클리스는 특히 내적 봉쇄가 핵심적인 역할을 수행한다고 주장했다.

외적 봉쇄와 내적 봉쇄(Outer & Inner Containment)

외적 봉쇄는 개인을 집단에 붙어있게 만드는 기제로서 ① 행동의 허용 한계를 명확히 규정하고, ② 의미 있는 역할을 부여하고, ③ 집단에 대한 소속감을 강화하는 등의 요소가 제안되었다. 레클리스는 외적 봉쇄가 뒤르켐과 사회해체이론이 우려하는 것처럼 사회와 환경의 변화에 민감할 수 있다고 생각했다. 또한 제안된 요소들이 제대로 충족되지 않을 경우, 즉 행동의 한계가 명확하지 않거나 의미 없는 역할을 하게 되는 경우, 외적 봉쇄가 제대로 작동하지 않을 것이라 주장했다.

반면, 내적 봉쇄는 자아와 관련된 개인적 통제로서 한번 형성되면 외부 환경의 변화와 무관하게 지속적으로 작동한다고 생각했다. 그리고 무엇보다 외적 봉쇄에 비해 훨씬 강력한 통제력을 발휘하는 것이 장점이었다. 레클리스는 내적 봉쇄의 요소로서 다음 네 가지를 제시했다.[29]

▶**내적 봉쇄의 4요소**
– 우호적인 자아개념: 자아 탄력성
– 목표 지향성: 머튼과 반대 논리
– 좌절에 대한 용인: 스트레스에 대한 유연한 대처
– 규범 보유: 가치체계의 내면화

① **우호적인 자아개념.** 우호적인 자아개념은 '자아 탄력성(ego-resilience)'에 대한 것으로 자신을 사랑하고 난관을 이겨내는 핵심 기제가 된다. 레클리스는 우호적인 자아 개념이 형성되기 위해서는 부모의 역할이 가장 크다고 주장했다.

② **목표 지향성.** 목표 지향성은 합리적인 목표를 추구하는 것으로 쉽게 포기하거나 비행으로 빠지는 걸 막아준다. 일면, 머튼의 이론과 배치되는 주장이긴 하지만, 목표의 존재가 삶에 의미를 부여하고 삶의 방향성을 정해준다는 점에서 일리가 있는 주장이었다. 이 요소는 허쉬(1969)[30]의 '관여(또는 전념, commitment)'에 대한 논의와 관련이 있다.

③ **좌절에 대한 용인.** 좌절에 대한 용인은 자존감 하락을 방지해서 자기통제가 유지될 수 있게 해주는 기제이다. 그런데 안타깝게도, 레클리스는 현대의(당시 기준이므로 1960년대임) 개인주의가 좌절에 대한 용인을 잘 안 해줘서 스트레스가 많고 대인관계가 악화되어 간다고 주장했다. 이 요소는 애그뉴(1992)[31]의 일반긴장이론과 관련이 있다.

④ **규범 보유.** 규범 보유는 공동체의 가치와 규범, 제도, 관습, 도덕을 내면화한 상태로서, 정당한 절차와 수단을 우선시하기 때문에 불법적인 수단에 의지하는 걸 막아준다. 이 요소는 허쉬(1969)의 '신념(belief in law)'에 대한 논의와 관련이 있다.

스토리박스 〈보충설명 VII-1〉

기타 초기 사회통제이론들

시카고학파는 아니지만 리이스(1951)와 레클리스(1967)가 활동하던 시대에 뒤르켐과 사회해체이론의 기본 사상을 따르는 사회통제이론들이 몇몇 더 존재했었다. 대표적으로 토비(1957)의 '순응의 이익(stake in conformity)', 나이(1958)의 '가족 통제(family control)'를 간단히 소개한다.

- **잭슨 토비(Jackson Toby):** 토비는 1950년 하버드대학에서 박사학위를 취득한 이후 오랫동안 럿거스대학에서 청소년비행을 연구했다. 1957년 논문 "사회해체와 순응의 이익: 폭력배의 약탈행위에서의 보완 요인(Soical Disorganization and Stake in Conformity: Complementary Factors in the Predatory Behaviors of Hoodlums)"을 발표하고, 청소년이 비행을 하지 않는 이유는 비행으로 인해 잃을 게 너무 많기 때문이라고 주장했다. 이는 다시 말하면 관습적인 가치와 규범에 따름으로써 얻는 이익, 즉, '순응의 이익'이 많다는 의미였다. 여기에서 토비는 순응이 겉으로만 규범에 따르는 '복종'의 의미가 아니라 규범을 올바른

가치로 내면화한 '수용'의 의미라고 설명했다. 결국 내면화한 가치와 규범이 훌륭한 사회통제의 기제로 작동함을 강조한 것인데, 내면화의 이유는 순응이 반항보다 더 큰 이익임을 받아들이기 때문이었다.

■ **이반 나이(F. Ivan Nye):** 나이는 미시간주립대학교 출신으로서 가족사회학 분야의 권위자였다. 그 역시 다른 통제이론가들과 유사하게 비행의 원인이 아니라 순응의 원인을 파악하는 것이 관건이라고 생각했다. 1958년 저서 「가족관계와 비행(Family Relationships and Delinquent Behaviors)」을 출판하고, 청소년이 비행을 하지 않는 이유로 네 가지 사회통제 기제를 제시했다.

① 직접 통제(direct control): 부모, 교사, 경찰 등 권위 있는 타인의 힘에 의해 부과되는 통제로서, 위반시 처벌을 수반한다. '강압적 통제(coercive control)'라고도 불린다.

② 간접 통제(indirect control): 부모에 대한 애착과 같이 타인의 감정과 의견을 존중하고 타인의 기대를 충족시키고자 하는 마음(관계)에서 비롯되는 통제이다. '동일화에 의한 통제(control by identification)'라고도 불린다.

③ 내적 통제(internalized control): 공동체의 가치와 규범(집단적 양심)을 내면화하거나 도덕과 양심을 함양해서 작동하는 통제이다. '사회화에 의한 통제(control by socialization)'라고도 불린다.

④ 욕구 충족의 가능성(availability of need satisfaction): 개인의 필요와 목표를 달성할 수 있도록 다양한 기회와 수단을 제공함으로써 달성되는 통제이다. 이럴 때 범죄를 목표 달성의 수단으로 사용하지 않게 된다. '기회제공에 의한 통제(opportunity control)'라고도 불린다.

순응의 방식에 있어 간접 통제와 내적 통제는 수용(내면화, 통합)에 해당하고, 직접 통제는 복종(규제)에 해당한다. 나이(1958)는 이러한 사회통제 기제들이 상황에 따라 중요성이 달라지지만 상호보완적으로 작동한다고 주장했다. 그리고 가장 중요한 일차집단으로서 가족이 통제의 핵심 역할을 해야 한다고 강조했다. 물론 다른 사회제도들도 다양한 형태의 통제를 양산하겠지만, 가족이 가장 강력한 통제를 만들어낸다고 주장했다.

출처: Lilly, J. R., Cullen, F. T., & Ball, R. A. (2011). *Criminological Theory: Context and Consequences*. 이순래 외 2인 역(2017). pp.135-137. 박영사.

II. 허쉬의 사회유대이론과 자기통제이론

1. 사회유대이론(Social Bond Theory)

(1) 성악설: 왜 범죄를 저지르지 않는가?

허쉬는 1968년 버클리대학에서 사회학 박사학위를 취득했다. 그리고 다음 해인 1969년 저서 「범죄의 원인(Causes of Delinquency)」에서 사회유대이론을 발표했다. 이후 그는 통제 이론가로서 활발히 활동하며 사회화 과정에서 형성되는 사회유대가 범죄를 직접 통제(레클리스의 용어로는 봉쇄)하는 핵심 기제라고 주장했다. 그의 주장이 주목을 받은 이유는 이론적 완성도가 높았기 때문이기도 하지만, 서덜랜드의 차별접촉이론과 머튼의 긴장(아노미)이론에 도전하며 비판을 가한 것도 한몫했다.

비판의 핵심은 서덜랜드와 머튼이 범죄의 동기를 이론화했다는 점이었다. 허쉬는 뒤르켐의 사상을 받아들여 인간이 무한한 욕망을 추구하는 이기적인 존재라고 가정했다(성악설). 그렇다면 인간은 이미 범죄에 동기화된 존재이기 때문에 굳이 다른 동기를 제안할 필요가 없다고 주장했다. 또 다른 문제는 서덜랜드가 주장한 일탈 가치의 수용이나 머튼이 주장한 기회부족으로 인한 좌절감은 이미 사회에 풍부하게 존재해서 범죄의 직접적인 원인이 될 수 없다는 점이었다. 허쉬는 만약 그러한 범죄적 가치와 좌절감이

▶Travis Hirschi, 미국, 1935-2017.

▶성악설 가정
− 차별접촉이론이나 긴장(아노미)이론과 같이 범죄의 동기를 이론화할 필요 없음.
− 왜 범죄를 저지르지 않는가에 관심

원인이라면 그것을 경험한 사람들이 왜 대부분 범죄에 빠지지 않느냐고 반문했다. 따라서 사실 허쉬에게 더 관심이 있었던 방향은 범죄를 하는 이유가 아니라 범죄를 하지 않는 이유에 대한 탐구였다.[32]

(2) 사회유대의 4요소

▶사회유대
− 내면의 심리가 아니라 최대한 사회학적 요인에 가까운 개념으로서 제시됨.

허쉬(1969)의 사회유대이론은 가장 대표적인 사회통제이론일 뿐만 아니라 가장 영향력 있는 범죄학 이론 중 하나이다. 그 이유는 무엇보다 역발상의 형태로 범죄의 이유가 아니라 순응의 이유를 탐구했기 때문이다. 그리고 이 과정에서 몇 가지 개념을 리이스(1951)와 레클리스(1967) 등 시카고학파의 통제이론에서 차용하긴 했지만, 허쉬는 최대한 내면의 심리가 아니라 사회학적 요인을 파악하고자 했다. 그 결과물이 바로 '사회유대(social bond)'로서, 사회유대는 부모, 형제자매, 친구, 교사, 이웃과 같은 주변 사람들과 돈독한 관계를 맺고 관습적 가치체계를 공유하는 상태를 말한다.

허쉬는 인간이 사회적 동물로서 여러 가지 형태로 사회와 결속을 맺는 것은 너무나 당연하다고 생각했다. 관습적인 가치체계를 공유하거나, 주변인들과의 관계를 돈독하게 하는 것, 관습적인 목표를 추구하고 관습적인 활동을 하는 것 등이 결속의 구체적인 예로서, 이를 통해 형성되는 강한 유대 의식은 일탈을 억제하는 훌륭한 절연제가 된다고 주장했다. 왜냐하면 사회유대가 강한 사람은 주변인과의 관계가 나빠지는 걸 두려워하고 성숙한 자아의 손상을 허락하지 않기 때문이라고 설명했다. 허쉬는 보다 구체적인 범죄의 절연제로서 네 가지 유대 요소를 제시했다.[33]

① 애착(attachment)

애착은 다른 사람과 맺는 감정과 관심을 말한다. 특히 청소년의 입장에서 부모에 대해 느끼는 친밀함은 그들의 관심을 받고 있다는 긍정적인 감정으로 다가오며 그들의 의견에 반하지 않으려는 의지로 작동한다. 따라서 부모와의 애착은 부모가 존재하지 않는 공간에서도 부모의 기대를 충족시키고자 하는 '간접 통제'로 기능한다. 허쉬는 이를 '사실상의 감독(virtual supervision)'이라 표현했다.

부모 외에도 애착은 기본적으로 타인의 의견을 존중하는 상태이기 때문에 자신이 중요하다고 생각하는 사람과의 애착은 그 사람이 규범에 대해 갖고 있는 태도를 반영하게 만든다. 따라서 간혹 범죄자와의 애착은 비행을 증가시키는 역효과를 보이기도 한다. 실제로 비행친구와의 사귐이 비행으로 이어진다는 학습이론적 논리는 애착의 역효과를 충분히 예상케 한다.

▶유대의 4요소
– 애착: 타인의 의견 존중
= 간접통제
– 관여: 목표에 대한 열망과 집중 = 순응
– 참여: 관습적 활동에의 참여 = 범죄 기회 감소
– 신념: 법과 도덕에 대한 찬성의 정도, 규범에 대한 내면화가 아님.
※ 모든 요소는 사회관계의 질에 해당하는 개념으로서 평생 변화 가능성이 존재함.

② 관여(또는 전념, commitment)

관여(전념)는 미래를 위해 학업에 충실하고 직업에 대한 열망을 추구하는 것처럼 관습적인 활동에 집중하는 시간과 노력을 말한다. 성공을 위한 노력과 투자에 집중하는 청소년은 비행이 자칫 자신의 미래를 망칠 수도 있다고 두려워한다. 허쉬는 이것이 비행으로 인한 손해를 계산하는 것이기 때문에 유대의 '합리적 요소'에 해당한다고 주장했다. 결국 높은 수준의 관여는 순응하는 것이 더 효과적이라는 생각을 갖게 하고 순응하지 않을 경우 큰 손해를 보게 된다는 두려움을 갖게 한다.

허쉬가 머튼의 긴장(아노미)이론을 비판한 것은 이 지점과 연관이 크다. 머튼은 성공을 향한 열망이 기회 부족과 결합하여 긴장과 비행으로 이어진다고 주장했는데, 허쉬는 반대로 목표가 크고 열정적인 야망을 가진 청소년이 덜 비행한다고 주장했다. 그러면서 레클리스의 '목표 지향성'이 내적 통제(봉쇄)를 강화시킨다는 주장에 동의했다.

③ 참여(involvement)

참여는 가정과 학교, 기타 여가 생활에서 관습적 활동(숙제, 공부, 운동, 일 등)에 참여하는 것을 말한다. 관습적 활동에 참여하는 시간이 늘어날수록 비행에 참여할 시간과 기회는 당연히 줄어들 것이다. 허쉬는 '게으른 손은 악마의 작업장이다'라는 격언을 상기시키며, 청소년들을 바쁘게 만들고 동시에 그들이 거리에서 많은 시간을 보내지 않도록 만들어야 한다고 주장했다.

▶기회의 개념 구별
– 일반적으로 상황이론들을 기회이론이라 칭함. 이들은 '범죄의 기회' 감소가 목표임.
– 긴장(아노미)이론이나 문화적일탈이론에서 말하는 기회는 '성공의 기회'를 의미함(제6장 참고).

하지만 허쉬의 연구에서 참여의 억제효과는 두드러지지 않았다. 나중에 수행된 실증연구들도 뚜렷한 지지를 보이지 않았다. 오히려 부모의 감독이 존재하지 않는 상태에서 또래 사이에 이루어지는 활동은 비행을 증가시키기도 했다. 그럼에도 불구하고 참여의 개념적 특징은 현대의 상황적 범죄예방과 같은 기회이론에서 중요하게 검토되고 있다.

④ 신념(belief in law)

신념은 도덕적 가치를 공유하고 법을 존중하는 태도를 말한다. 강한 신념은 비행의 충동을 억제시킬 수 있다. 그런데 여기서 주의할 점은 허쉬가 신념을 내면화된 심리 상태로 보지 않고, 철저히 사회학적인 관점에서 규범에 대한 찬성의 정도로 보았다는 것이다. 앞에서 허쉬의 이론이 주목받은 이유가 가급적 심리적 설명을 삼가고 순수하게 사회학적 설명을 시도한 점에 있었다고 했다. 따라서 허쉬에게 신념은 확고해진 가치관이 아니라 상황에 따라 언제든지 변할 수 있는 도덕적 입장이었다. 결국, 신념이 강한 상태에서는 비행을 삼가겠지만, 어떤 이유로(예, 교사나 감독자가 부도덕하다고 비난받는 경우) 신념이 약해졌을 때는 비행을 편하게 저지를 수도 있을 것이다. 특히 청소년기의 신념은 깊이 내면화된 가치체계가 아니기 때문에 그들의 태도 변화는 상황에 따라 자주 발생하리라 예상할 수 있다. 비단 신념뿐만 아니라 애착, 관여, 참여는 모두 사회관계의 질에 해당하는 개념으로서 일생에 걸쳐 변화의 가능성이 존재한다.

(3) 평가

▶긍정 평가
– 강한 설명력 & 비행의 시작 설명

▶부정 평가
– 유대 요소별, 연령별로 설명력에 차이
– 사소한 범죄만 잘 설명
– 유대와 비행 간 양방향 관계 필요

사회유대이론에 대한 실증연구는 그 명성에 맞게 무수히 많이 수행되었다. 그 결과, 설명력에 있어서도 가장 우수한 이론 중 하나로 평가된다. 그런데 유대의 요소별로 비행을 예측하는 정도가 상이하고, 연령에 따라 영향력이 변화하며, 심각한 범죄보다는 사소한 범죄를 설명하는 데만 적합하다는 비판이 존재한다. 또한, 학습이론처럼 인과관계의 방향이 반대, 즉 비행이 유대를 약화시킬 수 있어 두 변수 간의 관계를 양방향으로의 설정해야 한다는 지적도 있다. 그럼에도 불구하고 사회유대이론의 중요성과 영향력은 부인할 수 없다. 특히 학습이론과 달리 비행의 시작을 합당하게 설명한다는 평가를 받는다.[34]

2. 자기통제이론(Self-Control Theory)

(1) 사회학적 접근에서 특성이론적 접근으로!

허쉬는 약 20년이 지나 그의 제자이자 동료 교수였던 갓프레드슨과 함께 자기통제이론을 발표했다.[35] 자기통제이론은 사회유대이론과 마찬가지로 성악설에 근거하여 왜 범죄를 저지르지 않는가에 초점을 두고 있다. 그런데 1960년대 후반 사회학을 전공하며 가급적 내면화된 심리 개념을 멀리하고 사회학적 접근을 추구했던 그가 자기통제이론에서는 거의 영구적인 내적 상태로서의 자기통제력을 주장한 것은 매우 큰 변화였다. 그 변화는 두 가지 특징으로 요약된다. ① 특정 태도나 정서의 내면화 인정, ② 내면화로 인한 불변성 인정.

▶허쉬 이론의 극적 변화
– 공통점: 성악설 유지 & 사회적 동기(원인)에 대한 탐구 불필요.
– 차이점: 특정 태도의 내면화와 불변성을 반대했다가 자기통제력이라는 정서 상태의 내적 형성과 불변성을 인정함.

원래 논쟁을 즐기며 대담하고 공격적인 주장을 펼치는 것으로 잘 알려진 그가 갓프레드슨과 함께 내놓은 자기통제이론은 말 그대로 엄청난 논란을 불러일으켰다. 가장 큰 논쟁은 나이에 따른 범죄의 변화에 대한 것으로, 자기통제이론은 '잠재적속성이론'으로 분류되어 발달이론과 첨예하게 대립하고 있다(제2장 제3절 참고). 이 논쟁은 제9장에서 상세히 설명된다.[36]

(2) 주요 내용

자기통제이론은 약한 자기통제력이 범죄를 비롯한 문제행동들(예, 과음, 흡연, 조숙한 성관계, 도박, 학업 실패, 대인관계 어려움 등) 대부분의 근본 원인이라고 주장한다. 자기통제력은 보통 여덟 살 때까지 형성된 이후 평생 유지되는데, 부모의 양육방식이 가장 중요한 요인으로 알려져 있다. 자기통제력을 측정하는 일반적인 도구로서 그라스믹과 동료들(1993)의 척도가 많이 사용되는바, 이 척도는 여섯 가지 특징으로 자기통제력을 측정한다: ① 충동성, ② 단순한 작업 선호, ③ 위험 추구, ④ 신체적 활동 선호, ⑤ 자기중심성, ⑥ 분노. 이러한 내적 특성은 한 번 형성되면 평생 변하지 않기 때문에, 이로 인해 어린 시절부터 범죄를 시작한 사람은 만성적 범죄인이 될 가능성이 크다.

▶자기통제이론
– 약한 자기통제력 + 범죄기회(선택): 이것들은 사회학적 동기(원인)가 아님.
– '범죄일반이론(GTC)'으로 불리기도 함.
– 자기통제력은 후천적 양육의 결과

주의사항

자기통제이론을 정확히 이해하려면 몇 가지 주의사항을 인지해야 한다.

첫째, 갓프레드슨과 허쉬(1990)는 약한 자기통제력이 범죄의 근본 원인이긴 하지만 유일한 원인이라고 주장하진 않았다. 더 정확히 말하면, 성악설을 가정하기 때문에, 그들에게 범죄의 근본 원인은 인간의 이기적인 본능이었다. 다만, 어린 시절 사회화 과정에서 욕망을 통제할 수 있는 자기통제력이 적절히 형성되지 못하면 다양한 문제들이 충동적으로 발생한다는 점에서 약한 자기통제력을 문제의 '실질적인' 근본 원인으로 간주했던 것이다. 그들은, 상당히 도발적이지만, 그런 의미에서 저서의 이름을 「범죄의 일반이론(A General Theory of Crime)」이라 명명했다. 여기에는 문제행동의 유형뿐만 아니라 나이, 장소, 문화와도 무관하게 적용될 수 있는 이론이라는 자신감이 묻어있었다.[37]

둘째, 저자들은 오랫동안 사회학적 실증주의 전통이 탐구해왔던 범죄의 원인(동기)은 그럴듯하지만, 사실상 불필요하다고 주장했다. 이는 앞에서 살펴본 대로 인간이 이미 동기화되어 있는 존재이기 때문인바, 허쉬가 사회유대이론에서 범죄의 원인이 아닌 순응의 원인을 탐구했던 이유와 동일했다.

셋째, 그렇다면 저자들은 약한 자기통제력 외에 어떤 기제가 범죄의 실질적인 원인이라고 생각했을까? 자기통제력은 불변하는 기제였기 때문에 개인의 연령에 따른 범죄 변화를 설명하기 위해서는 다른 기제에 대한 설명이 반드시 필요했다. 이에 대한 답으로 갓프레드슨과 허쉬는 합리적선택이론에 기반한 '범죄 기회'를 제시했다. 즉, 자기통제력은 변하지 않지만, 범죄 기회는 상황에 따라 변하기 때문에 연령에 따른 범죄 변화를 설명할 수 있는바, 성인기에 접어들수록 범죄 기회가 감소하기 때문에 범죄도 감소한다고 주장했다.

넷째, 앞에서 몇 차례 자기통제이론이 '잠재적속성이론'으로 분류되며 특성이론적 성격을 가지고 있다고 언급했다. 하지만 그렇다고 자기통제력을 타고난 특성으로 간주하면 절대 안 된다. 갓프레드슨과 허쉬는 자기통제력이 후천적인 양육의 결과라고 명확히 주장했다.

(3) 평가

약한 자기통제력이 비행의 원인이라는 설명은 매우 직관적이다. 그런 만큼, 많은 연구들이 실증적인 지지를 보이고 있다. 하지만, 약한 자기통제력이 유일한(또는 범죄 기회와 함께 유이한) 원인이라는 주장은 과장되어 보인다. 실제로 사회학습이나 유대가 자기통제력을 통제한 상태에서도 유의한 영향을 미친다는 연구가 존재한다. 또한 자기통제력이 단독으로 영향을 미치기보다는 다른 요인들과 상호작용을 통해 영향을 미치는 경우도 많다.

발달이론과의 논쟁과는 별도로 두 가지 이슈에 대한 설명이 필요하다. 첫째, 갓프레드슨과 허쉬는 자기통제력이 8세 이전의 사회화, 즉 양육의 결과라고 주장했지만, 생물사회학적 관점에서는 절반 정도는 유전의 영향이라고 주장한다(제5장 참고). 또한 일부 연구에서는 학교에서의 사회화와 지역의 환경도 자기통제력에 영향을 미치는 것으로 보고했다.

둘째, 자기통제이론에 의하면 약한 자기통제력과 범죄 기회만이 범죄의 원인이므로 사회유대의 약화가 원인이라던 사회유대이론은 부정된다. 예컨대, 약한 자기통제력을 가진 아이가 부모와의 애착을 형성하는데 어려움을 겪고 쉽게 비행을 저지른다고 하자. 이 경우 부족한 애착이 비행의 원인으로 지목될 수 있지만, 사실 약한 애착과 비행 모두가 낮은 자기통제력의 결과물이기 때문에 애착과 비행 간의 인과관계는 허위(spurious relationship)가 되는 것이다. 이것은 자기통제이론이 사회유대이론을 부정하는 일종의 자기부정이 되는데, 아쉽게도 허쉬는 당시 두 이론 간의 관계에 대해 속 시원한 해명을 내놓지 않았다.[38]

▶자기통제이론을 둘러싼 이슈
− 발달범죄학과의 논쟁(제9장)
− 자기통제력의 원인: 후천 vs. 선천
− 사회유대이론에 대한 자기부정

Ⅲ. 현대의 통제이론들

지금까지 살펴본 통제이론들을 잠시 돌아보자. 리이스(1951)와 레클리스(1967)는 시카고학파로서 관습적인 가치와 규범, 통합의 힘이 개인의 일탈을 통제하는 주요 원천이라는 데 동의했다. 이에 더해, 개인적인 관점에서 리이스는 가족 등 일차집단에서의 사회화 실패가 순응의 실패로 이어진다고 주장했다. 그리고 레클리스는 적절한 사회화를 통한 외적, 내적 봉쇄가 순응의 이유라고 주장하면서, 특히 건전한 자아 이미지와 목표 지향성, 규범의 내면화 등 내적 봉쇄가 사회(환경)의 변화와 관계없이 지속적인 통제 효과를 가진다고 역설했다. 마지막으로 허쉬(1969)는 시카고학파의 사회심리학적 접근을 지양하고 보다 순수한 사회학적 관점에서 인과관계의 질, 즉 유대의 정도가 순응을 끌어내는 핵심 기제라고 주장했다. 애착 관계를 통해 타인과 감정을 공유하고 의견을 존중하는 자세, 목표를 설정하고 성공을 향한 열망을 추구하는 관여, 관습적인 활동에 많은 시간을 할애하는 참여, 도덕과 규범을 존중하는 태도 등이 대표적인 유대의 요소로 제시되었다.

이상의 세 이론을 종합해보면, 통제의 수준과 통제 기제의 종류는 다양하지만, 결국 통제의 성공은 순응으로 이어지고 실패는 범죄(반항)로 이어진다는 이분법을 취하고 있다. 그러나 1990년대를 전후로 등장한 현대의 통제이론들은 통제의 주체가 다양하게 존재하므로 결과도 순응이나 범죄로 단순하게 구분할 수 없다든지, 통제의 회복을 위해 범죄를 한다든지, 통제의 강제성과 일관성에 차이가 있다든지 등의 주장을 펼치며 통제 메커니즘이 훨씬 다양하게 존재함을 보여줬다. 이러한 변이들은 통제이론의 관점을 확대하고 논리를 강화하는데 기여했지만, 자기통제이론만큼의 급진적인 변화는 아니었고 상대적으로 논란도 적었다. 따라서 여기에서는 등장 순서에 따라 헤이건(1989)의 권력통제이론, 티틀(1995)의 통제균형이론, 콜빈(2000)의 차별강제이론을 간단히 소개한다.

1. 헤이건의 권력통제이론(Power-Control Theory)

▶1980년대 전후 비교
– 전통적 통제이론: 통제의 결과를 순응 또는 반항(범죄)의 이분법으로 접근
– 현대의 통제이론: 통제의 과정과 결과 모두 다양

존 헤이건(1989)[39]의 권력통제이론은 가정에서의 양육방식이 개인의 위험추구성향을 결정짓는다고 설명한다. 그리고 이러한 성향은 범죄의 결정적인 원인이 된다고 주장한다. 이러한 접근은 대체로 자기통제이론과 유사한 점이 많다. 그런데 권력통제이론의 특징은 통제를 행사하는 부모들 사이의 권력관계에 따라 양육방식이 달라지고 따라서 위험추구성향도 다르게 주입된다고 설명한다. 특히 이러한 차이는 자녀의 성별에서 두드러지는바, 권력통제이론은 범죄의 성차를 설명하는 데 적합한 것으로 평가된다.

▶자기통제이론과의 공통점
– 가정에서의 양육이 위험추구성향 결정
– 위험추구성향이 비행의 근본 원인

헤이건은 부모들 사이의 권력관계를 구분하기 위해 가정을 '가부장적 가정'과 '평등주의적 가정'으로 분류했다. 가부장적 가정에서는 여아에 대해 더 많은 통제를 행사하고, 여성적이고 가정적으로 성장하도록 사회화시킨다. 반대로 남아에 대해서는 미래에 한 가정의 생계를 책임져야 하므로 좀 더 강하고 도전적으로 위험을 추구하도록 사회화시킨다.

▶남녀의 범죄율 차이
– 위험추구성향의 차이에서 비롯
– 위험추구성향의 차이는 가정 내 부모의 권력관계의 차이에서 비롯
– 여성주의이론, 갈등이론, 통합이론의 성격도 가지고 있음.

평등주의적 가정에서는 어머니와 아버지가 비슷한 권력을 가지고 있다. 양육이란 본래 자신의 성향을 자녀에게 재생산하는 경향이 있기 때문에, 이러한 가정에서는 남아와 여아가 비슷한 자유를 얻게 된다. 또한 딸도 아들처럼 미래에 직장을 갖고 가정에서 파트너와 동등한 위치를 가질 것으로 기대된다. 따라서 딸도 좀 더 도전적이고 위험을 추구하도록 허용된다.[40]

참고로, 권력통제이론은 부모의 권력관계에 따른 사회화와 그로 인한 남녀의 범죄율 차이를 설명했다는 점에서 페미니즘(여성주의) 이론이나 마르크스(갈등) 이론으로도 분류되며, 또한 둘을 통합했다는 점에서 통제이론의 통합이론으로 분류되기도 한다.

2. 티틀의 통제균형이론(Control Balance Theory)

찰스 티틀(1995)[41]은 개인이 통제의 대상(객체)일 뿐만 아니라 통제의 행사자(주체)이기도 하다고 주장했다. 이는 기존의 통제이론들이 개인을 통제의 대상으로만 인식하고, 통제의 성공 여부에 따라 개인의 행동이 달라진다고 설명한 것과 차원이 다른 혁신적인 주장이었다. 티틀은 개인이 받는 통제의 양과 행사하는 통제의 양을 '통제비(control ratio)'라 명명하고, 이 비율은 개인마다 상이하다고 주장했다. 즉, 어떤 이는 통제를 더 받고, 어떤 이는 균형을 이루며, 어떤 이는 통제를 더 행사하는바, 이는 개인의 권력 또는 자율성과 연관된 개념이라 할 수 있었다.

티틀은 통제비를 일곱 가지 범주로 구분하고 하나의 연속선상에 위치시켰다. 그리고 각 범주에 대응하는 일탈의 유형을 매칭시켰다. 연속선상의 중간은 통제균형점으로서 '순응'이 자리했다. 왼쪽은 통제를 더 받는 영역으로서 '억압(repression)'으로 명명되고 오른쪽은 통제를 더 행사하는 영역으로서 '자율성(autonomy)'으로 명명되었다. 억압의 영역은 곧 자신의 통제력이 부족하다고 느끼는 '통제력 결핍' 영역이었다. 여기에서 극단적인 억압은 '굴종(submission)'을 만들어내고, 중간 정도의 억압은 '저항(defiance)'을 만들어내며, 약한 정도의 억압은 '강탈(predation)'을 만들어낸다고 설명했다. 반대로 자율성의 영역에서 최대의 자율성은 '부패(decadence)'를 낳고, 중간 정도의 자율성은 '수탈(plunder)'를 낳고, 약한 정도의 자율성은 '착취(exploitation)'를 낳는다고 설명했다.

▶혁신적인 가정
- 개인은 통제의 대상이자 행사자임.
- 통제비: 받는 통제와 행사하는 통제의 비율
- 사람마다 통제비가 다름. 이러한 차이는 개인의 권력이나 자율성과 연관되어 있음

▶통제비의 7개 범주
- 억압의 영역: 굴종, 저항, 강탈
- 균형의 영역: 순응
- 자율성의 영역: 부패, 수탈, 착취

대부분의 범죄학자와 마찬가지로 티틀은 통제의 약한 결핍으로 인한 '강탈'의 범주에 관심을 가졌다. 그는 외부로부터의 통제가 너무 강하거나 어느 정도 세면 굴종이나 저항으로 이어질지언정 막연히 폭력적인 범죄(강탈)를 선택하지 않을 것이라고 생각했다. 대신 폭력을 통해 통제의 균형을 맞출 수 있는 경우라고 판단할 때 폭력적인 범죄를 선택한다고 주장했다. 예컨대, 힘의 균형이 심하게 기울어지지 않은 경우 청소년은 폭력을 사용해서 균형을 맞출 수 있고, 이를 통해 더 이상 자신을 건들지 못하게 만들 수 있을 것이다. 그런데 힘의 차이가 너무 크면, 단지 굴종하거나 아니면 직접적인 폭력사용이 아닌 다른 재물에 대한 손괴 등으로 분풀이나 저항을 시도할 가능성이 크다.

▶통제균형이론의 특징
– 개인이 통제의 행사자가 될 수 있음.
– 범죄행동이 통제를 행사하고 있다는 느낌을 회복시킴.
– 통제비의 자율성 영역은 화이트칼라범죄 발생 가능.

티틀의 통제균형이론은 참으로 혁신적인 이론임에 틀림없다. 첫째로, 전술한 바와 같이, 개인이 통제의 행사자가 될 수 있다는 사실을 제시한 점이 그렇고, 둘째로, 범죄행동이 통제를 행사하고 있다는 느낌을 회복시킨다는 주장이 그렇다. 이 두 번째 특징은 범죄가 긴장을 누그러뜨린다든지(예, 일반긴장이론), 남성다움을 입증한다든지(예, 일탈하위문화이론) 등의 이론적 주장과도 일맥상통하는 인상적인 통찰이다. 한편, 티틀은 통제비의 연속선상에서 오른쪽인 자율성의 영역에서는 화이트칼라범죄가 발생할 가능성이 크다고 주장했는데, 이 역시 합당하고 인상적인 통찰로 판단된다.[42]

참고로, 두 번째 특징과 관련해서 어떤 행동이 통제를 행사하고 있다는 느낌을 주는 것은 스트레스 관리에 효과적이라 한다. 대표적인 예가 게임으로서, 게임은 통제를 받기만 하는 일상에서 벗어나 자신이 비록 가상이지만 통제를 행사하는 기회를 갖기 때문에 일상의 스트레스를 감소시킨다 한다. 따라서 도박성 게임이나 중독만 피한다면 건전한 수준의 게임은 일상의 활력 회복은 물론 범죄예방 차원의 장점도 존재하는 것으로 판단된다. 물론 티틀이 게임의 효과를 언급한 건 아니지만, 통제의 수용과 행사를 구분하고 통제 행사의 느낌에 합당한 의미를 부여한 것은 정말 천재적인 통찰로 인정하고 싶다. 이 단락은 필자의 주관이므로 독자들의 취사선택을 요한다.

3. 콜빈의 차별강제이론(Differential Coercion Theory)

마크 콜빈(2000)[43]은 청소년비행을 설명하기 위해 통제의 강제성과 일관성을 구분했다.

여기에서 통제는 당연히 관습적 가치와 규범에 따르도록 만드는 기제를 말하는바, 강제적이고 예상치 못하게 비일관적인 방식으로 통제가 가해지면 강한 범죄성향을 만들어내서 자칫 만성적 범죄인이 될 수 있다고 주장했다. 반대로 비강제적이고 일관적인 방식으로 통제가 가해질 경우 건전한 성향의 청소년이 된다고 생각했다. 결국, 콜빈의 차별강제이론은 양육과 교육 과정에서 행해지는 통제가 어떤 방식으로 이루어지느냐에 따라 청소년의 범죄성향이 결정된다고 보았다. 가장 문제 있는 방식인 '강제적이고 비일관적인 통제'는 청소년에게 불공정하다는 느낌과 분노를 유발하고(일반긴장이론), 약해빠진 유대를 형성하게 만들며(사회유대이론), 강제를 타당한 수단으로 학습하게 만들고(사회학습이론), 통제력 결핍을 지각하게 만들며(통제균형이론), 자기통제력을 약화시킨다(자기통제이론). 실제로 이 모든 부정적인 영향이 발생한다면 어찌 만성적 범죄인이 안 될 수 있겠는가? 콜빈은 이러한 '사회심리학적 결함' 요인들이 합해져서 개인의 내부에 '강제적인 관념(coercion ideation)'을 양성하게 되는바, 강제는 강제를 통해서 극복될 수 있다는 신념을 갖게 된다고 주장했다.

차별강제이론과 관련해서는 두 가지 특징에 주목해야 한다. 첫째, '차별적'이라는 용어는 서덜랜드의 차별접촉이론에서의 의미와 동일하다. 즉, 인간은 누구나 외적인 통제를 경험하는데, 비강제적인(자율적인) 통제보다 강제적인 통제에 더 많이 노출될 경우 범죄적 성향이 만들어진다고 주장한다. 둘째, 범죄성의 형성은 대에 걸친 악순환을 거쳐 점차 '강제적인 관념'으로 만들어진다고 주장한다. 즉, 강제적이고 비일관적인 통제를 경험한 청소년은 범죄성향을 갖게 되고, 문제행동으로 인해 어려운 환경에 처하게 되며, 부모가 된 후 자녀에게 강제적이고 비일관적인 통제를 시행함으로써 자신을 재생산하게 된다. 이러한 악순환은 쉽게 스스로 개선되는 문제가 아니기 때문에 국가의 적극적인 개입이 필요하다고 주장했다.[44]

▶차별강제이론
- 통제의 강제성과 일관성 구분
- 강제적이고 비일관적인 통제가 가장 심각한 문제 유발
- '강제적인 관념'의 성향 형성: 만성적 범죄인의 위험성 증가
- 대에 걸친 악순환 지속

Ⅳ. 정책적 함의

사회통제이론의 기원은 뒤르켐의 사상에서 찾을 수 있고, 통제라는 용어의 어감은 사회안정과 질서의 회복을 담고 있다. 하지만 시대가 흘러 시카고학파가 사회통제를 탐구한

▶정책적 함의
- 관습적 가치체계의 함양과 사회통합 달성

배경은 인간적 실증주의와 궤를 같이하며 규제와 억압보다는 올바른 사회화와 교육을 강조했는바, 이는 뒤르켐도 강조한 정책의 기본 방향이었다. 그런 의미에서 사회통제이론은 사회학습이론과 마찬가지로 관습적 가치체계의 함양을 강조하고 이를 통해 사회통합을 달성하고자 했다고 볼 수 있다. 특히 사회통제이론의 관점을 확대한 현대의 통제이론들은 다원화된 사회에서 지나친 통제가 오히려 역효과를 초래할 수 있음을 지적하고, 청소년의 자율과 평등의 가치를 중시해야 한다고 역설했다.

보다 구체적으로 살펴보면, 어린 시절 부모와의 애착을 형성하고 자기통제력을 강화할 수 있도록 양육환경과 양육기법을 개선하는 프로그램들이 다수 존재한다. 또한 빈곤층 자녀에게 조기 교육의 기회를 무료로 제공하여 올바른 가치관을 형성하고 우호적인 자아 이미지를 구축하도록 돕고 있다(예, Head Start). 미 보건복지부 산하 '아동·청소년·가족 지원국(Administration on Children, Youth, and Families: ACYF)'에서는 그러한 프로그램들을 재정적으로 지원하고 적절성 여부를 감독하고 있다.[45]

청소년기의 유대강화와 학업적 성취, 교육적 관여를 돕기 위한 학교프로그램들도 다수 존재한다. 예컨대, '시애틀 사회발달 프로젝트(Seattle Social Development Project)'는 초등학생들의 학업성취와 교육에 대한 관여를 촉진함으로써 반사회적 행동을 예방하고자 한다. 이를 위해 학생들이 분노하지 않고 문제를 해결하는 방법, 교사들이 효과적으로 행동을 관리하고 가르치는 방법, 부모가 자녀의 학습을 지지하고 훈육하는 방법들이 다양하게 시도되었는바, 이러한 개입은 결과적으로 학업성취와 관여를 증가시키고 비행과 폭력의 시작을 모두 감소시킨 것으로 평가된다.

사회통제이론은 성인들에 대해서도 전통적인 목표를 추구하고 제도적인 수단을 사용하도록 장려한다. 이를 위해 충분한 고용을 강조하고 법규위반자에 대해서는 재통합 정책을 제시한다. 재통합 정책의 예로서 '재진입 운동(reentry movement)'이 있는데, 이는 범죄자를 가족, 지역사회, 직장으로부터 격리시키지 않을 것을 주문한다. 결국 사회통제이론의 정책 방향은 개인 간의 유대와 결속, 주류 가치체계로의 통합을 지향한다고 볼 수 있다.[46]

일반긴장이론

I. 개관

긴장이론의 효시인 머튼(1938)[47]의 긴장(아노미)이론은 발표 당시 미국 사회가 아직 구조적 불평등을 인정하지 못하는 분위기에서 사회해체이론에 밀렸다가 1960년대 즈음 코헨(1955)[48]과 클로워드와 올린(1960)[49]이 문화적일탈이론을 주장하면서 다시 주목받았다. 1960년대에는 계층뿐만 아니라 인종, 성, 문화 등 다방면에서 구조적 불평등에 대한 불만이 폭발했기 때문에 하위계층에 대한 지원과 기회 부여가 중요한 정책적 방향이었다(〈표 VI-2〉 참고). 그런데 1980년대 이후 사회가 보수화되면서 사회적 소수와 약자에 대한 관심이 식어갔고, 이후 등장한 이론들은 대부분(억제이론이나 깨진유리창이론 등 일부 통제 목적의 이론들 제외) 이념적 색깔을 벗고 중립적인 입장에서 이론의 설명력 강화에 집중했다.

구조적 긴장이론 비판

긴장(아노미)이론과 문화적일탈이론은 하위계층의 기회부족, 그로 인한 스트레스, 스트레스에 대응하는 다양한 방식을 탐구하는 것이 핵심이었다. 그런데 여기에서 계층을 제외하면 누구나 경험하는 스트레스와 그것에 대처하는 방식을 중립적인 입장에서 범죄의 원인으로 이론화하기에 매우 직관적인 주제가 된다. 첫째, 긴장의 원인은 계층에 따른 경제적 문제 외에도 다양하게 존재하므로, 다양한 종류의 긴장(예, 성적 하락, 관계 손상, 부모의 학대 등)을 논할 수 있다. 둘째, 긴장에 대처하는 방식도 하위계층이 어떻게 하느냐에서 벗어나 각 개인이 취하는 다양한 방식(예, 극복, 포기, 범죄 등)을 논할 수 있다. 결국, 이를 종합하면, 개인이 경험하는 다양한 종류의 긴장과 이에 대처하는 다양한 종류의 대응 방식을 살펴보고 그 과정에서 범죄가 하나의 대응 방식으로 성립하는지를 탐구할 수 있게 된다. 그리고 이러한 탐구는 설명력이 우수한 미시 수준의

▶긴장(아노미)이론과 문화적일탈이론의 닉네임
- 기회이론 또는 지위좌절이론이라 불림
- 주의: 일반적으로 상황이론들도 기회이론이라 불림.

이론체계로 발전할 수 있다.

이를 염두에 두고 연구를 지속한 로버트 애그뉴는 1985년 머튼의 이론을 수정한 '수정된 긴장이론(Revised Strain Theory)'을 발표했다.[50] 그리고 이를 보완 발전시켜 1992년에는 '일반긴장이론(General Strain Theory)'으로 발표했다.[51] 일반긴장이론을 주창하면서 애그뉴는 거시 관점의 긴장이론에 대해 다음과 같은 몇 가지 비판을 제기했다.[52]

▶애그뉴의 구조적 긴장이론 비판
– 하위계층의 범죄에 집중
– 경제적 목표에만 집중
– 사회계층이라는 장애물에만 집중
– 긴장을 경험하는 사람들 중 일부만 범죄하는 이유 설명 불가

① 하위계층의 범죄에만 중점을 둔다.
② 개인의 목표는 다양한데 경제적 성공과 중산층 지위 획득에만 집중하고 다른 목표는 경시한다.
③ 목표 달성의 장애물은 다양한데 사회계층에만 집중하고 다른 장애물은 경시한다.
④ 긴장을 경험하는 사람 중 일부만 범죄를 저지르는 이유를 설명하지 못한다.

그런데 그의 비판은 단순히 구조적 긴장이론의 문제를 지적하기 위한 비판이 아니라 자신이 그것을 고도화시킬 방향을 설정하기 위한 비판이었다. 이때 계층을 제외함으로써 그가 당면하는 이슈는, 만약 하위계층이 정말 범죄를 많이 저지른다면, 이를 어떻게 설명할 것인가 하는 문제였다. 이에 대해 애그뉴는 하위계층 사람들의 생활양식이 경제문제를 포함해서 다양한 스트레스에 노출되어 있기 때문으로 충분히 생각할 수 있다고 믿었다.[53]

II. 주요 내용

1. 긴장의 원인과 부정적인 감정

애그뉴는 자신의 이론에서 계층을 완전히 제외하고, 개인이 경험할 수 있는 긴장의 원인을 세 종류로 확대했다: ① 목표달성의 실패, ② 긍정적인 자극의 제거, ③ 부정적인 자극의 출현. 첫 번째 원인인 목표달성의 실패는 구조적 긴장이론에서 차용한 개념

으로 기대와 성취 사이의 괴리를 말한다. 이는 상대적 박탈감을 유발하거나 공정한 사회에 대한 의문을 갖게 만든다. 그런데 여기에서 목표는 계층을 제외했기 때문에 꼭 경제적인 성공만을 의미하는 게 아니다. 좀 더 즉시적이고 사소해 보이더라도 개인이 중요하게 생각한다면 얼마든지 중요한 목표가 될 수 있다. 예컨대, 성적 향상, 관계 진전, 승진, 계획 준수, 금연·금주 등의 목표를 달성하지 못했을 때도 좌절이나 자존감 하락과 같은 부정적인 감정이 생겨날 수 있다. 두 번째 원인인 긍정적인 자극의 제거는 자신이 중요하게 생각하는 가치를 상실하는 경험을 말한다. 예컨대, 용돈이 끊기거나, 연인(배우자)과 헤어지거나, 직장에서 쫓겨나는 등의 경험은 좌절이나 상실감 같은 부정적인 감정을 갖게 만든다. 세 번째 원인인 부정적인 자극의 출현은 부모의 학대, 학교생활 실패, 직장에서의 괴롭힘, 범죄피해 등의 경험으로서, 이러한 상황은 두려움과 분노를 유발하고 이를 회피하거나 바로잡기 위해 가출, 결석, 복수 등을 시도할 수 있다.[54]

이처럼 다양한 긴장의 원천과 부정적인 감정을 이해할 때 다음 두 가지 사항에 주의해야 한다.

사회심리학적 접근. 모든 스트레스와 감정은 철저히 개인의 주관에 따른 생각과 감정이다. 따라서 대부분의 사회화 이론들과 마찬가지로 일반긴장이론은 사회심리학적 접근을 취하고 있다. 애그뉴는 이를 바탕으로 인간은 살아가면서 누구나 하나 이상의 긴장을 경험하고 그에 따른 다양한 감정을 느낀다고 주장했다.

또한, 전술한 대로, 일반긴장이론은 구조적 긴장이론이 긴장을 경험하는 사람들 중 일부만 범행에 가담하는 이유를 설명하지 못한다고 비판했다. 이 문제를 해결하기 위해서는 비단 긴장의 원인과 감정이 주관적이라는 가정 외에도 적응방식이 개인의 성향이나 태도에 따라 달라짐을 설명해야 한다. 일반긴장이론은 사회심리학적 접근을 취하기 때문에 사회화 과정에서 형성되는 자아 이미지, 가치관, 규범과 도덕에 대한 태도, 더 나아가 감정을 통제할 수 있는 능력 등의 내면화된 기제가 대처 방식을 좌우한다고 가정할 수 있다. 이에 대한 구체적인 설명은 잠시 후 이뤄진다.

▶긴장의 원인과 부정적인 감정
- 목표달성의 실패: 상대적 박탈감, 불공정
- 긍정적인 자극의 제거: 좌절, 상실감
- 부정적인 자극의 출현: 두려움, 분노

▶주의사항
- 사회심리학적 접근: 긴장과 감정, 적응방식은 주관적인 것
- 범죄성향: 부정적인 감정은 긴장이 강하고 빈번할수록 일탈 가능성 증가

범죄성향. 당연한 얘기지만, 애그뉴는 긴장의 강도가 강하고 빈번할수록 그로 인한 감정은 격해지고 일탈 가능성이 증가한다고 설명했다. 그런데 여기에서 애그뉴가 강조한 점은 지속적으로 부정적인 감정 상태는 '범죄성(criminality)'으로 이어진다는 것이었다. 즉, 애그뉴에게 범죄성향은 타고나거나 어린 시절의 양육과정에서 결정되는 게 아니라 삶의 과정에서 언제든지 생겨날 수 있는 것이었다.[55] 참고로 이는 발달이론(제9장)에서 살펴볼 샘슨과 라웁(1993)의 생애과정이론과 결이 유사한 주장이니 함께 정리해두기 바란다.

2. 범죄와 관련된 긴장

애그뉴는 2001년 논문을 통해 자신의 이론을 고도화하면서 긴장을 유형화하고 그중 어떤 긴장이 범죄와 연관되는지 설명했다. 먼저, 긴장이 주관적 감정임을 체계화하기 위해 긴장의 종류를 '객관적 긴장'과 '주관적 긴장'으로 구분했다. 객관적 긴장은 가정된 상황에서 대부분의 사람들이 긴장을 느끼는 경우를 말하고, 주관적 긴장은 동일한 상황인데도 일부는 긴장을 느끼고 일부는 느끼지 않는 경우를 말한다.

이어서 범죄와 연관될 가능성이 큰 긴장의 특징을 네 가지로 설명했다. ① 긴장이 불공평하다고 느낄 때, 분노를 유발할 가능성이 커진다. ② 긴장의 강도나 심각성이 클수록 범죄로 이어질 가능성이 증가한다(예, 사소한 경제적 어려움보다 심각한 빈곤이 더 받아들이기 힘들다). ③ 사회적 통제가 약해진 상황과 관련된 긴장(예, 실업, 노숙 등)은 범죄로 이어질 가능성이 크다. ④ 범죄를 통해 해당 긴장을 완화·해소할 수 있다고 생각할 때(즉, 범죄가 긴장을 완화·해소하는 수단으로 인식될 때), 범죄로 이어질 가능성이 크다.[56]

3. 긴장에의 적응방식

애그뉴는 이론적 필요에 의해 범죄로 이어질 가능성이 큰 긴장을 유형화했지만, 그러한 긴장 상황에서도 많은 개인이 범죄를 삼가는 이유를 찾아야 했다. 물론 기본적으로 자아 이미지, 규범의 내면화, 자기통제능력 등이 중요하겠지만, 애그뉴는 좀 더 구체적인 설명을 제시하고 싶었다. 그래서 범죄를 삼가는 사람들의 특징을 분석한 결과, 그들은 공통적으로 다음과 같은 적응방식을 취했다. ① 목표의 중요성을 최소화하거나 다른 목표로 대체하는 인지적 적응. '에이, 그건 별로 중요하지 않아!' '대신 이걸 해내지 뭐!' ② 부정적인 결과를 최소화하는 감정적 적응. '그렇게 나쁜 결과는 아니야!' '그나마 다행이야!' ③ 책임을 수용하고 범죄를 거부하는 행위적 적응. '그건 다 내 탓이야!' '범죄는 절대 안돼!' 이러한 적응방식 역시 사회화 과정에서 개인이 터득한 삶의 지혜로 볼 수 있는바, 스트레스를 안 받고 살 수는 없으므로 긴장 상황을 효과적으로 관리하는 요령을 배우는 것이 더욱 중요하다 하겠다.[57]

▶긴장에의 적응방식
- 인지적 적응: 목표의 중요성 최소화 또는 다른 목표로 대체
- 감정적 적응: 부정적 결과 최소화
- 행위적 적응: 책임 수용 & 범죄 거부

III. 평가

일반긴장이론의 시작은 직관에서 비롯되었다. 복잡한 현대사회를 살아가는 개인은 다양한 긴장 상황에 직면한다. 그것은 예를 제시할 수 없을 정도로 다양하고 빈번하며 게다가 주관적이기까지 하다. 애그뉴는 이를 인식하고 구조적 긴장이론을 개인 수준으로 확대시키는 데 성공했다. 긴장의 원인을 체계적으로 유형화하고, 어떤 긴장이 범죄로 이어질 가능성이 큰지를 설명하고, 그러한 긴강 상황에서도 비범죄적으로 적응하는 이유를 밝힘으로써 범죄를 이해하는 데 크게 기여했다.

많은 실증연구가 일반긴장이론의 명제들을 검증했다. 긴장의 종류가 워낙 다양해서 연구 결과가 일관되진 않지만, 2001년 논문에서 제시된 범죄 가능성이 큰 긴장에 국한하면 확실히 일관된 결과가 보고되었다. 일반긴장이론은 대부분의 사회화 이론이 아동·청소년 시기에 집중하는 데 비해 인생의 전 과정을 망라하는 장점이 있다. 또한, 비록 개인 수준의 이론이지만, 공동체의 범죄율을 설명하는 데도 유용하며, 계층과 무관한 설명을 제공하는 특징이 있다.[58]

▶긍정 평가
- 인생의 전 과정 망라
- 계층과 무관한 설명
- 개인뿐만 아니라 공동체의 범죄율 설명에도 유용

그런데 일반긴장이론에 대한 가장 큰 의문은 성차를 어떻게 설명할 것인가에 있다. 즉, 일반적으로 여성은 남성보다 더 많은 긴장, 좌절, 분노를 경험하는 것으로 알려져 있는데, 범죄율은 훨씬 낮다. 이 현상은 아마도 여성이 긴장에 더 적절히 대처하기 때문으로 해석할 수 있을 것이다. 이를 실증한 연구에서 브로이디와 애그뉴(1997)[59]는 유사한

▶의문점
- 성차에 대한 설명

긴장 상황에서 여성은 주로 스스로를 비난하면서 긴장을 내면화하는 경향이 있지만, 남성은 타인에게 비난의 화살을 돌리거나 타인을 공격하는 경향이 있음을 발견했다. 이에 저자들은 남성은 어느 정도 긴장이 쌓이면 범죄에 의존할 수 있지만, 여성은 웬만한 긴장 상황이 아니라면 범죄에 의존하지 않는다고 주장했다.[60]

IV. 사회과정적 관점 정리

후기 실증주의의 시작이었던 사회구조적 관점은 범죄를 주로 도시의 빈곤 지역에 거주하는 하위계층의 문제로 보았다. 하지만, 이러한 설명은 가난해도 범죄를 저지르지 않는 경우나 살만한데도 범죄를 저지르는 경우를 직접적으로 설명할 수 없었다. 이에 사회과정적 관점은 개인이 사회화 과정에서 맺는 관계(유대), 내면화하는 가치체계, 형성하는 자아 이미지와 자기통제력 등이 범죄와 어떻게 연관되는지를 탐구했다. 대표적인 이론에는 사회학습이론, 사회통제이론, 일반긴장이론이 있는바, 이들의 키워드는 사회화와 상호작용이었다. 참고로 낙인이론도 전형적인 사회화 이론이지만, 낙인이 부와 권력에 따라 차별적으로 부여되는 현실을 드러냄으로써 비판주의가 성장하는 데 큰 영향을 미쳤기 때문에 비판주의 관점으로 분류되어 논의된다.

이 장에서 설명된 사회화 이론들의 배경, 주요 명제, 특징, 대책은 〈표 VII-2〉에 요약되어 있다. 따라서 여기에서는 몇 가지 주의할 내용을 문답식으로 정리하고자 한다.

Q1. 사회화 이론들은 모두 사회심리학적 접근을 취하고 있는가?

A1. 그렇지 않다. 버지스와 에이커스(1966)의 차별강화이론은 스키너의 행동주의 심리학(행동심리학)의 영향을 받아서 겉으로 이루어지는 보상이나 처벌을 반복적으로 경험할 때 발생하는 '강화(reinforcement)'가 바로 학습의 과정이라고 주장한다. 에이커스(1973)의 사회학습이론은 여기에 반두라의 사회학습이론(이것도 심리학 이론임)의 '모방

(imitation)'을 추가해서 타인(특히 존경하는 사람)의 행동을 관찰하고 따라 하는 것이 행동의 시작일 수 있다고 주장한다. 이처럼 특정 가치의 내면화와 무관하게 행동을 보상이나 처벌을 예상하고 결정한다는 논리는 합리적선택이론과 유사하다.

참고로, 에이커스의 사회학습이론은 서덜랜드의 차별접촉과 범죄에 우호적인 정의의 내면화도 학습의 주요 요소로 포함하고 있다. 우리가 어떤 가치체계를 내면화해서 손익과 무관하게 행동할 때도 그 행동을 선택했다고 표현하는 경우가 있다. 실제로 문화이론이나 통제이론 등을 학습할 때 그런 문장이 등장하는데, 필자는 이를 합리적 선택과 구분하기 위해 '규범적 선택'으로 이해한다(필자비평 VII–2 참고).

Q2. 중화기술을 학습해서 범죄를 저지른다는 중화이론이 통제이론의 성격을 갖는 이유는 무엇인가? 그리고 일반적인 사회통제이론과 어떤 차이가 있는가?

A2. 일반적인 사회통제이론은 성악설에 기반해서 관습적인 가치체계를 성공적으로 내면화하면 순응이 발생하고 그렇지 못하면 반항(범죄)이 발생한다고 말한다. 하지만, 중화이론의 창시자인 사이크스와 마짜(1957)는 대부분의 청소년이 관습적 가치체계를 내면화하고 있다고 주장한다. 아무리 열악한 환경에 처해 있는 비행청소년들도 마찬가지인바, 그들이 범죄자를 증오하고, 준법시민을 존중하며, 비행 후 죄책감을 느끼거나 후회하는 것은 이미 관습적 가치체계를 내면화하고 있기 때문이라고 주장한다. 이것이 일반적인 사회통제이론과의 차이점이다.

중화기술이란 이미 내면화한 전통적 가치체계를 잠시 누그러뜨리는 변명이나 합리화 기술을 말한다. 사이크스와 마짜는 청소년이 비행을 저지르기 위해서는 이러한 중화기술을 습득해서 죄책감을 극복하고 자아 이미지에 대한 손상을 막을 수 있어야 한다고 주장한다. 결국 중화이론은 스스로 통제를 약화시키는 기제를 다루기 때문에 통제이론의 성격을 갖고 있는 것이다. 실제로 일부 교재에서는 중화이론을 사회통제이론으로 분류하고 있다.

Q3. 허쉬는 사회유대이론(1969)과 자기통제이론(1990)의 주저자이다. 두 이론의 공통점과 차이점은 무엇인가?

A3. 두 이론은 모두 성악설에 근거해서 본래 이기적인 인간이 왜 범죄를 저지르지 않는가를 탐구한다. 허쉬는 인간이 본래 이기적이기 때문에 굳이 학습이나 스트레스 등 사회적 동기(원인)를 탐구할 필요가 없다고 생각했다. 그리고 범죄를 저지르지 않는 이유에 대한 그의 대답은 양육이나 교육 등 사회화 과정에서 형성되는 사회유대나 자기통제력이 범죄 상황(기회)에서 스스로 억제하게 만든다는 것이었다.

허쉬는 1968년 버클리대학에서 사회학 박사학위를 취득하고 1969년 사회유대이론을 발표했다. 학위취득 후 얼마 지나지 않았기 때문에 내면의 심리보다는 최대한 사회학적 요인을 찾고자 노력했다. 그래서 사회유대의 요소 중 '신념(belief in law)'과 같은 태도도 내면화되어 고착된 상태로 보지 않고 '규범에 대한 찬성의 정도'로 보아 상황에 따라 가변적이라고 주장했다. 그런데 약 20년이 지나 갓프레드슨과 함께 발표한 자기통제이론에서는 8세 이전에 형성되는 자기통제력이 약할 경우 범죄 등 문제행동을 제어하지 못하게 되고, 이러한 정서적 문제상태는 평생 지속된다고 설명했다. 즉, 순수하게 사회학적 접근을 추구했던 허쉬가 매우 극적으로 변해서 특성이론적 접근을 취하게 된 것인데, 이러한 자기부정에 대한 해명이 당시에는 명확히 이루어지지 않았다. 다만, 한 가지 주의할 점은 자기통제력을 선천적인 특성이 아니라 양육의 결과로 보았기 때문에 완전한 특성이론은 아니라는 사실이다.

Q4. 레클리스와 허쉬의 이론들은 범죄의 이유가 아니라 순응의 이유를 탐구했다는 점에서 혁신적이라 평가된다. 그렇다면 티틀(1995)의 통제균형이론은 왜 혁신적이라 평가되는가?

A4. 대부분의 사회통제이론은 개인을 통제의 대상(객체)으로 간주하고, 다양한 사회통제 기제(예, 관습적인 가치와 규범, 자아 이미지, 양심, 사회유대, 부모의 감독 등)가

개인에게 잘 작동하는지 여부를 탐구했다. 하지만 티틀은 개인이 통제의 주체가 되기도 한다는 사실을 부각시켰다. 따라서 티틀에게 중요한 것은 개인이 받는 통제와 행사하는 통제의 비율(통제비)이었는바, 어떤 이는 통제를 더 받고(억압), 어떤 이는 균형을 이루며(순응), 어떤 이는 통제를 더 행사하는(자율성) 부류로 분류될 수 있었다. 이는 결국 개인의 권력이나 자율성과 연관된 개념으로서, 억압의 영역(특히 '강탈'의 상태)에 속하는 개인은 폭력 범죄의 가능성이 있고, 자율성의 영역에 속하는 개인은 화이트칼라범죄의 가능성이 있다고 주장했다.

참고로 억압의 영역은 극단적인 억압인 '굴종'과 중간 정도의 억압인 '저항', 약한 정도의 억압인 '강탈'로 구분되는데, 굴종의 상태에서는 힘의 차이가 너무 커서 아무것도 할 수 없고, 저항의 상태에서는 직접적인 폭력이 아닌 재물 손괴 등의 분풀이가 가능하다고 설명했다. 그리고 강탈의 상태에서 폭력을 사용하는 이유는 그렇게 함으로써 힘의 균형을 맞출 수 있다거나 자신이 통제하고 있다는 느낌을 회복시킬 수 있기 때문이라고 주장했는데, 이 역시 인상적인 통찰이었다.

〈표 Ⅶ-2〉 사회과정적 관점 요점 정리

구분	사회학습이론		
학자 및 이론	▪ 서덜랜드(1939) 　차별접촉이론	▪ 버지스 & 에이커스(1966) 　차별강화이론 ▪ 에이커스(1973) 　사회학습이론	▪ 사이크스 & 마짜(1957) 　중화이론 ▪ 마짜(1964) 　표류이론
주요 명제 및 특징	• 차별접촉(범죄적 정의에 더 　많이 접촉) → 범죄적 가치 내면화 → 범죄 ※ 9가지 명제!	• 차별강화(차별접촉 + 　범죄에 대한 보상) → 범죄의 합리적 선택 • 범죄의 시작 = 　차별접촉을 통한 내면화 　+ 모방 • 범죄의 지속 = 차별강화 ※ 행동심리학적 접근!	• 관습적 가치를 중화시키는 기술 　(변명 · 합리화) 학습 → 창피함과 자아 손상 극복 → 편안한 상태에서 범행 • 표류: 대부분의 개인은 관습과 　비관습 사이를 왔다 갔다 함 ※ 5가지 중화기술!
	• 계층에 무관한 강한 설명력 　(화이트칼라범죄 처음 　제시) • 최초 범죄 설명 불가	• 차별강화이론: 범죄의 　지속(반복) 잘 설명 • 사회학습이론: 범죄의 　시작과 지속 잘 설명 • 최초 범죄 설명 불가	• 학습이론이자 통제이론 • 화이트칼라범죄와 테러범죄 잘 　설명 • 성인기 이후 범죄를 그만두는 　이유 잘 설명
거시 · 미시 맥락 (등장 배경)	• 쇼와 맥케이의 현장조사: 　학습과 문화전파 기제 발견 • 미드의 상징적 　상호작용주의: 가치체계의 　내면화	• 1950년대 즈음까지 　구조적 관점이 지배 • 버지스: 스키너에 심취한 　행동사회학자	• 차별접촉이론의 네 번째 　명제에서 영감 획득 • 일탈하위문화 비판: 빈곤지역의 　청소년들도 대부분 관습적 　가치를 내면화하고 있음
대책 (정책적 함의)		• 인지행동 프로그램 강조 • 친사회적 환경 제공: 친사회적 또래 상담, 토큰 경제 • 부모의 올바른 훈육기술 교육	

사회통제이론 (성악설)			일반긴장이론
■ 리이스(1951) 개인적 · 사회적통제이론 ■ 레클리스(1967) 봉쇄이론	■ 허쉬(1969) 사회유대이론 ■ 갓프레드슨 & 허쉬(1990) 자기통제이론(일반이론)	■ 헤이건(1989) 권력통제이론 ■ 티틀(1995) 통제균형이론 ■ 콜빈(2000) 차별강제이론	■ 애그뉴(1992) 일반긴장이론
• 개인적 · 사회적통제이론: 가족 등 일차집단 내 사 회화 실패 → 비행(규범에의 반항) • 봉쇄이론: 내적 · 외적 봉쇄 → 순응(규범 실천) ※ 내적 봉쇄의 4요소!	• 사회유대이론: 강한 유대 → 비행 억제 • 자기통제이론: 약한 자기통제력 + 범죄 기회 → 비행 ※ 사회유대의 4요소! ※ 자기통제력: 8세 이전 양육방식에 의해 결정. 이후 평생 지속	• 권력통제이론: 부모 간 권력관계 → 양육방식 → 위험추구성향 → 비행 • 통제균형이론: ① 통제비 균형 → 순응 ② 통제력 결핍(억압) or 통제력 과다(자율성) → 범죄 • 차별강제이론: 강제적 & 비일관적 통제 → 범죄성향(만성적 범죄인)	• 다양한 상호작용 → 긴장 → 부정적 감정 → 적절한 대처 실패 → 범죄 ※ 긴장의 원인 3종! ※ 범죄와 관련된 긴장 4종! ※ 긴장에의 적응방식 3종!
• 레클리스는 특히 내적 봉쇄 중시: 외부 환경 변화와 무관하게 지속	• 허쉬 이론의 극적 변화: 특정 태도의 내면화와 불변성 비판 → 자기통제력 내적 형성과 불변성 인정 (자기부정) • 범죄의 시작 잘 설명	• 현대의 통제이론들: 통제의 다양한 과정과 결과 탐구 → 통제이론의 관점 확대 & 논리 강화	• 긴장, 부정적 감정, 적응방식은 모두 개인의 주관적 특징 • 인생의 전체 과정 탐구 • 구조적 긴장과 달리 계층과 무관한 설명
• 시카고학파의 전통 계승 (공동체의 가치 · 규범 · 통합 중시) + 통제 기제의 영향이 개인에게 미치는 직접적 원인(과정) 탐구	• 서덜랜드와 머튼의 이론에 도전: 성악설에 근거 범죄의 원인(동기) 이론화 불필요 + 범죄적 가치나 기회부족이 범죄의 직접적 원인 아님	• 통제의 결과를 순응 또는 반항(범죄)으로 보는 이분법적 접근 반대	• 1980년대 이후 일부 보수 이론 제외 설명력 강화에 집중 • 구조적 긴장이론 비판
• 조기개입 프로그램: 부모와의 애착 및 자기통제력 강화 (※조기교육 – 올바른 가치관 함양 & 건강한 자아 이미지 형성) • 청소년기: 학교 유대 강화, 학업성취 및 관여 증대 • 성인기: 고용과 재통합 강화			• 긴장에 대한 올바른 대처 = 스트레스 메니지먼트

1. Siegel, L. J. (2018). *Criminology: Theories, Patterns and Typologies*. Wadsworth. 이민식 외 7인 역(2020), pp.274-275. 센게이지 러닝 코리아.

2. Brown, S., Esbensen, F., & Geis, G. (2013). *Criminology: Explaining Crime and Its Context*. Elsevier. 황의갑 외 12인 역(2015), p.368. 그린.

3. Sutherland, E. H. (1939). *Principles of Criminology*. Philadelphia, PA: J. B. Lippincott.

4. Lilly, J. R., Cullen, F. T., & Ball, R. A. (2011). *Criminological Theory: Context and Consequences*. 이순래 외 2인 역(2017), pp.68-69. 박영사.

5. 윤우석. (2022). "사회학습이론", 「범죄학개론」, 제7장, pp.210-215. 박영사.; Siegel, L. J. (2018). *Criminology: Theories, Patterns and Typologies*. Wadsworth. 이민식 외 7인 역(2020), pp.281-283. 센게이지 러닝 코리아.

6. Siegel, L. J. (2018). *Criminology: Theories, Patterns and Typologies*. Wadsworth. 이민식 외 7인 역(2020), pp.284-285. 센게이지 러닝 코리아.

7. Sutherland, E. H. (1940). White Collar Criminality. *American Sociological Review, 5*, pp.1-12.; Lilly, J. R., Cullen, F. T., & Ball, R. A. (2011). Criminological Theory: Context and Consequences. 이순래 외 2인 역(2017), p.71. 박영사.

8. Sutherland, E. H. (1949). *White Collar Crime*. New York: Dryden.

9. Burgess, R. L. & Akers, R. L. (1966). A Differential Association-Reinforcement Theory of Criminal Behavior. *Social Problems, 14(2)*, pp.128-147.

10. Akers, R. L. (1973). *Deviant Behavior: A Social Learning Approach*. Belmont, CA: Wadsworth.

11. Akers, R. L. (1990). Rational Choice, Deterrence, and Social Learning Theory: The Path Not Taken. *Journal of Criminal Law and Criminology, 81*, pp.653-676.; Brown, S., Esbensen, F., & Geis, G. (2013). *Criminology: Explaining Crime and Its Context*. Elsevier. 황의갑 외 12인 역(2015), p.368. 그린.

12. Siegel, L. J. (2018). *Criminology: Theories, Patterns and Typologies*. Wadsworth. 이민식 외 7인 역(2020), p.285. 센게이지 러닝 코리아.

13. Lilly, J. R., Cullen, F. T., & Ball, R. A. (2011). *Criminological Theory: Context and Consequences*. 이순래 외 2인 역(2017), pp.80-81. 박영사.

14. Cullen, F. T., Agnew, R., & Wilcox, P. (2022). *Criminological Theory: Past to Present*, pp.103-105. New York: Oxford University Press.; Brown, S., Esbensen, F., & Geis, G. (2013). *Criminology: Explaining Crime and Its Context*. Elsevier. 황의갑 외 12인 역(2015), pp.367-368. 그린.

15. Lilly, J. R., Cullen, F. T., & Ball, R. A. (2011). *Criminological Theory: Context and Consequences*. 이순래 외 2인 역(2017), p.82. 박영사.

16. Sykes, G. M. & Matza, D. (1957). Techniques of Neutralization: A Theory of Delinquency. *American Sociological Review, 22,* pp.664-670.

17. Brown, S., Esbensen, F., & Geis, G. (2013). *Criminology: Explaining Crime and Its Context.* Elsevier. 황의갑 외 12인 역(2015), pp.382-383. 그린.

18. Lilly, J. R., Cullen, F. T., & Ball, R. A. (2011). *Criminological Theory: Context and Consequences.* 이순래 외 2인 역(2017), pp.145-147. 박영사.

19. Matza, D. (1964). *Delinquency and Drift.* New York: John Wiley and Sons.

20. Lilly, J. R., Cullen, F. T., & Ball, R. A. (2011). *Criminological Theory: Context and Consequences.* 이순래 외 2인 역(2017), pp.148-149. 박영사.

21. Siegel, L. J. (2018). *Criminology: Theories, Patterns and Typologies.* Wadsworth. 이민식 외 7인 역(2020), p.288. 센게이지 러닝 코리아.

22. Siegel, L. J. (2018). *Criminology: Theories, Patterns and Typologies.* Wadsworth. 이민식 외 7인 역(2020), p.305. 센게이지 러닝 코리아.

23. Lilly, J. R., Cullen, F. T., & Ball, R. A. (2011). *Criminological Theory: Context and Consequences.* 이순래 외 2인 역(2017), pp.83-84. 박영사.

24. Siegel, L. J. (2018). *Criminology: Theories, Patterns and Typologies.* Wadsworth. 이민식 외 7인 역(2020). 센게이지 러닝 코리아.

25. Reiss, A. J. (1951). Delinquency as the Failure of Social and Personal Controls. *American Sociological Review, 16,* pp.196-207.

26. Reckless, W. C. (1967). *The Crime Problem.* New York: Appleton Century Crofts.

27. Lilly, J. R., Cullen, F. T., & Ball, R. A. (2011). *Criminological Theory: Context and Consequences.* 이순래 외 2인 역(2017), pp.142-143. 박영사.

28. Lilly, J. R., Cullen, F. T., & Ball, R. A. (2011). *Criminological Theory: Context and Consequences.* 이순래 외 2인 역(2017), pp.133-135. 박영사.

29. Lilly, J. R., Cullen, F. T., & Ball, R. A. (2011). *Criminological Theory: Context and Consequences.* 이순래 외 2인 역(2017), pp.137-145. 박영사.

30. Hirschi, T. (1969). *Causes of Delinquency.* Berkeley, CA: University of California Press.

31. Agnew, R. (1992). Foundation for a General Strain Theory of Crime and Delinquency. *Criminology, 30(1),* pp.47-87.

32. Lilly, J. R., Cullen, F. T., & Ball, R. A. (2011). *Criminological Theory: Context and Consequences.* 이순래 외 2인 역(2017), pp.156-157. 박영사.

33. 이성식. (2022). "사회통제이론/자기통제이론", 「범죄학개론」, 제9장, pp.271-272. 박영사.; Brown, S., Esbensen, F., & Geis, G. (2013). *Criminology: Explaining Crime and Its Context.* Elsevier. 황의갑 외 12인 역(2015), pp.391-394. 그린.; Lilly, J. R., Cullen, F. T., & Ball, R. A. (2011). *Criminological Theory: Context and Consequences.* 이순래 외 2인 역(2017), pp.164-169. 박영사.

34. Siegel, L. J. (2018). *Criminology: Theories, Patterns and Typologies.* Wadsworth. 이민식 외 7인 역(2020), pp.295-296. 센게이지 러닝 코리아.

35. Gottfredson, M. & Hirschi, T. (1990). *A General Theory of Crime.* Stanford, CA: Stanford University Press.

36. Lilly, J. R., Cullen, F. T., & Ball, R. A. (2011). *Criminological Theory: Context and Consequences.* 이순래 외 2인 역 (2017), pp.172-173. 박영사.

37. 이성식. (2022). "사회통제이론/자기통제이론", 「범죄학개론」, 제9장, p.285. 박영사.

38. Brown, S., Esbensen, F., & Geis, G. (2013). *Criminology: Explaining Crime and Its Context.* Elsevier. 황의갑 외 12 인 역(2015), pp.398-405. 그린.; Lilly, J. R., Cullen, F. T., & Ball, R. A. (2011). *Criminological Theory: Context and Consequences.* 이순래 외 2인 역(2017), pp.174-179. 박영사.

39. Hagan, J. (1989). Micro and Macro-Structures of Delinquency Causation and a Power-Control Theory of Gender and Delinquency. In S. E. Messner, M. D. Krohn, & A. E. Liska (eds.), *Theoretical Integration in the Study of Deviance and Crime.* Albany, NY: State University of New York Press.

40. Lilly, J. R., Cullen, F. T., & Ball, R. A. (2011). *Criminological Theory: Context and Consequences.* 이순래 외 2인 역 (2017), pp.183-184. 박영사.

41. Tittle, C. R. (1995). Control Balance: *Toward a General Theory of Deviance. Boulder,* CO: Westview Press.

42. Lilly, J. R., Cullen, F. T., & Ball, R. A. (2011). *Criminological Theory: Context and Consequences.* 이순래 외 2인 역 (2017), pp.185-189. 박영사.

43. Colvin, M. (2000). *Crime and Coercion: An Integrated Theory of Chronic Criminality.* Palgrave Macmillan.

44. Lilly, J. R., Cullen, F. T., & Ball, R. A. (2011). *Criminological Theory: Context and Consequences.* 이순래 외 2인 역 (2017), pp.189-192. 박영사.

45. Siegel, L. J. (2018). *Criminology: Theories, Patterns and Typologies.* Wadsworth. 이민식 외 7인 역(2020), p.305. 센게이지 러닝 코리아.

46. Lilly, J. R., Cullen, F. T., & Ball, R. A. (2011). *Criminological Theory: Context and Consequences.* 이순래 외 2인 역 (2017), pp.192-194. 박영사.

47. Merton, R. K. (1938). Social Structure and Anomie. *American Sociological Review, 3,* pp.672-682.

48. Cohen, A. K. (1955). *Delinquent Boys: The Culture of the Gang.* New York: The Free Press.

49. Cloward, R. A. & Ohlin, L. E. (1960). *Delinquency and Opportunity: A Theory of Delinquent Gangs.* New York: Free Press.

50. Agnew, R. (1985). A Revised Strain Theory of Delinquency. *Social Forces, 64(1)*; 151-167.

51. Agnew, R. (1992). Foundation for a General Strain Theory of Crime and Delinquency. *Criminology, 30(1),* pp.47-87.

52. Brown, S., Esbensen, F., & Geis, G. (2013). *Criminology: Explaining Crime and Its Context.* Elsevier. 황의갑 외 12인 역(2015), p.321. 그린.

53. Siegel, L. J. (2018). *Criminology: Theories, Patterns and Typologies.* Wadsworth. 이민식 외 7인 역(2020), p.246. 센게이지 러닝 코리아.

54. Lilly, J. R., Cullen, F. T., & Ball, R. A. (2011). *Criminological Theory: Context and Consequences.* 이순래 외 2인 역(2017), pp.107-108. 박영사.

55. Siegel, L. J. (2018). Criminology: *Theories, Patterns and Typologies.* Wadsworth. 이민식 외 7인 역(2020), pp.246-247. 센게이지 러닝 코리아.

56. Brown, S., Esbensen, F., & Geis, G. (2013). *Criminology: Explaining Crime and Its Context.* Elsevier. 황의갑 외 12인 역(2015), pp.321-322. 그린.

57. Brown, S., Esbensen, F., & Geis, G. (2013). *Criminology: Explaining Crime and Its Context.* Elsevier. 황의갑 외 12인 역(2015), p.323. 그린.

58. Cullen, F. T., Agnew, R., & Wilcox, P. (2022). *Criminological Theory: Past to Present,* p.163. New York: Oxford University Press.; Brown, S., Esbensen, F., & Geis, G. (2013). *Criminology: Explaining Crime and Its Context.* Elsevier. 황의갑 외 12인 역(2015), pp.329. 그린.

59. Broidy, L. & Agnew R. (1997). Gender and Crime: A General Strain Theory Perspective. *Journal of Research in Crime and Delinquency, 34,* pp.275-306.

60. Siegel, L. J. (2018). *Criminology: Theories, Patterns and Typologies.* Wadsworth. 이민식 외 7인 역(2020), p.249. 센게이지 러닝 코리아.

제8장 비판주의

　이 장에서는 범죄학의 3대 관점 중 마지막인 비판주의를 다룬다. 비판주의는 연구 영역이 다양하고 내용도 방대해서 범죄학 개론서가 깊이 다루기 쉽지 않다. 하지만, 1960–70년대의 동일한 사회문화적 맥락과 사상·이론적 배경에서 성장했고, 갈등적 시각을 공유하며, 실증주의에 대한 비판을 일관된 목표로 하기 때문에 핵심 내용엔 유사한 점이 많다. 따라서 이 책은 많은 양의 비판주의 이론을 소개하기보다는 비판주의가 무엇인지를 명확히 전달하는 데 집중하고자 한다. 필자는 개인적으로 치리코스 교수의 영향 등 다양한 이유로 비판주의를 좋아하지만, 독자들에게 중요한 건 많은 내용의 숙지가 아니라 '다양한 관점의 수용'이라고 생각한다. 서두에서 밝힌 것처럼 이 책의 목표 중 하나가 사회를 바라보는 시야를 넓히는 데 있는 것도 같은 이유 때문이다. 그런 맥락에서 이 장은 다른 장들과 달리 비판주의를 이해하는 데 필요한 요점을 먼저 설명하고자 한다. 요점의 대부분은 '갈등적 시각에 기초한 비판주의'가 '합의적 시각에 기초한 실증주의'와 어떻게 다른 관점을 제공하는지와 연관된다. 이를 통해 비판주의의 맥을 확실히 짚은 다음, 개별 이론과 저술에 대해서는 요점을 지지하고 보완하는 수준에서 간단히 살펴본다.

I. 등장 배경

헤겔이 역사의 발달과정을 변증법을 이용해 정반합의 과정으로 이해했듯, 이 책도 범죄학의 발달과정을 정반합의 과정으로 설명하고 있다. 하나의 이론이 등장하고 성장하고 쇠퇴하고 부활하는 과정을 정반합의 과정으로 바라보면 특정 이념에 치우침 없이 객관적으로 이해할 수 있고 미래의 모습도 얼추 예측해볼 수 있다. 지금까지 살펴본 고전주의, 초기 실증주의의 생물학적 관점, 후기 실증주의 시카고학파의 사회생태학과 사회해체이론, 머튼의 긴장(아노미)이론, 그리고 문화, 학습, 통제와 관련된 모든 이론들이 정반합의 과정을 거쳐왔고, 거치고 있으며, 앞으로도 그럴 것이다. 이 장에서 살펴볼 비판주의는 약 150년 동안 거침없이 달려온 실증주의에 대한 '반'의 시대적 이야기이다. 그것을 이해하기 위해서는 먼저 1960-70년대 폭발했던 근대성에 대한 불만을 살펴봐야 한다.

▶Georg Wilhelm Friedrich Hegel, 독일 관념론 철학의 완성자, 1770-1831.

▶비판주의의 등장
= 실증주의에 대한 '반'의 시대적 이야기

1. 사회문화적 맥락(시대상): 근대성에 대한 '반'의 시대

비판주의가 등장한 1960-70년대의 사회문화적 맥락은 앞에서 간단히 살펴봤다(제3장 제2절 참고). 통상 이 시기를 급진주의 시대라 하는데, 이 책은 실증주의를 떠받쳐온 '근대성(모더니즘)'의 부작용에 대한 불만이 폭발한 '반'의 시대로 규정한다. 근대의 외형은 근대 이후 '신'을 대신해 진리의 자리를 차지한 '이성'이 구축해놓은 두 축으로 이해할 수 있다. 하나는 자본주의의 성장이며 다른 하나는 과학기술의 발달이다. 자본주의의 성장은 인간의 존엄성과 인권 개념을 보편화시켰고 민주주의의 발달을 촉진시켰다. 과학기술의 발달은 학문의 과학화를 보편화시켰고 유토피아의 도래를 꿈꾸게 만들었다. 하지만, 자본주의는 계층 간의 격차를 심화시켜 하위계층인 노동자의 삶이 농노

▶등장 배경 1. 근대성에 대한 '반'의 시대 도래
- 1960-70년대 급진주의 시대에 근대의 두 축(자본주의 & 과학기술)에서 부작용 심화
- 베트남 전쟁 등 일련의 혼란한 사건 발생: 근대성과 체제에 대한 불만 폭발

417

나 노예의 삶보다 불안정하게 되었고, 과학기술은 세계대전을 겪으면서 유토피아가 아닌 인류의 공멸을 앞당길 수 있다는 두려움을 확산시켰다. 이처럼 유럽과 미국 사회를 지탱하던 두 축에 대한 신뢰가 무너지면서 시민들의 불만과 갈등은 점차 커져갔다. 그러던 와중에, 공산주의 진영과 대립하던 냉전체제 하에서 쿠바가 공산화되고, 민주주의를 지키기 위해 참전했던 베트남 전쟁에서 패배하고, 지지했던 정부의 고위 관료들은 부정부패로 연일 구설수에 오르는 등 혼란한 사건이 계속 발생하자, 잠재되어 있던 근대성과 체제에 대한 불만이 폭발하고 말았다.

2. 사상적 배경: '탈근대성'에 대한 요구

▶등장 배경 2. 탈근대성에 대한 요구
– 근대성에 대한 사상적 회의(의심, 후회) 이분법적 분류와 집단화 → 위계적 질서와 차별 → 6.8혁명(실존주의)

근대가 구축해놓은 질서와 체제에 대한 불만이 폭발하면서 결국 근대성에 대한 사상적 회의는 필연이 되었다(〈보충설명 III-4〉 참고). 근대 합리성으로 불리는 근대성은 이분법과 같은 집단적 분류를 선호하는데, 이러한 집단화(categorization, 또는 범주화)는 항상 위계적 질서와 차별을 양산해냈다. 선과 악, 백인과 유색인, 남성과 여성, 부와 가난, 주류문화와 하위문화, 비범죄인과 범죄인 등의 분류를 1960–70년대 시각에서 바라보면, 전자는 선이거나 좋은 것, 우월한 것, 후자는 악이거나 나쁜 것, 열등한 것의 의미가 강했다. 이에 반발하여 위계적 질서와 차별을 타파하고자 등장한 사상이 '탈근대성(포스트모더니즘)'이었는바, 탈근대성의 핵심은 그동안 억눌려왔던 약자들의 목소리를 듣고 그들의 권익을 신장시키는 것이었다.

결론적으로, 근대성에 대한 불만은 이성이 오랫동안 구축해놓은 위계적·차별적 질서와 통제에 대한 비판이었고, 이는 자연스럽게 탈근대성에 대한 대중적 요구로 이어졌다. 대표적인 사례가 1968년 프랑스에서 발생한 6·8혁명이었는데, 이는 냉전체제를 핑계로 개인의 삶을 간섭하고 통제했던 국가권력에 대항해서 학생과 노동자들이 주도한 개혁운동이었다. 6·8혁명은 유럽은 물론 미국과 일본에까지 퍼져나가 세계적인 저항운동으로 확대되었는바, 대표적인 표어인 "금지를 금지하라"는 근대의 산물인 위계적 질서와 근대성에 대한 비판과 저항을 상징했다. 이때 '실존주의(existentialism)'로 대표되는 반이성주의는 탈근대성의 든든한 지원군이 되었다.

3. 이론적 배경: 낙인이론의 성장

1960-70년대의 시대적·사상적 배경(근대성에 대한 회의 & 탈근대성에 대한 요구)이 비판주의가 성장하는 데 필요한 거시 자양분이었다면, 낙인이론은 비판주의가 논리적 체계를 구축하는 데 직접적인 도움을 주었다. 20세기 중반 사회학적 실증주의가 전성기를 구가할 때 범죄학 내에서도 비판주의의 싹은 트고 있었는데, 그것이 바로 낙인이론이었다. 이 시기의 낙인이론가들(예, 태넌바움, 1938; 레머트, 1951)[1]은 실증주의가 당연시한 국가의 개입(처벌)이 오히려 범죄를 부추길 수 있는 부작용에 대해 경고했다. 하지만 이들의 주장은 머튼(1938)[2]의 긴장(아노미)이론이 시대적 분위기로 인해 큰 주목을 받지 못한 것처럼 주류 범죄학의 관심을 끌지 못했다. 그러다가 1960년대 들어 걸출한 낙인이론가인 하워드 베커(1963)[3]가 실증주의가 견지했던 '합의적 시각'에 의문을 던지면서 낙인이론은 크게 주목받기 시작했다(제2장 제1절 참고). 잘 알려진 일화로서, 베커는 1966년 '사회문제 연구학회(Society for the Study of Social Problems)'의 회장으로 취임하면서 "우리는 누구의 편에 서 있는가?(Whose Side Are We On?)"라는 연설문을 낭독했다. 여기에서 그는 실증주의가 지배계층이 구축해놓은 질서를 따르면서 권력자의 목소리에만 귀를 기울이고 있다고 비판했다. 지배계층의 목소리를 청취하는 것이 꼭 잘못된 건 아니지만, 힘없는 서민의 목소리도 함께 들어봐야 균형 잡힌 연구가 가능하다고 주장하면서 새로운 관점의 필요성을 역설했다.

베커는 낙인이론을 주창하면서 범죄가 사회 일반이 동의하는 객관적인 실체가 아니라 지배계층의 가치나 신념이 반영된 사회적 가공물(구성물)이라고 설명했다. 또한 법의 내용(범죄의 정의)뿐만 아니라 법의 적용에 있어서도 사회적 약자가 차별적으로 많이 처벌되는 문제가 있으며, 이러한 법적 처벌은 그들의 범죄경력을 악화시킬 수 있다고 경고했다. 이러한 처벌의 부작용은 경찰, 법원, 교정 등 형사사법기관과의 잘못된 상호작용이 범죄자라는 낙인을 찍기 때문에 발생하는바, 적발된 개인은 자아 이미지가 악화되고 범죄자라는 정체성을 형성하여 결국 범죄경력자로서 살아가게 된다는 설명이었다. 이에 공감한 비판주의는 형법의 제정과정에서 어떻게 권력관계가 작동하는지 감시하고, 처벌이 사회적 약자에게 차별적으로 가해지는 과정을 파헤치며, 범죄자라는 낙인이 찍힌 약

▶등장 배경 3. 낙인이론의 성장
- 비판주의가 논리적 체계를 구축하는 데 직접적인 도움
- 베커(1963): 범죄에 대한 '합의적 시각'에 의문 – 법의 내용과 적용이 차별적 & 처벌의 역효과 우려
- 베커(1966): 지배계층과 피지배계층의 목소리 균형 잡힌 청취 요구

▶용어정리: 범죄의 정의
- 어떤 행동을 범죄로 규정할지 결정하는 것.
- 따라서, 차별접촉이론에서 나오는 '정의(definition)'와 구별해야 함.

자들이 계속 범죄경력자로서 살아갈 수밖에 없는 현실을 들춰내고자 노력했다. 낙인이론에 대한 상세한 설명은 제2절에서 다뤄진다.

II. 갈등적 시각: 패러다임의 대전환

▶갈등적 시각의 등장
- 1960~70년대 합의적 시각에 대한 거부
- 낙인이론의 상호작용주의적 시각에 환호
- 범죄학의 패러다임 대전환

1960~70년대의 등장 배경을 통해 우리가 가장 먼저 깨달아야 할 점은 약 150년 동안 실증주의와 함께 지속되어 온 '합의적 시각'의 균열이다. 합의적 시각은 근대가 구축해 놓은 사회 시스템을 정상이자 옳은 것으로 간주했다. 앞서 사회구조적 관점에서 살펴본 것처럼, 이미 기회의 불균형 같은 문제가 존재했고 학자들도 인식하고 있었지만, 그러한 문제는 해결하면 되는 것일 뿐 체제 자체에 대한 부정은 시도하지 않았다. 어쩌면 시대적 분위기 때문에 체제에 대한 도전이 금기시되었다고 볼 수도 있겠다.

그런데 급진주의 시대가 도래하여 근대적 질서에 대한 불만이 폭발하고 탈근대성에 대한 요구가 확대되는 상황에서 합의적 시각이 도전받는 건 너무나 당연했다. 대표적인 예가 바로 앞에서 살펴본 낙인이론으로서, 낙인이론은 합의적 시각을 거부하고 '상호작용주의적 시각'을 견지하면서 범죄의 정의와 법의 적용이 권력자의 신념에 따라 좌우되며, 처벌을 통한 국가개입이 범죄를 억제하지 못하고 오히려 유발할 수 있다는 혁신적인 주장을 펼쳤다. 이에 환호한 비판주의 학자들은 1960~70년대를 '갈등의 시대'로 규정하고 구조적 차원에서 지배권력이 어떻게 범죄를 활용해서 자신들의 지위를 유지하고 확대해가는지 파헤치기 시작했다. 이러한 갈등적 시각은 범죄학의 사조에 있어 패러다임의 대전환이었다.

1. 범죄를 바라보는 갈등적 시각

▶비판주의의 키워드
- 갈등: 마르크스 사상 계승

일부 교재에서는 비판주의 관점을 '갈등이론'으로 분류하기도 한다. 가장 큰 이유는 비판주의가 마르크스 사상을 이어받아 근대의 자본주의적 질서가 본질적으로 위계적·차별적이어서 계급 간의 갈등을 필히 내포한다고 전제하기 때문이다. 그런 의미에서 비판주의의 키워드는 '갈등'이라 할 수 있다. 비판주의가 범죄를 바라보는 '갈등적 시각'은 제2장 제1절에서 살펴봤는바, 간단히 요약하면 다음과 같다.

갈등적 시각은 사회를 끊임없는 갈등 관계에 있는 위계적·차별적 체계로 본다. 따라서 지배계급은 자신들의 지위를 유지·확대하기 위해 피지배계급을 통제할 필요성을 느끼는데, 이때 법은 가장 효과적인 수단이 된다. 범죄는 정치권력의 필요에 의해 정의되고, 힘없는 사람들을 희생시켜 자신의 이익을 보호하도록 집행된다. 예컨대, 사회적 약자가 주로 저지르는 거리범죄는 화이트칼라범죄에 비해 사회적 해악이 적음에도 더 많은 행위가 더 심각한 범죄로 규정되어 있다. 이에 비판주의는 열악한 노동환경을 용인하는 정책과 각종 차별, 금융·기업 범죄, 불충분한 아동보호 정책, 환경오염, 제국주의 등이 '진정한 범죄(true crimes)'이며, 가난한 자들이 저지르는 거리범죄는 탐욕의 결과가 아니라 불공정한 여건에 대한 분노의 표출이라고 주장한다. 또한 유전무죄 무전유죄의 현실을 비판하며 형사사법절차 전반에 존재하는 차별은 가진자들이 범죄를 자유롭게 저지를 수 있도록 돕는다고 비판한다. 이는 2018년 1월 서지현 검사가 상사로부터의 성추행을 고발하면서 인용한 알베르 카뮈(Albert Camus)의 글을 연상시킨다: "과거의 잘못을 단죄하지 않는 것은 미래의 범죄에 용기를 주는 것이다." 카뮈의 분노는 전쟁범죄와 나치 부역자들을 향한 것이었다.

참고로, 갈등적 시각은 낙인이론과 연관이 큰 만큼 상호작용주의적 시각과 매우 유사하다. 두 시각 모두 기본적으로 소수의 지배계급이 자신의 이익이나 가치를 대변해서 범죄를 정의하고, 이렇게 정의된 범죄를 다수의 피지배계급에게 차별적으로 적용해서 그들을 통제한다고 주장한다. 두 시각의 차이점이라 하면, 갈등적 시각은 권력자가 정치경제적인 목적을 추구한다고 보는 반면, 상호작용주의적 시각은 도덕적인 목적을 추구한다고 본다(제2장 제1절 참고).

▶갈등적 시각
– (형)법의 역할: 지배계급이 피지배계급을 통제하는 가장 효과적인 수단
– 법의 내용: 정치권력의 필요에 의해 특정 행위가 범죄로 정의됨. 진정한 범죄는 권력자의 범죄. 거리범죄는 탐욕의 결과가 아니라 불공정에 대한 분노의 표출
– 법의 적용: 유전무죄 무전유죄 ·권력자의 범죄 용인 (서지현 검사)

▶상호작용주의적 시각과의 차이점
– 정치경제적 목적 vs. 도덕적 목적

2. 갈등의 이론화

(1) 문화 갈등

▶갈등의 이론화
- 문화 갈등: 셀린(1938) -
여전히 합의적 시각에 기초.
단, 기존 질서의 정당성에
대한 의구심 제기
- 사회적 약자들의 시각: 계
급 갈등, 인종 갈등, 성 갈
등 등

20세기 중반부터 낙인이론이 시작된 것처럼, 갈등에 대한 이론화도 범죄학 내에 이미 존재했었다. 대표적인 예가 문화적 갈등으로서 사회해체이론과 서덜랜드가 그 가능성을 언급했고(쇼와 맥케이의 현장조사 참고), 셀린(1938)⁴은 이를 체계적으로 이론화했다. 그의 저서 「문화갈등과 범죄」에서 셀린은 모든 집단(조직)이 고유한 '행위규범'을 가지고 있다고 전제하고, 그중 주류사회의 가치체계를 반영한 행위규범이 형법이라고 설명했다. 이때 주류사회와 다른 행위규범을 가진 집단은 규범의 충돌을 경험하게 되고, 이런 과정의 반복은 문화갈등으로 이어지며, 이는 결국 범죄율 증가로 귀결된다고 주장했다. 이러한 문화적 갈등에 대한 통찰은 문화적일탈이론으로 계승되었는데, 우리가 확인할 수 있는 사실은 그 이론들이 모두 합의적 시각에 기초했다는 것이다(제6장 제3절 참고). 단, 서덜랜드가 화이트칼라범죄라는 용어를 만들어내면서 그 위험성을 경고하고, 셀린이 주류사회의 행위규범만이 형법으로 규정된다는 사실을 지적한 것은, 실증주의와 합의적 시각이 전제한 기존 질서의 정당성에 합리적인 의문을 제기한 것으로 평가할 수 있다.

(2) 약자들의 시각 반영

1960-70년대 기존의 이분법적 질서에서 약자의 위치에 있던 집단인 하위계층, 유색인종, 여성 등은 더 이상 불만을 억누르지 않고 동등한 권리를 쟁취하기 위해 목소리를 높였다. 베커(1966)의 연설에 동조한 비판주의 학자들은 적극적으로 이들의 목소리를 듣고 이들의 입장에서 범죄문제를 생각하기 시작했다. 즉, 드디어 갈등적 상황을 주류(강자)들의 시각이 아닌 '약자들의 시각'에서 바라보기 시작한 것이다. 비판주의가 처음 탐구를 시작한 분야는 계급 간의 갈등이었고, 이어서 성 간 갈등에 대한 탐구로 이어졌으며, 이후 계속 주제가 확대되어 현대 범죄학에서는 성소수자, 제3세계, 환경보호론자 등의 다양한 시각이 반영되고 있다. 참고로 인종 간의 갈등은 단독적인 작업이 있긴 했지

만 주로 계급 간 갈등에 대한 탐구에서 함께 다뤄졌다고 보면 된다. 이 책은 그중 핵심인 계급 갈등에 대해 중점적으로 살펴보고자 하는바, 다른 분야에 대해서는 접근법 자체가 유사하므로 간단한 소개로 갈음하고자 한다. 특히 성 갈등을 탐구한 이론인 여성주의(페미니즘)는 비판주의만큼 주제가 다양하고 내용이 방대해서 역사적 발달과정과 주요 의제를 간단히 정리하도록 하겠다. 대신 제2권에서 여성범죄에 대한 논의를 통해 내용이 보충된다. 계급 갈등에 대한 설명과 성 갈등에 대한 소개는 제3절에서 이뤄진다.

Ⅲ. 실증주의에 대한 비판

비판주의는 결국 근대성의 산물이자 합의적 시각에 기초한 실증주의를 비판한 사조라 할 수 있다. 비판주의를 대표하는 낙인이론과 갈등이론에서 공통으로 제기하는 문제는 ① 누가 어떻게 범죄를 정의하는가? ② 누가 차별적으로 처벌받는가? ③ 국가의 개입(처벌)은 범죄를 억제하는가 아니면 촉진하는가? 등 세 가지이다. 이 질문들에 대해 실증주의는 ① 범죄는 사회 일반의 합의에 의해 형법으로 규정되고, ② 처벌은 죄질에 따라 법에 정해진 대로 가해지며, ③ 국가의 개입은 범죄를 억제한다고 대답할 것이다. 왜 이렇게 대답하는 것일까? 실증주의답게 실증의 결과를 토대로 답변하는 것일까? 아니다. 합의적 시각을 견지하기 때문에 그냥 그럴 것이라고 가정할 뿐이다. 대신 실증주의는 사조의 취지에 맞게 150년 동안 데이터를 수집해서 범죄의 원인을 규명하는 데 초점을 맞춰왔다. 이러한 관점의 차이가 바로 비판주의가 실증주의를 공격하는 포인트이다. 즉, 지금까지 당연시해온 이슈들을 논의의 장으로 끌어들여서 실제로 그러한지를 검증해보는 것이다.

그런데 비판주의가 단순히 관점의 차이만을 근거로 실증주의를 비난한다면 실증주의 입장에서는 조금 억울할 수도 있겠다. 지난 150년 동안 자신의 소명을 다해 범죄 원인을 규명해 내고 사회개혁에도 일조했는데 시대적 분위기가 바뀌었다고 비난만 받으니 말이다. 그런 오해를 불식시키기 위해 여기에서는 좀 더 구체적으로 비판주의가 실증주의의 어떤 부분을 비판했는지, 그리고 그 비판은 합당했는지 살펴보도록 하겠다.

▶비판주의의 공통질문
– 법의 내용: 누가 어떻게 범죄를 정의하는가?
– 법의 적용: 누가 차별적으로 처벌받는가?
– 처벌의 역효과: 국가의 개입은 왜 범죄를 촉진하는가?

1. 사회적 약자의 범죄 부각

▶사회적 약자의 범죄 부각
– 중산층의 가치체계를 옳고 그름을 판단하는 기준으로 봄: 합의적 시각
– 사회적 약자를 통제의 대상, 혐오의 대상으로 전락시킴

범죄학의 실증주의는 콩트의 실증주의를 그대로 적용한 사조로서, 과학적 연구방법을 이용해서 현상의 패턴을 찾고, 그 원인을 분석하여, 문제를 해결하고 미래를 예측하고자 하는 접근을 말한다. 1960–70년대를 기준으로 이때까지 실증주의가 밝혀낸 원인에는 타고난 생물심리학적 문제(유전), 사회구조적 문제(사회해체, 기회 부족, 일탈문화), 사회과정적 문제(범죄적 가치 습득, 사회통제 약화) 등이 있었는데, 이러한 원인은 대부분 하위계층이나 소수인종의 전유물처럼 여겨졌다. 물론 초기 실증주의와 달리 후기 실증주의에서는 사회적 약자를 보호·지원하고자 한 경향이 있었지만, 전면적인 차별 철폐가 필요하다고 생각한 비판주의 학자들의 눈에는 성에 차지 않았다. 또한 다음과 같이 사회적 약자를 범죄인 집단으로 부각시킨 부작용이 있었다.

실증주의는 중산층의 가치체계를 옳고 그름을 판단하는 기준으로 보았다. 따라서 주류문화에서 벗어난 가치체계를 '다른' 가치체계가 아니라 '잘못된' 가치체계로 간주했다. 이러한 시각은 범죄를 형법 위반이나 사회질서를 어지럽히는 행위로 간주하는 '합의적 시각'과 일치하는바, 기존의 사회질서는 옳은 체계이므로 꼭 지켜야 한다는 의도를 가지고 있었다. 비판주의 학자들은 이러한 실증주의의 기본 입장이 가난하고 소수인 약자들을 마치 범죄인 집단인 것처럼 드러내서 국가의 보호·지원 대상이 아니라 오히려 통제의 대상으로 전락시켰고 주류 사회에는 혐오의 대상으로 낙인 찍히게 만들었다고 비판했다. 겉으로는 가치중립적인 과학적 접근을 강조했지만, 사실은 주류사회의 가치에 동조했기 때문에, 결국 기존 질서를 유지하고자 한 정치권력에 이용당한 꼴이었다.[5]

경험적 증거(자기보고 설문조사)

▶비판의 경험적 증거
– 자기보고 설문조사 결과 청소년비행은 계층이나 인종과 무관
– 그런데도 검거나 수감에서 하위계층과 소수인종이 압도적 비율 차지

이러한 비판이 만약 합당한 근거가 없었다면 아무리 시대적 분위기가 우호적이었다해도 비판주의가 범죄학의 주류자리까지는 차지하지 못했을 수 있다. (이 당시에도 다양한 문화적일탈이론들, 사회학습이론들, 사회통제이론들이 등장했음을 기억하자.) 그런데 마침 청소년을 대상으로 한 자기보고 설문조사에서 비행 여부는 계층이나 인종과 전혀 무관한 것으로 드러났다.[6] 즉, 그동안 실증주의 이론이 제기하고 실증주의 연구가 증

명한 하위계층이나 소수인종의 높은 범죄율은 허구였던 것이다. 그런데도 경찰의 검거율이나 수감시설에서의 비율 구성을 보면 하위계층과 소수인종이 압도적인 비율을 보였는바, 이는 범죄 때문이 아니라 돈과 힘이 없었기 때문이었다. 이러한 차별을 목격한 비판주의 학자들에게 과학적으로 범죄 원인을 규명해야 한다는 실증주의 패러다임은 쓸모없고 심각한 부작용만 초래하는 개혁의 대상이었다.

2. 양적 연구를 통한 일반화

▶양적 연구를 통한 일반화
- 근대성의 특징: 집단화 & 일반화 = 몰개인화
- 비판주의: 탈근대성의 맥락에서 '개별화' 강조

사회적 약자를 범죄인 집단으로 부각시킨 실증주의의 문제는 그들이 양적 연구방법을 사용한 것과 연관이 있었다. 과학적 연구에서 주로 사용되는 양적 연구방법은 모든 것을 정량화하고 집단화하며 연구결과를 일반화시키는 특징이 있다. 비판주의는 이러한 실증주의식 연구방법이 개체의 다양한 특성과 문화의 고유한 가치를 훼손시킨다고 주장했다. 그리고 대안으로서 연구대상(개인, 집단, 문화)의 역사적 맥락을 중시하는 개인사 연구, 사례 연구, 비교사적 연구 등을 선호하고 개체에 실질적인 의미를 부여하고자 했다(〈보충설명 I-6〉 참고).

근대성의 일반화 경향

▶패턴과 예외 복기
- 사회현상의 패턴은 항상 예외와 동행하는 동전의 양면임.
- 그래서, '사회법칙'이란 용어를 더 이상 사용하지 않고 있음(제2장 제3절 참고).

실증주의가 사용하는 양적 연구의 문제점은 근대성의 맥락에서 이해해야 한다. 근대성은 인간을 개인이 아닌 집단의 차원에서 바라보는 경향이 있는바, 이는 양적 분석 결과가 너무 쉽게 일반화되는 결과로 이어졌다. 하지만, 범죄를 포함한 사회현상은 자연현상과 달리 관찰된 패턴으로부터의 예외가 매우 많은 특징이 있다. 그런데도 실증주의 연구는 이를 무시하고 일부 표본에서 발견된 일부 현상을 전체 모집단으로 일반화하다 보니 인과모형의 설명력이 약할 수밖에 없었다. 사실 이처럼 예외가 많은 일반화의 문제는, 앞에서 살펴본 것처럼, 머튼, 마짜, 허쉬 등 많은 실증주의 학자들도 이의를 제기했던 이슈였다. 따라서 이러한 일반화와 '몰개인화'에 반발한 탈근대성은 개인의 특별함과 중요성을 부각시키기 위해 개인의 역사와 맥락을 중시하는 질적 연구방법을 대안으로 채택했다. 결국 근대성과 탈근대성의 이 같은 차이는 '일반화'와 '개별화'로 요약되는바, 비판주의의 개별화 패러다임은 법규위반자에 대한 처우에 있어서도 개인의 특성에 맞는 '처우의 개별화'를 강조했다(〈보충설명 III-4〉 참고).

3. 지나친 이분법

▶지나친 이분법
– 이분법에도 끼지 못한 제3자들의 목소리 반영

앞에서 근대성이 집단적 분류와 양적 분석, 일반화를 선호한다고 했다. 그리고 대표적인 예로서 부와 가난, 백인과 유색인, 남성과 여성, 주류문화와 하위문화, 비범죄인과 범죄인 등의 분류를 제시했는데, 이들은 모두 근대성이 구축한 이분법적 질서의 예시였고, 실증주의는 그러한 이분법을 충실히 따랐다. 이분법의 문제는 우등과 열등이라는 위계적 질서를 명확히 구축하고 지배와 피지배를 정당화하기에 아주 이상적인 수단이었다는 점이다.

그런데 사회가 다원화되면서 이분법은 다양한 종류의 계층, 인종, 성별, 문화, 범죄성, 성적 취향 등이 존재하는 현실을 제대로 반영하지 못했다. 또한 이분법적 분류에도 끼지 못했던 제3자들, 예컨대, 흑인이 아닌 히스패닉이나 아시안 등의 소수인종, 남성도 여성도 아닌 양성인, 이성애와 동성애를 다 가진 양성애자, 제3세계, 기업도 노동자도 아닌 환경보호론자 등은 더더욱 목소리를 낼 수 없었다. 이러한 현실을 지각한 비판주의는 근대성이 구축해놓은 위계적 질서와 차별을 타파하고자 그동안 억눌려 왔던 모든 종류의 목소리를 찾아내어 대변하고자 했다. 이것이 바로 비판주의의 연구 영역이 다양하고 내용이 방대한 이유라 할 수 있다.

IV. 핵심 의제

이상 살펴본 등장 배경(시대, 사상, & 낙인이론), 갈등적 시각, 실증주의에 대한 비판은 비판주의의 토대를 이루는 요점이라 할 수 있다. 이에 비판주의는 '낙인과 차별 철폐'를 핵심 의제로 삼았다. 앞서 사회구조적 관점과의 비교에서 살펴본 것처럼(제7장) 범죄학에서 거시적 접근을 취하는 관점은 두 개가 있는데, 그중 비판주의는 사회구조적 관점에 비해 훨씬 강도 높은 개혁을 요구했다. 사실 비판주의 학자들이 깨달은 형사 사법체계의 낙인과 차별을 철폐하기 위해서는 위계적인 사회질서 자체를 평등한 시스템으로 전환하는 개혁적 노력이 꼭 필요했다. 그러한 노력의 일환으로서 비판주의 학자들은 권력의 남용을 감시하고 실증주의가 정부와 권력자의 입맛에 맞도록 진행하는 연구를 신랄하게 비판했다.

▶핵심 의제: 낙인과 차별 철폐
- 위계적 사회질서 평등화
- 권력 남용 감시, 권력의 입맛에 맞추는 실증주의 비판
- 전국일탈학술대회(1968년 영국): 6.8혁명의 시대정신 계승, 근대성과 실증주의 해체 논의

비판주의가 세력을 규합하고 핵심 의제를 천명한 대표적인 예는 1968년 영국에서 시작된 '전국일탈학술대회(National Deviancy Conference: NDC)'였다. 이 행사를 주관한 몇몇 급진주의 학자들(예, 폴 락, 이안 테일러, 자크 영, 매리 매킨토시 등)은 6·8혁명의 시대정신에 맞게 근대성과 실증주의의 해체를 논의했다. 비범죄화(decriminalization), 탈낙인화(delabeling), 비범주화(decategorization), 비시설화(decarceration) 등이 주요 의제였는데, 이들은 모두 앞서 살펴본 '합의적 시각'에 기초한 실증주의의 문제를 해결하기 위한 대안으로서 제시된 개념이었다. 비판주의 학자들은 그동안 자연스럽게 받아들여지던 형법과 사회통제를 '범죄를 억제하기 위한 수단이 아니라 범죄를 만들어내고, 특정 집단을 통제하며, 기존 질서를 유지하기 위한 수단'이라고 정의하는 파격적인 관점을 선보였다.[7]

V. 이 장의 구성

앞에서 설명한 대로, 제2절은 낙인이론을 다루고, 제3절은 갈등이론을 다룬다. 갈등이론에서는 계급 갈등을 위주로 다루고 성 갈등에 대한 이론은 간단한 소개로 갈음한다. 논의의 역사적인 순서를 유지하기 위해 제3절까지는 주로 급진주의 시대를 다루고, 1980년대 이후의 비판주의에 대해서는 제4절에서 다룬다. 특히, 정책과의 연결성을 도모하기 위해 '평화주의 범죄학'을 중심으로 '회복적 사법'에 대한 설명을 전개한다. 비판주의의 약점 중 하나는 정책적 논의가 약하다는 것이다. 하지만, 낙인이론이 제시하는 '전환처우(다이버전)'나 평화주의 범죄학이 제시하는 회복적 사법은 인본주의적 관점에서 매우 참신하고 의미 있는 대안으로 평가된다. 전체적으로 이 장의 내용이 부족

해 보일 수 있지만, 비판주의가 범죄학에 제공한 새로운 관점을 엿보기에는 충분할 것으로 판단된다.

낙인이론(Labeling Theory)

I. 개관

▶낙인이론의 정체성
- 전형적인 미시 수준의 사회화 이론: 처벌의 역효과 탐구
- 낙인이 부·권력에 따라 차별적으로 찍힘을 밝혀 비판주의에 영향

앞 장에서 언급한 것처럼, 낙인이론은 미시 수준의 전형적인 사회화 이론이다. 주로 형사사법기관과의 상호작용에 주목하면서 자아에 대한 이미지가 손상되고 자기 낙인으로 이어져 결국 범죄경력이 증가하는 사회심리학적 과정을 탐구한다. 하지만, 낙인이론은 낙인이 부와 권력에 따라 차별적으로 부여되는 현실을 드러냄으로써 비판주의가 성장하는 데 큰 영향을 미쳤다. 따라서 이 책은 낙인이론을 비판주의의 맥락에서 살펴본다.

상징적 상호작용주의

▶상징적 상호작용주의와의 관계
- 낙인이론의 이론적 기반임 → 사회반응이론
- 낙인: '자기충족적 예언'의 역할 수행
- 범죄를 바라보는 시각 공유: 권력자의 가치와 신념이 반영된 사회적 가공물

낙인이론은 반드시 상징적 상호작용주의와 함께 이해해야 한다. 상징적 상호작용주의는 낙인이론의 논리적 기반이며, 범죄를 바라보는 시각도 양자가 공유한다. 대표적인 낙인이론가인 하워드 베커(Howard Becker)는 2세대 시카고학파로서 같은 시카고학파인 미드(Mead)의 상징적 상호작용주의에 큰 영향을 받았다. 또한 그는 상호작용주의적 시각을 기반으로 인간의 행동이 타인의 '반응'에 따라 내면화한 가치나 태도를 동작으로 표출한 것이라 간주했다. 이에 낙인이론은 '사회반응이론'으로 불리기도 하며, 자기 낙인은 곧 자신의 정체성을 의미하기 때문에 '자기충족적 예언(self-fulfilling prophecy)'의 역할을 하는 것으로 여겨진다.[8]

범죄를 바라보는 상호작용주의적 시각은 앞에서 살펴봤다. 요약하면, 상호작용주의

적 시각은 본질적으로 악하거나 비도덕적이어서 범죄로 간주되는 행위는 없다고 말한다. 다만 사회가 그렇게 정의하기 때문에 범죄가 된다고 주장하는바, 객관적 실체란 존재하지 않으며 모든 것은 개인의 해석에 따라 주관적으로 보일 뿐이다. 그런데 이때 특정 행위를 범죄로 정의할 수 있는 힘은 계층별로 차이가 있어 권력자일수록 자신의 가치와 신념을 반영시킬 가능성이 커진다. 이러한 시각을 적극적으로 전개한 베커(1963)[9]는 범죄를 규정하는 힘과 더불어 범죄자로 낙인찍는 힘도 권력에 따라 차별적으로 분포하는 현실을 비판했다.

II. 주요 내용

1. 낙인의 과정과 결과

개인이 타인의 반응에 영향을 받는 정도는 그 사람이 얼마나 중요한가에 달려있다. 상징적 상호작용주의는 중요한 사람을 '일반화된 타자(generalized other)'라 규정하고, 그 중에서도 특히 큰 영향을 미치는 사람을 '의미 있는 타자(significant other)'라 규정했다(〈보충설명 II-1〉 참고). 이에 따라 낙인이론은 부모, 교사, 친구 등 가까운 사람의 반응이 중요하다고 봤으며, 아울러 경찰과 같은 형사사법기관의 반응은 재범에 결정적인 영향을 미친다고 봤다. 낙인이론은 낙인이 다음과 같은 과정을 거쳐 형성되며 그 결과로 범죄경력에 악영향을 미친다고 주장했다.[10]

① 첫 범죄행위 → ② 발각(형사사법기관) → ③ 낙인 부여(타인에 의한 낙인) → ④ 낙인 수용(자신에 의한 낙인) → ⑤ 범죄경력 악화

낙인의 강한 영향력

범죄자라는 낙인이 일반의 생각보다 강한 영향을 미치는 이유는 크게 두 가지로 정리할 수 있다. 첫째, 상호작용의 질이 지속적으로 악화된다. 낙인은 전술한 대로 '자기충

▶낙인의 강한 영향력
 - 상호작용의 질 악화
 - 취업의 기회 제한

족적 예언'을 실행하여 반사회적 품행을 강화시키는데, 이는 다시 타인의 부정적인 반응을 끌어낸다. 타인의 부정적인 반응은 사회에 대한 반감과 자기 낙인을 더욱 악화시켜 결국 부정적인 상호작용이 계속 강화되는 악순환으로 이어진다. 이러한 악순환이 반복되는 이유는 낙인이 개인의 전체적인 특성을 규정해버리기 때문이다. 즉, 범죄를 저질렀다는 것은 사실 개인의 여러 특성 중 하나일 뿐인데도 불구하고, 낙인의 힘이 워낙 커서 다른 사람들에게는 그 사람 전체가 나쁜 인간이라는 느낌을 주는 것이다. 이는 다시 말하면, 위반자의 품행이 나빠지기 전에 타인의 반응이 먼저 부정적으로 변할 수도 있음을 시사한다. 결국, 위반자의 품행이 먼저 악화되든 타인의 반응이 먼저 악화되든 낙인으로 인해 상호작용의 질이 악화되는 건 피하기 어렵게 된다.

둘째, 범죄자라는 낙인이 붙으면 취업의 기회가 제한된다. 운이 좋아 취업을 하더라도 대부분 낮은 임금을 받고 승진이나 발전의 가능성이 없는 단순한 노무를 담당하게 된다. 이처럼 어렵고 무료한 생활 여건에 직면하면 범죄의 유혹에 쉽게 빠질 수 있다. 그리고 상호작용의 악화 문제와 맞물려 수감시설에서 사귄 선후배나 동료를 찾게 될 가능성이 커지는데, 이들과의 교제는 평생 범죄경력을 쌓아가는 삶으로 이어질 수 있다. 이러한 위험성에 대해 낙인이론가들은 다음과 같은 주장을 전개했다.

2. 범죄경력의 악화: 국가개입의 부작용

낙인이론이 가장 먼저 주목한 것은 처벌의 부정적인 영향이었다. 낙인이론이 등장하기 전 일반적인 생각은 범죄가 발생하면 당연히 국가가 적절히 처벌해야 하고, 그러한 처벌은 직접적으로는 재범을 억제하고 간접적으로는 일반 대중의 범죄를 억제할 것으로 기대했다. 하지만, 벤담을 비롯해서 다수의 사상가들이 처벌(국가개입)의 부작용을 경고했었고, 초기의 낙인이론가들은 이를 체계적으로 정리했다.

프랭크 태넌바움(Frank Tannenbaum). 고전주의 범죄학자이자 공리주의 주창자인 벤담은 일반적인 교도소가 도덕성을 함양시키기보다 사악함을 더욱 확실히 배우는 학교라고 경고했다. 그리고 그러한 범죄학교들에는 싫증, 복수심, 부족함만이 팽배해있

▶**범죄경력의 악화**
– 낙인이론이 가장 먼저 주목한 이슈
– 태넌바움(낙인이론의 창시자): 자기 낙인 → '악의 극화' → 범죄경력 악화
– 레머트: 일탈 → 적발 → 오명 → 자기 낙인 → '이차적 일탈'

을 뿐이라고 개탄했다. 태넌바움(1938)[11]은 이러한 처벌의 역효과를 처음 체계적으로 서술한 학자로서 낙인이론(사회반응이론)의 창시자로 일컬어진다. 그는 법을 위반한 청소년이 여러 시설을 거치면서 자신의 정체성을 재검토하기 시작한다고 주장했다. 어린 시절 고착되지 않은 범죄적 태도는 교도소에 수용되면서부터 성인(선배) 수감자들의 교육과 기술전파를 통해 자신을 범죄자로 인식하게 된다. 자신을 범죄자로 바라보는 타인의 태도와 자기 낙인이 뒤섞인 상태에서 부정적인 상호작용을 계속 경험하면 '악의 극화(dramatization of evil)'가 이루어지고, 이는 결국 범죄경력의 악화로 이어진다고 경고했다.

에드윈 레머트(Edwin Lemert). 태넌바움의 통찰을 더욱 발전시킨 레머트(1951)[12]는 일탈을 '일차적 일탈'과 '이차적 일탈'로 구분했다. 간단히 말하면 일차적 일탈은 적발되지 않아서 잊혀지는 일탈이고, 이차적 일탈은 적발되어서 유발되는 일탈이다. 레머트에게 일차적 일탈의 원인은 다양하고 중요하지 않았다. 그가 중요하게 본 것은 초기 단계의 위반자들이 자신의 일탈을 일시적이거나 사회적으로 허용될 수 있는 행위라고 생각하기 때문에 자신을 일탈자로 간주하지 않는다는 사실이었다. 하지만, 초기의 일탈이 적발되고 타인의 반응이 비난적이면, 자신의 이름에 '오명(stigma)'이 씌워진다. 레머트는 이러한 타인의 반응과 오명이 자신의 행동과 정체성을 일탈 중심으로 조직화하게 만들어 이차적 일탈로 이어지고, 결국 반사회적인 행위에 몰입하게 된다고 주장했다. 이 과정에서 최초 일탈의 원인은 무의미해지고 '일탈자'라는 오명과 정체성만 남게 된다.[13]

3. '법의 내용'과 '법의 적용'에서의 차별

위와 같은 국가의 개입, 즉 처벌의 부작용에 대한 주장은 1960-70년대 들어서야 주목받기 시작했다. 독자들은 그 이유를 당시의 시대상에 비추어 명확히 이해할 수 있을 것이다. 그러한 사회문화적 맥락에 더해 하워드 베커, 카이 에릭슨(Kai Erikson) 등 저명한 학자들의 노력도 한몫했는바, 여기에서는 대표 이론가인 베커의 주장을 살펴보고자 한다. 특히, 범죄를 정의하고 법을 적용하는 과정이 어떻게 인위적으로 이루어지며 그

과정에서 어떤 차별이 발생하는지를 중점적으로 검토한다. 낙인이론에 대한 베커의 사상은 대부분 1963년에 출판된 저서 「아웃사이더: 일탈 사회학 연구(Outsiders: Studies in the Sociology of Deviance)」에 담겨있다.

법의 내용: 누가 범죄를 정의하는가?

범죄를 바라보는 상호작용주의적 시각에서 범죄를 정의하는 권력자를 '도덕적 기획가들'이라 부른다. '도덕적 십자군'의 의미를 내포하는 이 개념은 베커가 만들어낸 용어로서, 지배계층이 가지고 있는 가치와 신념이 범죄 정의에 반영되는 현상을 지목한다. 예컨대, 술에 반대하는 캠페인을 벌이는 금주론자들은 자신들이 옳다고 생각하는 기준을 다른 사람에게 강요하고 있는 것이다. 이때 그들의 권력이 강하면 실제 입법(음주의 불법화)으로 이어질 수 있는데, 그렇다고 그들에게 실질적인 이익이 되는 건 없다. 즉, 도적적 기획가들은 어떤 물질적인 이익이 아니라 자신들이 옳다고 믿는 가치와 신념을 관철시키기 위해 노력하는 사람들로서, 그렇게 하는 것이 더 나은 사회를 만드는데 기여한다고 생각한다. 그런데 힘없는 일반 대중이 자신들의 가치와 신념을 입법화하기란 거의 불가능에 가깝다. 따라서 법의 내용은 객관적이지 않은 것이며, 지배권력이 어떤 이념을 갖고 있느냐에 따라 변하는 '사회적 가공물'인 것이다.[14]

법의 적용: 누가 처벌되는가?

상징적 상호작용주의에 기초하여 베커는 특정 행동을 범죄로 규정하는 것(법의 내용)뿐만 아니라 특정인의 행동을 범죄로 규정하는 것(법의 적용)도 사회적 가공물(구성물)이라고 생각했다. 자신의 믿음을 설명하기 위해 베커는 일탈과 처벌 여부를 조합하여 일탈의 결과에 대한 네 가지 유형을 제시했다. 일탈을 범해서 처벌되는 사람은 '진짜 일탈자(pure deviant)', 일탈을 범했는데 처벌되지 않는 사람은 '숨은 일탈자(secret deviant)', 일탈을 범하지 않았는데 처벌되는 사람은 '억울하게 기소된 범죄자(the falsely accused)', 일탈을 범하지 않아서 처벌되지 않는 사람은 '순응자(conformist)'로 명명했다(〈표 VIII-1〉).

<표 VIII-1> 일탈의 결과에 대한 유형

		일탈행동	
		No	Yes
처벌	No	순응자	**숨은 일탈자**
	Yes	**억울하게 기소된 범죄자**	진짜 일탈자

출처: Brown et al. (2013). *Criminology*. Elsevier. 황의갑 외 12인 역(2015). p.426. [표 9.1]. 재구성.

이중 '억울하게 기소된 범죄자'와 '숨은 일탈자'는 일탈자는 처벌된다는 상식에 반하는 유형이었다. 특히 억울하게 기소된 범죄자 유형에는 계층, 인종, 성별, 연령, 종교, 외모 등에서 약자의 위치에 있는 사람들이 다수를 차지하여 낙인이 차별적으로 부여되고 있음을 알 수 있었다. 심지어 억울하게 사형을 당한 사람들도 적지 않았는바, 참고로 1992년부터 시작된 '무죄입증 프로젝트(innocence project)'에 의하면, 2022년 10월 기준 241명의 사형수가 무죄 판결을 받아냈고, 이들 역시 대부분 사회적 약자들이었다(제4장 제2절 억제이론 참고).

그리고 숨은 일탈자가 존재한다는 사실은 자기보고 설문조사를 통해 알 수 있었는바, 이들의 인구사회학적 구성은 수감시설에 있는 또래들의 인구사회학적 구성과 너무나 달랐다. 이 데이터 역시 유전무죄 무전유죄의 현실을 명확히 보여줬는바, 전체적으로 경찰의 인종 프로파일링, 검찰의 높은 기소율, 판사의 높은 형량 부여는 사회적 약자들에게 불리하게 작동했다.[15]

Ⅲ. 정책적 함의

실증주의와 구별되는 낙인이론의 특징은 크게 세 가지로 정리할 수 있다. 첫째, 범죄는 객관적인 실체가 아니라 지배계급의 가치와 신념이 반영된 사회적 가공물(구성물)로 간주한다. 이는 범죄를 바라보는 시각에서 실증주의가 '합의적 시각'을 견지하는 데 반해 낙인이론은 '상호작용주의적 시각'을 견지하는 데서 비롯된 차이라고 할 수 있다. 둘째, 처벌, 즉 국가의 개입은 범죄를 억제하는 것이 아니라 반대로 유발할 수 있다고 주장한다. 따라서 낙인의 부작용을 진지하게 검토하고 국가개입의 목적과 방법을 전면적으로 개편하도록 요구한다. 셋째, 하위계층 등 사회적 약자가 범죄를 많이 저지르는 것이 아니라 단지 차별적으로 많이 낙인찍힐 뿐이라고 주장한다. 이는 자기보고 설문조사 결과와 실제 수감시설에 수용되어 있는 사람들의 인구사회학적 특징이 크게 다른 것에 근거한 주장으로서 형사사법절차에서의 차별이 문제시된다.

전환처우(diversion, 다이버전) 프로그램

▶전환처우(다이버전) 프로그램
– 비범죄화 + 국가개입 최소화
– 부작용: 그물망 확장

이러한 특징에 비추어 낙인이론이 강력히 주장한 정책은 가급적 국가의 개입과 형사사법기관과의 접촉을 줄이려는 '전환처우(diversion)' 프로그램이었다. 이 정책은 당시의 시대상과 맞물려 즉각적인 호응을 얻었고 오늘날까지 상당히 유효한 정책으로 남아있다. 원래 전환처우는 그 취지에 비추어 비범죄화(decriminalization)도 포함하는 개념이지만, 여기에서는 형사사법절차의 개시 이후에 이루어지는 전환처우만 살펴보고자 한다.

전환처우는 특히 청소년기의 건전한 성장을 돕기 위해 청소년의 전환에 크게 신경 썼다. 구체적인 예로서 (소년)법원의 관할이 아닌 아동서비스기관이나 복지시설, 특수학교에 위탁하는 접근을 채택했다. 성인에 대한 전환처우도 활발히 진행되었는바, 민간이 운영하는 정신보건시설, 지역사회에 기반한 약물치료 프로그램, 정부가 운영하는 직업훈련 프로그램으로 전환하는 대책이 시행되었다. 그밖에 우리나라에서도 시행되고 있는 각종 보호처분 중 보호관찰이나 시설위탁, 사회봉사명령 등도 전환처우의 일환으로 시행되었다.[16]

그물망 확장(net widening). 이러한 전환처우 정책은 당시 기준에서 봤을 때 낙인이론에 근거한 합리적이고 참신한 정책으로 간주되었다. 또한 엄청나게 과밀화되어있던 교정시설의 수용인원을 줄일 수 있는 부수적인 효과도 있었다. 하지만, 전환처우가 남용되는 문제가 발생하여, 훈방이나 벌금, 집행유예로 사법절차를 마무리할 수 있는 사람들 중 상당수가 전환처우에 참여하게 되는 '그물망 확장(net widening)' 현상이 나타났다. 즉, 전환처우가 없었다면 더 빠르고 신속하게 사법절차를 마무리할 수 있는 경우 중 상당수가 전과를 남기지 않는다는 이유로 전환처우에 처해진 것이다. 전환처우의 이점은 본디 교정시설로부터의 분리를 통해 국가개입을 최소화하는 것인데, 경미하거나 간단한 사건이 다수 전환처우로 전환되면서 오히려 국가개입이 확대되는 것은 낙인이론가들이 보기에 명백한 부작용이었다.[17]

IV. 평가

낙인이론은 범죄의 개념을 상호작용주의적 시각에서 바라보고, 법 위반의 당연한 결과로 여겨졌던 처벌의 부작용을 경고하며, 낙인찍기가 차별적으로 진행되는 현실을 고발했다는 점에서 확실히 실증주의와 구별되는 새로운 관점을 제공한 혁신적인 이론이었다. 이처럼 낙인이론이 제공한 사회화 과정의 또 다른 측면은 구조적 차원의 불평등과 갈등 문제를 탐구하는 비판주의로 계승되었는바, 앞 절에서 소개한 1968년의 '전국일탈학술대회(National Deviancy Conference: NDC)'에서 베커(1963)의 저서 「아웃사이더」는 학자들의 주요 토론 소재 중 하나였다.[18]

하지만, 낙인이론은 개념과 명제를 명확하게 조작화 하기가 어려워서 경험적인 실증이 쉽지 않다. 그래서 경험적 증거가 많지 않은데, 그 소수의 연구들마저 별로 지지적이지 않다. 먼저, 처벌이 범죄경력을 악화시키는가를 검증한 연구는 대부분 빈곤이나 긴장(스트레스), 부적절한 통제, 학습 등의 영향이 더 크다고 밝혔다. 이들 연구에 따르면, 체포나 처벌은 이미 범죄적 상황에 깊이 빠져든 이후에 발생하는 것이기 때문에 범죄에 대한 반응일뿐 원인이 될 수 없다고 한다. 그러나 이러한 비판에 동의하지 않는 학자들은 처벌의 억제효과와 유발효과를 구분할 수 있는 연구설계가 필요하다고 주장한다. 즉, 비판적 연구는 대부분 두 종류의 효과가 혼재된 설계를 진행했기 때문에 처벌의 유발효과를 분별해낼 수 없었다는 주장이다.[19]

두 번째로, 낙인찍기에 차별이 존재하는가를 검증한 연구도 대체로 지지하지 않는 경우가 많았다. 즉, 처벌 과정에서 계층이나 인종, 성별 등과 같은 법률외적 요인들은 범죄의 심각성이나 전과기록 등과 같은 법률적 요인들에 비해 미미한 영향밖에 미치지 못

▶긍정 평가
- 실증주의와 구별되는 새로운 관점을 제공한 혁신적인 이론
- 구조적 차원의 비판주의로 계승됨

435

했다. 하지만 샘슨(1986)과 같은 학자들은 경찰의 인종 프로파일링이 도심의 빈곤지역에서 더 빈번하게 발생함을 지적하며('생태학적 편견') 낙인찍기의 차별성을 어느 정도 인정해야 한다고 주장했다.[20]

제3절 갈등이론(Conflict Theory)

I. 개관

▶낙인이론과 갈등이론의 차이점
− 미시(심리) vs. 거시(제도)
− 처벌의 역효과에 중점 vs. 법의 내용과 적용에서의 차별에 중점 →시간이 지나면서 관심사 통합

약 150년간 지속된 합의적 시각에 의문을 제기한 낙인이론의 혁신성은 비판주의의 논리적 토대가 되었다. 갈등이론은 낙인이론의 정신을 이어받아 지배계급이 아닌 피지배계급의 시각에서 갈등적 상황을 탐구하고자 했다. 그런데 두 이론의 차이점이라 하면, 낙인이론이 사회심리학적 접근에 기반한 미시 이론인데 반해, 갈등이론은 정치, 경제, 사회, 문화, 형사사법 등 제도적 차원에서 권력의 역학관계를 탐구하는 거시 이론이라는 것이다. 이 차이를 고려하면, 낙인이론은 그 이름처럼 처벌(낙인찍기)의 역효과에 좀 더 관심을 가졌고, 갈등이론은 범죄의 정의 및 법의 적용에 있어서의 차별에 좀 더 관심을 가졌다고 할 수 있다. 물론 시간이 지나면서 두 이론의 관심분야는 서로 통합되어 간 것으로 이해하면 된다.

▶갈등적 시각
− 지배계급은 위계적·차별적 질서를 유지하기 위해 피지배계급을 통제하고자 함.
− 법은 가장 효과적인 통제수단임; 법의 내용과 적용이 지배계급에게 차별적으로 유리함.

갈등적 시각. 제1절에서 살펴본 것처럼 갈등이론은 갈등적 시각을 기반으로 한다. 갈등적 시각은 사회를 끊임없는 갈등 관계에 있는 위계적·차별적 체계로 보는바, 이러한 상황에서 지배계급은 항상 자신들의 지위를 유지·확대하기 위해 피지배계급을 적절히 통제해야 할 필요성을 느낀다. 이때 법은 가장 효과적인 수단이 된다. 그래서 범죄는 권력자의 필요에 의해 정의되고, 법은 힘없는 사람들을 희생시켜 자신의 이익을 보호하도록 집행된다. 예컨대, 사회적 약자가 주로 저지르는 거리범죄는 화이트칼라범죄에 비

436

해 사회적 해악이 적음에도 더 많은 행위가 더 심각한 범죄로 규정되어 있다. 또한 형사사법절차 전반에 유전무죄 무전유죄의 원칙(?)이 적용되어 있어 같은 잘못을 해도 가진자들은 무사히 빠져나갈 수 있는 방법이 많은 반면, 약자들은 활용할 수 있는 방법이 적은 게 현실이다.

갈등이론의 목적. 갈등적 시각에 기초하면, 근대성이 구축해놓은 위계적 질서에서 제도적 갈등 관계는 매우 다양하다. 국회의원이나 고위공직자들이 가진 정치권력, 대기업이나 부자들이 가진 경제권력, 남성이나 연장자들(우리나라에 국한될 수 있음)이 가진 사회권력, 주류문화가 가진 문화권력, 형사사법기관이 가진 사법권력은 모두 반대편의 약자들을 계속 지배하면서 우위를 점하고자 한다. 갈등이론가들은 이것이 권력관계의 본질적인 속성이기 때문에 기울어진 운동장을 바로잡지 않으면 형사사법의 정의는 결코 실현될 수 없다고 믿는다. 따라서 갈등이론의 목적은 위계적인 질서에서 비롯되는 갈등과 차별의 현실을 체계적으로 탐구하고 경고함으로써 잘못된 낙인과 차별을 타파하고자 하는 것이다.

▶갈등이론의 목적
– 권력의 속성을 봤을 때 기울어진 운동장을 바로잡아야만 사법정의가 실현될 수 있음 → 잘못된 낙인과 차별 철폐

갈등의 이론화. 다양한 제도적 갈등 관계를 이론화한 시도는 범죄학 내에서도 20세기 중반부터 시작되었다. 앞 절에서 살펴본 낙인이론이 논리적 토대를 제시했고, 제6장에서 살펴본 문화 갈등이론은 그 실질적인 예를 보여줬다 할 수 있다. 비록 문화 갈등이론은 주류문화와 하위문화 간 갈등을 합의적 시각에서 바라본 차이가 있지만, 논의 과정에서 화이트칼라범죄의 심각성과 주류문화에 대한 편파성을 경고한 점은 갈등이론의 지향점과 맞닿아 있었다.

이러한 역사적 자양분을 토대로 1960–70년대의 급진적 사회 분위기에 힘입어 갈등적 접근, 즉 약자들의 입장에서 범죄문제를 탐구한 다양한 갈등이론이 등장했다. 처음에는 낙인이론과 마찬가지로 정치와 경제제도에서 약자들인 하위계급의 목소리가 탐구되었고, 이어서 사회제도적 관계에서 약자들인 여성의 목소리가 탐구되었으며, 현대 범죄학에서는 성소수자, 제3세계, 환경보호론자 등 다양한 약자들의 시각이 확대·탐구되

▶갈등의 이론화
– 20세기 중반부터 다양한 제도적 갈등 관계에 대한 이론화 시도: 문화이론
– 1960~70년대 이후 급진적 분위기에 힘입어 갈등적 시각에 기초한 갈등이론 등장: 계급 갈등과 성 갈등이 핵심

어 왔다. 그중 핵심은 계급 갈등과 성 갈등이라 할 수 있는바, 이 절에서는 두 이론을 중심으로 논의를 전개한다.

II. 계급 갈등에 대한 이론: 마르크스주의 범죄학

계급 갈등에 대한 논의는 정치제도와 경제제도 차원의 권력관계를 다룬다. 여기에서 정치와 경제 권력이 함께 논의되는 이유는 마르크스 사상의 영향 때문인바, 마르크스는 유물론에 기초해서 경제권력이 곧 정치권력이라는 등식을 성립시켰다. 그런데 사실 마르크스가 직접 범죄문제를 탐구한 건 아니다. 뒤이어 간단히 소개되겠지만, 엥겔스와 함께 작업한 저서(1848)에서 사회의 연대와 통합이 무너질 때 범죄문제가 그 징후로 나타날 수 있다고 언급한 것이 전부다. 그럼에도 불구하고, 비판주의 자체가 마르크스 사상에 기반했다는 사실은 누구도 부인하지 못하는바, 이 책도 간단하게나마 마르크스 사상을 검토하고, 왜 갈등이론의 토대가 되었는지 살펴보고자 한다. 이어서, 급진적인 갈등의 시대(1960−70년대)에 등장한 볼드(1958), 퀴니(1970), 챔블리스와 사이드먼(1971), 테일러와 동료들(1973)의 논의를 순서대로 살펴본다.

1. 마르크스의 갈등이론

이 책에서 마르크스에 대한 언급은 두 군데서 나왔다. 하나는 그의 '역사발전 5단계설'을 인용하는 것이었고(《보충설명 III-4》), 다른 하나는 그가 19세기 중후반의 급격한 사회 변화를 바라본 시각을 뒤르켐의 시각과 비교하는 것이었다(《보충설명 III-3》). 둘 다 마르크스의 계급 갈등에 대한 사상과 연관이 있으니 해당 부분을 다시 검토하기 바라고, 여기에서는 간단히 정리해보자.

갈등의 역사

마르크스는 유물론적 역사관에 근거해서 역사발전을 생산수단에 대한 소유방식의 변화로 설명했다. 그중 중세에서 근대로 넘어가는 과정은 장원을 소유한 영주의 권력이 공장을 소유한 부르주아에게 넘어가는 과정이었다. 즉, 근대 자본주의 사회에서는 공장이라는 생산수단을 소유한 부르주아가 경제권력과 함께 정치권력도 장악하게 되는데, 이때 중요한 건 자본주의의 속성이었다. 마르크스는 자본주의의 특징이 그 전의 역사에서는 전혀 경험해보지 못한 생산력의 극대화와 그로 인해 남아도는 잉여생산품에 있다고 봤다. 그것은 곧 거대한 잉여가치를 의미하는바 자본주의의 속성은 이 잉여가치를 극대화하는 것이었다. 따라서 자본가는 더 많은 잉여가치를 확보하기 위해 노동자를 착취하게 되고 이는 곧 계급 갈등으로 이어진다는 게 마르크스의 생각이었다. 결국 정반합의 과정을 거치듯, 정당한 노동의 대가를 요구하는 노동자들의 투쟁은 극에 달하고 최종적으로 원시 시대와 같이 생산수단을 모두가 공유하는 공산사회로 나아갈 것이라 예상했다.

▶갈등의 역사
– 생산수단을 소유한 경제권력이 곧 정치권력이 됨
– 자본주의의 속성 = 잉여가치의 극대화 → 필히 자본가와 노동자 간 계급 갈등 발생

사회의 변화

마르크스는 인간의 본성에 대해서는 연성결정론, 사회의 본질에 대해서는 위계적·차별적 체계라는 기본가정을 가지고 있었다. 둘을 조합하여 변증법적 유물론을 전개하면, 결국 정치경제적 불평등을 가진 모든 사회는 계급 갈등을 겪게 되고, 갈등은 필히 사회변화를 초래한다. 이러한 논리에 근거해 외부로부터의 개입 없이 내부로부터의 변화만으로 역사발전을 설명하는 5단계설이 가능했는바, 시대별 차이는 단지 천천히 변하느냐 급격히 변하느냐의 차이밖에 없었다.

마르크스가 보기에 근대는 자본주의의 급격한 성장이 과학기술의 발달, 인권의식의 향상과 맞물려 전례 없이 강한 계급 갈등을 낳고 있어서 사회변화도 매우 급격한 시대로 보았다. 따라서 19세기 중후반의 혼란이 극복되기 위해서는 자본주의 체제가 전복되어 노동력 착취와 계급 갈등이 없어져야 한다고 주장했다. 참고로, 뒤르켐에게는 당시의 급격한 사회변화가 아노미를 초래했고, 아노미를 극복하기 위해서는 새로운 시대에 맞는 가치와 규범체계가 정립되어야 한다고 생각했다. 결국 당시의 사회 혼란에 대해 마르크스는 정치경제적 차원의 설명을 시도했고 뒤르켐은 도덕과 문화적 차원의 설명을 시도했다고 정리할 수 있겠다.

▶사회의 변화
– 정치경제적 불평등 → 계급 간 갈등 → 변화: 변화의 속도는 갈등의 강도에 비례
– 근대 자본주의 체제는 과학기술의 발달, 인권의식의 향상 등과 맞물려 역사상 가장 강한 계급 갈등을 낳고 있음. 그래서 급격한 사회변화가 초래됨.

범죄의 원인과 해결책

전술한 대로 마르크스는 직접 범죄를 탐구하지 않았다. 하지만, 엥겔스와 함께 작업한 저서(1848)[21]에서 사회의 통합과 연대가 쇠약해질 때 범죄문제가 징후로 나타날 수 있다고 주장했다. 이것은 뒤르켐의 아노미보다 수십 년이나 앞선 주장이었다. 이에 근거하면 당시의 혼란한 사회변화는 자본주의의 위계적 질서와 차별, 그로 인한 극심한 계급 갈등에 기인하기 때문에, 결국 자본주의와 계급 갈등이 범죄를 증가시키는 요인이라고 추론할 수 있다. 반대로 혼란을 극복하고 사회의 통합과 연대를 회복하기 위해서는 계급 갈등이 사라져야 하는바, 마르크스에게는 자본주의의 해체와 공산사회의 도래가 범죄문제를 온전히 해결하는 유일한 길이었다고 할 수 있다.[22]

소결

마르크스의 계급 갈등에 대한 이론은 근대의 위계적·차별적 질서에서 이익을 극대화하려는 자본주의의 속성과 그로 인한 계급 갈등의 필연성을 최초로 이론화했다. 그리고 범죄를 체계적으로 탐구하진 않았지만, 갈등의 격화가 심각한 범죄문제로 이어질 수 있음을 경고했다. 19세기 중후반 그가 들춰낸 계급 갈등과 범죄의 문제는 1960-70년대 급진적 시대가 도래하면서 갈등이론가들에 의해 본격적으로 탐구되었다. 그들은 범죄가 객관적인 실체가 아니라 권력에 의해 만들어지는 것이므로, 반드시 정치경제적 맥락에서 탐구되어야 한다는 기본 입장을 가지고 있었다.

2. 급진적 시대의 갈등이론들

(1) 볼드: 집단갈등이론(Group Conflict Theory)

볼드(Vold)는 1958년 '집단갈등이론'을 주창했다.[23] 먼저 집단갈등이론은 두 단계의 논리적 전개로 구성되었다. 첫째, 개인은 이해관계가 동일한 사람들과 상호작용을 통해 집단을 형성한다. 그리고 집단은 공통의 이익을 추구하기 위해 셀린(1938)의 주장처럼 자신만의 규범을 중심으로 조직화된다. 둘째, 이해관계와 행위규범이 다른 집단들은 서로 갈등을 겪게 된다. 이때 집단 간의 갈등은 집단 내 구성원들의 충성심을 강화시켜 더욱 단결하게 만든다.

볼드는 이렇게 집단과 갈등의 성격을 규정한 다음, 이를 권력을 가진 집단과 그렇지 못한 집단 간의 갈등에 적용했다. 첫째, 정당 등 권력을 가진 집단은 자신의 이해나 이념을 관철시키기 위해 법을 만든다. 그리고 사법권력을 가진 형사사법기관은 차별적으로 법을 집행한다. 이 과정에서 무엇이 범죄이고 누가 범죄인이 되는가가 결정된다. 예컨대, 2022년 6월 24일 미국 연방대법원에서 낙태를 허용한 법률이 위헌이라고 판결한 것은 보수 이념을 관철시킨 것이고(제2장 제1절 참고), 우리나라에서 2022년 1월부터 시작된 중대재해기업처벌법(중대재해법)은 진보 이념을 관철시킨 것이라 할 수 있다. 둘째, 이런 원칙적인 설명 외에 볼드는 청소년 갱과 같은 보다 현실적인 사례를 들어서 설명했는바, 어린 소수의 집단은 권력을 가진 성인 다수의 집단과의 대립에서 결코 승리할 수 없다고 주장했다.

볼드는 자신의 집단갈등이론이 특히 다음과 같은 네 가지 유형의 범죄에 잘 들어맞는다고 제시했다: ① 정치적 시위 때문에 발생하는 범죄, ② 노동쟁의 때문에 생겨나는 범죄, ③ 조합들 간 또는 조합 내의 경쟁 때문에 발생하는 범죄, ④ 인종적·민족적 충돌 때문에 발생하는 범죄. 이들은 모두 집단 간의 권력관계가 명확한 경우였다. 하지만, 강도, 강간, 사기, 횡령과 같이 개인 차원의 범죄를 설명하는 데는 적합하지 않은 것으로 평가된다.[24]

(2) 퀴니: 「범죄의 사회적 실재(The Social Reality of Crime)」

퀴니(Quinney, 1970)[25]는 낙인이론, 볼드의 집단갈등이론, 차별접촉이론 등을 접목하여 범죄의 사회적 실재가 다음과 같은 6가지 명제로 구성된 6단계로 완성된다고 설명했다. 참고로 이 명제들은 독자의 이해를 돕기 위해 필자가 약간 각색한 것이다.[26]

① (범죄의 정의) 범죄는 정치적으로 조직화된 사회에서 권위가 부여된 공식기관이 만들어내는 인간의 품행이다.

▶집단갈등이론
— 이해관계가 동일한 개인들이 집단 형성
— 집단은 공통의 이익을 추구하기 위해 고유한 규범을 중심으로 조직화
— 이해관계와 규범이 다른 집단들은 서로 갈등함
— 권력을 가진 집단은 자신의 이해나 이념을 관철시키기 위해 법을 제정하고 적용함

▶범죄의 사회적 실재
— 우리가 인식하고 있는 범죄의 실제 모습은 결국 권력집단에 의해 규정되고, 적용되고, 만들어진 구성물임.

441

이 명제는 낙인이론과 같이 상호작용주의적 시각을 지지한다. 즉, 범죄는 객관적 실체가 아닌 것이다.

② (범죄의 정의들에 대한 공식화) 권력 집단의 이익에 반하거나 갈등하는 행동을 범죄라고 법률에 규정한다.

이 명제는 집단갈등이론이 주장한 것처럼, 실제로 입법의 권력을 가진 집단이 형법 규정을 만드는 과정에 해당한다.

③ (범죄의 정의들에 대한 적용) 법으로 규정된 범죄 정의들은 형사사법기관에 의해 적용된다.

이 명제는 집단갈등이론이 주장한 것처럼, 실제로 형법을 적용하는 권력을 가진 경찰과 사법기관이 권력의 이익에 부합하도록 법을 적용하는 과정에 해당한다.

④ (범죄의 정의들과 연관된 행동유형의 발달) 각 집단은 고유한 행위규범을 가지고 있는바, 법을 만들고 적용하는 사람들과 얼마나 유사한 행동양식을 가지고 있느냐에 따라 범죄행동의 확률이 정해진다.

이 명제는 차별접촉이론과 유사하게, 범죄로 규정될 수 있는 행위를 차별적으로 습득하는 과정에 해당한다. 모든 집단이 이런저런 행위를 하지만 권력에서 멀어진 집단일수록 범죄로 규정되는 행위에 더 많이 노출되고 상호작용을 통해 더 많이 습득하게 된다.

⑤ (범죄 개념의 구성화와 확산) 범죄 개념은 대중매체 등의 의사전달 수단을 통해 만들어지고 확산된다.

무엇이 범죄이고 어떤 해악을 끼치는지 등에 대한 대중의 인식은 객관적 실체에 대한 인식이 아니다. 권력을 가진 집단이 대중매체 등을 활용해서 특정 행위를 나쁜 범죄 행동으로 만들어내고 그러한 이미지를 확산시키는 것이다. 필자가 앞서 상징적 상호작용주의는 사회구성주의(social constructionism)와 유사하다고 했는데(〈보충설명 II-1〉 참고), 이 명제에서 사용된 '구성화'는 바로 사회적으로 만들어지는 과정을 의미한다. 또한 미디어를 통해 도덕적 공포(moral panic)를 만들어내고 공포를 이용해 통제를 강화하는 과정도 이 명제를 통해 엿볼 수 있다(제2장 제3절, 미디어의 영향 참고). 결국, 앞서 제시된 법의 제정과 적용 등은 실제 대중의 인식으로 이어지는 것이 중요하므로 권력은 홍보를 매우 중시한다.

▶대중매체(미디어) 활용
– 대중이 가지고 있는 범죄에 대한 인식은 구성화의 결과임.

⑥ (범죄의 사회적 실재) 범죄의 사회적 실재는 범죄 정의의 공식화와 적용, 범죄 정의와 연관된 행동유형의 발달, 범죄 개념의 구성화와 확산으로 만들어진다.

이 마지막 명제는 위 5가지 명제들을 집약한 것이다. 퀴니는 우리가 인식하고 있는 범죄의 실재가 결국은 권력 집단에 의해 규정되고 적용되고 만들어진(이미지화된) 구성물이라고 주장한다.

(3) 챔블리스와 사이드먼: 「법, 질서, 권력(Law, Order, and Power)」

볼드(1958)와 퀴니(1970)를 통해 우리는 집단, 이해관계, 규범, 갈등, 권력, 대중매체, 범죄 개념의 구성, 이미지 등의 개념을 알 수 있었다. 이에 더해 챔블리스와 사이드먼(Chambliss & Seidman, 1971)[27]의 저서는 법의 제정과 적용과정에서 권력관계가 실제로 어떻게 작동하는지에 대해 보다 상세한 설명을 제공했다. 특히, 법이 차별적으로 집행되는 현실을 이해하기 위해 경찰 등 법 집행 기관의 관료주의적 성격을 파헤친 것은 기존의 설명에 중요한 통찰을 더해줬다.

챔블리스와 사이드먼은 논의를 시작하면서, 일종의 전제로, 법의 제정과 적용에 대한 대중의 잘못된 믿음, 즉 신화에 대해 이렇게 기술했다. '법은 사회의 다양한 가치들을 대표하고, 가치중립적인 정부 구조에 의해 운용되며, 그 결과 사회에 최선의 이익을 제공

▶용어정리: 신화
– 'myth'를 번역한 용어. myth는 원문에서 'fact'나 'truth'의 반대말로 자주 사용됨. 주로 잘못된 믿음이나 편견을 의미함.

한다.' 하지만, 그들의 연구 결과 현실은 다음과 같이 신화와 매우 다른 모습을 띠었다.

법의 제정. 법을 제정하는 것은 입법기관과 상급 법원의 역할이다. 먼저 입법기관의 행태를 조금만 관찰해보면, 그들이 공공의 이익을 대표하지 않고 시종일관 일부 이익집단의 이해를 반영하는 현실을 바로 알 수 있다. 예컨대, 특정 기업에 혜택이 돌아가는 법을 제정하면서 그 이익이 결국은 대중에게 돌아간다는 입법기관의 주장은 대중적 신화에 부합하기 위한 수사(레토릭)일 뿐이다. 왜냐하면 그런 일은 결코 발생하지 않기 때문이다.

상급 법원의 판결은 판례로서 규칙 제정의 중요한 근원이 된다. 그런데 일반적인 믿음과 달리 상급 법원의 판사들은 판결할 때 중립을 유지하지 않고 자신의 가치와 이념을 반영하는 경향이 있다. 그 이유 중 하나는 이들이 대부분 상위계층에서 선별적으로 뽑힌 사람들이라는 출신성분 때문일 수 있다. 결론적으로 법원은 가진자들에게 필연적으로 편향되어 있고, 가급적 그들의 이익을 옹호하는 판결을 내리는 경향이 있다.[28]

▶법현실주의
- 법이론에 대한 추상적 연구는 실제 현장에서 집행되고 있는 법 연구에 의해 보완되어야 한다는 입장.
- 20세기 초중반 미국에서 유행했던 행동주의 심리학과 비슷한 맥락에서 이해하면 됨.

법의 적용(집행). 챔블리스와 사이드먼은 대표적인 법 집행 기관으로서 경찰의 관료주의적 본질과 정치구조와의 관계를 파헤쳤다. 그들은 법의 제정이 권력의 이해관계를 반영한 것이라 할지라도, 실제 집행은 경찰과 같은 관료조직에 의해 이루어지기 때문에, 법 집행의 속성과 과정을 제대로 이해하기 위해서는 반드시 정치권력과 관료조직의 상호관계를 탐구해야 한다고 주장했다. 이러한 접근은 '법현실주의'를 반영한 입장으로서, 점차 증가하는 사회의 다양성과 복잡성을 이념적인 거대담론만으로는 다 담아낼 수 없다고 믿었던 것이다.

첫째, 경찰은 관료조직으로서 모든 관료조직은 공식적인 목표와 규범을 가지고 있다. 둘째, 그런데 실제로는 조직과 구성원들의 이익은 최대화하고 긴장은 최소화하려는 속성이 있어 그러한 속성에 부합하는 법과 정책만 집행하려 한다. 즉, 공식적인 목표와 규범은 규정에만 존재하는 허상이 되는 '목표전이' 또는 '목표대체' 현상이 발생한다. 셋째, 인력, 예산, 장비 등 경찰조직 운용에 필요한 자원은 정치권력이 결정한다. 넷째, 따라서 정치권력에 가까이 있는 사람들에 대해서는 조직의 긴장을 줄이기 위해 엄격한 법집행을 피하게 된다. 반대로 약자들에 대해서는 엄격한 법집행을 통해 조직의 공식적인 목표와 규범을 홍보하기도 한다.

이러한 관료주의적 속성은 비단 경찰뿐만 아니라 검찰, 법원 등 관료화된 조직 모두에게서 관찰되는 특징이었다. 챔블리스와 사이드먼은 대표적인 예로서 검찰 단계에서의 '유죄협상(plea bargaining)', 재판 단계에서의 '배심원제' 등이 얼마나 가진자들에게 유리한 지 설명했다. 이 밖에도 약자에 대한 차별은 다방면에서 일반화되어 있었는바, 그들이 보기에 관료제화의 심화는 차별의 고착화와 밀접한 관련이 있었다.[29]

▶관료조직의 속성
– 조직의 긴장을 최소화하고자 함.
– 조직의 자원: 정치권력이 좌우
– 법 집행 조직 정치권력과의 갈등을 최소화하기 위한 방향으로 법 집행 →법 적용의 차별 발생
– 관료제의 심화 = 차별의 고착화

(4) 테일러, 월튼, & 영: 「신범죄학(The New Criminology)」

이안 테일러, 폴 월튼, 자크 영(Taylor, Walton, & Young, 1973)[30]이 저서 「신범죄학」을 출간하면서 비판이론은 강력한 부흥기를 맞이한 것으로 평가된다. 굴드너(1973)[31]는 이 책을 전통 범죄학에 대한 강력한 비판으로 묘사하면서 범죄와 일탈에 관한 담화의 흐름을 바꿔놓았다고 찬사를 보냈다. 커리(1974)[32]도 이 책을 보다 인본주의적인 범죄학을 건설하려는 노력 중 으뜸이라 평가하고, 기존 범죄학에 대한 가장 치열하고도 논리적인 비판이라 칭송했다. 참고로 저자들 중 이안 테일러와 자크 영은 1968년 영국에서 개최된 '전국일탈학술대회'를 주도한 신진 학자들이었다. 그런 만큼 이들의 저서는 유럽에서 비판주의가 금새 실증주의와 맞먹는 대등한 위치를 차지하도록 견인했고, 미국의 비판주의에도 큰 영향을 미쳤다.

▶신범죄학에 대한 찬사
– 비판이론의 부흥기를 이끎. 특히 유럽에서.
– 실증주의에 대한 논리적이고 강력한 비판

그들이 가장 먼저 문제 삼은 것은 실증주의(특히 생물학적 결정론)가 기존의 사회질서를 올바르고 기능적인 실체라 전제하고 연구를 진행한 사실이었다. 즉, 자본주의 질서가 구축해놓은 경제제도, 정치제도, 사회제도(가족, 종교, 복지 등), 교육제도 등에서 올바름이나 바람직함의 기준이 명확했는데, 그 기준에 따르는 것이 무조건 옳은 것인지에 의문을 제기한 것이다. 그들에겐 기존 질서에 대한 논쟁이 존재한다는 것 자체가 큰 의미였고, 그것을 대중에게 부각시키는 것이 중요한 임무였다.

▶실증주의에 대한 비판
– 결정론과 사회질서의 본질에 대한 의문 제기.
– 범죄의 개념과 속성에 대한 관심 부족: 객관적으로 주어진 실체로 간주함.
– 범죄를 사회적 병리현상으로 보아 원인 탐구에만 집중함.

그들이 두 번째로 비판한 것은 범죄의 개념 자체에 대한 관심이 적다는 것이었다. 즉, 실증주의는 범죄 자체를 연구한 것이 아니라 범죄의 원인만 탐구한 잘못이 있다는 주장

이었다. 가족학은 가족을 탐구하고, 종교학은 종교를 탐구하는데, 범죄학은 범죄를 탐구하지 않는 이상한 현상이었다. 그들이 보기에 핵심적인 이유는 실증주의가 지나치게 과학성을 추구한 나머지 범죄를 자연현상처럼 객관적인 실체로 간주해버렸기 때문이었다. 그들은 범죄가 사회현상이기 때문에 당연히 사회의 구조와 질서 속에서 그 의미가 탐색 되어야 한다고 주장했다.

이상의 비판을 종합하면, 실증주의는 범죄를 타고나거나 무언가 부족한 범죄인이 이기적인 탐욕을 위해 사회에 해악을 끼치고 온전한 질서를 어지럽히는 사회적 병리현상으로 보았다. 따라서 실증주의에게 가장 중요한 것은 그 병리현상의 원인을 파악해서 치유하는 것이었다. 하지만 테일러와 동료들은 이러한 실증주의의 기본 입장에 커다란 의문을 던진 것이다.

▶신범죄학이 바라본 사회 질서와 범죄의 본질
– 소수의 지배계급에게 유리한 소외적 질서
– 범죄는 가진자들의 이익에 반하는 행위, 형법은 약자들을 통제하는 수단

신범죄학에서 자본주의 질서는 전혀 올바르고 기능적인 것이 아니었다. 소수의 지배계급이 다수의 피지배계급을 착취하도록 구성된 소외적인 질서였다. 이러한 환경에서 범죄는 강요된 질서에 대한 반항이었고 정치경제학의 부산물이었다. 범죄가 이러한 속성을 갖게 된 중요한 이유는 형법이 지배권력과 자본가에게 이익이 되도록 규정되고 집행되기 때문이었다. 결국 신범죄학은 범죄가 사회적으로 구성되는 상대적인 개념임을 밝혀냈고, 형법은 다수의 약자들을 효과적으로 통제하는 수단으로 사용되고 있다고 주장했다. 비록 신범죄학의 주장이 피상적이고 약자들을 위한 구체적인 대안을 제시하지 못했다는 등의 비판이 있지만, 저자들이 강조한 대로, 오랫동안 너무나 당연시되어왔던 범죄를 둘러싼 구조와 현상에 대해 뜨거운 논쟁을 만들어낸 것만으로도 큰 의미가 있었다.

III. 성 갈등에 대한 이론: 여성주의(페미니즘) 범죄학

사회제도와 문화적 차원에서 권력의 역학관계를 다루는 주요 주제로는 성 갈등, 세대 갈등, 문화 갈등 등이 있다. 그중 범죄학에서 탐구하는 문화 갈등은 앞에서 살펴봤고, 세대 갈등은 아직 체계적인 연구 분야로 정립되지 못했다. 따라서 여기에서는 성 갈등에

대해 살펴보고자 하는바, 성 갈등에 대한 논의는 약자인 여성의 입장에서 여성의 권리를 신장시키고 남성과의 평등을 실현하고자 노력한 '여성주의(feminism)'가 주를 이룬다.

여성주의 범죄학은 다루는 주제가 매우 다양하고 내용도 광범위해서 이 책에서 깊이 다룰 수 없다. 예컨대, 사회조직과 권력에서의 성차, 가부장제, 여성의 범죄와 범죄피해, 사법체계에서의 여성, 퀴어 범죄학 등이 주요 의제에 해당하는바, '여성범죄학'이라는 교과 과정이 개설되어 있을 정도로 내용도 방대하다. 따라서 여기에서는 여성주의의 발달과정을 개괄적으로 살펴보고 우리나라의 상황도 간단히 소개한다.[33] 그런 다음, 급진주의 시대에 성 갈등을 계급 갈등의 차원에서 탐구한 급진적 여성주의가 그러한 갈등으로 인해 약자인 여성이 시스템적으로 피해와 착취를 당하는 현실을 어떻게 파헤치는지 살펴본다. 이 책의 설명이 비록 여성주의 전반에 대해 역사적이고 개괄적으로 이루어져 부족한 점이 있지만, 성 갈등과 범죄의 관계는 계급 갈등과 범죄의 관계에 빗대어 어느 정도 이해될 수 있다. 예컨대, 성별 집단, 집단의 이해관계, 남녀 간 갈등, 권력의 차이, 대중매체의 활용과 이미지화, 범죄 개념의 구성 등의 키워드가 그대로 적용된다고 할 수 있다. 여기에 한 가지 중요한 개념이 추가된다면, 생물학적 성(sex) 개념에 반발해서 등장한 젠더(gender)라는 사회화 개념일 것이다. 제2권에서 여성범죄에 대한 논의가 충실하게 이어지므로 연결해서 학습하도록 하자.

1. 페미니즘(여성주의)의 역사

페미니즘의 역사는 길다. 미국의 범죄학자이자 실천운동가인 조앤 벨크냅(Belknap, 2007)[34]은 21세기 이전의 페미니즘을 다음과 같이 3단계로 구분했다.

최초의 페미니즘 운동(first-wave feminism)은 19세기 후반부터 20세기 초반에 걸쳐 여성의 참정권을 비롯한 노동의 기회, 임금인상, 낙태의 권리 등을 주장했다. 그 결과 미국 수정헌법 제19조에 의거 여성의 참정권 제한이 금지되는 성과를 이루어냈다. 이때의 페미니즘은 다소 급진적이었던 2차 페미니즘과 비교되고 당시의 사상적 분위기, 즉 독립적인 개인으로서의 여성을 강조하여 '자유주의적 페미니즘'으로 불린다.

▶여성주의의 역사와 우리나라의 여성주의
– 해당 내용은 필자가 다른 저서에 기술한 내용을 가져온 것임(출처: 정진성(2020). "성폭력의 그림자, #미투운동, 그리고 정반합". 「폴리스트랜드 2020」. 제2장. 박영사.)

2차 페미니즘 운동은 1960-70년대 미국의 혼란한 대내외 정세와 각종 계급갈등 상황에서 여권 신장과 여성의 독립을 주장했다. 궁극적으로 가부장적인 남성 위주의 제도와 문화를 전복시키고자 해서 이때부터 생물학적 용어인 sex 대신 사회학적 용어인 gender가 등장했다. 또한 기존의 성 체계인 이성 간 교제에서 벗어나 여성 간 교제를 진정한 여성의 독립으로 간주하는 레즈비언 운동이 전개되기도 했다. 이때의 페미니즘은 여성을 하나의 계급으로 간주하여 다양한 형태의 계급 갈등 중 하나로 적극 참여함으로써 '급진적 페미니즘'으로 불린다. 그러다 보니 페미니즘 내부에서도 인종과 계층에 따라 다양한 갈등 상황이 연출되었다.

3차 페미니즘 운동은 1990년대 비교적 안정된 사회 분위기 속에서 급진적 페미니즘이 간과했던 부분을 보완하고 가부장적 체제를 뒤집기보다는 양성평등을 강조했다. 백인 중산층 여성이 주도하던 2차 페미니즘에 비해 다양한 인종, 계층, 성적 취향, 종교적 배경을 가지고 있는 여성들의 목소리가 혼합되어 gender의 의미가 한층 더 확대되었다. 즉, 단순히 생물학적 개념인 sex에 대한 반발로서가 아니라, 다양한 성장배경이 상호작용하여 구성된 결과물로 보게 되었다. 이러한 시각은 비단 여성에만 국한되지 않는 보편적인 논리로 모든 개인의 성 정체성(gender identity)을 이해하는 아주 세련된 방법이었다. 결과적으로 sex/gender 이분법이나 여성을 하나의 집단으로 간주하는 시각이 사라지고 개인의 형성과 gender의 다채로움에 주목하는 발전을 이루어냈다.

이러한 과정을 거쳐 페미니즘 운동은 여성의 권익신장(예, 참정권, 고용확대, 임금인상, 평등이혼, 피임과 낙태 등)에 크게 기여했다. 아울러 성적 취향의 변화(homosexuality)는 물론 언어적 변화도 초래했다. 예컨대, 인류를 뜻하는 단어로 'mankind' 대신 'humanity'가 등장하였고, 결혼한 여성을 지칭하는 'Mrs.'와 미혼 여성을 지칭하는 'Miss.'는 'Ms.'로 통합되었다. 사람을 지칭할 때 'he'를 쓰던 관행이 'he or she'로 일반화되었고, 최근에는 'history' 대신 'herstory'를 주장하는 견해도 일부 목격된다. 종교에서도 유대교에 여성 랍비가 등장하고 기독교에 여성 성직자가 임명되는 등 전반적으로 여성의 삶이 보다 평등하고 인간다워지는 데 크게 공헌한 것으로 평가받는다.

하지만, 몇 가지 문제점도 지적된다. 먼저 남성에 대한 비판이 일반화되어 남성의 열등성을 강조하는 성대결 현상을 초래했다. 이에 남성들이 느끼는 억압감이 급증하여 여성보다 4배 높은 자살률을 기록하기도 했다. 특히 공격의 집중 대상인 백인 남성의 자살률이 급증하였는데, 이에 대한 반작용으로 '여성혐오' 현상이 나타나기도 했다. 보수적인 시각에서는 전통적인 성역할(gender roles)이 파괴되어 기존 질서의 장점과 혜택은 사라져버리고 영문도 모른 채 아이들만 피해를 보고 있다는 비판도 제기된다.

2. 우리나라의 페미니즘(여성주의)

우리나라의 페미니즘 운동은 1993년 발생한 서울대 조교 성희롱 사건을 계기로 본격화되었다. 당시의 여성 운동은 1995년 「여성발전기본법」이 제정되는 등 법과 제도 차원에서 성평등 정책을 견인한 것으로 평가받는다. 특히 '반 성폭력 운동'을 통해 성폭력 예방과 처벌을 위한 법제화를 촉진시켜 「성폭력범죄의 처벌 등에 관한 특례법」이 제정되는 등의 성과를 거두었다.

그러다가 2000년대 들어 젊은 여성들은 페미니스트에 대한 사회적 편견과 조롱을 피하기 위해 기존 체제 안에서 개인적 성취를 도모하는 성향을 보였다. 즉, 정치적 투쟁이나 구조적 변화와는 거리가 먼 세대로서 '포스트 페미니즘'을 이끌었으며, 이들이 자신의 주장을 펼칠 때 자주 사용한 표현은 '나는 페미니스트는 아니지만...'이라는 단서였다. 이는 결국 페미니스트로서 정체화되는 것을 우려한 표현이었다.[35]

하지만 보수적인 정치·사회 분위기 속에서 체제와 타협하며 개인의 성취를 도모했던 여성들은 자신만의 노력으로 극복할 수 없는 유리천장과 같은 구조적 한계를 느끼기 시작했다. 여기에 더하여 전반적인 여권신장의 흐름 속에 주류에서 밀려난 남성들은 '반 여성' 또는 '여성혐오' 담론(예, '김치녀', '된장녀')을 생산해내기 시작했다. 특히 보수정권 약 10년간의 여성정책은 페미니즘의 종언이나 후퇴를 초래한 것으로 평가된다.[36]

이에 대한 반발로 2015년 이후 '메갈리아에서 페미니즘을 배운' 젊은 여성들의 '새로운 페미니즘'이 등장했다. 이들은 인터넷 공간에 만연한 여성혐오 표현과 일상적인 성폭력 문화에 대해 분노하기 시작했다. 구조적인 불평등, 맹목적인 혐오와 폭력, 성폭력 피해자에 대한 비난이나 2차 피해와 같은 문제들에 공감하며 연대했다. 그 대표적인 공간이 '메갈리아'였고 여성혐오에 대한 미러링을 통해 남성혐오를 표출했다. 이들은 오랜 좌절을 통해 스스로 각성한 세대로 평가되며 '디지털 네이티브 세대의 자생적 페미니스트'로 구분된다. '새로운 페미니즘'은 관련 서적들의 잇단 출간, '넷 페미니스트'의 출현, '페미니즘을 덕질하는' 등의 새로운 경향을 보여주고 있다. 그리고 2018년 서지현 검사의 폭로로 촉발된 #미투운동을 가능케 한 자양분이 되었다.[37]

3. 급진적 페미니즘(여성주의)의 주요 의제

차별적 사회화와 여성의 범죄 피해

▶약자들의 주요 피해
– 하위계급: 사법 피해
– 여성: 범죄 피해. 근본 이유는 차별적 사회화에 있는바, 남녀 간 격차가 클수록 피해 가능성 증가.

계급 구조의 불평등이 낳는 차별이 심각한 주된 이유는 약자들을 더 범죄인화 하기 때문이다. 반대로 성적 구조의 위계적 질서로 인한 차별이 심각한 주된 이유는 약자들인 여성이 더 범죄 피해를 당하기 때문이다. 급진적 여성주의자들은 남성 위주의 질서에서 차별적으로 이루어지는 사회화가 근본 이유라고 진단한다. 다시 말해, 남성은 주도적이고 공격적으로 사회화되고 여성은 수동적이고 방어적으로 사회화되기 때문에, 여성의 피해가 증가한다는 주장이다. 우리는 대부분 한 번쯤 이러한 주장을 들어봤는데, 과연 사실일까? 실증연구에 따르면, 여성의 지위가 높은 나라일수록 여성에 대한 성폭력 비율이 현저히 낮아진다. 한 국가 안에서도 여성의 사회적, 경제적, 법적인 지위가 높을수록 범죄 피해 가능성은 상당히 줄어든다. 이러한 결과는 물리적 힘의 차이가 아니라 사회적 힘의 차이가 피해의 원인임을 설득력 있게 보여준다.[38]

가부장제

▶가부장제
– 차별적인 사회화의 시작점
– 남성: 직장에서 받은 통제를 집에서 행사하려 함. 따라서 하위계층일수록 가정 내 폭력 증가. 티틀의 통제균형 이론 참고.
– 여성: 가정 내 고립. 무력감. 피해 증가. 자기파괴적인 범죄 가능성.

남성 위주의 질서는 가부장제로 이어지고, 가부장제는 차별적인 사회화의 시작점이 된다. 대표적인 여성주의자인 메서슈미트(Messerschmidt, 1986)는 마르크스주의를 적용해서, 자본가가 노동자의 노동력을 통제하는 방식으로, 남성은 여성의 성과 경제력을 통제한다고 주장한다. 가부장제하에서 통제받는 여성은 가정 내에 고립되어 범죄를 저지를 가능성은 줄어드는 대신, 가장이 직장에서 받은 스트레스를 가정에 돌아와 푸는 대상이 되어버린다. 이러한 여성은 무력감을 느끼게 되고 심각한 정신적인 손상으로 이어지며 범죄 피해는 증가한다. 만약 이러한 여성들이 범죄를 한다면 무력감으로 인한 자기 파괴적인 범죄일 가능성이 높은바, 약물남용이나 매춘이 주를 이룬다.

가부장제하에서 강하고 지배적으로 사회화되는 남자아이는 성인이 되어 똑같은 행위를 반복하는데, 이때 심각한 문제는 직장에서 통제를 많이 당하는 가장일수록 집에 돌아와 통제를 더 많이 행사한다는 사실이다. 즉, 하위계층의 남성이 경제적 스트레스를 더 받기 마련인바, 이들은 자신의 남성성을 과시하기 위해 배우자나 파트너를 더욱 폭력적으로 통제하려 들고, 이러한 경향은 대를 이어 전해진다. 참고로 직장과 가정에서의 통제비를 맞추려 한다는 주장은 티틀(1995)의 통제균형이론과 매우 유사한 논리이고, 가부장제하에서 차별적 사회화가 대를 이어 진행되면서 범죄의 성차가 발생한다는 주장은 헤이건(1989)의 권력통제이론과 유사한 면이 있으니 함께 정리해두도록 하자.[39]

여성해방과 여성의 범죄

사회적 약자로서 여성의 피해와 피해의 악순환을 주장하고 검증하는 것은 잘 이해가 된다. 그런데 급진적 여성주의가 처음 시도한 의제는 피해가 아니라 범죄였다. 즉, 1960-70년대의 시대상에 보조를 맞춰 여성해방을 외쳤는데, 여성해방은 논리적으로 여성의 범죄가 증가할 것이라는 주장으로 이어졌다. 주된 이유는 여성의 사회진출이 증가하면서 범죄의 기회도 증가할 것이라는 추측이었는바, 결론적으로 여성해방 논리는 지지보다는 비판을 더 받으면서 크게 주목받지 못했다.[40] 하지만, 이후의 여성주의 범죄학은, 전술한 대로, 조직 내에서의 여성의 지위, 형사사법시스템에서 여성을 대하는 방식, 퀴어 범죄학 등 다양한 주제를 탐구해가며 남녀 간의 집단 구분을 약화시키는 데 크게 기여했다.

현대의 비판주의 이론과 회복적 사법

I. 개관

1. 비판주의에 대한 비판

1960–70년대 급진주의 시대에 성장한 비판주의는 주로 마르크스주의적 갈등이론이었다. 낙인이론은 갈등이론의 논리적 토대를 제공했으며, 여성주의는 어느 정도 독자적인 영역으로 발전해갔음을 알 수 있었다. 당시 비판주의가 범죄학의 주류 사조 중 하나였던 건 맞지만, 실증주의도 계속 주류의 위치를 점하고 있었고, 양자 간의 논쟁은 매우 치열했다. 앞에서 실증주의에 대한 비판을 살펴봤으니 여기에서는 비판주의에 대한 비판을 살펴보자.

첫째, 가장 큰 비판은 비판주의가 지나치게 모든 문제의 근원을 자본주의 탓으로 돌린다는 것이었다. 그러다 보니 자본주의의 전복 외에는 마땅한 대안을 제시하지 못하는 문제가 있었다. 만약 자본주의가 문제라면 공산주의 국가에서는 범죄가 발생하지 않아야(최소한 훨씬 적어야) 하고, 자본주의 국가들마다 범죄율 차이가 없어야(최소한 적어야) 하는데 실상은 전혀 그렇지 않았다. 또한 비판주의는 자본주의 사회가 자체적으로 소득의 불평등 문제를 완화하고 대기업이나 자본가 등 갑의 횡포를 막기 위해 노력하는 점을 인정하지 않고 심지어 대중을 속이기 위한 쇼로 폄훼하기도 했다. 이에 반발한 실증주의 학자들은 비판주의가 상아탑 안에 머물면서 본질 없는 주장만 하고 있다고 비판했다. 게다가 대안없이 비난만 하는 통에 실제 빈곤에 허덕이고 있는 약자들의 삶을 개선하는 데는 전혀 도움이 되지 않았다고 비판했다. 즉, 겉으로는 약자를 위하는 척하지만 실제로는 그들의 어려움을 간과했다는 것이다.[41]

이러한 급진적 비판주의의 문제는 일종의 '환원주의(reductionism)'로 볼 수 있다. 환원주의란 복잡하고 다양한 현상이나 개념을 더 기본적인 요소나 개념으로 설명하는 입장으로서, 실제 범죄학 등 사회과학에서는 복잡한 현상을 단일 원인으로 설명하려는 접근을 일컫는다. 비판주의는 모든 범죄문제의 원인을 자본주의라는 경제제도에서 찾기 때문에 경제적 환원주의에 해당한다 하겠다(〈보충설명 I−10〉 심리학적 환원주의 참고).

둘째, 비판주의가 실증주의의 양적 연구방법과 일반화 경향을 싫어하지만, 정작 자신들의 주장을 뒷받침하기 위해서는 양적 연구방법을 사용할 수밖에 없고 분석 결과를 일반화시켜야 하는 경우가 있다. 예컨대, 제이콥스와 브릿(1979)[42]은 형사사법제도가 지배권력의 통제 도구로 사용되는지 연구하기 위해 소득 불평등이 심한 지역에서 경찰의 폭력이 증가하는지 분석했다. 이 연구에서 소득 불평등은 계급 갈등을 측정한 변수였는바, 데이터 분석 결과, 소득 불평등이 높은 지역일수록 경찰의 법집행 과정에서 사망하는 사람의 수가 증가했다. 제이콥스와 브릿의 연구방법과 결과 해석은 실증주의식 접근과 동일했다. 이 밖에도 경찰의 인종프로파일링에 대한 연구나 기소나 양형 단계에서의 계급 차별을 확인하는 연구도 대부분 양적 연구방법을 활용한다.[43]

2. 도구주의 vs. 구조주의

이러한 비판은 실증주의로부터의 비판만이 아니었다. 비판주의 내부에서도 지나친 경제적 환원주의는 경계의 대상이었다. 마치 자본주의 내의 소수 엘리트가 모든 불평등을 조장하고 착취를 일삼고 형사사법제도를 장악해서 자신들의 입맛대로 운용한다는 주장은 음모론과 비슷하다는 비판이었다. 이러한 비판을 제기하는 비판주의 학자들은 국가가 전체적으로는 자본주의에 유리한 방향으로 운용되지만, 형사사법제도가 온전히 특정 권력층을 위해서만 존재하는 것은 아니라고 주장했다. 누구라도 국가의 자본주의 시스템을 위협하는 경우 규제의 대상이 된다는 설명이었다.

전자를 도구주의(도구적 마르크스주의), 후자를 구조주의(구조적 마르크스주의)로 구분할 수 있는바, 구분의 기준은 자본주의와 법의 관계를 어떻게 보느냐에 있다. 도구주의는 법이 자본주의를 위한 도구로서 정치경제권력의 이익과 가치에 반하는 세력을 통제하는 수단이라 주장한다. 반면, 구조주의는 사법제도인 법은 경제제도인 자본주의가 효율적으로 운용될 수 있도록 규정되는 것이며, 자본가든 노동자든 국가의 근간인 자본주의 규정을 위반할 경우 처벌된다고 주장한다.[44]

▶도구주의
− 법(형사사법제도)은 자본주의를 지배하는 정치경제권력의 이익과 가치를 수호하기 위해 존재
− 경제적 환원주의

▶구조주의
− 법은 자본주의가 효율적으로 운용되도록 규정됨. 자본가든 노동자든 자본주의 규정을 위반할 경우 처벌됨.

453

3. 현대 비판주의 이론의 다양성

▶현대의 비판주의 이론
- 급진주의 시대 비판주의가 초래한 패러다임의 대전환은 울림이 큰 통찰로서 계속 유지됨
- 1980년대 이후 급진적 갈등이론에 대한 관심은 식었지만, 더욱 다양하고 덜 음모론적인 이론들로 진화함

비판주의는 내외부로부터의 비판을 경험하면서 구조주의적 접근으로 성숙해갔다. 그런데 1960-70년대의 급진주의 시대를 지나 사회가 보수화되면서 비판주의에 대한 관심은 조금씩 식어갔다. 그럼에도 비판주의가 가져온 관점의 대전환은 결코 쉽사리 사라질 수 없는 통찰을 제공했기 때문에, 무언가 합의적 시각에 기초한 실증주의와는 차별되는 접근에 대한 욕구가 계속 꿈틀거렸다. 그래서 1980년대 이후 다양하고 덜 음모론적인 비판주의 이론들이 등장했는데, 대표적으로 평화주의 범죄학, 좌파실재론(left realism, 또는 좌파 현실주의), 여성주의(3차 페미니즘), 문화 범죄학, 수형자 범죄학 등이 발표되었다. 이처럼 다양하고 방대한 비판주의 관점의 현실을 표현하기 위해 "하나의 비판범죄학은 없다!"는 문구가 존재할 정도이다.[45]

그중 이 책은 비판주의 내에서 상당히 온건하면서도 종교적 영감을 바탕으로 한 평화주의 범죄학을 살펴보고자 한다. 이것을 살펴보는 다른 중요한 이유는 '회복적 사법'이라는 새로운 정책 대안을 제시했기 때문이다. 사실 낙인이론에서 '전환처우(다이버전)'를 제시한 이후 마르크스적 갈등이론에서는 마땅한 정책 대안이랄 게 없었다. 논리적으로 자본주의의 전복이 유일한 해결책이었기 때문이기도 하다. 그런데 회복적 사법은 실제로 현대의 형사사법절차에서 활발히 논의되었고 일부 정책으로 실행된 경우도 있기 때문에 논의의 필요성이 매우 크다.

II. 평화주의 범죄학

▶평화주의 범죄학
- 비폭력, 화해, 조정을 통해 공동체의 상호신뢰와 유대 강화 추구
- 국가의 폭력적 처벌은 사회를 더욱 폭력적으로 만듦.
- 대안으로서 '회복적 사법' 제시

평화주의 범죄학은 갈등이 범죄의 원인이라는 데 동의하고, 갈등의 해결을 위해서는 마르크스와 엥겔스(1848), 뒤르켐(1897)의 주장처럼 사회의 연대와 통합이 최선이라고 생각했다. 따라서 체제에 대한 도전과 대립보다는 간디를 연상케 하는 비폭력, 화해와 조정을 통해 오래 걸리더라도 상호신뢰와 공동체의식을 강화해야 한다고 주장했다. 퀘이커 교리와 불교정신, 선 사상 등 따뜻한 영혼과 휴머니즘을 강조하는 사상으로부터

영감을 받아 일반적으로 통제이론이 제시했던 공동체의 유대보다 깊은 공감을 강조했다. 예컨대, 페핀스키와 퀴니(1991)[46]는 우리가 상대방의 진정성을 더 많이 알게 될수록 그에게 고통을 주기 어려워진다고 주장했다. 또한, 우리가 우리 자신을, 특히 자신의 더러운 측면을, 많이 알게 될수록 그것을 상대방에게 투사할 가능성이 감소한다고 주장하는 등 감성적이고 철학적인 사상을 펼쳤다. 참고로 갈등이론에서 살펴본 퀴니(1970)[47]가 1980년대 후반 불교에 관심을 가지면서 평화주의 범죄학을 주창하게 된 사실은 참 흥미로운 변신이었다.[48]

평화주의 범죄학이 가장 경계한 것은 '범죄와의 전쟁'으로서 그러한 접근은 사회를 더욱 폭력적으로 만들 뿐이라고 주장했다. 예컨대, 티프트와 설리번(1980)[49]은 국가가 범죄자를 처벌하는 것이 오히려 범죄를 부추긴다고 봤으며, 국가의 폭력적인 처벌은 개인이 폭력적으로 행동하는 것과 다를 바 없다고 주장했다. 대안적인 조치로서 설리번과 티프트(2001)[50]는 상호부조에 기반한 회복적 사법을 주장했다. 회복적 사법은 기본적으로 매우 인본주의적인 해결책으로서 처벌이나 수감 대신 화해와 갈등 중재를 옹호한다.[51]

갈등의 한가운데서도 서로 간의 신뢰를 구축하고 애정, 배려, 존중에 기반해 형사사법절차를 진행한다는 주장은 많은 찬사와 동시에 비현실적이라는 비판의 대상도 되었다. 기본스(1994)[52]는 평화주의 범죄학이 추구하는 인본주의적 정책은 이미 형벌제도 개혁과 관련해서 오랫동안 논의되었던 내용이라고 지적했다. 더 중요한 지적은 평화주의 범죄학이 어떻게 인간적인 질서를 구축하기 위해 광범위한 구조적 변화를 꾀할 것인지에 대한 이론화가 전혀 안 되어있다는 것이었다.[53]

III. 회복적 사법(Restorative Justice)

1. 회복적 사법의 개념

회복적 사법의 문제의식은 갈등과 폭력을 똑같이 갈등과 폭력으로 해결해선 안 된다는 대전제에서 출발했다. 아무리 국가라 해도 폭력적인 처벌은 시민사회에 폭력이 허용

▶회복적 사법의 개념
– 국가의 솔선수범: 진정한
반성과 사과, 치유와 회복, 교
화와 재통합
– 지역사회의 적극적 참여
필수
– 비공식적 사회통제의 맥락
에서 이해 가능

된다는 메시지를 전할 수 있기 때문이다. 낙인이론의 주장처럼 처벌, 오명, 불행, 고통에 기반한 형사정책은 범죄를 억제하기는커녕 오히려 부추길 뿐이다. 따라서 갈등과 폭력의 악순환을 막기 위해서는 국가가 솔선수범해서 진정한 반성과 사과, 치유와 회복, 교화와 재통합을 실천해야 한다고 주장했다. 이를 위해서는 지역사회의 적극적인 참여가 꼭 필요한바, 필자는 개인적으로 이러한 패러다임의 변화가 1960–70년대 이후 등장한 비공식적 사회통제의 큰 맥락에서 이해될 수 있다고 생각한다. 즉, 경찰행정(범죄예방), 형사사법(사후처리), 교정 등 모든 정책이 국가 주도의 관료적·일방적 접근방식에서 벗어나 지역사회가 적극 참여하는 협력적 접근방식으로 변화하는 과정의 일부로 간주될 수 있다고 본다.[54]

2. 재통합적 수치심(Reintegrative Shaming)

▶재통합적 수치심
– 존 브레이스웨이트
– 내적 수치심은 진정한 반성
과 사과의 전제조건
– but, 오명화가 수반된 수치
심은 금물
– 재범억제 뿐만 아니라 일반
예방효과도 기대

회복적 사법은 진정한 반성과 사과 – 치유와 회복 – 교화와 재통합의 과정을 거친다. 이때 첫 단계인 진정한 반성과 사과가 없으면 회복과 재통합은 불가능하다. 법 위반자가 진정으로 반성하고 사과하기 위해서는 내면에서 수치심을 느껴야 하는바, 이러한 개념은 상당히 감성적이고 종교적이며 또한 동양적이다. 믿거나 말거나 강력한 유교사상에 기반한 조선에서는 사형보다 부모의 이름이 적힌 종이에 먹칠하게 만드는 형벌이 더욱 가혹한 처분으로 여겨졌다 한다.

재통합적 수치심을 주장한 가장 대표적인 학자는 존 브레이스웨이트(Braithwaite, 1989)[55]로서, 그는 미국 사회가 범죄를 수치스럽게 여기지 않고 처벌을 받으면 오히려 형사사법의 피해자라고 반발하는 잘못된 문화를 가지고 있다고 걱정했다. 반대의 경우로 일본의 예를 들면서, 일본에서는 공개 사과, 보상, 피해자의 용서 등 당사자 간의 해결이 먼저 모색된 다음, 여의치 않을 때 형사소추가 진행된다고 설명했다. 그런데 이때 '오명화(stigmatization)'가 수반된 수치심은 낙인을 찍고 굴욕감을 선사하기 때문에 절대 금물이라고 경고했다. 재통합적 수치심이 가능하기 위해서는 수치심이 짧고, 잘 관리되어야 하며, 피해자와의 직간접적 접촉을 통해 사과와 용서가 진행되어야 한다고 주장했다. 브레이스웨이트에게 재통합적 수치심은 비단 위반자의 사회복귀와 재범억제뿐만 아

니라 사회일반의 범죄를 예방하는 데도 가장 효과적인 방법으로 간주되었다.[56]

3. 각 주체의 역할

타협, 중재, 합의로 이어지는 평화주의적 접근은 오랫동안 아시아와 유럽에서 갈등을 해결하는 주요 방식 중 하나였다. 현대의 회복적 사법은 지역사회와 형사사법제도의 각 부분에서 다음과 같이 적용되고 있다.[57]

지역사회

지역사회가 구성원을 소외시키고 긍정적인 유대와 협력이 부족해서 무관심으로 일관할 경우 범죄문제는 심각해진다. 한 아이의 교육을 위해 온 마을이 필요하듯, 범죄의 예방과 해결에도 지역사회 전체가 나서야 한다. 봉사단체와 같이 선한 마음을 진정성 있게 실천하는 조직이 나서서 가해자와 피해자를 중재시키는 것이 좋다. 진정한 반성과 사과, 진정한 용서와 화해가 없으면 회복적 사법은 겉치레가 되고 만다. 또한 피해의 실질적인 회복을 위해 기금마련 등의 방법을 모색하는 것도 중요하다. 회복적 사법의 성공이 위반자의 사회복귀, 범죄율과 범죄두려움 감소, 지역 주민의 삶의 질 향상으로 이어진다면 투자 대비 효용성이 매우 크다고 볼 수 있다.

학교

학교는 청소년의 지식과 직업능력을 함양하는 기관일 뿐만 아니라 문제해결능력을 향상시키는 역할에도 집중해야 한다. 질풍노도의 시기에 일시적인 문제와 위반을 저지르는 것은 너무나 당연하다. 제5장에서 살펴본 것처럼, 대뇌피질의 전두엽이 아직 미숙한 상태에서는 럭비공처럼 행동의 방향을 예측하기 어렵다. 따라서, 물론 심각성의 차이는 있겠지만, 일반적인 문제로 판단되는 경우에는 정학, 퇴학 등의 강압적 조치를 삼가야 한다. 예컨대, 미네소타와 콜로라도 등의 학교에서는 '관계회복 프로그램(relational rehabilitation program)'을 통해 문제 학생이 지역사회의 명망 있는 인사와 좋은 관계를 맺도록 주선한다. 우리나라에서도 학교폭력에 대해 회복적 사법이 일부 적용되고 있는바, 응보적 사법의 부작용을 인식한 경찰은 '애플타임'을 통해 당사자 학생들이 진심으로 사과하고 화해하는 자리를 만들고 있다. 이와 유사하게 일부 학교에서는 '애플데이' 행사를 열어 친구들의 다양한 입장을 이해하고 학교폭력의 심각성을 깨닫는 기회를 제공하고 있다.

경찰

▶지역사회 경찰활동
– 지역사회와 경찰 간 협력, 쌍방향 소통
– 비공식적 사회통제에 기여

경찰 단계에서 비공식적 사회통제는 주로 '지역사회 경찰활동'을 통해 강화될 것이 주문된다. 지역사회 경찰활동은 경찰조직의 현대화, 인력 증가, 장비 강화 등 경찰력에만 의존하던 전통적 경찰활동이 범죄 대응에 효과적이지 못한 것으로 드러나자 그 대안으로 등장한 모델이다. 대원칙은 지역사회와의 협력으로서 협력은 쌍방향 소통을 필요로 한다. 경찰은 회복적 사법의 필요성과 과정을 홍보하고 적극적인 참여를 유도한다. 학교를 포함한 지역사회는 가해자와 피해자의 욕구를 청취하고 경찰에게 전달하여 함께 해결하고자 노력한다.

법원

▶법원
– 피해자 지원 및 당사자 중재 프로그램 운영
– 전환처우(다이버전) 시행
– 목적: 가해자의 사회복귀와 재통합 달성

낙인이론에서 살펴본 전환처우(다이버전)는 법원 단계에서 주로 시행하는 회복 프로그램이다. 이를 위해 법원은 피해자 지원 프로그램을 통해 피해회복을 돕고, '양형 써클(sentencing circle)'과 같은 중재 프로그램을 통해 당사자들과 가족이 만나 각자의 감정과 의견을 피력한 다음 적당한 처벌 방식을 결정하도록 지지한다. 법원 단계의 가장 중요한 목표는 가해자가 잘못과 손해를 인정하고 피해자와 원만히 합의하도록 중재해서 결국 가해자의 사회복귀와 재통합을 달성하는 것이다.

4. 회복적 사법의 한계

쉽게 예상할 수 있듯, 평화주의 범죄학과 회복적 사법에 대한 일관되고 명확한 비판은 너무 이상적이고 장기간의 검증을 요구한다는 것이다. 레브란트와 동료들(1999)[58]은 많은 회복 프로그램이 피해자와의 단기간 상호작용에 머물러서 가해자 대부분이 친사회적인 행동 방식을 깨우치지 못했다고 주장했다. 그러면서 수치심 관리만으로 가해자의 뿌리 깊은 범죄성향이 개선될 것이라 기대한 가정이 잘못된 것 같다고 의심했다.

회복적 사법에 대한 또 다른 비판은 교정의 한 방식이 아니라 사회운동에 가깝다는 것이다. 그래서 간혹 법률가들의 개입 없이 지나치게 당사자들의 자율에 맡기곤 하는데, 결과에 대한 책임 없이 불개입과 자율만 강조하면 사법체계의 근간이 흔들릴 수 있고 악용할 소지도 다분하다고 비판한다. 따라서 먼저 회복적 사법에 대한 개념 규정이 명확히 이루어져야 하고, 형사사법시스템 내에서 체계적인 절차로 규정된 후 지속적인 효과성 검증이 이루어져야 한다고 주장한다. 꽤 많은 프로그램들이 회복적 이상과는 거리가 있음에도 겉으로만 회복적 프로그램이라 외치는 현실은 꼭 개선되어야 한다.[59]

▶회복적 사법의 한계
– 지나치게 이상적이고 장기간의 검증을 요함
– 구체적인 교정 프로그램이 아니라 추상적인 사회운동에 가까움. 명확한 개념 규정이 선행된 다음, 체계적인 절차로 규정되고, 지속적인 검증을 받아야 함.

IV. 비판주의 정리

실증주의는 합의적 시각에 기초해서 범죄를 객관적인 실체로 보았다. 따라서 범죄의 개념이나 속성에 대해서는 별 관심이 없었고 대신 원인 규명에 집중했다. 그런데 만약 범죄가 상대적인 구성물이라면 관심의 집중은 범죄가 어떻게 구성화 되는지로 향할 것이다. 그것이 바로 비판주의가 강조한 지점으로서, 진짜 범죄학은 범죄의 원인이 아니라 범죄의 본질을 먼저 탐구해야 한다는 주장이었다. 듣고 보니 맞는 말이긴 하다.

비판주의의 이론적 배경은 마르크스 사상으로 거슬러 올라간다. 마르크스는 직접 범죄를 탐구하지 않았지만, 엥겔스와 함께 작업한 저서(1848)에서 범죄가 사회의 통합과 연대가 무너지는 징후일 수 있다고 주장했다. 그런데 사회의 통합이나 연대가 중요한 이슈는 아니었고, 그렇게 사회의 연대가 무너질 정도의 급격한 사회변화는 심각한 계급 갈등 때문이라는 게 핵심이었다. 마르크스에게 심각한 계급 갈등은 자본주의가 가진 착취적 속성 때문에 필히 발생하는 현상이었는바, 결론적으로 모든 사회변화는 위계적·차별적 질서로 인한 계급 갈등 때문에 반드시 내부로부터 발생하는 것이었다. 그리고 급진적이긴 하지만 추론 결과 범죄문제가 해결되기 위해서는 자본주의가 붕괴되어야만 했다. 이런 이유로 비판주의를 사회구조적 차원의 갈등이론이라고 부른다.

마르크스 이후 1960-70년대의 급진주의 시대까지 범죄학에서 갈등에 대한 탐구는 주로 문화 갈등, 계급 갈등, 성 갈등의 영역에서 이루어졌다. 그런데 문화 갈등은 갈등적 시각이 아니라 여전히 합의적 시각을 취했고, 주류문화의 입장에서 하위문화에 어떤 문제가 있는지를 탐구했다. 성 갈등에 대한 탐구는 페미니즘(여성주의)이 주도했는데, 그 역사가 길고, 시기마다 초점이 달라졌으며, 연구의 분야와 내용이 방대해서 이 책은 간단히 역사적 발달과정만 살펴봤다.

이 시기 계급 갈등에 대한 탐구는 낙인이론으로부터 구체적인 영감을 얻었다고 할 수 있다. 비록 낙인이론이 개인 수준의 사회심리학적 이론이었고 낙인찍기, 즉 처벌의 부작용에 주된 관심을 가졌지만, 결국 갈등이론이 사상을 계승하면서 세 가지 이슈에 몰입하게 됐다. ① (법의 내용) 누가 어떻게 범죄를 정의하는가? ② (법의 적용) 누가 왜 차별적으로 처벌되는가? ③ (처벌의 역효과) 국가의 개입(처벌)은 범죄를 억제하는가 아니면 촉진하는가? 이에 대한 갈등이론의 대답은 이제 독자들도 잘 알 것이다.

급진의 시대가 끝나고 1980년대 보수의 시대가 도래하면서 비판이론에 대한 관심도 점차 식어갔다. 하지만, 비판이론이 제기한 패러다임의 변화는 너무 강력해서 무언가 실증주의와는 다른 갈등적 시각에 기초한 연구를 계속 진행해야 할 것만 같은 충동이 오랫동안 지속되었다. 이에 덜 음모론적이고 다양한 주제의 비판이론이 성장했는바, 평화주의 범죄학, 좌파실재론, 3차 페미니즘 운동, 문화 범죄학, 수형자 범죄학 등이 나름의 영역을 구축하며 발달해갔다. 하나의 비판범죄학은 없다고 할 정도로 다양하게 진화해간 것이다. 그중 이 책은 정책 대안과의 연결성을 고려해서 평화주의 범죄학과 회복적 사법을 중점적으로 살펴봤다.

평화주의 범죄학은 갈등이 범죄의 원인이라는 데 동의하고, 갈등의 해결을 위해서는 마르크스와 엥겔스(1884), 뒤르켐(1897)의 주장처럼 사회의 연대와 통합이 최선이라고 생각했다. 따라서 기존 체제에 대한 도전과 대립이 아니라, 비폭력과 화해, 조정을 통해 오래 걸리더라도 상호신뢰와 공동체의식을 강화해야 한다고 주장했다. 한 가지 재미있는 사실은 갈등이론을 주도했던 퀴니도 1980년대 후반부터 불교사상에 심취하면서 평화주의를 추구했다는 것이다.

이러한 평화주의의 지향점을 반영한 정책이 회복적 사법이었다. 회복적 사법의 대전제는 갈등과 폭력에 대해 국가가 똑같이 갈등과 폭력으로 대응해서는 안 된다는 믿음이었다. 대신, 갈등과 폭력의 악순환을 막기 위해 국가가 솔선수범해서 진정한 반성과 사과, 치유와 회복, 교화와 재통합으로 이어지는 회복적 사법을 추구해야 한다고 주장했다. 회복적 사법의 일환으로서 브레이스웨이트(1989)가 제시한 재통합적 수치심은 폭력적인 처벌보다 스스로 수치심을 느끼게 하여 건전한 구성원으로 복귀시킬 것을 제안했다. 애초에 낙인이론이 주장했었던 전환처우(다이버전)는 법원 단계에서 적용할 수 있는 유용한 대안으로 간주되었다.

평화주의 범죄학과 회복적 사법은 비록 이상적이고 장기간의 검증을 요하지만, 실증주의가 생각하지 못한 인본주의적 대안이 가능함을 보여주었다. 테일러와 동료들(1973)이 신범죄학에서 강조한 방식을 이용하면, 그러한 대안적 사고와 정책이 존재한다는 것 자체로 큰 의미가 있었다. 결국 비판주의의 의미도 우리에게 새로운 관점을 선사했다는 데 있을 것이다. 〈표 VIII-2〉는 비판주의의 주요 내용을 요약하고 있다.

Q1. 사회반응이론으로 불리는 낙인이론은 대표적인 사회화(사회과정) 이론이다. 그런데 이 책이 비판주의 관점으로 분류하는 이유는 무엇인가?

A1. 비판주의가 실증주의를 비판한 핵심은 실증주의가 '합의적 시각'에 기초해서 ① 범죄는 객관적인 실체로서 사회 일반의 합의에 의해 형법으로 규정되고, ② 처벌은 죄질(사회적 해악)에 따라 법에 정해진 대로 가해지며, ③ 이러한 국가의 개입은 범죄를 억제한다고 가정했기 때문이다. 그런데 낙인이론은 약 150년간 지속되어온 합의적 시각에 의문을 던지면서 ① 범죄는 객관적인 실체가 아니라 권력층의 가치체계를 대변해서 구성되는 것이고, ② 처벌은 약자에게 차별적으로 가해지고 있으며, ③ 이러한 국가의 개입은 오히려 범죄를 증가시킨다고 주장했다. 이러한 '상호작용주의적 시각'은 베커(1963)에 이르러 완성되었는데, 그는 1966년 「사회문제 연구학회」의 회장으로 취임하면서 약자의 목소리도 함께 들어봐야 균형잡힌 연구가 가능하다고 역설했다. 그의 사상과 연

설은 비판주의 학자들의 열렬한 환호를 받았고 1968년 영국에서 열린 「전국일탈학술대회」에서 핵심적인 토론 주제로 등장했다. 비범죄화, 탈낙인화, 비시설화 등의 주요 의제는 모두 낙인이론과 깊이 연관된 것이었다.

따라서 이 책은 낙인이론을 비판주의에 이론적 토대를 제공한 이론으로 평가하며 비판주의 관점으로 분류하고 있다. 비록 낙인이론이 개인적 차원의 논의라는 점에서 구조적 차원의 논의인 비판주의와 큰 차이가 있지만, 이는 분석단위라는 형식의 차이일 뿐, 관점과 내용의 유사성은 형식의 차이를 극복하기에 충분한 정도라고 판단된다. 실제로 비판주의가 집단적 차원에서 견지하는 '갈등적 시각'은 마르크스 사상을 반영하여 권력층의 자본주의적 이익을 강조한다는 점을 제외하면 상호작용주의적 시각과 거의 일치한다.

Q2. 챔블리스와 사이드먼(1971)은 법의 집행이 차별적으로 이루어지는 이유를 매우 설득력 있게 제시하고 있다. 다른 학자들의 주장이 일면 추상적인 거대담론에 기대어 구체성이 떨어지는 약점을 보완한 것인데, '법현실주의' 개념을 적용하여 설명해보시오.

A2. 법현실주의란 법이론에 대한 추상적 연구가 실제 현상에서 집행되고 있는 법 연구에 의해 보완되어야 한다는 입장이다. 이는 20세기 초중반 미국사회에서 유행했던 '행동주의'와 연관된 것으로 이해할 수 있다.

대표적인 법집행기관인 경찰은 관료조직으로서 공식적인 목표와 규범을 가지고 있다. 그런데 실제로는 관료제의 속성 때문에 조직과 구성원의 이익은 최대화하고 긴장은 최소화하려는 경향이 있는바, 공식적인 목표와 규범은 허상이 되어버리는 '목표전이' 또는 '목표대체' 현상이 발생한다. 현실적으로 경찰의 조직운용에 필요한 예산과 인력, 장비는 모두 정치권력에 의해 결정되기 때문에 가능하면 정치권력과의 갈등을 피하려 한다. 즉, 정치권력과의 원활한 관계를 유지하는 것이 실질적인 목표가 되는 것인데, 대신 공식적인 목표와 규범에 대해서는 약자들에 대한 법집행을 강화함으로써 적극 홍보하는 전략을 취한다.

이러한 관료주의적 속성은 경찰뿐만 아니라 검찰, 법원, 교정 등 모든 관료화된 조직에서 관찰된다. 챔블리스와 사이드먼이 제시한 유죄협상, 배심원제 등의 사례는 구조적 차별이 아예 제도화된 사례로 볼 수 있다. 이 밖에도 보석 등 많은 제도가 가진 자들에게 유리한 구조를 선물하는바, 결국 챔블리스와 사이드먼은 관료제의 심화가 차별의 고착화로 이어진다고 결론지었다.

Q3. 마르크스의 계급갈등이론과 평화주의 범죄학은 겉보기에 비판주의의 양 극단에 위치한 것처럼 보인다. 시대적으로도 그렇고 급진성에서도 그렇다. 그렇다면 양자 간에 어떤 공통점을 찾을 수 있는가?

마르크스는 범죄 문제를 직접 탐구하지 않았지만, 엥겔스와의 공저(1848)를 보면, 자본주의의 속성으로 인한 극심한 계급 갈등이 전례 없이 빠르고 혼란한 사회변화를 초래해서 사회의 통합과 연대가 급격히 쇠약해지는 현실을 목격했다. 그리고 그 징후로서 범죄 문제가 심각해질 수 있다고 예측했다. 결국 마르크스에게 자본주의의 붕괴와 공산주의의 도래는 사회의 통합과 연대가 복원되는 유일한 과정이었다고 추론할 수 있다. 이런 점에서 마르크스 이론은 뒤르켐과 마찬가지로 사회의 통합과 연대를 범죄 억제의 최선책으로 간주했다 할 수 있다.

평화주의 범죄학 역시 갈등이 범죄의 원인이라는 점에 동의하고 갈등의 해결을 위해 사회의 연대와 통합이 달성되어야 한다고 주장했다. 대신, 연대와 통합은 자본주의의 전복을 통해서가 아니라 간디를 연상케 하는 비폭력, 화해, 조정을 통해 비록 오래 걸리고 어렵더라도 꾸준히 상호신뢰와 공동체의식을 강화해가는 방향으로 전개되어야 한다고 주장했다. 이는 통제이론이 제시하는 공동체의 유대보다 더욱 깊은 구성원들 간의 공감을 요구했다. 따라서 범죄와의 전쟁 같은 폭력적인 대응을 전면 반대하고 대안으로서 회복적 사법을 제시했다. 회복적 사법은 국가가 솔선수범해서 진정한 반성과 사과, 치유와 회복, 교화와 재통합을 실천해야 한다고 주문한다.

〈표 VIII-2〉 비판주의 관점 요점 정리

시기	1840	급진주의 이전	1960	
이론 구분	낙인이론	갈등이론	낙인이론	
학자 및 이론 (저술)	■ 태넌바움(1938) ■ 레머트(1951)	■ 마르크스 & 엥겔스 (1848) 「공산당선언」	■ 베커(1963) 「아웃사이더」	■ 볼드(1958) 집단갈등이론
주요 명제 및 특징	• 태넌바움: 자기 낙인 → 악의 극화 • 레머트: 적발 → 오명 → 자기 정체성 → 이차적 일탈	• 자본주의의 속성: 잉여가치 극대화 → 자본가와 노동자 간 계급 갈등 발생 • 사회의 연대와 통합의 쇠락 → 범죄 증가 가능	• 법의 내용: 지배계층이 자신의 가치와 신념을 범죄 정의에 반영 = 도덕적 기획가들 • 법의 적용: 유전무죄 무전유죄	• 이해관계와 규범이 다른 집단들은 갈등 • 권력을 가진 집단은 자신의 이해와 이념을 위해 법 제정 & 집행 ※ 정치 대립, 노동 쟁의, 조합 갈등, 인종 · 민족 충돌에 적합한 설명체계
	• 국가개입(처벌)의 부작용: 범죄경력 악화	• 모든 사회변화는 내부의 계급 갈등으로 인해 초래: 갈등의 격화는 급격한 사회변화 초래	• 범죄는 사회적 가공(구성)물 • 억울하게 기소된 범죄자: 사회적 약자가 다수 차지	• 집단의 형성: 이해관계가 동일한 개인들의 모임. 고유한 규범을 중심으로 조직화
거시 · 미시 맥락 (등장 배경)	• 상징적 상호작용주의: 사회반응이론	• 19세기 초중반 혼란한 사회변화	• 상징적 상호작용주의 → 상호작용주의적 시각	• 상징적 상호작용주의
대책 (정책적 함의)	• 시대적 분위기로 인해 큰 주목 받지 못함	• 자본주의 해체를 통한 계급 갈등 타파	• 전환처우(다이버전) ※부작용: 그물망 확장	

급진주의 시대			1980 현대
갈등이론			평화주의 범죄학
■ 퀴니(1970) 「범죄의 사회적 실재」	■ 챔블리스 & 사이드먼 (1971) 「법, 질서, 권력」	■ 테일러, 월튼 & 영 (1973) 「신범죄학」	■ 티프트 & 설리번 (1980)
• 우리가 알고 있는 범죄의 실재는 결국 권력 집단에 의해 규정되고, 적용되고, 이미지화된 구성물임	• 법의 제정: 입법부와 상급법원 판사는 가진자에게 유리하게 작동 • 법의 집행: 정치권력이 법 집행 기관의 자원 결정 → 관료조직의 법 집행은 정치권력에 유리하게 작동	• 실증주의 비판 1: 결정론과 사회질서의 본질에 대한 의문 제기 – 소수의 지배계급에게 유리한 소외적 질서 • 실증주의 비판 2: 범죄의 본질에 대한 의문 제기 – 범죄는 가진자들의 이익에 반하는 행위	• 국가의 폭력적 처벌은 사회를 더욱 폭력적으로 만드는 악순환 발생 • 비폭력, 화해, 조정을 통해 공동체의 상호신뢰와 유대 강화 추구
• 대중매체: 권력은 범죄에 대한 이미지를 만들어내고 대중에게 인식시키기 위해 대중매체를 활용함	• 법 집행 기관의 관료주의적 속성: 긴장 최소화 추구 → 공식적인 목표와 규범을 무사안일적인 것으로 대체('목표대체')	• 범죄학은 범죄의 본질을 탐구한 다음 그 원인을 탐구해야 함. 실증주의는 범죄를 객관적인 실체로 보고 원인 탐구에만 몰두함	• 퀘이커 교리, 불교정신, 선 사상 등 휴머니즘 강조
• 낙인이론 + 집단갈등이론 + 차별접촉이론	• 전제: 법의 제정과 집행이 공정하고 중립적으로 진행된다는 대중의 믿음은 신화에 불과함	• 1968년 전국일탈학술대회 주도	• 갈등적 시각의 영향력 지속 잔존: 다양한 주제의 덜 급진적인 연구로 확산
• 구체적 대안 제시 부족			• 회복적 사법: 진정한 반성과 사과 – 치유와 회복 – 교화와 재통합 • 재통합적 수치심+전환처우

1. Tannenbaum, F. (1938). *Crime and the Community*. Boston, MA: Ginn.; Lemert, E. M. (1951). *Social Pathology*. New York: McGraw-Hill.
2. Merton, R. K. (1938). Social Structure and Anomie. *American Sociological Review, 3*, pp.672-682.
3. Becker, H. S. (1963). *Outsiders*. New York: Free Press.
4. Sellin, T. (1938). *Culture Conflict and Crime*. New York: Social Science Research Council.
5. Lilly, J. R., Cullen, F. T., & Ball, R. A. (2011). *Criminological Theory: Context and Consequences*. 이순래 외 2인 역 (2017), pp.278-279. 박영사.
6. Brown, S., Esbensen, F., & Geis, G. (2013). *Criminology: Explaining Crime and Its Context*. Elsevier. 황의갑 외 12인 역(2015), p.420. 그린.
7. Siegel, L. J. (2018). *Criminology: Theories, Patterns and Typologies*. Wadsworth. 이민식 외 7인 역(2020), pp.322-323. 센게이지 러닝 코리아.
8. Lilly, J. R., Cullen, F. T., & Ball, R. A. (2011). *Criminological Theory: Context and Consequences*. 이순래 외 2인 역 (2017), p.206. 박영사.
9. Becker, H. S. (1963). *Outsiders*. New York: Free Press.
10. Siegel, L. J. (2018). *Criminology: Theories, Patterns and Typologies*. Wadsworth. 이민식 외 7인 역(2020), pp.296-297. 센게이지 러닝 코리아.
11. Tannenbaum, F. (1938). *Crime and the Community*. Boston, MA: Ginn.
12. Lemert, E. M. (1951). *Social Pathology*. New York: McGraw-Hill.
13. Lilly, J. R., Cullen, F. T., & Ball, R. A. (2011). *Criminological Theory: Context and Consequences*. 이순래 외 2인 역 (2017), pp.203-205. 박영사.
14. Brown, S., Esbensen, F., & Geis, G. (2013). *Criminology: Explaining Crime and Its Context*. Elsevier. 황의갑 외 12인 역(2015), p.428. 그린.
15. Brown, S., Esbensen, F., & Geis, G. (2013). *Criminology: Explaining Crime and Its Context*. Elsevier. 황의갑 외 12인 역(2015), pp.426-428. 그린.; Siegel, L. J. (2018). *Criminology: Theories, Patterns and Typologies*. Wadsworth. 이민식 외 7인 역(2020), pp.301-302. 센게이지 러닝 코리아.
16. 김중곤. (2022). "낙인이론", 「범죄학개론」, 제8장, pp.260-261. 박영사.; Cullen, F. T., Agnew, R., & Wilcox, P. (2022). *Criminological Theory: Past to Present*, pp.224-226. New York: Oxford University Press.
17. Brown, S., Esbensen, F., & Geis, G. (2013). *Criminology: Explaining Crime and Its Context*. Elsevier. 황의갑 외 12인 역(2015), p.438. 그린.
18. https://kenplummer.com/2013/02/08/inspirations-the-national-deviancy-conference/
19. Lilly, J. R., Cullen, F. T., & Ball, R. A. (2011). *Criminological Theory: Context and Consequences*. 이순래 외 2인 역 (2017), pp.211-212. 박영사.

20. Lilly, J. R., Cullen, F. T., & Ball, R. A. (2011). *Criminological Theory: Context and Consequences.* 이순래 외 2인 역 (2017), pp.210-211. 박영사.

21. Marx, K. & Engels, F. (1848). *The Communist Manifesto.* International Publishers.

22. Lilly, J. R., Cullen, F. T., & Ball, R. A. (2011). *Criminological Theory: Context and Consequences.* 이순래 외 2인 역 (2017), pp.237-239. 박영사.; Siegel, L. J. (2018). *Criminology: Theories, Patterns and Typologies.* Wadsworth. 이민식 외 7인 역(2020), pp.321-322. 센게이지 러닝 코리아.

23. Vold, G. B. (1958). *Theoretical Criminology.* New York: Oxford University Press.

24. Brown, S., Esbensen, F., & Geis, G. (2013). *Criminology: Explaining Crime and Its Context.* Elsevier. 황의갑 외 12인 역(2015), pp.442-444. 그린.

25. Quinney, R. (1970). *The Social Reality of Crime.* Boston, MA: Little, Brown.

26. Brown, S., Esbensen, F., & Geis, G. (2013). *Criminology: Explaining Crime and Its Context.* Elsevier. 황의갑 외 12인 역(2015), pp.447-449. 그린.; Lilly, J. R., Cullen, F. T., & Ball, R. A. (2011). *Criminological Theory: Context and Consequences.* 이순래 외 2인 역(2017), pp.267-268. 박영사.

27. Chambliss, W. J. & Seidman, R. B. (1971). *Law, Order, and Power.* Reading, MA: Addison Wesley.

28. Brown, S., Esbensen, F., & Geis, G. (2013). *Criminology: Explaining Crime and Its Context.* Elsevier. 황의갑 외 12인 역(2015), pp.449-450. 그린.

29. Brown, S., Esbensen, F., & Geis, G. (2013). *Criminology: Explaining Crime and Its Context.* Elsevier. 황의갑 외 12인 역(2015), pp.449-451. 그린.; Lilly, J. R., Cullen, F. T., & Ball, R. A. (2011). *Criminological Theory: Context and Consequences.* 이순래 외 2인 역(2017), pp.255-260. 박영사.

30. Taylor, I., Walton, P., & Young, J. (1973). *The New Criminology: For a Social Theory of Deviance.* New York: Harper and Row.

31. Gouldner, A. W. (1973). Romanticism and Classicism: Deep Structures in Social Science. *Diogenes, 21,* pp.88-107.

32. Currie, E. (1974). Review: The New Criminology. *Crime and Social Justice, 1974(2),* pp.109-113.

33. 정진성. (2020). "성폭력의 그림자, #미투운동, 그리고 정반합", 「폴리스 트랜드 2020」, 제2장, 박영사.

34. Belknap, J. (2009). *The Invisible Woman: Gender, Crime, and Justice.* 윤옥경 외 4인 역. 「여성범죄론」. 박학사.

35. 김애령. (2019). "책임의 연대: '#미투' 이후의 과제", 「여성학연구」, 29(1), pp.139-165.

36. 김현미. (2018). "미투운동, 왜, 지금 그리고 이후", 「젠더리뷰」, 2018(여름), pp.4-13.; 김애령. (2019). "책임의 연대: '#미투' 이후의 과제", 「여성학연구」, 29(1), p.146.

37. 김애령. (2019). "책임의 연대: '#미투' 이후의 과제", 「여성학연구」, 29(1), pp.139-165.

38. Siegel, L. J. (2018). *Criminology: Theories, Patterns and Typologies.* Wadsworth. 이민식 외 7인 역(2020), pp.339-340. 센게이지 러닝 코리아.

39. Lilly, J. R., Cullen, F. T., & Ball, R. A. (2011). *Criminological Theory: Context and Consequences.* 이순래 외 2인 역 (2017), pp.340-341. 박영사.; Siegel, L. J. (2018). *Criminology: Theories, Patterns and Typologies.* Wadsworth. 이민식 외 7인 역(2020), pp.338-339. 센게이지 러닝 코리아.

40. Lilly, J. R., Cullen, F. T., & Ball, R. A. (2011). *Criminological Theory: Context and Consequences.* 이순래 외 2인 역 (2017), pp.337-339. 박영사.

41. Siegel, L. J. (2018). *Criminology: Theories, Patterns and Typologies.* Wadsworth. 이민식 외 7인 역(2020), pp.334-335. 센게이지 러닝 코리아.

42. Jacobs, D. & Britt, D. (1979). Inequality and Police Use of Deadly Force: An Empirical Assessment of a Conflict Perspective. *Social Problems, 26,* pp.403-412.

43. 윤옥경. (2022). "비판범죄학과 여성주의 범죄학", 「범죄학개론」, 제10장, p.311. 박영사.

44. Siegel, L. J. (2018). *Criminology: Theories, Patterns and Typologies.* Wadsworth. 이민식 외 7인 역(2020), pp.332-333. 센게이지 러닝 코리아.

45. Lilly, J. R., Cullen, F. T., & Ball, R. A. (2011). *Criminological Theory: Context and Consequences.* 이순래 외 2인 역 (2017), p.284. 박영사.

46. Pepinsky, H. E. & Quinney, R. (1991). *Criminology as Peacemaking.* Indiana University Press.

47. Quinney, R. (1970). *The Social Reality of Crime.* Boston, MA: Little, Brown.

48. Lilly, J. R., Cullen, F. T., & Ball, R. A. (2011). *Criminological Theory: Context and Consequences.* 이순래 외 2인 역 (2017), pp.280-281. 박영사.

49. Tifft, L. L. & Sullivan, D. C. (1980). *The Struggle to be Human: Crime, Criminology, and Anarchism.* Orkney, UK: Cienfuegos Press.

50. Sullivan, D. C. & Tifft, L. L. (2001). *Restorative Justice: Healing the Foundations of Our Everyday Lives.* Monsey, NY: Willow Tree Press.

51. Lilly, J. R., Cullen, F. T., & Ball, R. A. (2011). *Criminological Theory: Context and Consequences.* 이순래 외 2인 역 (2017), pp.280-281. 박영사.; Siegel, L. J. (2018). *Criminology: Theories, Patterns and Typologies.* Wadsworth. 이민식 외 7인 역(2020), pp.342-343. 센게이지 러닝 코리아.

52. Gibbons, D. C. (1994). *Talking about Crime and Criminals: Problems and Issues in Theory Development in Criminology.* Englewood Cliffs, NJ: Prentice Hall.

53. Lilly, J. R., Cullen, F. T., & Ball, R. A. (2011). *Criminological Theory: Context and Consequences.* 이순래 외 2인 역 (2017), p.282. 박영사.

54. Siegel, L. J. (2018). *Criminology: Theories, Patterns and Typologies.* Wadsworth. 이민식 외 7인 역(2020), pp.343-344. 센게이지 러닝 코리아.

55. Braithwaite, J. (1989). *Crime, Shame, and Reintegration.* Cambridge, UK: Cambridge University Press.

56. Siegel, L. J. (2018). *Criminology: Theories, Patterns and Typologies.* Wadsworth. 이민식 외 7인 역(2020), pp.344-345. 센게이지 러닝 코리아.

57. Siegel, L. J. (2018). *Criminology: Theories, Patterns and Typologies.* Wadsworth. 이민식 외 7인 역(2020), pp.346-347. 센게이지 러닝 코리아.

58. Levrant, S., Cullen, F., Fulton, B., Wozniak, J. (1999). Reconsidering Restorative Justice: The Corruption of Benevolence Revisited? *Crime and Delinquency, 45,* pp.3-28.

59. Siegel, L. J. (2018). *Criminology: Theories, Patterns and Typologies.* Wadsworth. 이민식 외 7인 역(2020), pp.349-350. 센게이지 러닝 코리아.

제9장 현대범죄학과 통합이론/발달범죄학

범죄학 이론의 핵심이자 토대인 3대 관점을 모두 살펴봤다. 이들은 시기적으로 보면 계몽주의 시대였던 18세기 중후반부터 급진적 혼란기였던 1960-70년대까지 등장한 이론들이었다. 현대범죄학은 일반적으로 1980년대 이후의 범죄학을 일컫는바(정확히 일치하진 않더라도), 지금까지 3대 관점의 부활이나 진화를 설명하면서 다룬 이론들은 모두 현대범죄학 이론으로 간주할 수 있다. 즉, 고전주의의 부활인 합리적선택 관점, 초기 생물학적 실증주의의 부활인 생물사회학적 관점, 사회생태학과 사회해체이론의 부활인 생태학적 관점, 머튼 긴장(아노미)이론의 확장인 제도적아노미이론(메스너와 로젠펠드, 1994)과 일반긴장이론(애그뉴, 1992), 허쉬 사회유대이론의 극적인 변화인 자기통제이론(갓프레드슨과 허쉬, 1990), 현대의 통제이론들(권력통제이론, 통제균형이론, 차별강제이론), 평화주의 범죄학을 포함한 현대의 비판주의 이론들은 모두 현대범죄학에 포함된다. 이 밖에도 발달범죄학이 현대범죄학의 한 축을 담당하고 있는데, 발달범죄학은 대표적인 통합이론에 해당한다(〈표 III-1〉 참고). 이들을 종합해서 현대범죄학을 정리하면 다음과 같은 세 가지 특징으로 요약할 수 있다.

I. 이론적 진화와 통합 = 설명력 강화

현대범죄학의 핵심 의제는 '이론적 진화와 통합'이고, 그 목적은 '설명력 강화'에 있다.

이론적 진화는 앞에서 다 살펴봤는데, 진화의 결과 대체로 설명력이 강화되었다고 인정할 수 있다. 물론 자기통제이론이나 평화주의 범죄학처럼 진화가 아니라 시각의 변화라는 표현이 더 어울리는 이론들도 있지만, 여하튼 대부분의 현대 이론들은 확실히 더 세련되고 설득력이 향상된 모습이다.

진화된 이론들 가운데 생물사회학적 관점, 자기통제이론, 권력통제이론 등은 몇 가지 이론이나 이론적 개념들이 합쳐진 통합이론이다. 따라서 더욱 설명력이 뛰어나거나 다양한 요인을 포함하여 사고의 범위를 확장시킨다. 그런데 이들 외에 처음부터 이론적 통합을 취지로 생겨난 이론들이 있는바, 대표적인 예가 '발달범죄학'이다. 발달범죄학은 합리적 선택, 특성(trait), 사회구조, 사회화, 상황 등 3대 관점의 주요소들을 두루 포함하여, 인생의 단면이 아니라 장기적인 성장 과정을 설명하기에 적합한 이론이다(제2장 제3절 참고). 이 밖에도 엘리엇과 동료들(1979)[1]의 통합이론, 콜빈과 폴리(1983)[2]의 마르크스주의 통합이론 등이 대표적인 통합이론으로 꼽히는데, 이러한 통합이론은 현대범죄학의 특징이면서 동시에 주류에 해당한다. 따라서 이어지는 절에서는 발달범죄학을 중심으로 통합이론에 대해 살펴보고자 한다.

II. 이념적 중립성 지향 = 범죄예방에 관심

현대범죄학이 시작된 1980-90년대는 보수 안정화의 시대였다. 이 책은 동시에 이 시기를 근대성과 실증주의에 대한 '반'의 시대를 지나 '합'의 시대로 진입했다고 표현한다. 그 이유는 앞에서와 같이 설명력 강화를 목표로 여러 이론을 통합하려는 움직임이 생겼고, 이념적 편향성이 상당히 누그러졌기 때문이다(예, 평화주의 범죄학). 물론 한편으로는 시대적인 분위기 때문에 '제임스 Q. 윌슨'과 같은 보수 진영이 주도한 억제 위주의 이론과 정책(예, 무관용 정책)이 활발히 전개되기도 했지만, 대체로 중립적인 입장에서 범죄를 설명하려는 분위기가 강했던 게 사실이다. 특히 범죄예방에 대한 관심이 본격적으로 확대되면서 더욱 과학적이고 객관적인 접근이 요구되는 상황이었다. 제4장 제2절에서 고전주의의 부활인 합리적선택 관점이 통제 목적의 억제적 접근과 예방 목적의 상황적 접근으로 분화되어간 사실을 설명하고 있으니 복기 바란다. 아울러 제6장 제2절의 생태학적 관점은 범죄예방의 핵심을 이룬다.

이 책은 제2권에서 범죄예방을 대책론의 한 축으로 설명하고자 한다. 이에 필자가 생각하는 저술의 방향을 잠깐 언급하면 다음과 같다. 필자는 범죄예방에 대한 관심이 크게 두 방향으로 발달해갔다고 생각한다. 첫째, '다자간 협력' 패러다임의 강화이다. 각 이론과 정책이 다양한 의도와 방식을 가지고 출발했지만, 시간이 흐르면서 진정한 범죄예방을 위해서는 다양한 조직, 학문 분야, 기술, 지역사회 간의 협력이 반드시 필요함을 각성하게 된 것이다. 특히, 지역사회의 적극적인 참여는 다자간 협력 패러다임의 핵심 중의 핵심으로서, 앞에서 열심히 학습한 공동체의 가치와 규범이라는 전통적인 개념이 다시 키워드로 등장하게 된다. 다만 집합효율성이론처럼 현대사회의 다원화된 특징을 반영하여, 주민들 간의 유대라는 정적 상태보다는 유대에 기반한 적극적인 참여라는 능동적 자세와 행동을 강조하는 특징을 가지고 있다.

두 번째 방향은 '범죄 예측'의 눈부신 발전이다. 범죄 예측은 빅데이터의 축적과 분석 기법의 발달에 기반해 성장해갔는바, 다양한 분야(예, 범죄, 범죄자, 피해자)에서 정확한 예측이 가능해지면, 결국 범죄예방도 당연히 큰 효과를 거둘 것이다. 제1장 제2절에서 설명한 것처럼, '범죄 예측'은 범죄의 실태(넓게는 범죄 현상)와 관련해서 새롭게 확장된 영역에 해당하고, '다자간 협력'은 범죄의 대책과 관련해서 새롭게 확장된 영역에 해당한다. 이처럼 현대범죄학에서 매우 중요하게 다뤄지는 범죄 예측과 다자간 협력에 대한 상세한 설명은 제2권에서 범죄예방을 주제로 다뤄진다.

Ⅲ. 새로운 연구영역의 확장 = 범죄학의 확장성

기존 이론의 진화와 통합, 새로운 통합이론의 발달, 범죄예방에 대한 관심 증가, 범죄 예측과 다자간 협력으로의 확장 등은 현대범죄학의 중요한 특징이다. 이 책은 범죄학의 본질적인 연구영역을 범죄 현상, 범죄 원인, 범죄 대책으로 구분하고 있는데, 전술한 대로, 범죄 예측과 다자간 협력은 현상과 대책에서 현대범죄학이 새롭게 확장한 영역을 대표한다. 이에 더해 범죄의 원인과 관련해서 확장된 대표적인 영역에는 피해의 원인과 피해자에 대한 관심이 있는바, 이에 대한 설명 역시 제2권에서 중요하게 다뤄진다.

이 책의 구성 복기

결론적으로 이 책은 서두에서 밝힌 것처럼 2권으로 구성되는데, 제1권은 범죄학 기초와 이론을 다루고, 제2권은 유형과 대책을 다룬다. 범죄학의 발달과정에 비추어 사실상 본질이라 할 수 있는 내용은 모두 제1권에서 다뤄진다고 보면 된다. 물론 사후 대응과 교정은 범죄학의 본질이지만, 책의 구분기준에 따라 제2권에서 다뤄진다.

제2권은 또한 현대범죄학에서 새롭게 확장된 영역을 다룸으로써 범죄학의 현재 모습이 어떻게 형성되어왔는지 확인하고 미래의 모습을 예상해본다. 지금까지 범죄의 유형에 대한 설명은 거의 없었는데, 이 역시 제2권에서 다뤄진다. 이때 단순히 범죄의 종류를 나열하고 특징을 묘사하기보다는 유형별로 적합한 대책을 함께 생각해보고자 한다. 예컨대, 제1권에서 설명이 부족했던 여성범죄나 화이트칼라범죄, 최근 이슈가 되고 있는 소년범죄, 노인범죄, 사이버범죄, 보이스피싱 등에 어떠한 대응이 이루어지고 있는지 살펴보고자 한다.

제2절 **통합이론**

I. 이론적 통합의 의의

1. 설명력 강화

전술한 대로 이론적 통합은 현대범죄학의 핵심 의제로서 당연히 설명력을 강화하기 위해 시도되는 것이다. 설명력 강화를 방법론적으로 표현하면 연구모형에 포함된 독립변수들이 종속변수의 변량을 많이 차지하게끔 만드는 것을 의미한다. 단순한 예로서,

▶**설명력 강화**
– 1950년대 이후 다변량 인과관계 분석이 가능해지면서 이론통합 증가.

현재의 범죄를 가장 잘 설명하는 변수는 과거의 범죄라는 말이 있다. 둘의 측정치가 동일하거나 관계의 변화가 없다면 과거의 범죄가 현재의 범죄를 설명하는 능력은 100%가 된다. 그런데 개별 이론들이 제시하는 범죄의 원인(예, 학습, 유대, 긴장, 빈곤, 문화 등)은 어떤 것도 과거의 범죄만큼 강한 설명력을 갖지 못한다. 따라서 하나의 원인보다는 다수의 원인으로 이론화를 시도해서 100%는 아니더라도 더 나은 설명력을 갖기 위해 노력하는 것은 지극히 당연하다.

다변량 인과관계 분석. 그런데 사실 우리가 앞에서 살펴본 많은 이론이 이미 통합이론으로 간주된다. 생물사회학적 관점, 차별기회이론, 자기통제이론, 권력통제이론 등이 대표적인 예에 해당하는바, 여기에서 한 가지 주목해야 할 점은, 이론의 성장은 방법론의 성장과 함께 이루어지는 경향이 있다는 것이다. 예를 들어 우리는 비판주의의 주장이 자기보고 설문조사의 등장으로 인해 지지받았음을 잘 알고 있다. 그런 것처럼 통합이론의 성장은 통계분석기법의 성장과 관련이 있는데, 1950년대까지는 상관관계 분석에 머물렀기 때문에 여러 원인 변수들을 동시에 검증할 수 없었다. 그러다가 다변량 인과관계 분석이 가능해진 이후에야 비로소 다양한 원인을 포함한 이론이 검증 가능해졌기 때문에 복잡한 통합이론이 과감하게 등장했던 것이다(필자 비평 I-4 참고).[3]

2. 발달범죄학의 중요성

▶발달범죄학
– 범죄의 시작, 지속, 중지, 재시작, 악화 등의 복잡한 생애과정을 종적으로 탐구
– 범죄경력 논쟁에서 잠재적 속성이론과 대립.

개별 이론은 물론 대부분의 통합이론도 범죄를 스냅사진처럼 한 시점에서 설명한다. 하지만, 현실을 보면, 범죄의 시작과 지속, 중지, 재시작, 악화 등은 복잡한 생애과정을 반영한다. 이에 발달범죄학은 범죄를 영화처럼 인생 전반에 걸친 변화의 과정으로 탐구하고자 등장했다. 따라서 일반적인 통합이론보다 훨씬 다양한 원인을 제시하고 원인 간의 관계도 매우 역동적으로 묘사한다. 예컨대, 합리적 선택, 타고난 특성, 사회구조, 사회화, 상황 등 3대 관점의 주요소들을 두루 활용하며, 인생의 장기적인 흐름인 '궤적(trajectory)'과 갑작스럽고 중요한 변화인 '전환점(turning point)' 메커니즘을 제시한다. 그런 만큼 발달범죄학은 대표적인 통합이론으로서 논의의 가치가 매우 크다. 또한 제2장

제3절의 나이에 따른 패턴에서 설명된 것처럼, 발달범죄학은 범죄경력과 'aging-out' 현상을 설명함에 있어 잠재적속성이론과 대립하고 있는바, 종적인 현상을 가장 체계적으로 설명하는 접근으로서 갖는 가치도 매우 크다. 따라서 발달범죄학은 범죄경력 논쟁과 함께 다음 절에서 따로 논의할 필요가 있다.

II. 이론적 통합에 대한 논쟁

1. 이론의 평가 기준 = 좋은 이론의 조건

이론적 통합이 설명력 강화에 도움이 된다는 주장에는 크게 이견이 없다. 하지만, 통합에 반대하는 의견도 분명 존재한다. 이론적 통합에 대한 찬반 논쟁을 이해하기 위해서는 먼저 좋은 이론이 무엇인지부터 확인해야 한다. 에이커스와 동료들(2017)[4]은 좋은 이론이 되기 위한 조건으로 네 가지 기준을 제시했다.[5]

① **경험적 타당성(empirical validity).** 설명은 그럴듯한데 현실과 맞지 않는다면 결코 좋은 이론이 될 수 없다. 현실과 맞지 않는다는 것은 쉽게 말해 현장에 나가 관찰해보거나 설문조사 자료를 분석해봤는데 예외가 너무 많은 경우라 할 수 있다. 이것이 바로 '설명력'에 대한 기준으로서, 예컨대, 큰 턱이나 돌출된 광대뼈를 가진 사람이 격세유전적 이상성으로 인해 범죄를 많이 저지를 것이라는 이론이나 백인 판사는 백인 피고인보다 흑인 피고인에게 더 높은 형량을 선고할 것이라는 이론이 검증 결과 예외가 훨씬 많다면 좋은 이론이 될 수 없는 이치이다. 현재 범죄학계의 대다수 학자들은 경험적 타당성이 좋은 이론의 가장 중요한 조건이라는 데 동의한다.

② **논리적 일관성(logical consistency).** 좋은 이론이 되려면 설명체계가 논리적으로 일관되어야 한다. 예컨대, 어떤 이론이 생물학적 결정론을 견지하면서 사회화가 잘못되어 나쁜 친구를 사귀고 그런 친구 때문에 범죄를 저지른다고 주장한다 치자. 우리는 이 이

론이 논리적 모순에 빠져있음을 쉽게 알 수 있다. 왜냐하면, 생물학적 결정론을 견지하는 순간 사회화와 무관하게 타고난 어떤 특성이 범죄의 원인이 되어야 하기 때문이다. 즉, 서로 기본가정이 충돌하는 이론들을 그럴듯하게 포장해서 통합할 경우, 설령 그것이 설명력을 높일지라도, 명제들의 내적 충돌로 인해 결코 좋은 이론이 될 수 없는 것이다. 이 기준은 '내적 일관성(internal consistency)'으로도 불린다.

③ **검증 가능성(testability or verifiability)**. 이 기준은 좋은 이론이 되려면 명제를 경험적으로 검증할 수 있어야 한다는 것이다. 짐작하듯, 검증 가능성이 좋은 이론의 조건으로 제시되는 이유는 범죄학이 범죄과학을 추구하기 때문이다. 즉, 이것은 실증주의 패러다임에서 수립된 기준인바, 비판주의 입장에서는 서운할 수도 있겠다. 실제로, 자본주의가 전복되어야 계급 갈등이 사라지고 계급 갈등이 사라져야 비로소 범죄문제가 해결된다는 명제를 어떻게 검증할 것인가? "욕 먹어도 싸다"고 아마 과격한 실증주의자들은 비난할 수 있겠다. 그런데 이것은 비판주의만의 문제가 아니다. 예컨대, 차별접촉이론은 나쁜 친구를 만나 범죄에 우호적인 정의에 많이 노출될 경우 범죄를 저지른다고 하는데, 그럼 최초의 나쁜 친구는 도대체 누구인가? 악마한테 범죄에 우호적인 정의를 배운 것인가? 갑자기 신학적 설명으로 이어지면 전혀 실증주의답지 못하다. 그렇다고 만약 성악설을 가정하게 되면, 그 순간 차별접촉이론은 존재할 이유가 사라지게 된다.

④ **정책적 함의(policy implication)**. 이 책이 논의를 전개하는 기본 틀인 '범죄학 루프'는 이론과 정책의 연결성을 강조하고 있다. 그렇지 않으면 자칫 이론을 탁상공론으로 폄훼할 수 있기 때문이다. 우리는 앞에서 쇼(Shaw)가 '시카고지역프로젝트(CAP)'를 이끌었고, 클로워드(Cloward)가 '청소년을 위한 동원(MFY)' 프로그램의 연구책임자로 활약했음을 알았다. 이처럼 좋은 이론이 되려면 실제 정책으로 이어질 수 있는 함의, 즉 실현가능성을 가지고 있어야 한다. 이와 관련해서 우리가 복기해야 할 점은 범죄학이 '사실학'이자 '실천학문'이라는 것이다(제1장 제1절 참고).

그런데 실현가능한 정책적 함의를 가지고 있다고 해서 무조건 좋은 이론이라고 단정할 수는 없다. 우리는 일반적으로 극단적인 시각을 가지고 있는 이론을 경계한다. 그래서 예컨대 초기 실증주의의 생물학적 특성이론과 '다 가둬버려!(Lock'em Up!)'란 구호로 대표되는 극단적 억제이론은 지나치게 보수적이고, 자본주의의 전복을 주장하는 계급갈등이론은 지나치게 진보적이어서 좋은 이론으로 평가되지 않는다.

2. 이론적 통합에 대한 찬반

이론을 통합하면 일반적으로 설명력이 강화되므로 '경험적 타당성'이 증가하는 좋은 효과를 기대할 수 있다. 실제로 많은 연구가 개별 이론의 설명력과 통합이론의 설명력을 비교한 결과, 통합이론의 설명력이 더 강한 것으로 드러났다.[6] 또한, 개별 이론보다 더 다양한 종류의 범죄를 설명할 수 있는 장점도 있는바, 이를 '일반성(generality)'이 증가한다고 말한다. 이 역시 넓게 보면 설명력이 강화되는 효과라 할 수 있다. 일반성이란 용어는 우리가 앞에서 살펴본 갓프레드슨과 허쉬(1990)[7]의 자기통제이론에서 찾아볼 수 있다. 자기통제이론은 흔히 '범죄일반이론(General Theory of Crime: GTC)'이라고도 불리는데, 그 이유는 자기통제력이 범죄를 포함한 모든 문제행동(예, 가출, 과음, 결석 등)의 원인이라고 주장하기 때문이다.[8]

한편, '검증 가능성'과 '정책적 함의'는 개별 이론의 특성에 따라 거의 결정되는 문제이기 때문에 통합의 찬반과는 크게 관련이 없다. 예컨대, 개별 이론들이 두 기준에 부합하지 못하면 아무리 통합해도 개선될 수 없고, 오히려 더 악화될 우려만 존재한다. 물론 다른 가능성이 다양하게 존재하겠지만, 경우에 따라 달라지므로 일반적인 논의는 무의미하다. 따라서 논란의 관건은 '논리적 일관성'에 있다.

허쉬(1989)[9]는 긴장(아노미)이론, 사회학습이론, 사회통제이론의 예를 들면서, 개별 이론이 통합되는 것보다는 서로 구분되어 존재하는 편이 낫다고 주장했다. 그가 반대한 핵심 근거는 각 이론이 전제하는 인간성에 대한 기본가정이 다르다는 것으로(예, 통제이론은 성악설, 학습이론은 성선설과 유사), 이들을 막연히 통합할 경우, 논리가 내적 모순에 빠져 일관성이 결여된다고 역설했다. 즉, 애초부터 양립 불가능한 이론들을 통합하는 것은 아무리 설명력이 증가한다 해도 가치가 없다는 주장이었다.

또 하나 지적되는 문제는 '간명성(parsimony)'의 훼손이다. 좋은 이론은 간결하고 명확

▶이론적 통합 찬반
- 찬성: 경험적 타당성(설명력) 증가 & 일반성 증가
- 반대: 논리적(내적) 일관성 훼손, 간명성 훼손

해야 하는데, 이론을 통합하면 설명력이 증가하는 대신 간명성이 약해져서 이를 '통합의 비용'으로 간주하는 견해이다.[10]

필자의 견해. 필자는 현대적 시각에서 통합이론을 평가할 때는 논리적 일관성이나 간명성이 크게 중요하지 않다고 생각한다. 첫째, 논리적(내적) 일관성 문제는 주로 인간본성에 대한 가정이 충돌할 때 제기되는바, 현대범죄학에서는 점차 인간의 본성이나 사회의 본질에 대한 가정이 약해지는 추세이다. 이는 마치 이념적 성향이 약해지는 것과 유사한 현상으로서, 현대사회는 추구하는 가치와 행위 태양이 매우 다원화돼서 어떤 방향으로의 강한 가정을 전제하는 순간 담아내지 못하는 현상이 너무 많아진다. 그런 차원에서 현대범죄학의 대표 사조인 발달범죄학은 어떠한 가정도 전제하지 않은 채 모든 관점을 반영하고 있다. 둘째, 간명성 문제 역시 복잡하고 역동적인 사회문제를 설명하는 데 있어 굳이 간명해야 할 필요성을 찾기 어렵다. 실제 데이터를 분석하는 과정에서는 분석모형이 가급적 간명해야 한다는 원칙이 지금도 적용되고 있지만(i.e., 변수의 증가로 인한 설명력의 인위적인 증가를 막기 위해), 이론에 대해서는 조금 복잡해도 현실을 잘 반영하는 것이 더 중요하다고 생각한다. 마지막으로, 모든 기준을 다 만족할 수 없다면 우선순위에 따라 중요한 기준을 우선시하는 것이 합리적일 것이다. 앞에서 대부분 학자들이 경험적 타당성(설명력 강화)을 가중 중요한 기준으로 간주한다고 했다. 그렇다면, 논리적 일관성이나 간명성이 크게 훼손되어 이론의 가치를 찾기 어려운 수준이 아니라면, 설명력 강화를 우선시해도 괜찮을 것이다. 이건 필자의 사견이니 참고만 하기 바란다.

Ⅲ. 통합이론들

1. 엘리엇과 동료들의 통합이론(Integrated Theory)

엘리엇과 동료들(Elliott et al., 1979)[11]의 통합이론은 초기의 통합이론 중 가장 잘 알려진 것으로, 사회통제이론, 긴장이론, 사회학습이론을 결합시킨 모형이었다. 저자들은 스스로 '긴장—통제 통합 패러다임'(p.10)으로 명명했지만, 사회학습이론의 요소도 분명히 반영되었다.[12]

A. 사회통제이론. 먼저, 저자들은 사회통제이론이 주장하는 것처럼, 어린 시절의 초기 사회화과정에서 형성되는 유대가 매우 중요한 요소라고 주장했다. 주로 허쉬(1969)[13]의 이론을 받아들여 유대를 통합(허쉬의 '관여'와 '참여')과 전념(허쉬의 '애착'과 '신념')으로 구분했는바, 통합은 전통적인 사회제도와 집단에 연결된 정도인 '사회적/외부적 유대', 전념은 일상적인 역할과 규범에 대해 애착하고 수용하는 정도인 '개인적/내부적 유대'라고 규정했다. 이러한 통합과 전념으로 구성되는 사회유대가 강하면 비행 가능성이 줄어들고 약하면 증가한다는 게 첫 번째 명제였다. 참고로, 이러한 용어들을 보면 전통적인 사회통제이론들이 즐겨 사용하는 개념임을 쉽게 알 수 있다.

A-1. 유대가 약한 청소년. 유대가 약한 아동은 10대를 지나면서 비행친구를 사귈 가능성이 커진다. 이들은 가정에서 형성하지 못한 애착 관계를 친구와의 애착으로 보충하려 하기 때문에 비행친구와의 결속이 매우 강한 특징이 있다.[14] 비행친구들과의 강한 결속은 범죄성을 형성시켜 자칫 지속적인 범죄로 이어질 가능성이 커진다. 이러한 설명은 통제와 학습을 결합한 경로였다.

A-2. 유대가 강한 청소년. 엘리엇과 동료들은 자기보고 설문조사 자료를 이용해 비행 현상을 자세히 분석했다. 그 결과 유대가 강한 아동들도 일부는 청소년기에 약물과 비행에 빠지는 사례를 목격했다. 이를 설명하기 위해 긴장이론을 적용했는바, 학업 등에서 성공을 향한 열망이 컸는데 좌절되는 경우 통합과 전념이 약해질 수 있다고 설명했다. 이러한 긴장의 개념은 머튼(1938)[15]이 구조적 차원에서 이용했던 목표와 수단 사이의 괴리에서 오는 긴장을 개인에게 적용한 것이었다. 참고로, 애그뉴(1992)[16]의 일반긴장이론은 이 통합이론보다 한참 후에 등장했기 때문에 여기서 사용된 것으로 생각하면 안 된다. 엘리엇과 동료들은 긴장의 또 다른 원인을 사회해체이론에서 찾기도 했는바, 청소년의 주변 환경이 심각한 사회해체를 겪을 경우, 청소년이 속한 집단 전체의 통합과

▶기호정리
· A-1: 유대가 약한 청소년
· A-2: 유대가 강한 청소년

· A-2-⑴: 유대가 강하지만 긴장이 높은 청소년이 밟는 경로 1 – 단기적 비행이나 약물

· A-2-⑵: 유대가 강하지만 긴장이 높은 청소년이 밟는 경로 2 – 비행친구와 결속 후 지속적 범죄

규범이 약해질 수 있고 이것이 긴장으로 다가올 수 있다고 설명했다. 정리하면, 유대가 강한 청소년일지라도 개인적인 목표달성의 실패나 사회적인 해체현상이 긴장을 유발하여 범죄로 이어질 수 있다는 경로였다.

A-2-(1)/(2). 유대가 강하지만 긴장이 높은 청소년. (1) 유대가 강하지만 목표달성의 실패 등으로 긴장을 경험한 청소년 중 일부는 바로 비행에 빠지거나 약물 사용에서 대체 만족을 찾는다. (2) 하지만, 대부분은 비행친구를 사귀게 되고, 비행친구들과 강한 결속을 맺게 되면 범죄성을 형성하여 지속적으로 범죄에 빠지게 된다. 결국, 이들은 유대가 원래 약했던 청소년들과 동일한 경로를 밟게 된다는 설명이었다.

▶통합이론(Elliott et al.)의 의의
- 논리적(내적) 일관성이나 간명성보다 경험적 타당성(설명력) 우선시
- 비행에 이르는 경로뿐만 아니라 비행에서 벗어나는 경로도 가능함. 성선설이나 성악설 가정 불필요
- 단. 개별 이론의 논리체계를 훼손하거나 왜곡할 우려 존재.

요약정리. 엘리엇과 동료들(1979)이 이러한 통합이론을 발표한 이유는 자기보고 설문조사 자료가 보여주는 현실을 최대한 잘 반영하고 싶었기 때문이다. 즉, 허쉬(1989)의 비판처럼 '논리적(내적) 일관성'이 부족하고 '간명성'도 떨어지지만, '경험적 타당성(설명력)'을 더 우선시했던 것이다. 그런 만큼, 아동기와 청소년기의 사회화과정을 거치면서 범죄에 이를 수 있는 다양한 경로를 제시했는바, 요약하면 크게 세 가지 경로로 정리할 수 있다. ① 약한 유대 → 비행 친구 → 범죄 지속, ② 강한 유대 → 긴장 → 비행이나 약물(단기적), ③ 강한 유대 → 긴장 → 비행 친구 → 범죄 지속.

통합이론은 복잡해 보이지만 개별 이론보다 훨씬 설명력이 강한 것으로 드러났다. 또한, 여기에서는 범죄에 이르는 경로만 소개했지만, 엘리엇과 동료들은 사회유대가 약하거나 긴장이 심하거나 나쁜 친구를 사귀더라도 긍정적인 경험을 다시 하거나 좋은 환경에 속하게 되면 범죄에 빠지지 않을 수 있다고 주장했다. 그만큼 범죄라는 사회현상의 역동적인 특징을 잘 반영했는바, 한편으로는 성선설이나 성악설을 가정하는 것이 쓸모없음을 느끼게 한다.

다만, 개별 이론의 명제들을 순서대로 재단하다 보니 마치 10대 이전에는 사회통제만 중요하고 그 이후에는 긴장과 학습이 중요한 것처럼 보이는데, 개별 이론은 그러한 입장에 동의하지 않을 것이다. 긴장이론은 예외로 하더라도, 사회통제이론은 10대 이후의 시기도 매우 중요하게 생각하고, 사회학습이론은 10대 이전의 시기도 매우 중요하게

생각한다. 특히 사회학습이론은 비행친구와의 접촉만을 주장하지 않는바, 부모 등 가정에서의 상호작용도 매우 중시한다. 결국, 통합이론의 실질적인 문제점은 내적 일관성이나 간명성의 부족보다는 원래 개별 이론의 논리체계를 훼손하거나 왜곡되게 보일 수 있는 점에 있다 하겠다.[17]

2. 기타 통합이론들

통합이론은 매우 많아서 일일이 소개할 수 없다. 전술한 대로, 다음 절에서 살펴볼 발달범죄학도 대부분 통합이론이다. 따라서 전반적인 경향과 특징을 간단히 정리한 다음, 조금은 예외적인 마르크스주의 통합이론을 하나 소개하고 마무리하면 되겠다.

(1) 통합이론의 경향과 특징

사회통제이론 + 사회학습이론. 범죄학에서 가장 많이 이루어지는 통합은 사회통제이론과 사회학습이론을 결합하는 것이다. 이에 대해 콘거(1976)[18]는 둘을 비교했을 때 학습이론이 통제이론보다 범죄를 더 잘 설명한다고 주장했다. 그렇다고 통제이론이 열등한 것이 아니라 서로 기본가정이 달라 접근하는 방법이 상이했을 뿐, 통제이론 역시 매우 중요하다고 설명했다. 결국 두 이론이 합쳐졌을 때 설명력에서 큰 시너지 효과를 냈음은 당연하다. 손베리(1987)[19]도 사회통제이론과 사회학습이론을 통합하면서, 이러한 시도가 청소년의 초기 비행이 시간이 지나도 멈추지 않고 지속되는 이유를 잘 설명할 수 있다고 주장했다. 이 과정에서 손베리는 두 이론에 대한 논리적(내적) 일관성 논쟁을 겨냥해서 상반된 가정을 놓고 싸우는 것은 시간낭비에 불과하다고 지적했다.[20]

▶통제이론과 학습이론의 통합
- 가장 흔한 방식
- 개별 이론을 비교했을 때 학습이론의 설명력이 더 큼.
- 손베리(1987): 둘을 통합해야 범죄의 지속 설명 가능. 논리적 일관성에 대한 논쟁은 불필요.

긴장이론의 역할. 사회통제이론, 사회학습이론과 더불어 긴장이론이 통합에 많이 사용되는바, 이 세 이론을 통합의 3대장이라 부를 수 있겠다. 사회통제이론과 사회학습이론은 개인 수준의 사회화이론인데 반해, 긴장이론은 경우에 따라 구조적 차원의 거시 이론으로 사용되기도 하고 개인 차원의 미시 이론으로 사용되기도 한다. 앞에서 설명한

▶긴장이론의 역할
- 구조적 차원의 거시 이론으로 사용될 경우: 미시 이론들의 선행요건으로 기능
- 개인적 차원의 미시 이론으로 사용될 경우: 다양한 위치 가능

엘리엇과 동료들(1979)의 통합이론에서는 머튼의 거시 사상이 개인 수준에서 적용된 것이었다. 그래서 긴장이 유대 다음에 등장하는 것으로 모델링 되었다. 또한 애그뉴(1992)의 일반긴장이론은 개인 수준의 이론이기 때문에 비교적 자유롭게 위치할 수 있다.[21]

그런데 만약 긴장이론이 원래의 거시 사상으로 결합되면, 목표와 수단 사이의 괴리로 인한 긴장이 가장 선행 조건으로 등장하게 된다. 그런 열악한 환경은 개인이 통제할 수 없는, 즉 사회화와 무관하게 이미 존재하고 있는 조건이기 때문이다. 제6장에서 살펴본 머튼(1938) 이론을 복기해보면, 구조적 긴장 상황에서 모두가 범죄를 저지르는 게 아니라 5가지 방식으로 적응해간다고 설명한 것은 바로 이러한 상황을 인식했기 때문이다. 따라서 예컨대, 긴장이론과 사회통제이론, 사회학습이론이 통합되면, '긴장 → 유대 약화 → 비행친구', '긴장 → 비행친구 → 유대 약화' 등의 방식으로 이론화가 가능하다. 설명력은 어떻게 결합하느냐에 따라 달라지는데, 한 가지 일관된 사실은 학습이론이 제외되었을 때는 시너지 효과가 그다지 크지 않다는 것이다.[22]

(2) 콜빈과 폴리의 구조적 마르크스주의 통합이론(Integrated Structural-Marxist Theory of Delinquency Production)

비판범죄학에서도 통합이론이 존재한다. 앞에서 살펴본 헤이건(1989)[23]의 권력통제이론이 대표적인 사례 중 하나인데 이미 사회통제이론에서 소개했으니(제7장) 참고 바란다. 여기에서는 그와 유사하지만 보다 비판주의 관점에 집중하고 있는 콜빈과 폴리(Colvin & Pauly, 1983)[24]의 '구조적 마르크스주의 통합이론'을 간단히 살펴본다.

콜빈과 폴리는 마르크스 사상과 사회통제이론을 결합했다. 먼저, 마르크스 사상을 이용해서 노동자에 대한 통제방식이 계급에 따라 상이하다는 주장을 펼쳤다. 노동자는 '미숙련 저임금 노동자', '노동조합에 가입한 산업체 근로자', '고숙련 노동자 및 고임금 전문가' 등 세 부류로 나눌 수 있는데, 미숙련 저임금 노동자에게는 강압적인 통제방식을 적용하고, 노동조합에 가입한 노동자에 대해서는 물질적 보상을 통해 통제하며, 고숙련 노동자·고임금 전문가에 대해서는 자율성이나 의사결정권한을 부여하고 필요할 때는 높은 지위를 제공하는 방식으로 통제한다고 주장했다. 어떤 부류건 자본가가 노

▶구조적 마르크스주의 통합이론
– 마르크스 사상 + 사회통제이론
– 마르크스 사상: 미숙련 저임금 노동자에 대한 강압적 통제 방식
– 사회통제이론: 직장에서의 강압적 통제방식이 가정에서의 양육방식에 영향을 미침(강압적 & 비일관적 처벌)
– 자녀의 비행청소년화: 계급 구조가 재생산되는 과정

동자를 통제하는 것은 자본주의 질서를 유지하고 이익을 극대화하기 위한 자본주의 체제의 속성이었다.

이러한 구조적 속성은 가정 내의 양육방식으로 고스란히 전달된다는 게 이론의 핵심이었다. 즉, 직장에서 강압적인 통제에 익숙해진 미숙련 저임금 노동자들은 집으로 돌아와 자녀들을 똑같은 방식으로 양육한다는 것이다. 부모는 강압적이고 비일관적인 처벌을 통해 자녀의 순응을 끌어내려고 하는바, 이 과정에서 부모와 자녀 사이에 정상적인 유대가 형성되기는 참 어렵다. 그렇게 성장하는 자녀는 결국 학교생활에도 실패하고 처지를 비관하며 비슷한 상황의 친구들과 어울려 비행청소년이 될 가능성이 커진다.[25]

콜빈과 폴리는 자신들의 이론을 '비행을 생산해내는' 구조적 마르크스주의 통합이론이라 명명했다. 그 이유는 자본주의 체제가 다수의 저임금 노동자를 통제하는 방식이 그들의 자녀 세대 역시 비행과 일탈로 인해 저임금 노동자로 살아갈 수밖에 없도록 만들기 때문이었다. 즉, 자본가들이 의도했건 의도하지 않았건 결과적으로 그들이 원했던 '계급 구조가 재생산되는 효과'가 분명히 있었고, 그 재생산 효과는 '비행을 생산해내는 통제방식' 덕분이었다.

이 통합이론은 사실 마르크스 사상과 사회통제이론 외에도 사회학습이론, 긴장이론, 낙인이론의 요소를 포함하고 있었다. 그런데, 마르크스 사상과 사회통제이론 이후에 발생하는 일련의 과정은 거의 개념적으로만 설명해서 크게 독창적인 기여는 없었다. 저자들 중 콜빈은 이후에도 계속 강압적 통제의 문제를 연구했는데, 우리가 앞에서 살펴본 '차별강제이론'이 대표적인 예이다(제7장의 사회통제이론). 그 이론에서 콜빈(2000)[26]은 강압적이고 비일관적인 통제가 청소년을 만성적 범죄인으로 만들 수 있다고 경고하며, 유대, 긴장, 학습, 자기통제 등의 기제를 모두 동원해서 구조적 통합이론과 유사한 논리를 전개했다.

Ⅳ. 소결

이론적 통합에 대한 논란이 있지만 현대범죄학에서는 확실히 설명력 강화를 위해 통합을 선호한다고 할 수 있다. 이러한 경향은 성선설이나 성악설, 진보나 보수 등 강한 가정이나 편향성을 보이지 않으려는 현대의 추세와도 관련 있다고 필자는 생각한다. 몇 가지 통합이론을 살펴봤는데, 분명 개별 이론에 비해 더 다양하고 역동적인 설명이 제시되었다. 본문에서는 상술하지 않았지만, 이론적 모형의 복잡성은 통계기법의 발달과도 연관된다는 점을 알아두면 상식에 도움이 된다. 또 다른 예로서, 만약 망원경이 없었다면 지동설이라는 패러다임 전환이 없었을 것이다. 그만큼 이론과 방법론(관찰, 분석), 정책은 밀접하게 연결된 한 몸으로 이해하면 된다.

　　마지막으로, 통합은 다양한 방식으로 가능함을 보았다. 구조적 수준의 긴장이론이 선행 조건으로 제시된 다음, 사회통제이론이나 사회학습이론이 이어지는 방식이 가능했고, 모두 개인적 수준에서 유대 – 긴장 – 비행친구 – 비행 등의 순으로 나열되는 방식도 가능했다. 이중 사회통제이론과 사회학습이론을 순서대로 통합하는 게 가장 일반적인 방법인데, 이러한 결합 방법들을 '순차통합(end-to-end integration)'이라 한다(허쉬, 1979).[27] 순차통합은 결합하는 이론의 수와 상관없이 '논리적으로 인과관계가 연결'되면 된다. 예컨대, 유대 (– 긴장) – 비행친구 – 비행 등의 순서대로 연결되는 경우, 이 순서는 당연히 시간적 선후관계를 반영한 것이고, 중간에 존재하는 변인(들)은 매개변인으로서 앞 변인의 종속변인이자 뒤 변인의 독립변인이 되는 것이다. 간혹 범죄에 가까운 변인을 '근접 원인(immediate cause)', 먼 변인을 '원격 원인(remote cause)'으로 구분하기도 한다.[28]

제3절　발달범죄학

I. 발달범죄학의 의의

통합이론 + 종적 탐구. 발달범죄학은 대표적인 통합적 접근으로서 현대범죄학에서 가장 각광받는 사조 중 하나이다. 비판주의 관점이 합의적 시각에 의문을 제기한 패러다임의 전환이었던 것처럼, 발달범죄학은 스냅사진 같은 횡단적 설명을 영화 같은 종단적 설명으로 대체한 큰 변화이자 진전이었다. 뢰버와 르블랑(1990)[29]은 발달범죄학이 다음과 같은 질문을 제기한다고 정리했다.[30]

▶발달범죄학의 의의
- 통합이론
- 종단적 탐구
- 특히, 성인기 이후의 역동적인 변화도 탐구

- 사람들은 왜 반사회적 행동을 시작하는가?
- 왜 어떤 사람들은 중단하는 반면, 어떤 사람들은 지속하는가?
- 시간이 지나면서 왜 어떤 사람들은 죄질이 나빠지는 반면, 어떤 사람들은 덜 나쁜 범죄를 저지르는가?
- 왜 범죄를 그만둔 사람이 다시 범죄를 저지르게 되는가?
- 왜 어떤 범죄자는 전문화하는가?

성인기 이후도 탐구. 결국 발달범죄학은 인생의 전반에 걸쳐 발생하는 범죄의 시작, 지속, 중지, 재시작, 악화, 전문화 등의 과정을 종단적으로 탐구하는 통합적 접근이다. 이러한 정의를 통해 우리가 알 수 있는 발달범죄학의 또 다른 특징은 성인기 이후의 역동적인 변화까지 탐구한다는 것이다. 사실 이 책에서 명확히 지적하지 않았지만, 시카고학파부터 시작하는 후기 실증주의 이론들은 대부분 청소년기에 집중하고 있음을 알 수 있다. 물론 청소년에 대한 연구와 이론화는 세 가지 측면에서 의미가 크다. 첫째, 10대 중후반의 청소년기에 비행이 정점에 이르는 가장 심각한 시기이다. 둘째, 자기보고 설문조사를 집단적으로 실시하기 용이하다. 셋째, 변화의 가능성이 크기 때문에 유용한 정책이 마련될 수 있다. 하지만, 범죄학이 범죄의 상당 부분을 차지하는 성인을 제외하고 청소년기의 문제만 탐구한다는 건 말이 안 된다. 예컨대, 부모와의 유대, 나쁜 친구, 규범의 내면화와 같은 얘기만 하면 어떻게 성인 범죄를 충분히 설명할 수 있겠는가? 따라서 베커(1967)[31]가 말한 것처럼, 나이에 있어서도 전 연령대에 걸쳐 균형 잡힌 연구가 꼭 필요했던 것이다.

범죄경력 데이터. 실증주의 전통에서는 직접 관찰한 증거가 없으면 이론화가 어렵다. 제2장 제3절에서 살펴본 것처럼, 나이에 따른 범죄곡선은 거꾸로 된 U자 형태를 띤다. 이는 10대 중후반 정점에 이르렀다가 이후 감소함을 보여주는바, 대부분의 비행청소년은 성인기 이후 범죄를 멈추는 'aging-out' 현상을 보인다. 그런데 일부 심각한 경우에는 아동기부터 계속 문제행동을 일으키다가 성인기 이후에도 범죄를 지속한다. 이들을 '만성적 범죄인(chronic offenders)' 또는 '경력범죄자(career criminals)'라 칭한다. 이처럼 일정 기간 동안 개인의 범죄를 종단적으로 추적하여 시작과 중지, 지속 등의 현상을 탐구하는 연구를 '범죄경력 연구'라 한다. 결국 범죄곡선과 만성적 범죄인의 존재는 인생 전반에 걸친 탐구가 꼭 필요함을 시사했고, 이를 탐구한 범죄경력 연구는 발달범죄학이 성장하는 실질적인 계기가 되었다고 할 수 있다.

II. 범죄경력 연구

1990년대 초중반 미국에서는 소위 '삼진아웃제' 법률이 본격적으로 시행되었다. 그 배경에는 범죄가 증가하고 있는 현실도 있었지만, 논리적 배경으로는 일부 범죄자가 계속 범죄를 저지르고 전체 범죄의 절반 이상을 차지한다는 '범죄경력 연구'가 있었다. 전문 범죄꾼에 대한 중범죄가 매일 뉴스의 헤드라인을 장식했고, 급기야 1992년 미국 대통령 선거에서는 진영을 가리지 않고 모든 후보가 범죄에 대한 강경대응을 공약으로 내세웠다. 만약 범죄경력 연구가 사실이라면, 만성적 범죄인을 잘 통제할 경우 범죄가 감소하리라는 합리적 기대가 있었던 것이다.[32]

1. 글룩 부부의 종단 연구

범죄경력 연구의 시작은 하버드 대학의 교수였던 쉘던 글룩과 엘리너 글룩(Sheldon Glueck & Eleanor Glueck) 부부[33]의 종단 연구로 거슬러 올라간다. 그들의 저서 「청소년비행 이해(Unraveling Juvenile Delinquency)」는 1950년에 발표되었지만, 실제 연구는 1930년대부터 시작되었다. 그래서 글룩 부부는 발달범죄학의 창시자로 일컬어지기도 한다.

글룩 부부는 10-17세 사이의 수감된 비행청소년 500명과 일반청소년 500명을 매칭시켜 장기간 비교·관찰했다. 이때 매칭의 기준은 다양한 사회학적, 생물학적, 심리학적 변인들이었다. 공식 범죄 데이터와 인터뷰 내용을 종합해서 31세가 된 해를 기준으로 분석한 결과, 비행청소년들이 일반청소년들에 비해 성인기 이후 범죄 확률이 훨씬 높은 사실을 발견했다. 일반청소년은 14%, 비행청소년은 81%로 그 차이가 엄청났다. 이에 대해 글룩 부부는 비행청소년들이 감정적이고, 충동적이며, 공격적이고, 고집이 세서 관습적 가치와 법규를 쉽게 위반할 수 있다고 설명했다. 또한 좁은 얼굴, 넓은 가슴, 두꺼운 팔뚝 등 신체적 특징과 중배엽형의 체형을 비행청소년의 특징으로 제시하기도 했다.[34]

이 연구는 당시 거의 찾아볼 수 없었던 종단 연구였다는 점과 두 집단을 매칭시켜 다양한 혼재변수를 통제하고자 한 통합적 접근이었다는 점에서 최고 수준의 연구였다. 또한 분석 결과도 비행청소년과 일반청소년의 범죄경력이 뚜렷이 구분돼서 주목을 끌기에 충분했다. 하지만, 실제로는 학계와 정치권의 관심을 거의 받지 못한 채 묻혀버렸다. 그 이유는 비사회학적 변인들을 포함시키고 비사회학적 결론을 도출했기 때문이었다. 제5장에서 살펴본 것처럼, 1920년대 이후 범죄학은 사회학적 접근이 주도했고, 특성이론의 결정론적 주장은 배척되기 시작했다. 예컨대, 범죄학의 거두였던 서덜랜드는 생물학이나 심리학으로부터 완전히 분리되어야 한다는 주장까지 했다. 이러한 상황에서 글룩 부부의 연구가 배척과 경계의 대상이었던 후튼(1939)[35]과 쉘던(1949)[36]의 연구에 영향을 받았으니 심한 비판과 무관심은 당연한 결과였다 하겠다.[37]

2. 울프강과 동료들의 코호트 연구

본격적인 범죄경력 연구는 울프강과 동료들(Wolfgang et al., 1972, 1983)[38]의 코호트 연구에서 비롯된 것으로 평가된다. 그리고 이들에 의해 글룩 부부의 연구는 다시 조명받기 시작했다.

울프강과 동료들은 두 차례의 코호트 연구를 실시했다. 첫 번째 연구(1972)에서는 필라델피아에서 1945년에 태어난 남성 9,945명을 18세가 되던 1963년까지 추적했다. 그 결

▶글룩 부부의 종단 연구
- 의의: 범죄경력 연구의 시작 & 발달범죄학의 효시
- 우수성: 종단 연구, 통합적 접근, 매칭을 통한 혼재변수 통제
- 비판: 특성이론적 변인 포함 & 특성이론적 결론 도출 (시대적 분위기)
- 재조명: 울프강과 동료들의 코호트 연구

▶울프강과 동료들의 코호트 연구
- 본격적인 범죄경력 연구: 2차례 실시
- 남성 코호트 6%, 여성 코호트 1%가 만성적 범죄인: 18세 이전 5회 이상 체포
- 트레이시 & 캠프-레너드: 두 번째 코호트 성인기 이후까지 추적 결과, 비행청소년의 2/3는 중지, 만성적 범죄인의 대부분은 지속.

과, 전체의 6%에 해당하는 627명이 다섯 번 이상 체포되어 '만성적 범죄인'으로 분류되었다. 만성적 범죄인은 코호트 전체가 범한 범죄 중 51.9%를 저질렀는데, 중범죄에 국한하면 그 비율이 더 증가했다. 예컨대, 살인은 71%, 강간은 73%, 강도는 82%, 가중폭행은 69%에 달했다.

두 번째 연구(1983)에서는 여성을 추가한 특징이 있는바, 필라델피아에서 1958년에 태어난 남성과 여성을 추적했다. 분석 결과, 남성은 첫 번째 연구에서와 마찬가지로 약 6%가 만성적 범죄인으로 분류되었고, 여성은 약 1%가 만성적 범죄인으로 분류되었다. 이들 소수의 만성적 범죄인이 절반 이상의 범죄를 저지른 결과는 첫 번째 연구와 거의 유사했다.

트레이시와 캠프-레너드(1996)[39]는 이 두 번째 코호트를 성인기 이후까지 계속 추적해보았다. 그 결과, 비행청소년의 2/3는 범죄를 중지했으나, 만성적 범죄인으로 분류된 청소년들은 높은 확률로 성인기 이후에도 계속 범죄행위를 이어갔다. 이 결과에는 두 가지 의미가 있었다. 첫째, 만성적 범죄인으로 분류된 청소년들이 실제로 성인기 이후에도 대부분 계속 범죄를 지속한 사실은 만성적 범죄인이란 용어가 부적절하지 않음을 보여주었다. 둘째, 청소년기 이후에 범죄의 중단과 지속으로 구분되는 경로를 명확히 보여주었다.[40]

이제 다음 차례는 발달범죄학이 범죄의 시작, 지속, 중지 등의 이유와 과정을 탐구하는 것이었다. 그리고 이때부터는 특성이론적 요소인 '범죄성향'이 큰 거부감 없이 받아들여지게 되었다.

범죄경력과 경력범죄의 용어 구분. 이쯤에서 '범죄경력(criminal career)'과 유사해 보이는 '경력범죄(career offending)'를 구분할 필요가 있다. 범죄경력은 앞에서 살펴본 것처럼 범죄경력 연구와 관련된 용어로서, '일정기간 내에 개인이 저지른 범죄를 종단적으로 추적한 결과'를 말한다. 이것은 범죄경력 연구에 의해 탐구된 결과이며, 시작, 중단, 지속을 모두 포함하는 개념이다. 반면, 경력범죄는 만성적 범죄를 일컫는 용어로서, '개인이 일생 또는 꽤 장기간 범죄를 삶의 한 축으로 삼고 살아가는 현상'을 말한다. 심한 경우에는 범죄가 생계를 유지하는 수단이 되기도 한다.[41]

III. 발달이론들

이상을 종합하면, 발달범죄학은 3대 관점의 여러 이론들을 결합한 통합적 접근이며, 성인기 이후까지 인생의 전 과정을 역동적으로 탐구하는 종단적 접근이다. 나이에 따른 범죄곡선과 만성적 범죄인(경력범죄인)을 찾아낸 범죄경력 연구에 기반하여, 범죄의 시작, 지속, 중지, 재시작, 악화, 전문화 등의 복잡한 과정과 원인을 탐구한다. 왜냐하면, 개인의 범죄경력은 사람마다 다르고, 한 개인의 경력도 변화무쌍할 수 있다고 전제하기 때문이다.

1. 손베리의 상호작용이론(Interactional Theory)

터렌스 손베리(Terrence Thornberry, 1987)[42]는 인간의 행동이 상호작용의 산물이라고 전제했다. 따라서 범죄도 역동적인 상호작용에 기반해서 설명해야 한다고 주장했다. 손베리가 주목한 주요인은 유대와 학습으로서, 상호작용이론은 사회통제이론과 사회학습이론을 결합한 통합이론이었다.

손베리는 범죄의 시작은, 허쉬(1969)의 주장처럼, 어린 시절 형성되는 부모와의 애착이 핵심이라고 보았다. 이를 바탕으로 다음과 같은 기본 논리를 전개했다. 애착이 강하면, 일상적인 가치와 도덕을 수용하고, 학교생활에 전념하며, 비행친구와의 접촉을 의도적으로 기피해서 웬만하면 비행에 빠지지 않는다. 반대로 애착이 약하면, 일상적인 가치와 도덕을 수용하지 못하고 학교생활에 전념하지 못한다. 이것은 곧 관습적인 가치체계가 개인에게 잘 작동하지 않는 상태로서, 이러한 청소년은 자유롭게 비행친구를 사귀고 범죄적 가치를 수용하며 결국 비행에 빠지게 된다.

양방향 관계. 손베리는 이러한 '순차통합'의 기본 논리를 바탕으로 자신의 이론을 정교화하기 위해 두 가지 통찰을 추가했다. 첫째, 개별이론은 유대나 차별접촉이 비행으로 이어진다는 일방향 관계를 주장하지만, 손베리는 비행이 유대를 약화시키거나 차별접촉을 유발할 수 있다는 양방향 관계를 주장했다. 또한, 기존의 통합이론은 대체로 부모와

▶상호작용이론
– 통제이론 + 학습이론: 순차통합
– 기본 논리: 약한 부모 애착 →관습적 가치체계 내면화 실패 & 학교생활 실패 → 차별접촉 →범죄적 가치 내면화(범죄 정의 수용) →비행
– 추가 통찰1: 유대, 학습, 비행은 서로 영향을 주고받는 양방향 관계
– 추가 통찰2: 나이에 따라 변인들의 영향력 상이
– 행위궤적: 유대, 학습, 비행이 서로 악순환하여 비행이 굳어지는 경로(누적된 불이익)

의 약한 유대가 나쁜 친구와의 접촉으로 이어진다고 주장하지만, 손베리는 나쁜 친구와의 접촉이 유대 약화로 이어질 수 있다는 양방향 관계를 주장했다. 결국 손베리에게 비행은 유대, 차별접촉, 그리고 비행이라는 3요소가 서로 역동적으로 영향을 주고받은 결과였다. 따라서 개인의 비행은 언제든 변할 수 있는 가변적인 현상이었다.

연령대별 차이. 둘째, 손베리는 나이에 따라 변인들의 영향력이 다를 수 있음을 강조했다. 초기 청소년기(만11–13세)에는 부모와의 애착이 가장 중요하고, 중기 청소년기(만15–16세)에는 또래의 영향력이 점차 커지며, 후기 청소년기(만18–20세)에는 부모로부터 정서적 독립이 이루어지면서 대학진학, 취업, 군복무, 결혼 등 새로운 변인들이 중요하게 등장한다고 설명했다. 손베리는 이처럼 나이대별로 상이한 핵심 변인들이 비행의 시작이나 지속, 중지를 결정하는 데 중요한 역할을 한다고 주장했다.

행위궤적. 상호작용이론에서 한 가지 더 주목해야 할 점은 손베리가 유대, 학습, 비행이 서로 악순환하여 비행이 굳어지는 경로를 '행위궤적(behavioral trajectory)'이라 표현한 사실이다. 이것은 향후 다른 발달이론들에서 악순환의 반복으로 만성적 범죄인이 될 위험성이 증가한다는 의미로 '누적된 불이익(cumulative disadvantage)'이라 명명한 것과 연관된다. 또한 '궤적'이란 용어는 샘슨과 라웁(1993)[43]의 유명한 생애과정이론에서 전체적인 삶의 경로를 표현하기 위해 차용하기도 했다.[44]

2. 패터슨과 동료들의 상호작용이론 발전 모형

패터슨과 동료들(Patterson et al., 1989; Patterson & Yoerger, 1997)[45]은 비행의 시작이 언제 이루어지느냐에 따라 '조기개시형(early starters)'과 '후기개시형(late starters)'으로 구분했다. 조기개시형에서는 비행의 지속을 설명했고, 후기개시형에서는 주로 경미한 비행과 성인기 이후의 중지를 설명했다. 조기개시형에서는 역기능적인 가정에서의 잘못된 양육방식이 가장 중요한 원인이었고, 후기개시형에서는 비행친구와의 접촉이 가장 중요한 원인이었다. 두 유형 모두 손베리(1987)[46]와 비슷하게 양육방식, 학습, 행동 간의 역

동적인 상호작용에서 비행의 원인을 찾았다. 그래서 상호작용이론을 발전시킨 모형이라 불린다.[47]

조기개시 모형. 패터슨과 동료들(1989)이 즐겨 쓰던 표현은 '행동-반응 연쇄과정' 또는 '강압적 순환'이다. 실제로 패터슨은 1986년 '강압적순환이론(coercive cycles theory)'을 발표하기도 했는바, 이 용어들은 지속적인 상호작용을 강조하는 것으로 이해하면 된다.[48]

▶조기개시 모형
- 역기능적 가장 강압의 악순환→반사회적 행동 학습
- 학교생활 부적응: 비행친구집단 가입 → 비행적 가치 내면화
- 성인기까지 지속

먼저, 패터슨과 동료들은 아동의 반사회적 행동이 시작되는 이유가 '역기능적인 가정'에서 비롯된다고 주장했다. 역기능적인 가정이란 엄격하고 비일관적인 훈육방식, 부정적이거나 소극적인 부모의 개입, 미흡한 감시와 감독으로 특징지을 수 있다. 이는 갓프레드슨과 허쉬(1990)[49]의 설명과 매우 유사했는데, 단, 패터슨과 동료들은 이러한 가정이 아동의 '약한 자기통제력'으로 이어진다는 설명을 하지 않았다. 대신, 이러한 가정에서 아동은 반사회적 행동을 '학습'한다고 주장했다. 왜냐하면, 역기능적 가정에서 '강압(coercion)'은 일상적인 생활방식인바, 아동은 비록 어리지만 자신이 강압을 행사했을 때 긍정적인 보상이 따르거나 자신에 대한 강압이 멈추는 걸 깨닫게 된다. 하지만, 이런 긍정적인 결과는 일시적일 뿐, 아동의 반사회적 행동은 결국 부모의 강압적 반응을 끌어내고, 이는 다시 아동의 반사회적 행동을 악화시키는 연쇄과정 또는 악순환으로 귀결된다.

역기능적 가정에서 반사회적 성향을 갖게 된 아동이 학교에 진학할 때면 대체로 '아동행동장애'를 보이기 시작한다. 학교생활에 적응하지 못하고 학업능력이 떨어지며 친구들에게 공격적이어서 결국 친구들에게 배척을 당하는 경우가 많다. 그러다가 초기 청소년기에 접어들면, 비행친구집단에 가담할 가능성이 커진다. 비행친구와의 교제를 통해 비행을 긍정적인 것으로 학습하게 되며 비행 행동은 더욱 심해지고 이는 성인기까지 이어진다.

후기개시 모형. 패터슨과 요거(1997)[50]는 후기개시형을 설명하기 위해 어린 시절 비록 가난하지만 강압적이지 않은 가정에서 자란 주변인적 아동을 선정했다. 이들은 조기개시 아동과 달리 극심한 강압이나 결손을 겪지 않아서 반사회성이나 문제행동이 심하지

▶후기개시 모형
- 아동기: 열악한 환경이지
만, 어느 정도의 유대와 사회
적 기술 함양
- 중기 청소년기: 부모의 느
슨한 감독으로 비행청소년
과 접촉
- 성인기: 사회적 기술 발휘,
범죄 불이익 이해

▶조기개시형과 후기개시형
연령 구분
- 체포 경험이 14세 이전이
면 조기개시형, 이후면 후기
개시형

▶모핏의 특징
- 임상심리학자: 특성이론적
요소(신경심리적 장애) 강조
- 범죄 곡선 비판: 만성적 범
죄인 경로 은폐

▶생애지속 위반자
- 만성적 범죄의 근본 원인:
신경심리적 장애
- 소질과 환경의 부정적 상
호작용 악순환: 누적되는 불
이익의 결과
- 사회적 기술 부족으로 대
안 부재

않은 경우이다. 또한 충분하진 않지만 어느 정도의 사회적 기술(예, 직업기술, 인관관계)을 가지고 있어서 성인기 이후 범죄를 저지르지 않고도 살아갈 수 있다. 그래서 청소년기에 일시적으로 비행에 가담한 후 대부분 멈추고 비범죄인의 삶을 살아간다.

이 모형에서 중요한 변인은 비행친구와의 접촉이다. 중기 청소년기(약 14세 무렵)가 되면 원래부터 강하지 않았던 부모의 감시와 감독이 더욱 느슨해져서 비행친구들과 어울릴 기회가 많아진다. 그러면서 때로는 학교에서 징계를 받거나 경찰에 체포되기도 한다. 하지만 이들은 성인기에 접어들면 사회적 기술이 있기 때문에 직업을 갖고 친사회적 삶을 사는 것이 범죄보다 더 이익이란 걸 깨닫게 된다. 결국 비행친구를 멀리하고 범죄를 멈춘 채 일반적인 삶을 살게 된다.

3. 모핏의 발달 분류 모형(Developmental Taxonomy)

모핏(Terrie Moffitt, 1993)[51]은 패터슨과 동료들의 연구와 유사하게 위반자를 두 가지 유형으로 분류해야 한다고 주장했다. 대다수는 성인기 이후 멈추지만, 일부는 만성적으로 지속하는 매우 뚜렷이 구분되는 경로를 밟기 때문이었다. 그래서 모핏은 심지어 나이-범죄 곡선이 만성적 범죄인 경로를 숨겨버리기 때문에 기만적인 모형이라고 비난하기도 했다. 그녀가 분류한 두 유형은 '생애지속 위반자(Lifecourse-Persistent Offenders: LPO 또는 LCPs)'와 '청소년기한정 위반자(Adolescence-Limited Offenders: ALO 또는 ALs)'였는바, 전자는 조기개시형과 유사한 지속형이었고 후자는 후기개시형과 유사한 가변형이었다.[52]

생애지속 위반자. 모핏은 임상심리학자였다. 그래서 모핏 이론이 앞에서 설명한 이론들과 차별되는 특징은 특성이론적 요소를 강조했다는 점이다. 모핏은 뇌신경학과 심리학을 결합해서 '신경심리적 장애'를 가진 아이들을 탐구해야 한다고 주장했다. 그녀가 보기에 생애지속 위반자들은 대부분 아동기부터 신경심리적 장애를 가진 사람들이었고, 그러한 타고난 문제가 만성적 범죄의 근본 원인이었다.

신경심리적 장애는 사회적 환경과 부정적 상호작용을 하기 마련이다. 즉, 소질과 환경의 부정적 악순환이 발생하는 것이다. 소질적 문제를 가진 아동들은 대체로 주변 환경이 열악한 상태에서 성장한다. 부모도 그런 소질을 가졌거나 적절한 양육기술을 갖지 못한 경우가 많다. 부정적 상호작용의 악순환은 결국 부모와의 유대도 악화시키고, 아동은 적절한 사회적 기술을 습득하지 못하게 된다. 이런 상태에서 학교에 가게 되면 반사회적 성향과 부족한 사회 기술로 인해 '누적되는 불이익'은 계속 악화된다. 사회적 기술이라도 양호하면 대안을 모색할 수 있지만, 그것마저 부족하기 때문에 결국 성인이 되어서도 문제행동은 계속된다.

청소년기한정 위반자. 모핏은 임상심리학자답게 일반적인 청소년기의 문제행동을 인간의 발달과정에 빗대어 설명했다. 청소년기가 되면 신체적으로 성숙하고 성 행위도 가능해진다. 성인들이 하는 흡연, 음주 등의 행위를 하고 싶지만 10대 후반까지는 사회적으로 허용되지 않는다. 이러한 생물학적 능력과 사회적 역할의 차이, 즉 '성장 격차'는 청소년의 불만을 초래하고 다른 방식으로 자신의 성숙함을 보이려 한다. 귀가 시간을 어기고 차를 훔치고 대마초를 피우고 아기를 임신하는 것은 일종의 반항이자 독립 선언과 같다. 하지만 성인이 되면 이들 대부분은 반사회적 행동을 멈추고 일반적인 사회인으로 살아간다. 왜냐하면, 심리적으로 건강하고, 사회적 기술을 가지고 있으며, 범죄가 이제는 심각한 처벌을 초래할 수 있다고 생각하기 때문이다.

▶**청소년기한정 위반자**
- 성인기 이후 대부분 중지. 심리적으로 건강하고, 사회적 기술을 가지고 있으며, 범죄가 오히려 손해라고 생각

4. 샘슨과 라웁의 생애과정이론(Life Course Theory, 또는 인생항로이론)

(1) 기존 발달이론과 구별되는 생애과정이론의 특징

앞에서 살펴본 손베리(1987), 패터슨과 동료들(1989, 1997), 모핏(1993)의 발달이론들을 종합해보면, 세 가지 공통점을 발견할 수 있다. 첫째, 개인 수준에서 주로 사회통제이론과 사회학습이론을 통합했다. 어린 시절에는 사회통제이론과 관련해서 주로 부모와의 애착이나 유대, 양육방식을 중요한 변인으로 간주했고, 학교에 가면서부터는 차별접촉과 범죄 정의의 내면화를 중요한 변인으로 간주했다. 모핏은 예외적으로 타고난 신경

▶**기존 발달이론들의 공통점**
- 통제와 학습 결합(모핏 예외)
- 양방향 상호작용
- 만성적 범죄인의 성인기 이후 변화 없음.

심리적 장애를 문제의 근원으로 간주했다. 둘째, 애착, 유대, 양육방식, 신경심리적 장애, 차별접촉, 범죄적 가치, 비행 등 모든 변인들은 서로 영향을 주고받는 양방향 상호작용을 했다. 그리고 상호작용의 악순환이 지속될 때 만성적 범죄인으로 진행될 위험성이 증가했다. 셋째, 대부분은 청소년기에 비행을 멈추고 일부는 성인기 이후에도 지속한다고 설명했다. 악순환이 지속되어 비행이 굳어지는 궤적, 조기개시형, 생애지속 위반자는 성인기 이후에도 지속하는 유형이었는데, 이들의 변화에 대한 예상이나 설명은 없었다.

이들과 비교해서 샘슨과 라웁(Sampson & Laub, 1993, 2003)[53]의 생애과정이론은 두 번째 공통점에서만 일치한다. 즉, 모든 변인들이 양방향으로 상호작용한다는 점 외에 다른 특징들은 생애과정이론과 차이를 보인다. 하나씩 구체적으로 살펴보면 다음과 같다.

구조적 요인 포함. 생애과정이론은 사회통제이론과 사회학습이론적 요인 외에 구조적 요인을 추가로 포함하고 있다. 예컨대, 지역사회가 빈곤하고, 주거가 불안정하며, 취업 기회가 적고, 인종이나 문화적 갈등이 심할 경우, 가정에서의 상호작용도 부정적일 수 있다고 주장한다. 즉, 구조적 요인이 가정에서의 상호작용에 영향을 미치고 이것은 다시 개인의 성향과 행동에 영향을 미치는 '매개 과정'을 거친다는 설명이다. 이처럼 구조적 요인을 논의의 시작에 위치시키는 이유는 저자 중 한 명인 로버트 샘슨과 관련이 있다. 제6장에서 설명한 것처럼, 이 책은 샘슨을 준 시카고학파로 분류한다. 그는 사회해체이론에 관심이 많았으며 1980년대 후반부터 관련 연구를 활발히 진행하다가 1997년 동료들과 함께 사회해체이론의 업그레이드 버전인 집합효율성이론을 발표했다. 참고로 이 시대에 구조적 거시 이론과 개인적 미시 이론을 통합하려는 움직임이 컸다. 그런데 마침 통계에서도 '위계적선형모형(Hierarchical Linear Modeling: HLM)이 개발되어 양 수준을 통합한 이론을 검증할 수 있는 여건이 마련되었다. 이것은 다시 거시와 미시를 함께 논의하려는 움직임에 활력을 불어넣었는바, 따라서 생애과정이론은 자연스럽게 구조적 환경에 대한 논의에서부터 출발했다고 볼 수 있다.

성인기 이후의 변화 설명. 생애과정이론은 성인기 이후에도 좋은 방향이나 나쁜 방향

▶생애과정이론의 특징
– 구조적 요인 포함: 샘슨의 집합효율성이론 참고.
– 만성적 범죄인의 성인기 이후 변화 설명: 사회유대의 변화에 초점.

으로 변화가 가능하다고 설명한다. 즉, 다른 이론들이 성인기 이후에는 온전히 멈추거나(후기개시형, 청소년기한정 위반자), 계속 지속하는(조기개시형, 생애지속 위반자) 둘 중 하나의 경로를 밟는다고 주장한 것과 완전히 다른 접근이다. 샘슨과 라웁은 기본적으로 허쉬의 사회유대이론과 자기통제이론에 관심이 많았는데, 핵심은 개인의 사회유대가 평생 다양한 상호작용 속에서 약해지기도 하고 강해지기도 한다는 것이다. 일반적으로는 장기적인 유대와 행동패턴이 하나의 '궤적(trajectory)'을 이루는데, 인생의 어느 순간 중요한 사건(예, 결혼, 취업, 입대, 성취 등과 관련된 긍정 또는 부정적 사건)이 발생하면 '전환점(turning point)'이 형성되어 궤적을 바꿀 수 있다. 이러한 설명은 범죄의 지속성과 가변성을 기존 이론들에 비해 더 생생히 보여주었다. 또한 범죄 경로의 유형을 구분할 필요가 없었다.

(2) 범죄의 발달과정

생애과정이론은 범죄의 발달과정을 〈그림 IX-1〉과 같이 연령대에 따른 복잡한 상호작용 과정으로 설명한다.[54] 따라서 '연령등급이론(age-graded theory)'이라 불리기도 한다. 샘슨과 라웁은 글룩 부부(1950)[55]의 종단 자료를 다시 분석한 것으로 유명한데, 단순히 옛 자료를 복구해서 분석했을 뿐만 아니라 70세가 된 비행청소년들을 직접 인터뷰하기도 했다. (참고로 글룩 부부의 연구에서는 32세까지 추적되었었다.) 분석 결과, 샘슨과 라웁은 500명의 비행청소년들이 성인기 이후 세 경로로 나아갔음을 알게 됐다. 지속 경로(persisters), 중지 경로(desisters), 지그재그 경로(zigzag criminal career). 이중 지속 경로와 중지 경로는 기존의 발달이론에서 설명됐지만, 지그재그 경로는 추가적인 설명이 필요한 새로운 발견이었다.

▶생애과정이론 = 인생항로이론 = 연령등급이론

▶새로운 경로 발견
- 지그재그 경로: 새로운 설명 필요.
- '패턴-원인(이론)-대책으로 이어지는 개념의 연결성 참고(표 II-6).

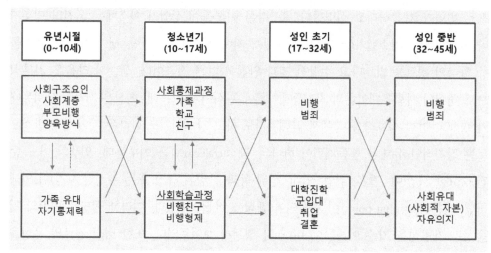

유년시절 (0~10세)	청소년기 (10~17세)	성인 초기 (17~32세)	성인 중반 (32~45세)
사회구조요인 사회계층 부모비행 양육방식	사회통제과정 가족 학교 친구	비행 범죄	비행 범죄
가족 유대 자기통제력	사회학습과정 비행친구 비행형제	대학진학 군입대 취업 결혼	사회유대 (사회적 자본) 자유의지

〈그림 IX-1〉 생애과정이론*

출처: Brown et al. (2013). *Criminology*. Elsevier. 황의갑 외 12인 역(2015). p.507. [그림 10.5]. 재구성.

*유년시절의 점선(자기통제력 → 양육방식)
– 자녀효과의 가능성을 표현한 것임.

▶범죄궤적의 형성 과정
– 구조적 열악성 → 가정에서의 부정적 상호작용 → 약한 유대와 자기통제력 → 부정적 상호작용 악순환 → 누적된 불이익 / 범죄궤적

범죄의 지속성(범죄궤적). 샘슨과 라웁은 개인이 가정에서 경험하는 상호작용은 독립적으로 이루어지는 게 아니라 구조적 환경의 영향을 받는다고 주장했다. 즉, 가정에서의 상호작용은 구조적 요인이 개인의 성향과 행동에 미치는 영향을 매개한다는 설명이었다.

이어서 허쉬(1969, 1990)[56]의 주장을 상당히 받아들여, 사회유대가 아동기에 가장 중요한 통제요인이고 유대는 부모의 양육방식에 의해 영향을 받는다고 인정했다. 또한, 다른 발달이론들처럼, 부족한 유대와 충동성, 행동장애 등 기질적 특성은 부모의 부정적인 반응을 초래하고 그것이 다시 유대를 악화시키는 등의 악순환이 발생한다고 설명했다. 이 과정에서 샘슨과 라웁은 '자녀효과(child effect)'가 발휘된다고 표현했는데, 이는 '부모효과(parental effect)'의 반의어로서 아동의 행동이 부모의 양육방식에 영향을 미치는 현상을 말한다. 결국 두 효과가 합쳐져서 양방향 관계가 성립한다는 것은 발달범죄학의 기본 입장이라 할 수 있다.[57]

이후 청소년기에 학교를 가게 되면 약한 유대와 반사회적 기질은 다시 교사와 친구의 부정적 반응을 유발하고 상호작용은 악화된다. 이때 자신과 유사한 비행친구를 사귀게 되고 범죄적 가치를 수용하게 된다. 그러면서 비행경력은 쌓여가고 사회적 기술은 함양

할 기회를 잃게 된다.

청소년기를 누적된 악순환 속에서 보낸 후 성인이 되면 대학 진학, 취업, 결혼 등이 중요한 이벤트로서 대기중이다. 하지만, 아쉽게도 유대가 약화된 대부분의 비행청소년들은 이 기회를 잘 살리기가 버겁다. 오히려, 실직, 이혼, 수감 등 부정적 사건이 누적되어 유대 약화와 범죄의 악순환이 반복되는 경우가 많다. 이들은 결국 '범죄궤적'을 따라가는 '지속 경로'를 밟게 된다.[58]

범죄의 가변성(전환점). 하지만, 지그재그 경로를 관찰한 샘슨과 라웁은 성인기 이후에도 발생하는 범죄의 변화를 설명해야만 했다. 그러기 위해서는 범죄궤적에서 벗어나거나 다시 빠질 수 있는 강력한 기제가 필요했는데, 샘슨과 라웁은 초지일관 유대를 핵심 기제로 활용했다. 즉, 어떤 이유에서건, 대학 진학, 군 입대, 취업, 결혼 등 중요한 이벤트에서 긍정적인 성취가 발생하고 그로 인해 긍정적인 상호작용이 일정 기간 지속되면 얼마든지 사회유대가 회복되어 비공식적 사회통제가 가능하다는 게 샘슨과 라웁의 주장이었다. 물론 그 반대적 상황이 발생해서 어린 시절부터 계속 정상적인 삶을 살아온 사람이 범죄에 빠지는 경우도 가능했다. 그런데 사회유대와 더불어 또 한 가지 중요하게 부각된 요인이 있었는바, 그것은 바로 개인의 자유의지였다. 샘슨과 라웁이 70세 노인이 된 연구대상자들에 대한 인터뷰를 실시했을 때, 그들은 인생의 전환점에서 범죄를 멈추고 올바른 삶을 살며 새로운 정체성을 갖고자 노력한 것이 매우 중요하게 작용했다고 진술했다.[59]

혹자는 성인기에 형성되는 사회유대가 범죄궤적을 바꿀 만큼 강력한 기제가 될 수 있는가에 의문을 품을 수 있다. 사실 필자도 그렇다. 이에 샘슨과 라웁은 사회유대를 '사회적 자본(social capital)'에 해당한다고 주장하며 그 중요성을 더욱 부각시켰다. 즉, 사회유대는 단순한 관계나 가치관이 아니라 결코 잃고 싶지 않은 자산이 될 수 있다고 강조했다. 여기서 우리가 유념해야 할 점은 발달이론이 개인의 의지, 성향, 상황, 상호작용 등 모든 것을 변인으로서 인정한다는 사실이다. 그렇다면, 개인마다 상황이 다르고 생각이 다르므로, 다른 사람에게는 별로 중요하지 않게 보일지라도, 누군가는 정말 그 유대를 잃고 싶지 않은 자본으로 생각할 수 있을 것이다. 실제로 범죄꾼이 사랑하는 사람이나

▶악순환 = 누적된 불이익 = 범죄궤적 = 지속성

▶범죄의 가변성(전환점)
- 중요 이벤트(대학 진학, 취업, 결혼, 군 입대 등)에서의 긍정 또는 부정적인 결과 + 그에 따르는 상호작용의 질
- 개인의 자유의지
- 사회유대는 사회적 자본임

진정한 친구를 만나 새 사람이 되어가는 이야기는 비단 영화 속 이야기만은 아니다. 결국 샘슨과 라웁에게 사회유대는 사회적 자본으로서 범죄의 지속성과 가변성을 설명하는 핵심 기제였다. 그리고 범죄를 멈추는 데에는 자유의지도 중요한 역할을 담당했다.

IV. 잠재적속성이론과의 대립

1. 잠재적속성이론 소개

잠재적속성이론(latent trait theory)은 출생 시 또는 출생 직후에 형성되는 '주된 속성'에 의해 인간의 발달이 결정된다고 본다. 그중 특히 범죄와 밀접한 속성으로서, 유전적인 문제나 뇌기능 저하, 충동적이고 공격적인 기질 등을 '잠재적 속성'이라 한다. 잠재적 속성은 거의 변하지 않기 때문에 평생 행동의 방향과 인생항로에 영향을 미친다. 만성적 범죄인은 대부분 잠재적 속성을 가지고 있어서 어린 시절부터 계속해서 문제행동을 일으키고 부정적인 상호작용을 경험하며 많은 범죄기회에 노출된 삶을 살아간다. 대표적인 보수 사상가인 윌슨은 헌스타인과 함께(1985)[60] 저서 「범죄와 인간본성(Crime and Human Nature)」을 발표하고, 생물학적·심리학적 속성이 범죄와 비범죄를 선택하는 데 결정적인 영향을 미친다고 주장했다. 낮은 지능, 충동성, 스릴을 추구하는 외향성, 적개심 같은 속성은 합리적 판단을 어렵게 만들기 때문에(정작 본인은 합리적으로 선택했다고 착각함), 다른 어떤 사회학적 요인보다 중요할 수 있다고 역설했다. 이들의 저서는 잠재적 속성에 대한 연구를 촉진시켰다.[61]

자기통제이론(범죄일반이론). 대표적인 잠재적속성이론은 갓프레드슨과 허쉬(1990)의 자기통제이론이다. 8세 이전에 부모의 양육방식에 의해 결정되는 자기통제력은 범죄뿐만 아니라 거의 모든 문제행동의 근원으로 간주된다. 저자들은 자기통제력이 약한 사람은 타인의 느낌에 덜 민감하고, 정신적이기보다는 육체적이고, 위험을 감수하는 성향이 있고, 근시안적이며, 비언어적이라고 설명했다. 이들은 위험한 생활양식 때문에 스스로 피해자가 되는 경우도 흔하다. 그런데 주의할 점은 제7장에서 살펴본 것처럼, 약한 자기통제력은 내면의 속성으로서 언제든 문제행동의 가능성이 상존하는 상태이지만, 실제 범죄는 다양한 상호작용과 범죄 기회(상황)에 영향을 받는다는 점이다. 이러한 설명체계는 약한 자기통제력을 가진 사람이 범죄를 멈추는 이유와 강한 자기통제력을 가진 사람이 범죄를 저지르는 이유를 어느 정도는 설득력 있게 제시할 수 있었다.

2. 범죄곡선 논쟁

나이에 따른 범죄곡선은 10대 중후반 정점에 이르렀다가 점차 감소하는 패턴을 보여준다. 이것은 '에이징아웃(aging out)' 현상을 담고 있다. 그런데 발달범죄학에서는 범죄곡선이 만성범죄인의 존재를 잘 반영하지 못한다고 주장한다. 심지어 모핏(1993)[62]은 범죄곡선이 기망적이라고 비판하며, 소수의 생애지속형 경로와 다수의 청소년기한정 경로를 구분해야 한다고 주장했다. 그리고 앞에서 살펴본 발달이론들은 범죄의 지속과 중지를 다양하고 생생하게 설명하고 있다.

그에 반해 잠재적속성이론은 만성적 범죄인을 위한 범죄곡선이 별도로 필요하지 않다고 주장한다. 왜냐하면 만성적 범죄인의 범죄도 성인이 되면 상당히 줄어들기 때문이다. 그 이유는 전술한 대로 잠재적 속성은 불변하지만, 범죄 기회와 상황이 감소한다는데 있다. 여기에서 특히 만성적 범죄인이 비록 소수이지만 전체 범죄의 절반 이상을 차지한다는 사실은 매우 중요하다. 왜냐하면 이들의 범죄 증감이 전체 범죄의 증감을 대표할 수 있기 때문이다.

범죄곡선에 대한 논쟁은 제2장 제3절에 잘 요약되어 있다. 결론적으로, 발달범죄학은 범죄곡선을 범죄를 저지르는 사람의 수가 감소하는 것으로 해석하고, 잠재적속성이론은 만성적 범죄인이 범죄를 줄이는 현상으로 해석한다. 또한, 발달범죄학은 만성적 범죄인을 따로 구분해야 한다고 주장하지만, 잠재적속성이론은 그럴 필요가 없다고 주장한다.[63]

▶범죄곡선 논쟁(발달 vs. 속성)
1. 만성적 범죄인 곡선 필요성: 필요 vs. 불필요
2. 범죄곡선의 의마: 범죄인 수 감소 vs. 범죄 수 감소

V. 정책적 함의

발달범죄학은 어린 시절의 양육방식과 유대, 성향이 가장 중요한 일차적 요인이라고 보기 때문에 조기개입을 중시한다. 조기개입 프로그램에서는 주로 세 가지 영역에 집중하는바, 부모에게 올바른 양육방법을 교육시키고, 아동의 인지발달을 개선시키며, 문제행동의 조기징후를 찾아내고 개선하고자 노력한다.[64]

다음으로 중요한 것은 청소년기에 접어든 이후 상호작용의 기술이나 사회적 기술을 향상시키는 것이다. 부정적인 상호작용은 악순환을 불러오고, 사회적 기술의 부족은 비행 외에 다른 대안을 선택할 수 없게 만든다. 따라서 다른 사람의 입장이 되어보고 다양한 체험을 해보는 것이 중요하다. 대표적인 예로서, 소년·소녀 클럽과 학교조합의 약물남용 예방프로그램에서는 '스마트(SMART: Skills Mastery and Resistance Training)' 교사, '스마트 아이들', '스마트 부모'라는 개념을 활용하여 다방면에서 청소년의 발달에 필요한 기술을 개선시키고 있다.[65]

다른 횡단적 이론들이 주로 아동·청소년기에 집중하는 데 반해, 발달범죄학은 성인기 이후의 변화도 중시한다. 따라서 성인 범죄자들을 단순히 교도소에 수감시키는 것에 반대하는데, 그 핵심 이유는 수감생활이 사회유대의 약화를 초래하고 사회적 기술의 발달을 저해하기 때문이다. 발달범죄학은 성인 범죄자들이 어떤 방식이든 긍정적인 성취를 이뤄내고 긍정적인 상호작용을 축적해서 잃고 싶지 않은 사회적 자본, 즉 사회유대를 강화시켜야 한다고 생각한다. 따라서 교도소 수감을 대신할 건전한 재통합 프로그램을 제안하고 있다.[66]

마지막으로, 발달범죄학은 개인의 성향, 능력, 상황 등 모든 것을 중시하기 때문에 개인의 특성에 맞는 맞춤형 정책을 선호한다. 여기에는 연령대에 따른 맞춤형 전략이나 범죄성향의 정도에 따른 맞춤형 전략이 포함될 수 있다.

VI. 평가

발달범죄학은 다른 이론들이 스냅사진 같은 횡단적 설명을 하는 데 반해, 영화 같은 종단적 설명을 하고 있다. 또한 대부분 이론들이 청소년기의 범죄에 관심을 가진 데 반해, 발달범죄학은 성인기 이후의 범죄에도 관심을 가져 범죄학 이론의 완성도를 높였다고 할 수 있다. 따라서 패러다임의 변화까진 아니더라도 범죄학의 큰 변화이자 진전이었음은 분명하다.

하지만, 발달범죄학이 잠재적속성이론과 대립하는 만큼, 발달범죄학에 대한 강력한 비판이 잠재적속성이론에 의해 제기되었다. 첫째, 발달범죄학은 개인의 삶 속에서 발생할 수 있는 개별적인 사건에 초점을 맞춘 사후적 설명에 불과할 뿐 엄밀히 말해 이론이라고 할 수 없다. 둘째, 발달범죄학이 포함하고 있는 신경심리적 장애나 자기통제력 같은 속성은 전환점을 제공할 수 있는 중요 사건들(대학 진학, 취업, 결혼 등)의 원인이라는 사실을 간과하고 있다. 사실 속성이론에서는 다른 모든 변인들도 속성의 결과물로 간주한다. 셋째, 발달범죄학은 연령대에 따라 변인들의 상호작용과 영향력이 다르다고 설명하는데, 정작 중요한 생물학적 변화를 간과하고 있다. 즉, 범죄곡선에 대한 설명에서와 같이 잠재적속성이론은 속성은 불변하더라도 나이가 들어가면서 발생하는 신체 변화, 상황 변화, 기회 변화는 보편적인 현상이라 주장한다. 따라서 굳이 연령대에 따른 상호작용의 변화를 설명할 필요가 없다는 설명이다.

그런데, 이러한 비판에 대해 독자들은 발달범죄학과 잠재적속성이론 간의 논쟁의 일환으로 이해하면 되겠다. 즉, 두 이론이 취하는 관점의 차이일 뿐, 발달범죄학에 대한 보편적인 비판이라고 보기 어려운 것이니 그냥 참고만 하기 바란다.

VII. 소결

발달범죄학은 대표적인 통합이론으로서 범죄경력 연구의 성장에서 큰 힘을 얻었다. 범죄 이론을 마무리하면서 이제 우리는 데이터가 보여주는 패턴에 대한 탐구에서 이론의 개발이 시작된다는 점을 습관적으로 기억해야 한다. 범죄경력 연구는 만성적 범죄인의 존재를 확인시켰고, 이들이 비록 소수지만 전체 범죄의 절반 이상을 차지한다는 사실을 밝혀냈다. 이는 일반적인 형태의 범죄곡선과 사뭇 다른 패턴이어서 발달범죄학과 잠재적속성이론 간의 논쟁을 불러일으키기도 했다. 또한 정책적으로는 삼진아웃제도의 시행에 영향을 미친 것으로 평가된다.

대표적인 발달이론들을 간단히 정리하면 다음과 같다. 먼저, 손베리(1987)의 상호작용이론은 사회통제이론과 사회학습이론을 순차적으로 통합한 이론이었다. 어린 시절에는 부모와의 애착을 비롯한 유대가 중요하고 청소년기에는 비행친구와의 교제 등 학습이 중요하다는 논리는 일반적이었다. 그런데, 여기에 이론의 이름처럼 상호작용을 강조해서 유대, 차별접촉, 비행 등 모든 변인이 서로 영향을 미치는 양(쌍)방향 관계임을 주장한 것은 손베리의 중요한 통찰이었다. 또한 나이에 따라 변인의 영향력이 달라질 수 있다는 주장도 이론이 발표될 당시의 기준으로는 참신한 통찰이었다.

패터슨과 동료들(1989, 1997)은 손베리의 상호작용이론을 발전시킨 모형을 제시했다. 기본적으로 양육방식, 학습, 행동 간의 역동적인 상호작용을 핵심 기제로 삼은 것은 동일한 논리였다. 패터슨 이론의 특징은 일반적인 '중지 경로'와 예외적인 '지속 경로'를 구분해서 설명했다는 점이다. 즉, 일반적인 범죄곡선과 만성적 범죄인의 범죄곡선을 따로 구분해서 이론화한 것이다. 이를 유형화 접근이라 하는데, 모핏(1993)의 '발달 분류 모형'도 동일한 접근을 취했다. 모핏은 중지 경로를 '청소년기한정 위반자((ALO 또는 ALs)'로, 지속 경로를 '생애지속 위반자(LPO 또는 LCPs)로 구분해서 명명했다. 그런데 두 이론에는 중요한 차이점이 존재하는바, 패터슨의 지속 경로가 역기능적 가정에서의 강압의 악순환을 핵심 기제로 지목한 데 반해, 모핏의 생애지속 위반자는 신경심리적 장애라는 선천적 요인을 강조했다. 모핏이 특성이론적 요소를 강조한 이유는 그녀가 임상심리학자로서 상당한 임상경험을 가지고 있었기 때문으로 알려져 있다.

마지막으로, 샘슨과 라웁(1993, 2003)의 생애과정이론(인생항로이론, 연령등급이론)은 앞의 세 이론들과 달리 구조적 요인을 포함하고, 성인기 이후의 변화를 설명했다는 특징이 있다. 첫째, 지역사회의 구조적 여건을 선행 요인으로 포함시킨 이유는 샘슨이 준 시카고학파로서 오랫동안 사회해체이론을 검증하고 집합효율성이론을 주창한 사실과 관련 있어 보인다. 둘째, 성인기 이후의 변화를 설명한 이유는 샘슨과 라웁이 철저히 사회학적 접근을 추구했기 때문에, 아무리 성향적인 문제가 있거나 심각한 범죄궤적을 따라가고 있는 경우라 해도, 얼마든지 변할 수 있다는 믿음을 가졌기 때문으로 보인다. 실제로 그들은 글룩 부부(1950)의 데이터를 다시 분석해서 중지 경로와 지속 경로뿐만 아니라 '지그재그 경로'를 발견했는데, 이 새로운 패턴은 약한 자기통제력이나 신경심리적 장애와 같은 속성(trait)을 핵심 기제로 내세울 수 없게 만들었다. 그래서 샘슨과 라웁은 중지와 지속이 반복되는 설명체계를 구축하기 위해 사회유대를 핵심 기제로 선정하고 중요한 이벤트에서 긍정적인 전환이 일정 기간 지속되면 범죄궤적을 벗어날 수 있다는 논리를 전개했다.

이러한 발달범죄학은 이유야 어쨌든 어린 시절에 형성되는 유대, 성향 등을 가장 중요한 일차적 요인으로 보기 때문에 조기개입을 중시한다. 부모에게 올바른 양육방법을 교육시키고, 아동의 인지발달을 도우며, 문제행동의 조기징후를 찾아내 개선시키고자 한다. 물론 청소년기와 성인기에도 적절한 개입은 꼭 필요한바, 바람직한 상호작용 방법과 유용한 사회적 기술을 전파해서 유대의 회복과 재통합을 실현하고자 한다.

마지막으로 필자비평 IX-1을 통해 다소 헷갈릴 수 있는 유대, 사회통제, 비공식적 사회통제, 집합효율성 등의 개념을 샘슨의 시각에서 정리하면서 이 책 1권을 마무리한다.

필자는 샘슨이 사회유대를 참 좋아한다고 생각한다. 그 이유 중 하나는 그가 시카고대학에서 교수로 재직하면서 '시카고지역개발프로젝트(PHDCN)'를 이끈 경험이 있기 때문일 것이다. 우리는 제6장에서 샘슨이 동료들과 함께(1997) '집합효율성이론'을 발표했다고 학습했다. 집합효율성은 비공식적 사회통제 중 하나로서 주민 간의 유대를 기반으로 한다. 그리고 거기에 주민들의 적극적인 의지와 행동을 결합시켜서 다원화된 현대사회에 적합한 개념으로 진화시켰다.

유대와 의지의 결합은 개인 수준의 설명인 생애과정이론에서도 그대로 적용된다. 샘슨과 라웁(1993, 2003)은 허쉬(1969)의 사회유대를 범죄 억제의 핵심 기제로 보았다. 하지만, 철저히 사회학적 접근을 중시했기 때문에 자기통제력과 같은 잠재적 속성의 존재와 영향력을 인정하면서도 그것이 행동과 경로를 결정한다는 주장에는 단호히 반대했다(필자 비평 II-3 참고). 대신, 자기통제력과 반대 개념인 자유의지를 추가해서 언제든지 범죄궤적은 변할 수 있다고 주장했다.

결국, 샘슨의 사상을 종합하면, 개인 수준과 지역 수준 모두에서 유대와 의지의 결합이 범죄예방의 핵심임을 계속 강조하고 있다. 특히, 유대를 사회적 자본에 비유해서 그 중요성을 강조한 대목은 유대를 향한 그의 애정을 잘 보여준다. 필자는 그의 접근이 점차 다원화되고 끊임없이 변하는 현대의 사회현상을 설명하기에 적합하다고 생각한다. 그는 기본적으로 진보적 입장에서 개인과 지역사회가 언제든 노력 여하에 따라 충분히 개선될 수 있다는 희망을 갖고 있는 것으로 보인다. 다만, 유대와 의지는 쉽게 개선되는 것이 아니기 때문에 반드시 체계적이고 지속적인 노력이 수반되어야 한다.

사회통제 개념 정리. 이제 독자들은 사회통제의 전체적인 개념을 정리할 수 있어야 한다. '지역(거시)' 수준에서 주민들이 자발적으로 범죄나 무질서를 통제하는 행위가 비공식적 사회통제이다. 경찰 등 공식기관이 외부에서 수행하는 통제는 공식적 사회통제라 한다. 이러한 거시 맥락의 사회통제 개념은 뒤르켐에서 시작되었고 사회해체이론에서 체계화된 다음 생태학적 관점으로 계승되었다고 이해하면 된다. 지역 수준의 사회통제는 제2권에서 상세히 살펴본다.

제7장에서 살펴본 사회통제이론들은 '개인' 수준의 통제로서, 지역 수준의 통제와 마찬가지로 내부로부터의 자발적인 통제와 외부로부터의 통제로 구분할 수 있다. 관습적인 가치와 규범을 내면화하는 것이 대표적인 내부 통제이고 부모나 고용주의 감시 감독이 대표적인 외부 통제이다. 그리고 유대는 통제와 반대 개념이 아니라 통제의 일종임을 명심하자. 개인 수준의 통제는 뒤르켐의 사상을 개인 수준에 적용한 것으로 이해하면 되는바, 옛 사상가들이 가장 중시했던 통제 기제는 '통합과 연대'였다. 유대는 통합과 연대의 허쉬 버전이라고 생각하면 된다.

참고문헌

1. Elliott, D. S., Ageton, S. S., & Canter, R. J. (1979). An Integrated Theoretical Perspective on Delinquent Behavior. *Journal of Research in Crime and Delinquency, 16*, pp.3-27.

2. Colvin, M. & Pauly, J. (1983). A Critique of Criminology: Toward an Integrated Structural-Marxist Theory of Delinquency Production. *American Journal of Sociology, 89*, pp.513-551.

3. Brown, S., Esbensen, F., & Geis, G. (2013). *Criminology: Explaining Crime and Its Context*. Elsevier. 황의갑 외 12인 역(2015), pp.477-478. 그린.

4. Akers, R. L., Sellers, C. S., & Jennings, W. G. (2017). *Criminological Theories: Introduction, Evaluation, and Application*. New York: Oxford University Press.

5. 박철현. (2022). "범죄와 범죄학", 「범죄학개론」, 제1장, pp.12-13. 박영사.

6. Brown, S., Esbensen, F., & Geis, G. (2013). *Criminology: Explaining Crime and Its Context*. Elsevier. 황의갑 외 12인 역(2015), p.484. 그린.

7. Gottfredson, M. & Hirschi, T. (1990). *A General Theory of Crime*. Stanford, CA: Stanford University Press.

8. 노성훈. (2022). "통합이론/발달범죄학", 「범죄학개론」, 제11장, pp.339-340. 박영사.; 이성식. (2022). "사회통제이론/자기통제이론", 「범죄학개론」, 제9장, p.285. 박영사.

9. Hirschi, T. (1989). Exploring Alternative to Integrated Theory. In S. F. Messner, M. D. Krohn, & A. E. Liska (eds.), *Theoretical Integration in the Study of Deviance and Crime: Problems and Prospects,* pp.37-49. Albany, NY: State University of New York Press.

10. 노성훈. (2022). "통합이론/발달범죄학", 「범죄학개론」, 제11장, p.340. 박영사.

11. Elliott, D. S., Ageton, S. S., & Canter, R. J. (1979). An Integrated Theoretical Perspective on Delinquent Behavior. *Journal of Research in Crime and Delinquency, 16*, pp.3-27.

12. Brown, S., Esbensen, F., & Geis, G. (2013). *Criminology: Explaining Crime and Its Context*. Elsevier. 황의갑 외 12인 역(2015), pp.481-483. 그린.; Lilly, J. R., Cullen, F. T., & Ball, R. A. (2011). *Criminological Theory: Context and Consequences*. 이순래 외 2인 역(2017), pp.551-554. 박영사.

13. Hirschi, T. (1969). *Causes of Delinquency*. Berkeley, CA: University of California Press.

14. 정진성·이훈. (2021). "부모의 양육방식과 청소년의 지위비행 간 쌍방향 관계 검증: 성별에 따른 자기회귀 교차지연 패널 모형 분석", 「한국경찰연구」, 20(1), pp.351-378.

15. Merton, R. K. (1938). Social Structure and Anomie. *American Sociological Review, 3*, pp.672-682.

16. Agnew, R. (1992). Foundation for a General Strain Theory of Crime and Delinquency. *Criminology, 30(1)*, pp.47-87.

17. Lilly, J. R., Cullen, F. T., & Ball, R. A. (2011). *Criminological Theory: Context and Consequences*. 이순래 외 2인 역(2017), p.554. 박영사.

18. Conger, R. D. (1976). Social Control and Social Learning Models of Delinquent Behavior. *Criminology, 14,* pp.17-40.

19. Thornberry, T. P. (1987). Toward an Interactional Theory of Delinquency. *Criminology, 25,* pp.863-891.

20. Brown, S., Esbensen, F., & Geis, G. (2013). *Criminology: Explaining Crime and Its Context.* Elsevier. 황의갑 외 12인 역(2015), pp.484-485. 그린.

21. Brown, S., Esbensen, F., & Geis, G. (2013). *Criminology: Explaining Crime and Its Context.* Elsevier. 황의갑 외 12인 역(2015), p.472. 그린.

22. Brown, S., Esbensen, F., & Geis, G. (2013). *Criminology: Explaining Crime and Its Context.* Elsevier. 황의갑 외 12인 역(2015), p.485. 그린.

23. Hagan, J. (1989). Micro and Macro-Structures of Delinquency Causation and a Power-Control Theory of Gender and Delinquency. In S. E. Messner, M. D. Krohn, & A. E. Liska (eds.), *Theoretical Integration in the Study of Deviance and Crime.* Albany, NY: State University of New York Press.

24. Colvin, M. & Pauly, J. (1983). A Critique of Criminology: Toward an Integrated Structural-Marxist Theory of Delinquency Production. *American Journal of Sociology, 89,* pp.513-551.

25. 노성훈. (2022). "통합이론/발달범죄학", 「범죄학개론」, 제11장, p.339. 박영사.

26. Colvin, M. (2000). *Crime and Coercion: An Integrated Theory of Chronic Criminality.* Palgrave Macmillan.

27. Hirschi, T. (1979). Separate and Unequal Is Better. *Journal of Research in Crime and Delinquency, 16,* pp.34-38.

28. 노성훈. (2022). "통합이론/발달범죄학", 「범죄학개론」, 제11장, p.335. 박영사.; Brown, S., Esbensen, F., & Geis, G. (2013). *Criminology: Explaining Crime and Its Context.* Elsevier. 황의갑 외 12인 역(2015), p.475. 그린.

29. Loeber, R. & LeBlanc, M. (1990). Toward a Developmental Criminology. In N. Morris & M. Tonry (eds.), *Crime and Justice, Vol. 12,* pp.375-473. Chicago: University of Chicago Press.

30. Siegel, L. J. (2018). *Criminology: Theories, Patterns and Typologies.* Wadsworth. 이민식 외 7인 역(2020), pp.361-362. 센게이지 러닝 코리아.

31. Becker, H. S. (1967). Whose side are we on? *Social Problems, 14(3),* pp.239-247.

32. Brown, S., Esbensen, F., & Geis, G. (2013). *Criminology: Explaining Crime and Its Context.* Elsevier. 황의갑 외 12인 역(2015), pp.485-486. 그린.

33. Glueck, S. & Glueck, E. (1950). *Unraveling Juvenile Delinquency. Cambridge,* MA: Harvard University Press.

34. Cullen, F. T., Agnew, R., & Wilcox, P. (2022). *Criminological Theory: Past to Present,* p.528. New York: Oxford University Press.; Lilly, J. R., Cullen, F. T., & Ball, R. A. (2011). *Criminological Theory: Context and Consequences.* 이순래 외 2인 역(2017), p.43-44. 박영사.

35. Hooton, E. A. (1939). *Crime and Man.* Cambridge, MA: Harvard University Press.

36. Sheldon, W. (1949). *Varieties of Delinquent Youth*. New York: Harper and Row.

37. Brown, S., Esbensen, F., & Geis, G. (2013). *Criminology: Explaining Crime and Its Context*. Elsevier. 황의갑 외 12인 역(2015), pp.486-487. 그린.

38. Wolfgang, M. E., Figlio, R., & Sellin, T. (1972). *Delinquency in a Birth Cohort*. Chicago, IL: University of Chicago Press.; Wolfgang, M. E. (1983). Delinquency in Two Birth Cohorts. *American Behavioral Scientist, 27*, pp.75-86.

39. Tracy, P. & Kempf-Leonard, K. (1996). *Continuity and Discontinuity in Criminal Careers*. New York: Plenum Press.

40. Siegel, L. J. (2018). *Criminology: Theories, Patterns and Typologies*. Wadsworth. 이민식 외 7인 역(2020), pp.68-70. 센게이지 러닝 코리아.

41. Brown, S., Esbensen, F., & Geis, G. (2013). *Criminology: Explaining Crime and Its Context*. Elsevier. 황의갑 외 12인 역(2015), pp.489. 그린.

42. Thornberry, T. P. (1987). Toward an Interactional Theory of Delinquency. *Criminology, 25*, pp.863-891.

43. Sampson, R. J. & Laub, J. H. (1993). *Crime in the Making: Pathways and Turning Points through Life*. Cambridge, MA: Harvard University Press.

44. Lilly, J. R., Cullen, F. T., & Ball, R. A. (2011). *Criminological Theory: Context and Consequences*. 이순래 외 2인 역(2017), pp.554-556. 박영사.

45. Patterson, G. R., Debaryshe, B., & Ramsey, E. (1989). A Developmental Perspective on Antisocial Behavior. *American Psychologist, 44(2)*, pp.329-335.; Patterson, G. R. & Yoerger, K. (1997). A Developmental Model for Late-Onset Delinquency. In D. W. Osgood (ed.), *Nebraska Symposium on Motivation, Vol. 44*, pp.119-177. University of Nebraska Press.

46. Thornberry, T. P. (1987). Toward an Interactional Theory of Delinquency. *Criminology, 25*, pp.863-891.

47. Lilly, J. R., Cullen, F. T., & Ball, R. A. (2011). *Criminological Theory: Context and Consequences*. 이순래 외 2인 역(2017), pp.562-564. 박영사.

48. Patterson, G. R. (1986). Performance Models for Antisocial Boys. *American Psychologist, 41*, pp.432-444.

49. Gottfredson, M. & Hirschi, T. (1990). *A General Theory of Crime*. Stanford, CA: Stanford University Press.

50. Patterson, G. R. & Yoerger, K. (1997). A Developmental Model for Late-Onset Delinquency. In D. W. Osgood (ed.), *Nebraska Symposium on Motivation, Vol. 44*, pp.119-177. University of Nebraska Press.

51. Moffitt, T. (1993). Adolescent-Limited and Life-Course Persistent Antisocial Behavior: A Developmental Taxonomy. *Psychological Review, 100*, pp.674-701.

52. Lilly, J. R., Cullen, F. T., & Ball, R. A. (2011). *Criminological Theory: Context and Consequences*. 이순래 외 2인 역(2017), pp.565-571. 박영사.

53. Sampson, R. J. & Laub, J. H. (1993). *Crime in the Making: Pathways and Turning Points through Life.* Cambridge, MA: Harvard University Press.; Sampson, R. J. & Laub, J. H. (2003). Life-course Desisters? Trajectories of Crime among Delinquent Boys Followed to Age 79. *Criminology, 41,* pp.301-339.

54. Brown, S., Esbensen, F., & Geis, G. (2013). *Criminology: Explaining Crime and Its Context.* Elsevier. 황의갑 외 12인 역(2015), pp.506-507. 그린.

55. Glueck, S. & Glueck, E. (1950). *Unraveling Juvenile Delinquency. Cambridge*, MA: Harvard University Press.

56. Hirschi, T. (1969). *Causes of Delinquency. Berkeley*, CA: University of California Press.; Gottfredson, M. & Hirschi, T. (1990). *A General Theory of Crime.* Stanford, CA: Stanford University Press.

57. 정진성·이훈. (2021). "부모의 양육방식과 청소년의 지위비행 간 쌍방향 관계 검증: 성별에 따른 자기회귀 교차지연 패널 모형 분석", 「한국경찰연구」, 20(1), pp.351-378.

58. Lilly, J. R., Cullen, F. T., & Ball, R. A. (2011). *Criminological Theory: Context and Consequences.* 이순래 외 2인 역(2017), pp.574-575. 박영사.

59. Cullen, F. T., Agnew, R., & Wilcox, P. (2022). *Criminological Theory: Past to Present,* pp.594-595. New York: Oxford University Press.; Lilly, J. R., Cullen, F. T., & Ball, R. A. (2011). *Criminological Theory: Context and Consequences.* 이순래 외 2인 역(2017), pp.574-575. 박영사.

60. Wilson, J. Q. & Herrnstein, R. J. (1985). *Crime and Human Nature.* New York: Simon and Schuster.

61. Siegel, L. J. (2018). Criminology: *Theories, Patterns and Typologies.* Wadsworth. 이민식 외 7인 역(2020), pp.378. 센게이지 러닝 코리아.

62. Moffitt, T. (1993). Adolescent-Limited and Life-Course Persistent Antisocial Behavior: A Developmental Taxonomy. *Psychological Review, 100,* pp.674-701.

63. 노성훈. (2022). "통합이론/발달범죄학", 「범죄학개론」, 제11장, p.342. 박영사.

64. Lilly, J. R., Cullen, F. T., & Ball, R. A. (2011). *Criminological Theory: Context and Consequences.* 이순래 외 2인 역(2017), pp.587. 박영사.

65. Siegel, L. J. (2018). *Criminology: Theories, Patterns and Typologies.* Wadsworth. 이민식 외 7인 역(2020), pp.392. 센게이지 러닝 코리아.

66. Lilly, J. R., Cullen, F. T., & Ball, R. A. (2011). *Criminological Theory: Context and Consequences.* 이순래 외 2인 역(2017), pp.589. 박영사.

서평

계명대학교 경찰행정학과 김중곤 교수

범죄학과 친해지기 위해서는 범죄학의 다양한 논의들이 어떠한 맥락에서 등장하였고, 어떠한 정책적 고려로 이어졌는지 하나의 틀 속에서 이해할 수 있어야 한다. 이 책은 단순 암기를 목적으로 한 기존 교과서의 기술방식을 과감히 벗어던지고, 맥락-이론-정책으로 이어지는 '범죄학 루프'를 따라 범죄학의 주요내용을 친절하게 풀어낸다. 깊이와 흥미, 두 마리 토끼를 모두 잡은 스토리텔링 범죄학이 범죄학 교과서의 새로운 표준으로 자리매김 할 것이라 기대한다.

경찰대학교 행정학과 한민경 교수

범죄이론과 정책이 의미하고 의도하는 바를 이해하기 위해서는 사회문화적 맥락이 중요하게 고려되어야 한다는 범죄학의 핵심은 지극히 당연해 보이지만 종종 간과되어왔습니다. 저자는 다년간의 범죄학 강의 경험을 바탕으로, 이론-가설검증-정책-효과성검증-맥락의 순환고리인 '범죄학 루프' 개념과 마치 마주 앉아 조곤조곤 설명해주는 듯한 스토리텔링을 접목하여 범죄학의 핵심을 흥미롭게 전달하고 있습니다. 이 책을 통해 범죄학자들이 생각하는 범죄학, 과학적 검증을 동력 삼아 계속 진화하는 범죄학을 접하실 수 있으리라고 기대합니다.

스토리텔링 범죄학
I 기초 및 이론

초판 발행　2023년 1월 29일
2쇄 발행　2024년 3월 8일

지 은 이　정진성
펴 낸 이　김재광

펴 낸 곳　솔과학
등　　록　제10-140호 1997년 2월 22일

주　　소　서울특별시 마포구 독막로 295번지 302호(염리동 삼부골든타워)
전　　화　02-714-8655
팩　　스　02-711-4656
E-mail　solkwahak@hanmail.net

I S B N　979-11-92404-32-5 (93360)